악마의 눈물, 석유의 역사

국립중앙도서관 출판시도서목록(CIP)

악마의 눈물, 석유의 역사 /
권터 바루디오 지음 ; 최은아; 조우호 ; 정항균 [공]옮김.—서울 : 뿌리와이파리, 2004
p.720 ; cm

원서명: Tränen des Teufels
원저자명: Barudio, Günter
참고문헌과 색인수록
ISBN 89-90024-28-5 03900

323.755-KDC4
338.476655-DDC21   CIP2004001365

Tränen des Teufels
Weltgeschichte des Erdöls
by Günter Barudio

Klett-Cotta
Copyright ⓒ 2001 J. G. Cotta'sche Buchhandlung Nachfolger GmbH
Stuttgart

All rights reserved. No part of this book may be used or reproduced
whatever without written permission except in the case of brief quotations
embodied in critical articles or reviews.

Korean Translation Copyright ⓒ 2004 by PURIWA IPARI Publishing Co.
Korean Edition is published by arrangement with Kletta-Cotta
through BookCosmos, Seoul.

이 책의 한국어판 저작권은 북코스모스를 통해
Klett-Cotta와 맺은 독점계약에 따라 뿌리와이파리가 갖습니다.
저작권법에 의해 한국 안에서 보호를 받는 저작물이므로 무단전재와 무단복제를 금합니다.

악마의 눈물,
석유의 역사

권터 바루디오 지음 | 최은아·조우호·정항균 옮김

뿌리와
이파리

차 례

서문 11

1 덫에 걸린 석유 29
　성서의 영향 아래 놓인 석유 31
　불의 힘인가 물의 힘인가? 34
　석유의 근원지를 찾아서 47
　지구에 돌이 생겨나기 시작한 때 62

2 오로지 좀 더 깊게 파기만 해라! 71
　무분별한 광산업에 저항했던 사람들 73
　독일의 선구자들 80
　석유시추의 패러다임을 전환하다 91
　시추전쟁을 불러일으킨 회전시추 방식 98

3 비등점에서 109
　환경친화적이고 자연친화적인 노력들 111
　존데의 세계 113
　베네수엘라: 종속과 개혁을 동시에 가져온 악마의 구덩이 129
　재산은 대중의 복지를 위해 사용될 의무가 있다 158

악마의 눈물,
석유의 역사

권터 바루디오 지음 | 최은아·조우호·정항균 옮김

차 례

서문 11

1 덫에 걸린 석유 29
　성서의 영향 아래 놓인 석유 31
　불의 힘인가 물의 힘인가? 34
　석유의 근원지를 찾아서 47
　지구에 돌이 생겨나기 시작한 때 62

2 오로지 좀 더 깊게 파기만 해라! 71
　무분별한 광산업에 저항했던 사람들 73
　독일의 선구자들 80
　석유시추의 패러다임을 전환하다 91
　시추전쟁을 불러일으킨 회전시추 방식 98

3 비등점에서 109
　환경친화적이고 자연친화적인 노력들 111
　존데의 세계 113
　베네수엘라: 종속과 개혁을 동시에 가져온 악마의 구덩이 129
　재산은 대중의 복지를 위해 사용될 의무가 있다 158

4   배 안에 퍼진 흑사병 173
　　　　악몽이 될 것인가, 꿈의 실현이 될 것인가 175
　　　　강에 흘러든 석유 178
　　　　들불처럼 번진 유조선 축조 신드롬 191
　　　　지옥과 같은 나날들 200

5   고리가 원을 그리고 있다 207
　　　　마법의 세계, 벤젠의 화학구조를 밝히다 209
　　　　악마의 색, 인디고의 탄생 212
　　　　핏속의 휘발유: 자동차의 역사 228
　　　　원료와 돌, 그리고 석유를 넘어서 236

6   초강력 카르텔 243
　　　　카르텔에 대한 잘못된 착각과 왜곡된 시선 245
　　　　지치지 않는 불굴의 아나콘다, 록펠러 248
　　　　세계 석유산업을 지배한 일곱 자매들 265
　　　　석유수출국기구의 꿈 279

7   아메리칸 드림 293
　　　　귀족적인 미국인 만들기 295
　　　　석유제국의 황태자를 꿈꾸었던 석유의 왕들 298
　　　　"돈은 세계를 지배한다."는 성공 모토가 가져온 악몽 315
　　　　에덴의 저편 326

8 바쿠의 불길 341

프로메테우스의 불, 석유 343
돈 키호테적인 야망을 넘어 노동의 지옥을 일군 노벨 형제 347
혁명적인 변혁과 번영의 도정에서 361
무거운 유산 369

9 전쟁과 석유 379

석유가 직접적인 원인은 아니다 381
석유의 파도를 타고 383
전쟁의 원인이 된 경우 399
가스 학살 412

10 멕시코—황금 벨트 423

인간, 기술의 노예가 아닌 주인 425
멕시코의 피 428
'땅이 빵이고 빵이 삶이다' 442
절대적인 독점권을 행사한 공룡 기업, 페멕스 453

11 사우디아라비아—신의 선물 463

이슬람의 길을 따르지 않는다 465
아라비아의 도약 467
모범적인 아랍인, 자키 야마니 474
이슬람의 석유지상주의 491

12 한 방울의 피도 흘려서는 안 된다 503
석유를 넘칠 정도로 소유한 나라 505
기괴한 꿈 507
권력함수 518
쿠웨이트의 해방 526

13 이제 초점은 북해로 533
안전이 우선이다 535
대양의 자유 539
나쁜 녀석? 545
생태학의 뜨거운 감자, 브렌트 스파 555

14 의회의 귀족화 565
인간적인 희망을 향해 가는 도정 567
석유인가 원자력인가? 570
루르 지역의 푸른 하늘 vs 굴뚝에서는 연기가 나야 한다 578
새로운 석유법률 590

15 종말로 향한 지옥행? 611

후기 629

옮기고 나서 633

주석 637 / 참고문헌 692 / 연표 697 / 색인 705

| **일러두기** |

1. 외국어 표기는 '외래어 표기법'(1986년 1월 문교부 고시)과 이에 근거한 『편수자료』(1987년 국어연구소 편)를 원칙으로 삼았다.
2. 단행본, 전집, 정기간행물에는 겹낫쇠(『 』)를, 논문, 논설, 기고문, 단편 등에는 홑낫쇠(「 」)를, 단체명, 영화명에는 단꺽쇠(〈 〉)를 사용했다.

"석유는 문명의 젖줄이다. 석유가 없었더라면 문명은 나타날 수 없었을 것이다. 석유로 가동되는 대형 공장들이나 휘발유를 동력원으로 하는 육상 교통, 항공 교통, 해상 교통, 더 나아가 비행기나 잠수함조차도 석유가 없다면 모두 그저 녹슬어 가는 하나의 고철덩어리에 지나지 않을 것이다."

―자말 압단 나세르

서문

　석유는 자연이 만들어낸 기적이다. 석유는 태양이 비치는 낮에 태양열을 축적했다가 비가 올 때나 야간에 온수를 공급하거나 난방을 하는 데 사용하도록 고안된 심야 축열식 태양열보일러와 비슷하다. 이러한 석유의 기원은 3억 년 전 고생대까지 거슬러 올라간다.
　액체탄화수소혼합물인 석유의 화학적 구성성분을 살펴보면 왜 석유를 태양열보일러에 비유하는지 이해할 수 있을 것이다. 광합성에 이산화탄소의 연소가 필요하듯이 석유의 생성에서도 그것이 필요하기 때문이다. 이러한 기본적인 변화 과정, 즉 광합성작용은 엽록소, 햇빛 그리고 물을 이용하여 에너지가 결핍된 무기질로부터 동물과 식물에 반드시 필요한 풍부한 에너지를 지닌 원료들을 생산해낸다. 이러한 에너지 원료들이 없었더라면 석유는 고사하고 인간도 생겨나지 못했을 것이다.
　석유와 태양에 공통적인 이러한 근본적인 요소 때문에라도 석유는 통념처럼 단지 화석에너지나 유한한 원료로만 간주되어서는 안 될 것이다. 석유는 고체인 석탄과 휘발성인 천연가스가 액체 형태로 응집되어 있는 일종의 태양에너지로 봐야 할 것이다.

고대 이집트에서 파라오가 태양숭배 의식을 하던 시기에, 가스를 제거한 석유인 역청(瀝靑: 천연산의 탄화수소화합물의 총칭. 고체의 아스팔트, 액체의 석유, 기체의 천연가스 등을 말한다—옮긴이)은 신처럼 숭배를 받았다. 역청은 광맥의 노출부위나 누수지역에서 발견되었고, 죽은 왕의 시체를 방부, 보존 처리하는 데 사용되었다. 성서에서 노아는 방주를 만들 때 여호와의 지시에 따라 주로 황냄새가 나고 아주 끈적끈적하며 검은 갈색을 띠는 이 물질을 사용했다. "수지(樹脂)를 함유한 목재로 방주를 하나 만들어라. (……) 그리고 그 방주의 안팎을 역청으로 칠하라."(「창세기」 6: 14)

성서시대에 인류를 대홍수로부터 구원했다고 하는 이 방수 재료는 석유, 나프타 혹은 페트롤리움이라고 불린다. 석유는 한때 건축 분야에서 밀폐용 재료로, 의약 분야에서는 류머티즘을 고치는 약으로 쓰이면서 마치 신의 축복처럼 여겨진 적도 있었다. 그러나 오늘날과 같은 유동적인 국제사회에서 석유는 점점 부담스러운 존재가 되어가고 있다. 왜냐하면 1859년 미국 펜실베이니아 주에 속한 타이터스빌에서 석유자원의 산업적 개발이 시작된 이후에 석유는 검은 그을음을 내며 타는 수백만 개나 되는 석유등의 등유로 사용되었기 때문이다. 그로부터 한 세대가 지난 후에 석유는 라이터, 선박의 동력원, 자동차의 모터, 비행기 송풍관, 트랙터, 잔디 깎는 기계, 나무 치는 톱, 눈 뿌리는 기계 등을 작동시키기 위한 연료로 사용되기에 이른다.

오늘날 석유와 결부되어 있는 기술산업주의나 소비지상주의는 무한한 연료 소비로 이어지고 있다. 연료 소비에 대한 인간의 병적인 욕망은 가히 프로메테우스 신드롬이라고 부를 만하다. 왜냐하면 이러한 태도는 정신병에서 보이는 강박적인 특징들을 지니고 있기 때문이다. '진

서문

보'나 '발전'이라는 미명 아래 묶이고고 있는 이 병은, 우리가 환경과 자원을 보호하기 위해 엄청난 노력을 기울일 경우에만 성공적으로 치료할 수 있다. 그렇다면 이러한 병이 생겨난 이유는 무엇일까? 그것은 우리가 원유나 휘발유, 디젤, 등유와 같은 고급화된 석유생산물들을 누구의 방해도 받지 않고 마음대로 사용하는 것이 자유와 진보라는 서구적 사고방식에 지배당하고 있기 때문이다. 특히 '미국적인 생활방식'은 이러한 소비사상을 부추기고 있다. 심지어 이러한 소비사상은 그들이 최고로 추구할 만한 가치가 있는 것으로 생각하는 것들, 즉 기동성과 생활태도 그리고 현대성의 본질로 간주되고 있다.

그러나 무절제하게 자원을 낭비하는 이러한 소비지상주의적 삶이 치러야 하는 대가는 매우 큰 것처럼 보인다. 특히 이 대가는 1988년 토론토회담 이후 열린 기후정상회담마다 더욱더 높아져가고 있다. 북극과 남극의 상공에서 오존 구멍이 발견된 이후, 전문가들은 특히 미국, 일본 그리고 러시아와 같은 주요 산업국가들이 석유와 석탄, 가스를 별 제한 없이 마구잡이로 소비한다는 사실에 불안해하고 있다. 왜냐하면 이 연료들에서 나오는 해로운 연소 찌꺼기들은 해마다 지구 온실효과를 강화시키고 있으며, 공장밀집 지역의 기후뿐만 아니라 지구 전체의 기후까지 변화시키고 있기 때문이다. 이것은 인간과 동물 그리고 식물 모두에게 돌이킬 수 없는 재앙을 가져다줄 것이다. 영국의 물리학자 스티븐 호킹은 지구가 이러한 피해로 인해 화성과 금성이 이미 겪은 운명—처음에는 생태계의 붕괴, 마지막에 가서는 폭염으로 인한 죽음—과 똑같은 파국에 직면하리라고 예견하고 있다.

따라서 이미 석유개발 초기부터 거의 편집증적인 양상을 보이던 개발일변도의 사고에 반대하는 경고와 자중의 목소리들이 커지기 시작했다. 독일의 경우, 큰 반향을 불러일으키지는 못했지만, '루르 위의 파란 하늘'이라는 표어는 이미 1961년 선거전의 테마였다. 또한 인간이 처음으로 달에 착륙한 해인 1969년 이래로 캘리포니아의 환경운동 단체인 '빅 그린'(Big Green: 천연 그대로의 알래스카 땅을 보존하기 위해 미국에서 추진했던 환경보호 운동—옮긴이)이 '빅 오일'(Big Oil: 미국의 거대 석유업계를 이르는 말로 대 석유자본으로도 불림—옮긴이)에 반대하는 환경운동을 벌여오고 있다. 이 환경운동 단체 소속 행동주의자들은 석유업체 관계자들에게 해양오염, 토지오염, 대기오염(L. A 상공의 스모그)의 위험성을 경고했다. 그리고 그들이 적어도 자신들이 관계하는 분야에서라도 사고방식을 바꿀 수 있는 동기를 부여했다.

생산태도와 소비태도에서 나타난 대단히 역사적인 이 변화는 햇볕이 충만한 캘리포니아 주의 일상생활 법에서도 의식적으로 관철되고 있다. 이 법은 무엇보다도 석유를 사용하지 않는 모터—예를 들면 여러 가지 모터가 혼합되어 있는 동력이나 전기동력 내지 연료전지 동력—를 장착한 신규 자동차의 허용 비율을 높게 책정하고 있다. 이러한 변화는 환경운동가들이 석유라는 존재와 석유가 미치는 영향에 대해 광범위하면서도 전문적인 지식을 소유하고 있었기에 가능했다. 환경운동가들은 자연과 인간에 대한 책임의식을 가지고 이마누엘 칸트가 1784년 첫 단계의 계몽을 위해 요구한 '각자의 책임으로 인해 생긴 미성숙함에서' 벗어나는 길을 모범적으로 걸어갔다.

서유럽에서는 때때로 고통스럽기까지 했던 이 학습 과정을 거치면서 자동차숭배와 산업우상화에 반대하는 투쟁이 일어나게 된다. 사람들은 이 투쟁이 오직 그것이 생겨난 진정한 원인을 비판할 때만 성공할 수 있다는 사실을 인식하게 되었다. 무엇보다도 비판받아야 할 것은 난방용 기름이나 연료의 연소가 에너지 소비가 될 수 없다는 일부의 주장이다. 이러한 주장은 이미 산업화 이전 시기부터 제기되어왔다. 그러나 실제로 이로 인해 파생될 부담감이 엄청나더라도 이것은 반드시 에너지 사용으로 분류되어야 한다.

율리우스 로베르트 마이어는 이미 1842년에 여기에 꼭 필요한 개념변천과 의식전환을 위한 전제조건들을 만들어냈다. 이것은 파리 세계박람회에서 선보인 몇 가지 기술들이 대대적인 성공을 거두었고 최초로 쓸모 있는 연소기계—새로운 시대의 서막을 장식한 가스기계인 오토 모터—가 발명되었던 시점인 1867년보다 훨씬 이전의 일이었다. 이 시기에 마이어는 지구나 전 우주에 서로 형태는 다르지만 불변의 에너지가 있다는 사실을 규명해냈다. 이에 따라 자동차 한 대가 백 킬로미터를 달리기 위해 10리터의 휘발유를 연소하는 경우에, 연료는 전기점화 이후 기계를 작동시키거나 움직이기 위해서 소모될 뿐만 아니라 폐열과 각종 유해요소들로 전환되기도 한다.

이러한 파괴적인 화학적 반응을 비판하는 것은 정당하다. 그러나 유능한 환경보호자들조차 이러한 파괴적 측면을 비판하면서도 항상 간과해왔던 사실이 있다. 그것은 다름 아닌 리우데자네이루, 교토, 헤이그, 본에서 열린 모든 기후정상회담에서 심판대에 올랐던 이산화탄소가 사실은 전혀 인체에 해로운 요소가 아니라 모든 유기물의 근간을 이루는 기초 요소라는 점이다. 이산화탄소는 모든 연소 과정에서 항상 새롭게 생겨난다. 즉 인간이나 동물이 숨을 쉴 때 들이마시는 것이 산소며 내뿜는 것이 이산화탄소다. 또한 광합성을 할 때에 물과 결합하여 포도당과 산소를 생산하는 데에도 이산화탄소가 필요하다. 육상 생태계는 광합성을 통해 이산화탄소를 유기물질로 변환시킨다. 생성된 유기물은 결국은 분해되면서 이산화탄소를 다시 대기로 되돌려 보낸다. 따라서 생태계의 모든 연소 과정을 통해 밤낮으로 어마어마한 양의 이산화탄소가 생산된다고 할 수 있다. 보이지도 않고 냄새도 없으며 독성분도 없는 이 가스는 바다의 플랑크톤이나 숲을 통해서 자연스럽게 비축된다. 이것은 동시에 미래의 석유를 위한 기본 재료기도 하다.

다만 문제가 되는 것은 자연이 그럴 만한 이유가 있어 결합해놓은 것을 인간이 지닌 나쁜 습관 때문에 인위적으로 분리해내는 데 있다. 따라서 목재나, 석유, 석탄과 가스를 연소시키는 것은 장기적인 안목으로 봐서는 인간의 모든 생활공간에 부정적인 영향을 미칠 것이다. 왜냐하면 이 연료를 연소시킬 때 무엇보다도 아주 독성분이 강한 일산화탄소, 유독한 영향을 미치는 메탄가스, 처음에는 암염이나 석유로 구성되어 있지만 연소되자마자 PVC 형태가 되는 다이옥신과 같은 것들도 대기 속으로 방출되기 때문이다.

이러한 사태에 직면해 과거에 저지른 잘못들로부터 우리가 지금 왜 위험에 빠지게 됐는가를 추론해내기 위해서, 그리고 성장 위주의 기존 노선들을 뒤집기 위해서는 이 연료에 대한 정확한 지식이 필요하다. 왜냐하면 인류가 앞으로 겨우 몇 세대 내에 모든 연료를 난방용으로 낭비해버리는 일이 발생하거나 지구라는 행성이 복구불능의 상태로 완전히 오염되는 일은 없어야 하기 때문이다.

미국과 캐나다의 거대 석유업계를 운영하는 몇몇 경영자들은 아직도 과학이 밝혀낸 이러한 사실들을 받아들이려 하지 않는다. 그들은 지구기후연합이라는 이름으로 운영되고 있는 자신들의 이익단체를 내세워 강화된 환경보호 정책에 비난을 퍼붓고 있다. 그들은 환경보호 정책이 자신들의 수익을 떨어뜨리고 사업에 해가 되는 것으로 평가한다. 그러나 미국과는 달리 유럽계 석유산업 업체들은 이미 오래 전부터 환경친화적인 노선을 걸으며 계속적인 변화를 추구하고 있다. 유럽계 석유산업 업체들은 혁신적인 기술력과 석유단체들의 구조변화에 힘입어 이다. 이러한 주장은 이미 산업화 이전 시기부터 제기되어왔다. 그러나 실제로 이로 인해 파생될 부담감이 엄청나더라도 이것은 반드시 에너지 사용으로 분류되어야 한다.

율리우스 로베르트 마이어는 이미 1842년에 여기에 꼭 필요한 개념변천과 의식전환을 위한 전제조건들을 만들어냈다. 이것은 파리 세계박람회에서 선보인 몇 가지 기술들이 대대적인 성공을 거두었고 최초로 쓸모 있는 연소기계—새로운 시대의 서막을 장식한 가스기계인 오토모터—가 발명되었던 시점인 1867년보다 훨씬 이전의 일이었다. 이 시기에 마이어는 지구나 전 우주에 서로 형태는 다르지만 불변의 에너지가 있다는 사실을 규명해냈다. 이에 따라 자동차 한 대가 백 킬로미터를 달리기 위해 10리터의 휘발유를 연소하는 경우에, 연료는 전기점화 이후 기계를 작동시키거나 움직이기 위해서 소모될 뿐만 아니라 폐열과 각종 유해요소들로 전환되기도 한다.

이러한 파괴적인 화학적 반응을 비판하는 것은 정당하다. 그러나 유능한 환경보호자들조차 이러한 파괴적 측면을 비판하면서도 항상 간과해왔던 사실이 있다. 그것은 다름 아닌 리우데자네이루, 교토, 헤이그, 본에서 열린 모든 기후정상회담에서 심판대에 올랐던 이산화탄소가 사실은 전혀 인체에 해로운 요소가 아니라 모든 유기물의 근간을 이루는 기초 요소라는 점이다. 이산화탄소는 모든 연소 과정에서 항상 새롭게 생겨난다. 즉 인간이나 동물이 숨을 쉴 때 들이마시는 것이 산소며 내뿜는 것이 이산화탄소다. 또한 광합성을 할 때에 물과 결합하여 포도당과 산소를 생산하는 데에도 이산화탄소가 필요하다. 육상 생태계는 광합성을 통해 이산화탄소를 유기물질로 변환시킨다. 생성된 유기물은 결국은 분해되면서 이산화탄소를 다시 대기로 되돌려 보낸다. 따라서 생태계의 모든 연소 과정을 통해 밤낮으로 어마어마한 양의 이산화탄소가 생산된다고 할 수 있다. 보이지도 않고 냄새도 없으며 독성분도 없는 이 가스는 바다의 플랑크톤이나 숲을 통해서 자연스럽게 비축된다. 이것은 동시에 미래의 석유를 위한 기본 재료기도 하다.

다만 문제가 되는 것은 자연이 그럴 만한 이유가 있어 결합해놓은 것을 인간이 지닌 나쁜 습관 때문에 인위적으로 분리해내는 데 있다. 따라서 목재나, 석유, 석탄과 가스를 연소시키는 것은 장기적인 안목으로 봐서는 인간의 모든 생활공간에 부정적인 영향을 미칠 것이다. 왜냐하면 이 연료를 연소시킬 때 무엇보다도 아주 독성분이 강한 일산화탄소, 유독한 영향을 미치는 메탄가스, 처음에는 암염이나 석유로 구성되어 있지만 연소되자마자 PVC 형태가 되는 다이옥신과 같은 것들도 대기 속으로 방출되기 때문이다.

이러한 사태에 직면해 과거에 저지른 잘못들로부터 우리가 지금 왜 위험에 빠지게 됐는가를 추론해내기 위해서, 그리고 성장 위주의 기존 노선들을 뒤집기 위해서는 이 연료에 대한 정확한 지식이 필요하다. 왜냐하면 인류가 앞으로 겨우 몇 세대 내에 모든 연료를 난방용으로 낭비해버리는 일이 발생하거나 지구라는 행성이 복구불능의 상태로 완전히 오염되는 일은 없어야 하기 때문이다.

미국과 캐나다의 거대 석유업계를 운영하는 몇몇 경영자들은 아직도 과학이 밝혀낸 이러한 사실들을 받아들이려 하지 않는다. 그들은 지구기후연합이라는 이름으로 운영되고 있는 자신들의 이익단체를 내세워 강화된 환경보호 정책에 비난을 퍼붓고 있다. 그들은 환경보호 정책이 자신들의 수익을 떨어뜨리고 사업에 해가 되는 것으로 평가한다. 그러나 미국과는 달리 유럽계 석유산업 업체들은 이미 오래 전부터 환경 친화적인 노선을 걸으며 계속적인 변화를 추구하고 있다. 유럽계 석유산업 업체들은 혁신적인 기술력과 석유단체들의 구조변화에 힘입어 이미 시추와 채굴, 정제 분야의 모든 공정을 미래지향적인 안목에서 개선해왔다. 이러한 인식전환이 가능했던 이유는 우선 각종 오염으로 인해 괴로워하던 일반 대중이 정치권에 압력을 행사했기 때문이다. 일반 대중은 환경문제와 관련된 각종 스캔들이 일어나자 충분한 손해방지 대책을 강구할 것을 요구했다. 동시에 석유 콘체른의 사장들도 자신들 소유의 원료에 대해 근본적으로 입장을 바꾸기 시작했다. 석유와 가스는 산업발전이 진행되는 동안에 주로 난방연료나 에너지 공급원으로 사용되었지만, 이러한 상황은 몇십 년 안에 상당한 변화를 겪었다. 사람들은 '에소'와 '모빌 오일' 사이에 이루어진 대합병 과정을 지켜보면서, 이미 오래 전부터 앞으로 다가올 기술문명의 주역인 석유를 어떻게 미래지향적으로 활용할 수 있을지 숙고하기 시작했다. 즉 사람들은 석유를 더 이상 연료로서가 아니라 새로운 '생활과학' 문화를 창출해낼 수 있는 기본적인 소재로 이해하기 시작한 것이다.

이 생활과학 문화를 '신경제'라는 용어로 표현할 수도 있을 것이다. '신경제'에 사용되는 석유는 기존의 약학, 생화학, 유전자공학의 범위를 아주 혁신적으로 확대할 것이다. 이 분야들에서 추구하는 목표는 세 가지로 요약할 수 있다. 첫째, 사람들 생활의 질을 향상시키고 둘째, 학문적인 지식을 활용하여 수많은 질병으로 시달리는 인간의 존재를 결정적으로 변화시키며 셋째, 인류의 자산인 석유를 궁극적으로 공익을 위해 사용하는 것이다.

이와 관련하여 원유에서 높은 함유 비율을 차지하고 있는 파라핀을 한번 생각해보자. 이 무독성물질은 제약업계에서는 연고의 주요성분으로 상처를 치유하는 데 쓰이고 있으며, 화장품업계에서는 크림의 주요성분으로 사용된다. 원유에서 얻어지는 유독성 페놀은 소량만 사용할 경우 특히 인간 유전자와 박테리아에 기초해 생산해낸 인슐린을 온도의 변화와 무관하게 유지될 수 있도록 돕는 기능을 한다. 이것은 마치 수백만 명이나 되는 이 세상의 모든 당뇨병 환자들에게 매일매일 내려지는 신의 은총과 같다. 이 환자 중에는 사우디아라비아의 왕 '파드'(Fahd: 파이살의 이복동생이며, 1982년 6월 할리드 국왕의 사망으로 왕위를 계승했다. 석유와 깊은 인연을 맺은 사우디아라비아의 왕들 이야기는 11장에 자세히 나와 있다―옮긴이)도 들어 있다.

1863년 창업 이후 전통을 중시해온 프랑크푸르트의 '회히스트 주식회사'의 발전사를 살펴보면 최근에는 석유를 유해한 연료에서 인간에게 유익한 문화적 자산으로 재평가하는 경향이 두드러지게 나타나고 있음을 알 수 있다. 전래의 산업주의와 비교할 때 거의 극적이라고도 할 수 있을 이러한 인식전환이 아무런 저항 없이 일어난 것은 아니다. 더욱이 놀랄 만한 일은 이렇게 인식이 바뀐 이유가 노동조합이나 카르텔 감독청의 개입 때문이 아니었다는 사실에 있다. 석유가 인간에게 유익한 문화자산으로 재평가된 데에는 쿠웨이트의 한 석유회사가 중요한 역할을 했다. 이 쿠웨이트의 석유회사는 옛 '파르벤 콘체른'의 주식자본 중에서 4분의 1에 해당하는 주식을 가까스로 보유하고 있었다. 파르벤 콘체른은 붉은색 아닐린 염료인 '푹신'(진홍색 화학염료로 별칭은 마젠타―옮긴이)과 천연가스로부터 플라스틱을 생산해내는 것 외에 페니실린과 인슐린의 조달로 일찍부터 명성을 떨치던 회사였다. 그러나 아랍의 주주들은 잠시 밀고 당기는 협상 끝에, 쿠웨이트의 석유회사와 프랑스의 거대 제약회사인 론느-풀랑이 합병하는 데 동의했다. 이로부터 '아벤티스'라는 새로운 이름을 건 미래의 콘체른이 탄생한다. 연료의 기능만 수행하던 석유는 석유산업이 제약회사와 합병함으로써 인류의 건강을 위한 의학 재료로 다시 태어날 수 있게 된 것이다.

석유 콘체른 셸과 BP(British Petroleum: 영국 국영 석유회사. 이하 브리

서문

티시 석유로 통일—옮긴이)는 오늘날 세계 최고의 태양전지 생산자이자 동시에 이를 활용하는 사용자다. 이 사실은 기존 석유산업이 역사적으로 대대적인 구조개혁을 해나가고 있음을 보여준다. 그러나 환경파괴의 주범으로 인식되던 정유회사가 대체에너지 개발과 활용의 선두주자로 나서고 있는 상황에서도 몇 가지 근본적인 의문점들은 여전히 해명되지 않고 있다. 이 문제와 관련하여 먼저 제2의 산업혁명의 산물이라고 할 수 있는 컴퓨터에 대해 한번 살펴보자. 무엇보다도 기술지상주의적 사고들은 이제 "제2의 계몽주의"(닐 포스트맨이 사용한 용어)를 필요로 한다(이하 " " 뒤에 괄호로 병기한 인명은 그 표현을 쓴 사람을 가리킨다—옮긴이). 19세기에 일어난 '제1의 계몽주의'로 인해 자연의 탈신비화가 진행되었다면, 이제 제2의 계몽주의는 자연과 인간을 보호하기 위한 규범체계인 윤리를 재획득해야 한다. 자연과 인간을 위한 규범체계로서 윤리는 세계화된 석유산업이 미래에 제기될 요구들을 충족시키고자 할 때 절대 외면해서는 안 될 보편적인 관심사다.

 자연과 인간을 위해 난방의 목적으로 사용되었던 석유나 천연가스, 석탄의 비율을 점차 감소시키고 전기의 공급원이었던 핵발전소마저 폐기시킬 경우에, 부족한 에너지를 보충할 수 있는 대체에너지가 필요하게 된다. 이러한 경우에는 환경친화적이고 매우 효율적인 불연소에너지 형태의 혼합에너지가 생겨나야만 할 것이다.

 따라서 지금까지 잘 활용된 수력에너지, 태양력에너지, 풍력에너지 말고 앞으로는 지열도 1차적인 에너지 원천에 포함시켜야 할 것이다. 광산 시추업자들에게 지열은 이미 오래 전부터 잘 알려진 것이었다. 지열은 '심층지열'(지열이 지구 중심점을 향해 갈수록 지속적으로 증가하는 원리—옮긴이) 현상에 기초를 두고 있다. 지열은 유럽과 북미에서는 백 미터 깊이에서 족히 3도 정도를 기록하고 있다. 2백 미터 넘게 파내려간

시추 구멍의 끝 지점에서는 지속적으로 열이 감지되는데, 그 열은 그곳에 스며든 물을 펄펄 끓게 만들 정도로 뜨겁다. 지열이 감지되면 아무리 세척액(드릴로 시추 구멍을 뚫을 때 드릴의 열을 식히고, 동시에 채집용 암석에 묻어 있는 진흙을 털어내며 캐 올리기 위해 투입하는 액체—옮긴이)을 투입한다고 해도 모두 다 증발해버릴 위험이 있기 때문에 시추탑 위쪽에서는 지열을 두려워한다. 그러나 아일랜드나 이탈리아에서는 이렇게 가열된 열을 이미 오래 전부터 사용해왔다. 미국에서 충분히 시험된 '고온암체'(소량 또는 물을 전혀 함유하고 있지 않은, 비정상적으로 높은 열을 지닌 지질층의 표면 아래를 사용하는 방식. 제1차 시추 구멍을 통해 높은 열을 함유한 건조한 지질층까지 물을 흘려 넣는다. 이 물은 뜨거운 돌에 닿아 가열된 후 전기를 일으키기 위해 사용되는 제2의 시추 구멍을 통해 지표면으로 되돌아온다. 물은 재가열하기 위해 첫 번째 시추 구멍으로 다시 투입되고 그 후 또다시 사용된다—옮긴이) 발전방식은 이미 몇 년 전부터 베를린 근교의 브란덴부르크 지역에서 훌륭하게 사용되고 있다. 이 방식을 사용하면 유해물질을 발생시키지 않고서도 에너지를 얻을 수 있다. 따라서 에너지를 얻기 위해 설치하던 석유 소각장이나 석탄 오븐, 가스레인지나 태양전지, 풍력기의 송풍기나 원자로에서 나오는 우라늄-핵연료봉이 전혀 필요 없게 된다. 이중에서도 특히 원자로의 핵폐기물 처리문제는 원자력발전소를 가지고 있는 그 어느 나라에서도 아직까지 해결하지 못하고 있는 문제다.

지금까지 "잊혀졌던 이 에너지"(베르너 부스만)를 개발하고 채취하는 경우 아이슬란드의 몇몇 농장들과 마을을 비롯한 도시 전체에 깨끗한 난방열을 늘 공급할 수 있을 것이다. 이 에너지 개발에는 펌프로 불어넣은 공기도 사용될 수 있을 것이다. 지열에너지를 얻을 때 동시에 발생되는 전기는 우리가 절실히 원하는 무공해 전기자동차 개발에 영향을 미칠 수도 있을 것이다. 전기자동차는 밤에 충전을 시키면 그만인 데다, 우리의 건강을 위협하거나 부담이 되는 잠재적 유해요소가 전혀 들어 있지 않다. 이처럼 지열을 사용하여 비축된 상당량의 소중한 석유는 생명과학 분야에 쓸 수 있을 것이다.

'뜨거운 공기'를 활용한다는 상상력은 상당히 실질적인 것이다. 왜냐하면 우선 이 상상력을 성사시키기 위해 굴착기술과 채굴기술에서 축적된, 거의 2백 년이나 되는 경험을 활용할 수 있기 때문이다. 그리고 이 기술은 미래에 심해 해저탐사 영역으로 뻗쳐 나가면서 5천 미터 굴착기술(2001년을 기준으로 현재의 굴착기술은 미국의 유전지대에서 천공 길이가 8천 미터에 달하는 것도 있다—옮긴이)의 한계를 훨씬 넘어서게 될 것이기 때문이다.

석유에 대한 수요가 점점 증가함에 따라 심해 굴착기술에 대한 개발 요구도 점차 제기되고 있다. 물론 그러한 고도의 기술을 개발하기 위해서는 이에 필요한 투자를 유치하려는 특별한 노력이 필요하다. 그러나 전 세계에서 활동 중인 대형 콘체른들은 연료사업만 가지고는 그러한 투자자본을 더 이상 조달할 수가 없다. 예를 하나 들어보자. 2000년 여름에 유럽 전역에서 휘발유값이 급등했다. 그러나 자동차 운전자들로부터 이 휘발유값을 챙긴 자들은 정치가들도, 언론매체도, 술집 탁자에서 사람들에게 안주거리로 씹히곤 하는 다국적 석유기업이나 석유 샤이히(이슬람 지역 지도층 인사에 대한 존칭—옮긴이)들도 아니었다. 오히려 석유로 얻는 이익의 상당부분이 세금 형태로 국고로 유입되는 동안, 석유 콘체른들은 이 사업 분야에서 상당한 적자를 기록하고 있었다. 석유를 자급자족하면서 수출도 하고 있는 나라들 가운데 영국은 석유이익의 88%가 국고로 유입되며 노르웨이 83%, 독일 77%, 네덜란드 45%, 그리고 미국은 31.5%가 국고로 유입된다.

이 예들은 특히 독일의 환경세와 관련해서 본다면 석유경제가 (국

가) 산업의 가장 중요한 토대가 될 뿐만 아니라 그 외에도 여러 가지 기여하는 바가 많다는 것을 분명하게 보여주고 있다. 석유산업은 석유로 가공되는 생산물에 가해지는 각종 세금 때문에 점차 각 나라 재정의 아주 중요한 수입원이 되었다. 석유는 이러한 이유에서 에너지 영역에서 투자 조정장치의 책임을 상당부분 맡고 있는 정치로부터 막대한 영향을 받는다. 국가가 평화적으로 쓸 수 있는 핵에너지를 얼마나 전적으로 활성화하고 있는가에 한번 눈길을 돌려보자. 그러면 석유 없이 전기를 생산한다는 명목으로 지금까지 핵에너지 분야에 공적 자금을 배분한 것이 얼마나 형평성을 잃은 처사인지 충분히 이해가 갈 것이다. 오히려 이렇게 핵에너지를 선호하는 배경에는 정치적인 동기가 깔려 있다. 즉 석유가 부족해질 것이라는 두려움이 그 배경에 자리 잡고 있는 것이다. 독일 연방 수상이었던 빌리 브란트는 한때 석유의 부족을 기정사실화한 적이 있었다. 그는 석유의 부족에 대한 대응방안으로 1973년에 자신이 속한 사민당 정부에게 '일요일 자동차 운행금지 조처'를 내렸다.

'로마클럽'(1968년 4월 서유럽의 정계·재계·학계의 지도급 인사가 이탈리아 로마에서 결성한 국제적인 미래 연구기관—옮긴이)의 전문가들이 1972년에 발표한 「성장의 한계」라는 제목의 보고서에는 세기말에 석유가 거의 바닥날 것이라는 심각한 가정이 실려 있다. 이러한 가정이 나온 맥락을 살펴볼 때, 브란트가 석유고갈이라는 경고를 진지하게 받아들여 1973년에 터진 유가위기에 '일요일 자동차 운행금지 조처'로 대응한 것은 충분히 이해가 갈 것이다. 그러나 세계의 석유와 석유기술 그리고 종종 이와 아주 복잡하게 얽혀 있는 유가라는 측면에서 보면, 이러한 일련의 대응책들은 석유에 대한 지식 및 정보 부족에서 나왔다는 것을 알 수 있다.

여기서 1999년 2월에 역사상 최대의 석유유출 사고가 발생했고, 그 당시 유가가 잠시이긴 하나 10달러 밑으로 떨어졌던 것을 기억해보

서문

자. 이것은 1973년 유가파동 당시 기록했던 배럴당 12달러보다 더 형편없는 가격이었다. 이 사건은 로마클럽의 전문가들이 예견했던 가설이 틀렸음을 시장에서 증명했을 뿐만 아니라 가격 카르텔인 석유수출국기구(OPEC)도 정기적으로 비난받는 다국적 석유기업만큼이나 별 힘이 없다는 사실을 보여준다.

이러 저러한 유가변동에도 앞으로의 석유공급에 대한 걱정은 여전히 주요 테마로 남아 있다. 특히 수억의 인구를 가진 중국이나 인도가 나라의 주요 동력원으로 석유연료를 쓸 채비를 갖추고 있기 때문에 더욱 그러하다. 오늘날 많은 사람들에게 '미국이 걸어간 길'은 스모그와 호흡기질환, 미국 외에 일본과 다른 아시아 국가들에서도 나타나고 있는 환경오염 때문에 이미 악몽이 되었다.

환경오염의 주범이기도 한 매연은 생활의 질을 상당히 떨어뜨린다. 실제로 지금 우리는 매연이 시커멓게 뒤덮인 도시라는 공포 시나리오에 직면해 있다. 따라서 우리는 프로메테우스 신드롬에 대해 한번 깊이 고려해봐야 한다. 무엇보다도 지질학자 콜린 캠펠이 경고하는 바가 특히 중요하다. 그는 지구 전역에 흩어져 있는 1,800개나 되는 유전의 석유채굴에 관한 데이터를 비교 검토했다. 그는 누구나 이용할 수 있는 이 데이터를 토대로 확실한 석유비축량과 현재 우리가 필요로 하는 석유수요 사이에 네 배의 차이가 있음을 확인했다. 그의 통계에 따르면 지금 우리는 지금까지 저장되어 있는 석유비축량보다 네 배나 많은 양의 석유를 사용하고 있다는 뜻이 된다. 따라서 비축된 석유는 현재 우리가 필요로 하는 석유수요량 중에서 단지 4분의 1만을 공급할 수 있다는 논리가 성립한다.

그러나 석유의 역사를 살펴보면 이와 비슷한 데이터는 수도 없이 많이 발견할 수 있다. 또한 내가 보기에는 이러한 자료들이 좀 성급하게 작성된 듯한 인상이 든다. 왜냐하면 지금까지 발표된 데이터들에서는 지구 대륙의 절반가량을 차지하는 부분들이 석유지질학적으로나 석유 시추 기술 측면에서 배제되어 있기 때문이다. 정확히 말해서 일곱 개나 되는 대양의 심해를 제외하더라도 아프리카나 라틴아메리카, 아시아, 남극과 북극을 포함하는 해안지역들이 이러한 자료들에서 제외되어 있는 실정이다. 더욱이 이러한 최종 자료들은 석유를 채굴할 때 투입되는 2차적인 채굴방법뿐만 아니라 3차적인 채굴방법도 충분히 고려하고 있지 않다. 이 2차적, 3차적인 채굴방법들도 고려해야 옛 석유보유 지역과 새 석유보유 지역이 제대로 다 다루어졌다고 할 수 있다. 게다가 캠펠이 작성한 것과 같은 자료들엔 오늘날에야 비로소 가능하게 된 새로운 기술, 곧 박테리아를 사용하여 모체광맥 속의 원유를 완전하게 채굴하는 기술은 전혀 고려되어 있지 않다.

포스트모던 시대에 석유를 둘러싸고 지질학계나 기술계, 경제계 그리고 정치계에서 무슨 말을 하든지 간에, 석유의 역사를 쓰고자 하는 이 최초의 시도는 윤리적인 문제와 연결되어 있다. 그리고 이 윤리적 문제는 지금도 여전히 위험한 결과를 초래할 수 있는 요소다. 1901년에 『산업혁명』을 기술한 역사가인 찰스 오스틴 비어드(1874~1948, 미국의 역사학자—옮긴이)는 이러한 윤리적인 맥락에 많은 관심을 기울였다. 그에 앞서 존 실버는 1989년에 『미국은 구원될 수 있는가?』라는 책을 저술하면서 이 윤리문제에 사람들의 각성을 촉구했다. 헤르베르트 그룰도 1992년에 자신이 열정적으로 작성한 종말시대의 보고서 『무(無)로의 승천』에서 이 윤리문제를 다루었다.

중요한 것은 역사와 현재, 권력과 도덕, 기술과 윤리 간의 관계 그리고 궁극적으로는 석유산업 내에서조차 문제로 삼았던 새로운 인간상의 정립이다. 이 책에서는 지금까지 언급했던 개별 경우들을 모두 상세

서문

히 다루고자 하며, 테마를 '석유시추, 맥주 폭음, 자동차 운전'과 같은 상투어에 제한하지 않으려고 한다. 나는 이 책을 저술함으로써 인간들에게 유익한 것이 무엇인지를 밝혀내고자 한다. 이 책의 저술목적 가운데 하나는 태곳적에 지구의 어둡고 깊은 땅 속에서 나온 석유의 치유능력이 궁지의 벼랑 끝에 몰린 인간에게 확실한 출구를 열어주었다는 사실을 강조하는 것이다. 물론 그 사실이 살아남기 위해서는 아무리 좋은 것이라도 항상 새롭게 혁신해야 한다는 인식은 선행되어야 할 것이다.

감당하기 어려운 사실이지만, 2000년에 헤이그에서 열린 기후정상회담은 다음과 같은 놀랄 만한 결과를 제시했다. 즉 비율로 볼 때, 지구환경을 가장 많이 오염시키고 있는 국가들은 특히 미국, 캐나다, 일본 그리고 러시아라는 것이다. 그러나 이들 국가는 이러한 명백한 사실이 있음에도 교토에서 합의한 의무조항들을 비준하고 그것을 실질적으로 확대해 나가며 시급하게 필요한 대기 환경보호 조치를 강화할 준비가 전혀 되어 있지 않았다.

이 문제를 담당하는 정치가들에게는 자연을 위임받은 것으로 생각하는 위임자로서의 정신이 부족한 듯 보인다. 위임자가 지녀야 할 정신은 세계의 모든 종교에 이미 각인되어 있는데, 존 D. 록펠러도 이 정신을 1869년부터 1937년 사이에 침례교인으로서 자신만의 방식으로 발전시키고자 했다. 록펠러는 자본주의적으로 행동했던 기업가이자 세계에서 가장 큰 석유 콘체른인 에소의 사장이었다. 그는 자신의 전설적인 재산을 장학금 명목으로 내놓아 그 재산이 공적으로 사용될 수 있게끔 만들었다. 아마도 그의 의식 속에는 이러한 행동을 통해 영원히 '악마의 눈물'을 좇아 사냥하고 있는 이 거친 세상과 평형을 유지하고 싶은 마음이 있었을지도 모른다. 그는 자신의 이익과 공공의 안녕을 위해 평생 동안 일한 석유산업 속에 들어 있는 유황과 역청, 그리고 피의 흔적을 기억하면서 석유의 본질을 '악마의 눈물'이라는 말로 규정지었다고 한다.

이 책에서 록펠러의 발전 과정을 집중적으로 다루어보는 것도 가치가 있겠으나, 그는 이미 자신의 길고도 활동적인 삶 그 자체로 석유역사상 가장 흥분되는 역사의 한 장을 기록했다. 따라서 이 책에서는 석유의 역사에서 나타난 초기 독과점 경향과 시장을 길들이기 위해 결성된 카르텔 형성의 측면에서 록펠러라는 인물이 분석되고 가치 평가될 것이다. 록펠러를 다룬 여러 유형의 전기들을 읽어보면 아쉬운 부분이 이곳저곳 눈에 띈다. 특히 아쉬운 점은 석유기술 부분에서 록펠러가 담당했던 인상적인 역할이 그냥 언급만 되어 있을 뿐 집중적으로 조명되고 있지 않다는 점이다. 록펠러가 석유와 관련된 기술부분에서 기여한 공로는 조금씩 퇴색되는 듯한 인상마저 풍기고 있다.

전기를 쓰는 대부분의 역사학자들이 기술과 관련된 생소한 분야에 대해 글을 쓸 때 어려움을 느끼는 것은 당연한 일이다. 나는 이 고충을 충분히 이해한다. 게다가 록펠러는 1차적으로는 상인이었고 1919년까지 상품화 이데올로기 내지 이익을 남기는 '다운스트림'(석유산업의 하류부문에 해당하는 수송, 정제, 판매 단계를 말함―옮긴이)의 옹호자였다. 그는 이러한 기업가적인 태도를 지니고 있었기 때문에 석유경제에서 석유의 개발과 생산이라는 1차적인 분야, 즉 '업스트림'(석유산업의 상류부문에 해당하는 것으로 다운스트림에 대해 석유의 채굴부문을 지칭한다―옮긴이)과는 별로 관계를 맺고 싶어하지 않았다. 말하자면 그는 석유나 가스가 묻혀 있는 곳을 지질학적으로 탐사하고 온갖 노력을 기울여 시추하며 많은 돈을 써서 채굴하는 것을 모험을 즐기는 개척자들에게 맡겼다. 그리고 자신은 다운스트림을 조직하는 것, 곧 '검은 금'(석유―옮긴이)을 채굴지점에서 주유소의 계량급유기에 이르기까지 전부 상품화하는 데 만족했던 것이다.

서문

　록펠러를 그와 마찬가지로 성공한 동시대 사람이자 경쟁자였던 루트비히 노벨과 비교한다면, 석유라는 원료의 세계사가 기술과 연관을 맺지 않고는 생겨날 수 없었다는 점이 분명해진다. 루트비히 노벨은 아제르바이잔 공화국의 수도인 바쿠에서 전 세계적인 석유왕국을 세운 사람이다. 다이너마이트 왕이자 그에게 자금을 대준 알프레트 노벨의 형인 루트비히 노벨은 상인일 뿐만 아니라 고도의 기술을 발명해낸 발명가이자 기술자였다. 석유산업은 루트비히 노벨이 해낸 수많은 획기적인 혁신에 감사해야 한다. 무엇보다도 세계 최초의 유조선은 루트비히 노벨이 발명해낸 쾌거에 속한다.

　이 책에서는 석유산업의 두 분야, 즉 업스트림과 다운스트림이 초창기부터 오늘날까지 걸어온 과정을 몇 가지 중요한 테마를 중심으로 기술하고자 한다. 또한 이 두 분야의 내적인 연대기를 따르되, 법이나 정치와 같은 외적인 틀도 고려할 것이다. 나는 반복될 수 없는 요소들인 인물과 사건 간의 상호의존성을 강조하고 반복 가능한 요소들로서의 구조와 성향 간의 상호의존성이 분명하게 드러나도록 쓰고자 했다.

　궁극적으로 내가 써내려가는 역사서술 방식을 잘 살펴보면 숨겨진 매력이 많이 있다는 것을 알게 될 것이다. 예를 들면 이 책에는 한 사건의 핵심과 관련된 문제만 다루는 것이 아니라 그 사건이 우리에게 지금까지 미치고 있는 영향도 다루고 있다. 그리고 '우리가 현재와 미래에 자연과 어떤 관계로 지내야만 하는가?'라는 근본적인 질문도 제기된다. '지구영지학'(Geognosis: 지구를 신비적 직관을 따르는 신의 계시로 해석하는 학문. 훗날 '지질학'(Geologie)으로 명칭이 바뀜—옮긴이)과 교회와의 관계는 1784년까지만 해도 성경에 쓰여 있는 창조에 대한 보고에 따라 어떻게 하면 지구를 신비적 직관을 따르는 신의 계시에 맞게끔 이해할 수 있는가에 맞추어져 있었다. 그러나 그 이후에 지질학은 더 이상 교회가 사전에 정해둔 원칙을 따르지 않고 독자적인 행보를 걷게 되는데, 이것은 자연의 터부를 없애는 것을 최고의 계율로 삼았던 계몽주의가 체험한 가장 흥분되는 사건 가운데 하나다. 결국 이와 같은 자연의 터부 파괴는 자연을 산업적으로 사용 가능한 '죽은 물질'로 환언시키기에 이른다.

이와 같은 근대화 과정에서 제1차 계몽주의 이전에는 한 번도 생각해본 적이 없던 생산력의 제한이 풀리게 된다. 그러나 족히 3백 년이 넘는 시간 동안 고통스런 경험을 해온 지금 우리는 계몽주의가 우리의 생활의 질을 향상시키는 데 기여했을 뿐만 아니라 계몽주의의 기술결정주의적인 성향 때문에 극도로 파괴적인 모습을 보여주기도 했다는 것을 알고 있다. 계몽주의로 인해 우리가 짊어지게 된 부담은 점점 늘어가고 있는데, 이것은 종국에는 지구상에 살고 있는 모든 생명체의 종말을 의미할 수도 있을 것이다.

이러한 미래상을 경험하고 싶지 않고 최후의 순간이 다가오기 전에 한 그루의 사과나무를 심고 싶은 사람은 이 석유의 역사를 토대로 전문지식을 쌓고 충실한 자연지기로 자연을 대할 것을 충고하고 싶다. 이 책의 도움으로 이 소중한 우주선인 지구가 그가 속한 태양계에서 인간이 살 수 있는 곳으로 남아 있기를 간절히 바라는 바다.

1

덫에 걸린 석유

"인간이 자신의 미래를 환경친화적으로 만들고자 한다면, 인간은 세대 간에 서로 협력하여 자연을 보존하는 일에 최선을 다해야 할 것이다."

성서의 영향 아래 놓인 석유

텍사스에 석유에 대한 열광이 존재하던 1901년부터, 그러고 나서 1904년 이후 인디언이 사는 지역에서도—이 지역은 1907년에야 오클라호마 주로 미연방에 가입한다—대부분의 시추사업과 그들과 연계된 은행가들에게는 한 가지 자명한 사실이 있었다. 그것은 바로 "지질학이 아직까지 한 번도 유조선을 석유로 채운 적이 없었다."는 것이었다. 지질학이라는 학문 전체의 실용적 가치를 이렇게 거칠게 판단하는 것은 공정하지 못한 처사였다. 그럼에도 타이터스빌에서 스핀들탑을 거쳐 툴사에 이르기까지 이 지역 시추의 선구자들은 모두 이러한 세계관을 가지고 있었다. 이 남자들은 지질학자들의 소견서보다는 석유냄새를 맡아내는 자신들의 코와, 석유광맥을 찾아내는 마법의 지팡이, 그리고 이러 저러한 미신들을 더 신뢰했다. 사실 지질학자들은 광맥의 노출부위나 지층분석에 도움이 되는 화석표본들, 그리고 지질학적으로 어디가 배사습곡(背斜褶曲)지역인지는 잘 알고 있었으나 정작 찾고자 하는 석유매장지는 찾아내지 못했다.

그러나 지난 수백 년 동안 이러한 이론과 실천 간의 간극은 놀랄 만큼 줄어들었고 석유지질학자들은 오늘날 상당한 인정을 받고 있다. 그런데도 미국에서 석유위기의 징조가 분명해지면 사람들은 산업시대 이전부터 이미 머릿속에 각인되어 있었던 '천지창조설'의 입장을 내세우곤 한다. 심지어 천지창조설을 글자 그대로 믿는 창조론 옹호자들은 지구 나이를 성서에 쒸어 있는 그대로 받아들인다. 그들은 성서를 토대로 지구의 생성 시기가 다윈의 진화론에서처럼 대략 40억 년 전이 아니라 대략 6천 년 전이라는 주장을 편다. 이 계산은 성서에 적혀 있는 것처럼 신의 인간구원 계획에서 출발할 경우 성립되는 수치다.

이러한 맥락에서 얼마 전 '네스 국제에너지' 라는 석유회사의 직원 헤이시드 스티븐스는 자신의 엉뚱한 계획을 언론에 공개해 물의를 일으킨 바 있다. 그는 이제야말로 사해 밑에 축적되어 있고 지구 내부에서 모든 대륙을 떠받치고 있는 '석유 대서양' 을 뽑아 올려야 할 때라고 주장했다. 그의 추측대로라면 지금까지 석유가 부족했던 이스라엘이 사해를 이용할 수 없었던 이유는 사해의 거대한 소금덩어리가 그 석유 대서양으로 파고 들어갈 수 있는 입구를 막고 있었기 때문이다. 만약 이 막혀 있는 석유매장지 입구를 '네스 국제에너지' 의 시추팀이 뚫을 수 있다면, 이스라엘이 마침내 산유국이 될 수 있다고 그는 주장했다.

그의 주장대로라면 「이사야」 편에 예언되어 있는 대로 아랍인들이 수세대 동안 향유하고 있는 석유는 이스라엘 사람들에게도 이득을 가져다줄 것이다. 그러나 그것은 어쨌든 신이 지구상에서 낭비를 서슴지 않던 이들, 정의롭지 못한 이들, 그리고 호의호식하는 이들의 광란을 징벌한 뒤에야 가능할 것이다. 그리고 그들을 징벌할 때 사용하는 수단 역시 악마나 지옥세계를 묘사할 때 늘 쓰이곤 하는 역청과 유황일 것이다.

이러한 성서의 자연관과 신의 섭리가 결합되어 있는 모습은 오늘날 지질학계가 풀어야 할 과제를 분명하게 보여준다. 즉 지질학계는 오랫동안 사람들의 의식을 독점적으로 지배해왔던 성서의 영향력과 로마교회의 단독해석 결정권, 그리고 1517년 이후로는 개혁교회가 행사해온 단독성서 해석권한에서 벗어나기 위해 노력해야 한다는 사실이 바로 그것이다. 그러나 18세기까지도 서구의 대학들이나 학계 그리고 중·고등학교들은 이와 같은 성서의 영향 아래 놓여 있었다.

코페르니쿠스의 전환이 이루어진 뒤에야 비로소 개별 학문의 정신적 독립성을 쟁취하기 위한 투쟁이 진행되었다. 그리고 이와 더불어 신을 지상에서 하늘로 추방하고 식물계와 동물계에 세속적인 가치를 부여

1. 덫에 걸린 석유

해야 한다는 요구도 제기되었다. 이는 지금까지 지니고 있던 기존 자연관의 변화를 의미했다. 기존의 자연관이 자연을 영혼이 있는 존재로 취급했다면, 이제 자연은 그저 생명이 없는 하나의 재료며 더 나아가 누구나 가질 수 있는 하나의 소유물로 전락했다.

학문과 기술, 이론과 실천 간의 긴장감 넘치는 관계는 이렇듯 오랫동안 유지되어왔다. 석유와 관련하여 1755년 포르투갈의 리사본에서 한 가지 중요한 사건이 발생했는데, 그것은 다름 아닌 엄청난 파괴력을 지닌 지진의 발생이었다. 그 당시 러시아 태생의 학자 미하일 로모노소프 (1711~1765, 러시아 태생의 작가이자 화학자이며 천문학자—옮긴이)는 처음으로 바쿠 지역의 석유를 분석해서, 정확하게 규정할 수는 없지만, 이 페트롤리움 또는 석유라고 불리는 물질이 분명히 유기적인 근원을 가지고 있을 것이라는 견해를 피력했다.

석유의 유기적인 근원을 밝힌 사람은 영국의 위대한 자연철학자이자 물리학자인 마이클 패러데이였다. 그는 악마의 재료인 석유가 지닌 수수께끼를 풀기 위해 1824년에 벤젠을 발견했고, 전자기 유도의 도움으로 새로운 방식을 사용하여 석유의 근원을 밝혀냈다. 그러나 석유라는 것은 여러 면에서 복잡한 문제를 유발했다. 석유는 지질학자와 화학자들에게만 온갖 골칫거리를 안겨준 것이 아니었다. 법률가들 역시 석유 때문에 골머리를 앓고 있었다. 왜냐하면 그 당시까지만 해도 움직이는 물질의 형태로(라틴어로 표현하자면 res mobilis) 지구 내부로부터 흘러나오는 이 액체덩어리를 뭔가 뚜렷한 개념으로 규정할 수가 없었기 때문이다. 또한 수백 년 동안이나 통용되어온 채굴권과 수익권에 상응하는 개념을 이 석유에 적용할 수도 없었다.

그러던 중 1859년 이후 세계에서 가장 큰 석유생산국으로 부상해 오늘날 이 원료를 활용하는 데 가장 중요한 국가가 된 미국에서 지극히

33

실용적인 해결안이 나왔다. 즉 야생동물이나 무생물체가 법적으로 지니는 가치와 동일하게 석유를 취급하자는 해결안이 바로 그것이었다. 말하자면 석유를 받아 모아서 통에 담을 수 있는 사람은 그 석유를 자유롭게 사용할 수 있다는 것이었다.

이러한 가치평가 때문에 미국의 석유업자들이 지금까지 미개척지역으로 남아 있던 지역에서 현대적인 기술로 시추를 하는 경우에도 여전히 이 작업을 '와일드 캣' (wildcat: 글자 그대로의 뜻은 살쾡이지만, 미개척지역에서 석유나 가스를 탐사하는 행위를 가리킨다. 석유 전문용어로는 시험시추―옮긴이)이라고 부르고 있다. 거대 석유회사인 에소가 "유조선 속에 있는 호랑이"라는 슬로건을 내세워 세계 도처의 고객을 주유소의 계량급유기로 유혹할 때 사용한 광고전략 역시 이러한 산업사회 이전에 나왔던 발상에 기초를 두고 있다.

불의 힘인가 물의 힘인가?

돌로 하여금 무언가를 말하게 만들 수 있다면, 그것은 대단한 기술일 것이다. 성서에 씌어 있는 창조를 '끝없는 사변의 장'으로 오해하지 않는다는 것을 전제로 할 경우, 이러한 기술은 신이 내린 은총 내지 수공업과 같은 손재주가 필요한 학문으로 이해될 수 있을 것이다. 스코틀랜드의 법률가이자 지질학자인 찰스 라이얼(1797~1875)도 이미 1832년에 지질학을 후원하거나 연구하는 사람들 모두에게 성서의 창조에 관한 부분을 사변의 장으로 삼지 말라고 경고한 바 있었다.

덴마크의 닐스 스텐센(1638~1686, 덴마크의 해부학자, 지질학자, 신학자. 라틴어 명칭은 니콜라우스 스테노. 1669년에는 지질학적 관찰 결과를 종합하여

1. 덫에 걸린 석유

「자연의 작용으로 고체 속에 밀폐된 고형체에 관한 니콜라우스 스테노의 논문 서론」을 발표하여 근대 지질학의 기초를 세웠다—옮긴이)은 이러한 계몽적 입장에 입각하여 자연에서 나타나는 개별 경우를 분석하고, 그것을 비교 작업을 거친 후 지구 전체에 적용하는 방법을 사용했다. 그는 세기적 걸작이라고 할 수 있는 『서풍』에서 과감하게 자신이 탐색한 토스카나 지역을 전 세계에 영향을 미치는 조형적 힘이 어떠한지 설명하기 위한 모델로 사용했다. 그는 처음으로 고생대 석기층과 신생대 석기층을 구별했고 이로써 성서의 창조설에 나와 있는 시대 배열에 파격적인 의문을 제기한 셈이 됐다. 그것은 위험천만한 시도였다. 특히 루터파에 속해 있던 스텐센이 가톨릭으로 전향했기 때문에 더욱 그러했다. 가톨릭 교조주의자들은 1600년 이전까지도, 우주진화론을 생각해냈다는 이유로 조르다노 브루노(코페르니쿠스와 고대 원자론자 에피쿠로스의 영향을 입은 브루노는 갈릴레오보다 14년 앞서서 세계의 중심은 지구가 아니라 태양이며, 우리와 닮은 수많은 '태양계'가 존재한다고 주장했다—옮긴이)를 이단자로 몰아 산 채로 로마에서 공개 화형시켰으며, 1663년에는 천문학자인 갈릴레오에게 함구령을 내렸다. 그의 독일인 동료이자 루터파 교인인 요하네스 케플러는 교단에서 추방당하는 식으로 제거되었다. 암스테르담의 완고한 라비나트(라비의 직위를 가리키는 말—옮긴이)의 태도도 가톨릭 교조주의자들의 태도와 별반 다르지 않았다. 즉 그는 1654년에 렌즈 연마공이면서 윤리학자였던 스피노자에게 오늘날까지도 파기되지 않고 있는 파문의 저주를 붙였던 것이다. 스피노자가 자연에 신을 연관시켰다는 게(원문은 Deus sive natura로, 해석하면 '자연은 신과 다를 바 없다'는 뜻이다—옮긴이) 파문의 이유였다.

 스텐센, 뉴턴, 라이프니츠 그리고 크리스토퍼 폴헴 세대에 와서야 비로소 기존의 노선에서 벗어나는 인식의 대가로 목숨을 바쳐야 하는 위험은 줄어들게 되었다. 이렇게 모든 자연현상을 해명해 나가는 끝에 드디어 1784년 한 세기의 획을 긋는 칸트의 질문 '계몽이란 무엇인가?'가 생겨나게 된다.

이 질문에 대한 대답은 보편적인 이성을 신학의 감독을 받지 않고 개인적으로 사용할 수 있다는 고백으로 해석할 수 있으며, 이 견해는 기존의 지구과학에도 영향을 미치게 된다. 지구과학은 같은 해에 더 이상 '지구영지학'으로 불리지 않고 '지질학'으로 명칭이 변경된다. 지질학은 이렇게 명칭 자체를 근본적으로 바꾼 것과 함께 백 년 내에 정신적으로나 구조적으로 바뀐 것이 무엇인지를 잘 보여주고 있다. 1680년까지만 해도 토머스 버넷(영국의 저명한 성직자며 과학자. 성경을 바탕으로 해서 지구의 역사를 일곱 단계로 구분했다—옮긴이)은 성서에 기록되어 있는 대로 자연에서 지구 창조의 흔적을 찾아가는 '지구 신성론'을 제기했다. 그러나 그로부터 백 년 후 제임스 허턴(1726~1797, 동일과정설 또는 균일성이론을 제시하며 무한한 지질연대 개념을 도입함. 이 이론은 '현재는 과거를 아는 열쇠다'라는 기치 아래 만물의 기원과 발달은 현재의 자연법칙이나 현재의 진행 과정과 같은 관점으로 설명될 수 있다고 주장하는 가설이다—옮긴이)은 성서의 내용과 전혀 상관없는 상당히 세속적인 『지구에 관한 이론』이라는 책을 펴낼 수 있었다.

지층이 특별한 순서에 따라 배열되어 있다는 스텐센의 학설은 허턴의 위의 책에서 원칙상 증명되었다. 자신의 동료 스텐센을 '지질학의 아버지'로 칭송했던 허턴은 이 밖에도 화석화된 동식물에 관한 연구로 업적을 남겼다. 허턴은 이 연구로 1799년부터는 소위 자연이 남겨놓은 지문인 (지층분석의 자료가 되는) 표준화석에 관해 말할 수 있는 전제 조건을 마련했다. 이 표준화석은 고생물대에 존재했던 커다란 암모나이

바쿠 유전지역에 있는 타르 구덩이의 노출부위

석유를 파내기 위해 사용하는 지름 1.5밀리미터의 파이프 속에 들어 있는 표준화석. 이것이 지층분석의 자료가 된다.

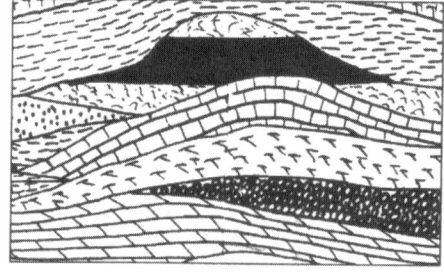

배사습곡(背斜褶曲)지층

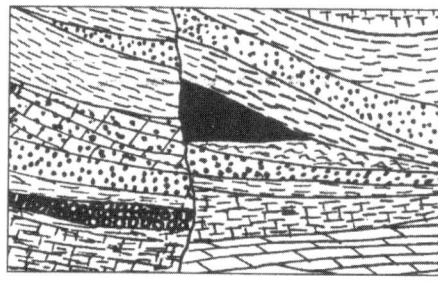

단층지층

소금 궁륭암류(穹窿巖流)지층

부정합지층

지질구조로 본 석유덫

트일 수도 있고 아주 작은 삼엽충일 수도 있다. 또한 미생물학적으로 볼 때 이 표준화석은 작은 단세포생물일 수도 있고 아니면 꽃가루와 같은 식물의 일부분일 수도 있다. 이 표준화석들은 특별한 지층에서만 발견되고, 해당 기(紀)를 나타내는 특성을 지니고 있다.

이러한 것들을 밝히는 것은 수세기 동안 학문적인 자세로 이 문제에 접근했던 고생물학자들의 과제였을 뿐만 아니라, 현지에서 일하는 석유지질학자들의 과제기도 했다. 그들은 이 작업 과정에서 시추지점에서 '세척액'으로 씻은 뒤(시추 때 잘게 깨진 조각들을 불순물을 제거하기 위해 물로 씻는 과정—옮긴이) 지상으로 운반한 '시추 과정에서 깨진 파편들'을 미터씩 재서 특별히 제작된 작은 상자 속에 수집해놓는 과정—이렇게 수집된 것은 '견본'화되어 보관된다—에 특히 주의를 기울여야 했다. 이것은 그 다음 작업 단계에서 이 파편들에 새겨져 있는 화석들을 세척하고 조사하고 시대별로 정렬할 수 있도록 하기 위한 조처다. 이미 석유나 가스가 채굴된 지역에서 발견하여 표본화해놓은 광물화석의 표본과 비교해서 그 파편들에서 어느 정도 비슷한 표본구조가 나타나는 경우에는 그 지역을 석유매장 지역으로 간주할 수 있다.

지질학 전문가들이 '시추핵'(석유를 시추할 때 사용하는 속이 텅 빈, 통상 지름 1.5밀리미터 정도 되는 드릴용 파이프 안에 들어 있는 핵심부분—옮긴이)을 분석할 때, 이렇게 지질학에서 실제로 활용하는 것들이 유용하게 쓰인다. 여기서 중요한 것은 시추 중에 몇 미터에 걸쳐 나타나는 산맥에 대한 정보다. 실질적으로는 이 산맥에 대한 정보는 '시추핵'으로부터 얻어낸다. 왜냐하면 성인 남자의 한쪽 팔뚝만한 지름을 지닌 이 둥근 돌(시추용 파이프의 속이 비어 있기 때문에 드릴작업 때 속이 빈 파이프에 끼게 되는 돌을 파냈을 때는 그 모양이 파이프 내부의 모양처럼 원형이 된다—옮긴이) 끄트머리에서 시추지점의 지층 경사각과 광석구조 그리고 광석의 미세 구멍의 크기가 정확히 측정될 수 있기 때문이다. 그러나 이것보다 더 중요한 것은 '0.001 다시'(Darcy: 액체의 투과성 내지 침투성을 재는 단위—옮긴이)에 들어 있는 투과성과 침투성을 측정하는 일이다.

한 프랑스 광물학자의 이름을 따서 명명된 이 단위는 모든 광석들을 질과 구조에 따라 두 종류로 근본적으로 다르게 구분하고 있다. 이 구분법은 이 분야 전문가들 사이에서 오랫동안 논란의 여지가 되어왔고 격렬한 논쟁을 불러일으켰다. 또한 지질학자들을 서로 다른 두 학문 분야로—암석수성론과 암석화성론—양분하는 결과를 낳기도 했다.

한편으로 '암석수성(水成)론' 자들은 모든 물질, 그중에서도 특히 광물은 모두 물로 인해 생겨났다고 믿는다. 그러므로 그들은 해저침전물의 연구와 함께 모래나 석회결합물질로 구성되어 있는 '퇴적암'의 연구에 집중해야 한다고 말한다.

퇴적암의 구멍들은 아주 작은 '모세관'으로 서로 연결되어 있기 때문에 점성을 지닌 모든 액체성분을 투과시킬 수 있다. 퇴적암에서 가끔 나타나기도 하는 엄청난 '미세 구멍이 만들어낸 공간' 속에는 소금물이나 기름 혹은 천연가스가 함유되어 있는 경우도 있다. 그리고 퇴적암층 내부의 압력이 약해지거나 깨질 경우에 모체광맥으로부터 이 매질(媒質)들이 방출된다. 이렇게 모체광맥의 압력이 깨지는 경우를 살펴보면, 그 대부분은 시추를 하거나(드릴로 이 광맥에 구멍을 뚫거나) 지질학적인 붕괴가 일어나거나 아니면 지진으로 인해 지층의 위치가 바뀌는 경우다.

'투과성'이라는 구조적 특성은 석유와 가스가 오직 퇴적암층에만 저장될 수 있기 위한 필수불가결한 전제조건이다. 이 기본 조건을 염두에 둘 때, 1991년도 『지오』 잡지에 실린 석유함유의 지질학에 관한 다음과 같은 보고는 상당히 왜곡된 것처럼 보인다. "노획할 만한 가치가 있

1. 덫에 걸린 석유

으려면 은폐광석(모체광석) 밑에 가능한 한 공기 구멍이 많은 광석이, 예를 들면 구멍마다 석유로 가득 찬 오래된 산호암초와 같은 광석이 놓여 있어야만 한다."

엄밀하게 따져볼 때, 『지오』에 실린 이 문구는 잘못된 정보를 담고 있다. 첫 번째로 쓸모 있는 노획품을 얻기 위해서는 위에서 주장하는 바와는 전혀 다른 요소들(석유함유 지층의 견고성, 석유의 점도[粘度], 모체광맥의 압력, 가스매장량, 주변 물[水]의 성질, 파라핀 함량, 온도 상태)이 중요하기 때문이다. 두 번째로 모체광맥을 덮고 있는 광석이 구멍이 많기는 하지만 전혀 투과성이 없을 수도 있다. 퇴적암과 '미세 구멍이 만들어낸 공간'의 투과성이라는 이 두 전제조건을 충족시키는 구조에서만 액체 형태의 마그마 위에 깔려 있는 약 2,900킬로미터나 되는 두껍고 단단한 지표면의 지층구조 어디에서인가 '석유덫'이라는 것이 생겨날 수 있기 때문이다.

'암석수성론자들'과는 반대로 지질학자들 중에서 '암석화성론자'들은(암석이 물을 통해 이루어졌다고 주장하는 암석수성론자들과 반대되는 입장으로, 암석은 마그마가 식어서 된 것이라는 학설을 주장한다—옮긴이) 지구의 역사를 살펴볼 때 물보다 더 오래된 엄청난 화산활동 작용의 진가를 인정하는 사람들이다.

그들은 아직 1800년 이전까지는, 고대 그리스의 불의 신 플루토까지 거슬러 올라가 모든 물질의 근원이 불이라는 조르주 드 뷔퐁 백작의 견해를 받아들였다. 그 때문에 '암석화성론자'들은 '마그마로 된 광석'의 생성과 편마암이나 현무암 또는 대리석에 높은 관심을 보였다. 이 광석들은 구멍이 있으며, 개개 구멍의 크기가 크기는 하지만 모세관이 없기 때문에 전혀 투과성이 없다.

이 광석들은 실생활에서 보도블록용 돌이나 철로용 자갈, 잦은 기후변화로 인한 건물 손상을 막아주는 외벽 재료, 혹은 기념비제작용 재료나 가옥건축(창문턱) 재료로 사용된다. 바로 이러한 사용 용도에서 빗물이나 다른 액체가 재료 속으로 들어오지 못하게끔 밀폐하고 방수해주는 이 광석들의 특별한 성질을 확인할 수 있다.

오랫동안 부식(물과 번개 그리고 바람으로 인한 풍화)을 견뎌온 아주 단단한 이러한 광석들(편마암, 현무암, 대리석 등)에는 결코 소금물이나 석유 또는 천연가스가 저장되어 있을 수 없다. 그러나 석유와 가스를 원래 그것이 생겨난 층에서 이동할 때 붙잡아두기 위해서는 흙이 덮여 있는 지층, 석탄층, 부싯돌 분포지역과 같은 물질들과 함께 이 단단한 광석들이 반드시 필요하다. 다시 말해 지질학자들이 석유매장지나 가스매장지를 추정하고 지질화학자들이 그곳의 위치를 파악한 다음 시추대원들이 그곳을 파내려갈 때까지 석유나 가스를 일종의 덫 속에 빠져 들어가도록 하는 것이 필요한 것이다.

불의 형성력을 믿는 추종자들인 '암석화성론자들' 과 물의 형성력을 추종하는 '암석수성론자들' 간에 벌어졌던 논쟁들은 이미 역사가 되어버렸다. 그러나 창조론자들과 진화론자들이 서로 벌였던 투쟁 외에 이 논쟁은 1933년에 런던에서 세계 최초로 열린 '세계 석유회의' 에서 앞으로 중요한 역할을 하게 될 '학문으로서의 지질학' 이 어떤 이데올로기적 책임을 맡게 될지를 잘 보여주고 있다. 그 당시 독일 측은 석유의 생성과 축적이 단지 지역적으로, 그것도 극히 제한적으로만 나타날 것이며, 따라서 앞으로는 어떤 대륙에 살든지 간에 석유 없이 지내야 할 것이라고 주장했다.

그러나 그것은 치명적인 오판이었다. 이 주장은 한편으로 연이은 석유시추와 채굴활동을 통해 곧 반박되었지만 다른 한편으로 대학교육을 받은 많은 지식인들을 퇴보적인 성향으로 이끌기도 했다. 즉 그들은 자연에 존재하는 개별 힘들을(예를 들어 물이나 불의 힘과 같은 자연의 힘들) 서로 상관이 없는 개별적인 것으로 간주하거나 아니면 그와는 정반대로 그것만이 절대적인 것이라는 배타적인 경향을 보였다. 독일의 지질학자 페터 지몬 팔라스는 이 경향에 강한 이의를 제기했다. 팔라스는 유라시아 지역인 러시아 연구에 역사적인 공을 세웠고 지질학자로서 광산현장의 일도 잘 알고 있었다. 그는 이미 1778년에 자신의 동료들에게 예를 들어 어떤 일에 대한 원인과 결과가 단지 하나만 있을 뿐이라는 설명은 무척 위험한 발상이라고 경고했다. "지구에 관한 서로 다른 이론들을 주장한 거의 모든 창시자들이 그랬던 것처럼…… 한 가지 가설에만 매달리지 말고 여러 가설들을 함께 받아들여야 합니다."

팔라스는 구조와 형태를 만들어나가는 불과 물의 힘을 서로 반목시켜서 그중에서 어느 한 쪽이 어부지리를 얻거나 그것만이 세계를 해명하는 궁극적인 모델로 오용되기를 원치 않았다. 그는 1795년에 위와 같은 자신의 입장을 표명하는 가운데, 허턴처럼 불의 작용과 함께 물도 지구의 풍부한 광석을 만들어낸다는 하나의 통합적인 순환 모델을 제시했다. 스티븐 제이 굴드(1941~2002: 진화론적 입장에서 5만 년마다 한 번 정도 진화, 즉 '대량 돌연변이'가 일어난다고 주장함—옮긴이)는 오늘날에도 여전히 지구에서의 광석의 생성준비와 그것의 완료시점을 특히 '선캄브리아기'로 가정하고 있다(이 명칭은 굴드가 1992년에 저술한 『선캄브리아기의 발견』에서 처음 사용된다. 지질시대는 지구가 독립된 행성체로 형성되고 나서부터 인간의 시대가 시작되기 전까지의 시간을 말한다. 이 지질시대는 암석이 생긴 이후, 즉 가장 오래된 암석이 발견된 약 38억~40억 년 전부터 6천 년 전까지의 장구한 시간이다. 지질시대가 너무 길기 때문에 생물체의 흔적 여부에 따라서 흔적이 적으면 은생영년〔隱生永年〕, 흔적이 분명하면 현생영년〔顯生永年〕으로 구분한다. 은생영년은 다시 이를 25억 년 전을 기준으로 시생대와 원생대로 나눈다. 이를 묶어서 고생대 초기인 캄브리아기 이전이라는 뜻으로 선캄브리아기라고 부른다—옮긴이).

자연이 지구 내부에서 지질을 형성해 나가는 동안, 인간은 지구 표피부분을 형성하는 데에 자기 나름대로 관여를 해왔다. 해안의 제방작업이나 농사 그리고 식목이나 광산작업들이 항상 이익을 가져왔다고는 할 수 없다. 그러나 이러한 행위들은 인간이 자연에 미친 영향력을 증명하는 사례들이다. 원래 의도했던 바와 전혀 다른 결과를 낳은 구체적인 예를 들자면 강변 정화작업을 들 수 있다. 이 작업은 연례적인 홍수를 막기 위한 일련의 조치로 구불구불했던 강의 노선을 일직선으로 만드는 작업이다. 그러나 이 경우 사실상 강이 일직선 형태로 되어 물살은 더욱 거세지게 되고 이렇게 센 물살 때문에 오히려 더 위험해지는 경우가 많다.

이러 저러한 오판들이 나오는 이유는 적어도 유럽인들이나 미국인들의 머릿속에 성서에 대한 믿음이 각인되어 있기 때문이다. 즉 그들은 신이 인간을 위해 지구를 창조했기 때문에 자연은 1차적으로 가장 훌륭한 창조의 산물인 남자에 의해 이용되어야 마땅하다는 믿음을 가지고 있었던 것이다.

이러한 인간상이 아리스토텔레스나 히포크라테스의 가르침에서는 소위 자연의 요소들인 불과 대기가 남자의 소유며 여자는 다른 두 요소, 즉 물과 대지를 상징적으로 대변하고 있다는 식으로 나타난다. 자연을 이렇게 구분하는 사고 이면에는 2천 년이 넘도록 자연은 인간에게 복종해야만 하는 인간의 소유물이라는 생각이 깔려 있다. 계몽주의의 대변인들은 진보를 향한 일직선적인 사고를 주장한다. 그리고 그들은 계몽주의가 추구해야 할 과제가 특히 이러한 정복임을 주장한다. 계몽주

이후에 인간에게는 남자로서 수행해야 할 역사의 목표가 주어졌다. 즉 그 목표란 인간은 과학과 기술의 도움으로 자신을 완성해 나가면서 이와 동시에 불과 같은 자연의 힘들을 여타의 속박으로부터 해방시키며 궁극적으로는 자신을 신으로 해석하는 것이다. 드니 디드로와 다른 계몽주의자들은 사람들에게 위와 같은 목표를 권장했다. 그는 새로운 인간이 미래 산업시대에 더 이상 자연의 충실한 신탁통치자가 아니라 자연의 절대적인 주인으로 등장해야 한다고 주장한다.

불숭배 속에서 어떤 대가를 치르고서라도 진보의 본질을 찾아내겠다는 이러한 심성이 산업주의에만 이데올로기적으로 각인되어 있던 것은 아니었다. 역사학자들도 마찬가지로 이러한 진보와 발전지향적인 심성의 소유자들이었다. 그들도 지질학자들과 마찬가지로 불과 물의 모순으로부터 역사를 해석해내고자 했다. 더 나아가 역사학자들은 역사의 힘이란 다름 아닌 '남성적인 원칙'으로 각인되어 있다고 주장했다. 역사학자들은 절대주의적인 제후들이 바로 이 '남성적인 원칙'을 구현하고 있다고 생각했다. 역사학자들의 이상대로 제후들이 근대국가를 창건했다면, 아마 그 근대국가는 중앙집권적인 가족경영 형태였을 것이다. 그리고 그들은 광산과 제련소에서는 대형 기업가의 모습으로 공익을 후원했을 것이다. 간단히 말해서 역사학자들은 제후들을 그들의 독재적인 에너지를 정확히 평가하지 않은 채, 프로메테우스의 추종자이자 진보를 담당하는 이들로 전형화 했던 것이다.

이에 대한 대응책으로 '여성적인 원칙'을 대변하는 사람들은 '땅과 결합된 힘'으로서 녹색당과 같은 극단적으로 자유로운 계층을 만들어냈다. 이들은 자신의 필요만을 생각하고 그런 행동으로 인해 퇴보에 일조하며 궁극적으로는 땅과 사람들을 일종의 저장식품처럼 보존, 관리하는 신탁행위를 요구한다. 이들은 또한 노동조합의 형태로 나타나 경

시추핵들

암석 비트

1. 덫에 걸린 석유

영층에게는 퇴치의 대상이 되기도 한다.

폭풍 같은 불과 이를 저지하는 물이라는 모델은 특히 고대시대의 사고 모델로 후퇴하기 때문에, 근대 인간상의 메타포로 사용하기에는 너무 단순해 보일지도 모른다. 그러나 여성해방의 시기에도 여전히 극소수의 여성들만이 광산이나 석유지질학자들의 야전실험실, 시추시설, 채굴공장, 유조선과 정유공장에서 일하고 있다는 사실에서 앞서 살펴본 바와 같은 남성 위주적인 사고 모델의 생성 이유를 해명할 수 있을 것이다. 즉 남성 위주의 사고에 따르면, 진보의 정수로 이해되는 석유는 석유의 산업적 채굴 및 활용과 관련된 모든 차원에서 오직 남자들의 일이어야만 한다는 것이다. 마치 운전이 오늘날 사우디아라비아에서는 여전히 남자들의 일인 것처럼 말이다.

석유의 근원지를 찾아서

대부분의 지질학자들은 지하자원을 발견하는 경우 그것이 단지 그 지역에서만 발견되는 것으로 간주하는 경향이 있다. 이러한 경향이 나타나는 데는 세 가지 정신적인 이유가 있다. 그 첫 번째 이유로는 실증주의가 지질학의 학문적 성향에 미친 영향을 들 수 있는데, 실증주의는 물질적인 사실만을 통용가치가 있는 것으로 취급한다. 실증주의는 성서에서 도용한 것들이나 자연현상을 불가사의하게 과대 포장하거나 터부시하는 여타의 행위들을 계몽되지 않은 생각으로 단호하게 거부한다. 이러한 실증주의적 관점에 따르면 지질학에서 중요한 것은 1차적으로 하늘의 역량을 빌리지 않고 지질학을 광석학과 지구화학으로 설명하는 일이다.

이러한 실증주의적 관점은 자연과 역사에서 나타나는 모든 현상들을 일회적인 현상으로 간주하는 역사주의로 인해 더욱 강화되었다. 그러나 이 관점에서는 초시대적으로 통용되는 규칙성이 더 이상 인정되고 있지 않으며, 어떠한 형태로 나타나든지 간에 점점 비슷해져 가는 구조적 반복성도 제외되어 있다.

항상 선례를 법해석의 중심에 내세우는 로마법의 결의법이 미친 막대한 영향도 이러한 시대적 추이에 가세했다. 즉 자연에서 발견된 개별 발굴품은 법률에 명시되어 있는 개별 조항들처럼 취급되었던 것이다.

초기 지질학자들 중에서 그 어느 누구도 라이얼처럼 자신이 전공하게 될 분야를 그렇게 철저하게 사전에 준비하고 공부한 사람은 없었다. 비록 이 스코틀랜드인의 정식 직업이 (영국 고등법원의) 변호사 혹은 법률고문관이라고 하더라도, 그는 자신이 지질학자가 될 능력이 충분하다고 느꼈고 소명의식을 가지고 『지질학 원리』라는 방대한 책을 출간했다. 법률이 적용되는 개별적인 경우를 다루도록 교육받은 법률가로서 그는 인류 역사나 자연에서 어떤 사건도 동일하게 반복되어 일어난 적은 없다는, 경직되고 독단적인 입장을 취했다. 따라서 지역적으로 얻은 인식들이 다른 지역들에서, 즉 지구의 다른 곳 어디에서도 적용되어서는 안 되었다.

강한 영향력을 행사하던 라이얼은 그 당시 미국의 정치적 이해를 강하게 연상시키는 "모든 정치는 지역적이다"라는 슬로건에 감추어져 있는 이데올로기적인 원칙이 무엇인지 지적하고자 했고, 그 예로 든 것이 바로 지구를 입방 센티미터로 잴 경우 지구 어떤 곳에서도 서로 같은 지역은 한 군데도 없다는 것이었다. 그는 동시에 자신의 '점진주의'로 그 당시 일반적으로 통용되던 위기이론에 반대 입장을 취했다. 이 위기이론을 옹호한 사람은 프랑스의 자연과학자 조르주 퀴비에

1. 덫에 걸린 석유

(1769~1832: 본명은 조르주 레오폴드 퀴비에로 프랑스의 박물학자. 콜레즈 드 프랑스의 교수로 비교해부학, 동물분류학을 강의했고, 고생물학 연구에 종사했다. 라마르크의 진화론에 반대하고 종의 불변설을 제창했다―옮긴이)였다. 그는 지역주의라는 주도적인 모델을 퇴치하기 위해 투쟁했다. 왜냐하면 그는 철저한 지역 연구를 통해서 지구역사에 나타났던 모든 시대들 간의 아주 밀접한 구조적인 연관성이 분명히 존재한다는 것을 확신하고 있었기 때문이다. 전혀 특이한 점이 없어 보이는 어떤 지역의 단층과 단층 사이에서도 그 단층을 이루고 있는 암석의 내부구조를 자세히 살펴보면 엄청나게 빠르게 변화가 진행되었다든가 아니면 그 변화로 인해 암석이 큰 조각으로 부서지게 되었던 흔적이 발견된다. 그러한 변화를 야기하는 것은 지진이나 침식 또는 대기기후의 급강하로 인한 지각구조 운동 등이 될 수 있다.

라이얼과 그의 학파는 현실적으로 지각변동의 이유를 생각했고 지역적인 특성을 조사했다. 그리고 상당부분은 그들이 자율적으로 그 원인과 이유를 생각해냈다. 퀴비에와 그의 추종자들은 이것을 바탕으로 부족한 점이 없는 것은 아니지만 구조적이고 범세계적이며 포괄적으로 생각하려는 진지한 시도를 수행했다.

'세계화' 대 '점진주의'라는 대체주의 이데올로기를 극복할 때 비로소 어떤 지역에서 발견한 것을 그것만이 지니고 있는 독자적인 가치와 그것이 발견된 지역의 입지, 그 지역이 속한 대륙의 구조 그리고 또한 전 세계적인 시스템 속에서 가장 잘 보완하고 설명할 수 있는 가능성이 열리게 된다. 이렇게 여러 요소를 참작한다는 전제조건 아래서 "유사성이라는 마술지팡이"(노발리스: 독일의 낭만주의 시인이자 소설가―옮긴이)는 효과를 발휘할 수 있다. 특히 이 마술지팡이는 (은유적인 의미에서) 전형적인 형태의 석유덫과 가스덫을 감지하기 위해 모체광맥학을 사용할 때 효과를 발휘한다.

최근에 산업활동 분야에서 응용지질학이 사용할 만한 적절한 모델을 발견하는 데 애를 먹고 있는데, 이것은 비단 라이얼-퀴비에 논쟁이 미친 파장 때문만은 아니다. 여기에는 또 한 가지 근본적인 요인이 덧붙여진다. 말하자면 어느 누군가가 노천광산이나 수직갱 작업장을 걸어서 순찰하던 중에 석탄층과 광맥 혹은 수산화칼륨을 직접 눈으로 확인했다고 하자. 이 경우에 지표면에서 발견된 것이 수천 미터 깊은 땅 속에도 있을 것이라고 추정하는 것이나, 그러한 추정을 뒷받침해줄 수 있는 믿을 만한 자료를 제시하는 것이 오랫동안 지질학자들에게는 어려운 문제였다. 지질학자들은 땅 속에 무엇이 들어 있는지 알아보기 위해 직접 땅을 파고 그 속을 들여다보거나 그 속에서 뭔가를 파 올릴 수는 없기 때문이었다.

따라서 석유가 들어 있는 모체광맥구조에 대해 온갖 사변이 난무했다는 것이 놀랄 만한 일은 아니다. 이는 오늘날에도 여전히 창조론자들이 추정하는 것, 즉 지구의 심연에는 제대로 뽑아 올리기만 하면 되는 석유 대서양이 있으리라는 주장만으로도 충분히 알 수 있는 사실이다. 퇴적암의 저장력과 현무암의 비투과성에 대해 전혀 알지 못하는 이러저러한 비전문적인 견해들은 매번 석유를 시추할 때마다 그릇된 것으로 드러났고 이로써 지질학의 명예도 떨어지게 되었다. 그 외에도 지구과학은 천연자원 석유를 산업적으로 채굴하기 시작한 초기에는 석유가 어떤 물질들에서 생겨났는지, 그것이 어떤 방식으로 대부분 우연히 뚫은 지점이나 지층에 닿을 수 있었는지 알지 못했다.

특히 미국에서는 석유가 틀림없이 일종의 '액화된 석탄'일 것이라는 가정이 널리 퍼져 있었고 이 가정은 상당히 오랫동안 영향력을 발휘해왔다. 여기에 결정적인 영향을 받아 1859년부터는 펜실베이니아 지

1. 덫에 걸린 석유

역에서 그동안 풍부하게 산출되었던 석탄산출 지역을 따라가며 석유를 찾는 석유탐사도 진행되었다. 석유개척 시대에 석탄산출 지역을 따라 석유탐사가 이루어진 주요 원인은 '타이터스빌' 주변지역에 수없이 많은 광맥 노출부위나 피트홀(Pithole: 미국 펜실베니아에 소재한 유령 마을을 지칭한다. 석유 붐이 일었을 때 호황을 누리다 석유가 고갈되자 급속히 인적이 사라져서 지금은 석유 붐 당시의 상황을 보여주는 석유역사의 박물관 도시처럼 활용되고 있다_옮긴이)이 있었다는 사실에서 찾아야만 한다. 이 '광맥의 노출부위'는 '삼출'(滲出)로도 불렸다. 그곳들은 석유가 고여 있는 크고 작은 누수지역들이었는데, 이곳으로부터 석유가 지표면으로 새어 나와서 타르 구덩이에 모이곤 했다.

이 누수현상은 유럽대륙에만 국한하지 않고 지구 전 대륙에 걸쳐 나타났다. 그리고 그러한 곳에서 석탄이 산출되는 경우도 있었지만 전혀 산출되지 않는 곳도 파다했다. 이러저러한 현상들을 관찰해 가던 중 석유가 석탄과 화학적으로 아주 비슷하기는 하지만 그럼에도 분명히 석탄과는 다른 독자적인 기원을 가지고 있을 거라는 주장이 점차 제기되기 시작했다.

더 나아가 석유를 탐사하던 사람들은 직접 누수지역이나 누수지역 근처를 시추하려는 생각을 하게 되었다. 그들은 지표면으로 흘러나와 타르 구덩이에 모이게 된 석유의 근원지는 어느 정도 이 광맥 노출부위의 가장자리 부분에서 수직으로 파내려간 저 밑 어느 부분일 것이라고 추정했다. 그들은 그곳을 시추해보면 지표면의 타르 구덩이에 고여 있는 석유와는 비교도 안 될 엄청난 석유가 틀림없이 매장되어 있으리라 믿었다. 그러나 실제로는 이러한 경우가 드물었고, 오히려 석유 누수지역을 시추할 경우 이미 존재했던 석유의 흔적마저 시추한 산맥에서 사라지는 경우가 더 많았다. 즉 흘러나온 석유조차 경제적으로 적절하게 사용할 수 없는 경우가 일반적이었던 것이다.

지질학자들이 석유는 소위 부패한 진흙층으로부터 생겨난다는 것을 추론해냈을 때야 비로소 그들은 석유탐사 초기 시절에 왜 앞서 말한 바와 같은 경제적 손실이 일어날 수밖에 없었는지 알 수 있었다. 석유는 지질구조학적으로 생긴(예를 들면 단층이나 부정합 층과 같은—옮긴이) 일종의 덫과 같은 구조나 아니면 층위학적인 이유로(예를 들어 배사습곡과 같은—옮긴이) 생성된 덫의 방해를 받아 지표면까지 더 '이동' 할 수 없게 되기까지, 부패한 진흙층으로부터 생겨나 수백만 년 전에 기이한 이동을 했음이 틀림없다. 즉 석유는 동물계와 식물계의 잔재가 쌓여 석유 형태로 되는 오랜 변형 과정을 거치는 동안에 원래의 퇴적층과는 전혀 다른 지층들에서 생겨났다. 왜 석유가 원래 석유가 만들어졌던 지층을 떠났는지는(이것은 소위 일종의 '추방' 이라고 할 수 있을 것이다) 아직까지 밝혀지지 않고 있다.

이 '추방' 과 '이동' 이라는 현상은 석유의 개척시대가 훨씬 지난 지금까지도 어째서 석유시추 작업이 30미터와 8백 미터 사이를 넘지 않는, 소위 깊이 파 들어가지 않는 '저층시추' (독일어로는 Flachbohrung, 영어로는 Ground Drilling이라고 함. 반대말은 심층시추(Tiefenbohrung, Deep Drilling). 이 분류는 시추 깊이에 따른 분류법이다. 시추방법은 또한 경사도와 굴착방법에 따라 구분할 수도 있다. 경사도에 따라 시추방법을 분류할 때는 수직시추, 경사시추, 수평시추와 같은 세 가지 방법으로 나눌 수 있다—옮긴이)에 집중되었는지를 잘 설명해준다. 석탄지질학자들의 지식과 소금바닥을 뚫고 온천의 출처를 해명했던 경험을 바탕으로 점차적으로 한 가지 통합적인 사고 모델이 생겨났다. 이 모델은 '석유덫' 내지 '모체광맥' 의 이론으로 현장에서 처음 사용되었지만, 곧 고전적인 이론이 되었다. 그리고 이 모델에서 '배사습곡지형' 은 지층의 만곡이나 안장구조를 의미한다.

1. 덫에 걸린 석유

미국의 지질학자 토머스 올드엄은 배사습곡 지형설의 창시자로 간주된다. 그는 시드니 파워의 정보를 따라 이미 1855년에 훗날에 그렇게 유명하게 된 미얀마의 예난자웅 들판을 구경하고 분석했다고 한다. 동시에 그는 탕지 언덕에 있던 수많은 노천광맥들을 그 지역의 전체구조와 연결시켜 설명하는 데 성공했다. 존재하는 분지체계는 습곡지(褶曲地)로서 오목과 볼록의 관계처럼 안장배열 또는 배사습곡과 같은 그 지역의 다른 부분과 힘의 평형을 이루고 있었다.

타이터스빌 근처에서 콜로넬 드레이크에 의해 산업적으로 행해졌던 최초의 석유시추보다 4년이나 앞서, 한 지질학자는 노천광맥을 연구자료로 하여 특별한 석유축적을 암시하는 광석지층들의 만곡지역과 침강지역 사이의 근본적인 연관성을 추론해내는 데 성공했다. 이 역사적인 연구 결과는 타이터스빌이라는 석유지역에서 아팔라첸 산악경계 지역의 오일 크리크와 오하이오의 남부지역에 이르기까지 수없이 많은 곳에서 사실로 입증되었다. 그럼에도 서로 다른 두 가지 요소들, 즉 노천광맥과 배사습곡 지층구조는 여전히 성공적인 시추활동을 보장해주는 결정적인 요소는 아니었다.

라이얼이 표명한 바 있는 석유는 분명히 '지역적인 기원'을 가진다는 견해 역시, 석유가 이동한다는 사실을 알게 될 때까지는 배사습곡 지형을 석유생성을 설명할 수 있는 모델로 활용하는 것을 막고 있었다. 배사습곡 지형 모델은 석유가 개별 지층을 관통하던 중에 그러한 만곡 구조의 지형에 오게 되었고, 투과성이 없는 은폐산맥 때문에 마치 돌로 된 '덫'(Falle 또는 영어로 Trap)에 잡힌 것처럼 퇴적층에 놓이게 되었다는 생각이다.

안장 모델이나 배사습곡 모델은 1880년대까지만 해도 펜실베이니아의 지질학에 대한 학계 보고에서 심한 비판을 받았다. 그러나 이 모델은 몇 가지 변형 형태가 나오기는 했지만 오늘날까지 여전히 석유탐사에 사용되고 있다. 위의 보고서는 배사습곡 모델을 다음과 같이 비판했다. "단층을 포함한 배사습곡축 내지 습곡축과 석유를 연결 짓는 것은 오늘날 마땅히 잊혀져야 할 미신이다. 석유지역을 잘 알고 있는 지질학자는 이 이론을 조금도 신뢰하지 않는다."

이러한 거부적인 태도와는 반대로 독일 지질학자들 사이에서 안장이론으로 불렸던 이 이론은 석유산업에서 기반을 잡았고 심지어 어느 정도 명성을 얻었다. 물론 이 이론은 명성을 얻기는 했지만 이를 곡해하는 사람도 적지 않았다. 왜냐하면 많은 시추회사들은 안장지형들과 분지들을 단지 관망할 뿐이었고 지질학자들을 신뢰하거나 그들의 전문지식을 믿고자 하지 않았기 때문이다. 그들은 광범위하게 '만' (灣)이 형성되어 있는 강줄기나 이 만과 연결되어 있는 구릉지대를 따라서 석유를 시추하곤 했다. 즉 그들은 지하 지층구조에 해당하는 안장 모델을 지표면에 연결시켰던 것이다. 그래서 이러한 석유탐사 방법을 일컬어 '만(灣)지역 연구'라고 칭했다.

그러나 이러한 시추가 성공하는 것은 지질학적인 일관성 때문이 아니라 우연이었다. 또한 통속적인 견해가 얼마나 끈질기게 오랫동안 지속되었는가는 놀랄 만한 일이다. 그리고 이 방법은 1960년도에 나온 액션영화 〈오클라호마〉를 통해서 영화로도 재연되었다. 이 영화에서는 펜실베이니아의 케이블드릴 시설을 갖춘 시추기둥이 언덕 위에 서 있고 이 언덕은 넓은 만의 한가운데 있었다.

석유덫으로서의 '단층'은 배사습곡 모델과 마찬가지로 석유지질학에서 많은 놀라움을 불러일으켰다. '지층의 융기와 침하운동이 지층을 만드는 형성력'이라는 것이 전문가들에게 알려진 후에야 비로소 그들은 이 단층이론을 신뢰하게 되었다. 무엇보다도 지각의 지층체계에

1. 덫에 걸린 석유

나타나는 지역적인 광범위한 절단면들에 대한 이해가 증가함에 따라 지질학자들의 관심은 단층의 전제조건인 '지루'(地壘)와 '해구'(海溝) 그리고 '지구분지'(地溝盆地)로 향했다.

특별한 지루를 지닌 '라인탈 해구'(독일의 슈바르츠발트 지역에 존재하는 해구—옮긴이)는 다양한 형태의 발전 과정들을 보여주고 있으며, 자연에서 찾을 수 있는 해구 형태 중에서도 장엄한 해구의 대표적인 예로 꼽을 수 있다. 먼저 라인탈 해구가 마인츠에서 서쪽으로 물살을 틀기 전과 라인 주(州)의 쉬퍼 산맥을 강의 침식작용에 따라 거칠게 잘라내기 전에, 라인 강 해구의 지루들은 바젤 근교에서 강의 흐름을 바꾼 후, 슈바르츠발트와 포게젠 그리고 오덴발트와 펠처발트의 형태로 융기한다(슈바르츠발트, 포게젠, 오덴발트 그리고 펠처발트는 지층이 융기하여 생긴 거대한 산들의 이름임—옮긴이).

유럽대륙의 심장부(독일을 지칭함—옮긴이)에 어떻게 그렇게 웅대하고 엄청난 역사를 지닌 경사지역이 생길 수 있는지에 관한 비밀이 풀리게 된 때는 1928년 10월 31일이었다. 정말 역사적이라고 할 수 있는 이 날에 지질학자 한스 클루스는 브라이스가우 지역 내에 있는 프라이부르크 도시 근교의 로레토베르크 터널을 걸어가고 있었다. 인공적으로 뚫은 이 철도용 터널은 라인 평지를 횔렌탈과 그 뒤의 슈바르츠발트와 연결시켰다.

이날 클루스는 암벽을 분석하던 중 활강로와 산사태로 인한 균열의 전 체계를 발견했다. 그것들은 '55도의 경사각도로 산맥으로부터 평지 쪽으로 비스듬히 기울어져 있는' 수직경사체계였다. 클루스는 이 체계를 발견한 지 30년이 지난 후, 지질학자이자 '석유전쟁에 참여한 군인'으로 살아온 자신의 생애를 흥미롭게 묘사했다.

이러한 크기의 수직경사를 직접 관찰함으로써 지루와 해구체계 내의 작용력에 대한 이해만이 증대된 것은 아니었다. 그것은 또한 이동하는 석유나 천연가스를 잡아두기 위해 특별한 덫의 기능을 수행하는 단층의 형성에 대한 석유지질학자들의 지식도 확장시켰다. 이러한 단층은 특히 광범위하게 일관적인 모습을 띤 지층의 붕괴와 이동 그리고 침강을 통해 생겨나게 된다.

이에 대한 입증이라도 하는 듯이 라인탈 해구의 서쪽 가장자리에 위치한 엘자스 지방에는 페헬브론 노천광맥이 있다. 엘자스 지역은 포게젠 지루가 있는 동쪽 언덕의 경사면 근처에 있으며, 이 지방의 광맥이 노출된 부위에서 나오는 아스팔트 모양의 석유는 이미 중세시대에 치료제와 도찰제로 사용되었다고 한다. 1930년대에 이르러서야 프랑스의 석유산업은 이 누수지역 근처를 시추하고, 새롭게 펌프존데(석유나 천연가스를 채굴하는 시설―옮긴이)를 사용해서 석유를 채굴하도록 지시했다. 이때 지표면에서 발견한 것을 근거로 해서는 전혀 추측해낼 수 없었던 한 가지 놀랄 만한 사실이 나타났다. 그것은 다름 아닌 지질학적인 심연층은 백 미터 깊이에서 일반적으로 섭씨 3도 정도 온도가 상승하는데, 라인탈 해구는 기온이 섭씨 4도를 기록하고 있다는 사실이었다. 이 현상은 몇 년 동안 슐츠-수-르-포레 마을에서 장기적으로 나타났다. 그래서 '미래의 지열사용에 관한 시험 프로젝트'의 일환으로 이곳에서의 지열사용 가능성이 시험되었다.

이곳에서 북쪽으로 몇 킬로미터 더 가면 나오는 팔츠 주의 란다우 지역에서 1950년대에 석유시추가 이루어졌다. 이와 함께 이제 단층 모델이 석유덫의 생성을 설명할 수 있는 고전적인 모델로서 더 이상 비난받아서는 안 되며, 오히려 존중되어야 한다는 주장이 더욱 설득력을 얻게 된다. 라인 강 우측에 있는 도시 하일브론과 헤센 주에 속한 슈톡슈타트(정확한 지명은 큐호프) 근처에서 발견된 또 다른 두 개의 석유와

1. 덫에 걸린 석유

가스층은, 이 지하자원들이 융기와 침강현상 때문에 생겨난 함정 같은 공간이 이동 중이던 석유나 천연가스를 붙잡아 놓아서 생겨난 것임을 증명하고 있다. 멕시코의 골프 해안에서부터 루이지애나 지역에 이르는 거대한 향사(向斜)에 들어 있는 무수한 단층들은 그곳에서 실제로 석유가 채굴되었기 때문에 단층구조가 일종의 석유덫이라는 가정을 사실로 입증한 셈이다.

거대한 수평시추의 도움으로 땅의 작용력에 대한 근본적인 통찰이 가능해졌을 때, 횔렌탈 터널에서 경사도를 정확하게 밝혀낸 것은 일반 지질학에 일대 전환을 가져왔다. 스코틀랜드의 제드버러 근처에 있는 란자 구멍에서 소위 지층의 '부정합'(상하로 겹쳐진 둘 이상의 지층이 융기, 침강 등의 지각변동으로 퇴적측면이 서로 평행이 아닌 현상. 부정합면을 경계로 위, 아래의 지층 사이에 큰 시간적 간격이 있으므로 두 지층의 화석을 비교하여 지질시대를 구분하는 자료로 사용한다—옮긴이)을 발견하여 해석한 것도 실천적인 석유지질학에 많은 도움을 주었다.

허턴은 이미 1787년에 거의 수직으로 서 있고 또한 수평으로도 놓여 있는 이중층을 가진 특별한 각도체계를 관찰한 후, 1년 뒤에 획기적인 해석을 시도했다. 현대 지질학의 또 다른 창시자인 허턴은 특별한 구조들의 반복을 가정했는데, 이 경우 그는 뉴턴의 우주진화론을 따르고 있었다. 이 우주진화론의 핵심은 우주나 일상적인 지상의 삶 모두에서 스스로를 조정하면서 균형을 잡아나가는 데 사용되는 순환 과정들이 있다는 것이다.

이러한 배경 아래서 볼 때 부정합은 이중으로 형성된 퇴적물의 가시화된 형태이자 수백만 년 동안 진행되어온 침식—단층, 지층의 변화, 균열 그리고 퇴적물을 동반한—의 결과라고 할 수 있다.

가장 흥미로운 지질 상황에 속하는 이러한 석유덫에서 특히 눈에 띄는 것은 이 덫이 지닌 이중적 특성이다. 일반적으로 비스듬하게, 또는 수직으로 서 있는 층들은 꽤 오래 전에 구조지질학적인 결과로 생긴 것으로 간주된다. 반면 그 위에 있는 지질학적으로 볼 때 최근에 생겨난 수평지층들은 해진(海進: 지반의 침강 또는 해면의 상승으로 인하여 바다가 육지 쪽으로 확장되는 현상—옮긴이)의 결과로 생겨난 것으로 간주되어야 한다. 다시 말해 투과성이 없는 마그마로 된 광석들을 내장하고 있는 알트 산맥의 지층들은 바다에서 만들어진 지 얼마 안 되는 퇴적물들로 뒤덮여 있고, 이러한 방식으로 이동하는 물질(석유나 천연가스를 말함—옮긴이)들을 잡을 수 있는 덫을 만들고 있다.

부정합이라는 지질구조 유형은 눈에 띄는 이러한 이중적 특성으로 인해 채유(採油)와 채굴기술에도 충분히 활용될 수 있기 때문에 항상 주목을 받고 있다. 함부르크 근처에 있는 유전 레르테는 거의 이와 동일한 모델을 제공하고 있다. 이 유전은 북부독일의 저지대 평야지역에 자리 잡은 니더작센 주의 체히슈타인이라는 분지지역에 위치해 있으며, 유전의 내적 특성에 따라 분류하자면 크론스베르거 분지에 속한다. 이 분지는 비스듬하게 융기하면서 부정합에 특징적인 쐐기 모양으로 뻗어나간 형태를 지니고 있다. 이 분지의 모체광석은 쥐라기 중부층(中部層)에서 볼 수 있는 월든사암(砂巖: 여기서 월든은 이 사암이 발견된 영국의 지명을 본떠서 붙인 이름이다—옮긴이)이 좁게 깔린 석회사암층으로 형성되어 있다.

1950년대와 1960년대에는 부정합이라는 지질구조 유형의 이중적 특성을 활용한 일련의 '2차적인 채굴방법'을 사용해 석유와 가스를 확실하게 채굴할 수 있었다. 특히 '레르테 13호' 유전에서 모체광맥의 압력이 떨어졌을 때, 사람들은 모체광맥에 물을 유입시켜서 떨어진 압력

1. 덫에 걸린 석유

을 보충해주는 방법을 활용하여 안정된 환경에서 석유와 가스를 끝까지 채굴할 수 있도록 했다. 레르테 석유지역에 산재한 작은 규모의 유전들에서는 40년 동안 '1차적 방법'으로 석유와 가스를 채굴해왔는데, 이제는 잔여분까지 완전하게 뽑아내는 '2차적인 방법'을 사용할 수 있는 채굴시설을 건설하기 시작했다. 이와 함께 생산성이 없는 구(舊)유전들을 다시 자연으로 돌려보내는 작업도 병행했다.

버넷이 '폐허'라고 불렀고 허턴이 '세계기계'라고 부른 부정합이라는 것이, 지구 안에서 꿈틀대며 신비스럽게 작용하는 유동적인 힘처럼 생각된다면, 자연이 만들어낸 거대한 소금막대(소금막대는 말 그대로 소금덩어리가 결정구조, 즉 크리스털 구조를 띠며 뭉치고 엉켜서 막대 모양으로 커진 것을 말한다―옮긴이) 형상은 이러한 소금결정을 만들어내는 어떤 마술적 힘이라도 있는 것처럼 보인다.

왜냐하면 지표면에서는 거의 상상도 할 수 없는 엄청난 힘을 지닌 이 기괴한 형상은 엄청난 팽창능력을 지니고 있기 때문이다. 즉 소금막대들은 결정구조를 띠며 점점 커지고 팽창하면서 궁극적으로 여러 겹으로 쌓인 배사습곡과 같은 지층들을 융기시키거나 아니면 무너뜨려, 다른 지층으로 옮길 수 있게 만든다(38쪽의 소금 궁륭암류지층 그림을 참조할 것―옮긴이).

이첩기(二疊紀)시대(페름기라고도 함. 고생대 6기 중 마지막 기로 석탄기와 중생대 최후인 트라이아스기 사이의 기간이다. 시기적으로는 2억 7천만 년 전에서 2억 3천만 년 전까지 약 4천만 년간 지속된 시대다―옮긴이) 이래로 수백 만 년 동안 지속적이고도 집중적으로 만들어졌던 소금막대들은 무수한 분지지역과 퇴적지에서 독자적인 석유덫을 만들어냈다. 이러한 지역은 볼가의 델타 지역 밑에 있는 엠바 야영지로부터 시작하여 북부독일의 저지대(플뢴/홀슈타인, 메켈펠트/함부르크, 게오르크스도르프/엠스란트,

윌하임/파이네 등)에 있는 잘츠슈토크 평야들을 거쳐 석유와 가스가 풍부한 텍사스 주의 루이지애나와 멕시코의 골프 만까지 이르고 있다.

이러한 진귀한 석유덫이 형성된 주된 이유는 탑처럼 쌓아올려진 소금덩어리의 외벽이 이동 중인 석유나 가스의 길을 막게 됨으로써 석유나 가스가 저장광석이나 버팀목이 되는 층에 머무르게 된 데 있다. 비록 쌓아 올려진 암염(巖鹽)이 수용성이고 크리스털 구조를 가지고 있다고 할지라도, 이 암염은 석유나 천연가스를 통과시킬 수 있는 투과성이 전혀 없는 것이다.

그 때문에 소금막대의 가장자리부분에서 직접 모체광맥을 뚫는 것은 종종 엄청난 어려움을 안겨주었다. 이 소금막대는 땅 속에서 부풀어오르는 특이한 소금알갱이 때문에 소금 궁륭암류(穹窿巖流)라고도 불린다. 이렇게 조밀한 소금덩어리에서 종종 나타나는 돌출부분들을 파내려가야 할 경우에는 드릴 세척액을 전면적으로 바꾸어야 한다. 이때는 일반적으로 쓰이는 기본 세척액인 진흙-민물 대신 진흙-소금물이나 특수기름으로 된 세척액을 써야 한다. 그래야만 드릴에 잘게 부서진 조각들에 붙어 있는 불순물을 깨끗하게 제거할 수 있다. 이 세척액을 통과한 조각들은 체나 진동기로 옮겨진다. 이것은 그 조각들이 샘플에 따라 정리 정돈되고 지질학자들에 의해 분석될 수 있도록 하기 위해서다. 소금 지역을 시험시추할 때 세척액을 이렇게 다른 것으로 바꾸지 않으면 소금 성분을 민물로 씻어버리게 되기 때문에 시추 구멍에 소위 '분화구'라고 부르는 것이 생기게 된다. 이 '분화구'는 드릴로 시추 구멍을 판 뒤 이 구멍이 무너져 내리지 않도록 시멘트로 구멍 주위를 벽처럼 발라 내려갈 때 상당히 해가 되는 것으로 입증되었다('구멍 주위를 벽처럼 바른다'는 것은 이미 판 구멍이 토사로 막히지 않고 원형의 형태를 잘 유지하도록 구멍 주위를 시멘트로, 마치 벽지를 바르듯이 바르는 것을 말한다—옮긴이).

1. 덫에 걸린 석유

노후한 우라늄 핵연료봉들을 폐기처리하기 위한 최종 장소후보로 니더작센 주에 있는 '고어레벤 지방의 소금막대'가 선정되었을 때인 몇 년 전에야 비로소 독일의 일반 대중들은 지하에서 벌어지는 자연현상에 대해 좀 더 자세히 알게 되었다. 사람들은 우선 정치인들이 니더작센 주를 선정한 것을 보고 적잖이 놀랐다. 왜냐하면 그들은 지금까지 민물이 유입될 때 생기는 위험을 과소평가한 데다가, 광업이 소금막대의 팽창능력이나 이러한 엄청난 민물유입으로 인한 후속 결과를 거의 경험한 바가 없다는 사실을 제대로 숙고하려고 하지 않았기 때문이다.

위에서 언급한 네 가지 기본 유형(배사습곡, 단층, 소금막대, 부정합층을 말함—옮긴이)과 대형구조들 외에, 린젠과 몰라세의 광맥들이 크기는 작지만 마찬가지로 중요한 석유덫을 형성하고 있다. 린젠과 몰라세 광맥들은 구조지질학적으로 생긴 모체광맥들과는 달리 층위학적인 기원을 가지고 있다. 그것들은 주로 바다를 흙으로 메운 곳에서 생겨나며, 따라서 해진의 영역에서 생겨나기 때문이다.

중부유럽에서는 알프스 이전 지역에서 이러한 곳을 찾아볼 수 있다. 보덴 호수 근처에 있는 프론호펜에서부터 뮌히스로트를 거쳐 뮌헨의 남부 쪽에 있는 다르힝에 이르기까지 이러한 층위학적 기원을 가지는 석유덫들이 존재한다. 구조지질학적인 덫이든 층위학적인 덫이든 상관없이 문제가 되는 것은 석유나 천연가스가 산출되는 작은 유전들이다. 석유나 천연가스가 들어 있는 층들은 일반적으로 중생대나 지질 제3기층에 속한다.

이러한 층위학적인 기원을 가지고 있는 모체광맥들에서는 특이한 점이 나타난다. 즉 그 광맥들은 우리가 흔히 석유나 가스를 저장할 수 있다고 알고 있는 투과성이 있는 미세 구멍들 외에 부차적인 또 다른 구명들을 가지고 있다. 무엇보다도 폐석층과 암석 파편더미인 몰라세에는 이러한 빈 구멍들이 있다. 그리고 이 빈 구멍 속에 석유를 만드는 원료나 이동 중인 석유, 천연가스가 축척된다.

이 모든 모체광맥 유형들은 앞에서 언급했던 유형이 아니면 그것의 다양한 변이 형태로 세계 어느 대륙에서나 나타날 수 있다. 이 모체광맥들의 내부구성 모양은 서로 유사한 점이 많다. 따라서 음파나 특수광선을 사용하는 특수한 모체광맥 탐지방식을 사용하자마자 모체광맥으로부터 특별한 인식표시가 전달된다. 이 인식표시는 컴퓨터로 작동되는 기술로 해독된다. 이것은 마치 지구물리학자들이 노크와 같은 신호를 지구로 보내고 이에 대한 흥미로운 답신호를 받을 때 그 신호를 해독하기 위해 컴퓨터를 사용하는 것과 같다. 컴퓨터는 이 신호들이 마치 지구 심연으로부터 나오는 음성게시판이기라도 한 것처럼 그 소리를 '지질지세 단면도'에 담는다.

지구에 돌이 생겨나기 시작한 때

지질학을 '지구의 음악'으로 느끼는 사람은 항상 그 음악의 개개 음 하나하나에 주의를 기울일 것이다. 그 소리가 살랑거리는 모래소리든, 부서지는 파도소리든 아니면 돌조각을 부수는 지질학자의 망치소리든 상관없이 말이다. 지질학을 지구의 음악으로 느끼고 있는 사람은 지구에 돌이 생겨나기 시작한 그 초창기를 알리는 심포니가 있다고, 즉 온갖 소리들이 함께 울려 하나의 심포니를 만드는 그러한 소리가 분명히 있을 거라고 믿고 있다.

1. 덫에 걸린 석유

우리는 우리가 살고 있는 물질적인 세계의 지표면에서 이러한 음악을 접하게 된다. 땅 밑의 세계를 채굴하고 그것을 체계적으로 탐사하여 모든 석유탐사의 시작이라 할 수 있는 모체광맥의 위치를 파악하고자 한다면, 어쨌든 물질적 세계의 지표면에 대한 지식은 필수가 된다.

그러나 1951년도에 출간된 『자연과학과 기술의 입문서』라는 책에서 석유산업에서 활용되는 다양한 음향방식과 조사방법을 배우고자 하는 사람은 유감스럽게도 어떤 정보도 얻지 못할 것이다. 독자들에게 널리 보급되긴 했지만, 이 책에는 단지 지진학에 대한 언급과 두 매개물의 경계면에서 음파를 되던지는 반사방식에 대한 자세한 설명만 나올 뿐이다. 중력측정학과 자기학 및 지구전기공학과 굴절지진학 같은 일종의 측정도구 학문들은 1951년보다 훨씬 이전부터 지구물리학 분야에 속해 있었다. 지구물리학은 인공위성 기술 덕택에 계속해서 중요한 입지를 차지해왔다. 그 외에도 지구물리학은 석유산업 분야에서 지질학자들의 사전준비 작업을 근본적으로 보충해주는 역할을 했다. 따라서 지구물리학을 통해 얻게 된 정보가치도 상당히 높아졌다. 그러나 이 자리에서는 반사지진학에 대해서만 좀 더 자세히 다루어보고자 한다. 반사지진학은 1945년 이후에 가장 많이 사용된 방법으로 주로 적당한 시추 장소나 유전에 대한 확실한 정보를 얻기 위해 사용되었다.

마치 어떤 광선이 한 매개물에 부딪혀 반사되는 것과 마찬가지로 그리고 그 반사가 해당 매개물의 표면구조나 강도, 투사각의 성향에 따라 다르게 반응하는 것과 비슷하게 음파도 매개물에 따라 서로 다르게 반응한다. 음파는 광석 층에 부딪히자마자 투과되어 다른 층이나 매개물에 도착한다. 그러나 음파는 그곳에 머물지 않고 즉시 굴절되어 다시 지표면으로 되돌아온다. 이때 이것은 전체반사가 아니라 특수한 각을 이루는 분산반사 체계로 나타난다.

응용지구물리학은 시추예정 후보지에서 인위적인 진동을 만들어 내면서 지진 연구를 통해 얻은 경험을 유용하게 사용한다. 이 경우에 대략 6미터 내지 10미터 깊이에서 다이너마이트나 다른 폭발물을 점화한다. 지층 속으로 들어오기는 하지만 두 지층의 경계지역에서 반사된 음파들은 '지오폰'(Geophone)에 잡혀 전기충격으로 전환된 후 케이블을 거쳐 측정 차에 전달된다. 그리고 나면 거기에서 반사결과가 '지질지세 단면도' 위에 나타난다.

최근에는 이 방법이 더욱 발전했는데, 그 이유는 화성암과 퇴적암이 투과성뿐만 아니라 고체의 무게와 체적의 관계를 나타내는 밀도에서도 근본적으로 서로 구분된다는 것을 인식했기 때문이다. 음파가 화성암과 퇴적암을 관통하는 순간 생겨나는 암석의 이상 반사반응은 다른 요소들 외에 위에서 말한 밀도의 차이를 통해 설명할 수 있다. 암석의 이상 반사반응은 폭발물의 점화 이후 정해진 발사지점에서 인위적으로 만들어진 음파가 지표면 위쪽으로 파고들 때 생겨난다.

그러나 작성된 지질지세 단면도를 가지고 땅 속 지형을 정확히 평가하는 것은 어렵다. 오늘날은 컴퓨터가 이 작업을 하고 있지만, 그래도 이 지질지세 단면도는 음파 그래픽을 보고 석유덫이 있을 만한 후보지역을 추론해 내는 지질학자들의 업무에 상당한 도움을 주고 있다. 무엇보다도 옛 모빌 오일(Mobil Oil)의 전문가들은 땅위에서 활용되던 지오폰을 하이드로폰(Hydrophone)으로 개조해서 그것을 대양지진학에도 활용할 수 있도록 했다. 그 이후로 수년 전부터 이 방법이 해안지역의 선상에서도 사용되고 있다.

지구물리학과 폭발기술 그리고 측량기술과 지질학이 상호 협력함으로써 현대의 석유탐사에서는 그 이전까지만 해도 절대 극복할 수 없

1. 덫에 걸린 석유

는 것으로 간주되었던 많은 음파장벽이 무너지게 되었다. 1991년 이후부터는 에오자트 인공위성이 찍은 정확한 사진들을 토대로 한 지진학을 적절히 활용할 수 있게 되었다. 그 결과 지표면을 꼼꼼하게 분석했을 때와는 달리 석유나 가스발견 희망이 거의 없어 보였던 깊은 지하에서도 좋은 결과를 내게 되었다.

　기술적으로 복잡한 이 모든 방법들은 이제는 석유탐사에서 없어서는 안 될 보조수단들이다. 그러나 모체광맥을 발견하지 못할 위험은 여전히 상당히 높다. 왜냐하면 석유산출 가능성이 있다는 판정을 받은 전체 지층들을 수천 미터 밑까지 집중적으로 탐색한다고 해도 이 탐색 과정만 거치고 실질적으로 석유가 들어 있는 모체광맥을 시추하여 가시적으로 탐색의 결과를 보여주지 않으면 이 탐색은 증빙력을 잃기 때문이다. 그 때문에 지층조사를 위한 개착(開鑿)시추를 해봐야만 한다.

　한 기업가는 지질학과 지진학을 다 활용하여 시추하는 일이 때때로 얼마나 모험이 큰 일인지를 자신의 회고록에서 기술했다. 그 기업가는 미국과 북아프리카의 석유업계에서는 진지한 경쟁자라기보다는 행운아로 인식되었다. 그가 바로 '정신 나간 의사'라고 불렸던 아먼드 햄머(1898~1990, 그의 아버지 줄리어스와 함께 미국과 소련 간의 초기 상업관계를 수립한 사업가로서 훗날 옥시덴탈 페트롤리움 회사의 사장이 되었다―옮긴이)다.

　공산주의자와 자본주의자들 사이에서 정치적 중개인으로 고령의 나이까지 활동했던 햄머는 옥시덴탈 또는 옥시라고 불린 캘리포니아 석유회사의 공동소유주였다. 그는 이드리스 국왕이 통치하던 리비아에서 범죄적이라고까지 말할 순 없지만 어쨌든 그 업계에서 일반적이지 않았던 특이한 시추거래를 도모했다.

　햄머와 그의 시추대원들은 영업허가 지역 102에서 이미 세 개의 개착시추 구멍을 파내려갔다. 그러나 그들은 단 한 곳에서도 석유나 가스 흔적을 발견해내지 못했다. 햄머는 이러한 건공(乾孔)으로 인해 발생한 경영손실을 2백만 달러로 추가 발표했다. "우리는 이미 지진학적 조사를 위해서 2백만 달러를 지출했습니다."라고 말이다.

　　석유기업 내부에서는 리비아의 사막에서 석유탐사를 제대로 할 수 없을 것이라고 판단해 반대가 심했다. 그러나 햄머는 자신이 이끌고 있는 지질학자들과 지구물리학자들의 사전작업을 신뢰했다. 그는 1966년 11월에 드디어 "그 도박은 할 만한 가치가 있었다."라고 자랑스럽게 발표할 수 있었다. 그의 시추대원들이 개발 초기에 14,000배럴이 넘는 하루 채굴량을 지닌 모체광맥을 발견했기 때문이었다. 곧 정확하게 모체광맥을 시추하는 생산시추가 시작되자 아귈라 들판의 하루 채굴량은 족히 10만 배럴까지 높아졌다. 그곳의 석유품질은 그토록 사람들이 가지고 싶어하는 최상품 품질인 아라비안 라이트(리비안 산 석유를 지칭한다—옮긴이)였다.

　　햄머는 영업허가 지역 103에서 또 다른 석유시추에 성공했다. 그는 이 유전을 발견한 자랑스러움에 들떠서 소위 노련하다고 하는 모빌 오일 전문가들의 눈조차도 멀게 한 새로운 지진학적 기술에 열광적인 찬사를 보냈다. 물론 1911년부터 1998년에 걸쳐서 옛 에소 대국으로부터 독립해 나온 이 모빌 오일 기술자들도 지구물리학이 낳은 최상의 방법들을 마음껏 사용하기는 했다. 그러나 이 시기만 해도 아주 혁신적이었던 모빌 오일의 석유팀은 햄머와 동일한 영업허가 지역에서 탐사활동을 벌였지만 석유를 발견하지 못했다. 그들에겐 햄머가 거의 도박에 가까운 특별요소로 간주한 것, 즉 행운이 없었기 때문이다. 햄머는 충분한 인내와 위험을 감내해내는 상당한 용기 그리고 약간의 행운을 거의 도박에 가까운 특별요소로 간주했다.

1. 덫에 걸린 석유

"들어주는 귀가 있기 때문에 돌들이 말하기 시작한다."(한스 클루스)는 생각의 배경에는 다양한 지표면과 해양에서 나타나는 풍부한 결정질을 직접 만져보면서, 자연의 통치자가 아니라 신탁관리인으로 천지만물을 대하고자 하는 도덕적인 감성이 깔려 있다.

그러나 안타깝게도 예민한 감각을 소유한 지질학자들의 자연관 내지 세계관은 떠들썩한 기술주의라는 현실에 굴복해버렸다. 이러한 현실에서 자연과학은 산업주의와 소비주의의 요구들에 고개를 숙이고 말았다. 즉 자연과학은 물질적으로 더 나은 삶에 대한 요구들에 부합할 준비를 노골적으로 해나갔다. 시추 장소의 입지를 결정하는 다이너마이트의 폭음과 아주 무거운 기둥 네 개가 떠받치고 있는 시설에서 1만 PS의 성능을 지닌 초강력 모터가 돌아가는 소리, 그리고 해안 영역에 있는 시추섬에서 시추 로드세트(시추를 위해 사용하는 도관 여러 개가 하나의 세트처럼 구성되어 있는 것. 도관세트라고 하고 영어를 그대로 사용하여 로드세트라고도 한다—옮긴이)를 설치하거나 그것들을 물가로 끌어올릴 때 나는 덜커덩거리는 소리는 오늘날 지질학자들의 망치 휘두르는 소리와는 전혀 다른 방식으로 돌들을 말하게끔 한다.

그리고 이러한 음향들은 타이터스빌 시추 이래 수없이 많은 경험 덕분에 다음과 같은 한 가지 사실을 보장해주고 있다. 즉 자동차산업의 구상에 따르면 장차 연료전지에 꼭 필요한 수소를 생산해내기 위한 재료로 쓰이게 될 석유와 천연가스는 주로 분지체계들에서 탐지되는데, 이곳은 그 옛날 원시시대에 불과 물이 서로 충돌했고 구조지질학적인 석유덫이나 층위학적인 석유덫이 형성되었던 곳이기도 하다.

석유와 천연가스로부터 수소연료 전지를 생산해낸다는 생각은 산업적으로 충분한 활용가치가 있다. 그러나 이러한 인식을 방치한 채 지질학이나 지구물리학을 오직 광석이나 석탄 또는 소금이나 석유 그리고 천연가스를 탐사하기 위한 유용성의 학문으로만 취급할 경우, 우리는 유한한 천연자원의 앞날에 대해서는 어떤 직접적인 책임도 지지 않는 셈이 된다. 더 나아가 이러한 태도는 지구행성의 생활권이 어떻게 될 것인지도 고려하지 않는 무책임한 행동이 될 것이다.

이러한 파괴적인 측면에서 보면 지구과학자들도 역시 민주주의의 희생자들로 볼 수 있다. 철학자 폴 비릴리오(프랑스의 철학자이자 미디어 이론가—옮긴이)는 현대에 몰아닥치고 있는 가속화에 대한 광기를 프로메테우스 신드롬이라는 개념으로 부른다. 그리고 그는 이 개념으로 가속화에 대한 광기가 현대에 와서 어느덧 최종 국면에 들어섰다는 사실을 지적하고 있다. 현대에서 이러한 프로메테우스 신드롬은 품종 개량된 연소모터의 도움으로 시공간을, 말하자면 중력을 극복하고자 하는 시도나 지구물리학적인 측정과 지질학적인 지구표면 조사를 위해 특수 인공위성을 장착한 로켓을 우주에 쏘아 보내는 데서도 찾아볼 수 있다.

그러나 이러한 새로운 기술적인 기능만으로 늘어가기만 하는 에너지 수요와 환경문제를 충분히 극복할 수 있을지는 의심스럽다. 게오르기우스 아그리콜라(1494~1555, 독일 르네상스 시대의 광산학자. 1527년 요아힘스타르에서 의사로 일하면서 채광, 갱내 환경, 야금기술, 광부의 건강에 이르기까지 광산과 관련된 일들을 과학적으로 연구했다. 지질학, 광물학, 금속학 분야의 책을 써서 광산학의 발전에 큰 영향을 주었다—옮긴이)가 최초로 말한 바 있는 '자연의 탈신비화' 현상이 일어난 이후 무분별하게 자행된 자연개발의 결과들을 보면, 이제는 인간들이 자연에 대해 반드시 다시 한번 생각해 봐야 한다는 것을 새삼 느끼게 되기 때문이다. 인간이 자신의 미래를 환경친화적으로 만들고자 한다면, 인간은 세대 간에 서로 협력하여 자연을 보존하는 일에 최선을 다해야 할 것이다.

환경친화적인 자연을 만들어나가야 된다는 현 세대의 요구를 충족

1. 덫에 걸린 석유

시키기 위해서는 단지 이 요구사항만을 따로 떼어내서 생각할 것이 아니라 이와 관련된 모든 제반 분야를 총괄한 통합체계를 구상하고 이를 또한 발전시켜나가야 한다. 이 논리는 사실상 지질학자가 시추대원들의 작업에 의존하고 있고 지구물리학자가 폭발하면서 인공적인 지진을 만들어내는 다이너마이트에 의존하고 있는 사실과도 상응하는 점이 있다. 오로지 실제로 석유광맥을 시추하는 대원들만이 지질학자에게 천연가스 매장지로 연구되고 있는 심연의 지질구조와 구성성분에 대해서 확실한 정보를 줄 수 있다. 이 정보에는 시추 과정에서 잘게 부서진 파편이나 현지에서 파낸 시추핵들이 속할 수 있을 것이다. 독일어권에서는 갱내로 들어가는 동료 광원들에게 "무사하시길!"(독일어권에서는 종사하는 분야에 따라 그 해당 업계에서 통용되는 인사말들이 발달했다. 예를 들어 식당업계에 종사하는 사람들끼리는 '말 차이트'(직역하면 '식사시간'이라는 뜻)라는 인사말이 통용된다—옮긴이)이라는 인사말을 사용했다. 무사와 안위를 비는 이 옛 인사말의 형태도 어떤 의미에서는 석유시추에 꼭 필요한 사항이 될 수 있을 것이다. 모빌 오일에게 찾아오지 않았던 바로 그 행운이 햄머에게는 깃들여 있었던 것처럼 말이다.

2

오로지 좀 더 깊게
파기만 해라!

"시추작업은 전체적으로 불행하게 진행되었다. 7백 피트 깊이에서부터 시추굴착봉의 붕괴는 끝이 없었다. 일이 진행되는 동안 215개의 드릴도관이 파괴되었다. 다섯 번이나 드릴도관이 시추 구멍 속으로 추락했다. 슈토테른하임에서 시추한 시추 구멍 두 개보다 더 큰 걱정과 경악을 안겨준 시추작업은 내겐 없었다. 나는 밤낮으로 안정을 취할 수 없었다. 나는 피끓는 30대의 청춘에 슈토테른하임에 왔지만, 4년이 지난 후에는 머리카락 절반이 눈처럼 하얗게 세어버렸다."

무분별한 광산업에 저항했던 사람들

석유가 지배하는 시대에 태어난 아이치고 석유를 발굴하기 위해 땅속을 파는 꿈 한번 꿔보지 않은 사람이 어디 있을까? 이런 꿈에 젖게 될 때는 특히, 양철로 된 작은 '지구의' 모양의 연필깎이 속에다 연필을 넣고 연필심을 갈 때다. 이때 우리는 연필을 돌려 깎으면서 연필이 다 깎이고 나면 과연 이것이 이 양철로 된 지구의의 어떤 부분, 즉 우리가 지금 살고 있는 세계와는 완전히 다른 지구 반대편 끝 어디로 빠져 나올지 살펴보게 된다.

그러나 이와 같은 어린이의 사랑스런 노력은 헛수고일 수밖에 없다. 한때 프랜시스 베이컨처럼 텔레비전과 잠수함 그리고 비행기로 무장한 기술적인 현대사회를 예견한 쥘 베른(1828~1905, 과학과 모험에 관심이 많았던 그는 1862년 공상과학소설인『기구를 타고 5주일 동안』이라는 책을 발간하여 선풍적인 인기를 누렸다. 그의 공상과학소설에는 벌써 우주선과 로켓이 등장하고 있었다—옮긴이)조차도 책 속에서나 우주를 비행했다. 그리고 현대의 과학수준으로는 지구를 관통하여 그 반대편으로 나오는 것은 불가능하며 잘해야 지구 중심까지밖에는 올 수 없는 상황이다.

족히 백 년 전까지만 해도 베른과 같은 프랑스 작가들이 인류 염원의 실현으로 간주했던 것이 오늘날에는 그다지 갈망할 만한 것도, 기술적으로 실현되지 못할 것도 아니다. 예를 들면 백 미터 시추 깊이에서는 대략 섭씨 3도 가량 되는 지열(熱學)이 감지되는데, 이 지구의 심층지역에서는 이미 2미터 깊이에서부터 여러 가지 문제가 발생한다. 점점 상승하는 열기 때문에 시추작업에 일반적으로 사용되는 진흙 섞인 민물로 된 세척액은 비등점으로 치닫고, 시추활동 자체가 상당히 불안정해지는 것이다. 따라서 이 지열은 시추대원들에게 악몽과 같은 것이 되었다. 또한 지열 때문에 1980년대에 오버팔츠 지역의 빈디쉔바흐 근처에서 대담하게 진행되던 '대륙 심층시추'라는 프로젝트도 중단될 수밖에 없었다. 예전 소련지역의 빙해에 있는 콜라 반도에서 '망원경'이라고 불렸던 시추작업 때, 사람들은 만 미터까지 파내려가고자 했다. 그러나 대략 절반 정도 깊이에서 엄청난 열기 때문에 더 이상 시추활동을 계속할 수가 없었다. 그러나 이러한 시추 실패를 했는데도, 이 프로젝트는 이미 지열을 활용하고 있는 아이슬란드나 미국 또는 이탈리아뿐만 아니라 이젠 다른 나라들도 지열 사용을 위해 노력하고 있다는 것을 입증한 셈이 되었다. 지열은 석탄과 석유 그리고 천연가스로 인해 해를 입고 있는 지구를 보호할 수 있는 대체 영구에너지로 활용될 수 있는 것이다.

그러나 인간을 포함한 지구의 생물권이 떠맡게 된 환경오염과 같은 부담들은 모든 것을 연료로 사용하여 발전해왔던 기술이 낳은 결과다. 따라서 기술 분야가 자신이 저지른 행위에 대한 책임을 져야 한다고 생각하는 사람은 산에 몰두했던 아그리콜라의 비판적인 관찰들을 떠올려보면 된다. 1556년도에 출간된 그의 세기적 명저인 『광물에 관하여』는 광산에 관한 성서와 같은 책으로 간주된다. 이 책은 볼리비아의 부유한 광산도시 포토시에 위치한 한 교회의 제단에 사슬로 묶여 있었다. 그는 이 책에서 무분별하게 행해지던 그 당시의 광산업과 수직갱 경영에 반대하며 이에 저항했던 모든 사람들을 상세히 기록했다.

무분별한 광산업에 반대하던 사람들은 우선 경작지가 광물의 채굴로 인해 황폐화되는 것을 막고자 했다. 아그리콜라는 지하자원을 채굴하는 행위로 인해 아주 비옥한 밭이나 포도경작지 그리고 올리브나무 재배지가 해를 입는 경우가 발생하면 이러한 시굴행위를 금지하는 이탈리아의 법률을 광산업 반대근거로 제시했다. 무분별한 광산업을 반대한

2. 오로지 좀 더 깊게 파기만 해라!

두 번째 이유는 광물채굴 이후의 후속 행위도 광물채굴 행위 못지않게 자연을 황폐하게 만들기 때문이었다. 이 산업은 수직갱이나 금속 제련소를 운영해야 했는데, 그러자면 불꽃이 계속해서 타오르도록 당연히 숲이나 동산에서 나무들을 끊임없이 벌목해야 했다. 그뿐만 아니라 엄청난 양의 벌목행위로 인해 지하수 수위가 떨어질 위험도 있고 그 여파로 "우리는 인간이 충분히 건강하고 맛있는 음식으로 활용할 수 있는 네 발 달린 동물과 새들도 전멸시킬" 수 있었다.

그러나 대부분의 광물지역 주변에서 일어나는 이러한 지역적인 파괴행위들만 거론해서는 자연파괴와 생태계파괴를 충분하게 설명할 수 없다. 왜냐하면 채굴한 광물을 세척하는 경우 이 하수가 옹달샘과 강들을 오염시켜서 물고기들이 죽거나 아니면 그곳에서 다른 곳으로 옮겨갈 수밖에 없도록 만들기 때문이다. 그러므로 그러한 지역에 사는 사람들은 오늘날 경작지나 숲, 동산, 샘물 그리고 강들의 황폐화로 인해 어려움을 겪고 있다. 이들은 살기 위해 꼭 필요한 것들을 멀리서부터 조달해야 하고 나무 벌채로 인해 어쩔 수 없이 나무가 아닌 아주 비싼 재료로 집을 지을 수밖에 없기 때문이다.

켐니츠의 도시정책에 공헌한 아그리콜라는 레오나르도 다 빈치와 동시대 사람이었다. 다 빈치가 수집한 동시대 기술과학은 오늘날 전 석유매니저인 햄머 박사의 재단 소유로 되어 있다. 아그리콜라가 비판한 것들은 오늘날에도 상당히 시사하는 바가 많다. 특히 시추광업 초창기를 생각해보면 더욱 그렇다. 이 시기는 온갖 종류의 지하광물을 탐사하는 데에 수직갱이나 수평갱과 같은 방법에 비해 상당히 기술적으로 진보한 방법을 사용했다고 간주되는 시기지만, 다른 한편 환경도 심하게 훼손되었다.

자세히 살펴보면 독일 땅에서 현대적인 시추광업이 시작된 시기는 엘자스 지방에 있는 페헬브론 근처에서 석유시추를 한 1785년이다. 그 당시 현대적이었던 이 시추방식은 나무에 상당히 의존하는 양상을 보였다. 이 원시적인 시추구조물들은 무거운 나무기둥들로 되어 있었고, 그 나무기둥을 보호하는 역할을 했던 카우에(Kaue: 독일어로 카우에는 수직갱 입구에 있는 작은 판잣집을 지칭하거나 광부의 목욕실 내지 탈의실을 의미한다—옮긴이)는 두꺼운 널빤지로 만들어져 있었다. 쇠로 된 석수용 비트를 매달기 위한 구조물은 가운데에 구멍을 낸 나무기둥으로 만들어져 있었다. 그리고 시추 구멍에서 떨어지는 하수는 대부분 나무로 된 꼭지로 조정되었다. 이 하수들은 정화되지 않은 채 호수나 샘, 강으로 유출되었다.

석유광맥이나 소금광맥으로 향하는 나무로 만든 길은 모든 시추활동의 초기에 없어서는 안 되는 것이었다. 오늘날에도 여전히 몇몇 독일 석유기업들은 야외에 있는 시추 장소를 나무판자들로 덮어놓곤 한다. 그것은 시추 장소를 보호하기 위한 일종의 안전조치인데 시추 구멍 위에 널빤지를 덮어 놓음으로써 경작지에서 나오는 곡물 부스러기들이 그곳에 떨어지지 못하고 풀이 자라지 못하게끔 하기 위해서다. 또한 카우에는 시추용 도관들을 저장하는 장소나 시추탑을 세우기 위한 철공소, 지질학자의 연구실이나 시추대원들의 방으로 활용할 수 있는 곳이기도 했다.

1950년대 말 프로이삭(1923년 설립된 프로이센 광산기업. 지금은 TUI라는 대형 여행사 업체로 변신했다—옮긴이)의 한 신중한 시추감독관이 취한 이러한 조치들은 실용적인 이익 외에 벌써 변화 조짐을 보이고 있던 당시 독일의 환경의식을 반영하고 있다. 이러한 조짐은 1961년에 정치적 요구와 맞물려 들어갔는데, 특히 산업적으로 폭발적인 성장세를 기록하던 루르 지방에서 더 나은 공기를 보장하라는 요구로 나타났다. 그러나

바쿠 석유지역에 있는 '분유정'(噴油井). 1900년 이전의 모습이다.

이러한 환경보호에 대한 요구는 상대적으로 너무 미약했고 이에 비해 고도성장의 기쁨에 흠뻑 젖어 있던 그 당시 분위기에서는 성장 위주의 사고가 거의 지배적이었다. "굴뚝에서는 연기가 나야 한다!"는 모토는 이러한 그 당시의 분위기를 잘 반영하고 있다.

  1960년대 당시에는 이러한 성장 위주적인 조야한 견해가 관철될 수 있었다. 그러나 그 이후에는 벌써 환경친화적인 사고로 인해 독일 연방의 영토 안에서 행해지는 모든 시추활동들은 좀 더 환경친화적인 시추를 할 수 있도록 소위 학습 과정을 거치게 된다. 환경친화적인 시추는 시추활동으로 인해 발생하는 결과에 책임을 진다는 것을 의미하기도 했다. 예를 들면 유독성분이 남아 있는데도 아무 조처도 취하지 않고 시추시설 옆의 구덩이에 파묻었던 하수 찌꺼기들은, 이제 쇠로 된 용기에 모아 산업쓰레기 처리장에서 특수 처리되었다.

  인간과 자연을 보호하고 더 나아가 기계에 가해지는 손실로부터 기계를 보호하는 것 못지않게 오늘날에도 여전히 모진 바람과 궂은 날씨, 폭염과 혹한을 견뎌내야 하는 모든 시추관계자들의 노동조건을 개선하는 것도 거시적 차원에서 볼 때 보호 차원에 속하는 것으로 볼 수 있다.

  1809년 이래로 충격식 시추방식(에어해머 드릴 등을 이용하여 굴착로드 또는 굴착도관을 짧은 시간차 간격으로 여러 번 충격을 주어 굴착하는 방법—옮긴이)이 활용되어 오다가 1901년 이후부터는 회전시추 방식(여러 톱니가 달린 파이프를 회전함으로써 굴착하는 방법—옮긴이)이 사용되기 시작했고, 지금은 현대적인 터빈시추 방식이 현장에서 사용되고 있다. 이렇게 기술이 진보해 가고 있는 것은 이 분야에서 활동 중인 기술자들이 기계의 작업능률을 떨어뜨리지 않으면서 동시에 환경과 인간을 더불어 생각하고 있다는 것을 확인시켜 주는 증거다. 회전시추 방식에 사용되는 회전책

2. 오로지 좀 더 깊게 파기만 해라!

상을 돌리기 위한 동력장치로 체인 톱니바퀴가 사용된다. 이 체인 톱니바퀴가 가동될 때는 거의 고막이 터질 듯한 소음이 발생한다. 이 소음을 청각보호 장치도 없이 들어야만 했던 사람이 1960년 이래로 사용되는 조용한 카르단 음파(이탈리아의 수학자인 G. 카르단의 이름에서 유래한 음파—옮긴이)를 경험했을 때, 과연 인간적인 노동환경 조성이란 무엇을 의미하는지, 그리고 이러한 맥락에서 오늘날까지 진행되어온 것들이 얼마나 가치 있는 것들인지 평가할 수 있었을 것이다.

이러 저러한 개선책들이 나오게 된 배경을 다시 한번 곰곰이 생각해보면 왜 오늘날과 같은 포스트모던 시대에도 인간과 자연에 대한 의식을 계속 바꾸어 나가야만 하는지를 알 수 있다. 시추작업 때 발생하는 심한 악취를 없애기 위한 방법을 강구하는 것도 그에 속할 것이다. 왜냐하면 시추작업은 정확성과 신중함을 절대적으로 필요로 하는 정밀작업이기 때문에 사실 산업적인 예술에 비유해도 틀린 것은 아니지만, 바로 이 견딜 수 없는 악취로 인해 '더러운 장사'라고 불리기도 하기 때문이다.

독일의 대 문호이자 다방면에 해박한 지식을 소유했던 정치가이기도 한 요한 볼프강 폰 괴테는 암석수성론자였는데 시추작업에 대해서는 원래 그다지 좋은 감정을 갖고 있지 않았다. 그러나 소금시추자들이 괴테가 관할하고 있던 독일 소도시 바이마르 근처에서 카를 글렝크의 감독 아래에 풍부한 소금광맥을 채굴하자, 괴테는 그들에게 그들의 업적을 칭송하는 시를 한 수 선사했다. "오로지 좀 더 깊게 파기만 해라!⋯⋯ 자, 저 넓은 사각형 형태의 수직갱을 뭐라고 칭할까/ 그대들은 용감하게도 감히 저 깊은 심야의 나락으로 떨어지는구나!/ 내가 보물들을 겹겹이 쌓아올릴 것을 믿으시오/ 자, 신선한 마음으로 작업장으로, 용감한 마음으로 갱 속으로."

독일의 선구자들

법률가이자 시추사업가였던 글렌크는 1809년에 빔펜 근처에서 160미터까지 소금광맥 시추에 성공한다. 암반굴착 기술에 대한 지식이 있었던 괴테는 그를 만났을 때 '간단한 연장'에 대해 언급했다. 물론 이 '간단한 연장'으로 그는 바이마르 근처 스토테른하임 1호에서 1827년에 발견한 좋은 소금광맥을 370미터까지 파내려가는 데 성공했다. 타이터스빌보다 한 세대 앞선 1859년에 벌써 그곳에서는 이 간단한 소금시추 기계로 석유광맥에 닿게 되었던 것이다. 그것도 겨우 30미터를 파내려 갔을 때 일이었다.

소금시추자들은 1830년대 초에는 노이잘츠베르크(민덴에 있는 도시 이름—옮긴이) 근처에서 695미터 시추라는 신기록을 기록했다. 아주 인상적이었던 이 업적이 가능했던 것은 두 가지 기술적인 혁신 때문이었다. 우선 전통적으로 쓰였던 나무로 만든 드릴도관 세트(굴착봉 세트를 말함—옮긴이) 대신에 철로 만든 도관세트가 활용되었다. 이 철제 드릴도관 덕분에, 충격식 시추방법을 사용하여 시추지반을 시추할 때 발생했던 드릴도관의 파괴가 현격히 줄어들었다. 작업할 때 사람들은 자유낙하 방식을 사용하여 시추기술을 좀 더 향상시켰다. 자유낙하 방식이란 드릴도관에 나사로 단단히 조인 시추용 비트를 어깨 힘을 이용하여 끌어올렸다가 떨어뜨려 노출광석을 부수는 방식을 말한다. 소위 '루취쉐레'(Rutschschere 또는 벡셀슈튜크[Wechselstück]라고 불렸던 이것은 세 부분으로 된 드릴도관의 중간부분에 해당하는 완충 고리와 같은 것임. 드릴도관 한 세트는 세 부분, 즉 상부도관과 드릴용 비트를 직접 연결한 하부도관 그리고 이 두 도관을 연결해 주는 중간부분으로 구성되어 있음. 루취쉐레는 드릴용 비트가 땅을 팔 때 반동으로 인해 생기는 충격을 중간에서 한 번 완화시켜 이 충격이 상부도관까지 도달하지 못하도록 하는 기능을 지님—옮긴이)라고 부르는 것은 드릴도관 속에 있는 완충 메커니즘을 이용하여 '두들겨서 뭉툭하게 만드는 효과'와 이로 인해 생겨나는 충돌에너지를 완화시킴으로써 자유낙하 방식을 한층 더 향상시켰다.

이러한 기술개척 시대에 지금은 졸레바드(Soldebad)라고 불리는 유명한 바드 오아인하우젠 출신의 카를 남작은 노이잘츠베르크에서 한 가지 특별한 도관세트 개선방법을 선보였다. 그는 1834년 7월 8일에 개선된 루취쉐레를 사용했을 뿐만 아니라, 처음으로 속이 비어 있는 철제 도관 세트를 사용했다. 그것은 나선형 홈을 사용해 각 도관세트들을 서로 연결시킨 것으로서 지름은 4센티, 두께는 5밀리미터였다.

카를 남작이 기업가로서 보여준 이러한 혁신을 통해서 시추대원들이 시추핸들을 이용해 힘으로 들어올려야만 했던 전체 시추도관의 무게가 상당히 가벼워졌다. 그뿐만 아니라 이제는 텅 빈 도관 내부관을 사용하여 세척액을 드릴 비트까지 투입할 수 있게 되었다. 이로써 시추 과정에서 깨진 파편조각들에 엉켜 있는 진흙을 제거하고 파편들만 지표면으로 끌어올릴 수 있게 되었다.

그러나 이 모든 혁신적인 신기술들의 기능을 향상시키고 기존의 다른 기계들과 호환해가며 사용할 수 있으려면 각종 특수실험을 하고 개선사항들을 보완해야 했다. 카를 G. 킨트는 이 부분에서 아주 탁월한 역할을 수행했다. 그의 스승 글렌크가 '당대의 가장 실용적인 지구영지학자'로, 심지어는 새로운 시추세계의 '콜럼버스'로 간주되었다면, 킨트는 '시추 마이스터 세계의 나폴레옹'이라는 명성을 획득했다. 왜냐하면 그는 무엇보다, 소금시추를 성공적으로 이끌기 위해서는 전략적으로 이에 대응해야 한다는 것을 확신했기 때문이다.

어쨌든 그는 이를 위해 사적으로 비싼 대가를 치렀다. 그는 1835년

바이마르 근처의 슈토테른하임 2호에서 340미터 깊이로 시추를 마쳤다. 그는 이 프로젝트가 계기가 되어 『시추 구멍들의 굴착에 관한 지침서』를 쓰게 된다. 그는 감동적인 단어를 사용하기는 하지만 지나친 흥분은 가라앉히는 솔직한 문체로, 어떻게 슈토테른하임 2호뿐만 아니라 다른 곳에서도 시추광업의 개척시대가 열리게 되었는지를 기술했다. "시추작업은 전체적으로 불행하게 진행되었다. 7백 피트(대략 233미터) 깊이에서부터 시추굴착봉의 붕괴는 끝이 없었다. 일이 진행되는 동안 215개의 드릴도관이 파괴되었다. 다섯 번이나 드릴도관이 시추 구멍 속으로 추락했다. 슈토테른하임에서 시추한 시추 구멍 두 개보다 더 큰 걱정과 경악을 안겨준 시추작업은 내겐 없었다. 나는 밤낮으로 안정을 취할 수 없었다. 나는 피끓는 30대의 청춘에 슈토테른하임에 왔지만, 4년이 지난 후에는 머리카락 절반이 눈처럼 하얗게 세어버렸다."

그러나 그는 이러한 부담을 느끼면서도 자신이 선택한 직업을 포기할 수가 없었다. 글렌크나 오아인하우젠 출신의 카를 남작, 그리고 다른 개척자들을 사로잡았던 특이한 충동이 이제는 마치 그를 사로잡기라도 한 것 같았다. 이것은 시추탑 위에 있는 자기 자신을 어떠한 모진 풍파도 견뎌낼 수 있는 강인하면서도 고귀한 존재로 여기게 하고, 시추를 방해하는 자연의 저항과 기술적 한계들을 견디도록 만드는 그러한 특이한 충동이었다. 이 충동은 이러한 고된 역경과 힘든 도전이 마치 세련된 생활방식이기라도 한 듯 느끼게 만드는 힘이 있었다. 그것은 시추에 미친 사람들만이 느낄 수 있는 충동이었다.

이렇게 시추에 미친 사람들은 비트를 다른 낙하방향으로 돌리기 위해서 작업대 위나 시추 구멍 옆에서 밧줄을 사용하여 직접 손으로 돌리는 크뤼켈(T자나 Y형의 연장을 지칭함—옮긴이)을 사용하기까지 했다. 킨트의 특성이라고 하면 사용할 수 있는 모든 도구 일체를 개선하고자 하

비트의 행진(비트를 힘을 사용하여 돌리는 데서 연유한 용어—옮긴이)은 충격식 시추나 회전시추 때에 고도의 정신집중을 요구한다.

는 열성이 남달랐다는 점이다. 그는 루취쉐레의 체계가 극대화될 때까지 이것을 개선시키고자 했다. 그는 성능이 개선된 루취쉐레를 시추기구에 장착하여 자유낙하 방식에 사용될 수 있도록 했다. 이러한 기술향상의 덕택으로 전대미문의 생산력 증대가 이루어졌다.

그는 수압을 통해 작동되던 용수철 펜치를 사용하여 시추도관을 필요에 따라 해체했다가 다시 결합시킬 수 있는 상부도관과 하부도관으로 나눌 수 있었다. 그는 이 시추도관을 룩셈부르크 지방에 있는 몬도로프에서 1842년 1월 21일에 시험했는데, 그 파급효과는 엄청났다. 그는 이 실험으로 1846년 6월 16일에 736미터의 깊이까지 파내려갈 수 있었는데, 이 깊이는 1871년까지 역사상 최대의 시추 깊이 기록으로 남아 있었다.

그가 프랑스에서 특허신청을 낸 발명품들이 중부유럽의 여러 시추장소들에서 센세이션을 불러일으키자, 1845년부터는 그가 개발해낸 발명품들과 경쟁을 벌이게 될 제품들이 나오게 되었다. 왜냐하면 프로이센의 증발제염소 소장이었던 카를 L. 파비안이 자유낙하 메커니즘을 고안해냈기 때문이었다. 이것은 접합부와 맞물리는 촉의 원리로 움직이는 시스템이었다.

이 시스템의 작동방법은 간단하면서도 효과적이었고 물기둥을 사용하지 않고도 모든 시추 구멍 속에 삽입할 수 있었다. 그러나 이 시스템을 작동하기 위해서는 비트 위에 특수한 접관을 설치해야만 했다. 이 접관은 시추기구의 자유낙하를 가속화시킬 수 있었고 비트에 충돌할 때 압력을 강화시킬 수 있었다. 이것은 오늘날에도 회전시추나 터빈시추에 없어서는 안 될 기본 설비장치로 간주될 만큼 혁신적인 기술이었다.

로텐부르크/잘레 근처의 석탄시추 지역에서 처음으로 시험된 파비안식 자유낙하 방식은 특히 무게가 상당히 나간다는 단점이 있었다. 그것은 몸무게로 들어올리는 작업 부담이 컸고 킨트가 사용한 방법보다 더 빨리 시추대원들을 피곤하게 만들었다. 그럼에도 파비안 시스템은 확산되어 나갔다. 왜냐하면 프로이센 국가의 시추공장들이 전부 파비안 시스템으로 설치되었기 때문이다. 이 시추공장들은 훗날 수직갱 광업과 제철소 외에 오늘날에도 여전히 존재하는 혼합 콘체른으로서의 프로이삭 기업을 구성하는 기본 요소다.

국가는 국가가 세습한 합법적인 수익권과 채굴권을 국가 관료들로 이루어진 정부의 광산 감독국을 통해 사용할 수 있는 일종의 대기업과 같은 조직체로서 개인 시추기업들이 전혀 마련할 수 없던 중요한 투자수단을 마련할 수 있었다. 특히 힘이 드는 수공업을 증기기계로 획기적으로 전환한 것도 국가의 재원조달 능력으로 가능한 일이었다.

파비안이 사망하기 2년 전인 1853년부터, 즉 타이터스빌보다 6년 앞서 수공업적 시추방법이 기계를 통한 시추방법으로 대체되기 시작했다. 시추광업의 역사에 나타난 획기적인 이 사건은 50년 후에야 이와 비슷한 변천을 겪게 되는데 그것이 바로 디젤모터가 증기기계를 대체한 것이다. 이 디젤모터는 오늘날에도 지구의 모든 시추지역에서 사용되는 주요 동력장치다.

1856년부터 수세식시추가 실험되기 시작한 것도 이러한 기술적인 발전과 잘 어울리는 변화다. 이미 노이잘츠베르크에서는 수세식시추 방법을 사전에 실험적으로 사용했는데, 시험 결과 내부가 텅 빈 드릴도관을 타고 흘러 들어온 물이 시추 비트 부분까지 밀고 올라오는 것이 목격되었다. 세척액은 시추 때 잘게 부서진 시추파편들을 지질학자들이 분석작업을 할 수 있도록 어느 정도 세척하여 지상으로 올려 보내기 위해서 투입되었다. 세척액은 이 목적을 위해 특별히 만든 틈 (후에는 틈 대신에 노즐을 달아 사용함)을 통해 드릴도관의 바깥쪽 부분과 뚫어서 공백이 된 산맥의 벽 사이에 생긴 일종의 원형공간으로 흐르게 되어 있었다. 단순하지만 아주 효과적인 이러한 순환방식은 그 사이 세척 펌프를 여러 방면으로 개선했음에도 오늘날에도 여전히 모든 시추구역에 설치되는 기본 설비에 속한다. 그리고 수세식시추는 프랑스나 미국과는 달리 일찍부터 이러한 방식으로 심연시추 기술 분야에서 시추기능을 최적화시킨 '독일이 걸어간 길'을 잘 보여주고 있다. 반면에 미국이나 프랑스는 타이터스빌에서 케이블시추 방식이 엄청난 성공을 거둔 이후 오랫동안 이 방식을 그대로 사용해왔다. 이 방법은 드릴도관 세트가 없어도 가능하며, 작동방법은 드릴 비트를 케이블윈치를 통해서 인접한 산맥 위로 밀어 떨어뜨리게끔 되어 있었다. 이 방법은 아마도 기술적인 것에 관심이 있었던 예수회원들이 중국에서 프랑스로 들여왔고 그곳에서 다시 미국으로 전파되었을 것이다. 이 방법은 실용적이고 사용법이 지극히 단순하기 때문에 저층시추에만 적합했으며, 근본적으로 혁신해야 할 만한 기술이라고 할 만한 것도 없었다.

그러나 독일 시추관계자들은 그들이 이뤄낸 성공에 만족하지 않았다. 그들은 자신들의 경험으로 미루어 보아서 앞으로는 석유시추 작업에서 어떤 요구사항들이 제기될지를 예측하고 있었다. 그 요구사항이란 사람들이 미래에는 천 미터 한계선을 타개하고자 할 것이라는 사실이었다. 무엇보다도 드릴로 파내서 물이나 세척액이 들어가게 된 원형공간이 안정된 압력을 유지하고 있다는 것은 중요한 관찰 결과였다. 이 효과는 '정수학'(靜水學)으로서 상당히 주목받았다. 왜냐하면 이 효과는 '정역학'(靜力學: 암석에 작용하는 힘의 작용을 연구하는 학문—옮긴이)에도 해당하는 것으로, 완전히 뚫어버린 산맥의 압력을 상쇄할 수 있게 해주기 때

2. 오로지 좀 더 깊게 파기만 해라!

문이었다. 이것은 또한 뚫어서 텅 비게 된 공간이 귀중한 시추기계의 머리부분을 드릴 비트와 접관을 비롯한 다른 기구들과 함께 파묻지 않도록 하기 위한 것이었다. 이렇게 물고기처럼 시추 구멍 속에 빠진 기구들은 '악마의 수레바퀴'(평평한 회전접시 모양의 장비. 지금은 유원지에서 타고 놀 수 있는 오락용 기구의 이름—옮긴이)나 또 다른 기구들의 도움에 의해서만 힘들게 건져낼 수 있었다.

석유에 대한 이권이 개입되지 않은 유럽지역의 대규모 분규였던 크림전쟁은 1859년경 거의 끝나가고 있었다. 이때까지는 중부유럽의 국영기업가들이나 개인기업가들이 산업적인 지구영지학과 시추기술 분야에서 주도적인 역할을 담당하고 있었다. 그리고 이때는 이론으로나 실천으로나 자유낙하 방식이 지배적으로 사용되던 시기였다.

이러한 사실 외에도 이 시기에서는 여러 가지 기술적인 면의 변화를 찾아볼 수 있다. 무엇보다도 이 시기에는 아그리콜라의 영향력이 미치기 시작한 이래로 신성로마제국에서 발전된 기술들이 특히 영국, 스웨덴, 신대륙(멕시코의 포토시) 그리고 러시아로 꾸준히 이전되고 있었다. 독일에서 30년 종교전쟁이 끝나는 시점인 1648년에 평화협정이 체결된 이후, 이러한 기술이전은 자유무역의 상징으로 광업, 제련, 대포주조와 같은 금속가공업, 칼과 같은 각종 휴대용 무기 제작(졸링엔 지역에서 생산됨), 함석으로 만든 가전용품과 농기구 제작, 금은세공업(아우크스부르크 지역에서 주로 행해짐) 등 전 분야에서 강화되어 나타났다. 이 모든 활동들은 제임스 와트가 증기기관을 발견한 것보다 훨씬 이전에 증기기관과는 다른 방식으로 이미 일종의 산업혁명이 진행되고 있었다는 것을 보여주었다. 화력과 수력은 그것 말고도 다양한 방식으로 사용될 수 있었기 때문이다.

그리고 1763년에는 아그리콜라의 광업성서인 『광물에 관하여』를 대체한 최초의 광업 아카데미가 프라이부르크에 설립되어 큰 성공을 거두었다. 영국은 1806년에 지금은 해체된 구 신성로마제국의 영역에서 산업화를 이뤄내기 위한 가장 중요한 아이디어들이 나왔다고 평가했다. "영국이 모델로 삼은 것은 독일이었다." 물론 이것은 영국이 품질이 떨어지는 독일제 대량 공장생산품에 평가절하적인 의미에서 'Made in Germany'를 붙이기 훨씬 이전의 일이었다.

영국의 왕위를 계승하던 하노버 벨펜 왕가에게 독일 광업시추학교의 명성과 실력은 그리 오랫동안 비밀에 부쳐지지 않았다. 따라서 영국이 이 재능을 특히 영국령에 속한 대륙에서 사용하고자 했던 것은 놀라운 일이 아니다. 하노버 왕국의 내무부는 1857년에 뤼네부르크 하이데 지역에서 지하자원을 탐색하라고 지시했다. 이와 동시에 일련의 시험시추들이 실행되었는데 시추 깊이는 40 내지 60미터 정도였다. 킨트의 시추장비 보관소에서 나온 특수장비들이 광업교수인 후노이스의 감독 아래 이 시추작업에 투입되었다. 장비투입 장소는 지질학자가 광산의 노출부위를 보고 그곳과 가까운 곳에서 석유를 발견할 수 있으리라 확신하는 곳으로 정했다.

실제로 비체(인구 8,135명인 북부독일 니더작센 주의 소도시. 1858년에 이곳에서 전 세계 처음으로 석유시추에 성공했다. 1908년에는 독일 전체 석유사용량 중 80%를 이곳에서 나는 석유로 공급했다—옮긴이)에서 석유가 산출되었다. 처음에는 석유가 조금씩 흘러나오는 분지와 같은 지형에서 지표면으로 흘러나온 석유를 퍼 올리면 되었다. 그러나 이곳의 석유산업이 몰락하여 공장이 폐쇄된 지금은 시추시설이 있던 대지에 독일 석유박물관이 들어서 있다. 니더작센 주에 있는 또 다른 소도시 첼레에는 독일 시추

마이스터 학교가 설립되었다. 이곳에서 심층시추를 공부하는 학생들은 (1943년 이래로 국가공인 직업학교가 됨) 채유와 같은 시추경영 분야에서 좀 더 높은 업무를 맡도록 준비되었으며, 그리하여 이 직업학교는 곧 전 세계적인 모범이 되었다.

여기에서 다시 한번 1809년 이래로 지속되어온 광업 50년 발전사를 살펴보면, 처음에는 소금이나 석탄, 광석을 서로 연관성 없이 개별적으로 시추하다가 본격적인 통합산업으로 발전해 나가고 있다는 것을 알 수 있다. 비체에서 석유시추가 이루어졌던 바로 다음해에는 미국의 타이터스빌에서도 석유광맥이 시추되었는데, 아마도 역사적으로는 이곳의 시추가 석유시추를 알리는 최초의 신호로 간주되고 있고 앞으로도 그 의미를 잃지 않을 것이다. 그렇다고 윌리엄슨이 저술한 『기술의 역사』에서처럼 1959년 타이터스빌 석유시추 백주년을 그렇게 과대평가할 것까지는 없다.

왜냐하면 최고의 시추기술은 유럽기업들, 더 정확히 말하자면 독일과 프랑스의 합작회사들인 킨트-쇼드롱 또는 하니엘-뤽 혹은 니더하인의 에켈렌츠 지방에 있는 비르트에서 나왔기 때문이다. 1867년 파리에서 있었던 세계박람회에서 킨트 및 그의 파트너인 쇼드롱이 금메달을 받았다. 이로써 독일-프랑스 합작회사들이 이 분야에서 탁월한 실력을 보유하고 있었다는 것이 분명해졌다. 이 시기는 역동적인 시기였고 이로부터 3년 후에 황제 나폴레옹 3세와 호엔촐레른 왕가 사이에 왕조전쟁이 발발한다. 호엔촐레른 왕가는 가톨릭 노선인 지그마링엔과 손잡고 스페인의 왕위를 차지하고자 했다. 이 왕조전쟁은 산업화 이전 시대의 특징을 고스란히 띠고 있었다.

미국인들이 파리에서 열린 세계박람회에서 그들이 지금까지 사용해왔던 기계들이 얼마나 원시적인가를 절실히 깨닫고 특허를 받은 많은 시추기술에 덤벼들어 특허를 사고 또한 이를 계기로 자국의 많은 기계를 개선했던 것은 이해가 가는 일이다. 특히 미국 펜실베이니아의 케이블시추 방법은 유럽에서 건너간 기술을 미국에서 더욱 발전시킨 형태로, 이 방법은 유럽대륙의 (특히 갈리치엔) 시추현장에 역이용되기도 했다. 그리고 이 방법은 효율적이었기 때문에, 저층시추(8백 미터 깊이까지)를 했던 지역에서는 주로 이 방법이 사용되었다. 케이블시추 방법이 새로이 사용된 곳은 동양에서는 이란과 버마(1988년 군부 쿠데타 이후 국명이 미얀마로 바뀜. 이 책의 저자는 그 이전 국명을 고수하고 있다—옮긴이)였고 라틴아메리카에서는 주로 멕시코와 베네수엘라였다.

이러한 "모방욕구"(요한 곳프리트 폰 헤르더)의 진행 과정을 역사에서 찾아보면 특히 러시아가 눈에 띈다. 러시아는 벌써 석유산업 분야에서 두드러지게 강세를 보이고 있다는 것을 알 수 있다. 그러나 이러한 모방의 역사는 러시아 외에 중국이나 일본에서도 찾아볼 수 있다. 중국과 일본은 자국이 만들어낸 모방제품을 가지고 세계시장 진출을 감행하기 전에 우선 유럽을 모범으로 삼아 자국의 산업화를 가속화시켰다. 자세히 들여다보면 미국도 근본적으로 크게 다르지는 않다. 세기적 해라고 할 수 있는 1870년을 정점으로 해서 살펴보면, 미국은 석유판매 회사인 에소를 창립했을 뿐만 아니라 산업-기술적인 분야에서도 '미국의 발명품들을' 엄청나게 생산해내기 시작했다. 이것은 유럽이 취해왔던 기존 노선을 유지하면서 구세계(유럽—옮긴이)의 성과물을 수용한 것이지만, 또한 미국의 독자적인 연출로 그것들을 변형시킨 것이기도 하다.

석유시추의 패러다임을 전환하다

1870년 열린 제1차 바티칸종교회의는 이 회의에 대해 비판적인 견해를 가지고 있는 사람의 눈에는 현대에 역행하는 잘못된 길로 비쳤다. 그것은 이 종교회의가 신앙문제에서 교황의 무오류성(無誤謬性)을 천명했기 때문인데, 사실상 교황의 무오류성이라는 항목은 다름 아닌 '왕은 틀린 일을 할 수 없다' 라는, 사실상 오래된 영국의 기본 원칙을 시인한 것이었다. 거의 동시에 프랑스 베르사유 궁전의 거울방에서는 제2독일제국이 (철학자 니체의 표현을 빌리자면) "혼돈으로 가는 비밀통로"에 들어섰다. 제2독일제국은 1차대전을 일으켰고, 제3공화국이 들어선 프랑스는 마침내 1789년 프랑스혁명의 역사적인 환상들을 현실화하기 위해 정의로운 사회라는 애국충절의 탈출구를 찾았다.

모든 역사책들을 통해 아주 잘 알려져 있는 이러한 굵직굵직한 사건들과는 좀 동떨어진 기술의 역사 부분에서도 정치사와 마찬가지로 중요한 혁신들이 쏟아져 나왔다. 독일 베를린 근교의 국영 시추시설인 슈페렌베르크에서는 믿을 수 없을 만큼 놀라운 업적이 나왔다. 1867년 유능한 시추감독관 카를 초벨을 단장으로 하여 심연시추자들은 한 가지 용감한 프로젝트를 도모했다. 이 프로젝트는 1871년에 시추 깊이 1,271미터라는 신기록을 세우며 종결되었는데, 1,271미터는 그 당시까지의 심연시추 역사상 세계 신기록이었다.

이러한 야심 찬 프로젝트가 성공할 수 있었던 이유는 시추작업에 증기기계가 투입되고 채굴에 시추파편들과 세척액을 혼합한 걸쭉한 혼합세척액인 슈만트를 사용했기 때문이었다. 그 외에도 초벨은 파비안 방식의 자유낙하법을 상당히 개선했는데, 이로써 넘을 수 없을 것 같았던 마의 천 미터 한계를 훨씬 넘어 더 깊숙이 암석 속으로 파고 들어갈 수 있었던 것이다.

그러나 초벨이 칼리(칼륨염류를 통틀어 이르는 말—옮긴이)를 산출하는 데에 사용했던 이러한 개별적인 업적들이 있음에도 이 프로젝트는 장래성이 없었다. 그의 프로젝트는 희망했던 것처럼 성공의 길을 걸어가는 것이 아니라 막다른 골목에 빠지고 만다. 그 실패 이유는 첫째, 개선된 파비안식 자유낙하 시스템이 새롭게 투입된 증기력이 있었는데도 기술적인 최대 허용 하중의 한계에 도달했기 때문이었고, 둘째, 17만 5천 마르크나 되는 시추비용이 시험 프로젝트에 주어지는 국가보조금의 한계를 넘어섰기 때문이었다.

그런데도 초벨이 주도한 이 프로젝트를 기반으로 해서 많은 유용한 사안들이 나오게 된다. 특히 1865년에 발표된 새로운 광업자유법 덕분에 국가와 같은 공기업이 아닌 개인 시추기업가들이 자신들의 활동범위를 상당히 넓힐 수 있었다. 그들은 큰 프로젝트에 매달려 자금을 탕진하거나 그로 인해 궁극적으로 파산하는 대신, 견고하고 수지가 맞는 시추방법을 선택했다. 그들은 자신들의 자금력과 경쟁력에 맞는 시추방법을 선택하여 시추하는 광석이나 소금, 석탄 등이 벌이가 될 수 있도록 했다.

이러한 구조적인 장점을 최대한 살린 두 가지 발명품이 있다. 특히 석유등에 등유를 공급해야만 했던 석유 분야에서 이 두 개의 발명품은 아주 새로운 시추의 길을 열어주었다. 그중 하나는 세척장치와 배관 그리고 후속시추가 가능한 시추용 도관세트를 하나로 연결하는 장치였고, 다른 하나는 산업용 다이아몬드의 제조였다. 다음에서는 이 두 가지 발명품들에 대해 좀 더 자세히 살펴볼 것이다.

우선 슈타이거 에마누엘 프르치빌라는 1870년경에 속이 비어 있는 드릴도관을 이용한 세척방법을 근본적으로 개선하는 데 성공했다.

이 방법의 장점은 세척액을 전처럼 틈새를 사용하여 투입할 필요가 없게 되었다는 점이다. 이것은 속이 비어 있는 시추용 파이프를 통해 세척액을 그대로 투입하면 되었다. 그는 시추 초기에 구경(口徑)이 큰 도관세트들을 사용했다. 이 구경이 큰 시추용 도관세트들은 시추 구간을 어느 정도 파내려간 이후에 시추 구멍을 배관하는 데 사용되었다. 이러한 방식으로 그는 이미 파내려간 구멍이 무너지지 않게끔 하고, 계속해서 파내려갈 때 이미 파내려간 구멍을 갱내로 떨어져 내리는 광석 조각들로부터 보호할 수 있었다. 그 다음부터는 좀 작은 구경의 도관세트를 사용해서 계속해서 시추할 수 있었다.

세척장치와 시추기계를 하나로 결합하는 기술과 함께 망원경처럼 서로 다른 구경의 파이프를 연결하여 길게 뽑아내는 기술은 이 분야에서 결정적인 전환이 이루어졌음을 의미했다. 그리고 이 기술의 효과는 역사적으로 오랫동안 지속되었다. 도관세트 그 자체로 세척액 투입과 배관이 가능한 폐쇄적 순환체계를 지닌 이러한 시스템은 그 작동 원칙에서는 변함없이 오늘날에도 세계의 모든 시추 장소에서 신뢰를 받으며 사용되고 있다. 단 한 세대 만에 기술 성능이 얼마나 향상되었는지를 살펴보려면 시추 깊이의 변화를 비교해보면 될 것이다. 글렌크가 살던 시대의 사람들은 하루에 고작 1미터 깊이만 뚫을 수 있으면 만족했다. 반면 프르치빌라 대원들은 하루 시추 깊이가 50미터에 달했다.

프르치빌라는 중부유럽 이외의 지역에서도 자신의 콤비장비로 성공을 거뒀다. 스페인에서 러시아까지, 심지어 카스피아 바다에 있는 바쿠 유전지역에서도 1859년 이래로 수없이 많은 광맥의 노출부위들에서 산업적인 용도로 석유시추가 행해졌다. 프르치빌라의 시추대원들은 산출량이 풍부한 광맥들을 뚫어 내려갔고, 그들의 심연시추에 대한 열정도 갈수록 높아만 갔다. 그들은 시추를 독자적인 학문으로 인정해줄 것을 요구했고, 그것을 심지어는 '심연시추 예술'로까지 느끼고 있었다.

시추광업에서 패러다임을 전환하라는 요구가 얼마나 정당한 요구였는지는 동시대에 나온 두 번째로 중요한 발명이 말해준다. 1785년 이래로 시추의 핵심은 비트를 떨어뜨림으로써 이 비트의 지름만큼 광석지층들을 부수는 데 있었다. 그러나 지금은 특수 다이아몬드를 장착한 드릴로 작고 둥근 구멍을 산맥에 뚫을 수 있게 되었다. 그곳에 박혀 있는 광물의 핵심부분은 일단 한번 시추한 후에 특수 메커니즘을 통해 부서지고 드릴도관과 시추 비트를 철거할 때 함께 작업장으로 옮겨진다. 지질학자들은 기쁘게도 직접 현장에서 그곳의 상황이 어떠한지 연구할 수 있게 된 것이다.

여하튼 이러한 시추기술을 이용할 수 있으려면 순수한 석탄을 재료로 하면서도 강도가 10이나 되는 아주 비싼 산업용 다이아몬드를 만들 수 있는 방법을 발견해내야만 했다. 이 문제가 해결되자, 다이아몬드를 장착한 드릴 머리부분으로 단단한 화성암을 부술 수 있게 되었을 뿐만 아니라 부드러운 퇴적암도 두들겨 파올릴 수 있게 되었다.

1867년에 한 미국회사는 루돌프 레쇼트가 1863년에 발명했고, 몽스니 터널을 건설할 때 성공적으로 사용된 이 기술의 특허권을 얻어냈다. '대륙 다이아몬드 암석시추'라는 이름의 이 회사는 이 기술을 1870년까지 계속 발전시켜 나갔고, 이 기술을 세계 시추건설 현장으로 수출했다. 본격적으로 시추의 열기가 가열되었던 유럽으로는 특히 영국을 통해 기술수출이 이루어졌다.

다이아몬드를 이용한 시추기술이 상당히 유혹적이기는 했지만, 대부분의 사람들은 막대한 투자비용 때문에 좌절할 수밖에 없었다. 그래서 궁극적으로는 새로운 시추방식이 이 방식을 대치하게 되었다. 이 방

2. 오로지 좀 더 깊게 파기만 해라!

식은 안톤 라키(1868~1943)가 발명한 방법으로 그가 이 방식을 개발한 이유는 자유낙하 방식 시추나 충격식 시추를 궁극적으로는 극복하려고 했기 때문이었다. 헤센 주의 젤렌베르크에서 태어나서 니더작센 주의 잘츠기터에서 사망한 라키는 시추기업가이자 기존 기술을 최적의 상태로 개선시킨 기술발명가로서 정말 기상천외한 삶을 살았다. 어느 날 라키는 프르치빌라의 제자이자 다이아몬드 시추로 전설적인 이름을 남긴 아주 혁신적인 기술자 후고 루비슈에게 기존의 충격식 시추방법이 지반을 깊이 파들어가면 갈수록 점점 더 비효율적이 된다는 사실을 규명할 수 있었다. 그에 따르면 드릴도관을 포함한 드릴용 비트의 피스톤 1행정(行程)계기와 성능과의 관계는 미터가 늘어날 때마다 점점 더 나빠졌다. 이 부분의 결점은 고정되어 있는 드릴핸들이 거의 용수철처럼 잘 휘는 위치에 달렸을 때만 결정적으로 개선될 수 있었다.

 라키는 수차례에 걸친 실험 결과, 특허가 난 파워보링 시스템을 선보일 수 있었다. 이 시스템으로 시추를 시작하자마자 단 42일 만에 628미터나 파내려가는 쾌거를 기록했다. 이 42일은 시추탑과 모든 기계장비를 설치한 시간까지 포함해서 걸린 시간이다.

 미국인 마틴 데커가 최상의 시추압력을 잴 수 있는 측량기계이자 정위(定位)기계인 드릴로미터를 발명하기 훨씬 전에, 라키는 다른 시추전문가들처럼 시추작업 때 드릴용 비트에 가해지는 압력을 조절하는 것이 가장 중요한 일이라는 것을 경험으로 알고 있었다. 게다가 그는 광석의 종류와 강도에 따라 드릴 성능을 최상으로 올릴 수 있었다.

 적지 않은 경우에 불규칙한 시추압력은 값비싼 드릴도관들이 파괴되는 주원인이었다. 그래서 라키는 자신이 고안해낸 파워보링 기계에 루취쉐레 대신 돌려 끼는 나선축을 장착했다. 이 나선축을 통해 압력을 상쇄할 수 있게 되었고, 이로써 시추작업의 성능을 최대로 올릴 수 있었던 것이다.
　라키는 엘자스 지방의 공장주 폭트와 함께 슈트라스부르크에 국제시추협회를 창설했다. 이 협회의 본사는 1898년에 에어켈렌츠로 이전했다. 그는 자신이 고안해낸 새로운 기술로 시추기술의 새로운 시대를 열게 된다. 라키의 기계로 하루에 2백 미터 깊이까지 시추할 수 있게 되었기 때문이다. 라키의 시추기술이 특히 환영받았던 곳은 그가 효과적인 석탄시추에 성공했던 이벤뷔렌 근처의 북부 베스트팔렌 지역과 벨기에 및 로트링엔 지역이었다.
　세기 전환기까지 라키의 혁신적 기술과 함께 휘발유(1885) 및 디젤모터(1893) 그리고 자동차가 발명되었다. 이로써 석유, 나프타, 페트롤리움으로 불리는 기술적 현대의 모태가 되는 원료가 생겨나게 된다.
　라키는 엘자스 지방의 페헬브론과 파이네 지역에 있는 윌하임에서 주로 시추활동을 했는데, 1894년경에 특히 윌하임에서 상당히 많은 양의 석유가 뿜어져 나와 사람들은 석유에 대한 환희를 경험할 수 있었다. 윌하임은 작은 펜실베이니아로 간주되곤 했다. 라키는 이 지역에서 시추활동을 한 이후에 더 이상 독일이라는 석유 변방에만 머무르지 않고 동쪽으로 석유시추 탐사를 떠났다.
　루마니아에 있는 모레니 유전을 발견하여 그곳을 개발한 것은 그의 예민한 감각과 모험심 덕택이었다. 모레니 유전의 석유산출량이 동시대 유전인 텍사스 주 보몬트 근처의 '스핀들탑'이나 오클라호마에 있는 툴사 유전처럼 많지는 않았으나 라키와 같은 사람들이 부자가 되기에는 충분한 양이었다. 그는 루마니아에서 성공을 거두었지만 이에 만족하지 않고 계속해서 동쪽으로 이동했다. 그는 1907년에 노벨 형제의 나프타 기업에 합류한다. 그리고 케르치, 마이콥, 바쿠 유전의 확장작업을 적극적으로 돕는다. 1차대전이 그를 독일로 다시 불러들이기까지 그의 협력 작업은 계속되었다.

    그는 잘츠기터에서 새로운 시추회사를 운영했다. 이 회사는 베저 강변에 있는 닌하겐과 윌하임에서 석유와 더불어 석탄이나 철광석도 시추했다. 그러나 라키가 더 이상 이렇다 할 만한 성공을 거두지 못하고 1930년에 세계 경제위기까지 밀어닥치자, 그는 그 여파로 자신이 설립한 시추협회를 포기할 수밖에 없게 된다. 결국 그는 이 시추협회의 지분들을 1894년에 설립된 빈터할 및 프로이삭의 전신이 되는 기업에게 팔고 만다.

    라키는 대부분의 독일계 석유시추 개척자들처럼 풍부하고 흥미진진한 삶을 살았지만 한 번도 위대한 자서전의 주인공이 된 적이 없었다. 그는 리하르트 조르게나 알베르트 파우크와 비슷하게 처음에는 성실한 기술자로 출발하여 훗날에는 국제적인 기업가로 성장한 인간상을 구현하고 있다. 그는 처음에는 소금과 석탄을 시추했지만 훗날에는 석유를 집중적으로 시추했다.

    라키는 절대적인 심연시추 기록까지 세우진 못했다. 그러나 라키를 대신하여 카를 쾨브리히가 1886년에 국가가 시행한 슐라데바흐 시추작업에서 1,748미터라는 시추기록을 세웠고, 이 기록은 또다시 석탄 광구(鑛區)인 오버슐레지엔 지역의 파루쇼비츠 5호에서 1893년에 파내려간 2,003미터 깊이로 갱신되었다.

    그러나 라키는 심연시추 세계기록 경신과 같은 야망을 갖고 있지는 않았다. 그러한 최고기록을 세우지 않고서도 그는 역사적인 변혁의 장소에 서 있었다. 그 당시는 나무로 만든 수직갱의 입구에 작은 판잣집과 같은 나무 구조물(카우에를 말함—옮긴이)을 세우는 것이 일반적이었는데, 라키는 그 대신에 철로 만든 탑을 작업장에 세웠다. 또한 그 당시는 증기기계나 디젤기계가 힘든 수공업을 점차 대체해가고 있던 변혁의 시기였다. 이 당시에 만네스만 형제(라인하르트 만네스만과 막스 만네스만을 말함. 이 기업의 역사는 1885년까지 거슬러 올라간다—옮긴이)는 1892년에 결합 흔적 없이 연장할 수 있는 파이프 생산에 성공했다. 이것은 드릴도관을 상당히 개선시켰으며 이로 인해 저층시추에서 심층시추로 넘어가는 혁신적인 변혁이 가능해진다. 이것은 1900년경에 시추광업을 전혀 다른 차원으로 넘어가게끔 만든 일종의 혁신적인 기술혁명이었다.

여기서 혁신적인 기술들을 사용하여 '백색의 금'이라고도 불리던 소금 맥이 존재하는 곳을 정확하게 시추할 수 있게 됨으로써 1809년 이래로는 소금광산 시추도 상당한 이윤을 남기게 되었다. 그 외에도 이러한 기술들은 염천(塩泉)채굴에 적극적으로 사용되어 독일 광천이 다양하다는 주장을 뒷받침할 수 있게 해주었다. 광천시굴 작업은 온갖 풍파 속에서 종종 자신의 건강과 생명을 걸어야만 했던 많은 동료 시추대원들에게는 큰 고통이었다. 기업가들에게도 광천시굴 작업은 이익을 가져다주는 경우도 있기는 했지만, 경우에 따라서는 회사를 완전히 파산으로 몰고 가기도 했다. 그러나 각계각층의 수없이 많은 환자들뿐만 아니라 건강한 사람들에게조차 광천은 그곳에 몸을 담그는 것만으로도 말할 수 없는 육체적 행복을 가져다주었다. 이러한 성공 사례는 다른 산업 분야가 사전에 계산할 수 없는 그런 것이라고 할 수 있겠다.

시추전쟁을 불러일으킨 회전시추 방식

1901년에 비어드가 『산업혁명』을 출판했을 때만 해도 그는 석유산업을 특별한 독자적인 산업으로 의식하지는 않았다. 그러나 석유산업 분야는 특히 그 당시 전 세계적으로 아주 중요했던 등유를 생산해냄으로써 이미 세계적으로 그 중요성을 입증하고 있었다. 등유는 이미 기술적인 현대사회에서 사용하게 될 가장 중요한 연료가 될 준비를 하고 있었던 것이다. 이것은 특히 회전시추 방식인 로터리 방식과의 연관 속에서 이루어지게 된다.

그 평판에 어울리게 기존의 충격식 시추방식을 대체하는 회전시추 시스템이 처음으로 투입된 해는 1901년이다. 이 해에 회전시추 방식은 역사상 최대 석유산출지 중의 한 곳이 된 텍사스 주 보몬트 근처의 스핀들탑에서 사용되었다. 오스트리아 출신 안톤 루카스에 의해 더욱 발전된 이 기술은 곧 세계 도처에서 사용되게 되었고, 오늘날까지도 이 기술의 변형으로는 터빈시추 시스템만이 있을 뿐이다.

그러나 한 시스템에서 다른 시스템으로의 이전이 하루아침에 이루어진 것은 아니었고 상당히 많은 혼합 형태들이 그 사이에 쏟아져 나왔다. 왜냐하면 라키 말고도 다른 기술자들이 주목할 만한 시추 시스템들을 발전시켰기 때문이다. 그리고 기술자들은 회전시추 방식을 사용하여 미국과 루마니아, 러시아(바쿠)의 석유역사에서 거의 범죄에 가까운 시추전쟁을 벌이게 만들었다.

라키는 소위 점프키를 개발하여 전체 시추도관 세트를 단 한 번의 공정으로 시추할 수 있게끔 했다. 또 다른 기술자 에밀 마이어는 1904년에 대략 8백 미터 깊이까지 성공적인 시추를 보장하는 케이블 파워보링 방식을 발전시켰다. 마이어 기업은 루마니아의 유전에서 시추도관 세트를 사용하는 라키 방식을 자신의 방식과 결합하는 데 성공했다. 마이어가 고안해낸 기계장치는 속도가 빠를 뿐만 아니라 안전하기도 했다. 이 기계장치는 상당히 일직선으로 시추 구멍을 파내려갈 수 있었으며, 이것은 펌프와 펌프의 수직흡수관, 그리고 다른 채굴기계에게 상당한 장점으로 작용했다.

그러나 케이블이나 시추도관 세트를 장착하여 기존의 충격식 시추 방식을 개선함으로써 새로운 회전시추 방식의 도입을 막을 수 있으리라는 많은 석유관계자들의 희망은 오판이었다. 기술자 하인리히 투만이 1883년부터 라우지츠에서 갈탄을 시추했을 때 이 충격식 시추방식의 앞날이 어떠할지는 이미 암시되고 있었다. 투만은 여기에서 세척액 시추와 시추도관 세트들에 연결한 시추꼭지를 서로 결합하는 방식을 사용했다. 이 방법은 덴마크 사람인 올라프 테르프가 고안한 것으로, 세척액 시추 당시 나타나는 효과를 기술적으로 능숙하게 변화시킨 것이었다. 그러나 케이블 속공방식을 사용할 때 빠른 드릴 속도 때문에 케이블 자체가 종종 심하게 회전되기 때문에 드릴용 비트가 특정 방향으로 틀어지곤 했다.

이러저러한 중간 해결방안들은 기술적으로 볼 때 흥미를 유발하기는 했지만 자체 경쟁도 치열했으며 회전시추 방식만큼 널리 성공을 거두지도 못했다. 이 회전시추 방식은 지금까지 사용해왔던 드릴핸들 대신에 작지만 실용적인 회전반을 사용했다. 이렇게 드릴핸들을 회전반으로 완전히 대체함으로써 회전시추 방식은 성공을 거둘 수 있었다. 이 회전반의 중요한 과제는 드릴헤드에 연결된 시추도관 세트를 연속해서 회전시키는 데 있다. 이것은 사각이나 육각으로 된 켈리(Kelly: 전동 톱니바퀴가 달린 파이프—옮긴이)의 도움으로 발생하는데 이 켈리는 회전반의 중앙에 끼워 넣어져서 드릴작업 중에는 시추도관 세트와 함께 나사로 고정되게 된다. 이것이 간단해 보이기는 하지만 그 메커니즘은 알래스카에서 앙골라를 거쳐 호주의 시추산업까지 투입되었을 만큼 그 성능이 입증된 것이었다.

1960년까지만 해도 필수적이었던 회전력은 육중한 체인 톱니바퀴를 통해 회전반에 전달되었다. 이 체인 톱니바퀴는 동력장치의 운동축에 쐐기로 고정되어 있었고 무거운 쇠줄로 모터에 연결되어 있었다. 이 회전반에서는 회전으로 인해 열이 발생되기 때문에 회전반이 놓이는 곳은 그 열을 식힐 수 있는 석유를 가득 채운 통 안이었다. 이 회전반은 엄청난 소음을 냈지만, 이를 막을 수 있는 청각보호 장치는 거의 한 세기가 지난 후에야 나왔다. 그때서야 '자재 전동축'이 발명되어 소음을 상당히 줄일 수 있었던 것이다.

    회전반의 두 번째 중요한 과제는 드릴도관을 단단하게 고정하는 것이었다. 독일연방은 협정임금과 광업법에 따라 시추작업이 오전 조(6시~14시), 오후 조(14시~22시), 그리고 야간 조(22시~6시)로 나누어져 있었다. 그래서 통상 24시간마다 한 번씩 작업을 멈추고 닳은 드릴용 비트를 교환해줘야 했는데 이때마다 헐거워지는 도관을 단단히 고정시켜야 했다.

    이를 위해서는 전체 시추도관을 들어올려야 했는데, 전체 시추도관을 들어올리는 이 작업은 시추도관 세트 세 개가 한 열이 되게 나사로 박고(그러면 대략 36미터가 됨), 그것을 회전반에서 쓰이는 '쐐기 또는 굄목'(slip)으로 고정시켜야만 가능했다. 그러고 나면 양쪽 구멍에 있는 사람들이 메커니즘이나 수압으로 조종되는 도관절단용 가위를 세 개씩 연결되어 있는 시추도관 세트 쪽으로 가져간다. 그리고 기중기 운전사는 그 다음 시추도관 세트와 단단하게 고정되어 있는 나사를 기중기의 도움으로 해체한다. 도르레 장치에 매달려 이리저리 흔들리는 시추도관 세트들은 그것들을 세워놓기 위해 마련된 나무더미 위에 내려지고 시추탑의 '진열무대 또는 스태빙 보드'에 안전하게 보호된다. 시추탑의 시설은 1965년과 66년에 무르나우 근처의 슈타펠 호수 1호 위에 설치했던 것과 같은, 높이 50미터나 되는 아주 무거운 네 개의 기둥으로 되어 있다.

정말 힘이 드는 인양작업 때는 동일한 과정이 전체 시추 관계시설들(비트, 나흐로이머[Nachräumer: 시추 구멍의 구경을 재면서 동시에 전압 안정기로 사용되는 시추용 연장—옮긴이], 접관[接箐: 두 개의 도관을 서로 연결할 때 사용하는 고리—옮긴이], 드릴용 도관, 안정기[소자의 일종. 형광등과 같은 전등에서 시동 전압을 준다든가 전류를 제한하는 데 사용한다—옮긴이], 전동톱 니바퀴가 달린 파이프[배기가스 배출장치를 말함—옮긴이])을 내려놓을 때와 반대순서로 진행된다.

이 인양작업과 비트 교환작업 그리고 시추 구멍에 이 기계들을 내려놓는 과정은 옛 독일어 시추용어로는 '비트의 행진'(Meißelmarsch)이라고 부른다. 물론 오늘날 이 말을 아는 사람은 거의 없으며 따라서 사용되지도 않는다. 그 대신 오늘날 시추관계자들은 미국 석유산업의 절대적인 우세 때문에 '왕복여행'(Roundtrip)이라는 개념을 사용한다. 그렇게 미국 시추업자들은 닻줄 감아올리는 기계나 기중기의 작은 원통 부분을 외형을 따서 '고양이 머리'(cathead)라고 부르며, 인위적으로 딴 쪽으로 돌려진 시추 구멍은 '개 뒷발'(dogleg)이라고 부른다. 그리고 탑 위에 있는 진열무대는 '원숭이 시소'(monkeyboard)라고 부른다.

회전시추 방식과 함께 파이프를 직접 회전시키는 이 방식으로 인해 비트의 형태도 변화되어야 했다. 왜냐하면 이제는 육중한 충격을 가해 광석을 부수는 것이 아니라 회전하는 가운데 비트에 의해 광석이 부서지거나 심지어는 산산조각이 나기 때문이었다. 혹은 시추핵을 채굴할 때 사용된 다이아몬드 드릴 때문에 으깨져서 광석 종류에 따라서는 먼지처럼 되어버리는 경우도 있었다.

중부유럽의 영역에서는 처음부터 소위 '물고기꼬리 비트'로 작업을 해왔다. 그러나 이 비트는 오로지 표면이 부드러운 층으로 되어 있는 곳을 시추할 경우에만 사용할 수 있었고, 2백 미터 깊이에 이르면 더 이

2. 오로지 좀 더 깊게 파기만 해라!

상 사용할 수 없었다. 1,800미터 깊이를 시추할 경우에는 간단하게 말해서 'B 비트'라고 하는 평평하게 생긴 회전 비트가 사용되었다. 이 비트는 석유층이나 가스층 근처까지 시추하게 되면 필요한 시추핵을 끌어올리기 위해 종종 다이아몬드 드릴로 교체되곤 했다.

처음에는 이와 같은 독일 시스템이 원칙상 보존되었지만 장기적으로는 성능이 뛰어난 암석 비트를 대적할 수는 없었다. 가히 혁명적이라고 말할 수 있는 이 비트 유형은 이미 1905년에 텍사스의 휴스턴에 있는 석유기계 회사인 헉스에 의해 발전되었다. 이 비트의 구조를 살펴보면 120도 각도마다 텅스텐으로 만들어진 캠으로 정확히 서로 맞물려 있고 모든 광석을 작게 만들 수 있는 세 개의 쇠바퀴가 그 근간을 이루고 있다.

지금까지 무수히 많은 암석 비트의 변형 형태들이 만들어지고 실전에 투입되기도 했다. 그리고 이 기술 걸작품이 이뤄낸 승리의 길에 젊은 조지 부시도 참여했다. 그는 1948년부터 텍사스의 석유회사 이데코를 위해 시추탑들을 옮겨 다니며 오로지 암석 비트만을 팔았다. 훗날 미국 대통령이 된 조지 부시는 이 유형의 비트가 최대 성능을 발휘하려면 시추파편들을 철저히 깨끗하게 씻어야 한다는 것을 알고 있었다. 그러나 이 세척작업을 위해서는 적절한 세척액을 마련해야 했다.

최초로 시추현장에서 물을 사용하여 시추파편들의 열을 식힌 다음 지표면으로 그것을 끌어올린 사람은 프랑스인 파벨이었다. 이 세척액 분야는 특히 회전시추 방식의 영향을 받아 하나의 독자적인 학문으로 성장했다. 왜냐하면 강력한 성능의 세척액 펌프로부터 특수 제작된 거위 파이프를 거쳐 시추도관 세트를 통과해 비트까지 펌프질되고 원형공간을 거쳐 진동기에서 압착되는 과정은 많은 화학자들과 세척액을 연구하는 기술자들에게 정말 하나의 예술작품처럼 보였기 때문이었다.

사람들은 자유낙하 방식을 이용하던 시기나 파워보링 시추 사용의 말기에도 물을 사용했다. 이것은 비트의 열을 식히고 시추파편들이 위로 둥둥 떠오르도록 하며, 파놓은 시추 구멍이 무너지지 않도록 하기 위한 것이었다. 그러나 물을 사용함으로써 이미 언급한 세 가지 장점만 있었던 것은 아니다. 세계의 모든 시추 장소에서는 혹시 물이 석유층이나 가스층으로 향하는 구멍을 막아버리지나 않을까, 즉 석유 유입로를 봉쇄하지나 않을까 염려하기도 했다.

이러한 이유에서 프로이센의 광산청은 1904년 12월 1일 시추대원들이 석유나 가스가 매장되어있는 지층의 근처에 오자마자 즉시 물을 이용하는 세척액 장치의 사용을 금지했다. 이 관료적인 지침은 1918년 혁명을 치르고 바이마르 헌법이 제정되는데도, 또한 비록 실제 시추 장소에서 석유층이 물로 인해 희석될 가능성은 광산청의 관료들이나 이론가들이 믿는 것보다 훨씬 미미하다는 증거가 이미 나오고 있었는데도 1929년까지 그대로 유지되었다.

25년간 지속되었던 바로 이러한 관료적인 걸림돌에서 한때는 그렇게 혁신적인 시추기술을 발전시켰던 독일이 왜 계속해서 쇠퇴일로를 걷게 되었는지를 설명할 수 있을 것이다. 그럼에도 1908년에 사망한 기술자 테오도어 테클렌부르크는 아그리콜라가 『광물에 관하여』로 광업과 제련 분야를 위한 기념비를 세워놓은 것처럼, 『심연시추에 관한 지침서』 같은 저술을 통해 이 과거의 혁신적인 시추기술을 위한 기념비를 세워주었다.

그러나 아그리콜라의 저서가 그의 사후 전 세계적으로 사용된 지침서가 되었다면, 테클렌부르크가 책에서 적고 있는 정보들은 위대했던 과거를 논하고 있을 뿐이었다. 그뿐만 아니라 이 책은 기술적인 면의 발

2. 오로지 좀 더 깊게 파기만 해라!

전 상황이나 산업현장에서의 실제 사용 과정에 대해서는 전혀 기록하지 않고 있었다. 예를 들면 새로운 회전시추 방식은 폐쇄순환 방식과는 근본적으로 다른 순환세척액 방식을 사용했는데, 책에서는 여전히 폐쇄순환 방식을 논하고 있을 뿐이었다. 이 순환세척액 방식은 기존에 기본적으로 사용되던 민물에 그 당시 흔히 사용되던 틱소톤(Tixoton: 토목공사용으로 사용되는 벤토나이트의 일종. 벤토나이트는 팽창성이 큰 산업광물로서 물을 흡수하고 팽창하는 성질이 큰 반면 투과성은 아주 작아 천수성이 필요한 곳에 사용된다—옮긴이)을 첨가하는 방식이었다. 이 물질은 묽었던 세척액을 걸쭉하게 만들어서 시추파편들을 끌어올릴 수 있게 만들었다. 그리고 젤리처럼 만드는 이 틱소톤의 능력은 특히 비트 교환작업과 같이 시추를 잠시 멈춘 사이에도 시추 구멍 속에서 다음 시추동작이 이루어질 때까지 여전히 젤리 상태로 머물러 있을 수 있다는 데 있었다.

    그러나 틱소톤과 같은 단순한 첨가물에 만족하고 있을 수만은 없었다. 왜냐하면 특히 2천 미터 한계 이상을 시추하는 경우에 뜨거워지는 지열 때문에 점점 요구사항이 많아지기 때문이었다. 그래서 지금은 세척액에 첨가되는 모든 첨가물들의 배합은 컴퓨터로 조종되는 세척액 프로그램에 의해 이루어지고 있다. 세척액에 배합되는 화학적 성분들은 다양하다. 새어 나오는 지하수를 붙잡아두기 위해서는 '아쿠아젤'이 세척액에 배합되었고, 금이 가 있는 산맥의 금을 메우기 위해서는 '파이버텍스'가 사용되었다. 또한 소금층을 시추할 때에는 소금을 중성화시키는 '치오지'가 사용되었다.

    오늘날 세척액의 화학적 배합이 어떻게 이루어져 있든지 간에, 이미 수세기 전에 만들어낸 필터케이크(여과되고 남은 고체 잔여물—옮긴이)와 같은 것을 생산해내는 데 노력을 아껴서는 안 될 것이다. 이 경우 중요한 것은 굴착할 때 생긴 구멍의 벽 위에서 점착성이 있으면서도 일종의 연질의 투명막을 형성해내는 세척액의 성능이다. 이 투명막이 형성하는 벽의 두께는 4밀리미터 정도로, 이것은 깊게 파내려간 지층에 지하수나 다른 물이 흘러 들어오지 못하게 차단하고 동시에 물로 인해 석유층이나 가스층으로 들어가는 입구가 봉쇄되는 것을 막는 기능을 수행한다.

제대로 잘 혼합된 이러한 세척액이 훌륭한 성능을 발휘한다는 사실은 이미 여러 번의 경험으로 충분히 입증되었다. 그러나 어쨌든 석유나 가스가 저장된 층에 다다르면, 그곳에 반드시 설치되는 원형공간을 시멘트로 바르기 위해서 시추 구멍의 벽에 발랐던 필터케이크를 사전에 꼭 제거해야 한다. 이를 위해 쇠파이프 위로 특수한 스크레처를 뽑아내야 한다. 이 쇠파이프는 시추 구멍을 방수 처리하는 동시에 일종의 나사로 고정된 쇠로 만든 벽 역할을 하게 되어, 그 뒤에 있는 광석 벽과 어느 정도 떨어진 공간을 형성하게 만든다. 이렇게 형성된 원형공간은 반죽된 시멘트로 채워지게 된다.

이 작업이 끝난 뒤에야 시추탑 위에서 일하는 사람들이나 직접 시추를 담당하는 대원들은 안심하고 석유 모체광맥이나 가스 모체광맥을 채굴할 수 있다. 드릴도관이 부서질 경우 시추 구멍이 다른 방향으로 바뀌게 되는 방향성 시추나 엄청난 매장물을 완전히 채굴해내기 위해서 미국에서 개발한 수평시추가 특별한 이유는, 이 방식들이 회전시추 방식의 기능을 단지 변형시킨 것이라는 데 있다. 소련에서는 세척액이 터빈을 돌린 후 터빈이 다시 시추용 비트를 회전시키는 시스템인 터빈시추가 오랫동안 선호되었다. 그러나 이 터빈시추는 근본적으로 새로운 것은 아니었으며, 경제적인 이유에서도 견고한 회전시추를 대체할 수 없었다.

이와는 반대로 프랑스의 전문가들은 알제리 사막, 그중에서도 특히 '메종 베르트'(풍족한 우물)로 잘 알려진 유명한 유전 '하시 메사우드'에서 여러 번 사전실험을 해본 경험으로 혁신적인 세척액 개발에 성공했다. 그것은 세척액 용액으로 사용되어온 물이나 심연시추 때의 높은 열 때문에 사용되었던 석유 대신 아주 간단하게 펌프로 공기를 드릴 파이프 안에 주입하는 방법이었다. 특히 시페르라는 기업은 '슈타펠 호수 1호'에서 1966년에 사용한 이 방식으로 6천 미터 시추라는 당시 유럽 시추 역사상 가장 깊은 시추 깊이를 기록했다. 그리고 이 6천 미터 시추는 세척액에 어떠한 화학적인 첨가물도 사용하지 않고 성공한 사례에 속한다. 이 방식은 그 당시에 통상 행해지던 것처럼 다이아몬드 비트가 산맥을 잘게 부수는 대신 완전히 가루처럼 만들 경우에만 성공적인 시추를 보장했다. 그러나 이 방식은 지질학자에게도 도움이 안 되었을 뿐만 아니라 정수학에서 사용하는 세척액 기둥이 없기 때문에 시추 구멍의 견고성 또한 보장하지 못했다.

어떤 새로운 시추기술이 선보이든지 간에 심연시추 분야에서는 회전시추 방식이 계속 사용될 것이다. 충격식 시추방식의 시대가 막을 내렸는데도 초현대적인 **해상 석유굴착기지(compact rig)** 위에서는 여전히 고전적인 회전시추 방식이 사용되고 있다. 따라서 회전시추 방식은 차세대 기술역사에서도 없어지지 않을 것이다. 일례로 미국에서 실험되고 있는 반자동화 내지 완전 자동화된 시추시설에서도 여전히 회전시추 방식이 사용되고 있다.

1859년까지 모든 시추광업 활동들은 소금광맥과 석탄광맥 그리고 광석의 모체광맥 채굴을 주목적으로 했다. 그 후 석유와 천연가스를 산업적으로 시추하게 됨으로써 상당한 비약적 발전이 이루어지고 이로 인해 세계 굴지의 산업들이 생겨난다. 여기에 속하는 것으로는 기술사에서 한 번도 언급된 적이 없는 채굴 분야를 꼽을 수 있다. 채굴 분야에서 거둔 특별한 성과, 즉 석유채굴 기술이 없었더라면 아마 단 한 방울의 석유도 시추 구멍에서 뽑아 올릴 수 없었을 것이다.

3

비등점에서

사람들은 유가가 인상하면 탐욕적인 샤이히나 이익만을 탐하는 다국적기업들에게 책임을 전가하거나 '휘발유에 대한 적대감'을 갖도록 선동한다. 그러나 이러한 태도로는 복잡한 유가형성 과정의 문제들을 해결할 수 없다. 왜냐하면 세계경제라는 통합적인 환경을 들여다보면, 일방적인 판단을 허용하지 않는 다양한 요인들, 즉 기술·경제·통화적인 요인과 정치·법률·국가적인 요인들이 존재하기 때문이다.

환경친화적이고 자연친화적인 노력들

가스레인지 위에다 무엇인가를 끓이거나, 차가운 날씨에 석유난로를 켜거나, 자동차를 타고 주유소를 향하는 평범한 사람들조차도 가끔은 곰곰이 생각해봐야 하는 것들이 있다. 살아가기 위해서 꼭 필요한 연소용 연료나, 난방용 연료, 동력으로 사용되는 연료 등을 계속해서 충분하게 비축하기 위해서는 상당한 노력이 필요하다는 사실이 바로 그것이다. 왜냐하면 이 연료를 얻기 위해서는 육로나 해로로 수천 킬로미터나 떨어져 있는 곳에서 수천 미터 깊이 땅 속을 파내려가야만 하기 때문이다.

이렇게 힘들게 석유를 시추해야 하는 이유는 지금까지 석유산업 분야에서 우리가 원하는 만큼 수확률이 높은 석유층을 채굴하지 못했기 때문이다. 게다가 발견된 모체광맥과 석유지류를 안전하게 확보하기 위해서는 가스조절 장치와 같은 특별한 조치도 취해야 한다. 이러한 특수장치는 40년 정도 사용된다. 그 후 이곳에 매장된 석유가 완전히 고갈되면 어느 누구도 이곳에서 석유가 채굴되었다는 것을 알아차릴 수 없을 만큼 원래상태로 복원하는 작업이 진행된다.

이처럼 환경친화적이고 자연친화적인 노력을 취하는 이면에는 상당히 합목적적인 사고가 숨겨져 있다. 즉 옛 시추지역을 다시 자연의 품으로 돌려보냄으로써 과거 시추 장소에 대한 추억 어린 향수가 생길 여지를 허용하지 않겠다는 것이다. 이미 끝난 채굴작업과 마찬가지로 석유탐사라는 역사적인 측면도 서서히 약화되어 결국에는 자연 속에서 없어지게 될 것이다. 석유시추 장소와 채굴 장소를 다시 자연으로 돌려보내는 작업은 다음과 같이 진행된다. 시추작업으로 인해 생긴 구멍들은 시멘트로 덮어, 즉 일종의 마개처럼 그 구멍을 영원히 막고 이 견고한 시멘트 판 위에서 잔디나 곡물이 자라날 수 있게 하는 것이다. 이것이 바로 자연의 권리이자 적극적인 환경보호법에서 장려하고 있는 방법이다. 독일 이외에 세계에 산재해 있는 다른 석유시추 지역에서도 석유채굴 작업을 한 이후에 이와 같은 조처들이 행해졌더라면, 자연을 훼손시키는 많은 일들이 일어나지는 않았을 것이다. 예를 들면 그러한 환경친화적인 조처가 취해졌더라면 지하수가 병균으로 인해 오염되는 일 같은 것은 발생하지도 않았을 것이다. 그러나 석유시추 후의 지역풍경은 종종 녹슨 채굴탑 주위로 펌프 블록들이 흩어져 있고 녹슬어가는 석유도관이 주위에 어지럽게 나뒹굴고 있는 모습이 일반적이다. 이렇게 방치된 옛 석유채굴 지역의 장비들은 바람에 방치되고 종종 지하수 오염의 주범이 되기도 한다. 독일어 전문용어로는 채굴 영역 전체를 채유(採油)시설로 부른다. 이 시설들은 독자적이면서도 종종 극적인 발전을 해나갔다. 이러한 발전 양상은 얼음처럼 차가운 시베리아의 튜멘 유전에서부터 하노버에 있는 레르테 유전을 거쳐 베네수엘라의 한가운데에 있는 마라카이보 만(灣)에 설치된 티아―유아나―유전에 이르기까지 확인할 수 있다.

알렉산더 폰 훔볼트가 학자로서 겪은 몇 가지 인상적인 경험들은 모두 이 나라(베네수엘라―옮긴이) 덕택에 이루어질 수 있었다. 특히 1999년말 이 나라의 유전지역인 팔콩이 세기적인 홍수피해를 입기도 했다. 바로 이 기이한 나라를 언급하는 이유는 이 나라가 석유채굴의 역사에서 중요한 역할을 수행했기 때문이다. 그 역할이란 바로 1960년에 석유수출국기구를 출범시킨 것과 전 세계적인 석유시장에서 공정한 석유가격을 관철시키려고 노력한 것이다. 이러한 공정한 유가를 통해 산업국가에 살고 있는 중간상인들이나 최종 소비자들과 마찬가지로 석유생산자들도 잘 살 수 있게 되었다. 사람들은 유가가 인상하면 탐욕적인 샤이히나 이익만을 탐하는 다국적기업들에게 책임을 전가하거나 '휘발유에 대한 적대감'을 갖도록 선동한다. 그러나 이러한 태도로는 복잡한

3. 비등점에서

유가형성 과정의 문제들을 해결할 수 없다. 왜냐하면 세계경제라는 통합적인 환경을 들여다보면, 일방적인 판단을 허용하지 않는 다양한 요인들, 즉 기술·경제·통화적인 요인과 정치·법률·국가적인 요인들이 존재하기 때문이다. 앞으로 다음 단락에서 다루게 될 소송사건은 20세기에 제기된 가장 굵직한 석유소송 사건이었다. 이 소송사건을 계기로 석유채굴 문제를 해결하는 데 정치적이고 법적인 요소도 아주 중요한 요소로 인식되기 시작했다. 이러한 요소들은 석유를 둘러싼 문제를 바라보는 데 훌륭한 통찰력을 제공하기는 하지만 일반적으로는 잘 알려지지 않은 요소라고 할 수 있다. 이 소송이란 다름 아닌 미국기업인 펜조일이 대형 콘체른 텍사코를 상대로 1985년에 제기한 소송을 말한다. 이 권리싸움은 감정의 비등점까지 치달았고, 텍사스 주재 휴스턴에 있는 배심원들이 펜조일에게 손해배상금 106억 달러를 받도록 판결내림으로써—실제로 펜조일은 이 손해배상금을 받았다—종결되었다.

이러한 판례는 석유산업에서 채굴 영역 또한 법의 효력이 미치는 곳이며, 앞으로는 그곳이 무법지역처럼 마구잡이로 활동할 수 없는 곳임을 분명히 하고 있다. 석유채굴의 역사가 단지 기술사로만 제한되어선 안 되는 이유가 바로 여기에 있다.

존데[*]의 세계

(존데는 탐사공으로부터 원유나 천연가스를 채굴하는 시설을 말한다—옮긴이)

석유를 산업적으로 이용하기 시작했던 1859년 이래로 모든 대륙에서 끊임없이 많은 사건들이 일어났다. 이 사건들은 시추가 행해지던 곳의 환경을 직접적으로 상당히 훼손했다. 그러나 시추관계자들과 그들을 경제적으로 후원해온 은행가들은 마치 부자가 되는 꿈이 실현이라도 된 것처럼, 아니면 적어도 지상에서 행복이 이제 보장되기라도 한 것처럼 이러한 사건들을 축하했다. 이 사건들이란 다름 아닌 '분유정'의 분출을 말한다. 이렇게 분유정이 분출되는 경우 한때 미국 석유업계에서는 환호성이 터져 나오곤 했다.

 모체광맥의 압력이 세서 석유가 석유함유 지층광석을 뚫고 시추구멍을 통해 지표면으로 솟구쳐 오르는 경우를 가리켜 사람들은 분출존데(모체광맥의 압력에 의해 석유가 뿜어져 나오는 경우로, 이곳에서 채굴할 경우 모체광맥의 압력이 세기 때문에 그 광맥에 들어 있는 석유를 특별히 펌프로 뽑아 올릴 필요가 없다—옮긴이)라고 부른다. 이것은 마치 고고학에서 화성암의 생성을 설명하는 것과 유사하다. 또 실제로 이 분출존데에서 석유가 솟구쳐 오르는 모습을 떠올리면, 이 존데의 명칭을 화산폭발에서 착안해낸 것은 이해가 가는 일이다. 왜냐하면 이 분출존데에서는 석유를 지표면으로 끌어올리기 위해 설치하는 펌프와 같은 시설들이 필요 없기 때문이다.

 오늘날 떠들썩한 석유분출이 가능한 곳은 북해에 있는 파이퍼-알파-플랫폼이나 알제리의 사하라에 있는 '악마의 불'과 같은 예외적인 곳뿐이다. 왜냐하면 지금은 강제적인 설치조항으로 되어 있는 프리벤터 장치가 압력이 상승하는 위험한 경우에 시추 구멍의 원형공간이나 시추구멍 자체를 완전히 봉쇄하기 때문이다. 이 봉쇄작업은 수압에 의해 조절되는 폐쇄 블록이 담당하고 있는데 이 폐쇄 블록은 회전반 밑에 장착되어 있으며 모든 가스분출이나 석유분출을 방해하고, 블록 자체는 엄청난 고도의 압력에서도 견딜 수 있을 정도로 견고하게 만들어져 있다.

 미국 석유산업의 직업 원칙은 "시간은 돈이다."라는 표어로 잘 표현되고 있다. 그래도 무척 비싼 손해배상청구 요구를 벗어나기 위해서

베네수엘라의 마라카이보 만에 있는 펌프 스테이션

'안전이 최우선'이라는 의무적인 좌우명은 상당히 잘 지키고 있는 편이다. 미국에서는 1969년 이래로 '빅 오일'의 모든 해이한 환경파괴적인 태도에 저항하는 환경보호운동인 '빅 그린'이 생겨났다. 그러나 엑슨 발데츠의 육중한 유조선이 바로 알래스카 해안에서 침몰하는 사고가 발생하기도 했는데, 이 사고로 엄청난 환경오염뿐만 아니라 수억 달러나 되는 경제적 손실을 입기도 했다.

외적으로 볼 때 정말 육중해 보이는 쉐퍼 프리벤터나 케머론 프리벤터는 우리에게 가장 잘 알려져 있는 안전장치다. 이러한 안전장치는 물론 석유유출 시 그 지역에 미치게 될 환경재해를 막아주고 시추대원들을 막대한 손해로부터 지켜줄 수 있다. 그래서 시추탑을 건설할 때 프리벤터는 시추탑에 설치되는 기본 장비에 속한다. 그러나 빅 그린의 활발한 활동이 있었는데도 육중해 보이는 외형 못지않게 실제로 무겁기도 한 프리벤터의 빗장을 존데헤드라는 견고한 장비로 대체하기 위해서는 힘과 시간뿐만 아니라 강한 신경과 노련한 기술도 요구된다.

모체광맥에 엄청난 압력이 들어 있는 미국과 베네수엘라의 유전에서는 일반 시추대원들이 아닌 전문가들이 이 작업을 관할하고 있다. 프리벤터의 빗장을 존데헤드로 대체해야 하는 상황이 발생하면 그들이 일반적인 시추대원들을 대체해서 작업에 들어가는 것이다. 이때 그들이 입게 되는 특수한 (위와 아래가 붙은) 작업복은 지금 업스트림의 제2단계가 시작되었다는 것을 보여준다. 시추작업 후 생산정두 장치(며칠에 걸쳐 채굴하는 경우에 이 시추 구멍을 막는 장치를 지칭하는 용어—옮긴이)의 도움을 받아 석유를 뽑아내는 작업을 확실히 기술적으로 조정해가며 하게 되는 것이다.

미국 석유전문가들은 이 생산정두 장치를 독일어 표현과는 달리

3. 비등점에서

화려한 미사여구로 표현하기를 좋아한다. 석유용어 중 대부분은 지칭하는 대상에 정확하게 들어맞는 전문용어인 경우가 많은데, 생산정두 장치도 이에 걸맞게 영어권에서는 '크리스마스트리'(christmastree)라고 부른다.

이 장치는 지표면에서도 볼 수 있는 차단 시스템으로서 석유가 분출되는 것을 제어하고 조절하는 기능을 한다. 이 장치는 특수한 도관들이 활짝 사방으로 펼쳐진 듯한 구조를 가지고 있다. 마치 사방으로 활짝 가지를 뻗은 듯한 모양으로 특수 제작된 꼭지에는 나사로 고정된 기압계, 서로 다른 여러 회전꼭지들, 나사 조이개들이 달려 있다. 그래서 그런지 이 꼭지는 실제로 화려한 주철이나 강철, 유리 같은 장식들로 꾸며놓은 크리스마스트리를 연상시킨다. 어쨌든 이 장치는 그 자체로도 뭔가 기이한 형상인데, 이것이 남미의 대초원이나 사하라 사막 그리고 심지어 타이거 지방에 우뚝 서 있는 모습은 그것이 실제로 어떤 목적을 위해 만들어진 기계라기보다는 마치 온갖 기술이 집약된 장난감이 아닌가 하는 인상을 심어준다.

유럽에서는 북해 외의 그 어느 석유채굴 지역에서도 이 분출존데를 찾아볼 수 없다. 분출존데에서 중요한 점은 이 존데를 구성하고 있는 수만 가지 서로 다른 부속품들의 기술적인 부분을 얼마나 신뢰할 수 있느냐 하는 것이다. 안전한 존데헤드가 처음으로 등장했던 1917년에는 아직 이 부속품의 규격이 어떠해야 할지 정해져 있지 않았다. 미국 석유연구소(American Petroleum Institute, API)는 이윤을 추구하지 않는 공익단체로서 1919년에 활동을 개시했는데, 바로 이 해에 이 연구소에서 존데헤드의 규격화 문제가 제기되었다. 존데헤드가 규격화되면 이미 석유산업에서 중요성을 인정받아온 안전성 문제에도 크게 기여할 수 있게 될 것이다. 따라서 이 테마는 1933년 이래로 세게 석유회의에서 지속적으로 테마로 지정되었고 지속적인 감시도 받아왔다.

가스 수문(gaslock)은 존데헤드 속에 들어 있는 모든 특수한 장비들 중에서 분출존데가 제 기능을 발휘하도록 하기 위한 가장 중요한 장치에 속한다. 왜냐하면 바로 이 수문이 전체구조를 점검할 수 있는 다양한 도구들을 별 위험 없이 존데에 설치할 수 있도록 해주는 역할을 하기 때문이다. 그래서 철로 제작된 특수한 솔을 사용하여 쌓인 파라핀을 배관(tubing)에서 때때로 제거해주어야만 한다. 그 외에도 가스 수문을 통해서 측정기도 들여보내지는데, 이 측정기는 파이프와 시멘트로 방수 처리된 분출존데의 내부 상태가 어떠한지를 규칙적으로 알려준다.

또 다른 품질 기준이 되는 것은 '노즐의 몸체'다. 이 노즐의 몸체를 사용하면 채굴 상태를 지속적으로 조절할 수 있다. 더 정확히 말하자면 노즐의 몸체로 부수적으로 발생하는 석유와 가스 양을 정확하게 조절할 수 있다. 이 경우 채굴작업이 방해를 받거나 시추 구멍이 폐쇄되는 경우에는, 원하는 석유방출이 다른 제2의 노즐을 통해 이루어질 수 있도록 석유채굴을 항상 한쪽 노즐에서만 하고 다운스트림을 사용하게 된다.

생산정두 장치에 달린 온갖 빗장들과 손으로 돌리는 바퀴들로 이루어진 통제장치 때문에, 샤이히들이나 다국적기업들은 세계 원유시장에서 원하는 유가를 얻고 싶을 때 단지 수도꼭지 하나만 돌리면 된다는 추측이 널리 퍼지게 되었다. 그래서 페르시아나 아랍 골프 지역의 석유와 휘발유시장의 상황이 어떠한지를 보고할 경우, 언론에서는 대부분 분출존데의 사진을 보여주곤 한다. 즉 이 지역에서는 모체광맥의 높은 압력 때문에 무수히 퍼져 있는 저층시추 방식으로 인해 펌프존데 채굴시설은 알려져 있지 않았던 것이다.

그렇다면 펌프존데란 무엇인가? 지표면의 단단한 펌프 받침대에서 땅 쪽으로 몇 미터나 깊이 고개를 숙이고 있는 인상적인 말머리 형상은 그것을 위로 치켜드는 경우 석유를 배관에서 석유탱크나 파이프라인 쪽으로 누르도록 설계되었다. 이 인상적인 말머리 형상을 지닌 펌프존데 시설은 악당과 미모의 여인들, 무척 빠른 스포츠카들, 그리고 미심쩍은 석유사업과 함께 수년에 걸쳐 TV 연속극 〈댈러스〉의 이미지를 결정지은 상징물이었다.

빼곡하게 들어차 있는 펌프존데는 텔레비전 시대에 석유로 얻은 물질적인 부(富)를 상징하며 이와 동시에 특별한 형태의 인간적인 가난을 암시하기도 한다. 미국 대중매체는 〈댈러스〉와 같은 저속한 드라마로 석유발굴이라는 미국의 꿈을 기술적인 것들에 별 신경을 쓸 필요가 없는 저속한 삼류 이야기로 만들어버렸다. 유전에 펌프존데가 빽빽하게 줄지어 설치되어 있는 모습은 미국의 석유채굴 원칙이 무엇인지, 그리고 그 원칙에 각인되어 있는 미국인의 소유권에 대한 인식이 어떤 것인지를 잘 전달하고 있다. 즉 자기 명의의 토지에서 석유를 시추하고 채굴하는 모든 개인 소유주들은 석유라는 재산을 획득할 권리가 있다는 것이다.

이 원칙에 따라 무수히 많은 시추시설이 빽빽하게 줄지어 세워져서 하나의 유일한 모체광맥에 이르게 된다. 이러한 소위 '시추전쟁' 상황에서 석유함유 지층의 압력이 경감되어야 하고, 그로 인해 거의 강제적으로 펌프 시스템이 도입될 수밖에 없었던 것은 이해가 가는 일이다.

이러한 파괴적인 경험을 하게 된 데에는 미국의 '소유 개인주의'와 앵글로색슨족의 광업법에서 그 이유를 찾을 수 있다. 이 전쟁을 방불케 했던 미국의 시추방법에서 어느 다른 나라보다도 특히 베네수엘라 공화국이 역사적으로 기록될 만한 한 가지 중요한 결론을 이끌어내게 된다. 베네수엘라는 자국의 유전에서는 존데와 존데 사이의 거리가 적어도 75미터는 되도록 법적으로 규정했다. 이 조처를 내린 데는 사적인 이윤추구에 대한 기대보다는 석유가 국가 전체의 유산이며 석유를 채굴하는 사람들은 자연을 대신하여 자연에 해가 되지 않게끔 석유를 관리하고 조심스럽게 석유를 채굴해야 한다는 숙고가 깃들여 있다. 그러나 베네수엘라는 재앙의 해인 1925년에 이 결정을 내리기까지 아주 힘든 고비를 넘겨야 했다. 베네수엘라는 정치적으로 영국과 미국의 석유 콘체른들에게 달라붙어 이 합의를 강제로 얻어냈는데, 이 합의의 중요성은 후에 베네수엘라가 아랍의 산유국들과 석유수출국기구를 창립할 때 베네수엘라의 중요한 파트너였던 사우디아라비아도 같은 결정을 내렸다는 점에서 잘 알 수 있다.

텔레비전에서 석유파동에 관해 보고를 할 때면 언제든지 자료 화면으로 방송되는 장면이 있다. 그것은 다름 아닌 녹색이나 검은색으로 칠해진 말머리를 단 펌프 받침대의 모습인데, 그 말머리는 늘 조용히 움직이는 덕에 자연과 기술의 화해가 성공적으로 이루어진 듯한 인상마저 풍긴다. 이렇게 기이한 예술작품을 겉에서만 보고 있자면, 검은 금이랄 수 있는 석유가 흘러나오게 하기 위해 지표면에서 석유함유 지층에 얼마나 가혹한 폭력을 행사해야 하는지 전혀 짐작도 할 수 없게 된다. 하지만 모체광맥의 압력이 충분치 않아 존데헤드까지 석유를 눌러 올려 보내야 하는 경우, 대지는 종종 이 같은 폭력을 감당하곤 한다.

석유함유 지층에서 시추핵을 채굴한 후 그곳의 석유함유량이 시추 구멍 위에 채굴을 위한 존데를 하나 세우기에 충분해 보이면, 석유발견 이후 석유의 앞날에 중요한 의미를 지닌 일련의 기술적인 조처들이 행해진다. 이때 시추 구멍 전체를 씻어내는 것은 슐룸베르거 방식에 따라 구멍을 측량하는 것 못지않게 중요하다. 이 슐룸베르거 방식에 의해 시추 구멍의 부피와 형태에 대한 아주 정확한 가치평가가 이루어질 수 있다. 시추 구멍은 이러한 사전조사 작업을 거친 이후 두 가지 근본적인 작업 과정을 거쳐 궁극적으로 고정된다. 이 근본적인 작업이란 첫 번째로, 뚫은 구멍 속에다 계속되는 굴착작업으로 구멍이 무너져 내리지 않도록 일종의 벽처럼 '쇠파이프'(케이싱)를 설치하는 것이고, 두 번째로는 뚫은 구멍과 그 구멍 속에 돌아가며 원형으로 둘러 박은 쇠파이프(케이싱)로 인해 생기게 된 틈(일종의 원형공간 - 옮긴이)을 시추 구멍 밑바닥에서부터 시멘트로 완전히 메우는 일이다.

1960년대 중반까지만 해도 시추대원들은 시멘트가루가 훨훨 날리는 환경에서 땀방울을 비 오듯 흘리며 건강에도 아주 해로운 이 힘든 노동을 모두 직접 해야만 했다. 그러나 1960년대 중반 이후부터는 전 세계를 무대로 활동하고 있는 할리버턴이라는 텍사스 주재 종합 석유서비스 회사의 특수요원들이 이 중요한 일을 현장에서 처리해주고 있다.

원형공간을 메우는 작업방식은 다음처럼 발전해나갔다. 반죽해놓은 시멘트가 걸쭉하게 되면 석유를 함유하고 있는 모체광맥과 같은 높이에 구멍 뚫기 작업이 행해진다. 그리고 잠시 사용된 방법이기는 하지만, 특별한 위치측정 방식을 사용하여 시멘트의 위치를 조사할 수 있도록 시멘트에 방사능 성분을 함께 넣어 반죽하는 경우가 있었다. 이 구멍은 1914년 이전에는 종종 다이너마이트를 장전해서 뚫었으나 1차대전을 경험한 이후에는 '발사기계'와 '뾰족한 탄알'을 사용하게 되었다.

그러나 이 방식은 2차대전 이후 보몽 방식으로 대체되었다. 보몽 방식에서는 분사기를 통해 시멘트를 분사하여 금속이나 돌의 표면을 거칠게 처리하는 방법(분사기로 시멘트를 뿌려서 돌이나 금속 표면을 마치 시멘트로 외벽 처리한 것처럼 꺼끌꺼끌하게 만드는 방법. 대형 철골구조물의 외관처리 방식으로 철골의 부식을 방지하는 기능도 한다―옮긴이)이 사용된다. 원래 표면처리방식이었던 이 방식을 사용하면, 석유를 함유한 모체광맥과 같은 높이에서 쇠파이프(케이싱)로 둘러싼 벽과 시멘트로 덮은 외벽부분을 절단할 수 있다. 이 절단면으로 인해 개복된 부분에서나 구멍에서 석유나 가스가 뿜어져 나올 수도 있다.

그러나 전면에 위치한 미세 공간에 물차단벽이 형성되거나 세척액 찌꺼기가 생산노선을 차단해서 구멍을 뚫어놓은 석유함유 모체광맥으로부터 펌프가 설치되어 있는 공간으로 석유가 흘러나오지 않으면 '진흙정화 산'을 사용하는 등의 다양한 여러 방법들이 시험적으로 사용된다. 이 모든 방법으로도 석유가 나오지 않으면 마지막 방법으로 '절단' 방법을 사용한다.

의학에서 말하는 절단을 생각해보면 석유함유 지층에서 행해지는 이 방법을 절단이라고 표현하는 것이 아주 적절하다고 느낄 것이다. 왜냐하면 이 방법은 앞서 행한 구멍 뚫기 작업으로 인해 잘려지게 된 지층부위를 완전히 절단하는 것을 목표로 하고 있기 때문이다. 절단방법과 함께 투입된 단단한 아르콜라 모래나 플라스틱 조각은 석유함유 지층이 점차 흔들거리기 시작하여 새로 생긴 절단부위가 계속 열려진 상태로 있을 수 있도록 한다. 이러한 과정을 거쳐 드디어 꿈에 그리던 석유가 뚫은 구멍으로부터 펌프가 설치되어 있는 영역으로 한 방울씩 떨어지게 되면 거기에 특수 기름을 집어넣게 된다. 특수 기름이 이렇게 떨어져 내리는 석유를 흡수하여 석유를 가둬두게 되면 어느 정도 시간이 흐를 경우 분수처럼 솟아오를 정도로 압력도 세지고 석유분출량도 많아진다. 사람들이 이 순간까지 쏟아 부은 그 모든 노력과 걱정, 초조와 희망을 뒤로하고 드디어 '작동 중'이라고 소리치면, 정말 존데라는 것이 전 세계 석유관계자들의 눈에서 기쁨의 눈물을 흘리게 만드는 것임을 실감하게 된다.

그러나 엄밀하게 말해서 시추로 인한 행복감이 비로소 채굴에 대한 기쁨으로 변하는 시점은 구멍을 낸 석유함유 모체광맥에 뛰어난 성능의 펌프를 성공적으로 설치한 바로 그 순간이다. 펌프는 소위 '파커'(Packer)와 함께 심층에 고정되고 이미 언급한 '말머리'는 전동로프로 움직이는 작은 구경의 펌프세트와 함께 나사로 조여진다. 이러한 방식으로 석유는 쇠파이프(케이싱)를 거쳐 지표면의 채굴 장소로 나오게 된다.

대부분의 경우 저층시추에서 이루어지기 때문에 석유생산까지 무척 노선이 짧은 분출존데와는 반대로, 앞서 언급한 여러 장비를 갖춘 펌프존데는 지속적으로 손질해주어야 하고 정비하기에도 많은 비용이 든다. 특히 이렇게 손질과 정비를 해주어야 하는 경우는 펌프기계 전체가 파라핀으로 인해 막힐 때다. 석유 내에서 유일하게 독성이 없는 원료인 파라핀은 큰 구경의 파이프라인조차 막아 번거롭게 만들곤 한다.

전체 채굴시설을 철거하고 힘들게 정화해야 하는 단순하지 않은 정화작업 외에 채굴팀에게는 또 다른 엄청난 걱정거리가 있다. 이러한 걱정은 모체광맥의 압력이 약해지거나 석유의 점성이 가스성분 채취로 인해 변하게 되었을 때, 그리고 석유함유 지층으로부터 나오는 자연스러운 흐름이 펌프를 작동시키기에 더 이상 충분하지 않을 때 생겨난다.

석유산업은 석유산업이 막 시작되던 시기인 1859년 이후부터 이 문제를 해결하기 위해 노력해왔다. 또한 지난 몇 십 년 동안 기껏해야 석유매장량의 3분의 1 정도만 채굴되고 나머지 상당량의 석유는 그냥 석유함유 지층에 매장되어 있을 수밖에 없던 이유도 바로 여기에 있다. 특히 미국에서는 종종 무정부주의적인 느낌마저 불러일으키는 시추전쟁이 일어나곤 했는데, 그 이유는 많은 시추기업가들과 정제공장주들이 어느 날 갑자기 석유가 고갈되어 버릴지도 모른다는 두려움을 가지고 있었기 때문이다.

  따라서 사람들이 석유매장량이 풍부하다고 여겨지는 유전의 생산량을 높이고 지속적으로 석유가 흘러나올 수 있도록 그 일에 열성적으로 매달렸던 것은 이해가 가는 일이다. 그러나 방금 언급한 것들, 즉 유전생산량의 증가 및 석유의 지속적인 유출은 사람들이 그렇게 갈망했던 석유만이 석유함유 지층에 존재하는 것이 아니라 천연가스와 소금물도 아주 걸쭉한 용액이나 혼합된 형태로 그 안에 같이 들어 있다는 것을 알게 되었을 때 비로소 성공을 거둘 수 있었다.

  1930년대 이래로 '가스 엘리베이터' 방식이 발전되면서 사람들은 위의 상황을 조금씩 활용할 수 있게 되었다. 이 방식은 채굴기술과 생산성 향상에 완전히 새로운 차원을 열어주었다. 여기서 몇 가지 특별한 변형들을 제외한다면, 이 방식은 전반적으로 석유 속에 함유되어 있는 가스를 일종의 엘리베이터처럼 유용하게 사용하는 데 몰두하고 있다. 이 방법의 기본적인 생각은 유동적인 가스성분이 석유함유 지층의 열기 속에서 걸쭉한 석유를 부드럽게 만들 뿐만 아니라 펌프가 설치되어 있는 공간으로 이동하는 중에 석유도 함께 끌고 감으로써 모체광맥 내의 석유를 훨씬 더 잘 끌어낼 수 있다는 것이다. 가스 엘리베이터 방식을 사용하기 전에는 전체 석유매장량의 3분의 1 정도만 채굴이 가능했지만, 이 방법을 사용하고 나서는 3분의 2 정도까지 채굴할 수 있게 되었다.

  이러한 기술적 혁신의 바탕이 된 것은 '가스가 석유로부터 분리되는 특별한 지점'이 있다는 사실이었다. 이 용어에서 언급되는 특별한 지점이란 바로 가스가 석유로부터 나와서 석유함유 지층에 함께 섞여 있는 석유를 떠나는 시점을 말한다. 이 시점은 미국식 전문용어로는 기포점이라고 하고, 독일어로는 기포가 형성되기 시작하는 가열된 물과 관련하여 비등점이라고 한다.

3. 비등점에서

지금은 거의 채굴이 끝난 하노버 근처의 레르테 유전에서 개개 모체광맥의 비등점을 측정한 결과 평균적인 비등점이 70 과기압에 달했다(과기압은 atü로 표시하며, 이는 Atmosphäreüberdruck의 약자다—옮긴이). 이것은 이 기압 상태에서 특별히 더 가벼운 가스가 석유와 소금물 용액으로부터 분리되어 나와 쇠파이프(케이싱)로 흘러 들어간다는 것을 의미한다. 그러나 인위적으로 외부로부터 압력을 받아 모체광맥의 압력이 상승되는 경우에는 가스가 용액 속에 그대로 남아 있게 된다.

이렇게 의도적으로 가스를 석유에서 분리하여 사용하는 방법은 물론 석유함유 지층에 들어 있는 석유와 가스의 비율에 의존한다. 그리고 이 방법을 통해 소위 2차적인 채굴방법이라고 할 수 있는 여러 가지 방법들이 생겨나게 된다. 이때 분명한 것은 석유함유 지층에 인위적으로 가스를 주입함으로써 지층을 활성화하고, 그 효과로 모체광맥에 들어 있는 투과적인 미세공간으로부터 새롭게 생긴 석유를 뽑아낼 수 있다는 사실이다. 이 방법이 성공할 경우 상황이 좋으면 모체광맥의 미세공간에 비축되어 있는 전체 석유량 중 4분의 3까지 채굴할 수 있다.

그 지역의 지질환경으로 인해 지질학적인 석유덫이 형성되어 있을 경우를 살펴보자. 이러한 석유덫의 경우에 주도적인 주변수의 성향이 외부로부터 강화된다면 가스 엘리베이터 방식을 사용한 채유의 성공확률은 10퍼센트 정도 더 올라갈 수 있다. 주변수를 이용한 방법은 일정 간격으로 핵심 채굴존데에 부수적인 시추 구멍이나 보조시추 구멍을 뚫어 그곳을 통해 소금물을 석유함유 지층에 투입하는 방식이다. 이 방법을 사용하는 경우에 가스 엘리베이터의 기능도 촉진된다. 즉 이 경우에 석유는 밑에서는 소금물로부터, 위에서는 천연가스로부터 마치 일종의 두꺼운 외투에 싸인 것처럼 위아래로 압력을 받게 된다. 이렇게 소금물을 사용해서 미세 구멍으로부터 빠져 나오게 된 석유는 펌프가 설치되어 있는 영역을 거쳐 존데헤드로 뿜어져 올라오게 된다. 이때 모체광맥에서 석유를 완전히 채굴할 수 있는 확률은 80퍼센트까지 상승한다. 물론 이 방법을 사용하면 엄청난 비용을 염두에 두어야 할 것이다.

위에서 언급한 '2차적인 채굴방법'과 박테리아를 사용하여 미세구멍의 공간에 들어 있는 석유를 완전히 채굴해내는 '3차적인 채굴방법'으로 인해 채유에서 아주 중요한 '생산력 지수'가 근본적으로 향상되었다. 생산력 지수의 크기는 채굴량, 석유함유 지층의 압력차, 현장 수직갱의 온도 그리고 석유 점도 사이의 비율로 산출된다. 이 생산력 지수는 낡은, 심지어 이제는 폐광이 된 유전에서 상황에 따라 다시 채굴활동을 벌여야 할지 결정하거나 상당한 양의 남은 석유를 존데에서 채굴해내야 할지를 결정할 때 사용할 수 있는 가장 믿을 만한 척도로 간주된다. 이러한 남은 석유를 미국에서는 '영세정'(Stripper-wells: '영세한 유정'을 지칭하는 공식 석유용어—옮긴이)이라고 부르는데, 여기에서는 하루에 몇 통쯤 되는 양의 면세석유가 몇 방울씩 떨어지곤 한다.

이 모든 채굴기술이 전 세계 모든 곳에서 사용될 수는 없다고 가정할 경우에 석유매장량 중 족히 80퍼센트 정도만 채굴되고 나머지 20퍼센트는 땅 속에 그냥 묻혀 있다는 사실을 어렵지 않게 추론해낼 수 있다. 따라서 대중매체에서 어떤 유전이나 어떤 나라의 석유매장량이 어느 정도라고 그 수치를 발표하는 경우에, 이 수치는 지질학자들의 추정치일 뿐이며, 석유가 완전하게 백 퍼센트 다 채굴될 수는 없기 때문에 지질학자들의 추정치 중 5분의 1 정도는 감해서 받아들여야 할 것이다. 그 밖에 다운스트림의 영역에서 입는 손실도 고려해야 할 것이다. 위와 관련해 단지 러시아에서만 해도 매년 대략 1,500만 톤의 손실이 일어난다고 한다. 이러한 손실은 펌프존데의 정비 소홀이나 파이프라인의 파손 또는 강이나 대양에서의 유조선 좌초로 인해 생겨난다.

3. 비등점에서

　여기에서 기술적인 생산과 석유사용 내지 석유상품화가 서로 만나는 지점을 눈여겨보면, 세계 굴지의 석유회사들의 이중적인 모습이 드러나곤 한다. 이 세계 굴지의 거대 석유회사들은 1785년 이후 작업시작 단계에서 전통적인 수직갱시추 방식에 대한 기술적 대안으로 포인트시추 방식을 사용하기 시작했고 이로써 곧 혼동할 수 없는 자신들만의 프로필을 갖게 되었다. 그리고 1859년부터는 지구과학자들과 '시추공원' 그리고 채굴기술이 서로 힘을 합쳐 일종의 공조체계를 다져가며 하나의 석유산업을 만들어냈다. 바로 이 석유산업이 없었더라면 기동성과 편안한 생활방식을 가능하게 한, 소위 '기술적인 현대'는 불가능했을 것이다. 비록 여론이 이러한 사정을 인식하는 경우가 아주 드물다고 하더라도, 이러한 발전이 혼자 동떨어져 이루어진 것은 아니었다. 왜냐하면 이러한 발전은 산업시대 이전 시기에서 유래하여 구조적으로나 정신적으로 여전히 영향력을 발휘하고 있는 법의 틀 내에 들어 있기 때문이다. 이것은 베네수엘라를 비롯한 다른 산유국의 예에서 확인할 수 있을 것이다. 더 나아가 석유산업은 생산 분야에서 계몽 이데올로기의 희생물이 되기도 했다. 이 계몽의 이데올로기는 자연을 '죽은 물질'로 사물화해 스스로에게 일종의 면죄부를 발부했다. 이로써 진보를 추구하고 지하자원을 가차 없이 채굴하는 것이 정당화되었으며, 이 경우 그로 인해 생길 파생적 결과에 대해서는 충분히 숙고하지 않았던 것이다. 이러한 양상은 1917년 이후 석유를 자동차를 위한 휘발유와 장갑차와 잠수함의 동력원인 디젤 그리고 비행기의 연료인 케로진과 같이 전쟁수행을 위해 전략적으로 아주 중요한 원료로 그 가치를 상승시킨 데서도 아주 잘 드러나고 있다. 오늘날도 전쟁수행을 위한 전략적인 원료로서 석유의 중요성은 여전하며, 원자력의 가치 급부상에서도 이 사실은 잘 반영되어 있다.

따라서 우리는 여기에서 욕구와 요구지평의 두 상태에 관해 말할 수 있을 것이다. 점차 팽창하고 있는 현대 석유산업은 외부로부터 석유에 부여된 이 두 가지 특성을 성장 중심의 사고에 기초해 충족시키려고 노력했다. 그 때문에 석유산업이 이 원료를 마련하기 위한 국내 및 국제적인 계획수립 때 석유산업과 거의 동시에 발전한 석유화학과 긴밀한 관계를 맺은 것은 충분히 이해할 수 있는 일이다. 석유화학은 1차대전의 결과로 기초 원료였던 석탄을 석유로 대체하게 만들었으며, 오늘날에는 천연가스의 사용을 늘려 석유사용을 보충하는 데까지 이르게 만들었다.

지금까지 살펴본 것처럼 사람들은 석유산업의 전 영역에서 여러 가지 손실을 경험하며 기술과 환경 측면에서 최상의 노동조건을 만들고자 많은 것을 배워왔다. 여기에 대해서는 논란의 여지가 없을 것이다. 석유산업은 더 이상 환경보호를 기업이윤을 감소시키는 요소로 간주하지 않고 있으며, 오히려 그것을 기업 이미지와 사회적 인정을 강화하기 위해 적극 활용하려고 노력하고 있다. 세척액 순환 과정과 같은 잘 짜여진 시스템을 갖춘 '해저시추용 인공섬'에서는 환경보호적인 여러 안전조치들을 갖추는 것이 이미 오래 전부터 기본 사항에 속해왔다. 그리고 채굴작업 현장에서도—적어도 채굴이 선진국에 의해 이루어지는 경우에는—환경보호를 위한 상황들이 상당히 개선되었다. 또한 선진국에서는 석유산업이 아주 엄격하게 광업법과 하천보호법의 통제를 받고 있다.

이와는 반대로 앙골라나 브라질, 멕시코, 나이지리아 그리고 베네수엘라와 같은 개발도상국에서 이루어지고 있는 석유 관련 제반업무들은 아직도 부족한 점이 너무 많다. 이에 대한 책임이 '조야한 자본주의'에만 있는 것은 아니다. 이들 국가들에서 행해지는 미숙한 처리방식들은 자연을 경시하는 데서, 더 궁극적으로는 인간의 복지와 안녕을 위해

이 산업을 사용하고자 하는 인간 그 자체를 경시하는 생각에서 기인한다고 볼 수 있다. 석유산업이 인간의 복지를 위해 사용되지 못하고 인간의 잘못된 행동과 기계의 결함이 자연을 파괴시키는 것을 볼 때, 이에 분노하는 것은 비단 그린피스 행동대원들만은 아닐 것이다.

베네수엘라: 종속과 개혁을 동시에 가져온 악마의 구덩이

1942년 베네수엘라의 대통령 이사이아스 메디나(임기 1941~1945년)는 미국 콘체른과 석유채굴 허가권을 놓고 협상을 벌일 때 몇 가지 요구사항들을 제시했다. 그것은 전략적으로 중요한 석유수익에 당연히 국가도 관여할 수 있어야 하며, 자국의 유가는 텍사스 전역에서 통용되는 것과 비슷한 기준에서 결정되어야 한다는 것이었다.

메디나가 2차대전의 와중에 연합군 측에 요구한 것은, 세계 어느 곳에서 석유가 생산되든지 간에 석유 자체를 생활필수품으로 간주해줄 것과 자유무역의 틀 내에서 석유의 가치는 다 같은 것으로 생각해달라는 것이었다. 나중에 독자적인 활동을 펼치고 있는 미국 석유연구소(API)는 학문적 측량방법을 사용하여 텍사스 유전과 베네수엘라 만(灣) 해안유전 사이의 석유품질을 비교할 때 차이가 없음을 입증했다.

메디나는 한편으로 석유의 품질을 판단할 때 동일기준을 적용해줄 것을 주장하면서도 다른 한편으로 정치적인 입장에서 분배의 정의라는 것도 생각하고 있었다. 즉 앞으로 얻게 될 석유수익이 원래 석유소유자인 베네수엘라 공화국의 예산을 충분히 채워줄 경우에만 분배의 정의가 이루어진 것이라는 주장이다. 메디나가 벌써 그 이듬해에 목표로 세운 원칙은 석유보유국과 사용자 간에, 즉 여기서는 베네수엘라 국가와 석

하노버에서 열린 엑스포 2000에 설치되었던 베네수엘라 전시관

3. 비등점에서

유채굴 허가를 얻은 석유 콘체른 간에 50대 50씩 수익을 분배하는 것이었다.

이것은 민간인들이 주축이었던 석유협회가 갑자기 까다로운 요구를 제시하는 국가를 협상 파트너로 고려해야만 했던 당시 상황을 잘 보여주고 있다. 이러한 상황에서 메디나가 세운 분배정책이 장기적으로 성공을 거둘 수 있었던 이유는 베네수엘라 스스로가 구조조정을 통해서 모든 공공 행정 분야를 투명하게 했고 파벌 일색이던 정치 정당들이 부정부패로 점철되었던 정치정서를 바꾸었기 때문이었다.

그러나 물질적으로 그렇게 부유한 국가인 베네수엘라가 어떤 문제로 시달리고 있었으며, 외국에서 들어온 석유회사가 장기적 안목에서 베네수엘라의 석유에 투자하는 것을 왜 그렇게 못 미더워했는지 이해하기 위해서는 베네수엘라의 광업역사 및 석유역사 그리고 국가적인 에너지 정책을 철저하게 살펴보아야만 한다. 이러한 관점에서 볼 때, 베네수엘라의 가장 큰 폐단은 파벌주의였는데, 이 폐단을 막을 방도는 없는 듯 보였다.

역사를 자세히 살펴보면, 베네수엘라 산(産) 석유로 가득 찬 석유통을 스페인의 세비야로 운송한 날은 1539년 4월이었다. 선원들은 망망대해인 대서양을 거쳐서 석유나 천연타르를 역청 형태로 베네수엘라로 실어 날랐다. 이 끈적끈적하고 고약한 냄새가 나는 원료는 메네에서 아주 조심스럽게 채취되었다. 메네는 베네수엘라 원주민들이 사용하는 말인데, 가스가 빠져나간 석유(모체광맥에는 원유와 천연가스가 혼합 상태로 들어 있다. 지표면으로 흘러나온 석유는 자연스럽게 가스성분이 이미 제거된 상태라고 볼 수 있다—옮긴이)가 흘러나온 광산의 노출부위나 천연 아스팔트로 뒤덮여 있는 타르 구덩이를 지칭한다. 역청은 치유수단이나 방수 재료 또는 연료로 다양한 분야에서 사용되었다.

이 시점에 아우크스부르크(독일 남부 바이에른 지방에 있는 도시―옮긴이)에 있는 에잉거와 벨저라는 무역상은 새로 발견한 멕시코 만의 남쪽 해안 일대와 오리노코 강 주변을 원거리 무역에 사용해도 좋다는, 즉 오늘날 석유 콘체른들이 지니고 있는 채굴허가권과 비슷한 일종의 영업허가권을 가지고 있었다. 그러나 이 두 독일계 무역상은 아그리콜라가 아직 살아 있을 당시인 1546년부터 이미 칠레 산 구리무역에까지 손을 대고 있었지만, 신 그라나다(New-Grannada: 콜롬비아를 지칭한다―옮긴이)와 스페인 왕국의 주변 국가들에서 산출되는 금에는 아직 전혀 손을 대고 있지 않았다. 왜냐하면 늘 돈이 모자랐던 합스부르크 왕가는 카를 5세가 통치하던 시기에 부유한 신대륙이 합스부르크 왕가의 세습유산이며 재산이라는 요구가 관철되게끔 온갖 노력을 기울이고 있었기 때문이다. 카를 5세는 황제선출 때 특히 아우크스부르크 무역상인 푸거의 지지를 받았다. 카를 5세는 신대륙에서 산출되는 귀금속과 아스팔트 및 타르까지도 왕가의 재산이라고 주장했다.

그 당시 오스트리아에 본가를 두고 있던 합스부르크 왕가는 스페인의 왕위도 겸하고 있었다. 합스부르크 왕가는 신대륙에서 싣고 온 은을 판 수익금으로 1618년부터 1648년에 일어났던 30년전쟁의 전쟁자금을 조달했다. 물론 신대륙에서 온 배가 항해 도중 네덜란드나 영국의 함대에 의해 나포되거나 약탈당하는 경우도 있었지만 말이다. 그러나 라틴아메리카에서 끊임없이 흘러들어오는 물질적인 재화에도 대공국 합스부르크의 황제와 왕 그리고 선제후들의 경제사정은 비창조적인 관방학(官房學: 17~18세기 독일, 오스트리아에서 발달한 행정지식, 행정기술 등을 집대성한 학문체계. 그 학파를 관방학파라고 한다. 이 학파는 전후기로 분류할 수 있으며, 후기 학파는 J. H. G 유스티와 J. 조넨펠스 등에 의해 체계화되었다가 해체되었지만, 학파의 국가주의적 사상은 독일의 여러 사회과학 분야에 계승되었다—옮긴이)과 절대적인 가산제(家産制: 가부장제도 아래서 아들과 종속자에게 일정한 토지와 가재도구를 할당해줌으로써 가문의 권력을 분산적으로 유지하려는 지배구조—옮긴이)로 인해 경제적으로 볼 때 거의 "파탄 지경에 있었다."(레오폴트 2세)고 한다.

이 신성로마제국의 레오폴트 2세(재위 1790~1792)는 전 토스카나의 공작으로, 1790년 이후 황제로 선출되었다. 그는 1784년에 이 좋은 땅(베네수엘라)을 합스부르크 왕가의 세습자산 내지 장자상속권을 따르는 부친의 유산으로 바꾸어놓으려는 그의 형 요제프 2세(재위 1765~1790. 합스부르크 가의 황제)의 비밀스런 세습정책에 찬성했다. 이것은 신탁계율을 지닌 자유헌법과 필수적인 계약 파트너로서의 각 신분대표들을 무시하는 독단적인 행위였다.

같은 해에 스페인을 지배하던 합스부르크 왕가 출신의 카를로스 3세는 브라질을 제외한 전 라틴아메리카에 악명 높은 광업칙령을 포고했다. 여기에는 당연히 베네수엘라도 포함되어 있었다. 이 광업칙령에는 모든 광물과 활용할 수 있는 기타 다른 지하자원들이 영원히 왕실의 소유로 기록되어 있었다. 가산제칙령에 대해서는 어떠한 이의제기도 할 수 없었으며, 이를 법적으로 평가하는 것도 허용되지 않았다. 그리고 신분제 의회의 참여도 불가능했다. 이 신분제 의회는 스페인에서는 1683년 이래로 폐지되었고, 아스투리엔(대서양과 접해 있는 스페인 북부지역의 조그만 도시—옮긴이) 지역에서는 1983년에 비로소 신분제 의회 대신 국회가 들어섰다.

합스부르크 왕가는 한 대륙의 물질적인 부를 자신들의 세습재산으로 간주하고, 그 대륙의 절반을 왕족의 소유로 천명하며, 왕을 제외한 모든 외부세력의 개입을 철저히 차단했다. 오늘날까지도 원료 분야와 관련된 모든 국가의 경제정책들이 지닌 근본적인 문제들은 바로 이러한 합스부르크 왕가의 정책에서 비롯된 것이다. 왜냐하면 이 원료정책을 수행하기 위해 필수적인 엘리트 계층은 스페인으로부터 독립한 1809년 이후에도 신탁제도나 기탁주의와 같은 것에 대해 제대로 배운 적이 없었기 때문이다. 따라서 천혜의 부는 해당 국가의 복지증진에 기여하는 대신 그때마다 지배적인 파벌이나 교회의 사리사욕을 채우는 데 사용되었다.

합스부르크 왕가로부터 독립하여 자주적인 국가를 선포한 나라들에서 부정부패의 행각이 일어나거나 군대가 쿠데타를 쉽게 일으켰던 이유는 단지 중간계층이 부족해서만은 아니었다. 오히려 이러한 설명보다는 신생독립국가를 통치하던 지배적인 가문이 합스부르크 왕가의 절대주의적이고 파벌적인 태도를 자신들의 태도로 받아들여 내면화한 데 그 이유가 있다는 설명이 더 설득력 있다. 이로 인해 약탈을 일삼는 '피렌체의 병'이 계속해서 번성하게 되는 것이다. 피렌체의 병이란 다름 아닌 내 것과 남의 것을 서로 정확히 구분하지 않는 것을 말했다.

가톨릭교회는 거의 아무런 방해도 받지 않고 인간과 자연 그리고 물질을 제멋대로 사용하는 성향에 대해 별다른 이의를 제기하지 않았다. 오히려 가톨릭교회는 '악마의 쓰레기'로 간주되었던 석유를 걷어내면서 스스로를 수없이 많이 산재해 있는 메네(광산의 노출부위—옮긴이)와 타르 구덩이 그리고 누수지역의 주인, 즉 석유의 절대적인 소유자로 착각하고 있었다.

훔볼트는 시몬 볼리바를 스페인과 맞선 라틴아메리카의 해방전쟁을 수행할 능력이 없는 인물로 간주했다. 그러나 베네수엘라의 토지귀족이었던 볼리바는 1813년부터 대 스페인전쟁을 시작하여 1826년까지 전쟁을 잘 견뎌냈다. 그는 자연과학자들의 우려를 입증한 인물이었다. 엄청난 부자였던 볼리바는 이 시기에 베네수엘라뿐만 아니라 신 그라나다에 있는 다른 주들도 통치하는 독재자가 되었다. 그리고 그 역시 모든 광산과 기타 지하자원을 국가재산으로 간주했다.

그러나 스스로를 스페인으로부터 나라를 해방시킨 해방자로 칭했던 이 사람은 자주적인 공화국을 선포하면서도 사실은 지금까지의 지배세력이었던 합스부르크의 부왕(副王)이 앉았던 자리에 자기가 앉은 것뿐이었다. 말하자면 그는 이제 직접 자신의 손으로 나라와 국민을 착취할 수 있게 된 것이다. 그는 자신의 모범이었던 시저와 나폴레옹처럼, 종신 독재자로 1829년까지 베네수엘라를 독재 통치했다.

물론 베네수엘라의 수도 카라카스에서 열린 국가의회는 1832년에 모든 지하자원의 국유화에 동의했다. 그러나 이렇게 겉으로만 민주주의를 표방하는 위원회에는 제대로 교육을 받지 못한 중간계층(의사, 변호사, 교사) 외에 상류층의 대변자들도 자리 잡고 있었다. 이들 상류층 대변자들은 이미 1809년 이전에 부왕의 지배 아래 있던 시절부터 어떻게 하면 그들의 대규모 농장을 보존하고 더 나아가 확장시킬 수 있을지 알고 있었다. 즉 그것은 인디언들의 희생과 나머지 국민들의 가차 없는 착취의 대가로만 이루어질 수 있었던 것이다.

세기 전환기에는 베네수엘라 전체 국민의 약 80퍼센트가 최저생계 수준 이하로 살아가야 했다. 최상의 신탁개념이 집약되어 있는 인권이라는 것이 베네수엘라에서 전반적으로 무시당했던 이유는, 바로 정치권의 봉건적인 구조와 파벌중심적인 정서에서 찾을 수 있을 것이다. 자유주의적인 신문방송학자이자 정치가였던 아르투로 우슬라 피에트리 박사도 부모에게서 물려받은 대 농장을 가지고 있었고 종종 혼란스러웠던 석유 풍경을 몸소 경험한 바 있었기 때문에, 그가 베네수엘라의 전반적 체계를 '부도난 사업'이라고 말한 것은 전혀 근거가 없는 것이 아니었다.

1936년에 이 정직한 개혁가는 대공(大功) 레오폴트가 어떻게 하면 범죄적인 에너지를 지닌 비생산적인 절대주의를 폐지할 수 있을지 거의 절망적으로 숙고하던 바로 그 지점까지 생각이 미치게 되었다. 자신이 다른 사람의 소유물이라는 굴욕적인 확신, 즉 인권에 대한 어떤 보장이나 권리도 없는 그런 상황보다 더 인간의 창조성을 마비시키는 것은 없다는 것은 역사적으로 증명된 사실이다.

인간은 사회와 자연을 위임받은 것일 뿐이라는 신탁사상의 옹호자였던 피에트리는 바로 이러한 상황을 1936년 7월 14일에 카라카스 신문인 『아 오라』(A Hora)의 사설란에 기고했다. 역사적으로 이날은 프랑스에서 혁명이 터진 날이었다. 피에트리는 파리의 영향을 강하게 받았으며 후에는 베네수엘라의 교육부 장관 및 경제부 장관(1933~1945)을 역임했다. 따라서 피에트리가 사회주의적 시장경제와 법적인 계약을 기반으로 하는 법치국가제도 그리고 이와 결합된 신탁제도를 통해 수세기 동안 소수 탐욕적인 가문에 의해 내적으로 거의 노예와 다름없는 생활을 한 베네수엘라인들의 상황을 완전히 바꾸어놓을 수 있는 기회를 엿보았던 것은 이해가 가는 일이다.

피에트리는 1911년 이후 베네수엘라에서 활동 중인 석유 콘체른들을 이례적으로 강도 높게 비판해왔다. 그는 석유 콘체른들이 봉건주의와 파벌주의 및 쿠데타 주범들과 악마의 계약을 맺음으로써 베네수엘라와 같은 석유가 풍부한 나라를 영락의 문턱까지 몰고 갔다고 주장했다. 그러나 그는 이제는 국민 모두가 나라와 자기 자신 모두를 위해 자신의 땅을 후세에 물려줄 소중한 자산으로 여기고 이 땅을 충실히 가꾸어나가는 의식을 갖는 것이 중요하다고 역설했다. "석유는 씨앗을 뿌려야 한다."(석유가 단지 한 세대의 호의호식을 위한 원료가 아니라 대대손손이 석유로 인

3. 비등점에서

한 부를 누릴 수 있도록 그 기초를 닦아야만 한다는 주장—옮긴이)는 것이다.

피에트리는 지금까지 족벌체제로 운영되어왔던 베네수엘라의 경제정책을 비판하면서 기존 경제정책의 개혁 필요성 및 새로운 경제정책의 수립을 주장했다. 피에트리를 비롯한 혁명적 성향의 인사들이 주장한 개혁방안들이 처음에는 성공하는 것처럼 보였다. 후안 비센테 고메스 대통령(임기 1908~1935)이 1936년 서거한 이후 사회 전반의 분위기는 뭔가 시작되기 직전의 기대감으로 설레고 있었다. 사람들은 근본적인 사회개혁을 요구하고 있었던 것이다. 그리하여 민주주의적 선거방식에 의해 엘리아사르 로페스-콘트레라스 장군이 베네수엘라의 신임 대통령으로 선출되었다. 그러나 이 선거 결과는 사회 전역에 걸쳐 개별적으로 개혁작업이 수행되었지만 근본적인 것은 여전히 변하지 않았음을 시사해주었다. 석유를 둘러싼 근본적인 문제는 볼리바 이래로 변한 바가 없었던 것이다. 사람들은 여전히 볼리바 통치시대처럼 석유가 단지 국가의 재산일 뿐이라는 견해를 지니고 있었다.

피에트리와 자유주의적 사상을 지닌 다른 개혁가들도 이러한 생각을 지니고 있었다. 그러나 피에트리를 비롯한 자유주의적인 성향을 띤 개혁가들은 다른 보수주의적 성향의 기득권층과 다른 점이 한 가지 있었다. 즉 그들은 어느 정도 사회정의 구현의 차원에서 석유수출로 인해 얻게 된 이익을 노동계층에게도 공평하게 분배해야 한다는 생각을 지니고 있었던 것이다. 베네수엘라에는 그 당시 천 개가 넘는 채굴시설이 들어서 있었고 그 규모로만 보면 미국 다음가는 세계적 산유국으로 성장해 있었다. 물론 베네수엘라가 이렇게 눈부시게 성장하기까지는 베네수엘라의 석유역사에서 잊을 수 없는 끔찍한 시기도 있었다.

이 끔찍한 시기의 시작은 정확하게 1922년 12월 14일이었다. 물론

1911년 이후 크고 작은 사건들이 발생하기는 했지만, 그 충격의 강도는 이날 발생한 사고에 비하면 그리 대단한 것이 아니었다. 시추대원들은 볼리바 해안에 있는 '장미'라는 곳의 로스 바로소스 2호에서 지표면으로부터 5백 미터 정도 땅 속을 파내려갔을 때 압력이 센 석유 모체광맥을 건드리게 되었다. 그런데 이곳에는 1917년부터 이미 사용되고 있었던 프리벤터가 아직 도입되어 있지 않았다. 그 때문에 석유채굴을 위한 안전장치 설비가 아직 제대로 설치되지 않았던 시추 구멍에서 엄청난 양의 석유가 지표면으로 쏟아져 나왔다.

프리벤터를 설치하지 않고서는 이렇게 엄청난 압력을 견디거나 지표면으로 솟구쳐 오르는 석유를 통제할 수 없었다. 이때 발생한 엄청난 피해가 그 주변의 환경과 경제에 미친 파장을 구태여 비유하자면 1901년 이래로 텍사스 주 보몬트 근처의 스핀들탑에서 발생한 사고 정도를 들 수 있을 것이다. 왜냐하면 이때 사고로 사용하지 못하게 된 석유는 하루 10만 배럴에 이르렀기 때문이다. 더욱이 이곳의 석유품질은 1919년 설립된 미국 석유협회에서 측정한 결과 16° API(API는 미국 석유연구소의 약자인데, 여기서는 API 비중을 표시하고 있다. API 비중이란 미국 석유협회가 정한 기름의 비중척도를 말한다. 대부분의 기름은 물보다 가벼우며 비중은 1 이하다. 원유나 석유제품의 밀도는 통상 다음 식과 같은 °API 비중 1로 표시된다—옮긴이)로 양질의 석유였던 것이다.

하루 생산량이 10만 배럴에 이르는 유전의 산출량이 얼마나 엄청난 것인지는 독일 북부지역인 하노버에 산재해 있는 유전들인 윌하임, 베르크회펜, 그리고 에데제의 석유산출량과 비교해보면 쉽게 이해가 갈 것이다. 즉 그곳에서는 매년 겨우 7만 배럴밖에 채굴되지 않고 있는 것이다. 악마의 구덩이라고밖에 표현할 수 없었던 이 시추 구멍을 통제할 수 있게 되기까지 이곳을 시추한 채굴팀원들은 뿜어 나오는 석유의 악취를 맡으며 석유진창에서 솟구치는 석유와 맞서 9일 동안이나 씨름해야 했다. 이때 쏟아져 나온 가공되지 않은 원유는 백만 배럴, 즉 1억 5,900만 리터나 되었다. 이러한 석유로 인해 그 주변의 대지와 물 그리고 공기가 얼마나 오염되었는지는 거의 상상을 초월한다.

비슷한 불의의 사고들이 몇 년 동안 연이어 터져 나왔다. 이렇게 석유 사고가 연속적으로 발생하자 고메스 대통령 측근의 정치가들은 베네수엘라 석유조합인 CVP를 창립하기에 이른다. 그뿐만 아니라 이들은 석유채굴량을 국가에서 조절하고 석유수출도 국가적으로 통제하는 조치를 취하게 된다. 또한 베네수엘라 정부는 이 소중한 원유를 지키기 위한 후속조처로 역사적으로 길이 남게 될 대대적인 개혁조치들을 발표하기에 이른다. 이 대대적인 개혁안 중 하나는 석유 및 모든 광업을 국자의 재산으로 귀속하며, 베네수엘라 헌법의 특별보호 아래 놓는 것이었다. 1927년부터 미국에서 들어온 시추전쟁은 금지되었고 앞서 언급했던 규정들, 즉 하나의 모체광맥에서 여러 사람이 시추 및 채굴을 할 경우 시추 장소들 및 채굴 장소들 간의 최소 간격을 반드시 지키도록 요구했다. 베네수엘라는 이 방면에서 아주 모범적인 나라가 되었다. 특히 이 당시 아직까지 주권국가가 아니었고 첫 번째 석유발굴을 애타게 기다리던 사우디아라비아와 같은 나라에게는 더더욱 모범이 되는 나라였다.

이러저러한 제약들이 있음에도 영국의 석유 콘체른 셸과 미국의 석유 콘체른 엑슨이 베네수엘라에 계속 머무르게 된 이유는 이들이 여전히 기술적으로 시추와 채굴 분야 그리고 석유상품화 사업 분야를 지배하고 있었기 때문이다. 그러나 국가재산인 석유를 사용하는 문제는 결정적인 변화를 겪게 된다. 특히 1928년 이래로 광대한 나라 베네수엘라의 드넓은 분지지역에서 엄청난 매장량을 지닌 유전이 새로 발견되자 이 사실은 사람들 사이에서 또다시 센세이션을 불러일으켰다.

1928년 6월 15일에 정말 거대한 석유분출 사고가 발생하여 석유도시인 라구닐라스 데 아구아가 완전히 파괴되자 베네수엘라 수도 카라카스 시민들의 불안한 심정은 극에 달했다. 그 유명한 티아 후아나 유전에서는 지금까지 베네수엘라의 영토에서는 사용된 적이 없는 근해(近海) 기술이 미국 본토에서 마라카이보 만(灣)으로 진출하여 선구적으로 사용되기 시작했다. 베네수엘라에서 이러한 근해기술이 사용되기 시작한 것은 티아 후아나 유전 덕택이라고 할 수 있다. 이로써 베네수엘라는 세계 석유시장을 이끄는 산유국의 하나로 발돋움하게 된다.

그러나 베네수엘라가 이렇게 국제적인 반열에 오르게 됨으로써 아이러니컬하게도 세 가지 요인에 종속되는 결과가 발생한다. 그리고 베네수엘라는 이러한 종속적 위치에서 아직도 빠져나오지 못하고 있는 실정이다. 무엇보다도 석유유출 사고와 같은 재앙은 채굴이 상당부분 기술에 의존하고 있다는 것을 뼈저리게 느끼게끔 해주었다. 그러나 베네수엘라 스스로는 이러한 기술을 보유할 수 있을 만큼 산업이 성장하지 못한 상태였고 외국에 의존할 수밖에 없는 처지였다. 베네수엘라는 원료납품 국가로 머무를 수밖에 없고, 이러한 상황 때문에 점점 '미국의 뒷마당'이 되어간다는 생각이 불거지기 시작했다. 베네수엘라는 국가적인 유가형성 양상에 주시해야만 하는 상황에 놓였으며, 자국의 유가가 국제시장에서 등락하는 것에 정작 그들 자신이 별다른 영향을 미칠 수 없는 상태에서 워싱턴 및 석유 콘체른들의 에너지 정책에 그저 떠밀려가게 되었다.

이러한 양상은 1929년에 발생한 일시적인 석유공급 과잉 양상과 증시추락에서 아주 분명하게 가시화된다. 미국은 1919년부터 미국산 석유를 미래를 위해 비축하고 그 대신 베네수엘라 산 석유를 사용하기로 자국의 석유전략을 세웠다. 이 때문에 베네수엘라 정부가 미국 석유기업인 엑슨이나 싱클레어 외에 베네수엘라의 석유를 미국시장에 수출할 수 있는 자국 석유생산자를 위한 보호조치들을 마련하고자 했을 때, 미국은 이를 막을 필요성을 느끼지 않았다. 1932년 6월 6일에는 21센트에서 1달러 5센트나 되는 특별수입세가 원유나 석유정제품들에 책정되기에 이른다.

프랭클린 D. 루스벨트 대통령의 뉴딜 정책의 영향 아래서 이루어진 이러한 제약조치들은 자유시장경제 옹호자들의 심기를 건드릴 수도 있었을 것이다. 그러나 이러한 조치들은 석유가 어떤 형태로 가공되든지 간에 세계시장에서 단순한 소비재로만 간주되어서는 안 된다는 것을 보여주고 있다. 1차대전 이후로 석유는 전략적인 원료로 간주되었고 이에 따라 국가간 유가협상과 같은 정치적인 차원 또한 중요해졌다. 미국계 석유회사가 베네수엘라로부터 헐값으로 석유를 수입함으로써 당장 석유를 시추해야 할 압박감에서 벗어나게 된 미국은, 자국 내 채굴기술의 혁신적인 갱신을 고려하게 된다. 베네수엘라에서 시험해본 가스 엘리베이터나 물 범람(water flood) 같은 방법들이 성공적이었기 때문에 미국 내에서도 이와 같은 방법을 동원하여 자국내 유전의 생산량을 높이고 싶었던 것이 그 이유로 작용했던 것이다.

산업화가 덜 진행된 나라는 외부에서 유입된 이러한 기술적인 혁명에 맞서 자국의 재산인 석유에서 나오는 수익을 개선하려고 시도할 수밖에 없었다. 1936년 2월 이후 베네수엘라는 자국의 석유노동자들에게 법적으로 신디케이트 형태의 노동조합을 결성하도록 허용했고, 그토록 오랫동안 요구해왔던 노동권을 허용했다. 또한 석유노동자들을 위한 국민보건시설을 세우고 그들의 자녀를 위해 교육시설을 확충하는 등의 개혁조치들을 시행해, 악명 높았던 석유 슬럼가를 없애고 석유수출로 벌어들인 수입을 국민 복지를 위해 사용해야 한다는 의식을 강화하기도 했다.

이러한 개혁조치들은 명백히 프랑스 인민전선의 레옹 블룸이 취한 개혁조치들과 멕시코에서 실행된 개혁조치들로부터 차용한 것이다. 또한 자연은 위임받은 것이라는 수탁자정신이 더욱 강화되어 석유유출로 인한 해양 및 하천 오염방지를 위한 법적인 조치들이 마련되기도 했다. 석유 콘체른들에게 그들의 시추 및 채굴활동으로 인해 오염된 마라카이보 만의 해안을 회사 자체 비용을 들여 정화할 것을 요구한 것은 지칠 줄 모르고 이 일에 관여했던 네스토르 루이스 페레스의 덕택이다.

문학적인 명성도 얻었던 그 유명한 '와일드 캣' 시험시추인 '오피시나(Oficina) 1호'를 진행시키면서, 베네수엘라에서는 봉건주의적인 과거 모습에서 벗어나 자국의 소중한 자산을 보관할 뿐이라는 수탁자의 정신으로 지하자원을 대하고자 하는 움직임이 일어났다. 베네수엘라가 이러한 근대적인 모습으로 자국을 개혁하고자 했을 때 각계각층의 봉건주의자들이 얼마나 격앙되어 이에 대항할 궁리를 했는가는 최초의 개혁조치들이 취해지자마자 곧 드러나게 된다. 수세대에 걸쳐 국가를 단지 사적인 불로소득원으로만 간주해왔던 상류층에게 이러한 자유사회주의적인 개혁정치는, 부패한 국가를 부품납품업자 정도로만 여겨왔던 군대가 느끼는 것만큼 못마땅하기만 한 것이었다. 무엇보다도 봉건적인 기득권과 결탁해 있었던 석유 콘체른들이 이 개혁정치에 결사적으로 저항했다.

이 석유 콘체른들은 노동조합을 노동권을 대변하는 단체나 환경감시단 또는 임금협상 파트너로 받아들이려 하지 않음으로써 불편한 심기를 그대로 드러냈다. 비록 헌법과 헌법에 준하는 법률이 선출된 노동자 대변인들을 승인할 것을 강제조항으로 규정하고 있었을지라도, 석유 콘체른들은 이들의 승인을 딱 잘라 거부했다. 여러 석유 콘체른 중에서도

3. 비등점에서

특히 록펠러 소유의 엑슨이 이러한 흐름의 선두에 서 있었다. 엑슨은 1919년 이후 업스트림 사업에 종사하고 있었는데, 경쟁사인 셸과 특히 베네수엘라에서 각축을 벌이고 있었다.

베네수엘라가 사회적 시장경제와 합법성 그리고 환경친화적인 석유정책을 지향하는 근대 산업국가로 전환하기 위해서, 얼마나 많은 정치·사회·심지어 문학적인 에너지를 사용해야 했는지를 이해하기 위해서는 개혁반대자들이 맺은 동맹이 얼마나 막강한 힘을 지니고 있었는지를 상상할 수 있어야 한다. 이러한 개혁조치들에 많은 관심을 가지고 있던 계층은 지식인들과 전체 석유노동자들 중에서 정치적으로 깨어 있던 일부 노동자들이었다. 그러나 핵심적인 석유기업들인 엑슨이나 셸 같은 석유 콘체른들은 변화무쌍하고 아름다우며 독일의 철학자 훔볼트가 경탄한 이 나라를 우선은 값싼 석유공급 국가로만 간주했을 뿐 그 외에는 전혀 관심이 없었다.

베네수엘라인들은 제한된 규모이긴 하지만 시추와 채굴 그리고 석유정제 기술을 다룰 수 있는 인력을 훈련시켰다. 그러나 이러한 훈련을 받기 위한 기계들은 자국에서 생산할 수 없었다. 따라서 외국 기술에 의존할 수밖에 없는 종속 상태는 여전히 변하지 않았다. 이러한 상황은 위에서 말한 기술 분야에서뿐만 아니라 지질학과 석유탐사 그리고 석유운송 분야에서도 마찬가지였다.

1936년에 시작된 역사적인 개혁이 지속되기를 바라는 희망은 주변부에서만 조금 이루어졌을 뿐, 헌법을 수정하고 개혁안을 보충해 넣었음에도 실질적인 핵심부분은 변화시키지 못하고 있었다. 대부분 정제되지 않은 원유를 수출함으로써 벌어들인 수익은 국가와 국민에게 도움이 되도록 이성적으로 사용되기보다는 국가의 행정이나 군부의 사리사욕을 채우기 위해 횡령되고 있는 실정이었다.

    외국계 석유 콘체른들은 실제 효력을 발휘할 수 있는 통제장치가 전무한 베네수엘라의 내부 사정을 잘 알고 있었다. 따라서 이들은 이 나라가 추진하는 많은 비용이 소모되는 사회개혁적 실험과 산업화를 통한 자립적인 미래의 프로젝트에 적극적으로 참여할 준비가 되어 있지 않았다. 외국계 석유 콘체른들은 자사가 절대적으로 필요로 하는 주주나 재산 그리고 계속적인 투자능력에만 관심을 집중했다.

    구조적인 측면이 정신적인 면과도 밀접하게 결합되어 있는 이러한 문제들은 일상사에서도 충분히 찾아볼 수 있다. 이러한 상황의 전형적 특징을 보여주기 위해서는 다음과 같은 한 가지 예만 들어도 충분할 것이다. 1937년 초 파리에서 제2차 세계 석유회의를 준비하고 있을 때였다. 석유 콘체른 셸은 의욕적으로 투자했던 석유 프로젝트 CR-2를 포기할 수밖에 없는 상황이었다. 시추한 구멍에서는 석유가 한 방울도 나오지 않았고 이곳은 셸을 파산지경으로 몰고 갈 뿐이었다. CR-2의 시추 깊이는 그 당시까지 세계에서 가장 깊게 파내려간 것으로 기록된, 3천 미터나 되었다. 베네수엘라 땅에서 회전시추 방식을 사용하여 이루어낸 이 기술적으로 탁월한 업적은 셸이 그곳의 지질학적 구조를 해명했다는 것과 3천 미터 시추라는 기록을 세웠다는 것 외에 셸에게 어떤 실질적인 수익도 가져다주지 않았다. 셸은 이러저러한 투자실패로 인해 베네수엘라 개혁정치가들을 격려할 수가 없는 상황이었다. 동시에 그 당시 베네수엘라에서는 전체 석유산업을 국유화하려는 망령도 서성거리고 있었고, 이러한 석유의 국유화 움직임은 1938년 멕시코에서 실제로 성사되었다.

    그 당시 널리 읽힌 라몬 디아즈 산체스의 소설 『메네』에는 그 당시의 경향이 잘 드러나 있다. 소설의 내용은 외국계 석유 콘체른과 일해오

3. 비등점에서

던 것을 포기하고 전체 석유생산을 정부가 직접 운영한다는 것이 골자였는데, 이것은 바로 그 당시 베네수엘라의 사회적 분위기를 그대로 반영하고 있었다. 이 꿈은 40년 후에야 비로소 실현되게 된다. 왜냐하면 베네수엘라의 정치가들 사이에서는 외국계 석유 콘체른들에게 석유채굴 허가권을 발급하여 한편으로는 그들을 활용하고 다른 한편으로는 분배 시스템에 따른 세금정책을 수행하자는 입장이 관철되었기 때문이다. 이 정책은 훗날 성사된 석유 콘체른과 산유국 간의 이익 분배비율을 50대 50으로 정하게 되는 획기적인 정책변화의 바로 전 단계로 볼 수 있다.

베네수엘라에서는 자국의 기술적인 후진성을 고려해서 외국 석유 콘체른에게 40년 동안 유효한 영업허가권을 발부했다. 아마도 이 기간 동안에 원료공급 국가에서 개발도상국으로 성장할 수 있을지도 모른다는 한 가닥 희망이 베네수엘라로 하여금 이러한 조치를 내리게 했을지도 모른다.

이 당시의 베네수엘라는 기계화가 제대로 이루어지지 않은 상황이었고 도로망도 아주 형편없었기 때문에 이렇다 할 국내 수요가 거의 없었다. 따라서 석유수출에만 전적으로 의존할 수밖에 없었던 베네수엘라가 미국과 맺은 구조적인 종속 상황은 점점 심해져 갔다. 베네수엘라는 1939년 11월 6일에 미국과 역사적인 무역협정을 맺게 된다. 이 협정을 통해 베네수엘라는 세계에서 가장 큰 석유시장의 파트너로서 국제적인 가치가 평가 절상되는 효과를 얻게 된다. 워싱턴은 1932년 이래로 상승한 수입세를 절반으로 낮추는 것을 허용했고, 베네수엘라가 미국이 수입하는 전체 석유할당량의 90퍼센트를 떠맡는 것을 보장했다.

미국의 뒷마당이라고 할 수 있는 베네수엘라와 미국 간의 밀접한 관계는 1942년에 더욱 공고히 다져지게 된다. 일본으로 인해 2차대전에 참가할 수밖에 없게 된 미국과 연합국에게 베네수엘라는 중요한 석유공급 국가였던 것이다. 어쨌든 세계전쟁이 전 세계적으로 그 파장을 미치고 있었기 때문에 베네수엘라도 자국의 해변과 공업중심 지역까지 미치고 있는 전쟁의 위력을 체험하게 된다. 자국의 정제공장과 유조선들이 해안지역에서 독일 잠수함에 의해 포격당하거나 수뢰로 격침되었기 때문이었다.

1621년 이후 지속된 30년전쟁 당시 네덜란드와 영국의 배들이 합스부르크 왕가에 속하는 스페인 배를 대서양에서 약탈했다면(당시 스페인 배는 베네수엘라에서 은을 싣고 돌아오는 중이었다), 2차대전 당시는 '검은 금'을 실은 유조선이 나포되거나 파괴된 것이었다. 역사적인 맥락에서 볼 때 또다시 나타나고 있는 유사점들은 마치 변덕스런 역사의 장난처럼 보인다. 그러나 이러한 유사성을 소중히 여겨야 하는 이유는 반복적으로 나타나는 역사적인 사건들이 일회적인 성격의 사건들과는 반대로 반복지향적인 항구성의 구조가 존재한다는 것을 깨닫게 해주기 때문이다. 베네수엘라 정치인들은 국가재산 목록 1호인 석유가 정치적인 일상사를 넘어서 전략적으로도 중요한 범세계적인 원료로 이해되고 있으며, 이로써 석유가 특별한 가치를 지니고 있다는 사실을 깨닫게 되었다.

베네수엘라의 정치인 중에서 이러한 상관관계를 로물로 베탄쿠르(1959~1964)만큼 뚜렷하게 의식하고 있던 정치인은 없었다. 그는 1944년 10월 18일에 그 당시 대통령이었던 메디나를 쿠데타로 하야시켰다. 이로써 그는 라틴아메리카에서 거의 재앙과도 같았던 쿠데타의 역사에, 그 스스로 직접 가담하게 된다. 그가 다른 여타의 집정자들처럼 쿠데타를 일으킨 행위는 결코 칭송받을 행동이 아니었다. 그러나 그가 펼친 실질적인 석유정책은 다른 정치가들의 양태와는 달랐고, 이러한 그의 업적은 충분히 참작되어야 한다. 그는 때때로 피에트리의 자문을

3. 비등점에서

얻었고 메디나의 정책을 실질적으로 계속 펼쳐나갔다. 그가 휘발유의 리터당 가격을 0.10볼리바(대략 15페니히, 페니히는 유로화 사용 이전 독일의 화폐 단위다—옮긴이)로 하락시킨 것은 세계 신기록이기는 했으나 대중영합주의라는 지적도 받았다. 왜냐하면 내수시장에서 휘발유값 하락은 경제에 결정적인 영향을 미치는 요소가 아니었기 때문이다.

앞서 지적한 쿠데타나 휘발유값 하락보다도 더 중요한 것은 베네수엘라가 베탄쿠르 집권 당시 1944년 체결된 브레튼 우즈 협정(2차대전 이후 세계무역의 지속적인 확대 및 발전을 도모하고자 1944년 7월 미국 뉴햄프셔 주 브레튼 우즈 박물관에서 44개 회원국이 모여 체결한 협정을 말한다. 이 협정은 국가 간 상품교역에 관련된 각종 무역장벽을 제거하는 데 목적을 두고 있다. 이에 따라 무역자유화를 위한 '관세와 무역에 관한 일반협정'(GATT)과 단기적 국제수지균형과 자본자유화를 위한 '국제통화기금'(IMF), 개발도상국의 장기개발자금을 지원하기 위한 '국제부흥개발은행'(IBRD)이 만들어졌다. 이 체제는 1971년 8월 15일 미국이 금과 달러의 교환을 정지시키는 날까지 유지되었다—옮긴이)과 친숙해질 수 있었다는 사실이다. 그리고 베네수엘라는 1945년 결성된 국제연합(United Nations Organization, UNO)에 가입했다. 따라서 이제 베네수엘라는 미국의 원료정책과 화폐정책을 둘러싼 줄다리기에서 구조적으로 측면 공격을 가할 수 있게 된다. 그가 이러한 정치를 펼 수 있었던 것은 1946년부터 베네수엘라의 하루 석유생산량을 백만 배럴 이상으로 높인 매튜린 분지에서 엄청난 매장량을 지닌 유전을 새로이 시추하게 되었기 때문이다. 이곳의 석유산출량이 증가했던 이유는 2차적인 채굴방법을 사용하여 석유함유 광맥으로부터 석유를 좀 더 효율적으로 채굴하는 것이 가능해진 덕분이었다. 채굴역사에서 초기 단계에 사용되었던 생산정두 장치가 이제는 펌프 유압기기로 대체되기에 이른다. 이러한 기술적인 혁신으로 인해 이제 5천 곳이 넘는 채굴 장소에서 생산량이 상당히 증가하게 된다. 이러한 대 개혁의 시기에 변호사 페레스 알폰소는 유익한 일을 한다. 그는 새로운 대통령 베탄쿠르의 통치하에서 세제 개혁을 골자로 하는 재분배정책을 옹호하고 나섰다. 이 재분배정책을 실행한 목적은 베네수엘라 석유노동자들의 사회적 입지를 향상시키고자 하는 것이었는데, 이 정책은 석유노동자들에게만 한정되어 있을 뿐 다른 경제나 상업 분야로까지 확대되지는 않았다. 국내에서 통용되는 것이 국외로도 영향을 미치게 되어서 이 재분배정책은 국가와 석유 콘체른 간에 이익을 절반씩 나누는 50대 50 원칙을 강화하는 결과를 초래하게 된다. 석유수익을 50대 50으로 나누는 형평성의 원리에 입각한 이 원칙은 드디어 1948년 11월 12일 합법적인 근거를 갖게 되고, 법적으로도 실시되면서 역사적인 의미를 띠게 된다.

그러나 새로운 분배정책이 성공적으로 실시되면서, 알폰소의 생각대로라면, 또 다른 개혁이라고 할 수 있는 제2의 대대적인 개혁이 단행되어야만 했다. 베네수엘라는 자신들이 세운 계획에 따라 거대한 국가 콘체른을 하나 만들었다. 이 국가 콘체른의 모범이 되었던 것은 멕시코의 페멕스가 아니라 마찬가지로 국가 콘체른이었던 영국의 셸이었다. 알폰소는 그것 말고도 베네수엘라가 기술적인 측면에서 볼 때 완전히 일방적이라 할 수 있는 제반 석유기술의 수입 형태를 바꾸고, 지금까지 미국과 맺어오던 종속관계에서 조금이라도 벗어날 수 있도록 석유정제 공장의 용량을 국가 차원에서 대대적으로 확장할 필요가 있다고 생각했다. 다시 말해 그는 석유 콘체른을 상대할 때뿐만 아니라 미국을 대할 때도 베네수엘라의 입지를 근본적으로 더 강화하려는 의지를 갖고 있었던 것이다. 그는 이렇게 훗날 베네수엘라가 전 세계를 상대하는 국가가 될 수 있도록 자주적인 초석을 닦고 있었다.

가장 깊은 시추 구멍을 가지고 있으면서 상대적으로 휘발유 공급가

3. 비등점에서

격은 세계에서 가장 싼 나라인 베네수엘라가 추진하고 있는 이러한 발전계획이 석유 콘체른에게는 전혀 달갑지 않았다. 당시 석유 콘체른들은 그들이 석유사업으로 얻은 수익에 대해 더 무거워진 세금을 내야 하는 처지였다. 그래서 1949년에는 미국의 은행권을 중심으로 베네수엘라에게 경고의 소리를 들려주는 의미심장한 목소리가 점점 커지고 있었다. 이 경고의 목소리는 다름 아닌 베네수엘라가 계속 이러한 수입품 관세정책을 펴면 미국은 베네수엘라가 미국과의 석유무역에서 차지하고 있는 특수한 입지를 사우디아라비아에게 이양할 수 있다는 신호였다.

그러나 알폰소의 지시를 따르는 베네수엘라의 석유전문가 그룹은, 베네수엘라 땅에서 또다시 마피리와 소토라는 엄청난 매장량을 지닌 새로운 유전이 발견되었다는 것을 확실히 알고 있는 상태에서, 미국의 그 어떤 경고에도 개의치 않고 1949년 9월에 사우디아라비아로 여행을 떠난다. 베네수엘라의 전문가들이 사우디아라비아로 떠난 목적은 일종의 전략적 차원에서였다. 그들은 자국의 석유로 얻은 이익을 가장 잘 보호할 수 있는 방법은 대형 석유 콘체른에 대항할 수 있는 동맹체계를 구축할 때뿐이라는 것을 사우디아라비아에 조언했다. 그러나 여론은 발전하고 있는 두 산유국의 대표자들이 서로 만난 이 역사적인 사건을 전혀 감지하지 못했다. 냉전의 와중에서 사람들의 관심은 베를린과 이스라엘 그리고 한국을 둘러싼 위기 상황들에 쏠려 있었다. 이 최초의 만남은 역동적인 세습왕조 국가인 사우디아라비아와 독재정치가 지배적이던 베네수엘라 공화국 간의 다년간에 걸친 협력체계의 시작을 알리는 것이었다. 그러나 당시 굵직굵직한 세계 정치적 사건들에 밀려 이 최초의 만남은 상대적으로 관심 밖의 사건으로 밀려났다. 베네수엘라의 석유비축량은 1949년 말경에 이미 50억 배럴에 달하고 있었다.

구조적으로나 전 세계적으로 서로의 입장을 재정립해 가던 이러한 단계에 다국적기업 측은 베네수엘라에게 한 가지 획기적인 제안을 하기에 이른다. 다국적기업 또한 석유공급 국가가 경제적·정치적으로 안정되어 있고 한 체제가 지속적으로 유지되는 것에 지대한 관심을 표명하고 있었다. 왜냐하면 석유 콘체른들은 그들이 베네수엘라에서 활동하는 데에 대한 근거를 마련하고 그 활동의 타당성을 공고히 하기 위해서는 산유국들 스스로도 자국의 국내 발전을 위해 꼭 뭔가를 해야 한다는 것을 통감하고 있었기 때문이다. 그러나 국내 경제를 발전시키기 위해서는 지속적으로 들어오는 고정수입이 필요했다. 고정수입이 있으면 국가의 재정이 허락하는 한에서 그 수입으로 미래를 위해 뭔가를 계획할 수가 있었다. 이러한 맥락에서 1950년에 에소의 자매회사였던 소코니(모빌 석유의 전신인 뉴욕 스탠더드 석유회사를 지칭하며, 1882년에 설립되었다—옮긴이)는 배럴당 고정가격을 지불하겠다는 제안을 한다. 특히 이 제안은 이란을 위시한 아라비아의 골프 지역에도 해당되었다.

이러한 유형의 가격체계가 관철되었기 때문에 수요와 공급이라는 그 밖의 시장 메커니즘도 상대적인 것으로 변하게 된다. 동시에 1928년부터는 전 세계에서 활동하는 다국적기업들이 서로 연합하는 석유시장의 카르텔화 경향이 강화된다. 그리고 석유 파트너 국가 간의 협업도 강화되는데, 이 국가들은 이러한 국가간의 협업 외에 자국의 예산문제나 국가 발전계획들에도 신경을 써야 했다.

이 당시에 이렇게 고정유가와 석유세를 결합하는 방법은 불안정한 과거를 벗어날 수 있는 확실한 영약인 것처럼 비쳤다. 산유국이 주장하는 소유권과 석유 콘체른의 정당한 권리는 분배구조나 교환이 가능한 구조를 통해 실제로 '공정한 시스템'으로 나아갔다. 이외에도 이러한 '공정한 시스템'은 브레튼 우즈 협정이 체결된 이후 국제적인 중심화폐로 쓰이게 된 '석유 달러'(오일 달러, 석유자금 등으로도 불림—옮긴이)에 의

3. 비등점에서

해 지지되고 있었고, 공산주의의 위험에 대처하기 위해 1949년에 설립된 북대서양조약기구(NATO)의 전략적인 능력도 이 시스템을 보장하고 있었다.

미국이 베네수엘라의 시장조정 정책에 어떤 반대도 하지 않았더라면, 베네수엘라의 석유가격도 1952년에 고정가격에 합의되었을 것이다. 그러나 사실은 정반대였다. 미국의 석유시장도 상당한 규제를 받고 있었고 베네수엘라는 새로운 무역협정을 허용한 상태였다. 이 무역협정은 베네수엘라에게 25°API를 받은 최상급 원유를 쿼터 규정을 받지 않고 미국으로 수출해도 좋다고 보장해주었다.

이러한 규정을 바탕으로 베네수엘라는 이제 조용히 자국의 발전을 도모할 수도 있었을 것이다. 그러나 베네수엘라에는 항상 불안한 두 가지 잠재위험이 도사리고 있었다. 그 한 가지는 단지 형식적으로만 민주주의를 허용한 독재정부였고, 다른 한 가지는 석유정책에 영향을 미치는 문제가 생겼을 때 그 문제를 특정한 방향으로 유도하여 해결하는 것을 어렵게 만드는 국수주의였다. 미국은 독재를 그들이 늘 주장하는 단호한 반공산주의 노선에 입각해서 어쩔 수 없이 받아들이고 있었다. 그러나 이제 드와이트 D. 아이젠하워 장군을 주축으로 하는 미 정부는 석유이익이 문제가 되는 세계 도처에서 반식민주의의 표현으로 떠오른 국수주의를 극복하는 것이 상당히 어렵게 되었다. 그리고 미국은 영국이 예전에 떠맡았던 보호국으로서의 역할을 이제 자신들이 해야 한다는 사실을 인식했다.

이란을 한번 예로 들어보자. 석유매장량이 풍부한 나라 이란의 국회는 변호사 모하메드 모사데그의 인도 아래 1951년 3월 15일에 강력한 석유협회인 앵글로-이란 석유회사(오늘날 브리티시 석유의 전신—옮긴이)를 국유화하기로 하는 역사적인 결정을 내렸다. 이것은 베네수엘라의 알폰소가 주장한 수탁자 모델과는 완전 반대되는 해결방법이었다.

객관적 지식이 없는 일반대중의 감정을 자극하는 석유정책을 즐겨 쓴 모사데그와는 반대로 1938년에 멕시코와 1918년에 소련에서 취해진 동일한 조치의 장본인들인 라사로 카르데나스와 니콜라이 레닌은 이러한 조치들이 어떤 화를 불러올지 의식하고 있었다. 국가재산인 석유를 절대적인 세습재산으로 천명함으로써 성공적인 탈식민지화를 표방한 국수주의자들은 이 국가의 재산에 일시적이기는 하더라도 아첨을 떨었다. 그러나 정치적 자율이라는 슬로건으로는 당면한 경제적인 문제들을 해결할 수 없었다. 왜냐하면 그러한 독단적인 행보를 취하게 되자 한 방울의 석유나 가스도 더 이상 채굴하지 못했고, 1928년부터 소위 '일곱 자매'(일곱 개 석유기업을 지칭함. 이 책에서는 이 용어에 대해 한 단락을 할애해 자세히 설명하고 있는데 자세한 개념정의는 6장의 '일곱 자매' 부분을 참조하기 바란다—옮긴이)라는 카르텔의 통제를 받고 있던 세계 석유시장에서 이전과 비교해서 훨씬 소량만 팔려나갔기 때문이다. 간단히 말하자면 이란의 통치자인 모사데그와 멕시코의 카르데나스는 석유산업에 꼭 필요한 석유시추 기술, 채굴기술, 투자자본 그리고 다국적기업들의 조직적인 연결망을 전혀 가지고 있지 못했던 것이다. 자국의 석유를 석유사용권과 그냥 일대일로 교환하는 것은 알폰소의 전략이 아니었다. 알폰소는 자국의 석유소유권자와 외부에서 들어온 석유 콘체른이 맺을 수 있는 가장 바람직한 상호관계는 바로 위임자적인 사고를 바탕으로 한 관계형성뿐이라는 것을 확신하고 있었다. 그러나 그는 곧 유가형성에는 그를 비롯한 다른 개혁가들이 오랫동안 제대로 인식하려고 하지 않았지만 엄연히 존재하는 또 하나의 요소가 있음을 확인하게 되었다.

베네수엘라는 1952년 9월에 독재국가임에도 케나다의 반프에 초대를 받는다. 그곳에서는 국가간 석유협상위원회(Inter State Oil

Compact Commission, ISOCC)가 열리고 있었다. 아메리카 대륙 국가들로 구성된 이 위원회의 회의기간 중에 언급된 몇 가지 사실들은 특히 알폰소를 놀라게 했다. 이 위원회의 구조는 1960년에 형성된 석유수출국기구의 구조를 선취한 듯이 보였으며 북미자유무역협정(North America Free Trade Agreement, NAFTA)을 연상시키기도 했다. 알폰소를 놀라게 한 것은 다름 아닌 미국인들이 대외적으로는 당색을 막론하고 관세와 무역에 관한 일반협정의 틀 안에서 자유무역과 자유시장의 장점들을 부각시켰지만, 세계에서 가장 커다란 석유시장인 미국 내에서는 이 석유시장을 상당히 통제하고 국가적으로 조종하고 있었다는 사실이었다. 이러한 시장 조종행위는 국가의 재산을 마치 상속재산 취급하듯이 취급하는 게 아니라, 지금 세대를 단지 석유를 보관하는 수탁자의 태도로 다루고 있음을 보여주었다. 그리고 제반 석유산업은 국회의 동의를 받아야만 하는 민주주의와 법치국가의 틀에 귀속되어 있었다.

석유비축에 관한 토론이 극성을 떨던 1919년에 미국인이 겪었던 나쁜 경험들은 이미 국내 석유시장의 통제 시스템 형성에 영향을 미치고 있었다. 게다가 연이어 1929년에는 석유공급 과잉과 증시추락 사건을 경험했고, 1939부터는 미국이 자국에 있는 10만 개나 되는 분출존데와 펌프존데로도 점점 늘어가는 석유수요를 계속해서 충족시킬 수 없을지도 모른다는 우려가 커져가고 있었다. 석유를 담당하는 미국 정치가들은 말하자면 국가적 이익에 따라 활동하고 있었던 것이다. 말하자면 그들은 수탁자처럼 전쟁희생자들을 구호하거나 평화를 지키기 위해서가 아니라, 자국의 석유를 보존하기 위한 정책을 펴고 있었던 것이다. 군함과 무역선의 증가, 빠른 속도로 증가하는 항공교통 및 무엇보다도 미국문화를 자동차문화로 이해하는 미국인들 때문에 석유수요는 기하급수적으로 증가했다.

1953년 2월 6일에 국가간 석유협상위원회의 회원이 된 베네수엘라의 전문가들과 알폰소는 과거 어느 때보다 분명하게 미국 석유정책의 핵심을 이해하게 된다. 전 세계적인 권력을 쥐고 있는 미국은 냉전 시기가 지속되는 동안 자국의 전략적인 석유비축량을 늘리고 그것을 오랫동안 확보하는 데 주력했다. 이를 위해 파트너로 선택된 나라는 베네수엘라와 사우디아라비아였고, 그 국가가 어떤 권력구조를 지니고 있는가는 미국에게 전혀 중요하지 않았다. 아이젠하워 미국 대통령 집권 당시, 베네수엘라와 사우디아라비아는 미국의 우방으로서 분배정의의 표현이라고 할 수 있는 대부분의 특혜를 경제·정치 면에서 모두 누릴 수 있었다.

이러한 배경 아래 미국이 주도하는 전 세계적인 연결망과 연결되어 있는 가운데, 베네수엘라는 1953년 이후 석유 붐을 누리게 된다. 전 국토에 만여 개나 되는 분출존데 및 펌프존데가 연이어 세워지게 되었고, 그곳의 총 석유매장량은 백억 배럴 정도로 추정되었다. 이것은 알폰소를 위시한 그의 측근들이 생각한 수탁자의 정신과 모든 이들이 추구했던 구조개혁의 정신이 엄연히 있었음에도, 상속받은 재산을 자기 마음대로 사용할 수 있다는 사고가 아직 완전히 극복되지 않았음을 여실히 보여주고 있었다. 심지어 그 부패 양상은 일시적으로나마 거의 견디기 어려운 지경이 되었다. 그래서 베네수엘라에서는 1958년에 다시 한번 쿠데타가 일어난다. 대통령 페레스 히메네스(1952~1958)가 대통령 자리에서 물러나고 민주주의로 향한 행보가 시작된 것이다. 이 시점은 정기적인 현상이라고 할 수 있는 석유공급 과잉현상이 다시 한번 나타나서 유가가 곤두박질치던 시기에 해당한다.

아이젠하워 정부는 마치 조롱이라도 하듯이 시장의 압박을 못 이기고 '카슨-플랜'(Carson-Plan)의 권고에 따라 시장조절 기능을 하는

3. 비등점에서

수입 할당제를 택하게 된다. 이것은 내수시장을 값싼 외국산 석유로부터 지키기 위한 수단이었다. 그런데 베네수엘라 산 석유를 값싼 제품으로 가치 폄하하는 이러한 미국의 태도는 베네수엘라인들을 분노하게 만들었고, 거의 국수주의적인 감정까지 갖게 만들었다. 그리하여 그 당신에는 '미국 놈들'이나 '망할 놈의 달러'와 같은 말들이 쏟아져 나왔다.

쿠데타를 통해 권력을 잡은 새로운 대통령 베탄쿠르가 석유산업을 완전히 국유화하라는 민중의 거센 요구를 제지하려고 노력한 것은 이해가 간다. 그는 석유산업을 국유화하는 대신 피에트리가 주장한 "석유는 씨앗을 뿌려야 한다."는 슬로건에 새로운 전망을 제시하고자 노력했다. 그래서 그는 다국적기업들이 석유수입 중 절반이 아니라 3분의 2를 세금으로 내게 하는 방안을 관철시켰다.

그러나 베네수엘라에서 활동 중인 콘체른들이 정말 관세를 냈다고 믿었던 사람은 곧 그것이 착각임을 알게 되었다. 석유 콘체른의 매니저들은 높아진 세금에 표면적으로는 항의를 했지만 사실은 아이젠하워 정부가 눈감아주던 특별 세금포탈 방법을 이용하고 있었기 때문이다. 이 방법은 기업들이 외국에서 세금으로 낸 오일 달러만큼 자국의 세법에 적용을 받지 않고 세금감면을 받을 수 있게 해주었던 방법이다. 즉 미국 납세자는 공공보조금으로 베네수엘라에서 활동하는 석유 콘체른들의 이윤을 보조해주고 있었던 것이다.

상당히 헌법에 위배되고 거의 사기행각과 비슷한 이 조치가 있었기 때문에, 베네수엘라에서 활동 중이던 다국적기업의 매니저들과 사우디아라비아에서 활동 중이던 사우디아라비안 석유회사는 말로만 신 세율정책을 공격하고 사실은 자제하는 태도를 취했다. 그러나 동시에 베네수엘라와 사우디아라비아도 그들이 취한 신 세율정책과 같은 일련의 조치들과 카르텔로 맺은 협정만 가지고는 역동적인 석유시장의 힘을 오랫동안 묶어놓지 못한다는 사실을 무력하게 받아들이지 않을 수 없었다. 왜냐하면 1959년 2월 6일 영원히 없어졌다고 믿었던 것, 10년을 주기로 나타나던 심한 유가하락 현상이 다시 나타났기 때문이다. 이 극심한 유가하락은 미국 경제를 강타했고, 셸은 다국적기업들 중에서 가장 먼저 지금까지 원유에 지불해오던 고정 유가제를 철회했다.

이 역사적인 결정은 엄격하게 조정되어오던 미국의 석유시장에는 별로 영향을 끼치지 않았지만 베네수엘라와 사우디아라비아가 추진하던 경제개발 정책에는 결정적인 손실을 입히게 되었다. 카라카스와 리야드(사우디아라비아의 수도—옮긴이)는 이로써 폭발 일보직전의 상황에 이른다.

사려 깊고 인내력이 있는 알폰소조차도 상원과 하원으로 구성된 국회에서 자신의 불편한 심기를 터트릴 정도였다. 공화당원들이 펼친 석유로비 덕택에 그들이 주장하던 석유정책을 펴던 아이젠하워는 갑자기 선회하여 베네수엘라에서 들어오는 석유를 '국가 안전을 위협하는' 것으로 선포했다. 그리고 그가 이전에는 관세와 무역에 관한 일반협정을 보호하고 공산주의를 비판하며 숭고한 말로 퇴치하고자 했던 바로 그것을 이제는 스스로 행하게 된다. 미국은 또다시 방어벽을 친 것이다.

우리는 미국의 이러한 태도에서 고립주의가 나타나고 있음을 볼 수 있다. 그러나 우리가 곰곰이 생각해보아야 할 또 다른 사실은 미국이 1859년 이래로 거의 10년 단위로 나타났던 상당히 혼란스런 석유시장의 혼란을 극복하기 위해 얼마나 많은 나쁜 경험을 겪어야만 했는가 하는 사실이다. 그러나 알폰소는 이러한 문제에 관여하고자 하지 않았다. 오히려 알폰소는 1949년에 물고를 튼 아랍의 산유국들과 다시 관계를 맺고자 노력했다. 그 결과 1959년 4월에 이집트의 카이로에서 최초의 회의가 개최된다. 이 회의에서 사우디아라비아를 제외한 이란과 알폰소

3. 비등점에서

의 제안으로 석유협의위원회(Oil Consultation Commission)가 창설된다. 석유가 풍부한 이란의 지도자 오하마드 레자 샤 팔레비는 영국과 미국의 비밀 첩보요원들의 도움으로 1953년 쿠데타를 통해 권력을 쥐게 된 인물이었다. 이러한 국제적인 협의회로부터 눈여겨볼 만한 일련의 활동들이 나타나는데 석유수출국기구의 창설 또한 이러한 활동들의 산물이었다. 베네수엘라 스스로도 국수주의적인 대중영합주의를 포기하고 대통령령인 26234조항에 근거해 국영 석유 콘체른을 설립했다. 1920년에 창설된 바 있는 국영 석유기업이 지배자의 상속재산인 듯한 성격을 띠고 있었다면, 이 국영 석유 콘체른은 베네수엘라 석유조합(CVP)으로 불렸다. 이것은 다국적기업들에게 늦어도 그들의 석유채굴 허가권이 만료되는 1976년 이후에는 다시 한번 새로운 대개혁의 바람이 불 것을 예고하는 것이었다. 즉 1976년 이후부터 베네수엘라의 석유산업은 국유화되기로 정해져 있다는 사실을 암시하고 있었던 것이다.

채유의 역사는 1911년부터 1976년까지 베네수엘라에서 펼쳐졌던 석유 및 과세의 역사와 비슷하다. 사람들은 석유채굴 초창기에는 모체광맥에 들어 있는 석유 중 3분의 1 정도만 채굴할 수 있었다. 기술이 발전하여 모체광맥에서 절반 정도의 채유가 가능해졌고, 이제는 모체광맥에서 석유를 완전히 뽑아 올릴 수 있게 되었다. 이와 마찬가지로 베네수엘라의 과세역사도 외국의 석유 콘체른들에게 매긴 세율이 점점 증가하다가 마침내는 석유산업이 완전히 국유화되는 과정으로 나타나게 된 것이다.

베네수엘라에서 석유산업이 시작되던 초창기에는 다국적기업이 모든 것을 일방적으로 정했고 그 이후에는 공산주의국가인 쿠바의 지도자 피델 카스트로와 정치적 평형을 맞추기 위한 미국의 전략적 관심이 석유산업을 정치적으로 이용했다. 그러나 40년이나 되는 석유채굴 기한이 지난 후에는 석유산업을 국유화해서 마침내 모든 문제를 해결할 수 있으리라는 희망이 싹텄다. 그 당시는 세계시장에서 유가가 상당히 높았던 시기였는데, 석유수출국기구가 인플레이션을 내리고 투자의 기본 토대를 향상시키기 위해서 단기적으로 그들의 요구를 관철시켰기 때문이었다. 그러나 석유수출국기구의 이러한 조치는 10년 단위로 나타나는 유가하락이라는 망령을 떨쳐버리지 못했고, 설상가상으로 재앙의 해인 1999년에 이러한 상황은 더욱 심각해졌다.

재산은 대중의 복지를 위해 사용될 의무가 있다

베네수엘라의 변호사이자 석유 장관이었던 알폰소의 꿈은 석유수출국기구의 도움을 받아 전 세계적으로 유가를 공고히 하고 이를 바탕으로 베네수엘라의 산업발전을 꾀하는 것이었다. 그러나 그의 꿈은 그가 심혈을 기울인 정치적인 개혁과 개인적인 청렴결백에도 실현되지 못했다. 알폰소와 그가 벌인 개혁운동이 국내에 잠복해 있는 쿠데타의 위험을 지속적으로 막아낼 수 없었기 때문이다. 또한 알폰소를 비롯한 개혁지지자들은 영국이 1688년에, 미국이 1787년에 혁명적으로 이루어낸 구조적·정신적 통합을 이루어낼 수 없었다. 알폰소와 그를 지지하던 개혁세력들은 법치국가와 시장경제 그리고 민주주의가 서로를 견제하고 간섭하는 통합적인 시스템을 창조하는 데 실패했다. 그들에게는 계약적 사고와 세습군주제에 대한 방어능력을 바탕으로 새로운 시스템을 정착시킬 힘이 결여되어 있었다.

'자유와 평등'으로 함축되는 이러한 역사의 교훈은 베네수엘라에

3. 비등점에서

서 알폰소와 같은 소수 사람들의 마음속에만 새겨져 있었다. 새로 창설된 베네수엘라 석유조합의 초대 총재인 루빈 세이더 페레스가 1969년에 주목할 만한 문서인 「베네수엘라 국가의 대국민 석유보고서」를 제출했을 때까지만 해도 그는 알폰소와 같은 사고를 하고 있었다. 그는 이 보고서에서 베네수엘라가 과거에 저지른 잘못을 신랄하게 비판했다. 그리고 다국적 석유기업들이 각 대통령과 맺은 관계를 '조직적인 부정부패의 역사'라고 불렀다. 자신이 속한 정치권에 대한 비판부분에서도 석유 콘체른의 매니저들이 잘못 처신한 그릇된 행동에 대한 비판을 읽어낼 수 있었다. 그는 석유 콘체른의 매니저들이 베네수엘라 국가의 실질적인 발전에는 조금도 관심이 없었고 베네수엘라를 그저 원료식민지로 간주했을 뿐이라고 주장했다. 그들은 베네수엘라의 자연이나 국민들에 대한 배려는 조금도 하지 않았다는 것이다.

석유 콘체른들이 기본적으로 얼마나 봉건적인 입장을 취하고 있었는지는 여기서 한 가지 예를 제시하는 것만으로도 충분할 것이다. 베네수엘라는 (정부와 국회가 합의를 거쳐 결정한 사항이 아니라) 대통령령 제187조에 의거해 베네수엘라 석유조합에게 국내 석유시장의 3분의 1에 해당하는 부분을 사용할 권한을 법적으로 보장했는데, 이 령이 발표된 후 다국적 석유기업들은 현대적인 채굴활동을 일제히 중지했던 것이다. 이로써 석유산업의 미래를 위해 석유가 생산되는 땅을 근원적으로 지키겠다는 야심 찬 계획은 대통령의 명령이 떨어지는 즉시 중지된 셈이 되었다.

베네수엘라의 석유역사에서 처음으로 석유시추 지역을 확대해 나갈 수 없었던 그 당시 정황은 미국이 취한 고문(나사로 엄지손가락을 죄어 비트는 옛날식 고문 형태―옮긴이)정책과도 잘 들어맞았다. 베네수엘라 석유협회는 어쩔 수 없이 다국적 석유기업들과 서비스 조약을 체결할 수밖에 없었다. 국내 기술은 형편이 없었으므로, 막대한 돈을 들여서라도 부족한 부분을 해결해야 했던 것이다. 더욱이 1920년대에 들어서자 옛날에는 엄청난 매장량을 자랑했던 유전에서 이제는 석유가 고작 한 방울씩만 떨어지기 시작했다. 그것은 성장둔화와 국가수익 감소를 알리는 경고 표시처럼 보였다.

1979년까지 계속된 유가상승은 이러한 상황을 어느 정도 만회하도록 해주었다. 그러나 베네수엘라는 오직 석유수출에 의존하는 경제구조였기 때문에 다른 석유수출국기구 회원국들처럼 세계 석유시장의 등락에 좌우될 수밖에 없었다. 그리고 세계 석유시장이라는 곳은 원래 정치적이며 심리학적인 요소에 많은 영향을 받는 곳이다. 특히 그 당시 세계 석유시장에 영향을 끼친 요소로는 이스라엘과 아랍의 갈등과 공산주의국가였던 소련의 위협을 들 수 있을 것이다.

게다가 석유수출국기구 내에서 석유산업이나 업스트림을 명목상으로만 국유화한다고 해서 다국적 석유기업을 대체할 수는 없었다. 왜냐하면 다국적 석유기업들은 석유산업에서 중요한 다운스트림을 장악하고 있었고, 채굴된 석유의 상품화에 관련되는 모든 분야를 지배하고 있었기 때문이다.

따라서 베네수엘라는 석유국영화를 채택하면서 뼈저린 경험을 해야 했다. 베네수엘라가 석유보유국임에는 틀림없지만, 이러한 산유국으로서의 입지를 제대로 활용하지는 못했던 것이다. 이러한 구조적 문제로 인해 국내에서는 불만과 갈등의 요소가 쌓여가고 있었고 쿠데타의 위험이 확산되어 갔다.

베네수엘라의 현 대통령 우고 차베스는 1986년 이후 10년간의 유가폭락과 미국의 불경기를 틈타 1992년에 쿠데타를 시도했으나 성공하지 못했다. 그러나 그는 베네수엘라 산 석유의 최대 판매위기와 1999년

3. 비등점에서

까지 이어졌던 유가하락의 시기에 자신과 뜻을 같이하는 동료들과 함께 다시 한번 민심을 얻기 위해 노력했다. 그는 카리스마 넘치는 태도로 자신이 볼리바의 후계자임을 자처하고, 심지어 그 당시 만연했던 부정부패로부터 조국을 구해낼 수 있는 구세주임을 스스로 선전했다. 그의 이러한 전략은 맞아떨어졌다. 그는 민주주의적으로 대통령 선거를 치르고 난 뒤, 국호를 볼리비아 공화국으로 바꾸도록 지시한다. 그는 세습영주적인 성향을 지니고 있었으며 파벌주의 성향이 강했다. 게다가 군대식이었고 독재적인 성격의 소유자였다. 따라서 이러한 성향을 지닌 그가 자신을 스페인 부왕의 후계자로서 카우디요(Caudillo: 통령으로 번역할 수 있음. 라틴아메리카에서 그 출신에 관계없이 민중의 여망을 바탕으로 향토의 이익을 대표하여 중앙의 권력을 장악한 정치가—옮긴이)로 우상숭배하게 만든 것은 당연한 일이었다. 사실 그는 오직 '절대적인 권력'이라는 좌우명만 지킬 의무를 가진 듯했다. 말하자면 그는 민주주의, 시장원칙 그리고 법치국가와 같은 의무조항들을 지키는 데는 관심이 없고, 이러한 '재산'들을 말살시켜버리는 데만 관심이 있어 보였다.

영국 헌법사의 메이틀랜드와 미국 헌법사의 비어드 같은 고전사가들은 법적·정치적으로 아주 유사한 영국과 미국의 경제 및 산업에 아주 해박한 지식을 가지고 있었고, 이를 바탕으로 '재산' 개념을 끊임없이 위대한 역사의 힘으로 환기시켰다.

모든 공산주의자들과 국가사회주의자들은 항상 세속영주나 독점가와 같은 존재라는 사실을 이해하기 위해서는 1975년의 중국 헌법에 나와 있는 핵심조항을 살펴보는 것으로 충분할 것이다. 중국 공산주의자들은 스탈린 집권 당시 마오쩌둥 숭배의 그늘 속에서 1949년 이후 모든 생산시설과 기간산업을 완전한 국가의 소유로 귀속시킨다. 이러한 행위는 1618년부터 1918년까지 절대주의 체제하의 경제가 이미 '완전 거덜 난 사업'이 되었던 이유기도 하다. 이와 마찬가지로 중국도 사회주의의 재산은 절대 손댈 수 없다고 못 박고 있다.

오늘날 산유국으로서 중국이 현대경제의 법적인 기준을 충족시키고 세계무역기구(WTO)의 의무를 따르려고 하는 데 어려움을 갖는 주된 이유는 공산당만이 중국의 유일무이한 소유자로 되어 있다는 데 있다. 따라서 중국 지도부는 타이완이 중국 소유며 남중국 바다에 묻혀 있는 석유소유권도 중국이 갖고 있다는 생각을 포기할 수 없는 것이다. 1958년 북해연안에서 발생한 비슷한 경우가 원만히 해결된 것과는 달리 이 남중국 바다에 매장되어 있는 석유를 타이완과 공평하게 분할하는 문제는 아직까지 해결되지 않고 있다. 분명 이곳은 미래에 상당히 정치적인 위기지역이 될 것이며, 이 지역의 이권에는 중국 외에도 베트남이나 필리핀까지 직접적으로 관련되어 있다.

아직 해결되지 못한 이 모든 소유권과 사용권에 대한 문제를 풀어나가기 위해서는 유럽 이외의 지역에서도 성공적으로 사용된 다음과 같은 규정을 한번 되새겨볼 만하다. 심리적이며 정신적인 영역을 소유개념에 포함시키고 있는 이 규정은 다름 아닌 1949년 본(독일 통일 이전 구서독의 수도—옮긴이)의 기본법 제14조항이다. 이것은 독일 제3제국 시절 나치에 의해 몰수된 유대인의 재산을 신탁질서에 맞게 되돌려주는 것을 골자로 하고 있다. 이 제14조항은 인간의 가치를 노동을 위한 노예나 빈털터리 또는 총알받이로 강등하는 것에 반대하며 역사에서 변하지 않는 기본적인 인간의 가치를 강력히 요구하고 있다. 독일 기본법 제14조항은 다음과 같다. "재산은 대중의 복지를 위해 사용될 의무가 있다."(이 책의 저자는 샤흐트슈나이더 교수의 언급을 참조한 듯하다. 이 조항을 좀 더 자세히 살펴보면 다음과 같다. 법의 테두리 안에서 재산의 소유자는 재산을 사적으로 사용

3. 비등점에서

할 수 있다. 그러나 인류에 관한 헌법의 관점에서 볼 때 재산 소유자는 단지 자기 자신만의 이익을 취하기 위해 국민으로부터 재산을 빼앗아서는 안 되며, 재산을 사용할 때 대중의 복지에도 기여할 의무가 있다—옮긴이)

이 독일 기본법의 과제는 사회시장 경제의 공공복지를 지키는 데 국한되지 않는다. 급여를 받는 노동자들 외에 생산시설 소유자나 서비스 경영주도 포괄적인 법의 보호를 받아야 한다. 이는 노동과 자본이 상호 협력함으로써 이익을 낳을 수 있다는 믿음을 기초로 하고 있기 때문에 가능하다. 또한 이 헌법은 유럽 중세시대의 봉건주의에서 유래한 "신분이 높으면 의무도 무겁다."라는 말을 기억나게 한다.

1949년 이래로 지속되어온 이 헌법은 옛 서독에 각인되어 있던 가치와 결합되어 지속적인 성장을 보장해주는 시스템으로 입증되었다. 심지어 이 시스템은 1989년의 부드러운 혁명(베를린 장벽의 붕괴를 지칭—옮긴이)이 일어난 후에 구동독지역의 국영기업들을 민영화하기 위해 설립된 신탁회사가 때때로 실패를 경험하자 상당히 시련을 겪기도 했지만 살아남았다. 그 외에도 이와 연결되어 있는 생각, 즉 수익자와 소유자가 사회적인 면에서 서로 파트너 관계라는 생각은 왜 독일 사람들이 경제 분야에서 일어나곤 하는 소위 강제적인 기업합병에 그렇게 민감하게 반응하는지를 설명해준다. 이러한 양상은 소유주가 하루에도 몇 번씩 바뀌는 것이 거의 일상사인 미국과는 정반대되는 모습이다. 미국에서는 이러한 기업합병 때에 사용되는 용어가 하나 있다. 이 용어는 거의 낭만적으로까지 들리지만 이 용어로 지칭되는 인물이 수행하는 활동의 파장은 엄청나다. 산업화 이전 시대에 존재했던 이 상징적인 인물은 1969년 이전에 이드리스 1세 황제가 통치했던 리비아에서 부정하게 석유영업 허가권을 헐값에 넘겨버린 '흑기사'를 말하는 것이 아니다. 오히려 이 인물은 이익문제가 첨예하게 대립되어 있는 석유소유권 협상에서 말 그대로 마지막 순간에 돈벌이가 되는 사업을 수포로 돌아가게 하거나 아니면 그 소유권을 지킬 수 있게 해주는 '백기사'를 가리킨다.

이렇게 백기사가 등장하는 경우에 양쪽 협상 파트너들이 얼마나 감정적으로 서로 맞붙어 싸우게 되는지 그리고 그 싸움에 얼마나 강한 감정적인 에너지가 폭발할 수 있는지는 1985년에 발생한, 석유역사상 가장 큰 손해배상 청구소송에서 잘 나타나고 있다.

여타의 원인들 외에 특히 유가하락, 달러 가치폭락 그리고 걸프 지역의 정치적 불안은 1984년 텍사스 주의 한 기업인 걸프를 파산으로 몰고 간 결정적인 이유였다. 그리고 이러한 요인들과 함께 서서히 고갈돼 가는 석유 모체광맥들은 콘체른 핵심부의 위기의식을 더욱더 부채질했다. 그래서 사람들은 미래를 보장해줄 수 있는 자사만의 석유비축고를 찾기에 혈안이 되어 있었다. 그러나 이러한 난국에서 빠져나올 수 있는 방법은 원칙상 두 가지밖에 없었다. 다름 아닌 자사의 자본을 출자해서 새로운 유전을 찾는 모험을 강행하거나 아니면 주식이라는 수단을 사용하여 기존 석유기업을 사들이는 방법. 기존 석유기업의 석유비축고에 손을 뻗칠 수 있는 방법은 이 두 가지뿐이었다. 펜조일 회사의 경영주인 휴 리트케는 두 번째 방법을 선택했다. 사파타 페트롤리움을 계승한 펜조일은 조지 부시 전 미국 대통령이 정치계에 입문하기 전에 다른 파트너와 함께 창업해서 1964년까지 경영했던 기업이었다. 이 중소기업은 주식을 사들여 게티 석유의 유전에 손댈 수 있도록 갖은 노력을 다했다. 비록 이 석유왕조의 주식들이 서로 다른 가족구성원들과 재단들에 분배되어 있을지라도, 영리한 변호사 리트케는 일종의 우호적인 합병방법을 통해 특정한 게티 주식을 사들이는 방법을 모색했다. 그러나 펜조일은 마지막 협상 바로 직전에 텍사코의 백기사 작전으로 인해 협상에서 완

3. 비등점에서

전히 밀려나게 된다. 텍사코가 주식 한 주당 가격을 더 높게 불러 펜조일의 협상을 수포로 돌아가게 만든 것이다. 이러한 일은 석유산업에서 비일비재하다. 그러나 노련한 리트케는 이 사건을 불공정 재산피해라는 명목으로 텍사스 주의 휴스턴 재판소에 손해배상을 청구했다.

    미국 석유업계의 심층구조를 잘 보여주고 있는 이러한 극적인 법적 소송사건의 시작 상황은 텍사코 기업이 가지고 있던 근원적인 불안과도 관련이 있었다. 그 당시 석유 출처지는 전 세계적으로 국영화되는 추세였으며, 그중에서도 특히 석유수출국기구에 속한 나라들에서 이 경향은 더욱 강화되고 있었다. 따라서 텍사코 기업 내에서는 자신들의 석유기반을 확실히 보장하거나 확대해 나갈 수 없을지도 모른다는 불안감이 커져가고 있었던 것이다. 여기서 이러한 태도를 좀 더 잘 이해하기 위해서는, 텍사코라는 기업이 스핀들탑(1902)에서 석유에 대한 열광이 지속될 때 창립된 이후 미국 역사상 최초의 완전한 통합구조를 갖춘 기업이었다는 사실을 고려할 필요가 있다. 전제적인 경영방식을 지니고 있었던 텍사코 콘체른은 업스트림과 다운스트림을 성공적으로 결합시키면서 석유를 생산할 때 다른 경쟁회사들과 타협할 정도로 유연한 자세를 보일 수 있었다. 물론 그렇게 되기까지 텍사코는 셸이나 걸프, 싱클레어, 그리고 엑슨과 1928년까지 전쟁과 같은 경쟁단계를 거쳐야 했다. 텍사코는 심지어 신탁과 법인이라는 계약정신을 근간으로 하는 기업연합에 참여하는 데 찬성하기도 했다.

    이러한 태도에도 텍사스 주재 콘체른 중앙핵심부는 기업 특유의 개척자정신을 포기하려고 하지 않았다. 그래서 용감무쌍한 독자적 행보를 내딛기로 결정을 내린다. 다시 말해 베네수엘라의 습하고 뜨거운 오리노코 분지에서 확실하지도 않은 석유시추를 한다든지, 나이지리아에서 부정부패를 일삼는 정치가들과 맞붙어 싸우기보다는 차라리 미국 영토 내에서, 즉 알래스카의 북극 해안에 있는 푸르도 만(이곳에서는 1968년에 석유가 발견되었다. 송유관 건설은 1974년에 시작해서 1977년에 완성되었는데, 총 8백 마일(약 1,300킬로미터)의 송유관은 역사상 가장 큰 민자 건설사업으로 기록되고 있다—옮긴이)보다도 훨씬 위쪽에 있는 알래스카 북쪽지방을 시추하기로 결정한 것이다.

    이 광활하고 때 묻지 않은 천혜의 북극에는 수많은 분지들이 존재했고, 만년빙하와 얼음으로 꽁꽁 얼어붙은 지면에는 종종 (석유 같은 것들이 밖으로 나와 고여 있는) 노출부위들이 보이곤 했다. 텍사코 석유 콘체른 소속 지질학자들과 지구물리학자들은 바로 이곳에 진귀한 시추구멍을 뚫기 시작했다. 그들은 북극에서 그리 멀리 떨어져 있지 않은, 빙해 한가운데에 있는 인적 없는 한 섬에서 소위 '머클럭'(Mukluk: 채유가 목적이 아닌 탐사용 시추작업을 지칭—옮긴이)을 감행하기 시작한 것이다.

    1960년대에 멕시코 만이나 1970년대에 북해에서 이러한 종류의 시추 구멍을 뚫을 경우에는 그 비용이 수억 달러에 달했다. 그래서 텍사코가 북극에서 시도한 시추작업도 대략 25억 달러가 사용될 것으로 추정되었다. 1980년대 초에 이 돈은 어마어마한 액수였다. 그러나 이 돈은 말 그대로 '얼어붙은 모래'(알래스카 빙하를 뚫는 작업이었기에 이렇게 표현함—옮긴이) 속에 내던져진 꼴이었고, 이로써 이 프로젝트는 셸이 베네수엘라에서 벌인 CR-2 프로젝트와 유사한 결과에 도달하고 말았다. 다시 말해 석유 한 방울 나오지 않는 빈 구멍만 파고 말았던 것이다.

    권투 시합에서 우연히 명중한 '행운의 펀치'에 의해 위기에서 벗어날 수 있듯이, 존 매킨리를 위시한 텍사코 경영주들은 알래스카의 가장자리에 있는 머클럭 시추(탐사용 시추)를 통해 미래 자신들이 보유할 석유량의 상당부분을 획득할 수 있기를 바랐다. 그러나 이곳에 투자하기로 결정한 것은 오판이었으며, 이곳에서의 투자실패로 인해 텍사코의

3. 비등점에서

관심은 로널드 윌슨 레이건 정부 집권 당시에 불어 닥친 위기로 인해 매물로 나온 석유회사들에 쏠리게 되었다.

텍사코는 이 석유회사들을 인수함으로써 자사의 석유보유를 확대해 나가고 앞으로의 회사활동을 전 세계적으로 강화시키고자 했다. 텍사코는 이 목적을 달성하기 위해 법이 허락하는 한에서 사용할 수 있는 모든 수단을 다 동원했다. 중세를 연상시키는 '백기사' 방식의 사용도 이러한 맥락에서 이루어지게 된다. 백기사는 증권이나 주식 또는 합병과 같은 사업에 사용되는 합법적인 속임수인데, 최종 협상이 끝나기 직전에 한 주당 값을 더 높게 부름으로써 최악의 곤경에서 벗어나며 기업을 인수하는 방식을 가리킨다.

1900년부터 독일 연방헌법은 이러한 방법들이 경쟁의 원칙에 위배된다고 밝히고 있다. 그래도 이러한 방법들이 사용되었던 이유는 최소한의 투자로 최대한의 이익을 끌어내고자 하는 목적이 그 배경에 깔려 있기 때문이다. 석유산업 초창기 시절에 나온 이러한 생각은 어느 정도는 옛 시추전쟁의 정신이나 '시간이 돈' 이라는 모토 아래, 이윤창출을 위해서는 그 어떤 방법도 마다않던 당시 석유산업의 좌우명과 일치하고 있다. 펜조일과 텍사코가 경합을 벌였을 때, 특히 휴스턴 콘체른의 변호사들은 펜조일과 게티 석유 간의 우호적인 합병을 방해하는 데 계속해서 성공했다. 이 경우 이들은 기사의 무술대결에서처럼 펜조일을 계속해서 공격해 쓰러뜨렸다. 그러나 리트케는 스스로를 패자로 인정하는 대신 '역사상 최대 파산사건' 으로 평가받게 될 소송을 제기했다.

여기에서 소개하는 예들은 유럽에는 거의 알려지지 않은 소송들일 것이다. 그리고 필자는 여기서 그 소송들 중에서도 단지 원유가격 책정 때에 영향을 미치는 다양한 요소들과 관계된 소송들만 뽑아냈다. 텍사코는 최종 시점에 펜조일보다 게티 석유 주식의 주당 가격을 조금 더 놓게 불러 펜조일을 물리칠 수 있었다. 텍사코는 이로써 펜조일에게 수십억의 손해를 입혔다. 이 특별한 사건에서 법적으로 중요한 문제는, 이 비교적 작은 피츠버그의 회사가 자신들이 계약을 통해 획득한 석유자산 중 상당부분을 상실하게 되었다는 사실이었다. 여기에는 또한 전설적인 인물인 폴 게티가 1948년 이후 채굴을 지시했던 장소인 쿠웨이트 근교의 중립지대에 있는 유전지역도 포함되어 있었다.

그러나 휴스턴의 법정에서는 이러한 연관관계들을 논리정연하게 증명해내야 했다. 이때 사건의 핵심은 완전히 상반되게 해석될 수 있는 하나의 계약 문구를 어떻게 해석하느냐에 달려 있었다. 그래서 리트케와 그가 거느린 변호사들은 펜조일과 게티 석유가 합의한 **원칙상 동의**를 기술적인 몇 가지 사항만 손보면 되는 '이미 끝난 협상' 또는 '계약 종결'로 간주했다.

이와는 반대로 텍사코의 고문변호사들은 이 조항을 해석할 때 뉴욕의 관례에서 출발하며 펜조일과 게티 석유 간의 합의를 정식 계약이 이루어지지 않은 것으로 간주했다. 따라서 텍사코가 자사의 이익을 도모하기 위해 백기사로 계약에 개입한 것은 합법적인 것이라고 주장했다. 즉 타사의 주식을 사들임으로써 자사의 석유재산을 지키는 것은 위법행위가 아니라는 주장이 성립되는 것이다.

휴스턴 법정에 출석한 배심원들은 그 당시 거의 웃음밖에 안 나오는 형편없는 일당을 받고 있는 사람들이었다. 그들은 텍사코와 펜조일 쌍방의 팽팽한 의견 접전을 오랫동안 경청한 후, 펜조일이 입은 손해를 공정하게 보상해주려고 부유한 게티 석유의 비축량을 얼마 정도로 계산할 것인지 의견의 일치를 보았다.

우선 법정은 원유의 산출 장소를 밝혀냈다. 이곳은 미국 밖에 있는 곳으로 중립지대에 속해 있었기 때문에, 석유시추와 채굴 및 운송에 특별히 비용이 더 많이 들었다. 지질학자들의 소견에서부터 시추와 존데 헤드의 설치에까지 이르는 모든 채굴비용뿐만 아니라 파이프라인이나 유조선을 통한 석유의 운송과 정제비용까지 함께 계산되었다. 즉 업스트림과 다운스트림을 총괄한 석유와 관련된 전 영역이 합당한 평가를 받았던 것이다. 그리고 채굴된 석유의 API 품질도 웨스턴 인터미디에이트(텍사스 산 석유)나 브렌트 블렌드(북해산 석유), 또는 아라비안 라이트(리비아 산 석유)와 같은 전 세계적으로 최상의 품질을 자랑하는 석유들과 비교할 수 있도록 다른 요소들과 마찬가지로 제대로 평가받았다.

패리스와 자메일 판사, 그리고 국민의 대변자인 배심원들은 공정한 판단을 내리기 위해 미국 영토 밖에서 유가형성에 영향을 미치는 극히 복잡한 문제들에 대한 전문지식을 쌓아야 했다. 두 명의 판사들과 배심원들은 전문가 리처드 키턴을 통해 "펜조일이 75억 달러의 손해를 입었으며, 이 결과에는 외국 유전에서 생산되는 석유뿐만 아니라 가치가 떨어지는 여러 중유들도 포함되어 있다."는 것을 알게 되었다.

또한 전문가들은 석유가 다 같은 석유가 아니며, 만일 석유시장에서 적절한 석유가격을 받고 오랫동안 유지하기 위해서는 이 분야에 대한 전문지식이 필요하다는 것을 상세하게 설명했다. 이 세기적인 소송사건에서는 또 한 가지 중요한 사실이 밝혀졌는데, 그것은 바로 텍사스에서는 악수만으로도 계약이나 거래가 이루어진 것으로 간주한다는 사실이었다. 비록 뉴욕의 변호사들이 인정하려고 하지는 않았지만, 판결은 받아들여졌고 텍사코의 어떤 기교나 책략도 별 소용이 없었다. 텍사코는 머클릭 시추에서 수십억의 손해를 본 뒤, 또다시 1985년에 펜조일에게 106억 달러나 되는 손해배상금을 지불해야 했다.

앞서 살펴본 대로, 미국 정치문화의 법률구조에서는 석유산업을 주도하는 엄청난 파워를 지닌 콘체른에게도 손해배상을 하도록 법적으로 강제하여, 정해진 시한 내에 그것을 관철시키는 것이 가능하다. 세습적인 부의 개념을 지니고 있고 대부분은 국가가 단독으로 석유산업을 운영하는 구소련이나 오늘날의 중국, 사우디아라비아, 버마, 멕시코, 리비아, 알제리, 나이지리아 그리고 아제르바이잔 공화국과 같은 나라들에서는 구조적으로나 국민 정서상 소송의 가능성이 완전히 배제되어 있다.

미국은 영국 왕의 봉건적인 악습에 저항하기 위해 정치적 공동체의 형태로 생겨난 나라다. 그리고 미국의 엘리트들은 그들이 얼마나 탈식민지화 과정에 감사해야 하는지 아주 잘 알고 있다. 그래서 1787년의 미국 헌법에는 무수히 많은 법적인 견제장치들이—주로 민간경제로 구성되어 있는 산업 분야에서는—명시되어 있다. 미국 석유산업은 특히 연방 광산청(Federal Bureau of Mines)의 감독을 받고 있다.

초창기 석유수출국기구의 원유가격의 역사를 가장 잘 알고 있는 사람은 아마도 J. E. 하츠혼일 것이다. 그는 작은 공장 규모부터 콘체른 형태를 갖춘 회사에 이르기까지 석유회사들이 분출존데나 펌프존데에서 한 통의 석유를 채우기 위해 얼마나 많은 감시들을 꾹 참고 받아들여야 하는지를 충분히 보여주었다. 그리하여 1960년대까지도 석유생산의 중심지였던 텍사스에서는 세 명의 관리들이 휴스턴 호텔에 모여 '세계에서 가장 큰 민영회사가 다음달에 얼마만큼의 석유를 채굴해야 할지' 규정했던 것이다.

미국 내에서 이렇게 석유채굴량의 견적을 내는 것을 지칭하는 말이 바로 '메어'(Mer)라는 축약어다. 미국 내 모든 전문가들이 사용하는 이 말은 원래 'Maximum efficient flow rate'를 줄인 말로, 대략 백만 개나 되는 모든 존데의 최고 유출률을 의미한다.

이 경우에 2년 동안만 **채굴할 수 있는** 존데와 달리 지속적인 채굴이 가능한 매장량이 풍부한 유전은 지질학적인 단계에 따라 구분하는 방법을 사용한다. 하루 채굴량이 얼마 안 되는 '영세정'들은 제3범주에 속하며 이러한 곳은 엄격한 국가의 통제를 받지 않는다. 그러나 이 귀중한 재료가 운송되고 정제되는 원유정제 시설들은—사막을 관통하든, 정글을 헤치고 나오든 아니면 바다를 거쳐 운송되든 상관없이—모두 국가의 통제를 받아야 한다.

4

배 안에 퍼진 흑사병

"인간은 삶의 그물을 엮지 않았다. 인간은 단지 이 그물을 엮는 한 가닥 줄일 뿐이다. 인간이 그 그물에 무슨 해를 입히든지 결국은 자기 자신에게 그 해가 돌아온다."

악몽이 될 것인가, 꿈의 실현이 될 것인가

「요한계시록」 20장에는 천년 왕국이 도래하기 전 7년 동안 대환국이 계속된다는 내용이 실려 있다. 바로 이 대환국을 알리는 듯한 재앙의 징후들이 프랑스와 주변 다른 나라들에 갑자기 몰아쳤다. 유럽인들은 이 자연재해를 한동안 쉽게 잊을 수 없을 것이다. 유럽에서 세기적인 폭염으로 인한 자연재해가 일어나고 있었던 반면, 대서양 반대편에 위치한 베네수엘라와 브라질에서는 엄청난 홍수가 일어났다. 이 여파로 산과 마을들이 며칠 사이 송두리째 바다로 휩쓸려 들어갔으며, 설상가상으로 멕시코 만 난류에서 생겨난 허리케인 로타가 베네수엘라와 멕시코를 할퀴고 지나갔다. 사람들은 허리케인 속으로 속수무책으로 휘말려 들어갔으며, 허리케인이 할퀴고 간 자리에는 엄청난 폐허의 흔적만이 남았다.

가히 요한계시록에나 나올 법한 이러한 악천후는 프랑스의 인접 국가들인 이탈리아, 스위스, 독일에서 서서히 가라앉기 시작했다. 이 기상재해는 수많은 사람들의 목숨을 앗아갔으며 사람들이 애써 가꾼 정원을 쑥대밭으로 만들었다. 또한 이때 프랑스에서는 옛 태양왕이 거닐었던 베르사유 궁전의 역사적인 정원이 파괴되었고, 독일에서는 포게젠 지역의 산림들이 엄청난 피해를 입었다. 믿을 수 없는 일이지만 전기공급도 일시적으로 중단되었다. 전기공급이 중단된 후 수백만 가정과 공장 그리고 상점들은 마치 눈 깜짝할 사이에 산업시대 이전 상태로 되돌아간 것처럼 보였다. 사람들은 전기는 고사하고 석유등이나 양초나마 사용할 수 있는 것을 천만다행으로 여겼다.

이 당시에는 이러한 자연재해 외에 또 다른 불행한 사건도 발생했다. 다름 아닌 에리카 유조선 좌초사건으로, 1999년 12월 12일 에리카라는 이름의 노후한 유조선 한 척이 브르타뉴 해안에서 해난사고를 당한 일이었다. 이 유조선은 결국 두 동강이 났으며 저장탱크에서 흘러나온 중유는 폭풍이 거세게 일고 있던 대서양으로 유출되었다. 에리카는 말타(지중해의 섬나라로 영연방의 일원—옮긴이)국에 속한 유조선이었는데, 벨기에와 프랑스가 합작하여 만들어낸 대형 석유 콘체른 엘프-토탈-피나 소유의 정제공장에서 중유를 실어 이탈리아로 가던 중이었다.

이 유조선사고는 그때가 처음이 아니었다. 이미 1978에 유조선 아모코 카디츠가 거의 같은 지점에서 사고를 당한 바 있었다. 그 당시 프랑스 환경운동가들은 환경오염에 무관심했던 파리의 융통성 없는 장관들에게 "인간은 삶의 그물을 엮지 않았다. 인간은 단지 이 그물을 엮는 한 가닥 줄일 뿐이다. 인간이 그 그물에 무슨 해를 입히든지 결국은 자기 자신에게 그 해가 돌아온다."는 지혜를 가르치고자 했다. 그것은 미국 시애틀의 지도자가 이미 백 년 전에 기술을 탐닉하던 자국인들에게 가르치고자 했던 것이기도 했다.

이 사고들에서 볼 수 있듯이 삶과 자연은 현대 산업화시대에도 서로 긴밀하게 연관되어 있다. 현대 문명사회에서는 모든 것이 기술적으로 서로 엮여 움직이고 있으며, 다양한 소비욕구들을 충족시키기 위해 그물과 비슷한 서비스 구조와 체계를 발전시켰다. 그중에서도 각계각층의 다양한 소비욕구를 충족시키기 위해 가장 훌륭한 그물망을 구축하고 있는 분야 중의 하나가 바로 석유산업이다. 특히 미국 석유산업은 판매전략의 차원에서 고객을 왕처럼 모시는 고객 서비스를 운영하고 있다. 이러한 미국의 판매전략보다 한 걸음 더 나아가 일본에서는 고객을 신처럼 우대하는 전략을 구사하고 있다. 이렇듯 석유산업은 지역적으로는 석유생산자로서, 전 세계적으로는 석유를 분배하고 상품화하는 서비스 제공자로서 기능을 다하고 있다.

석유산업과 관련된 이러한 여러 가지 노선과 난관들을 생각하면

4. 배 안에 퍼진 흑사병

다음과 같은 반응은 결코 놀라운 일이 아닐 것이다. 즉 존데헤드와 파이프가 설치된 시추지점 XY가 최종적으로 채굴할 수 있는 지점으로 판명되어 **작동 중**이라는 소리가 들리게 되면, 그 순간은 노련한 석유관계자들의 눈에서조차 빛이 번쩍 나게 된다는 것이다.

석유역사를 살펴보면 여러 유형의 석유시추 활동 중 뭔가 특별한 것을 지칭하기 위해서 고안된 많은 용어들을 발견할 수 있다. 그중에서도 바로 이 '작동 중'이라는 주문만큼 뭔가 마술적인 힘을 지닌 용어는 없을 듯하다. 러시아의 대형 콘체른 가츠프롬이나 루코일도 석유가 매장되어 있는 지점을 시추하기 시작했을 때 '작동 중'이라고 소리쳤고, 프랑스의 대형 석유 콘체른 엘프 아키텐(1939년에 설립된 프랑스의 정유회사로 토탈 피나와 통합되어 토탈 피나 엘프라는 이름으로 새롭게 태어났다. 현재 세계에서 네 번째로 큰 정유회사다—옮긴이)이 가봉의 해안지역에서 석유시추에 성공했을 때도 이 '작동 중'이라는 소리가 울려 퍼졌다. 세계 어느 곳에서 이 소리가 울려 퍼지든 간에, 이 '작동 중'이라는 말을 들을 때면 언제나 저절로 입가에 행복한 미소가 떠오른다.

'작동 중'이라는 말이 떨어지면 업스트림, 즉 본래 생산에 해당하는 부분은 기술적으로 볼 때 종결된다. 이 말이 떨어지면 석유시추 대원들은 다운스트림에 해당하는 업무, 즉 석유의 운송과 상품화를 위해 뿜어져 나오는 검은 금을 신속 정확하게 운반하기 위한 조치를 취한다. 이 단계에 와서야 비로소 지금까지 석유관계자들이 얼마나 일을 잘해왔는지를 알 수 있다. 석유를 주원료로 하는 인슐린과 같은 의약품은 불치병자들을 치유할 수도 있다. 그러나 그와는 정반대로 건강한 사람들이 꿈꿔왔던 것을 파괴해버릴 수도 있다. 아니 파괴하는 정도가 아니라 잊혀지지 않을 정도로 끔찍한 악몽을 만들 수도 있다. 석유가 채굴되어 유조선으로 운반되고 궁극적으로 하나의 석유생산물 형태로 로테르담의 현물시장에 전시되기까지, 석유의 여정은 멀고 험하다. 말하자면 존데헤드에서 채굴된 석유가 최종적으로 전 세계의 석유정제 공장과 주유소의 급유기에 수송되기까지는 참으로 험난한 길을 걷는다고 할 수 있다. 지금도 노르카프(노르웨이 북쪽 끝의 곶―옮긴이)의 함머페스트에서 푸에고 섬(남아메리카 남단의 섬―옮긴이)의 우수아이아 사이에는 수십억 개나 되는 유조선이 항해 중이다.

강에 흘러든 석유

석유의 개척시대라고 말할 수 있는 1859년에는 석유와 타르 그리고 아스팔트를 수송하기 위한 운반수단으로 단순한 주전자 모양의 손수레가 사용되었다. 이 주전자 모양의 수레는 대부분 와인통과 같이 옆면이 볼록 튀어나온 나무통에다 석유나 타르 그리고 아스팔트를 실어 날랐는데, 후에 이 나무통은 목재가 아닌 양철통으로 대체되었다. 그 통 안에서는 타르 구덩이에서 퍼낸 후에는 드릴로 시추해낸 아스팔트가 뒤섞여 '비료나 사료용으로 쓰이는 기름 찌꺼기'가 만들어졌다. 말하자면 이 통이야말로 최초의 원시적인 정제공장이었다고 할 수 있었다.

이 전설적인 업적을 수행한 또 다른 수단은 카스피 해의 바쿠 유전 지역에서 사용되었던 아르바였다. 미국과 거의 같은 시기에 그곳에서도 석유시추가 이루어졌는데, 그곳의 석유수송은 타타르인(러시아 남부와 동부에 거주하는 터키인에 속하는 인종―옮긴이)들이 애용하던 나무로 만든 바퀴 두 개짜리 수레로 이루어졌다. 석유를 적재한 나무통이나 양철통을 아르바로 수송하기 위해서는 전형적인 아르바의 구조를 변경해야 했다. 왜냐하면 통들이 실리는 부분이 수레의 평평한 적재면적 바로 아랫부분

4. 배 안에 퍼진 흑사병

이어서, 마부가 별 생각 없이 말의 속도를 높이면 수레에 붙들어 맨 석유통이 온통 진흙을 뒤집어쓰기도 하고 수없이 많은 구멍이 나기도 했기 때문이다.

다른 한편 지구 반대쪽에 있는 타이터스빌과 피트홀 그리고 오일 크리크에서는 그 유명한 **팀스터**(Teamster: 수송트럭 운전사를 이르는 말—옮긴이)의 형태로 석유수송 문제가 해결되고 있었는데, 이러한 목가적인 풍경은 그리 오래 가지 못했다. 석유의 산출량이 점점 많아지면서 좀 더 빠르고 효과적인 다른 운송수단이 필요해졌던 것이다. 이제 이 운송 분야도 합리화돼야 했고 따라서 사람들은 새로운 운송수단과 방법을 모색하기 시작했다. 대체 운송수단으로는 기존의 수도관방식을 가스수송에 적용하는 방안이 제시되었다. 수송 중에 구멍투성이가 되곤 했던 나무통은 곧 흠집 하나 나지 않는 양철통으로 바뀌었고, 이 양철통은 얼마 지나지 않아 주철 파이프로, 대체자제 개발 이후에는 강철 파이프가 사용되기에 이른다. 오늘날은 종종 플라스틱이 활용되기도 한다.

석유를 둘러싼 흥미진진한 역사의 시작을 알리는 본격적인 신호는 바로 미국과 러시아에서 개발된 파이프라인이었다. 석유수송 수단 중 가장 혁신적이라고 할 수 있는 파이프라인을 사용하여 드디어 유전과 석유정제 공장을 직접 연결시킬 수 있게 된다. 그 이후로 석유를 실은 강철로 주조된 유조차는 기차나, 1878년부터는 심지어 특수 제작된 유조선을 통해 바쿠 유전에서 직접 석유정제 공장으로 수송된다. 원유와 석유생산물들을 원거리 수송하는 것은 사람들이 그동안 인지하지 못했던 전혀 새로운 산업 분야였으며 세계를 변화시키는 경쟁 분야로 대두되었다.

오늘날은 파이프라인의 장점을 수없이 열거할 수 있지만, 파이프라인 건설 초창기에는 단점도 많았다. 첫 번째로 미국과 같이 위탁경영이 발달한 나라에서는 석유관에 대한 설치권 및 이용권이 해명되고, 그에 따라 마땅한 배상이 이루어져야 했다. 이러한 문제는 석유가 국가 소유로 되어 있는 전제국가 러시아나 세습 전제군주 국가 사우디아라비아보다 미국의 경우가 훨씬 어렵고 복잡했다. 두 번째 문제는, 수천 마일에 걸쳐 설치되고 여러 국가를 관통하는 석유 파이프라인의 펌프 시스템을 사용해본 경험이 절대적으로 부족한 사실에 있었다. 그리고 마지막으로, 지표면에 설치된 파이프라인에서 밤에 몰래 석유를 뽑아내는 일이 발생하거나 경쟁회사나 파이프라인의 설치로 인해 실직자가 되어버린 수송트럭 운전사들이 환경과 지하수오염을 생각하지 않고 파이프라인 자체를 파괴해버릴 위험성이 남아 있었다.

실제로 염려했던 이러한 문제들은 극단적인 사건들로 나타나기도 했다. 여기서는 펜실베이니아 피트홀에 설치된 최초의 파이프라인을 예로 들어보겠다. 그 당시 수송트럭 운전사들은 파이프라인 설치에 격렬히 반대했다. 자신들이 하루아침에 실직자가 될 위험에 처했기 때문이다. 그들은 마치 산업혁명 초기에 공장기계를 파괴하던 노동자들처럼 자신들의 속내를 드러냈다. 그래서 석유회사들은 어쩔 수 없이 1865년부터는 밤낮으로 석유 파이프라인을 지키는 경호부대를 두어야 했다.

'검은 도시' 바쿠 유전지역에서도 사정은 크게 다르지 않았다. 그곳에서는 노벨 형제가 1877년에 스코틀랜드의 글래스고 지역으로부터 파이프 재료를 들여왔다. 그리고 이곳은 백 년 뒤에 북해 연안의 석유중심지가 된다. 노벨 형제는 파이프라인을 설치함으로써 석유매장량이 풍부한 발라카니 유전을 바쿠에 있는 석유정제 공장과 직접 연결시킬 수 있게 된다.

그러나 5촐(Zoll: 촐은 2.3 내지 3센티미터에 해당하는 측량 척도―옮긴이)짜리 파이프라인의 설치를 반기지 않던 사람들도 있었으니, 바로 타타르인들이었다. 낡아서 덜거덕거리며 속도도 느리고 대부분은 밀폐도 제대로 되지 않는 아르바로 일하던 타타르인들은 이 파이프라인을 별로 탐탁해하지 않았다. 타타르인들은 미국의 팀스터들처럼 폭력을 휘둘렀다. 그래서 노벨 형제는 어쩔 수 없이 러시아 황제의 중재로 러시아에서 최초로 설치된 파이프라인을 믿을 만한 카자크인들에게 맡겨 밤낮으로 지키게 했다.

물론 이 효과적인 파이프라인 시스템을 설치하는 데 소요되는 전체 비용은 그 당시에 5만 달러에 달했다. 그러나 이 파이프라인을 통해 석유운송 사업을 운영한 1년 동안의 사업이익을 따져본 결과, 파이프라인 설치에 들어간 전체 비용과 카자크인들에게 경호비용으로 지불한 돈을 제외하고도 순이익을 창출할 수 있었다. 이러한 성공적인 결과에는 노벨 형제도 처음에는 계산에 넣지 않았던 한 요소가 들어 있었다. 즉 파이프라인 설치 이전에는 아르바 수레꾼에게 1퍼드(Pud: 1퍼드는 16.38킬로그램이나 리터에 해당함—옮긴이)의 석유를 운송하는 데 일반적으로 10코페이카(Kopeke: 러시아의 화폐단위며 100분의 1 루불에 해당함—옮긴이)를 지불했는데, 파이프라인을 통해 원유를 수송할 때는 절반 비용인 5코페이카밖에 들지 않았던 것이다. 이 운송임금 5코페이카는 경쟁회사들도 적절하게 받아들이는 비용이었다.

바쿠 지역에서 노벨 형제가 이루어낸 개척자적인 업적과 함께 피트홀의 시추지역 및 채굴지역에 최초로 파이프라인을 설치한 샘 판 시켈의 역사적인 업적도 여기서 언급할 만한 가치가 있을 듯하다. 그리고 엔지니어 헨리 할리가 파이프라인의 성능을 최적화하기 위해 파이프라인에 없어서는 안 될 펌프 시스템을 만들었다는 것도 분명히 해야 할 것이다. 이 파이프라인은 정제공장에만 석유를 공급하는 것이 아니라 가스를 빼내는 환기장치가 설치된 유조차와도 조화를 이룰 수 있어야 했다. 그것은 기차가 일궈낸 새로운 성과였다.

시켈과 할리가 일궈낸 두 업적은 아주 중요한 성과였다. 그러나 사람들이 그 성과를 조직적으로 통합시킬 때야 비로소 그 효과는 배가될 수 있었다. 개별적으로 고안된 것들을 조직적으로 통합시킨 것은 다름 아닌 상인 록펠러였다. 앞으로도 계속 나오겠지만, 그는 1919년까지 위험스런 석유시추나 채굴에는 관심이 없었다. 그가 관심을 가졌던 분야는 석유의 효과적인 활용방안이었다. 그리고 그는 자신의 이익을 위해서라면 언제든지 미국의 기차왕(王)들을 자신의 사업에 매어둘 수 있는 사람이었다. 록펠러는 채굴해서 정제한 석유를 운송하는 것이 전체 사업의 흥망성쇠를 판단하는 열쇠라는 사실을 그 누구보다도 먼저 깨달았다. 록펠러가 고용했던 기술자들과 엔지니어들, 그리고 화학자들이 미국과 전 세계를 위해 그렇게 훌륭한 품질의 램프용 석유를 생산해내고자 했을 때, 만약 석유가 팔려나가 활용되는 대신 그것이 통이나 유조선 속에서 운송 부주의로 유출돼버렸다면 그 석유는 전혀 가치가 없었을 것이다.

공급과 수요가 물건을 판매할 때 사용되는 가장 통례적인 시스템이라고 가정하는 사람들조차도 간과하지 않는 제3의 요소가 있으니, 그것이 바로 유가형성과 시장에서 가장 근본적인 요소인 수송이었다.

대중매체에서 보여주는 가스 파이프라인이나 석유 파이프라인 설치 장면을 보면, 오늘날 사용하고 있는 파이프는 구경도 크고 이음새도 없이 죽 연결된 것이 대부분이다. 파이프 용접도 현장에서 직접 이루어진다는 것을 알 수 있는데, 이런 장관은 사람들의 감탄을 자아낼 정도다. 이 파이프라인을 통해 현대사회의 가장 중요한 원료가 수송된다는 사실 또한, 이것을 설치한 기술자들과 그들이 이룩한 성과 앞에 존경심을 갖게 만든다. 아라비아-관통 파이프라인(Trans-Arabian Pipeline, TAP)은 사우디아라비아에서 지중해안에 위치한 레바논까지 연결되어 있고, 드루즈바 파이프라인(독일어로는 우정의 파이프라인이라는 뜻의 'Pipeline der Freundschaft'로 불리고, 영어로는 'Druzhba-Pipeline'이라고 한다. 카자흐스탄의 드루즈바와 러시아의 모스크바, 베를린을 거쳐 로테르담으로 이어지는 총 거리 12만 791킬로미터의 파이프라인—옮긴이)은 시베리아에서 중부유럽까지 연결되어 있다.

어쨌든 언론에 보이는 화면만으로는, 수많은 파이프들로 연결되어 있는 파이프의 내부공간이 사실은 지속적인 관리가 필요한 하나의 영역이라는 것을 쉽게 받아들이기가 어려운 것처럼 보인다. 게다가 이 파이프 시스템은 효과적인 수송체계인 동시에 모든 환경보호 조건도 충족시켜야 하는 부담도 안고 있다

설령 그 파이프라인이 수천 킬로미터에 걸쳐 연결되어 있을지라도, 역류정체가 없는 석유의 원활한 흐름을 방해하는 가장 큰 요소는 이 긴 파이프라인이 설치되는 부지의 경사가 아니다. 왜냐하면 목표지점을 정확히 추정해서 깎아 내거나 터널을 설치하거나 아니면 알래스카-관통 파이프라인(Trans-Alaska-Pipelin, TAP)처럼 땅 위에 버팀목을 설치하고 그 위에다 파이프라인을 설치하는 방법을 통해서 이러한 자연적인 방해요소들을 충분히 해결할 수 있기 때문이다. 그뿐만 아니라 고성능 펌프는 한 구간에서 다른 구간으로 소중한 석유가 커다란 압력손실을 받지 않고 최종 장소까지 지속적으로 흘러갈 수 있도록 돌보는 기능을 한다. 이 최종 도착지는 주로 항구나 정제공장이 된다.

그러나 모든 사람들이 원하는 원활한 석유의 흐름을 방해할 수 있는 예민한 요소는 바로 원유 그 자체에 있다. 즉 원유 속에 들어 있는 파라핀의 기묘한 속성이 바로 그것이다. 류머티즘을 앓거나 근육통이나

불타고 있는 하바리(Havari)행 유조선

알래스카에 있는 어느 지주(支住) 위에 설치된 파이프라인의 전경

4. 배 안에 퍼진 흑사병

관절염을 앓는 사람들은 파라핀 찜질을 받을 때 느끼는 시원한 느낌을 잘 알고 있을 것이다. 파라핀은 특정 온도에서 치료받는 신체부위에 착 달라붙게 되며, 식으면 왁스처럼 딱딱해진다. 그러나 병자에게 이로운 이 성질이 파이프라인을 통해 석유를 운송할 때면 파이프라인 내부에서 석유의 흐름을 방해하는 요소가 되고 만다. 즉 파이프라인 내에 교란작용이 생기거나 파이프라인이 알래스카나 시베리아의 영구동토 지역에서 계속 추위에 노출되면 파이프 내벽에 파라핀 덩어리가 생겨나 석유의 흐름을 방해할 수 있는 것이다.

파라핀이 이렇게 작용하는 것은 파라핀의 화학적 구조 탓이다. 파라핀은 고체 형태나 액체 형태에서 일종의 포화 상태의 탄화수소 형태를 띠기 때문에 상당한 비활성물질로 간주된다. 파라핀을 각종 연고의 주재료로 사용하는 제약학은 그러한 파라핀의 성질을 장점으로 여길지도 모른다. 화장품산업도 이 파라핀 없이는 어떤 크림도 휘저을 수 없기 때문에 제약학과 마찬가지 입장일 것이다. 파라핀은 다른 대부분의 석유 원료와는 달리 암을 유발하는 성질이 없고 섭씨 50도 정도에서 응고되기에 연고나 화장품을 만들 때 아주 선호되고 있다.

그러나 원유 속에 들어 있는 파라핀 농도가 아주 높으면 앞에서 열거한 이 모든 장점들은 상당한 단점이 되고 만다. 예를 들어 (펌프의) 수직흡수관 안에 있는 펌프 굴착봉 세트의 나사목에 아주 소량의 파라핀이 엉기게 되면, 벌써 석유가 함유되어 있는 지층과 존데헤드 사이는 파라핀이 엉겨서 석유를 뽑아내기 어려워진다. 그러한 상황이 발생하면 전체 굴착봉 세트를 해체해서 철저하게 세척해야 한다. 이 일은 정말 엄청난 악취를 풍기는 일이다.

평지에서 얼마 파내려가지 않은 저층시추를 했던 석유개척 시대에는, 지열이 별 영향을 미치지 않았기 때문에 사람들은 파라핀이 엉겨 붙으면 꽉 막힌 시추 구멍에 특수 어뢰를 밀어 넣는 방법을 쓸 도리밖에 없었다. 어뢰는 화약을 장착한 견고한 유리병으로 만들어졌는데, 사람들은 이 어뢰를 터트릴 때 생기는 폭발효과와 열로 단단한 파라핀 블록이 녹아내리는 효과를 노렸다.

그러나 다이너마이트가 발명된 1867년 이후로는 이런 극단적인 방법을 쓰지 못했다. 파이프라인이, 당연히, 파괴되었기 때문이다. 그래서 석유가 운송되는 동안 파라핀이 어느 부분에서도 응고되지 않도록 파이프라인 안의 온도를 일정하게 유지하는 게 무엇보다 중요해졌다. 그것 말고도 특히 파라핀이 덩어리지는 것을 막기 위해 (펌프 안에 들어 있는 옥수수 모양으로 생긴) 피스톤 기구가 파이프라인의 내부에 생기는 작은 파라핀 침적물들을 스스로 알아서 지속적으로 제거하게 만들었다. 이 기구를 독일어로는 몰히(Molch: 기술용어로서 몰히는 마개 모양으로 생긴 도관(導管) 청소용 기구다—옮긴이)라고 하는데, 미국의 전문가들은 이것을 '피그'(Pig)라고 부르기도 한다. 그리고 이 기구가 파라핀을 제거하는 행위를 가리켜서 파이프라인을 '피깅'(Pigging)한다고 말한다.

약간은 대담하게 표현된 이 용어는 핵심을 찌르며 구체적으로 표현하기를 좋아하는 미국 석유종사자들의 표현방식에 꼭 들어맞는다. 이 표현은 마치 돼지우리를 청소하는 상황을 생생하게 떠오르게 만든다. 이렇게 파이프라인 내부의 파라핀 앙금을 제거하는 작업을 피깅이라고 부르게 된 이유도 이 청소작업에 피스톤 기구가 투입되면서 생기는 찍찍 긁히는 소리가 마치 돼지가 꿀꿀거리는 소리와 비슷하기 때문이다. 이 소음은 피스톤 기구가 파이프 속에서 회전하면서 그 내벽을 깨끗하게 청소할 때 나는 소리다.

파이프라인을 설치하기 시작하던 초창기에는 파이프라인의 구경이 작았으므로 철사로 둘러싼 짚더미로 파이프라인 안을 청소하기에 충분했다. 그러나 파이프라인이 발전되어감에 따라 점점 파이프의 지름도 커져, 짚으로 만든 피그나 파이프라인 내벽을 청소하기 위해 가죽 헝겊을 밀어 넣는 방식의 단순한 피스톤은 더 이상 사용되지 않게 된다.

특히 2차대전의 결과로 파이프라인 산업은 더욱 발전했다. 심지어 오늘날 파이프라인 산업은 컴퓨터를 사용하거나 고도의 기술력으로 생산된 전자부품들을 사용하며 하이테크 산업으로 변모했다. 이로써 전보다 훨씬 효과적인 서비스가 제공되었으며, 요즈음은 파이프라인의 손질과 정비에 시대에 부합하는 인텔리전트 피깅(intelligent Pigging: 배관의 손상을 방지하기 위한 주기적인 점검방법. 기존에는 수압시험을 했으나 그 방법은 시험 기간 동안에는 배관을 사용할 수 없는 단점이 있어, 현재는 공급의 중단 없이 배관의 상태를 진단할 수 있는 이 방법이 개발되었다—옮긴이)이 사용되기에 이르렀다.

20세기 후반부에는 이 피그라는 핵심 부품으로 인해 파이프라인 통합 시스템화가 추진되었다. 이것은 피그의 가격과 성능을 향상시키기 위한 것으로 위험요소들과 시스템 기술, 수익성 계산과 환경의 의미를 동일한 가치로 인정하고 이것들을 한 시스템으로 통합하는 것을 목표로 하고 있다. 이에 따라 평점 시스템(Scoring System)을 이용하여 모든 제반 상황을 최적 상태로 유지시키기 위해 고려할 수 있는 모든 요소들이 분석된다. 이것은 현대산업의 '동맥'이자 '신경줄'인 파이프라인을 효율적으로 사용하고 궁극적으로는 타산성이 맞도록 하기 위한 것이다. 이러한 조치가 취해지는 이유는, 어쩔 수 없는 자연재해인 산사태나 지진을 제외한다면, 부식되어 부서지거나 파라핀으로 꽉 막히거나 아니면 과부하로 금이 간 파이프라인이 이 사업에 관련된 사람들이나 이러한 일을 당한 당사자에게 보기 좋은 광경일 리 없기 때문이다.

파이프라인의 감독 및 정비를 맡은 팀이 작성한 목록에는 이 업무에 절대적으로 필요한 일련의 조치들이 기록되어 있다. 따라서 이 목록을 살펴보면, 새로 설치한 파이프라인을 석유의 이동 전이나 이동 중에 최적의 상태로 만들고, 또한 그 상태를 지속적으로 유지하기 위해 끊임없이 생각해야 할 것이 무엇인지를 알 수 있다. 바로 이러한 조치에는 무엇보다도 전기로 용접된 파이프의 연결부위에서 석탄재 찌꺼기를 완전히 제거하는 일과 전체 파이프라인 속에 들어 있는 석탄재 외의 다른 찌꺼기나 먼지를 없애는 일이 속할 것이다. 또한 파이프라인 내부 상태를 보기 위한 시험용수의 사용도 파이프 내부공간을 계속 건조하게 유지하는 것만큼이나 중요하다. 석유운송이 시작되고 난 후 층층이 엉겨붙은 파라핀이 석유의 흐름을 방해하게 되면 이것은 진흙투성이가 된 파이프 조각을 청소하는 것만큼이나 큰 문제를 낳을 수 있다. 왜냐하면 이러한 전문적인 세척작업을 위해서는 화학적인 보호수단들에 대한 정확한 지식이 필요하며, 이러한 지식을 갖추기 위해서는 정기적인 교육이 이루어져야 하기 때문이다. 또한 이와 마찬가지로 시추 장소에 설치한 존데헤드로부터 직접 석유를 받아들이게 되는 파이프의 도량을 검정하는 일도 상당히 중요하며 지속적인 교육을 필요로 하는 일이다.

매일매일 해야 하는 파이프 관의 청소는 튼튼한 '피그'가 담당한다. 피그는 특수한 관절 형태를 가지고 있기 때문에 그 자체로 탄력적이며 따라서 커브를 틀거나 높낮이가 고르지 않아도 문제없이 사용할 수 있다. 또한 옥수수 형태의 피그로 한 도관의 내부공간 전체를 밀리미터씩 검색할 수 있다. 서로 분리시켜 운송해야만 하는 여러 석유생산물들을 하나의 도관을 통해 운송할 경우에는 특수 제작된 피그가 투입된다. 이러한 특수 피그는 일반적으로 석유 흐름의 압력 때문에 파이프라인 시스템 내에서 스스로 움직이게 되는, 즉 한 펌프 스테이션에서 다른 펌프 스테이션으로, 아니면 한 피그 스테이션에서 다른 피그 스테이션으

4. 배 안에 퍼진 흑사병

로 움직이는, 효율적인 '일하는 가축'으로 이해하면 된다.

요즈음은 심지어 파이프라인의 구조를 방사능 감마선을 사용하여 **뢴트겐으로 검사하는** 측량장치까지 나와 있다. 이것은 지구물리학자들이 석유를 채굴할 때 지구 겉부분을 음파로 측정하는 것과 비슷하다. 반사된 방사물질을 분석하면 무엇보다도 파이프의 겉을 둘러싸고 있는 부분이 지금 어떤 상태인지에 대한 정보를 얻을 수 있다. 그 전에 인텔리전트 피그가 석유파이프나 가스파이프를 둘러싸고 있는 강철 표면에 생긴 아주 미세한 구멍을 감지하고 외부로 신호를 보내는 경우, 파이프라인 감독팀은 경악하게 된다. 이보다 더 심각한 일은 드물기 때문이다. 그러한 경우에 감독팀원들은 기계가 얼마나 마모되었는지, 부식현상이 발생하게 된 원인은 무엇이고 그 파급효과는 얼마나 될지에 관심을 기울이게 된다. 부식에 강한 내구성을 지닌 플라스틱이 이미 대체 재료로 나와 있기는 하지만, 대부분의 파이프라인을 만드는 주재료는 쇠나 강철이다. 그런데 이 쇠나 강철이 부식되는 반갑지 않은 현상은 산화작용을 생각하면 쉽게 이해할 수 있다. 쇠가 이산화탄소와 결합하는 경우 그 화학적 반응의 결과로 녹이 슬게 되기 때문이다.

물론 녹이 슬지 않는 강철을 사용하고 파이프의 표면을 방수 처리하는 것은 효과적인 시정방안이라고 할 수 있다. 그러나 물과 공기 속에 들어 있는 산소함량으로 인해 파이프는 언제든지 부식될 위험에 노출되어 있다. 특히 파이프라인이 바다나 강을 관통할 경우에 파이프는 물 속에 설치되기 때문에 부식의 위험은 더 높을 수밖에 없다. 이러한 경우에 해당하는 것이 북해 연안의 카스피 해나 가봉의 해안 또는 멕시코 만에 위치한 석유 및 가스 유전지역이다.

파이프의 바깥쪽 표면이 녹스는 것 못지않게 문제가 되는 것은 석유에 들어 있는 유황함량이 과소평가될 경우에 파이프 내부에 생길 수 있는 부식현상이다. 석유업계에서는 얼마 전부터 황산을 분해하는 박테리아를 시험적으로 사용하고 있는데 이것도 문제가 많은 듯 보인다. 왜냐하면 이 박테리아의 별종 형태 자체가 부식현상에 참여하고 있으며 심지어는 부식도 유발한다는 징후가 나타났기 때문이다. 황산분해용으로 시범적으로 사용된 이 박테리아는 화학적으로 덧칠한 파이프 내부를 공격함으로써 부식현상을 유발시키고 있는 것이다.

석유의 흐름을 최적의 상태로 유지하기 위해서 할 수 있는 기술적인 모든 수단을 다 동원하면 '최악의 초대형 사고'(독일어로는 Gau, 영어로는 '가장 심각한 경우'로 해석되는 worst case—옮긴이), 즉 파이프의 파괴만은 막을 수 있다. 물론 자연재해가 일어나거나 콜롬비아나 나이지리아와 같은 나라에서 발생한 사건처럼 파이프라인이 의도적으로 폭파되는 경우는 어쩔 수 없다.

지금까지 살펴본 바를 요약하면, 인간의 발명정신과 엔지니어 기술이 자연을 대신해 자연을 관리해줄 뿐이라는 수탁자적인 생각은 석유 운송을 안전하게 만들기 위해서 몇 가지 중요한 일을 해냈다. 지구의 현재와 미래에 관심이 있는 사람이라면 세계 어디에선가 파손되고 있는 파이프라인을 보고 초연한 태도를 보일 수만은 없을 것이다(물론 세계 곳곳에 설치되어 있는 파이프라인의 총 길이가 30만 킬로미터를 넘고 통계적으로 1년당 운송되는 석유량이 40억 톤이나 되지만). 유난히 사고가 많이 발생한 2000년도의 첫 사고는 자연이 만들어낸 기적으로 불리던 브라질의 이과수 폭포 앞에 설치된 페트로브라스의 파이프라인 파손사고였다. 이것은 이 업계의 전문가들이 파이프라인이 위험에 처해 있다는 경고를 받으면 그 경고를 무시하지 말고 즉시 조치를 취해야 한다는 사실을 여실히 보여준 사건이었다.

4. 배 안에 퍼진 흑사병

들불처럼 번진 유조선 축조 신드롬

카리브 해나 흑해 주변에서 지진이 발생할 경우에 지질학적 단층이나 지표면에 접한 지층들이 밀려 옮겨지면서 특정 지층 안에 고여 있던 석유가 어느 정도 유출될 수 있다. 이때 생겨난 탄광 노출부위나 피트홀 그리고 메네 등을 보면 지구가 스스로 움직인다는 것을 분명하게 인지할 수 있다. 이러한 지구의 운동은 타이터스빌 훨씬 이전에 이미 오클라호마의 인디언들이 인식했던 사실을 떠올리게 한다. 즉 **석유는 수질을 나쁘게 만든다**는 것이다

    인간은 자연적으로 발생하는 이러한 환경오염을 속수무책으로 쳐다볼 수밖에 없다. 그리고 화물선이 오가는 바다에서 발생하는 엄청난 폭풍우는 뛰어난 기술과 인공위성을 통한 네비게이션 장치가 있음에도 배에 타고 있는 사람들을 거의 기절 지경으로 몰고 갈 수 있다. 또한 만일 원유가 유출되어 대양이나 해안 그리고 모래사장을 석유로 뒤덮을 경우에는 엄청난 환경재해가 일어날 수도 있다.

    프랑스 사람들도 유조선사고로 인한 환경재해를 경험한 적이 있다. 이 사건 이후로 프랑스인들은 배의 석유 선적공간에서 나오는 걸쭉한 검은 갈색의 석유를 '마레 누아르'(Marée noire)라고 부르기 시작했다. 이 말은 불행한 사건이 꼬리를 물고 계속 일어난다는 것을 의미하기도 한다. 유조선사고의 경우에는 기상조건이나 바다의 조류, 해안까지의 거리 및 기술적 결함, 인간의 무능력 등등 모든 요소가 다 영향을 미친다. 이러한 모든 것들은 1878년 이래로 대양을 누비고 다닌 유조선을 파손시키거나 폭파시키는 원인이 된다.

    무수히 많은 유조선사고가 있었지만 여기서는 1976년 베네수엘라에서 석유를 싣고 가다가 미국 매사추세츠의 해안에서 좌초되어

27,000톤의 기름을 유출한 아르고 머천트 유조선을 한번 생각해보자. 이 사고로 유출된 기름은 비교적 적은 양이었지만 유원지와 어장을 위협했기 때문에 일반 대중의 큰 관심을 불러일으켰다. 그리고 이 선박은 결국 두 동강이 나서 갈라져 침몰하고 말았다. 이미 한 번 언급한 바 있는 아모코 카디츠의 경우를 생각해보아도 유조선사고가 식물계와 인간을 포함한 동물계에 얼마나 엄청난 위험이 될 수 있는지 알 수 있다. 아모코 카디츠 유조선은 1978년에 걸프 지역에서 223,000톤이나 되는 원유를 싣고 아프리카 대륙을 거쳐 네덜란드의 로테르담으로 향하던 길이었다. 이 유조선은 프랑스 브리태니 포트샬 연안에서 암초에 부딪히는 사고를 당했다. 이 사고로 '토리 캐년'(Torrey-Canyon) 사고 때보다 두 배나 많은 원유가 바다로 흘러나와, 프랑스 북서해안을 기름바다로 만들었다. 뒤덮인 기름으로 인하여 해양생태계가 파괴되어 수많은 갈매기, 물개 등의 생물이 죽었으며 조개와 굴 등의 어패류들도 모두 죽어버렸다.

지금까지 있었던 유조선사고 중에서 가장 커다란 유조선사고는 1989년 알래스카 지역에서 25마일 떨어진 프린츠 윌리암 만의 한 바위에 부딪혀 정말 말 그대로 두 동강이 나고 만 엑슨 발데츠 유조선 좌초 사건이다. 이 사건의 결과로 프르도 만 근처의 북극지방에 1,100만 갤런(4,100만 리터)이 넘는 원유가 유출되었다. 이 석유유출 사고로 인해 유조선의 주인인 엑슨은 물고기와 새들을 포함한 그 지역의 자연에 엄청난 피해를 입혔으며, 경제적인 면에서 입은 실질적인 손실(선적한 석유의 손실) 외에 9백만 달러에 상당하는 손해배상금까지 물어야 했다. 이뿐만 아니라 엑슨이라는 회사의 환경적인 능력, 그러니까 회사의 시장윤리적인 이미지도 상당한 타격을 입게 되었다. 더욱이 미국에서 환경적인 면이 점점 더 중요한 역할을 하는 추세 속에서 말이다.

4. 배 안에 퍼진 흑사병

만약 선박 제조업자들과 유조선 주인, 선박회사들과 유통업자들이 기독교적인 윤리강령, 즉 유조선을 처음으로 개발한 러시아계 스웨덴인 루트비히 노벨이 늘 마음속에 품고 있었던 그러한 윤리강령을 조금이라도 지니고 있었더라면 상당히 많은 유조선사고를 막을 수 있었을 것이다. 동생 알프레트 노벨과 다이너마이트를 공동으로 발명하는 데 성공한 루트비히 노벨은 맏형 로베르트 노벨과 함께 무기상인이자 석유기업가로 활동하고 있었는데, **조로아스터**라는 유조선 제작에 성공한다. 이 유조선은 강과 바다를 항해할 수 있는 역사상 최초의 유조선으로서 노벨의 조국 스웨덴의 유명한 모탈라 조선소에서 만들어졌다. 물 표면에 평평하게 뜨는 구조로 만들어진 이 유조선은 가장 좋은 베세머 강철(Bessemer: 영국의 기사 베세머 경[1813~1898]의 이름을 따서 붙임―옮긴이)로 축조되었고, 수세기에 걸쳐 카스피 해를 거쳐 볼가 강을 따라 올라가며 주로 쉽게 발화되는 등유를 대량으로 수송했다. 성능이 뛰어난 이 유조선은 조로아스터교인들과 옛 페르시아인들이 섬겼던 빛과 불의 신인 조로아스터라는 훌륭한 상징적 의미를 지닌 이름을 가지고 있었다. 그 다음으로 건조된 유조선은 내적 계시라는 뜻을 함축한 붓다라는 이름을 갖고 있었으며, 노벨 형제에게 그들이 원하던 은총과 수익을 가져다주었다. 그러나 노벨 형제가 스웨덴의 북극 탐험가였던 노르덴스키욀드의 이름을 붙여주었던 이 개척자 시리즈의 제3탄으로 선보인 유조선으로 인해 초창기의 만족감은 지나가고 행복은 과거사로 된 것 같았다. 왜냐하면 이 세 번째 유조선은 1881년에 화염 속에 휩싸여 물 속으로 가라앉고 말았기 때문이다.

노벨 형제의 사업 일선에서 단순한 자물쇠 수리공으로 일하다가 훗날에는 매니저로 승격한 스웨덴인 카를 W. 하겔린은 자신의 일기에서 이 사건에 대해 상세하게 적고 있다. 그는 교대조로 일할 때 석유통을 싣는 작업을 책임지고 있었다. 그때 갑자기 배 안쪽에서 뭔가 둔탁한 소리가 났다. 그리고 그는 함상 사령교(使令僑)에서 연기가 솟아오르는 것을 발견했다. 그의 말에 따르면 그 즉시 펌프작동이 중단되었다. "그러나 불행은 이미 발생했다."

신중함과 신뢰성으로 능력을 인정받고 있던 하겔린은 위의 사건을 바쿠 유전지역에서 강한 폭풍이 몇 분 이내에 일어날 수 있는 상황을 들어 설명했다. 이러한 폭풍우로 격렬해진 파도는 그냥 슬쩍 밧줄로만 매어둔 유조선을 이리저리 뒤흔들어 급기야는 급유 꼭지를 급유관에서 떼어내 버렸다. 등유는 갑판으로 쏟아져 기계실로 흘러 들어갔다. 그러나 그곳에서는 수선팀이 어둠침침한 석유등을 켜놓고 작업을 하고 있었다. 하겔린은 여기서 연쇄작용으로 일어난 일련의 사건들을 다음과 같이 적고 있다. "보트는 불붙기 시작했습니다. 여기저기에서 방들이 폭발했고 아직 구명 다리까지 오지 못하고 선상에 있던 사람들은 바다 속으로 뛰어들든지 아니면 그대로 불에 타죽어 갔습니다."

일련의 방화사건이 유조선에서 계속 일어나자 루트비히 노벨은 철저하게 그 원인규명에 나섰다. 그리고 신속한 대응책을 마련했다. 그가 화재를 분석한 결과 화재의 원인은 주입관시설의 기술적인 면에 있었다. 석유주입관이 너무 융통성 없게 고정 배치되어 있었던 것이다. 그래서 바다에서 격렬한 파도가 칠 경우에 그 움직임에 따라 주입관도 움직여주는 것이 아니라 뻣뻣하게 견디다가 부러지는 상황이 발생하는 것이었다. 따라서 노벨은 이리저리 회전시킬 수 있는 동그란 바퀴 모양의 연결장치로 주입관시설 시스템을 바꾸었다. 파도가 높아져도 잘 작동했고, 앞으로 유사한 사고가 나는 것을 방지할 수 있었다.

엑슨 발데츠 유조선 좌초사건과 관련해서 조선소와 유조선의 소유주이자 운영자인 엑슨은 스스로에게 여러 가지 질문을 제기했다. 시리즈로 제작된 이 유조선이 수화물 선적공간에 법적으로 설치하게끔 되어 있는 제2의 안전벽을 왜 설치하지 않았는가? 그 외에도 이 전 세계적인 기업이 그 분야에 책임을 지고 있는 직원들에게 왜 전문적인 교육을 실시하지 않았으며 왜 심리적으로 지도를 해주지 않았는가? 마지막으로 이 유조선의 선장이 사고 당시 혈중 알코올 농도가 기준허용치를 넘은 상태는 아니었나 하는 것들이었다.

오늘날 현대적인 유조선 운송사업의 미래에 한번 눈길을 돌려보면, 특히 문제가 되는 것은 소위 말하는 값싼 운송회사들의 운영방식과 사고가 날 경우의 책임사항 부분이다. 에리카 유조선의 좌초사건도 이러한 맥락에서 발생했다. 즉, 유조선을 운영하는 운영자는 신중하게 다뤄야 하는 기술적인 부분과 유조선 직원들의 교육문제를 아직도 타사와의 경쟁 시 불필요하게 들어가는 비용쯤으로 생각하고 있었던 것이다. 그러나 1947년에 창설된 관세와 무역에 관한 일반협정의 후속기구로 나온 세계무역기구는 무역과 자연과 이 석유사업이 공평한 관계를 유지해야 한다는 요구를 해왔기 때문에, 직원교육과 기술적인 부분에서 보여야 되는 신중함 등은 소홀히 되어서는 안 되는 것이었다.

오늘날도 많은 석유 콘체른이나 운송회사들은 노벨 형제로부터 몇 가지를 배울 수 있을 것이다. 그들은 러시아가 유조선을 축조할 형편이 안 되었기 때문에 스웨덴이나 독일 그리고 영국의 조선소에서 유조선을 만들게 했다. 그것도 미국의 석유와 석유운송 회사인 록펠러가 새로운 운송수단으로서 유조선이 어떤 기회를 가지고 있는지 알아채기도 훨씬 전에 말이다.

독일 측은 최근에 증기유조선에 대한 구상을 제시한 사람이 독일의 석유상인이었던 하인리히 리데만이라는 주장을 내세우며 노벨 형제의 개척자적인 행동을 반박했다. 실제로 이 용감하고 멀리 내다볼 줄 알았던 상인은 영국에서 만들어진 그의 유조선 '안드로메다'와 '행운축원호'를 통해 1884년부터 독일의 브레멘과 미국의 뉴욕 사이의 대서양 노선을 여는 데 성공했다. 그러니까 리데만은 노벨 형제의 구상을 다른 차원에서 계속 발전시킨 것으로 볼 수 있다. 이 사실은 노르웨이에서 만들어진 유조선 세 척에 의해서 입증되었다(이 유조선들은 1814년부터 1905년까지 스웨덴과의 합작으로 만들어졌는데 스타트, 얀 마인, 린데 모어라는 이름으로 불렸다).

미국인들과 영국인들은 가장 수익이 많이 나는 이 석유운송 사업에 늦게 뛰어들었다. 그리고 유럽인들은 이들에게 어떻게 이 사업을 꾸려나가는지 본격적으로 시범을 보였다. 노벨 기업은 1894년에 바쿠 지역에서 지금까지 사용되던 증기기관의 석탄 대신 성능이 뛰어난 석유를 사용하도록 지시했다. 이러한 사실을 고려해본다면, 지금까지 영국과 미국이 산업화 과정에서 거의 지배적인 역할을 했다는 평가는 수정되어야 하며 유럽의 북동부 국가들에 대한 새로운 평가가 이루어져야 할 것이다.

비록 1900년경에 이미 수백만 톤에 이르는 원유와 연료 알코올, 등유, 경유 그리고 휘발유가 파이프라인을 통해 운송되고 유조선에 하적되기는 했을지라도, 그 어느 누구도 앞으로 이 분야가 어떻게 발전해 나갈지 그 당시에는 짐작할 수 없었다. 왜냐하면 자동차산업과 비행기산업을 비롯한 모터산업 분야가 오늘날과 같이 승리의 행진을 계속하리라고는 당시에는 거의 가늠할 수 없었고, 단지 그럴 가능성이 있다는 것이 암시될 뿐이었기 때문이다. 그 외에도 배를 만들던 대부분의 사람들은 유조선의 성능이 1만 BRT(선박의 총 등록 톤수를 말한다—옮긴이) 정도밖에는 안 되며, 그 정도면 유조선 성능과 부하량의 한계에 도달한 것이라고

4. 배 안에 퍼진 흑사병

믿고 있었다. 어쨌든 이 상황은 스웨덴의 한 조선소가 역사상 처음으로 1만 5천 BRT의 유조선 축조를 감행했을 때까지, 그러니까 1939년까지 지속되었다. 이 유조선은 귀족적인 이름인 아리스톤(Ariston: 최고라는 뜻—옮긴이)을 달고 있었는데, 이 유조선의 소유주는 곧 석유역사에서 '유조선 황제'라는 이름을 얻게 된 젊은 해운업자 아리스토텔레스 오나시스였다.

담배장사로 부를 축적한 가문의 일원이었던 이 그리스인은 1906년 터키의 스미르나(지금은 이즈미르로 명칭이 바뀌었다—옮긴이)에서 태어났다. 그는 전 세계적인 운송사업 부문에서 거의 유일무이한 업적을 남기게 되는데, 사업 초기에 그가 내세운 기업철학은 노벨 형제의 기업철학과 비슷했다. 즉 결정적인 순간에는 돈을 아낄 것이 아니라 차라리 대규모를 투자해야 한다는 좌우명을 지니고 있었던 것이다.

2차대전 시기에 연합군의 무역 구상을 통해 부자가 된 오나시스는 종전 후인 1945년에 인생의 또 다른 기회를 발견하게 된다. 그것은 다름 아닌 수백 척이 넘는 배들로 이루어진 유조선 함대를 이용해 원유를 수송하는 일이었다. 그는 이렇게 거대한 유조선 함대를 만든다는 생각을 실천에 옮겼다. 그가 이렇게 인습을 벗어나는 생각을 한 데에는 이 사업이 성공할 것 같다는 예감이 작용한 듯하다. 그가 이 작업의 수주를 맡긴 곳은 독일 함부르크에 있는 호발트 조선소였다. 그는 이 조선소에 4만 톤을 실을 수 있는 거대한 유조선의 축조를 부탁했다. 이것은 거의 센세이션을 일으킬 만한 거대한 규모였다. 이 유조선은 오나시스의 딸 이름을 따서 티나 오나시스라고 불렸다. 이 거대한 유조선은 호수나 운하는 운행할 수 없었다. 이 유조선이 항해할 수 있는 곳은 오직 대양뿐이었다. 오나시스가 더 이상 운하나 강으로 석유운송을 하지 않고 오직 바다로만 석유운송을 하겠다고 결심한 이 행위는 얼마 지나지 않아 올바른 결정으로 판명나게 된다. 왜냐하면 자말 압단 나세르(1954~1971년까지 이집트를 통치했던 대통령—옮긴이) 장군이 1956년에 수에즈 운하를 폐쇄하고 영국과 프랑스인들의 무력개입에도 아랑곳없이 수에즈 운하의 운영을 국가의 소유로 돌려버렸기 때문이다.

세계에서 가장 중요한 이 수로를 일시적으로 폐쇄하는 조치는 걸프 지역의 석유를 서유럽과 북유럽으로 운송하는 데에 타격을 입혔다. 이렇게 전쟁으로 인해 운하가 폐쇄되는 경우에는 파이프라인을 통해서 석유를 운송하든가 아니면 대형 유조선을 통해 석유를 운송해야 했다. 그러나 파이프라인의 설치는 언제나 정치적 이해가 걸린 문제라 신중을 기해야 했고 대형 유조선은 엄청난 규모 때문에 파나마 운하처럼 수에즈 운하에서도 거의 운행할 수 없었다.

1956년 수에즈 운하를 둘러싼 위기가 발발하기 전에 오나시스는 대형 유조선이 제작비용은 많이 들지만 수익성이 더 나을 것이라는 것을 예감한 바 있다. 그러나 이제 국제적 정세는 이 사업을 전 세계적인 사업으로 만들었다. 왜냐하면 대형 유조선으로 걸프 지역의 석유를 운송할 경우에는, 비록 아프리카 대륙을 돌게 되더라도 수익성도 높고 정치적으로도 거의 영향을 받지 않았기 때문이다. 그리고 처음으로 말도 많고 탈도 많은 호르무즈 해협(호르무즈 해협은 너비가 약 50킬로미터고 최대 수심은 190미터다. 교통과 전략의 요지로, 특히 세계적인 산유국인 사우디아라비아, 이란, 쿠웨이트 등에서 생산되는 석유가 호르무즈 해협을 경유해 전 세계로 공급된다—옮긴이)을 통과할 수 있었던 것이다

아시아에서의 석유공급과 특히 개발에 박차를 가하던 공업국가 일본을 고려한 이러한 계산은 오나시스에게만 좋은 기회를 제공하지는 않았다. 그리스인 오나시스의 경쟁자인 스타브로스 니아르코스도 이 새로

4. 배 안에 퍼진 흑사병

운 사업에 동참하고자 했다. 그래서 그는 이 시기에 자신의 경쟁자인 오나시스를 가격 면에서도 추월하려고 45,000톤이나 되는 유조선 '월드 글로리'를 만들었다. 대형 용량의 유조선 축조는, 이렇게 점점 더 정책적으로 부추겨졌다. 이로써 '일곱 개의 거대 석유회사' 소유의 유조선 외에 오나시스와 같은 개인 해운업자들도 운송사업으로 수익을 얻을 수 있는 기회가 점점 늘어나게 되었다. 개인 선주들은 고정운임을 제시했기 때문에 전 세계적인 석유운송 사업에서 일곱 개의 거대 석유회사와 어깨를 나란히 하며 돈을 벌 수 있었다. 그리고 이러한 과정을 거치며 석탄시대는 서서히 석유시대로 넘어가게 된다.

수에즈 운하를 둘러싼 군사·정치적인 문제가 발생한 지 10여 년의 세월이 지난 후인 1967년에 다시 한번 '6일전쟁'이 발발한다. 이때 정치·군사적인 이유로 수에즈 운하가 봉쇄되는데 이것은 엄청난 용량의 유조선을 만들게 되는 계기로 작용한다. 동시에 파이프라인은 신속하고 간단하게 전략적인 이유에서 봉쇄될 수 있게 된다. 이때 거의 상상을 초월하는 10만 톤급의 유조선이 서구에서 건조되었다.

그 사이에 심지어 50만 BRT나 그 이상을 물 위에 띄울 수 있는 어마어마한 유조선이 등장했는데, 2000년대에 와서는 그러한 움직임이 눈에 띄게 줄어들었다. 그러나 지금까지 보여준 이러한 일련의 움직임들을 종합해보면, 이윤을 남기는 데에 주력하고, 그러한 어마어마한 유조선을 감히 축조하기 위해 자본을 마련하는 위험도 감수하는 경우에 산업 분야가 얼마나 그 능력을 발휘할 수 있는지를 알 수 있다. 어쨌든 이 능력이 유감없이 발휘된 곳은 특히 한국의 조선소에서였다. 한국은 생태학적인 제한조건을 까다롭게 적용하고 있으며 환경보호와 해안보호를 점점 더 강화하고 있다. 그래서 아모코 카디츠 유조선사고 이래로 메가톤급 유조선들은 더 이상 석유를 가득 채운 상태로 운하를 통과할 수 없게 되어 있다.
 그러니까 기술 면에서 충분히 만들 수 있는 것일지라도 일종의 '포기의 미학'이라는 이유에서 자제되고 있는 것이다. 여러 요소들 중에서 인간의 실수나 태만 같은 요소들을 파국을 일으키는 주요 요소로 간주하는 것도 손해를 줄이기 위한 대처방안 중 하나에 속한다. 노르웨이 선주 협회(NSA) 소속의 에릭 아모트는 해로로 석유 및 가스를 운송할 때 제기될 수 있는 사항들을 분석한 후에, "우리는 유조선 사고의 80%가 인간이 저지른 실수로 인해서 발생했다는 것을 알고 있습니다."고 말했다. 그가 이렇게 냉정한 태도로 앞으로의 활동에 지침이 될 만한 상황들을 규명해낸 것은 결코 헛된 일이 아니었다.

지옥과 같은 나날들

전문가들은 환경오염의 주범은 정제되지 않은 원유가 아니라 석유로 만들어진 제품을 사용하는 소비자라고 말한다. 이들은 전문지식도 갖추지 않은 채 신중하지 못하게 석유제품들을 마구잡이로 연소한다.
 물론 천연연료인 원유가 고농도로 농축되어 한 곳에 집약되는 사고가 발생하면, 그 지점의 식물계와 환경계에 돌이킬 수 없는 파괴적인 영향을 미칠 수 있다. 다른 한편 석유는 물 속에서는 비교적 빨리 덩어리지는 속성이 있어서, 사고지점이 강이나 호수 아니면 바다일 경우에 물 속으로 가라앉고 일부분은 햇볕에 기화되기도 한다. 그리고 바다 상황이나 날씨가 괜찮다면 상당량은 특수 제작된 배의 진공빨대기 속으로 흡수된다. 1991년 봄에 쿠웨이트 해안에서 전쟁으로 인한 환경오염이 발생했을 때, 분출존데와 펌프존데의 화재를 진화하고 오염된 해안을

4. 배 안에 퍼진 흑사병

정화하자 그곳의 자연계와 동물계는 정말 빠르게 재생되었다.

정치적인 이유에서 인간에 의해 의도적으로 저질러진 석유오염이 끝날 수 있게 된 데에는 한 소방대원의 공이 컸다. 그는 석유역사상 살아 있을 당시에 이미 전설적인 인물이 된 사람이었다. 그는 다름 아닌 '미국의 영웅' 레드 어데어(본명은 폴 닐 어데어)다.

그의 이름은 북해 연안이나 사하라 지방 또는 멕시코 만이 우리 관심의 초점으로 떠오를 때 다시 들을 수 있을 것이다. 여기서는 그의 이름과 더불어 어떻게 선상에서 지옥과 같은 날들을 경험할 수 있고 어떻게 그 상황을 극복할 수 있는지를 한번 살펴보고자 한다.

1979년 초는 산유국 이란의 샤(Schah: 1979년까지 이란에서 쓰였던 왕의 칭호―옮긴이)가 무너지고 이슬람 혁명이 발발했으며, 아프가니스탄이 소련에 의해 점령되는 등 그야말로 한 편의 드라마와 같은 사건들이 발생한 해였다. 그 해에 시추 플랫폼 Ixtoc-1의 페멕스 팀은 엄청난 가스 및 석유매장지를 발견했다. 그러나 옛 마야지역인 유카탄의 해안가에서 성공적으로 이루어진 와일드 캣은 폭발했고 캠페체 만의 바다 한 가운데에서 화염에 휩싸이고 말았다.

상당히 노후한 페멕스의 담당자이자 기술자들은 이러한 화재에 직면하자 어떻게 대처해야 할지 몰랐으며 그들을 구해줄 수 있는 사람은 오직 어데어뿐이라고 생각했다. 그러나 그들은 어데어의 조언을 듣고 텍사스에서 공수해온 특별장비들을 투입하여, 소위 말하는 방향전환 시추(이미 뚫은 시추 구멍 옆에 또 다른 시추 구멍을 뚫어 모체광맥의 압력을 역압[逆壓]효과로 상쇄시키기 위한 방법―옮긴이)를 하는 대신에 탁상공론을 펼쳤다. 이러한 태도는 어데어뿐만 아니라 이 화재를 그냥 바라보고 있을 수밖에 없었던 멕시코인들도 거의 절망하게 만들었다.

그곳에서는 허영심과 자만심 그리고 무능력이 상황을 지배하고 있었다. 비록 Ixtoc 팀이 텍사스의 세드코 회사로부터 임대한 기계들을 사용하여 석유매장지를 시추했지라도, 지금 일어나는 이 상황을 그들의 경험으로 대처하기에는 역부족이었다. 이 사건의 하이라이트는 이 회사가 미국 공화당 주지사인 윌리엄 클레멘스의 소유였고 당시 대통령인 조지 부시가 클레멘스를 빌이라고 부를 정도로 신임하고 있었지만, 이 위험스런 단계에서 클레멘스는 언론에서 공격을 당하고 있다는 데에 있었다. 또한 이 시기에 이미 또 다른 석유유출 사고로 인해 텍사스 해안에는 석유로 오염된 물이 찰싹거리며 밀려들고 있었다. 게다가 그는 이 사고가 미치는 여파를 제대로 파악하지 못한 채 다음처럼 말하고 말았다. "갤버스턴 해안은 멕시코 만에서 석유를 시추하기 전에 이미 석유로 오염되어 있었죠. 좀 석유가 흘러나갔다고 해서…… 뭐 그리 크게 해 될 것은 없을 겁니다."

이러한 냉소적인 반응에 사람들의 감정은 폭발했고 클레멘스를 비판하던 사람들은 객관적인 태도를 취할 수 없었다. 그래서 그 당시 텍사스 해안을 오염시킨 석유의 출처는 Ixtoc-1이라는 풍문이 나돌았던 것이다. 물론 Ixtoc-1과 텍사스 해안과의 거리가 너무나 멀리 떨어져 있기 때문에 사실 이러한 풍문은 객관적이고 설득력 있는 게 아니었다. 오히려 같은 시기에 이 해안에서 두 대의 유조선이 서로 충돌하는 사건이 발생한 것이 석유유출의 원인인 것으로 밝혀졌다.

이렇게 모순투성이의 풍문에다 텍사스 측에서 유포한 거짓정보들로 가득한 '정치적인 쓰레기' 같은 보고 외에 또 하나의 보고가 전해졌다. 페멕스가 흘러나오는 석유를 받아 모으기 위해 5천만 달러나 되는 프로젝트인 '솜브레로 작전'을 단독으로 시작했다는 보고였다. 그러나 그것은 실패로 끝나고 말았다. 사람들은 1980년 봄 어데어에게 뿜어져 나오는 석유를 막기 위해 그 옆에 또 다른 시추 구멍을 뚫으려는 그의

4. 배 안에 퍼진 흑사병

계획을 당장 실행해달라고 부탁했다. 실제로 그와 그의 시추대원들은 중정석(重晶石) 세척액을 밀어 넣은 후 시추 구멍을 틀어막아 화염을 멈추게 하는 데 성공했다. 그것은 객관적인 사실에 입각한 계획이면서 동시에 당시 센세이션을 노리던 텍사스 대중매체가 어데어에게서 전혀 기대하지 못했던 뜻밖의 수확이었다.

얼마나 많은 원유와 천연가스가 이 시추 장소에서 멕시코 만으로 흘러 들어갔는지를 상상해보면 Ixtoc-1이 사상 최악의 석유오염이었다는 판단에 누구나 동의할 것이다. 그것은 단지 한 번 일어난 그런 유일무이한 사고가 아니었다. 더욱이 그 재앙은 멕시코의 한 시추 마이스터(장인제도가 있는 독일의 수공업 분야에서 최고의 위치에 있는 사람—옮긴이)의 개인적인 실수로 일어났던 것이다. 그는 날림으로 일했고, 자신이 하는 일을 제대로 알지도 못했으며, 신중하지도 못했다. 시추 구멍을 뚫은 시점도 잘못됐으며 시추 구멍에 넣은 세척액도 제대로 선택하지 못했던 것이다. 그래서 석유 모체광맥 속에 들어 있는 압력을 역압을 통해 같게 만들 수도 없었다.

사고요인으로 인간적인 요인을 함께 고려한다면, 그러한 재앙들은 기계조작 오류나 사고에 대한 반응미숙보다는 이윤욕이나 인간의 파괴욕으로 인해 생긴 것으로 볼 수 있다. 다시 말해 기계사용의 결과를 생각하지 않은 채 기계로 자연을 닥치는 대로 파괴하는 그러한 행위로 인해 사고가 일어난 것이다.

여기에서 1990년 한 해에 발생한 떠들썩한 석유유출 사고를 나열해보자. 1990년 말에 바그다드에서 발생한 엄청난 쿠웨이트 화재는 일종의 환경무기로 결정된 다음 사용되었다. 이것은 인간의 약점과 기계의 노화로 인해 그렇지 않았더라면 이익을 기대할 만한 곳에서 얼마나 빨리 국부적인 손해가 발생할 수 있는지를 여실히 보여준 사건이었다.

1990년 1월 2일에는 아서 킬(미국 뉴욕 주에 있는 도시 이름—옮긴이) 파이프라인의 균열을 너무 늦게 감지하여 2백만 리터가 넘는 석유가 유출되는 사고가 발생했다. 1월 25일에는 콜롬비아에서 정치적인 이유로 게릴라들이 카토툼보 해안에 설치된 파이프라인을 파괴했다. 이 습격사건으로 인해 3백만 리터가 넘는 원유가 그 지역에 유출되었다.

한편 2월 7일은 유조선 선원들이 결코 잊지 못할 날이다. 왜냐하면 이날 헌팅턴 해변에서 유조선의 돛이 부러져 화물칸에 금이 간 사건이 발생해 1,500만 리터나 되는 석유가 바다로 유출되었기 때문이다. 또한 미국 일리노이 주에 있는 록사나에서는 2월 19일에 파이프라인이 부러져서 그 근방에 2,500만 리터나 되는 석유가 유출되는 참사가 벌어지기도 했다. 레이더와 숙련된 수로 안내인 그리고 전자 네비게이션 시스템이 있음에도 3월 29일에는 거의 있을 수 없는 일이 일어났다. 터키의 보스포러스 해협에서 한 유조선이 화물선과 충돌하여 선적했던 석유 중 거의 2백만 리터나 되는 석유가 유출된 것이다. 며칠 뒤에는 구소련 지역의 시즈란에서 파이프라인이 부러져 가설 예정선에 엄청난 타격을 입혔다. 4월 2일 아직 통재 불능의 석유유입을 채 막기도 전에 8백만 리터나 되는 석유가 부러진 석유파이프에서 뿜어져 나왔다.

텍사스 해안으로부터 얼마 떨어지지 않은 멕시코 만에서는 6월 9일에 1,480만 리터나 되는 석유가 유조선 폭발로 인해 이미 오염되어 있던 바다로 흘러 들어갔다. 7월 28일에는 유조선 한 척과 화물선 한 척이 미국 텍사스 주의 갤버스턴 만에서 충돌하여 2,600만 리터나 되는 석유를 물 위에 뜨게 만들었다. 이 사건이 발생한 지 얼마 지나지 않아 스페인의 타리파에서 유조선 두 척이 제때 서로 피하지 못하고 정면충돌하는 사건이 발생했는데, 이 사고의 여파로 8월 6일에 1,100만 리터의 석유가 유출되었다. 석유 분야에서 어느 정도 연륜도 있고 숙련된 미

4. 배 안에 퍼진 흑사병

국 텍사스 주의 휴스턴 시는 9월 15일에 아주 특이한 악몽과 같은 날을 경험했다. 번개가 석유저장 탱크를 쳐서 탱크가 폭발했고, 그 여파로 탱크에서는 6백만 리터나 되는 석유가 쏟아져 나와 타기 시작했다. 대서양 한복판에서는 11월 13일에 유조선에 금이 가서 폭풍이 치던 와중에 8백만 리터나 되는 석유가 유출되는 사고가 발생했다. 북해의 노르웨이 영역의 석유 플랫폼 트롤에서는 12월 10일에 어떤 시험을 하는 도중에 40만 리터의 원유가 대륙봉으로 흘러 들어갔다는 보고가 전해졌다.

전체 석유역사를 살펴보면 이와 비슷한 석유유출 사고에 관한 목록을 해마다 뽑아낼 수 있을 것이다. 2001년 3월 브라질 해안 앞에 위치한, 세계에서 가장 큰 시추섬인 P-36의 폭발을 한번 생각해보자. 이 폭발로 인해 1,500만 리터의 휘발유와 경유 그리고 정제되지 않은 원유가 태평양에 가라앉고 말았다. 이 사고가 날 당시에 러시아의 우주정거장인 미르가 온갖 유해 원료를 실은 채 남태평양에 가라앉았다. 그럼에도 그 어느 누구도 원유와 원유정제품들의 수송을 금지하자는 생각을 하지 못했다. 그것은 1990년 이전까지 독일 연방공화국에서만 매년 만 명에 이르는 사람이 교통사고로 숨졌기 때문에 자동차를 교통에서 제외하고자 주장하는 것이나 마찬가지일 것이다. 물론 비행기나 배로 인해 수만 명의 사람들이 다치거나 숨졌다는 것은 제외하더라도 말이다. 진보의 대가를 치러야만 한다는 것은 안타까운 일이지만 피할 수는 없는 것이다.

석유와 천연가스의 수송안전을 확보하기 위해서 내놓은 개선책과 활성화 방안들을 보면, 환경에 부담을 주지 않고 손해를 미연에 방지하기 위해서 전반적으로 완결된 시스템들을 만들어내는 데에 중점을 쏟고 있음을 알 수 있다. 사태가 악화된 몇 가지 경우나 산업부분의 실책이 있음에도 전체적으로는 환경보호를 위해 쏟은 정성이 이제 어느 정도

성과를 거둔 것처럼 보인다. 그러나 '안전 우선'이라는 모토는 강화된 환경의식에 비추어볼 때 아직도 부가적인 입지에 머물고 있는 것 같다. 핀란드와 스코틀랜드에서 만들어진 시추섬은 어마어마한 크기의 파이프라인이나 유조선 못지않게 그 규모 또한 엄청나다. 이 시추섬의 크기만 보면 "큰 것이 아름답다."는 성장 위주의 표어가 그 당시 중요했다는 것을 알 수 있을 것이다. 그러나 여기에 들어가는 만만치 않은 비용 때문에 이러한 상황은 세기 전환기에 상당히 변했다. 왜냐하면 석유화학이 제기하는 이러저러한 요구들을 충족시키기 위해서는 5만 톤에서 20만 톤을 적재할 수 있는 뛰어난 성능과 긴 수명을 지닌 특수 유조선을 제작하는 것이 오늘날 지속적으로 감지되는 추세기 때문이다.

그러나 이렇게 기술적인 영역에서 취해지는 온갖 최적화 방안이 있는데도 우리는 여전히 소위 최첨단이라는 기술로도 극복할 수 없는 특정한 자연의 힘에 경외심을 품고 있다. 특히 만조가 되어 초대형 유조선조차도 해난을 당하게 되거나 아니면 석유오염이 우리의 삶을 위협하게 될 때 또는 허리케인이나 토네이도가 강철로 만든 원거리 송전선을 마치 성냥개비처럼 뚝 부러뜨릴 때면, 정말 손 하나 써볼 수 없는 우리들의 무기력함을 가슴 아프게 떠올리게 된다.

5

고리*가 원을 그리고 있다

(벤젠의 탄화수소를 형성하고 있는 원자의 고리구조를 말함—옮긴이)

모든 석유화학자가 독이 든 제품으로 이윤을 내는 것은 아니다. (…) 석유화학자들은 구조적인 면에서 어떤 방식으로든지 인류의 복지에 기여할 수 있을 것이다. 즉 석탄이나 석유 혹은 가스와 같은 원료 속에서 파라핀과 같이 생명을 유지시키는 흔적을 찾아내는 것과, 자연 속에서 어떤 파괴적인 속성을 찾아내는 대신 자연을 지키고 보살피는 수탁자적인 파트너의 모습을 찾는 것 등이 석유화학자가 기여할 수 있는 몫이 아닌가 싶다. 노르웨이 출신의 작가 크누트 함순은 자신의 경험에서 우러나온 다음과 같은 말은 바로 석유화학자들이 지녀야 할 마음가짐을 잘 표현하고 있다.

"우리는 '대지의 은총'에 보답할 의무가 있다."

마법의 세계, 벤젠의 화학구조를 밝히다

꿈을 비전이라는 의미로 해석한다면 이러한 꿈들이 석유역사에서 중요한 역할을 해왔다는 것을 알 수 있다. 비전으로서의 꿈은 1901년 엄청난 매장량을 지닌 스핀들탑을 시추할 때나 1938년 쿠웨이트에서 부르간(Burgan: 쿠웨이트 남쪽 40킬로미터 지점에 있는 부르간 유전을 말함—옮긴이) 유전을 시추할 때, 그리고 석유화학을 하나의 학문이자 산업으로 발전시키는 데 중요한 역할을 수행해왔다. 특히 탄화수소를 이용하는 석유화학은 석탄이나 석유, 천연가스를 기본 재료로 사용하여 원재료와는 전혀 다른 세계를 만들어내는 데에 성공했다.

이러한 마법의 세계를 만들고, 이를 통해 우리의 삶을 좀 더 편리하게 만들기 위해 수없이 많은 유럽의 연구자들과 학자들이 1859년까지 참여해왔다. 미국은 이 해에 점차 이 분야에 발을 내딛고 있는 중이었다. 물론 우리가 이러한 편리한 삶을 영위하는 대가로 환경오염이나 환경파괴와 같은 희생을 앞으로도 계속 치러나가야 하겠지만 말이다.

유기화학 분야에서 획기적인 업적을 달성하여 심지어 남작의 칭호까지 수여받은 스웨덴인 야콥 베르셀리우스는 1848년 그가 죽는 해까지 석유화학이라는 새로운 학문의 토대를 닦았다. 그는 이미 잘 알려진 모든 원소들의 원자 무게를 규정하는 방법과 이제까지 알지 못했던 다른 원소들을 발견함으로써 제1세대의 석유화학자가 되었다. 석유화학자들은 원자와 분자의 세계에 파고 들어가서 거기서 얻은 성과들을 가지고 석유화학이라는 찬란한 미래의 학문을 탄생시켰다.

베르셀리우스의 추종자 중에서 가장 성공적인 사람은 유스투스 폰 리비히였다. 그는 석유화학의 열광적인 전도사였다. 그 자신은 법률가이자 자연과학자였으며 독일 문호 괴테의 원자론에 상당한 영향을 받은 사람이었다. 독일 기센에서 활동했던 리비히는 근대 농업화학의 창시자로 아주 인상적인 전망을 가지고 있었다. 이제 막 싹트던 진보낙관론을 피력하는 그의 지전은 다음과 같았다.

"우리는 도시 전체를 불꽃도 피어오르지 않고 타오르는 불도 없는 등으로 아주 밝게 비추는 것이 가능하다고 생각하고 있습니다. 불꽃도 안 일고 따라서 이글거리며 타는 불도 필요없다면 등 안에 공기가 있을 필요도 없겠지요. 우리는 내일이나 내일모레, 누군가가 숯 한 덩이로 오색 찬연한 다이아몬드를, 백반으로부터 사파이어와 루비를, 석탄타르에서 영롱한 크랍(꼭두서니의 뿌리에서 추출하는 붉은색 염료—옮긴이) 색소나 아니면 유익한 퀴닌(킨키나나무 껍질에서 뽑아낸 알칼로이드의 한 가지로 해열제, 진통제, 강장제 따위로 쓰이며 말라리아의 특효약이다—옮긴이)이나 아편을 만들어내는 방법을 발견하리라고 믿습니다."

불빛으로 환하게 비춰진 도시라는 프로메테우스적인 꿈은 우수한 성능의 색소화학에 대한 생각과 마찬가지로 실현되었다. 이러한 꿈의 실현에 일조를 가한 사람은 베를린의 실업학교 교사였던 프리드리히 뷜러였다. 그는 이미 1828년에 최초로 인간이나 동물의 소변에서 추출되는 요소(尿素)를 무기물질로부터 인공적으로 합성해내는 데에 성공했다. 이로써 '죽은 물질'이 특별한 방법으로 제대로 다루어지면 아주 유용하게 활용될 수 있다는 뚜렷한 증거가 제시된 셈이었다. 이에 따라 지금까지 석탄으로 만든 도시가스를 생산할 때 생기는 쓰레기였던 석탄 찌꺼기 타르조차도 유용한 것이 되었다.

이러한 맥락에서 근원적인 기여를 한 사람으로 패러데이를 들 수 있을 것이다. 이 다재다능했던 이 영국 연구자는 (석탄으로 만드는) 도시가스에서 벤젠(유기화합물의 모체. 그 구조에 따라 몇 가지 종류로 분류할 수 있는데, 보통 분자구조에 따라 고리 모양[環式] 탄화수소와 사슬 모양[鎖式] 탄화수소로 구분되고, 다시 각각 단일결합만으로 구성되어 있는지 아니면 이중결합이나 삼중결합을 함유하고 있는지에 따라 세분된다—옮긴이)을 발견해내는 데 성공한다. 이 벤젠의 발견은 독일 다름슈타트에서 활동한 화학자 아우구스트 케쿨레가 포화탄화수소의 구조를 해명하는 데 결정적인 전제조건을 마련해주었다. 케쿨레는 1861년에 마치 백일몽을 꾸다 갑자기 해답이 떠오른 것처럼 벤젠을 둘러싸고 있는 고리를 C_6H_6라는 공식으로 밝혀내는 데 성공했다.

벤젠과 벤젠의 화학적 구조에 대한 지식으로 향기가 나는 화학적 결합물의 기본체가 석탄과 석유에서 떨어져 나올 수 있게 되었다. 이 기본체는 석유화학자들에게 낮은 에너지 수준뿐만 아니라 이와 유사한 나프탈렌이나 안트라센(콜타르의 분별증류에서 얻어지는 향기 있는 탄화수소. 여러 색깔의 기본 원료다—옮긴이)에서처럼 아주 조밀하게 연결된 강도와 독성을 보여주었다. 그러나 이러한 독소의 위험에도 벤젠은 화학에서 가장 중요한 기본 요소가 되었다. 이제 벤젠 탄화수소를 형성하고 있는 이 고리구조가 원을 그리기 시작했던 것이다.

무지개의 모습으로 표시된 벤젠은 사용범위가 상당히 넓다. 이러한 벤젠의 성질은 바이어(Bayer, 1863), 회히스트(Hoechst, 1863), 바스프(BASF, 1865)와 같은 세계 굴지의 색조 콘체른들을 탄생시켰을 뿐만 아니라, 1859년 이후 산업적으로 개발하기 시작한 광유를 화학산업에서 사용할 수 있는 발판을 마련하기도 했다. 다시 말해 석유화학에 쓰이는 이 기본 물질이 이제는 좀 더 적극적으로 활용되고 그 가치 또한 상승된 것이다. 이 석유화학의 역사는 그리던 꿈이 실현된 그런 역사로 볼 수도 있으며, 그와는 반대로 깨진 꿈으로 가득 찬 고뇌의 역사일 수도 있고, 더 나아가 악몽으로 가득 찬 그런 역사일 수도 있을 것이다.

악마의 색, 인디고의 탄생

매일 홍수처럼 밀려드는 형형색색의 광고 쪽지나 화보 잡지 또는 신문이 우리의 생활에서 차지하는 중요성을 구태여 언급하지 않는다고 해도, 형형색색의 옷이나 컬러사진 그리고 컬러텔레비전이 없는 우리 현대인의 생활이란 거의 상상할 수 없을 것이다. 이처럼 색은 도처에서 특정한 약식으로 인식되긴 하지만, 이를 통해 대개는 본질적인 것이 가려지게 된다.

사실 무지개의 광채를 잡고자 하는 욕망은 그다지 새로운 것이 아니다. 심지어 환경보호 단체인 그린피스 행동대원들은 무지개를 잡으려는 자신들의 욕망을 표현하며 스스로 환경을 지키려는 자신들을 무지개 전사라고 불렀다. 알타미라 동굴에 그린 동굴그림이나 이집트 기제에서 발견된 채색 피라미드 그리고 신과 비슷한 권력을 누렸던 통치자들이 걸쳤던 화려한 의상들은 특별한 색에 대한 인간의 욕구를 잘 보여준다. 인류 역사에서 찾아볼 수 있는 이러한 채색의 증거들은 색채 자체보다는 특정 색채가 유발하는 정치적이며 경제적인 특성에 대한 인간의 욕구를 표현하고 있다고 할 수 있다.

시리아의 물가에서 발견되는 달팽이 엑기스에서 추출한 '황제의 보라색'과 아라비아에서 자라는 노란 크로커스 꽃에서 추출한 '왕의 사프란'이라고 불리는 노란색은 이 자연색들이 얼마나 귀중하고 값비싼 품목이었는지를 짐작케 해준다. 그리고 이러한 자연색들은 지금도 여전히 귀하며 비싼 가격에 거래되는 품목이다. 따라서 사람들이 점차 이러저러한 색들을 분석하고 합성해서 자연색보다 훨씬 더 싸게 색을 만들어내고, 그 색을 대량생산해내서 궁극적으로는 귀족과 왕가의 전유물이었던 색을 대중화시킨 것은 당연한 일이었다.

초기에 색조화학은 고위층들을 주고객 대상 층으로 설정했고 최상의 제품들을 즉각 산업적으로 활용했다. 이러한 공조체계는 겨우 열일곱 살밖에 안 된 윌리엄 헨리 퍼킨이 얻어낸 아닐린 보라색과 그 색의 산업적 활용 예에서 가장 잘 드러난다. 퍼킨은 런던의 왕립화학칼리지에서 전설적인 인물이었던 아우구스트 빌헬름 폰 호프만의 조교로 일하고 있었다. 퍼킨은 1856년에 석탄타르에서 특별한 아닐린 보라색을 얻어내는 데 성공한다. 그는 역사상 최초의 합성색을 보랏빛에 착안해서 **티리안 보라**(Tyrian Purple)라고 불렀다. 그리고 이 세기적 발견을 상품화할 수 있는 권리는 독일 슈투트가르트의 색조제조자인 파르벤에르스텔러 크노스프가 얻어냈다. 크노스프는 1859년부터 이 새로운 염색재료를 비단염색에 사용했다.

그 당시에는 인공색을 생산해내고 그것을 활용하는 경제적인 방안에 대한 관심이 지대했다. 또한 이 시기에 알로이스 제네펠더가 석판인쇄술과 화학적인 인쇄술을 발명해냄으로써 1797년부터 색에 대한 수요가 부가적으로 증가하게 되었다. 그럼에도 화학자들 사이에 여전히 존재했던 관념적 차원의 색채연구 경향도 간과할 수는 없을 것이다. 화학자들의 주요 연구목적은 무엇보다도 자연적인 물질들을 하나하나 분해해보는 것이었다. 이것은 분해 후 이 물질들을 새로이 조합하거나 다른 물질들에 반응하도록 시험해보기 위해서였다. 이러한 방식으로 오늘날 없어서는 안 될 건축자재인 PVC가, 암염과 석유를 화학적으로 결합하여 탄생되었다. 그러나 PVC를 연소시킬 때 다이옥신이라는 유독가스가 분출된다. 이 다이옥신은 한때 이탈리아의 세베소에서는 거의 악몽과 같은 존재였고, 그 유해한 성분은 우리가 청산가리라고 부르는 시안화칼륨보다 더 심하다고 할 수 있다.

이러한 방법 이면에서 이미 오래 전부터 이와 비슷한 일을 해왔던 연금술사의 노력을 엿볼 수 있다. 그러나 지금 이 일을 수행하고 있는 사람은 연금술사가 아니라 화학자다. 화학자들은 계몽이라는 의미에서 완벽하게 한 학문을 완성하는 것만을 목적으로 하지 않는다. 그들은 인간 또한 완벽해져갈 수 있는 방법을 모색한다. 따라서 인간은 학문이 진보돼갈 때 우리가 학문으로부터 뭔가를 기대하고 있는 것처럼 인간 스스로도 질적으로 더 높은 단계에 도달하기 위해 모든 제반요소들을 고귀하게 만들려고 노력하는 것이다.

이러한 자연상과 인간상에서 원초적인 자연 상태에 있는 물질들을 가리키는 말인 천연자원이라는 용어가 파생된다. 이 천연자원은 화학적 과정을 통해 개선되거나 세련화해야 될 대상을 가리키는 말이었던 것이다. 이러한 이유에서 오늘날도 앵글로색슨 계열의 증권시장 용어로 원유를 crude라고 부른다. '천연 그대로의' 또는 '교양 없는'이라는 뜻을 지닌 이 용어는 '아직 문명화되지 않은' 혹은 '정제되지 않은 석유'를 가리킨다. 이 말에는 천연 그대로의 재료에서 뭔가 아주 특별한 것을 끌어낼 수 있으리라는 기대가 들어 있다. 원시시대 이후 인간의 정신적 노동이 가미될 때야 비로소 하나의 돌덩이에 지나지 않았던 물질이 조각상으로 다시 태어날 수 있었고, 나무라는 것도 집의 형태로 만들어질 수 있었다. 금도 이와 같은 맥락에서 장신구로 그 가치가 상승했는데 이와 똑같은 법칙이 원유에도 그대로 적용되었다. 종종 '악마의 오물'로 평가된 이 물질은 옷에 스며들 정도로 지독하게 유황냄새를 풍기는 물질이었는데, 1859년부터는 그것이 발견된 세계 도처에서, 그리고 화학실험실과 정제공장에서 '검은색 금'으로 특별한 귀족 대접을 받게 되었다.

석유화학은 석유와 유사한 석탄으로부터 신적이며 천상적인 색 또는 왕실의 색으로 평가받던 파란색을 합성해 만들어냈다. 이 푸른색은 유럽에서는 수백 년 동안 대청(大靑)이라는 식물의 추출물로 만들어냈는데, 인디고(Indigo)가 나옴으로써 대체될 수 있었다.

이러한 역사적인 대체 과정은 1차대전의 문턱에 이르기까지 경제사의 중요한 한 장을 장식하고 있다. 이 인디고는 습한 인도의 기후에서 특히 잘 자라던 관목에서 추출한 색을 가리킨다. 상당히 농축된 푸른색 염료를 지닌 이 관목의 잎사귀들은 상당히 오랫동안 소변과 함께 처리되었다. 그러다가 이것이 일종의 공 형태로 압축된 후 운송 처리되어 최종적으로 가루로 만들어져서 강렬한 색을 낼 수 있을 때까지 사용되었다. 포르투갈 사람인 바스코 다 가마가 1498년에 인도로 가는 해로를 발견했을 때, 유럽인들은 이 유일무이한 염색 원료를 차지하기 위해 즉각 행동을 개시했다. 왜냐하면 인도에서 발견한 이 '인디고'는 효과 면에서나 '귀티나는 광채'에서나 기존의 대청색을 훨씬 능가했기 때문이다.

이것이야말로 경제사에 나타난 '최초의 세계화'라고 말할 수 있는 대목이다. 왜냐하면 오늘날의 세계화 진행 과정과 마찬가지로 인도의 고아에서 포르투갈의 리사본으로 이 인디고가 수출되었고, 이 색이 그곳으로부터 전 유럽으로 퍼져나가자 유럽에서는 대청 경작지를 보호하라는 단호한 조처가 내려졌기 때문이다. 1577년에는 황제령으로 지금의 서유럽과 동유럽 대다수를 포함한 거대제국이었던 신성로마제국에서 인디고 색을 수입하거나 사용하는 것이 금지되기에 이르렀다. 채색 수단으로서 인디고 색은 심지어 1654년에 새로이 황제에 의해 '악마의 색'으로 규정되기에 이르며 사용이 금지되었다. 1737년에야 비로소 이 규제는 풀리게 되고 이 여파로 대청을 경작하던 농부들은 다른 대체 작물을 찾아볼 도리밖에 없게 되었다. 그 이후 붉은색 염료로 사용하기 위해 꼭두서니 풀을, 남아메리카로부터는 식용작물 감자를, 북아메리카에서는 암을 유발하는 '악마의 풀'인 담배가 수입되었다.

처음에는 포르투갈과 스페인이 그 후에는 프랑스와 네덜란드 그리고 무엇보다 영국이 일찌감치 해상의 강자이자 식민지의 주인으로서 이 인디고를 수입해 수세대에 걸쳐 부를 축적했으며, 부유한 상인집안을 탄생시켰다. 그러나 이 인디고 관목을 사용해 돈을 버는 것은 그들에게 점차 불리한 사업이 되어갔다. 왜냐하면 거의 같은 시기에 원유를 사용하여 인공적으로 푸른색을 합성해낼 수 있게 되었기 때문이다. 이 특별한 인공적인 푸른색은 '아닐린'이라는 이름으로 불리며 유럽시장에 등장했다.

카를 A. 센칭어는 동명소설인 『인디고』장 처음부분에서 이 아닐린 푸른색에 대해 이렇게 언급하고 있다. "잔잔한 물표면 위로 돌멩이 한 개를 던졌을 때, 이 돌은 물 속으로 떨어지며 동그라미를 만든다. 이 동그라미는 두 번째, 세 번째 그리고 네 번째…… 물 동그라미를 만들어나간다."

그러나 이 인공색인 아닐린 푸른색과 그 후에 나온 아닐린 붉은색의 역사는 센칭어가 자신의 책을 탐독하던 수백만 독자들에게 독일의 화학귀족(푸른색 아닐린을 생산해내던 '블라우-베르커'[Blau-Werker]를 말한다—옮긴이)과 '인종적으로 건강한 민족'(독일 민족인 게르만족을 말한다—옮긴이)을 표현하는 색으로 예찬한 것과는 전혀 다르게 진행되었다. 왜냐하면 독일과 마찬가지로 최대의 인디고 시장이자 세계적인 부국이었던 영국에서도 리비히의 제자 호프만에 의해 양성된 화학자들이 그냥 쉬고 있지만은 않았기 때문이다. 영국의 화학자들은 퍼킨이 만든 최초의 인공색에 이러저러한 다른 요소들을 첨가하는 방법을 사용했다. 그들은 바로 이 인공색으로 아주 저렴하면서 자연색이고, 무엇보다도 피부 친화적인 인디고 염료를 대체하고자 하는 야망을 품고 있었다.

5. 고리가 원을 그리고 있다

그러나 그 당시만 해도 이 인공적으로 만들어진 푸른색은 보석 중에서도 가장 비싼 백금의 가격과 거의 맞먹을 정도로 고가였다. 그리고 이 비싼 가격은 인공색을 대량생산해내고 상품화하는 데 걸림돌이 되었다. 그러나 혁신적인 힘들은 이미 그 와중에도 꿈틀거리고 있었다. 사람들은 자연색을 대체할 수 있는 상이한 아닐린 색들이 화학적으로 볼 때 탄화수소인 벤젠과 뭔가 관련이 있다는 것을 곧 알아차렸다. 사람들의 이러한 추측은 곧 사실로 입증되었고 그 이후로 색조화학 분야는 앞으로 석탄을 산업적으로 활용하는 것 외에 특히 석유를 활용하는 방안을 집중적으로 모색하게 된다. 이 경우 해탄(역청탄이나 갈탄을 밀폐 상태에서 가열함으로서 얻게 되는 연료—옮긴이)으로부터 도시가스를 생산하거나 거기에서 생겨나는 석탄타르를 사용하여 색소를 얻던 기존의 우회적 방법은 더 이상 사용하지 않게 되었다.

그러나 이 과정까지 발전해오기 전에 꼭 언급하고 넘어가야 할 중요한 중간 단계들이 있었다. 이 단계에 속하는 것으로 오늘날은 세계에서 가장 큰 화학 콘체른으로 성장한 독일의 라인 강 옆 루트비히스하펜이라는 도시에 둥지를 튼 바스프 기업의 성립을 들 수 있다. 그런데 이 기업의 기업사를 슬쩍 들추어보면, 사실 석유화학을 부상시킨 것은 역설적이게도 석유가 아니라는 것을 알 수 있다. 오히려 사람들이 해탄 대신 새로운 원료(앞으로 나오게 될 휘발유를 말한다—옮긴이)를 사용하기 전에도 이미 석유화학은 근본적인 핵심 분야에 속해 있었다. 베르셀리우스와 리비히가 이미 1838년에 휘발유를 하나의 독자적인 원료이자 연구 대상으로 발견해냈다는 것은 중요한 사실이지만, 이것은 종종 간과되어왔다. 그러나 휘발유는 50년이 지나서야(!) 비로소 모터를 돌리는 동력원으로 사용되기 시작했고 오늘날까지도 여전히 대부분의 자동차에서 없어서는 안 되는 주요 연료로 간주되고 있다.

휘발유를 새로운 동력원으로 사용하기까지 50년의 세월이 걸리는 지체 양상이 기술의 역사에서 그리 특별한 사실은 아니다. 이 예는 그 당시에는 대체 방안을 강구했고 휘발유의 발전 양상이 초기에는 오늘날 우리 눈에 보이는 만큼 그렇게 분명하지 않았다는 것을 보여줄 뿐이다. 사실 1859년부터 1959년 사이에 유럽에서 단지 제한적으로만 얻을 수 있었던 석유는 다양한 형태의 가스를 적극적으로 활용해야만 이용할 수 있었다. 해탄라고 불리는 석탄으로부터 얻어낼 수 있었던 가스는 이미 1814년 런던과 영국의 다른 도시들에서 지금까지 사용해왔던 석유등을 대체하기에 이르렀다. 그리고 이 가스는 다시 대략 50년이 지난 뒤에는 더욱 집중적으로 사용되었다.

이러한 역사적인 개혁의 시기에 독일 만하임 출신의 금은 세공업자인 프리드리히 엥겔호른은 인생 절호의 찬스를 맞이한다. 그는 '운반 가능한 가스'의 생산에 참여한다. 가스 운반이라는 것이 자명한 일이 아니었을 그 당시에 엥겔호른은 철로 만든 용기에다 가스(석탄과 석탄타르로부터 추출해낸 정제품 옮긴이)를 운반했는데 대부분의 손님들은 무엇보다도 역겨운 냄새를 풍기는 증기 때문에 아주 질색을 했다. 이 냄새문제는 오늘날까지도 완전히 극복되지 못했다. 따라서 이 역겨운 냄새는 이미 그 당시에 건강에 해롭지 않을까 하는 염려를 상당히 자아냈다.

독일에서 3월 혁명이 발발했던 1848년에 설립된 가스회사 '엥겔호른 앤드 시'는 사업 초창기에는 별로 성공하지 못했다. 그러나 정치적인 혼란과 바리케이드 전투가 지난 후에는 만하임에서도 상황이 재빨리 변했다. 왜냐하면 주잔네 바세르만과 결혼한 이 젊은 기업가는 1851년부터 가스 개척자인 슈프렝, 존탁과 함께 만하임의 가스제조 공장 설립에 참여했기 때문이었다. 이 기업은 그들의 입장에서 볼 때 '채산성이

마인 강변에 위치한 프랑크푸르트에서 열린 세계 석유회의에서 소개되고 있는 미래의 정제공장, 1963년.

정제공장에서 볼 수 있는 현대적인 석유저장 탱크들

있고 우리의 미래에 시금석이 되는' 기업이었다.

만하임의 가스공장주인 엥겔호른이 자를란트 주의 두트바일러 석탄에서 자신들의 원료를 얻어냈던 '바덴 가스 조명회사'와 관계를 맺고 있었다는 사실은 그리 놀라운 일이 아니다. 이보다 훨씬 더 중요한 것은 엥겔호른이 역사적인 해인 1859년에 급속히 미국을 공략했다는 사실이다. 그의 발의에 따라 뉴욕에서 엥겔호른 주식회사가 설립되었고 엥겔호른이 세운 다른 회사가 선박운송 사업을 관할할 동안, 이 엥겔호른 주식회사는 수출입업무를 담당했다. 그 당시 정황에 비추어볼 때 이 회사의 사업규모는 전 세계를 대상으로 한다고 말할 수 있을 정도였다. 엥겔호른 주식회사가 회사의 활동범위를 석탄에서 채취한 가스에서 블라우-베르커가 생산해내는 푸른 아닐린 색채 생산품까지 넓혀 나가자 그 회사의 사업규모는 더욱 커졌다.

호프만은 '석탄타르 속에 들어 있는 유기적인 토대'에 대해 연구했는데, 바로 이 유기적인 토대가 1843년 이후 아닐린 화학에서 획기적인 사항이 되었다. 그는 1845년 이후에는 런던에서 이 연구에 몰두했다. 같은 시기에 프랑스의 리용에서는 에마누엘 베르갱이 식물성 염료인 크랍 색을 인공적으로 생산해내는 데 성공했다. 1859년 이후 석탄타르에서 추출해내고 있던 푹신이나 아닐린 붉은색 염료는 1863년부터 독일의 회히스트 시에 있는 루치우스 염색공장에게 미래를 열어주게 된다. 즉 로트-베르커른이라는 회사를 설립할 수 있게 한 것이다.

미래의 비전이라는 의미에서 리비히가 꿈꾸었던 것은 귀금속 분야에서는 이루어지지 못했지만, 그가 갈망하던 크랍 적색에 대한 예언은 실현될 수 있었다. 이러한 혁신적인 석유화학의 변화들을 목격한 사람은 심지어 그러한 새로운 발견들이 모두 다 탄화수소의 제국에서 나왔다고 말하기도 한다. "미국 캘리포니아에서 최초로 금이 발견되었을 때

5. 고리가 원을 그리고 있다

와 비슷하게 세계는 마치 최면에 걸린 것과 비슷한 상태에 빠져들었다."(발터 보이틀랜더-테츠너)

그러나 엥겔호른은 이러한 열광적인 분위기에도 침착성을 잃지 않았다. 그리고 그는 1860년에는 가스공장 외에 아닐린과 타르 색 공장으로 사용하게 될 새로운 기업을 추가로 설립했다. 그는 그 대가로 민주주의적으로 통치되던 만하임을 매개로 해서 바덴 대공국으로부터 '염료공장을 운영하기 위한 공공면허'를 취득했다. 물론 면허를 발부받기 위해서는 "염료공장에서 역겨운 냄새를 퍼트리거나 하천을 통해 유해요소를 방출하는 행위로 이웃을 괴롭히거나 불이익을 주는 행위를 하지 않는다."는 조건을 충족시켜야 했다.

사기업의 활동에 대해 국가가 환경보호조치 의무를 부가하는 것은 그 당시의 정황으로 볼 때 놀랄 만한 일이었다. 영국에서 발견된 아닐린과 프랑스에서 얻어낸 푹신을 산업적으로 생산해냈던 곳이 독일땅에서 바이어나 루치우스-회히스트 같은 염료공장이 아니라 만하임에 설립된 공장이었던 것도 국가의 환경보호 조치와 일맥상통한다고 하겠다. 이 염료생산 산업은 1862~1863년 한 해만에 이미 순수익 266,000 플로린트(Florint: 유로화 도입 이전에 네델란드에서 쓰이던 화폐단위는 굴덴[Gulden]이다. 플로린트는 굴덴 이전에 통용되던 화폐단위—옮긴이)를 거둬들였다. 그러나 이러한 사업 결과는 엥겔호른을 그리 만족시키지 못했다. 엥겔호른은 자신에게서 월급을 받는 사업 파트너들 외에도 아주 훌륭한 전문가들을 자신의 젊은 기업에서 일하게 하는 데 성공했다. 여기에 속하는 인물들이 카를 클렘, 율리우스 기제다. 그리고 특히 후에 널리 알려진 인물이자 창조적인 화학자였던 하인리히 카로도 엥겔호른 사단에 속한 인물이었다.

엥겔호른이 특히 불만스러워했던 것은 만하임 소재 화학공장 연합이었다. 이 화학공장 연합은 일종의 가격담합을 벌이고 있었다. 이러한 가격정책은 그의 사업을 방해하는 요소였으며, 이로 인해 그는 매번 자신이 얼마나 강하게 이 연합의 가격정책에 예속되어 있는가를 느끼고 있었다. 그의 불만은 당연했다. 엥겔호른의 기업은 모든 종류의 무기(無機) 원료를 산이나 탄산나트륨의 형태로 생산하고 유통시켰는데, 이 무기 원료들은 아닐린이나 푹신을 대량생산해내는 데 꼭 필요한 원료들이었다. 따라서 더 높은 이윤을 꾀하던 야심만만한 엥겔호른은 하청업자(화학공장 연합을 가리킨다—옮긴이)와의 기업합병을 계획하게 되었던 것이다.

그러나 1864년 오랜 궁리 끝에 과감히 착수했던 기업인수는 실패하고 말았다. 이 기업인수 실패는 이윤지향적인 기업경영이 지닌 또 다른 어두운 측면을 보여준다. 한 기업을 인수하는 데는 순수하게 합리성만 작용하는 게 아니다. 동시대 기록자는 계획되어 있던 두 기업의 합병이 실패한 것에 대해 다음과 같이 논평했다. "너무나도 자부심이 강해서 당연히 성사될 것이라고 믿었던, 그래서 어느 정도는 맹목적으로 추진되던 이 기업합병은 한 가지 심각한 과실을 범하고 말았다. 협상이 단절되었기 때문에 합병을 추진하던 대기업과 화학공장 연합에서 생산해내던 생산품들은 이제 서로 경쟁하는 관계가 되었고, 그것은 대기업 스스로 만들어낸 결과물이었다."

오늘날도 기업합병 때에는 이와 비슷한 예가 수도 없이 발생하며, 따라서 이 경우가 석유산업이나 화학 분야에만 국한되어 나타나는 현상은 아니다. 협상 결렬 후 엥겔호른과 이 회사의 파트너였던 라덴부르크 앤드 죄네 은행은 1865년 3월에 사전협상을 벌인 후, 앞으로는 계속해서 기업을 합병하는 대신 새로운 주식회사를 창립하자는 데 동의했다. 이 계획은 1865년 4월 6일 현실화되었다. 동시에 기업의 이름은 '바덴

5. 고리가 원을 그리고 있다

아닐린-탄산나트륨 공장'(바스프)으로 바뀌었다. 바스프 기업은 한 주당 가격이 천 플로린트 되는 주식을 1,400주 보유한, 기본재산 1,400만 굴덴의 기업으로 출발했으며, 만하임에 본사를 두기로 결정했다.

그러나 안타깝게도 엥겔호른의 꿈은 자신의 고향 도시에서 실현되지 못했다. 새로운 공장부지로 생각한 곳은 국가에 속했고, 이것을 획득하는 과정에서 복잡한 싸움이 생겼기 때문이다. 이전에는 쿠르펠츠에 속했고 지금은 바덴에 속한 자신의 고향에 회사를 세우는 계획은 다시 한번 소유권문제로 인해 좌절되고 말았다.

엥겔하임은 만하임에 공장을 세우는 것이 좌절되자 이웃 도시인 루트비히스하펜으로 공장부지를 옮겼다. 그곳은 라인 강 왼쪽에 위치했으며 1804년에 생긴 봉건적인 바이에른 왕국에 속한 도시였다. 이 팔츠 지역은 1814~1815년에 열린 빈 회의에서 중부유럽 재편의 일환으로 바이에른 왕국으로 넘어온 연방 주였다.

만하임 도시와 바덴 주 대신 루트비히스하펜과 팔츠 지역에 공장을 세워 얻는 이득은 누가 봐도 명백했다. 루트비히스하펜은 산업적으로 볼 때 좋은 투자환경을 가지고 있었으며, 바이에른 주의 루트비히 1세의 이름을 따라 명명된 새로운 포구는 굴곡이었던 라인 강변을 고르게 정비한 곳에 위치해 있었다. 그리고 그곳은 석탄이 풍부한 자를란트 지역을 관통하는 루트비히스 기차의 종착역이기도 했다. 또한 옛 헴스호프 근처에서는 토지 구매조건도 좋은 편이어서 새로운 공장부지로 적합했다.

따라서 엥겔호른은 이미 1866년 10월에 최초 주주총회 때 주주들에게 놀랄 만한 성공 결과를 제시할 수 있었다. 이 결과는 정말 놀랄 만했다. 왜냐하면 바스프는 텍사코가 1902년에야 달성할 수 있었고, 록펠러가 1870년대에 설립한 에소에서는 1919년이 되서야 조직에 이득을 줄 수 있는 것으로 간주했던 것을 이미 초창기에 엥겔호른의 감독 아래 달성했기 때문이다. 이 놀라운 성과는 다름 아닌 바스프가 가동시켰던 통합된 기업 시스템이었다.

새로운 화학 콘체른 바스프는 색조생산을 위해 석탄을 사용했을 뿐만 아니라 석탄의 가공 및 자사제품의 판매로도 (미국에 이르기까지) 조직했다. 물론 엥겔호른이 가끔 록펠러처럼 독단적으로 행동하기도 했다. 그가 소유하고 있는 회사지분은 일부분에 지나지 않았지만, 그는 마치 자신이 회사 전체를 다 소유하고 있기라도 한 것처럼 행동했던 것이다. 그러나 이러한 좋지 못한 측면이 있는데도 그는 전 세계적으로 색조 화학이 발전해가는 양상을 현명하게 주시할 줄 알았으며, 항상 인재에게 기회를 부여하는 용기를 보였다. 그는 막 시작된 색조의 시대에 탁월한 사업 수완으로 탄화수소 산업의 선구자가 되었다.

비록 이윤을 추구하는 경제적 목적이 우선이었을지라도, 엥겔호른은 수탁자적인 정신을 지닌 기업문화를 뿌리내리려고 애썼다. 직원들의 건강을 보호하기 위해 예방조치를 취한 것이나 사회보장 의무제도를 만든 것도 이러한 정신에서 비롯된 것이었다. 그래서 직원들에게 인간다운 주거공간을 마련해주고, 민주적으로 통치되던 루트비히스하펜 시에게 영업세 수입을 통해 농업적 구조를 지닌 영역과 (포도주, 담배, 숲) 산업 핵심시설을 함께 발전시킬 기회를 제공하려고 했던 것이다. 물론 그 대가로 도시 공기가 오염되어 항상 유황냄새가 도시에 퍼져 있었다. 이 공기오염은 1980년대 시장이었던 베르너 루트비히의 감동적인 노력에 힘입어서야 비로소 사라지게 되었다.

국가자유주의자이자 1871년 이후 오토 폰 비스마르크 추종자였던 엥겔호른은 바쁘게 일하면서 강한 건설의지를 보였지만, 그러한 유형의 사람들이 사적으로 막심한 피해를 본 것과는 달리 그는 사적으로도 별 손해를 보지 않았다. 그가 1882년 바스프를 떠났을 때 그의 재산규모는 2,800만 골드마르크(Goldmark: 1차대전 이후 통화 팽창 때에 쓰인 화폐—옮긴이)에 달했다고 한다. 그러나 그는 그 재산 중 상당액을 위험한 미국 철도사업에 증권투자를 했다가 상실하고 말았다. 이 손실액은 그에게 자신의 아들 루이만큼이나 큰 실망을 안겨주었다. 엥겔호른은 아들 루이를 일찍이 뉴욕에 거주하게 했다. 루이가 급부상하는 석유화학과 관련된 전 세계의 업무를 배우고, 그 일에서 본분을 다하도록 하기 위함이었다. 그러나 루이는 그곳에서 엥겔호른이 기대했던 것과 달리 사업에서 성공을 거두지 못했고, 오히려 하는 것마다 손실만 냈다. 결국 루이는 부친으로부터 재산상속권을 완전히 박탈당했다.

  오늘날은 심지어 버릇없는 유산상속자일지라도 그에게 의무적으로 유산을 남겨야 하는 유산상속법이 법적으로 명시되어 있다. 그러나 이조차도 지키지 않았던 엥겔호른의 엄격한 태도는 바스프라는 회사가 그들 자신의 사업 유산에서 쉽게 떨어져 나오지 못했던 사실을 상기시켜준다. 엥겔호른의 지휘 아래 바스프는 합성으로 인디고 색을 만들어 싼 값에 염료시장에 선보이고자 노력했다. 이는 당시 전 세계적으로 인디고 색을 놓고 벌이던 경쟁에서 자회사가 유리한 위치를 선점하도록 하기 위한 조처였다. 바스프는 이 연구에 1,800만 마르크 이상을 투자했으나 인디고 색을 최초로 합성해내는 데 성공하지 못했다. 이 학수고대하던 합성공식을 발견해낸 사람은 세계 정상의 인재들로 구성된 바스프의 연구팀이 아니라 단 한 명의 연구가였다. 그는 베를린 직조 아카데미의 아돌프 폰 바이어(1835~1917)라는 인물로, 1883년부터 뮌헨에서 화학교수로 재직 중이었다. 그는 1868년에 인디고 색의 화학공식인 $C_{16}H_{10}N_2O_2$를 얻어냈다.

  한때 베르셀리우스가 그랬던 것처럼 바이어도 이러저러한 학문적

업적들을 이뤄냄으로써 세습귀족의 명예를 얻게 되었다. 그러한 신분상승은 바스프의 블라우-베르커에게는 일어나지 않았지만, 그들의 노력은 1897년에 최초로 인공적인 인디고 색을 산업적으로 생산해내는 데 성공함으로써 대미를 장식할 수 있었다. 그러나 이 인공적인 인디고 색은 아직도 금값에 맞먹을 정도로 비쌌다. 그러나 바스프의 잘 짜여진 생산공정은 자연적으로 생산된 염료에 비해 반박할 수 없는 몇 가지 장점이 있었다. 그것은 다름 아닌 운송에 관한 부분이었다. 이제는 유럽인과 미국인이 수세대에 걸쳐 얻고자 했던 이 인디고 색을 인도에서 공급받기 위해 지구를 반 바퀴나 돌아서 항해할 필요가 없게 된 것이다.

인디고 관목을 경작하던 영국의 대농장은 1897년까지만 해도 대략 천 톤에 달하는 상대적으로 싼 염료를 세계시장에 풀어놓았지만, 그 수량은 1911년까지 거의 8백 톤 정도로 감소했다. 이에 반해 바스프와 다른 독일 염료공장에서 생산된 인공적인 염료들의 시장점유율은 정반대의 결과를 보여주었다. 즉 합성 인디고 염료는 첫 생산년도에 6백 톤을 기록하던 것이 1911년에는 족히 22,000톤 상당이 판매되었던 것이다. 바스프는 아주 저렴한 가격으로 이 인디고 염료를 판매했지만 이것은 곧 바스프에서 새로이 출시된 제품의 위협을 받게 되었다. 그것은 1901년에 개발된 바트 염료인 인단트렌(Indanthren: Indigo와 Anthrazen의 약자. 일광으로 퇴색하지 않고 빨아도 변색되지 않는 직물용 합성색소—옮긴이)이었다.

이러한 극적인 전환이 일어났던 시기는 강대국 영국에서 연료사용에 관해 한창 격렬한 논쟁이 오가던 시기였다. 이 시기는 1901년부터 1912년까지의 기간으로서 그 당시 영국은 영국의 함대들이 지금까지 사용해오던 석탄 대신에 석유를 동력원으로 쓰는 방안을 놓고 격렬한 토론을 벌이고 있었다. 이것은 정말 역사적으로 파장이 큰 결정이었고

5. 고리가 원을 그리고 있다

오늘날까지도 그 결정의 여파는 세계의 모든 함대에 적용되고 있다. 그리고 앞으로 동력사용 문제에서도 석탄에서 석유로 동력원이 바뀌기까지 12년의 토론 기간을 거친 것처럼, 설령 앞으로 석유에서 원자력으로 동력원이 바뀐다고 해도 그렇게 단시일 내에 동력원 전환문제가 마무리되지는 않을 것으로 전망된다.

그러나 독일 화학업계 종사자들은 자국에서 생산되는 원료인 석탄을 포기하고 앞으로 석유를 선호하겠다는 의지나 용기를 가지고 있지 않았다. 석탄과 갈탄은 1차대전 때와 마찬가지로 2차대전 때도 특히 염료공장에서는 없어서는 안 될 기본 요소였다. 염료뿐만 아니라 화약의 기본 재료이기도 한 질산을 생산해내고 전쟁수단으로 쓰였던 독가스를 생산하는 데도 석탄과 갈탄은 꼭 필요한 요소였다. 그리고 군사적 용도로 제작된 자동차의 동력원으로 쓰이는 휘발유를 합성해내기 위해서도 로이나(구동독의 자르 강변에 위치한 도시―옮긴이)에서 생산되던 일종의 '석탄 휘발유'는 없어서는 안 되는 품목이었다. 이러한 구조적인 조건 아래서 바스프도 속해 있었던 이게-파르벤(IG-Farben: 1925년부터 2차대전 이후 연합국 측에 의해 해체되기까지 세계 최대규모를 자랑하던 독일의 화학공업 카르텔―옮긴이) 조합이 동력원을 석탄에서 생산성이 뛰어나고 값도 싼 석유나 천연가스로 대량 전환할 수 있게 된 것은 2차대전이 끝나고 나서였다. 1947년부터 1973년까지는 석유가격이 1배럴당 대략 2달러였다. 이렇게 믿을 수 없을 만큼 저렴한 유가는 자연스럽게 경제적인 위기 상황을 초래해서, 독일의 자르와 루르 지방의 석탄광산들은 줄줄이 문을 닫아야 했다.

따라서 이게-파르벤이 해체된 이후 새롭게 독자적인 기업으로 창설된 바스프도 석탄에서 석유로 동력원을 전환하지 않을 수 없었다. 이 기업은 심지어 석유기업인 빈터샬 주식회사(Winterschall AG)와 손잡음으로써 새로이 떠오르는 석유시대에 한 방향을 제시해주기도 했다. 왜냐하면 바로 이 빈터샬 주식회사의 시추대원들이 1950년대에 엘자스 지역 근처의 페헬브론에서 유전이 나타날 수 있는 지질학적 증거들을 추적했고, 결국 팔츠 지역에서 고전적인 단층 형태의 모체광맥을 시추하는 데 성공했기 때문이다. 이 란다우의 유전은 감자밭과 와인재배 능선, 밤나무와 아몬드나무 그리고 담배관목 사이에 위치했다. 그곳엔 사람의 눈을 속이는 전원적인 풍경이 펼쳐지고 있었다. 사람의 눈을 속이는 듯한 풍경이라고 말하는 이유는 특정 채굴지점에서 분출되던 온갖 종류의 가스가 수십 년 동안 활용되지 않은 채 온갖 종류의 유해가스가 되어 낙원과 같은 아름다운 경치를 뒤덮고 있었고, 극단적인 경우에는 그냥 소각되었기 때문이었다. 결국 세기 전환기에는 이미 그 저장량이 바닥이 나서 채굴지점을 다시 덮는 작업이 시작되었다.

핏속의 휘발유: 자동차의 역사

석유화학 분야의 개척자들이 자기 스스로를 "프로메테우스의 피조물"(루트비히 판 베토벤)로 느꼈던 것은 석유역사에서만 나타나는 고유한 양상이다. 왜냐하면 석유화학의 전문용어집을 구성하고 있는 모든 알파벳 철자와 숫자를 넘어서 이 분야의 개척자들은 석유화학에 쓰이는 원료들에 불을 붙이는 행위에 호감을 가지고 있었기 때문이다. 더 나아가 이러한 점화행위는 여러 면에서 유용하기도 했다. 불꽃이나 불길 그리고 백금전선이나 각종 용광로가 없었더라면, 석유화학 및 석유화학을 기반으로 하는 다른 제반산업들은 거의 생각할 수 없었을 것이다.

그 위대한 베르셀리우스가 이미 일찍부터 시험관이나 도가니 그리고 피스톤 안에 재료를 넣고 불길을 조절해가며 실험할 수 있도록 실험 실용 미니버너 제작에 노력을 기울인 것은 놀랄 만한 일이 아니다. 화학자인 로베르트 분젠(1811~1899, 독일의 발명가이자 연구가―옮긴이)은 베르셀리우스와 거의 같은 시기에 휘발성 물질인 가스를 정확한 사용목적에 맞추어 사용하기 위해 꼭 필요한 가스분석 방법을 발전시켰다. 그뿐만 아니라 그는 휴대용 가스버너와 같은 기계를 제작하기도 했다. 이 기계를 사용하여 석탄으로부터 추출한 가스에 공기를 약간 섞음으로써 가스를 완전히 연소시키는 것이 가능해졌다.

소위 '분젠버너'로 불리던 이 방식은 점화방식을 사용하던 기존의 베르셀리우스 전등을 대체했다. 그리고 오늘날까지 전 세계의 연구실과 학교에서 사용되고 있다. 요한 볼프강 되베라이너가 발명한 라이터와 비교해볼 때, 이 분젠버너에 사용된 가스와 공기를 혼합하는 기술은 기술혁명의 시작을 알리는 것이었다. 커다란 증기기관차 외에 작은 연소 모터의 시대가 도래하고 있었던 것이다. 석탄에서 가스를 거쳐 이제는 석유가 연소 및 동력의 원료로 부상하고 있었다.

이 기술은 실험실용 버너를 개발해내지 않았더라면 그렇게 빨리 발전하지는 못했을 것이다. 전기로 조종되는 점화방식임에도 오늘날에도 여전히 휘발유로 작동되는 자동차는 이 특별한 점화플러그 없이는 생각할 수 없다. 이와는 반대로 디젤모터의 경우에는 계속해서 특별한 점화선(스파크 플러그)이 꼭 필요하다. 이 점화선은 여기서 시동을 거는 것을 촉진시킬 뿐, 모터의 작동 중에는 수동적인 상태로 있다. 왜냐하면 점화선의 기능은 고기압 상태에서 지속적인 자가점화를 통해 모터가 꺼지지 않도록 하는 데 있기 때문이다. 모터는 자동차, 화물트럭, 버스, 전동차, 선박, 잠수함 등의 동력으로 사용되고 있으며, 파이프라인을 위해 펌프를 장착한 시추탑이나 채굴지역들에서도 사용되고 있다.

따라서 석유기술의 역사를 쓸 때 꼭 언급해야 할 사실은 좋은 모터를 발전시키는 데 한 몫을 한 것이 바로 가스와 공기의 혼합물을 자유자재로 조작했던 경험이라는 것이다. 프랑스인 에티엔 르누아르는 이미 1860년에 최초로 '석탄가스 모터'를 만들어내는 데 성공했다. 그러나 독일 설계사인 오이겐 랑겐과 니콜라우스 아우구스트 오토는 실험실 버너에 적용되었던 원칙을 그대로 적용한 '4사이클식 가스모터'를 만들어내는 데 성공하는데, 이 가스모터는 디젤(가솔린)모터의 원조 격이 된다. 지금까지 눈에 보이는 불꽃을 연소시켜서 연료로 사용하던 것에서 이제는 폐쇄된 기통(실린더) 안에서 모터의 작동을 추진시키는 연료로의 전환이 이루어지게 된 것이다.

이러한 근본적인 기능전환이 이루어짐으로써 눈에 띄는 장점들이 나타나게 된다. 즉 이제는 좁은 실린더 통 안에서 규칙적인 폭발과 자가점화가 일어남으로써 삽입된 가스와 공기의 혼합물로부터 특별한 동력을 끌어낼 수 있게 된 것이다. 그리고 이 동력으로 실제적인 작업을 수행할 수 있었다. 움직임이 자유로운 피스톤은 작업수행에 사용될 수 있는 이 동력을 피스톤과 크랭크 층을 연결하는 연결봉을 통해 기어(전동장치)에 전달하고, 그 기어로부터 다시 바퀴 두 개짜리, 가끔은 바퀴 세 개짜리(오토바이) 혹은 바퀴 네 개짜리(자동차)에 동력을 전달한다. 때로는 이 동력이 배의 추진기나 기관차의 바퀴 또는 비행기의 프로펠러까지 전달되기도 한다. 그리고 이러한 동력은 마력(馬力) 또는 PS로 측정된다.

그러나 1867년에 이러한 세기적인 오토모터가 발명된 이후, 독일 슈투트가르트 출신의 엔지니어인 고트리프 다임러가 모터작동 방식을 가스에서 쉽게 발화하는 휘발유로 전환하는 데 성공한다. 그러나 그 성과를 파리 세계박람회에 내보이기까지는 거의 20년 가까운 시간이 걸

5. 고리가 원을 그리고 있다

렸다. 1885년에 다임러는 1.5PS의 성능을 지닌 모터를 선보임으로써 전 세계 기술자들을 놀라게 했다. 다임러는 이 모터를 차대(車臺: 바퀴와 연결되어 있는 전후 축을 지칭한다—옮긴이)에 연결하여 시간당 18킬로미터라는 놀라운 속도를 낼 수 있었다. 이 속력은 인간이 걸어가는 것에 비해 세 배나 빠른 속력이었다.

    이 시기에 기관차 운전자의 아들로 태어난 독일 카를스루에 출신 엔지니어 카를 프리드리히 벤츠도 마찬가지로 휘발유로 움직이는 자동차를 만들어내는 데 성공했다. 그는 이 자동차를 1886년에 일반 대중에게 공개했다. 다임러와 벤츠는 각각 독자적인 모터와 자동차공장을 설립했다. 그리고 머지않아 프랑스 쪽의 기술 개발자들(푀조, 르노)과 경쟁하는 상황이 벌어졌다. 다임러와 벤츠가 자동차시장에서 결정적인 성공을 거두게 된 계기는 1925년 그들이 연합하여 다임러-벤츠 주식회사를 설립하고 난 뒤다. 1925년은 이게-파르벤이라는 염료회사가 창립된 해이기도 하다. 이 해는 아마 독일 바이마르 공화국(1918~1933)에서 가장 위대한 산업 프로젝트가 결성된 해로 기록될 수 있을 것이다.

    다임러와 벤츠라는 이 두 명의 독일 출신 자동차 개척자들이 경쟁자를 미래의 파트너로 만들기 위해 40년간의 발전과 경험을 필요로 했다면, 기업합병 이후 그들이 새로운 파트너를 얻기까지 공동으로 사업을 운영한 부침 많았던 시기는 거의 80년 가까이 되었다. 2000년경에 다임러-벤츠는 자동차시장을 선두에서 이끌던 미국기업 크라이슬러와 손잡게 된다. 그래서 생겨난 것이 다임러-크라이슬러다. 어쨌든 처음에 기업합병을 통한 이윤 폭은 그리 크지 않았으나 곧 한 세기의 획을 긋는 혁신이 모터 분야에서 일어났다. 그것이 바로 지금까지 사용되어오던 디젤모터에 대한 대안으로 선보인 연료전지 동력이다. 이 동력은 아직 시험 단계에 있다.

다임러와 벤츠는 바링턴이나 코스토비치, 마르쿠스 또는 무니고티와 같은 꼼꼼한 성격의 사람들과 더불어 은유적인 의미에서 '핏속에 휘발유'를 지니고 있었다고 말할 수 있다. 이 '핏속의 휘발유'라는 말은 그들이 휘발유로 움직이는 자동차와 모터를 발명한 뒤 족히 백 년 뒤에 한 독일 텔레비전 드라마에 등장한 어느 카레이서를 지칭할 때 사용한 말이다. 반면 독일 아우크스부르크 출신의 엔지니어 루돌프 디젤은 완전히 다른 재료를 동력수단으로 사용하는 연구에 몰두했다.

디젤은 휘발유가 쉽게 불붙는 속성이 있고 사고가 날 경우에 폭발과 화재위험이 큰 점을 감안해서 중유를 사용하는 방안을 실험했다. 그는 점화장치를 전혀 필요로 하지 않는 모터를 개발하려고 했다. 그래서 생각해낸 것이 점화장치가 필요 없는 대신 빨아들인 공기를 실린더 속에서 대략 30 내지 50 과기압 정도로 응축하는 방법이었다. 이렇게 해서 공기는 섭씨 7백 도까지 가열되었고 이때 즉시 점화되는 연료(가스-석유)가 생겨났다. 이 연료를 사용할 경우 피스톤이 아래쪽으로 움직임으로써 원하던 작업을 할 수 있었다.

디젤은 이미 1878년에 새로운 모터 만들기에 착수했지만, 1893년에 이르러서야 『경제적인 온열모터의 이론과 구성』이라는 저서로 세인의 관심을 끌었다. 그의 생각이 경제적인 디젤모터로 현실화된 것은 아우크스부르크-뉘른베르크 기계공장에서였다. 노벨 형제가 바쿠에서 최초로 석유버너를 장착한 유조선으로 운송수단의 혁신을 이뤄낸 것과 유사하게, 이 공장도 경제적인 디젤모터를 만들어내면서 운송수단의 변혁을 유도했다. 노벨 형제는 곧 디젤의 발명품을 모방하여 1905년에는 샌프란시스코에서 놀랄 만큼 연기가 적게 발생하는 유조선을 선보여서 세인의 놀라움을 자아냈다.

1903년 이후 디젤모터의 연구 및 개발에 착수한 기업은 영국의 고급브랜드인 롤스로이스 사뿐만이 아니다. 새로운 기동성이라는 놀라운 업적을 세운 디젤모터의 성공의 역사는 자주 분석되고 기술되었다. 그러나 이 기간산업의 발전 과정에서 중요한 한 가지 근본적인 요소는 너무 짧게 기술되거나 아니면 전체적인 연관에서 분리되어 다루어지곤 했다. 모터 발전과 자동차 발전 과정의 통합적인 중심요소인 그것은, 다름 아닌 초창기에는 오늘날의 지배적인 생산물인 승용차와 화물차가 주류를 이루지 않고 경주용 자동차와 스포츠카가 주류를 이루었다는 사실이다.

당시에는 석탄과 가스 그리고 석유만이 고급화되고 있었던 것은 아니었다. 또한 자동차 제조 분야도 분명하게 귀족적 성향을 띠어가고 있었다. 즉 그 당시에는 자동차가 오늘날처럼 한꺼번에 대량생산되었던 것이 아니라 일반적으로 주문생산으로 제조되고 있었다. 이 주문생산되던 개별 자동차는 시리즈로 생산되기 전에 제조될 자동차의 모델로 여러 가지 성능시험을 거치면서 최적화되었다. 이렇게 자동차의 질적인 면을 사전에 검증했던 주된 이유는 이 모델 자동차 제조에 모험적으로 투자할 수 있는 계층이 제한되어 있었기 때문이다. 그들은 제후가문 사람들이거나 부동산을 소유하고 있는 귀족들, 혹은 은행가나 신흥산업가 계층인 '굴뚝 남작'(특히 루르 공업지대의 공장굴뚝에 빗대어서 공장주나 신흥 기업가들을 지칭함―옮긴이)들이었다. 따라서 1894년 파리와 루엥 사이에서 이루어진 역사상 최초의 자동차 경주는 자동차에 모험적으로 투자한 거액의 돈 때문에 거의 도박판 같은 성격을 띠고 있었다.

자동차 경주에서 승리한 측은 프랑스의 푀조였다. 동물의 왕이라 할 수 있는 사자가 앞발을 들고 포효하는 모양을 자동차의 트레이드마크로 장착한 이 자동차는 다임러모터를 장착하고는 규정된 대회 규칙을 깨고 참가했다. 대회 규칙은 1900년에 고르돈 베네트가 만들어 국제적으로 받아들여졌는데, 이에 따라 『뉴욕 헤럴드』의 편집자였던 베네트는 최초의 경주용 규칙을 만든 사람이 되었다. 이 규칙에 따르면 경주에 참가한 모든 차들의 무게는 최소 4백 킬로그램에서 천 킬로그램 사이여야 했다.

1801년에 리처드 트레비틱이 최초의 여객용 증기기관차를 만든 이후 정확히 백 년 만에, 산업계는 석탄과 증기로 움직이는 철도 외에 점점 더 완성도를 높여 휘발유와 디젤을 동력원으로 사용하는 개별 운송수단을 개발하여 운송체계 전반을 변화시켰다. 그리고 이로 인한 운송수단의 기동성 증가는 앞으로의 전쟁에도 영향을 미치게 된다.

1901년은 '독일 자동차 산업연합'이 창설된 해였다. 이 해에 제조된 자동차 수는 겨우 880대에 지나지 않았으나, 그 당시 엔진이 장착된 마차는 족히 천 대나 거리를 누비고 있었다. 그러나 그 마차들의 기술적인 성능부분을 살펴보면, 초기에는 1.5PS에 지나지 않던 것이 나중에는 90PS까지 상승해 있었다. 무엇보다도 경주용 자동차는 이미 자력(磁力) 점화장치나 원뿔 연결기, 다중기어 변환장치 또는 체인장치를 장착하고 있었다. 이 방식은 오늘날에도 여전히 BMW(카르단식 추진장치를 쓰고 있음)를 제외하고는 오토바이 제조에서 압도적으로 사용되고 있는 방식으로 1901년 이후 만들어진 회전시추 시설에서 사용되기 시작해 1960년에 이르러서야 자재 전동축을 지닌 회전반동력에 의해 대체되었다.

이 분야에서 수십 년에 걸쳐 기술적으로 계속된 발전 양상을 살펴보면, 오늘날의 경주용 차를 미래의 여행용 차로 생산해내는 방안을 강구 중이라고까지 말할 수 있을 것이다. 이러한 추세가 계속된다면 고급 자동차를 대량생산해낼 수 있게 될 것이고, NSU가 가속력이 뛰어난 소형자동차를 유통시켰을 때 사용했던 다음과 같은 광고문구로 이것의 상

5. 고리가 원을 그리고 있다

품화를 촉진시킬 수 있을 것이다. 이 광고문구는 "프린츠를 타고 왕이 되십시오."(여기서 자동차 이름인 프린츠는 왕자라는 뜻을 가지고 있다―옮긴이)였다.

 모터를 개개인의 선호와 취향에 따라 최적의 상태로 개량하고 이를 바탕으로 대량생산품을 위한 기본 토대가 되는 통합생산 및 상품화 방법을 완성시킨 사람은 바로 헨리 포드였다. 이때 기준이 된 것은 남성 운전자였다. 그 당시까지만 해도 여성이 자동차 면허를 취득하는 것은 허용되지 않았기 때문이다. 포드는 동시에 자동차 경주에 돈을 투자함으로써 이윤을 획득했고 몇몇 유럽 출신의 자동차 기술자들이 기술적인 면에서 새롭게 만들어낸 것들을 자신이 1903년에 설립한 포드 모터 회사에서 자동차 대량생산에 이용했다. 이로써 포드 모터 회사는 역사상 최초로 자동차를 대량생산해낸 회사로 기록되었다.

 이 과정에서 포드가 발전시킨 컨베이어 벨트는 큰 부품의 생산을 상당히 합리화시켰고 이를 통해 생산비도 절감하는 효과를 낼 수 있었다. 자동차왕이자 '미국의 황제'로 불리던 이 사람의 또 다른 성과들도 자랑할 만했다. 그는 제너럴 모터나 크라이슬러 그리고 다른 기업들과의 치열한 경쟁에도 1,500만 개 이상의 자동차를 시장에 내놓았다. 그 자동차들 중에는 전설적인 모델인 틴 리치도 들어 있었다. 이 자동차 판매기록을 깬 것은 1945년 이후 독일의 폴크스바겐이 만들어낸 케퍼(딱정벌레라는 뜻―옮긴이)였다. 경주용 차와 스포츠카 디자이너인 페르디난트 포르셰가 1938년에 나치 조직인 '기쁨을 통한 힘'을 위해 도안한 이 딱정벌레 모양의 자동차는 가속력을 낼 때 느낄 수 있는 만족감과 그런 차를 소유할 수 있다는 데서 오는 귀족주의적 만족감을 온 국민이 타는 국민차에 부여하기 위해 도안된 것이었다. 원래 이 차를 수주했던 이는 이탈리아 파시스트의 총수였던 베니토 무솔리니로, 그는 파시즘이야말로 기술적인 미래를 일구어낼 수 있는 힘임을 선전할 목적으로 기술과 성능을 겸비한 차를 주문한 터였다. 그러나 이 차가 대량생산되기도 전에 포르셰는 군용 자동차 모델을 변형, 발전시켜 2차대전 동안 다방면에서 그 성능을 시험해볼 수 있었다. 공기로 냉각된 4기통 엔진을 장착한 전설적인 무개(無蓋) 군용 자동차는 통나무를 깐 러시아의 길이든 롬멜 장군의 휘하에 진격했던 북아프리카의 뜨거운 사막이든, 그 어떤 상황에서도 적합하다는 것이 입증되었다. 이 이후에 군용이 아닌 민간용으로 생산된 케퍼 자동차는 이처럼 여러 상황에서 성능 테스트를 거친 게 유용하게 작용한 셈이 되었다.

원료와 돌, 그리고 석유를 넘어서

본명이 프리드리히 폰 하르덴베르크인 숲의 시인 노발리스는 경외심을 가지고 "돌과 원료는 지고의 존재다."라고 말했다. 그는 산을 잘 알고 있었기 때문에 라우지츠 지역의 갈탄 위치를 지질학적으로 측량할 때 기여하기도 했다. 또한 그는 이 기간 중에 「밤의 찬가」라는 시를 쓰기도 했다. 노발리스는 제련소에서 쓰는 영국제 특수 용광로에 대해 잘 알고 있었기 때문에 액체가 휘발성 물질, 즉 형태는 없지만 내용물이 풍부하고 종종 눈에 보이지 않는 가스로 변하는 과정을 잘 이해하고 있었다.

액체가 기체로 변해가는 과정은 연금술이 화학으로 변해가는 역사적인 진행 과정과 비슷하다. 즉 역사는 지상의 모든 물질 속에 신비스런 힘이 있다는 믿음에서 출발하여 이러한 자연 원료를 그 특성과 그것의 변화에 따라 이성적으로 취급하는 방향으로 진행되어갔다. 궁극적으로 이러한 발전은 석유화학을 탄생시켰다. 석유화학은 자연을 총체적으로 이해하는 이전의 사고에서 벗어나 스스로를 하나의 학문이자 산업으로 이해했다. 그것은 마치 지질학이 성서에 나와 있는 창조에 관한 보고를 따르는 창조주의의 굴레에서 벗어나 하나의 독자적인 학문으로 당당히 자리매김할 수 있게 된 것과 같았다. 석유화학은 이렇듯 해방의 속성을 지니며 기술적으로 활용할 수 있는 암석학으로 발전해 나갔다. 이 암석학은 광업의 발전을 촉진했으며 지하자원의 매장지를 더 잘 찾아낼 수 있게 했다. 이 지하자원에 속하는 것으로 석유와 천연가스를 꼽을 수 있겠는데 이것들은 모든 산업 분야에서 사용할 수 있는 유용한 기본 원료들이다.

오늘날은 석유문화 시대로 들어가는 입구에 서 있다고 말할 수 있을 것이다. 민영화되고 기업합병과 같은 조치를 통해 확장된 브리티시 석유는 2000년에 한 신문기사를 통해 이러한 석유문화 시대를 '석유를 넘어서'라는 시대로 천명했다. 이것은 기술지상주의로 인한 자연의 탈신비화를 슬퍼하고 새로운 윤리의 정립을 요구하는 그러한 시대라고 할 수 있다. 그러나 석유화학과 거대 화학기업들이 분명 파괴적 행위—예를 들어 1, 2차대전 기간과 그 외의 기간에도 생산해낸 전쟁가스와 치클론 B(청산을 포함한 살충제)와 같은 독가스를 생산해내는 행위—를 저지르기는 했지만, 만약 이 분야가 자연을 연구대상으로 삼고 그것을 반윤리적으로 점유하지 않았더라면 인간에게 유용하고 인간친화적인 많은 것들이 그냥 숨겨진 채 있었으리라는 것도 사실이다. 예를 들면 인공 골반뼈를 만드는 플라스틱이나 상한 치아의 구멍을 막는 충전물, 심장판막, 트레비라(Trevira)나 디올렌(Diolen) 같은 옷감들 그리고 시멘트와 같은 건축자재들은 석탄이나 석유 혹은 천연가스를 연료로 사용하지 않고서는 거의 생산해낼 수 없는 것들이다. 오늘날은 회전 용광로[化

爐]를 만들 때나 철을 녹일 때 또는 난방용 보일러를 제작할 때 현대적인 굴절기술을 사용하는데, 이때 사용하는 돌들은 섭씨 2천 도의 열도 견뎌낼 수 있는 타지 않는 돌이다. 이 돌을 잘 보면 기술적으로 볼 때 마치 아주 효과적으로 구워낸 예술작품인 것처럼 보인다.

프로메테우스 신드롬을 모든 것을 다 태워버리려는 병적인 욕망으로 이해할 때, 말기 단계에 와 있는 우리의 현대기술 세계도 이 신드롬을 비켜가지는 못한다. 이 상황이 극명하게 드러나는 산업이 바로 자원을 엄청나게 사용하는 석유와 가스산업 분야다. 석유산업 초기에는 무엇보다도 정확한 분량을 재서 가열하는 증류방법이 사용되었다. 이 방법은 석유 속에 함유되어 있는, 쉽게 증발되지 않는 휘발성 물질을 열을 잘 조절해서 분리시키거나 가끔은 냉각시키기 위한 것이었다.

이 간단하지만 아주 효과적인 기술은 준비해놓은 원료가 증류 피스톤 속에서나 시험관 속에서 증발되면 그 다음 단계에서 제2의 용기나 증류기의 수용기(受容器)에서 새로운 액체로 응집되는 원리를 사용하고 있다. 이와 동시에 응축액이나 증류액이 생겨나는데, 이 액체들은 원래 재료와는 완전히 다른 특성을 지닐 수 있다. 이 응축액이나 증류액은 그 외에도 수많은 결합들을 허용하며 특별한 유도체도 가능하게 만든다.

그렇게 해서 이미 1838년에 휘발유는 대부분의 자동차에 사용되는 연료로 발견된 것이다. 주로 특정 종류의 석유를 증류해서 그로부터 얻어지는 휘발유는 쉽게 끓어오르는 탄화수소라는 물질을 함유하고 있다. 이 과정에서 부수적으로 생기는 것 중에서 니스용 휘발유(비등점이 40~60도 되는 휘발유로서 기름때가 묻은 물건을 소독하거나 닦을 때 쓰인다—옮긴이)가 있다. 이 원료가 발견됨으로써 석유화학자들이 이제 원래의 천연자원을 고급화하는 단계에 있고, 그들이 단순히 석유와 가스의 유해한 결합만을 발견해내는 것이 아니라는 사실이 잘 드러난다.

5. 고리가 원을 그리고 있다

석유역사의 초창기에 그들의 산업적인 활동을 합법화하기 위해 종종 사용했던 고급화라는 개념은 독일어권에서는 거의 사라졌다고 말할 수 있다. 이 개념은 영어로는 'Refining', 프랑스어로는 'Raffinage'로 표현된다. 이것은 원재료나 어느 중간 단계에 처해 있는 석유생산품을 정화하거나 정제하는 것 또는 최적의 상태로 만드는 것을 의미한다.

증류한다는 말이 주로 가열된 석유 속에 함유되어 있는 특히 가벼운 부분과 관련되어 있다면, 석유 속에 함유되어 있는 무거운 부분은 계속해서 석유를 이용하는 과정에서 문제를 발생시킬 수 있다. 쉽게 끓어오르지 않는 석유의 경우 열을 가해해도 해체할 수 없는 석유와 가스의 결합을 어떻게 끊을 수 있느냐 하는 문제가 바로 그것이다. 이 문제는 1차대전 때까지 거의 해결할 수 없었고 싱클레어라는 화학자에 이르러서야 해결의 실마리가 보이게 된다. 그는 개척자다운 행동으로 이 분야에서 지속적인 성공을 거둘 수 있었다. 그는 조준해서 이 결합을 깨는, 소위 말하는 분해증류(가압증류에 의해 석유를 열분해하는 것―옮긴이) 방법을 사용했다.

이 방식은 휘발유를 더 많이 얻어내기 위해 증류 원료를 과열시켜서 그 원료의 분자구조를 추가적으로 부수는 방법이다. 이러한 기술적인 발전은 특히 미국에서 아주 중요한 역할을 했다. 미국에서는 1차대전의 결과로 거리를 질주하는 자동차 숫자가 엄청나게 증가했다(1917년 미국이 참전할 당시 포드 회사 단독으로 만들어낸 자동차 수만 해도 정확히 785,432대였다). 그뿐만 아니라 비행기 제조도 발전해 나갔다. 대단히 가치 있는 등유에 대한 수요도 증가했는데, 이것은 프로펠러를 장착한 비행기 모터연료로 사용되다가 1945년 이후에는 터보 프로펠러 연결기계와 제트엔진으로 사용되었다.

그러나 이 모든 방법들은 230도에서 350도 사이에 비로소 끓기 시

239

작하는 중유가 이용되는 상황에 이르면 항상 한계에 부딪히곤 했다. 이러한 석유사용 분야를 위해 1913년 이후에는 화학자 프리드리히 베르기우스가 고안한 '베르기우스 석탄액화법'이 사용되기 시작했다. 이 베르기우스 석탄액화법이란 고기압으로 수소를 첨가하는 방법을 말한다.

이 방법이 산업적으로 쓰이기 시작한 이유는 석탄(특히 역청탄)에서 휘발유뿐만 아니라 디젤유와 파라핀유(경유)도 얻고자 했기 때문이었다. 그러나 물론 특수한 촉매의 도움을 받아 생산품의 품목을 상당히 다양화시킬 수는 있었지만, 이러한 장점에 비해 생산비용이 너무 많이 드는 단점이 노출되었다. 그래서 잘 알려진 로이나 품질(로이나 정유공장에서 생산되는 뛰어난 품질을 말함—옮긴이)의 휘발유 1톤을 얻기 위해서는 4톤 내지 5톤이 되는 석탄을 갈아서 거기에 수소를 첨가해야 했다. 이 휘발유는 라이프치히에 위치한 로이나 정유공장에서 생산되었고, 1925년부터는 석탄에 들어 있는 황 성분을 제거하고 휘발유를 얻기 위해 '피셔-드롭슈 방식'도 사용되었다. 이러한 수소첨가 방식은 한때 독일 석유화학이 내세우는 자랑거리였으나, 구동독에서 잠시 활용된 후 지금은 프랑스 에너지 콘체른인 엘프 아키텐-토탈이 석유를 근간으로 하여 활용하고 있다. 확실하고 충분한 석유공급이 어려워지자 석탄으로부터 휘발유를 채취해내는 이전의 방식은 비용이 많이 드는 사치스러운 방식이 되어버렸다. 이 방식은 '독일이 택한 특별한 방식'이 되었고 결국에는 막다른 골목에 몰리게 되었다. 그럼에도 에소 기업의 귀족 발터 티겔이 1920년도에 로이나 공장을 방문했을 때, 이 방식에 사용되는 엄청나게 커다란 수소첨가 시설과 이를 위한 접촉 용광로 같은 시설들은 그의 감탄을 자아내기에 충분했다. 그는 심지어 이 방식에서 석유화학이 앞으로 나아가야 할 미래상을 보았고, 반면 그 당시만 해도 충분했던 미국의 석유와 천연가스 매장지를 발견하는 것은 별로 중요하게 생각하지 않았다.

그 당시 널리 행해지던 이 방법, 즉 석탄을 액체로 만드는 방법은 독일 경제계가 꿈꾸어왔던 것이었다. 이 방법은 자급자족경제를 주장하던 민주적인 정치가들이 꿈꾸어왔던 것과 상당히 유사했다. 그러므로 나치가 정권을 잡은 이후인 1934년에 에너지 경제정책을 실시한 이유는 오로지 중앙집권 방식으로 전쟁을 준비하기 위한 것만은 아니었다. 따라서 1949년 이후에 나치가 패망하고 민주주의적인 상황에서도 1934년에 통용되던 법조항이 그대로 효력을 발휘하고 있었다는 것, 심지어 이것이 1969년 이래로 강행된 '백년계약'의 토대를 구성하고 있다는 것은 놀랄 만한 일이 아니다. 그러나 사회민주당이 '백년계약'으로 칭송한 바 있고 전기사용자가 시간당 몇 킬로와트를 썼는지에 따라 법적으로도 명시된 석탄 페니히(독일 마르크화가 사용될 때 마르크의 하위 통화단위—옮긴이)를 지불함으로써 재정을 지원받았던 이 시스템은, 더 이상 생산성이 없다고 판명되었다. 이것은 솔직히 말하자면 정부의 높은 보조금으로 지탱되던 석탄광업을 살리기 위한 필사의 자구책이었다. 석탄발전소로 인해 환경오염 문제가 발생하는 것을 제외하더라도 백년계약은 위헌이라는 결점을 안고 있었다.

탄화수소는 그 어떤 물질들보다 현대의 생활을 각인하는 물질이었다. 탄화수소가 이뤄낸 이러한 긍정적인 업적이 있는데도 광업이나 정제공장에서 그리고 석유화학 초기에는 여러 가지 문제들이 발생했다. 그리고 이러저러한 부작용들이 '지구가 중독되어간다'는 주장을 뒷받침해주는 충분한 근거가 되고 있음은 의심의 여지가 없을 것이다.

이러한 주장의 근거가 되는 객관적인 논거들은 논리성이 있으며, 자연생산물을 화학적으로 대체하는 것에서 현대로 향한 산업적 왕도만을 발견하고자 하는 사람들에게 반성의 계기를 만들어줄 수 있을 것이다. 왜냐하면 예를 들어 질소연료에 들어 있는 벤졸과 나프탈렌 향은 알레르기나 다른 피부병을 일으킬 수 있는데, 그 때문에 지금까지 질소염료를 구매해오던 고객의 구매욕구가 점차 줄어들고 있다는 것은 이미 잘 알려진 사실이기 때문이다.

무슨 방책이 더 남아 있는가? 모든 석유화학자가 독이 든 제품으로 이윤을 내는 것은 아니며, 벤졸 함유제품 전부를 '식물의 병충해 방제약품(농약)'으로 간주하는 것도 부당한 일일 것이다. 어쨌든 석유화학자들은 구조적인 면에서 어떤 방식으로든지 인류의 복지에 기여할 수 있을 것이다. 즉 석탄이나 석유 혹은 가스와 같은 원료 속에서 파라핀과 같이 생명을 유지시키는 흔적을 찾아내는 것과, 자연 속에서 어떤 파괴적인 속성을 찾아내는 대신 자연을 지키고 보살피는 수탁자적인 파트너의 모습을 찾는 것 등이 석유화학자가 기여할 수 있는 몫이 아닌가 싶다. 노르웨이 출신의 작가 크누트 함순은 미국 펜실베이니아 및 바쿠 유전지역에 대해 잘 알고 있었다. 그는 자신의 경험에서 우러나온 다음과 같은 말은 바로 석유화학자들이 지녀야 할 마음가짐을 잘 표현하고 있다.

"우리는 '대지의 은총'에 보답할 의무가 있다."

6

초강력 카르텔

석유역사학자인 타벨은 난국에 빠진 상황에서 자신의 무기력함을 다음과 같이 토로했다.
"자연은 소수의 소유욕에 불타는 인간들이 자신들의 재산을 늘리는 것에 분노한 나머지, 훤히 드러난 광맥을 통해 지구에 석유가 넘쳐흐르게 했다."
자연을 그리스-로마신화에 나오는 복수의 여신으로 묘사한 이러한 감정적 토로에 대해 도덕적으로 훈계까지 받게 된 록펠러는 아주 냉정하게 다음과 같이 응답했다.
"만약 석유생산자들이 자연을 그렇게 착취하지만 않았더라도, 만물의 어머니인 자연이 자신의 광맥을 그렇게 드러내지는 않았을 것이다."

카르텔에 대한 잘못된 착각과 왜곡된 시선

경제를 독재적으로 점유한다는 의미에서 독과점을 추구하는 전형적인 인물을 언급할 때 우리는 그리스-로마신화에 등장하는 황금의 손을 지닌 미다스 왕을 꼽곤 한다. 디오니소스 신은 술에 취해 이리저리 방황하던 자신의 양부이자 스승인 실레노스를 잘 보살폈다가 안전하게 돌려보낸 미다스 왕에게 감사의 뜻으로 한 가지 청을 들어주기로 약속한다. 미다스 왕은 자신의 손이 닿는 것은 무엇이든지 '금'으로 변하게 해달라고 요청했다.

신의 권한으로 얻게 된 것이기는 하지만, 정직하게 일해서 획득한 것이 아닌 부는 잔혹한 어두운 면도 드러냈다. 이 오만한 인간이 먹고 마시는 것조차 모두 황금으로 변해버리고 말았던 것이다. 그 순간에야 비로소 "모든 연금술사 중에서 가장 비극적인 사람"(샤를 보들레르)인 그는 신이 자신의 탐욕을 벌하려 이러한 징벌을 내렸음을 깨닫게 된다. 미다스 왕은 풍요의 영광을 누리면서 굶어죽을 수밖에 없는 처지가 된 것이다.

역사를 살펴보면 텍사스 주 휴스턴 출신의 헌트 게브뤼더 형제도 변방의 바보와 같은 행동으로 미다스 왕이 저지른 것 같은 어이없는 오류를 저지르고 말았다. 이 백만장자 형제는 1980년대까지 참 기이한 생각을 품어왔다. 즉 그들은 석유로 번 재산으로 전 세계의 은을 사 모아 독점하려는 계획을 세운 것이다. 그들은 전 세계에 영향력을 미칠 야심을 가지고 고대 은화에 손을 뻗쳤다. 그들은 자신들이 전 세계의 은을 다 사 모으면 언젠가는 은이 부족하게 되어 기존의 시장을 무력하게 만들고, 결국에는 이 시장을 인수하게 되리라는 희망으로 은이라는 은은 깡그리 끌어 모았다.

잘 알려져 있다시피 이 형제가 벌인 상당히 어설픈 시장조작 기도는 실패로 돌아갔다. 그 이유는 여러 가지가 있겠지만, 무엇보다도 주요 은 생산국들인 옛 소련, 멕시코, 남아프리카 같은 나라들이 텍사스 쪽에서 인위적으로 깨고 있는 시장의 흐름에 효과적으로 대처하기 위해 이념의 차이를 넘어서서 한시적으로 은 카르텔을 형성한 데 있었다. 미다스 왕이 모든 것을 황금으로 만드는 손을 가지고 있었지만 굶어죽을 처지에 빠졌던 것처럼, 이 취미 투기꾼인 '헌트' 형제는 공급자 측의 단합으로 완전히 굶어죽게 된 것이다.

만약 이 두 형제가 역사의 교훈을 생각하고 자신이 속한 석유 분야의 현재만을 생각했더라면, 그들은 이러한 모욕을 안 당했을 것이고 경제적인 손실도 입지 않았을 것이다. 그러나 그들은 법적으로 상당히 통제를 받고 있는 시장원칙, 즉 무역 및 관세에 관한 일반협정을 위반했을 뿐 아니라 자신들이 사들인 은의 가격을 임의적으로 책정하여 이윤을 취하려는 이기주의적인 목적을 추구하기도 했다. 그러나 1789년부터 1795년도까지 프랑스에서 일어난 프랑스혁명의 맹렬한 비판가였던 에드먼드 버크는 이미 같은 시기에 모든 재산에 내재되어 있는 공익의 계율을 잊지 말 것을 경고했다. 그리고 또한 다음과 같은 기본법을 기억할 것을 충고했다. "재산에 반대하는 법은 산업에 반대하는 법이다."

이러한 충고를 장구한 역사적인 경험을 토대로 제대로 이해한다면, 이 영국의 학자이자 정치가인 버크가 지적하고 있는 사실은 산업적인 재산도 지켜야 할 가치가 있고 법적 보증을 받아야 한다는 의미로 해석할 수 있다. 또한 이러한 상호연관 관계를 고려한다면, 카르텔의 존재와 카르텔의 작용을 이해할 수 있을 것이다. 왜냐하면 그러한 기업들의 동맹(카르텔) 속에서 법적권리와 의무를 지닌 모든 회원들의 재산이 보존되기 때문이다. 따라서 이러한 이해관계로부터 생겨나는 것은 주로 목적

6. 초강력 카르텔

에 부합하는 사람이나 기업들끼리 맺는 일시적인 동맹이나 연합이다.

카르텔에 참여하는 모든 참여자들의 자주성이 보장되는 이러한 구조를 잘 살펴보면 카르텔이라는 것은 시추산업 분야에서 나타나는 신디케이트와 유사하다는 것을 알 수 있다. 이 신디케이트라는 것은 시추영업 허가를 딴 기업들끼리 석유나 가스매장지를 공동으로 개발하기 위해서 두 기업 또는 몇 개의 기업이 의기투합하여 한 가지 목적을 향하여 상호 협력하는 모델을 말한다.

이렇게 카르텔을 풀어서 장황하게 설명한 데는 그럴 만한 이유가 있다. 왜냐하면 무엇보다도 특히 좌파 자본주의 비판가들이 카르텔을 독점기업과 혼동했기 때문이다. 카르텔 소속회원들이 상호성이라는 공동의 목적에 책임감을 느끼고 있는 반면, 독점기업들은 경쟁자를 완전히 배재시키고 그들의 재산을 매점하거나, 심지어 국가독점의 경우에는 이들의 재산을 손해배상하거나 때로는 그것조차 하지 않으면서까지 회수하고자 노력한다.

이와 같이 카르텔과 독점기업은 항상 서로 엄밀히 구분되어야 한다. 왜냐하면 이 두 가지를 서로 구분하지 않는다면, 잘못된 착각과 왜곡된 시선이 생겨날 수 있기 때문이다. 카르텔에 대한 왜곡 내지 잘못된 생각은 특히 다운스트림에 해당하는 전 영역을 수상쩍은 눈길로 보게끔 만들 수 있다. 또한 이와 더불어 록펠러 재단이 1870년부터 1911년까지 유지해왔던 상품화전략도 마찬가지로 곱지 못한 잘못된 평가를 받을 수 있다. 1911년은 록펠러가 세운 정유회사인 에소가 서로 다른 여러 존재로 산산조각이 난 바로 그해다. 이 시기는 미국 석유경제의 초기 단계로서 독점을 시도하는 측과 은밀히 형성된 카르텔이 서로 팽팽한 긴장관계를 형성하고 있었으며, 이 경쟁의 와중에 종종 양측 모두 다 손해를 입는 그런 양상이 목격되곤 하던 시기였다.

소위 우리가 일곱 자매들('국제 석유회사' 로 '메이저' 라고도 부른다. 국제적인 7대 석유회사 또는 국제적인 7대 석유자본으로 엑슨, 모빌 오일, 소셜[후에 셰브런으로 바뀜], 걸프, 텍사코, 로열-더치셸, 브리티시 석유를 가리킨다—옮긴이)이라고 부르는 기업들도 이와 비슷한 경험을 해야 했다. 바쿠 유전지역에서 한때 노벨을 제외하고 가장 큰 석유 콘체른이었던 이 일곱 자매들은 1907년부터 1928년에까지 진행되었던 투쟁기간 동안에 한 가지 사실을 깨닫게 되었다. 이것은 다름 아닌 그들 혼자서 석유시장을 독점하려고 아무리 노력해도 불가능하다는 사실이었다. 그래서 그들은 경제적인 이해에 따라 서로 카르텔식으로 단합할 준비가 되어 있었던 것이다.

이 경우에 특정한 구조와 행동방식 그리고 심성이 생겨났다. 1960년에 설립된 국가 간의 카르텔인 석유수출국기구도 이것을 깨뜨릴 수는 없었으며, 심지어 국가의 카르텔 감독청마저도 이에 맞서기가 쉽지 않았다. 2000년도에 프라이에 탕크슈텔레의 사장이 기가 오일의 정유공장을 불공정 경쟁을 이유로 베를린 카르텔 감독청에 고소한 사건은 이에 대한 대표적인 예라고 할 수 있다. 프라이에 탕크슈텔레 측은 휘발유와 디젤 가격정책으로 인해 자신의 재산을 정당하게 사용할 수 있는 권리가 상당히 침해된 것을 생각했던 것이다.

지치지 않는 불굴의 아나콘다, 록펠러

점점 복잡해져가는 미국 석유산업의 개척시기에 클리블랜드 출신의 상인이었던 록펠러는 석유생산품을 상품화하는 자기 활동의 위험성을 그 누구보다 더 분명하게 의식했다. 1839년생인 그는 1865년에 일어난 내전 직후 아주 젊은 신참으로서 석유도시 피트홀의 화려한 성장과 살인적인 몰락을 목격했다. 이때 그는 쉽게 돈 벌려는 꿈이 얼마나 순식간에 무너져 내릴 수 있는지를 아주 가까이에서 체험했다.

피트홀에 산재한 카지노와 극장의 기만적인 허상, 그리고 담배연기 자욱한 살롱에서 흥청거리는 타락한 사람들의 모습은 활동적인 침례교인인 록펠러의 취향에는 맞지 않았다. 그는 일확천금이나 정직하지 못하게 벌어들인 돈은 대낮이 되면 다시 악마가 가져가버린다고 확언했고, 이러한 주장은 자기 자신에게도 아주 만족스러운 설명이었다. 석유업계에서 일하는 사람들이 벌이는 행각들은 록펠러의 눈에는 마치 이교도들이 금송아지를 섬기며 그 주위를 춤추는 것처럼 보였다. 그러한 석유 우상이 무너지는 것이, 그의 눈에는 하룻밤의 쾌락을 위해 살고 내일이나 미래에 대해서는 아무런 걱정도 하지 않는 노름꾼에게 내리는 신의 진노처럼 보였다.

록펠러는 1870년 이후 스탠더드 오일의 본부가 있었던 미국 오하이오 주의 클리블랜드에서 태어났다. 그는 절약정신도 투철하고 아주 양심적인 석유상인이었는데, 이러한 성격의 록펠러가 다른 사람들의 방탕한 생활태도에 우려를 품은 것은 결코 놀랄 일이 아니다. 그는 진정한 석유 상황이 어떤지 잘 모르는 두려운 상태에서 자신의 회의를 이렇게 표현했다. "당신은 이미 상당한 재산을 가지고 있습니다. 정말 그렇지요. 지금은 그 재산이 품위 있는 재산인 것처럼 보이지요. 그러나 더 이상 석유가 없다고 생각해보십시오. 석유가 이 세상에서 그냥 완전히 사라져버린다면?" 이러한 생각은 1934년에 출판업자인 안톤 치슈카 역시 품었던 것이기도 하며, 심지어 1972년 로마클럽의 전문가들까지 괴롭히던 상념이었다.

록펠러가 1869년에 유가위기를 동반한 석유공급 과잉현상을 타개하려고 애쓰는 와중에도 타이터스빌과 오일 크리크에서는 끊임없이 새로운 석유가 발견되었다. 이 사실이 그를 일시적으로는 안심시켰다. 그러나 갑작스런 석유의 상실과 그로 인해 점점 불어가는 재산의 근간이 무너지지 않을까 하는 그의 걱정은 그가 세상을 떠난 해인 1937년까지 사라지지 않았다. 그는 온갖 회의가 밀어닥쳤음에도 침례교도로서 신의 섭리를 굳게 믿었다. 그는 자신의 재산이 증가하는 것을 보며 신의 은총이 내리고 있음을 믿어 의심치 않았던 것이다. 그럼에도 그는 쌓아놓은 재산이 자신의 자만심을 충족시키는 도구로 전락하거나 오로지 이기주의적 목적으로 오용되는 순간 신의 노여움이 그 인간에게 떨어지리라는 것을 분명하게 의식하고 있었다. 그는 엄격한 침례교도였기 때문에 석유를 상품화해서 벌어들인 재산을 일종의 기탁금이나 자신에게 맡겨진 신탁재산 정도로 간주했다. 그래서 자신의 기업이나 조합원, 각계각층에서 함께 일하는 직원들, 고객 또는 심지어 공공복지(세금납부)도 결코 소홀히 하지 않았다.

  그는 절약정신이 투철했고, 따라서 1센트도 불필요하게 낭비하지 않았다. 이러한 이유에서 중간상인들이 챙기는 마진율은 그의 마음에 들지 않았다. 이 중간상인들은 정유공장을 가동시키고 있는 수많은 시추기업들의 사업에 개입하고 있었다. 록펠러는 중간상인들을 거치는 대신 시추탑이나 채굴지역에서 직접 석유를 구입하는 것을 더 선호했다. 그리고 이러한 방식으로 유전의 실제적인 정황도 알 수 있게 되었다.

  이러한 태도에서 특징적인 것은 에소의 창립자인 록펠러가 석유개발에 직접 관여하는 것을 거부했다는 것이다. 그가 보기에 대부분 케이블시추 장비를 가지고 불편한 채굴현장에서 행해지던 시추는 힘든 작업이었다. 석유를 현장에서 시추하고 채굴하는 사람들의 거칠고 비틀거리는 삶은 록펠러의 관심을 이 분야로 끌지 못하는 이유가 되었다. 이 분

6. 초강력 카르텔

야는 그가 보기에 석유 한 방울 나지 않는 구멍을 시추할 위험부담도 상당히 높고, 행여나 시추 구멍으로부터 석유나 가스가 분출될 경우 소중한 동료직원의 목숨을 잃을 수도 있으며, 그 경우에 그렇게 힘들게 마련한 석유도 인명과 마찬가지로 손실될 위험이 있었던 것이다.

록펠러는 1차적으로 자신을 상인으로 생각했다. 그래서 그는 석유 생산 분야(업스트림)뿐만 아니라, 가능한 한 석유를 상품화하는 전 영역(다운스트림), 즉 석유의 원산지부터 정유공장 그리고 그곳에서 값을 지불하는 고객에 이르기까지 가능한 한 안전하게 석유를 운반하는 일에 전력을 쏟았다. 동시에 그가 개인적으로 더 알고 싶어했던 영역은 에리 역이나 뉴욕 센트럴 역, 펜실베이니아 역 같은 (민영)철도회사들이 소유하고 있는 화물역에 투입된 유조차의 기술적인 상태에 관한 부분과 정유공장의 권리에 관한 부분이었다. 그의 관심은 늘, 피할 수 있는 손실을 최대한 막을 수 있는 방안들에 쏠려 있었다.

록펠러는 다운스트림 분야에서 사무소와 현장을 오가며 감독하고 조직을 결성하는 능력을 마음껏 발휘했다. 이 사이에 노벨 형제는 곧 지치게 되었지만, 록펠러는 달갑지 않은 경쟁자가 석유시장에서 지쳐 쓰러질 때까지 쉬지 않았다. 그의 적수들이 그를 가리켜 '젊은 아나콘다'라고 부른 것은 그 이유가 있었다. 아나콘다는 아마존 지역에 서식하며 사람들의 숭배를 받던 뱀으로, 거대한 몸집을 이용해 자신의 먹이를 서서히 목 졸라 죽이기 때문이다.

록펠러를 표현할 때 이보다 더 잘 들어맞는 표현은 아마 없을 것이다. 역사학자인 이다 타벨은 한 정유공장 사장의 딸로서 록펠러의 공장 인수에 저항한 인물이었는데, 그녀가 내린 도덕적인 판단을 따르고 싶지 않은 사람일지라도 한편으로 경쟁자를 의식적으로 '교살하는' 그의 행동과, 다른 한편으로 항상 새롭게 탄생하는 록펠러의 지사들을 간과

할 수는 없을 것이다. 그것은 정말 그가 거의 완벽하게 터득하고 있던 절묘한 이중적인 예술이었다. 록펠러는 그가 지니고 있던 깊은 신앙심에도 기회가 있을 때마다 두 개로 갈라진 혓바닥을 내미는 뱀의 모습을 보여주었던 것이다.

1872년에 설립된 SIC(Southern Improvement Company)가 구조상의 결함 외에 몇몇 회원들의 불공정거래 행위 때문에 일찍 실패하고 말았을 때 록펠러가 보여준 태도는 그의 투철한 목적의식과 목적지향적인 행동의 전형적인 예로 간주될 수 있을 것이다.

SIC와 같은 목적연합의 결성이 자신의 이익을 확실하게 보장해줄 것으로 간주되던 1869년에 발생한 석유공급 과잉현상은 록펠러를 아주 걱정스럽게 만들었다. 끊임없이 새롭게 발견되는 석유로 인해 석유공급자 측에서 제공하는 배럴당(159리터) 유가는 상당히 압박을 받고 있었고, 이로 인해 가격경쟁이 유발되었다. 이 지나친 가격경쟁은 석유기업들을 거의 파산으로 치닫게 만들었다. 이는 석유와 관련된 모든 분야를 송두리째 뒤흔들었을 뿐만 아니라, 전적으로 민영기업으로 운영되던 기차에까지 영향력을 미쳤다. 채굴한 원유를 얼마나 저렴하게 마지막 종착역인 정유공장에 공급하느냐와 그곳으로부터 램프용 등유나 연고의 재료로 사용되는 석유가 얼마나 싸게 고객에게 공급되느냐는, 철도의 화물임금과 할인허가 유무에 달려 있었기 때문이다.

그 당시 철도는 석유 붐이 일어나던 시기였기 때문에 사람들은 점점 늘어가는 석유운송 업무를 잘 처리하기 위해 철도에 대한 설비투자를 엄청나게 늘렸다. 이 사실엔 특히 주목해야 하는데, 철도를 통한 석유운송은 파이프라인을 통한 석유운송이라는 신속하고 저렴하고 무엇보다도 별 무리 없이 가동시킬 수 있는 운송시스템이 나오기 전까지 철

6. 초강력 카르텔

로 위에서 유조차를 가지고 벌였던 어마어마한 이권이 걸린 사업이었던 것이다. 따라서 권력욕이 있는 펜실베이니아 철로의 보스였던 톰 스콧이 SIC의 설립을 주창한 것은 놀랄 일이 아니다. 록펠러는 이 철도왕을 미국 철도와 운송역사에 등장했던 인물들 중 '아마도 가장 지배욕이 강하고 독재적인 권력'으로 간주했다고 한다.

스콧은 SIC와 해당 주식 할당량의 도움으로 석유산업과 철도의 당면과제인 운송문제를 궁극적으로 해결하고자 하는 계획을 세웠다. 물론 혼란스럽게 들끓고 있는 이 석유시장에서 활동하고 있던 다른 경쟁자들의 희생을 대가로 했다. 그 당시 석유시장은 아직까지 합리적으로 잘 조정되는 시장 형태를 갖추고 있지 못했다. SIC 회원들끼리 이미 담합한 대로 정유공장 공장주들은 스콧으로부터 특별 석유운송 할인혜택을 받았다. 이 할인혜택으로 인해 그들은 다른 이들이 도저히 경쟁할 수 없는 유리한 입지에 서게 되었고, 궁극적으로 이것은 경쟁상대의 공장이나 회사가 인수되거나 아니면 완전히 파산되는 결과를 초래했다.

스콧이 구상한 계획안은 록펠러나 다른 SIC 프로젝트에 참여하는 다른 파트너들의 마음에 들었다. 왜냐하면 록펠러는 이미 오랫동안 거의 무력적인 양상으로 발전해가던 고향의 석유시장을 한 번 정화해야겠다는 생각을 오랫동안 품어왔기 때문이다. 그 당시 록펠러의 고향은 이러한 완전히 새로운 상황에 직면해서 법적인 경험부터 쌓아야 했다. 그 이후 록펠러는 자신이 만든 법에 입각해 이 상황에 개입했다. 록펠러는 SIC를 이용하여 항상 유동적인 석유가격을 지속적으로 안정시키는 것을 염두에 두고 있었다. 이것은 자신의 주 고객과 자기 자신의 수익상황에 이롭게 하기 위한 것이었다. 또한 오직 자기 자신의 수익상황에 따라 투자의 가능 여부가 달려 있기도 했다. 록펠러가 석유산업에서 사회진화론을 극단적으로 추구했다는 견해는 오늘날까지 널리 퍼져 있는 견해인데, 그가 1872년에 보여준 태도는 이와는 정반대되는 모습을 보여주었다. 이 에소 기업의 보스는 지금까지 주도적인 추세였던 "만인에 대한 만인의 전쟁"(토머스 홉스)대신 자본이 취약한 파트너들과도 조화로운 협력관계를 유지하고자 했다. 물론 이들이 록펠러의 영향력 아래 있었던 것은 분명한 사실이다.

이렇게 록펠러가 고분 분투하는 상황에서 스콧은 자신이 마치 권력을 다 잡은 듯한 볼썽사나운 부자연스러운 태도를 보여 록펠러의 심기를 건드렸다. 그러나 록펠러는 스콧의 개인적인 약점에도 구조적인 면에서 많은 장점이 있다는 것을 알아챘다. 왜냐하면 SIC 계획이 실현될 경우에 '석유와 철도 양쪽에 다 해당되는 이중 카르텔을 형성할 수 있는' 절호의 기회가 생기기 때문이었다. 말하자면 일종의 홀딩(Holding: 소유물이나 재산, 특히 주식이나 채권, 부동산 등을 말한다—옮긴이) 형성이 문제가 되었는데, 록펠러 그룹은 그들의 동조자들과 함께 2천 주 중에서 겨우 천 주를 소유할 수 있었다. 이로써 대주주가 되기는 했지만, 결정적인 우위를 점하지는 못했다.

스콧의 계획안이 상당히 설득력이 있고 흔들리는 유가를 공고히 하는 기능을 가진 것처럼 보였지만, 이 계획안을 현실화하기 위해서는 이 계획안에 동의한 카르텔 회원들의 철저한 규율이 요구되었다. 그러나 록펠러는 이 점에 처음부터 회의를 품고 있었다. 그는 지금까지 자신이 겪은 고통스런 경험에 따라 미국기업가들에게 널리 퍼져 있던 경향, 즉 스스로를 어느 곳에도 속하지 않은 '독립적인' 사람으로 느끼고 단기차익을 남길 수 있는 가능성이 조금이라도 보이면 같이 체결한 목적연합일지라도 그 자리에서 당장 탈퇴하는 경향을 잘 알고 있었던 것이다.

벼락부자를 꿈꾸며 허망한 행복을 찾아다니는 사람들의 이데올로기를 예리하게 관찰해온 록펠러는 또한 이러한 성향들이 장기적인 계획

존 D. 록펠러(1839~1937)

을 세우는 데 걸림돌이 된다는 것을 예감하고 있었다. 이러한 양상은 1928년 이후 일곱 자매들이나 1960년부터는 석유수출국기구에서 충분히 증명되었고, 이로 인해 궁극적으로 다음과 같은 질문을 제기하게 만들었다. 카르텔에 속한 각 회원들의 절대적인 권력욕을 충족시키는 것 이상의 것을 목적으로 하는 경우에 어떻게 해야 카르텔이 효과적으로 운영될 수 있는가? SIC 프로젝트의 비판가들은 바로 이 점을 의문시했다. 그런데 이 프로젝트는 제대로 시행되기도 전에 우연히 여론에 유포되어 사람들을 격분시켰다. 이로 인해 타이터스빌을 중심으로 하는 전 유전지역에서 거의 봉기에 가까운 저항이 일어났으며, 거의 내전과 비슷한 상황이 벌어졌다. 석유생산자들이 석유를 상품화하는 사람들이 계획했던 카르텔을 상대로 일시적으로 벌였던 무력적인 투쟁은 역사에서 '클리블랜드 대학살'로 기록되게 된다.

이 카르텔에서 배제되었던 시추기업가들, 중간상인들, 다른 철도 보스들과 정유공장 소유주들이 품었던 분노는 충분히 이해할 만하다. 그런데 그들이 실질적인 악한으로 지목한 사람은 스콧이라기보다는 록펠러였다. 사람들은 록펠러를 또 다시 상대편을 목 졸라 죽이는 뱀이나 콘다에 비유했다.

이 위험한 시기에 권총을 들고 잠자리에 들었다고 하는 록펠러는 어쨌든 1872년에 이미 SIC 프로젝트 때문에 자신을 비난하는 목소리를 별 대수롭지 않게 생각할 만큼 스스로를 위대하게 여기고 있었다. 록펠러는 사랑했던 부인 세티에게 보낸 편지에서 공동출자자이며 주주로서 자신이 가진 재산이 공고한 토대를 가지고 있음을 암시했다. 따라서 자신의 재산은 이미 오래 전부터 더 이상 석유사업에 투자한다고 해서 흔들리지는 않게 되었다는 것이다. "하지만 그래도 나는 내 석유재산이

6. 초강력 카르텔

가장 좋은 기반이라고 생각한다."

어떠한 위험에도 끄떡없는 재산을 믿고 있었기 때문에 록펠러는 심지어 홀딩 실험에 참여할 준비도 되어 있는 것처럼 보였다. 초창기에는 과반수 이상의 주식을 가지고 있지 못했지만 장기적으로 보면 이만큼의 주식을 매입할 수도 있는 것처럼 보였다. 만약 그가 충분한 인내를 가지고 시장의 동향을 정확히 관찰할 경우에는 말이다. 또한 그는 군소 경쟁자들의 주식을 매입했을 뿐만 아니라 동시에 자회사가 소유한 유조차와 정유공장들을 계속해서 근대화해 나갔다. 이와 동시에 그는 자신의 회사에서 생산해내는 석유생산품들의 질이 지속적으로 향상됨으로써 내적으로도 성장해 나간다는 생각을 하고 있었다. 록펠러는 저렴한 가격으로 미국 및 다른 나라들에서 사용할 최상급 램프용 석유를 바로 에소에서 구입할 수 있다는 사실에 매우 흡족해했다.

록펠러가 1908년에 출간한 자서전 『남자들과 사건들』에서 비판가들의 온갖 이의제기를 무릅쓰고 변호했던 것이 바로 성과주의 철학이었다. 이 철학은 사실 석유산업 그 자체와는 별로 관계가 없으며 차라리 미국 경제생활 전반에 내재한 귀족주의와 왕권주의의 표현이라고 보는 것이 옳았다. 또한 이 철학은 스탠더드 오일의 가장 강력한 적수들, 즉 시추기업가들과 그들 직원의 사고까지 지배하고 있었다.

SIC 프로젝트가 외부로 알려지자 이에 당황한 대부분의 석유생산자들은 스스로 목적연합을 결성하기도 했다. 이것은 석유를 상품화하는 사람들을 상대로 1872년에 벌인 석유전쟁에서 능히 항전할 수 있도록 하기 위함이었다. 석유생산자 측은 극도로 낮은 배럴당 유가를 조정하기 위한 조처로 즉각적인 시추활동의 중단에서부터 록펠러가 석유를 직접 구매하는 것을 금지하는 것까지, 심지어는 타이터스빌에서 열리는 석유증시를 봉쇄하는 조처까지 감행했다. 상당히 사나워진 석유생산자들은 이러한 행동에 그치지 않았다. 그들은 백만 달러를 가지고 카르텔을 형성했는데, 이것은 '석유판매를 감시하기 위한' 목적과 앞으로 배럴당 유가를 적어도 5달러 선에서 유지하기 위한 조치였다. 그러나 석유생산자들이 카르텔을 형성함으로써 무엇보다도 정유공장들과 고객들 그리고 궁극적으로는 석유생산자 자신들이 지속적인 손실을 입었다.

앞서 말한 석유생산자들이 결성한 카르텔은 수요나 공급 그리고 가격형성과 같은 이성적인 반응과는 전혀 상관없는 일종의 자포자기적 행동이었다고 볼 수 있다. 이와 비슷한 예들은 적절한 시기에 업스트림과 다운스트림을 세금징수와 같은 수단을 사용하여 조정해주지 않을 때 나타나곤 하는데, 1859년 이후 12년을 주기로 되풀이되어 나타나는 양상을 보였다. 따라서 실망한 석유생산자들이 대결구도에서 벗어나 모두를 위한 상호협력 체계를 구축하기 위해 다시 록펠러와의 협상 여부와 시기를 정하려고 시도하는 것은 결국 시간문제였던 것이다.

록펠러는 그 사이에 석유생산자들의 투쟁선포를 아주 진지하게 받아들여 정유공장 소유주들이 참여하는 국가적인 목적연합을 조직했다. 이 고용주들의 제휴는 무게를 얻어 곧 역사적인 승리를 보고할 수 있게 되었다. 록펠러는 1873년에 석유생산자들의 중개 프로덕션과 타이터스빌의 계약에 합의했다. 소위 말하는 "악마와의 계약"(독일의 위대한 문호 괴테의 『파우스트』에 나오는 악마와 파우스트와의 계약에 빗대어 쓴 말—옮긴이)에 합의를 했던 것이다.

석유의 공급과잉으로 인해 지속적으로 떨어지는 유가를 안정적이고 확실하게 통제할 수 있도록 양측이 노력했음에도 이러한 접근방식은 실패하고 말았다. 실패의 주된 이유는 규율 없이 행동하는 석유생산자들과 몇몇 정유공장주들의 지나친 탐욕 그리고 록펠러 자신에게서도 찾을 수 있었다. 왜냐하면 록펠러는 비밀리에 철도에 특별할인율을 적용해주었고, 이로 인해 가격안정화 조약에 위배되는 행동을 했기 때문이다.

석유역사학자인 타벨은 난국에 빠진 이러한 상황과 이 상황을 조정할 수 있는 어떤 법적인 가능성도 없었던 상황에서 자신의 무기력함을 다음과 같이 토로했다. "자연은 소수의 소유욕에 불타는 인간들이 자신들의 재산을 늘리는 것에 분노한 나머지, 훤히 드러난 광맥을 통해 지구에 석유가 넘쳐흐르게 했다." 자연을 그리스-로마신화에 나오는 복수의 여신으로 묘사한 이러한 감정적 토로에 대해 도덕적으로 훈계까지 받게 된 록펠러는 아주 냉정하게 다음과 같이 응답했다. "만약 석유생산자들이 자연을 그렇게 착취하지만 않았더라도, 만물의 어머니인 자연이 자신의 광맥을 그렇게 드러내지는 않았을 것이다."

록펠러의 이러한 주장은 정당했다. 그러나 록펠러는 거의 독과점이라고 말할 수 있던 자사 정유공장이 최대 생산능력을 보유했음에도 자신이 원했던 유가안정을 이룰 수 없었다. 석유생산과 연결되어 있는 업스트림 영역은 석유운송에 없어서는 안 되었던 철도만큼이나 그에게 굳게 문을 닫고 있었기 때문이다. 그 밖에도 록펠러는 자신에게서 석유가 가져온 폐해의 뿌리를 보았던 고객들이 벌인 불매운동에 대해서도 전혀 손을 쓸 수가 없었다.

지금도 여전히 많은 미국인들은 록펠러처럼 직업생활에서 소위 신성한 독립을 추구하고 있다. 록펠러도 이러한 독립을 추구했으나, 총체적인 위기국면에 직면해서 자신이 지닌 막대한 경제력이 있음에도 경제과정에서 생겨나는 구조적이며 정신적인 의존관계에서 벗어날 수 없다는 사실을 알게 되었다. 이러한 위기상황을 해결하기 위해서는 사나이의 영웅적 행위나 거대 사건의 발생만으로는 충분하지 않았다. 중요한 것은 업스트림과 다운스트림의 구조를 최적화하는 것이었기 때문이다. 그런데 이것은 오늘날도 단지 가끔씩 성공을 거둘 뿐이다. 주기적으로 석유공급 과잉현상이 나타나고 이로 인해 석유가 언젠가 고갈될 것이라는 두려움이 생겨나는 이유는 앞서 살펴본 것처럼 미국인들이 지닌 정신적인 결함 때문이라고 할 수 있을 것이다.

비록 펜실베이니아와 오하이오의 석유생산자들이 록펠러와 비교해볼 때 전문지식이 부족하고, 심지어 '정말 비겁하고 제대로 조직화되어 있지 못한 무리들'로 분류되어야 할지라도, 한 가지 분명한 사실은 이들이 아무리 저항하고 석유위기를 극복하기 위해 개인적으로 노력한다고 할지라도 이들은 두 가지 구조적인 힘들에 거의 맥없이 내맡겨져 있다는 것이다. 이 힘들 중 하나는 이들 스스로가 구조적인 실패의 책임을 질 수밖에 없는 석유공급의 포화현상이고, 또 다른 하나는 록펠러의 에소가 유일한 매점인, 즉 절대적인 석유수요자라는 것이다.

1873년에 미국 내수시장에서 석유생산자와 석유판매자들은 오늘날에도 여전히 전 세계적인 석유시장을 긴장하게 만드는 구조적인 문제에 봉착해 있었다. 한편으로 시추회사들은 자신들을 독립적인 기업가로 느끼고 있었고 스스로를 자랑스럽게 '독립인들'이라고 불렀다. 정유공장을 운영하는 사람들의 경우도 비슷했다. 그들은 록펠러의 기업인수 정책에 저항했고 그들이 지니고 있던 재산의 독립성을 집요하게 주장했다. 그들은 성스러운 석유재산을 무한한 자기실현이라는 미국인의 꿈이 실현된 것으로 간주하며 이 석유재산에 정신적으로 강하게 집착했던 것이다. 이러한 입장은 석유공급자들과 록펠러의 에소 양측 모두에게 다 손해를 입히는 결과를 초래했다. 이들은 일방적으로 세습적인 재산의 이데올로기에 집착하는 대신, 시장에서 서로에게 의존해 있다는 사실을 인식해야만 했다. 즉 이들은 시장에서 계약에 의해 서로 의존해 있었으며 이 때문에 근본적으로 상호의존 관계에 놓일 수밖에 없었던 것이다.

6. 초강력 카르텔

이로부터 꼭 백 년 후인 1973년에 석유수출국 산하 국영기업들은 시장구조에 대해, 그리고 석유생산품이 그 자체가 전부가 아니라 상품화시켜야 하는 것이라는 것을 근본부터 다시 생각해봐야 했다. 이들도 마치 미국의 독립인들처럼 행동하고 있었다.

록펠러는 1873년 석유위기와 은행위기가 터진 후 이러한 어려운 상황을 완전히 인식했다. 그럼에도 그는 에소를 통합적인 기업으로 구조조정하는 역사적인 조치를 쉽게 내리지는 못했다. 록펠러가 석유의 생산과 상품화를 동등하게 조정하고 시추 구멍에서부터 주유소의 급유관까지 이르는 석유유통의 전 순환 과정을 스스로 규정하게 된 것은 겨우 1919년에 이르러서였다. 그 당시 그의 나이는 80세였으나, 그는 아직도 왕성하게 자신만의 방식에 따라 석유산업에 개입하고 있었다. 이 방식이란 다름 아닌 기업인수와 비밀정책이었는데, 여기에 사용된 모든 방법들과 설정된 목표들은 모두 산업화 이전에 생겨난 것처럼 보인다.

많은 예들 중에서 다음의 예를 소개하는 이유는 록펠러가 뉴욕에 있는 특별한 정유공장을 얻는 과정을 좀 더 잘 이해할 수 있도록 하기 위해서다. 이 정유공장의 소유주는 완고한 침례교도이자 전에는 염료공장 공장주였던 찰스 프랫이었다. 그와 그의 성실한 화학자들은 '아스트랄 오일'이라는 상표로 최상품의 등유를 시장에 공급하는 데 성공했다. 그들은 이에 만족하지 않고 유럽과 아시아로의 등유수출을 더욱 강화했다. 이에 초조해진 록펠러는 이 혁신적인 경쟁자를 치밀하게 계획된 매입이라는 수단을 통해서 수중에 넣었다. 결국 록펠러는 이 획기적인 기업인수를 통해 뉴욕에서 새로운 입지를 다지게 되었는데, 이곳에는 곧 에소의 새로운 본사가 들어서게 되었다. 이 기업인수는 여러 가지 면에서 록펠러에게 유리하게 작용했다. 록펠러는 프랫의 기업을 인수하여 세계의 등유시장에 성공적으로 입성할 수 있게 되었다. 그뿐만 아니라

이 구조적인 합병은 냉정한 계산가인 록펠러마저 '인류에 대한 서비스 차원에서' 전 세계에서 유일한 등유공급자가 되는 꿈을 꾸게 만들었다.

에소 기업의 보스인 록펠러와 그의 중요한 협력자인 존 D. 아치홀드나 헨리 M. 플래글러 같은 이들이 석유생산과 관련된 전권을 꿈꾸었다는 일련의 훌륭한 증거들이 있다. 그러나 그들의 꿈이 실현되기까지는 몇 가지 방해물들이 제거돼야 했다.

이 방해물로는 1879년에 토머스 A. 에디슨이 발명한 획기적인 전기 백열전구 외에도 노벨 형제의 경쟁을 들 수 있다. 노벨 형제는 거의 같은 시기에 바쿠에서 그들만의 석유왕국을 건설하여 유럽에 석유를 공급하고 있었고 세계시장에도 탁월한 품질의 등유를 제공했는데, 이것은 에소와의 경쟁을 의미하기도 했다.

이러한 도전들 외에 미국 내에서도 점차 록펠러의 은밀한 카르텔 형성 태도에 대한 저항이 거세져 갔다. 그런데 록펠러는 이러한 저항의 움직임을 장기간 과소 평가해왔다. 록펠러와 지금은 거의 '바다괴물' (Krake: 그리스 로마신화에 나오는 문어 모양의 괴물―옮긴이)로 간주되는 그의 콘체른에게 독과점주의라는 비난을 퍼부은 것은 바로 활자매체를 사용하는 여론 기관들이었다. 독과점주의는 미국헌법에 위배되는 것이었다. 미국헌법은 수탁자적인 법치국가와 의회민주주의, 그리고 자유시장이라는 세 가지 항목을 모든 개별 시민들이 행복을 추구하기 위해 반드시 필요한 요소들로 간주하고 있으며, 시민들에게 정의를 요구할 수 있는 권리를 보장하고 있었기 때문이다.

록펠러는 자신의 기업인수 정책을 통해 1688년과 1787년 이후 이룩된 개혁적인 성과들의 근간을 장기적 전망에서 볼 때 침해했다는 비난을 받았다. 그는 이러한 비난에 맞서 자신이 지금까지 경쟁자들과 상호협력 체계를 구축해왔으며, 그 협력체계의 근간은 주식이었다는 점을

6. 초강력 카르텔

지적하며 맞대응했다. 그러니까 카르텔은 그에게 유가를 통제하기 위한 도구일 뿐만 아니라 나라 전체에 지속적으로 확실하게 석유를 공급하기 위한 것이기도 했다. 록펠러가 생산해내는 고급 석유정제품들의 저렴한 가격만 보더라도 카르텔은 공익에 기여할 뿐만 아니라, 이제는 삶에 필수품이 된 산업자제를 모든 사람들에게 조달해줄 수 있다는 민주화에 대한 증거이기도 하다는 것이었다.

독점기업가로 추정되는 록펠러를 타깃으로 하는 이러한 캠페인이 절정에 다다랐을 때 미국 대통령인 시어도어 루스벨트도 개입했다. 이 당시 정치가와 출판업자로 조직된 목적연대가 구성되었는데, 이것은 록펠러의 스탠더드 오일이 지니고 있는 카르텔적인 구조를 완전히 와해시키기 위한 목적을 가지고 있었다. 1911년 5월 15일에 미국 최고재판소의 결정에 따라 에소 제국은 해체되고 독립적인 여러 개별 기업들로 분할되었다. 그 이후 이 개별 기업들은 스스로 자신의 기업에 책임을 지며, 축소된 원래 에소 콘체른과 경쟁하는 경쟁자 관계를 유지하게 되었다. 말하자면 엑슨으로 불리게 된 스탠더드 오일과 맞서 모빌 오일이나 훗날 셰브런이 된 소셜이 경쟁을 하게 된 셈이었다.

이러한 정말 기이한 구성은 1998년에 가서야 부분적으로 개정되게 되며, 엑슨과 모빌 오일은 다른 이들의 의구심에도 미국 카르텔청의 동의를 얻어 하나의 기업으로 기업합병을 해도 좋다는 허락을 받아낸다. 그러나 1911년에 결정되었던 기업의 독립성을 주장하는 사람들은 트러스트 반대세력으로서 개가를 올렸다. 오늘날에도 트러스트 반대세력은 미국 의회를 통해 빌 게이츠나 그의 마이크로소프트 사의 시장 독점을 두려워하며 그들의 시도를 저지할 수 있는—물론 지금까지는 마이크로소프트 사가 대외적으로는 '신경제'를 대표하는 기업으로 간주되고 있지만—법안을 마련하고자 노력하고 있다.

자유시장경제를 옹호하던 사람들은 에소 제국의 내적인 구조에 대한 세부사항이 세상에 알려지자 놀라지 않을 수 없었다. 미국에는 자율적인 결정을 가장 잘 대변해주는 세습재산의 힘에 대한 거의 광적이라고 할 만한 믿음이 존재한다. 그럼에도 록펠러는 록펠러 제국의 기본이 되는 주식이 공유되는 것을 허용했다. 주식의 공유는 가치를 상승시키는 상호협력 체계의 최적화를 겨냥하고 있는 카르텔과 홀딩적 사고에 완전히 부합하는 것이었다.

거의 연방적인 형태로 구상된 이러한 체계 속에서 스탠더드 오일 사의 98만 3,383주의 주식은 결코 독점적인 형태나 세습적인 형태로 분배되지 않았다. 왜냐하면 이 콘체른의 사장인 록펠러는 오직 24만 4,385주를 보유하고 있을 뿐이었고, 그의 형인 윌리엄은 6천 주밖에 소유하고 있지 않았기 때문이다. 나머지 주식들은 제휴한 다른 주주들인 플래글러, 하크니스, 페인느, 브래트, 로저스 등이 소유하고 있었다. 실제로 1910년 정확히 6,006명이 에소의 자본을 공유하고 있었다. 이 자본은 미국에서 최고의 배당금을 가져왔지만, 뉴욕의 증권거래소에서는 거래될 수 없었다.

위에서 언급한 충격 외에 에소 반대자들 중 그 어느 누구도 예상하지 못한 또 다른 충격이 그들을 기다리고 있었다. 즉 '록펠러 트러스트'를 분할하게 한 최고재판소는 결과적으로 볼 때 남아 있는 주식들의 시장가치를 3개월 이내에 2억 달러나 상승시켰던 것이다. 여기에는 '엑슨' 이외의 새로이 탄생한 개별 기업들이 앞으로 발전하리라는 투자가들의 신뢰가 담겨 있었다. 무엇보다도 자동차와 선박 그리고 비행기의 엄청난 발전 속도에 직면해서 점점 더 많은 양의 휘발유와 디젤 그리고 등유가 필요하게 되었다. 이에 따라 이 연료들은 지금까지 석유의 주 생산품이었던 등유를 대체하기에 이르렀다.

1870년 이후 여러 차례 록펠러에 대해 행해진 지나친 이윤추구에 대한 비난과 관련, 록펠러는 에소 수익이 무지나 억측으로 짐작되는 것처럼 그렇게 엄청난 규모에 다다르지 못했다는 것을 해당 자료들을 통해 분명히 밝혔다. 그리고 종종 사람들이 주장했던 '고객을 상대로 사기를 친 혐의'를 입증할 수 있는 증거도 찾을 수 없었다.

또한 트러스트 반대주의자들의 분노를 계속해서 돋우는 소식이 워싱턴으로부터 들려왔다. 워싱턴 최고재판관들이 내린 판결은 정말 신의 은총과 같았다. 주 기업인 엑슨과 그의 자회사들은 구조조정을 강요받는 상황에 이르자 지금까지 뉴욕 본사가 모든 일을 처리하는 중앙집권식 체계에 맞서 자신들의 잠재적 가능성을 키우는 것이 필요하다고 생각했다. 그 일환으로 지금까지의 운송과 정유 그리고 주유소사업에 시추공장과 채굴시설을 보충해 넣는 전략을 장기적 안목에서 세우게 되었다. 그러나 업스트림과 다운스트림을 통합하는 사업은 석유공급 과잉을 억제하고, 전쟁에 기인한 정체로 발생한 달러의 인플레이션을 막아야 하며, 극적인 석유가격 폭락으로 인해 이에 대한 조정이 요구되던 시기인 1919년에 가서야 진지하게 착수될 수 있었다.

세계의 석유산업을 지배한 일곱 자매들

독과점은 카르텔과는 반대로 모든 경쟁자를 완전하게 차단하는 경향이 있다. 독과점은 개방된 시장을 비밀스럽게 닫힌 자기들만의 판로로 만들며, 소비자들에게 선택의 기회를 주지 않거나 극도로 제한하는 세습재산의 표현이라고 할 수 있다.

이러한 상황에서 독과점이 혁신적인 능력을 갖춘 경우는 드물고 그들에게 그러한 혁신을 유발하는 경쟁상황도 존재하지 않는다. 그로부터 생겨나는 폐해는 이미 초기 근대시대의 관방학 옹호자와 비판자들에게 잘 알려져 있었다. 1648년에 맺은 독일 강화조약(30년전쟁이 끝난 후 독일에서 체결된 베스트팔렌 강화조약—옮긴이)이 세계 최초의 법으로서 자유무역의 원칙을 확고히 하고 30년전쟁 후에 신성로마제국을 상대적으로 빨리 복원시켰다면, 1648년 이후에는 무엇보다도 절대주의를 표방하던 선제후들이(베스트팔렌 강화조약 이후 독일의 수많은 제후들은 프랑스의 태양왕 루이 14세의 절대주의 체제를 모방하여 상비군과 관료주의 체제를 구축해 가기 시작함—옮긴이) 수탁자의 정신을 바탕으로 자신들의 왕조적인 독재 스타일에 따라 경제를 이끌어가는 이러한 문화를 저지하는 데 성공을 거두었다고 할 수 있었다. 그 결과 경제는 둔화되어갔으며 농민들에게는 법적인 금치산 선고가 내려졌고(1524년에 남서부 독일과 슈바벤에서 대규모 농민전쟁이 발발했고 이것은 삽시간에 독일 북부와 라인 강 서쪽으로 번져 나갔다. 종교개혁이 사회개혁으로 발전하는 것을 반대한 루터는 막상 농민전쟁이 발발했을 때는 제후의 편을 들었다. 1525년 10월 말 농민전쟁은 독일 전역에서 끝이 났고 그 후 제후들의 보복이 이뤄졌다. 그 후 농민들은 농노로 3백 년간 갖은 억압을 받게 된다. 저자가 말하는 법적인 금치산 선고란 농민이 농노로 된 것을 가리킨다—옮긴이), 정치적인 면에서는 정신적 불임이라고까지 할 만한 비생산적인 양태가 반복되었으며, 국내에서는 군국주의적 경향이 나타나기 시작했다(이때부터 독일 민족의 정치적 무대는 신흥신교 국가인 호엔촐레른 왕가의 프로이센과 오래된 구교국가인 합스부르크 왕가의 오스트리아에 의해 주도되었다. 그 후 프로이센은 오스트리아와 세 번에 걸친 슐레지엔전쟁을 치르며 오스트리아를 제외한 프로이센 중심의 독일 통일정책을 펴나가기 시작한다. 국내의 군국주의적 경향이란 프로이센의 군국주의적 경향을 의미한다—옮긴이).

 그럼에도 관방학자들은 절대적이고 독립적인 제후들을 위한 논거를 제시했다. 제후들에게는 경찰과 행정 그리고 상비군과 같은 국가 고유의 권력을 사용하는 것이 허용되었고 정치 분야에서도 마찬가지로 '독점적' 권력을 사용할 수 있었다. 비판가들은 경제독점이 얼마나 공익에 해가 되는지를 잘 알고 있었다. 경제독점은 정치적으로나 법적으로 권력을 상실한 계층에 의해서 더 이상 통제될 수 없는 독점구조를 탄생시켰다.

이렇게 역사를 한번 되돌아보면 록펠러의 인생사도 이와 비슷하다는 것을 알 수 있다. 록펠러도 초창기에는 자신이 세운 기업인 에소로 석유시장을 독점하려고 애썼으나 호된 경험을 한 이후에는 카르텔을 형성하는 방향으로 선회했다. 그래서 그는 '새로운 군주'로 간주되었고 그가 세운 산업왕조는 '신성한 왕가'에 비유되곤 했던 것이다. 그리하여 1686년에 관방학자들의 판결을 통해서 1918년까지 합스부르크 왕가에게 부여되었던 정당성이 1886년에는 록펠러에게 신의 섭리라는 명목으로 부여될 수 있었다. 신의 섭리란 록펠러 가(家)의 직업적 사고와 이윤추구에 들어 있는 비밀스런 충동을 의미했는데, 이것은 칼뱅주의자 막스 베버의 자본주의에 대한 이해의 근간이 되기도 했다.

석유라는 수입원이 독점구조 형태를 띠고 있는 아랍권의 나라들에서 절대주의는 변형된 형태긴 하지만, 여전히 역사에 영향을 미치고 역사를 형성하는 힘으로 나타나고 있다. 이를 이해하려면 산업화 이전의 절대주의 체제의 핵심을 상기할 필요가 있다. 왜냐하면 지역적·국가적 그리고 전 세계적인 시장점유율을 둘러싸고 대형 석유 콘체른들이 벌이는 잔혹한 투쟁을 이해하려면 먼저 독점 성향을 이해해야 하기 때문이다. 이러한 성향은 세습재산이라는 원칙이 변형된 것으로 간주할 수 있을 것이다. 이 세습재산의 원칙은 콘체른들이 1928년부터 카르텔을 형성해서 외부에 그들끼리 서로 자매와 같은 존재로서 자연을 잠시 맡아

관리해주는 사람들이라는 인상을 풍기고 상호협력적인 모습으로 행동하기 이전에 이들 콘체른들의 성격을 규정했던 원칙이었다.

통제를 받지 않는 몇 가지 것들이 있기는 하지만, 오늘날 미국 석유산업의 특징이라고 할 수 있는 빽빽한 규제들은 한때 혼란스런 양태를 보여주었던 미국 석유시장의 역사에 대해 무언가를 말해주고 있다. 록펠러는 석유시장이 이렇게 혼란스런 양상을 보이는 이유는 법적인 조치가 충분히 뒷받침되지 못하기 때문이라고 생각했다. 그래서 그는 자신의 개별 기업들 사이에서만이라도 일종의 카르텔적인 합의를 거쳐 시장을 정리하고자 했다. 그러나 록펠러의 이러한 시도는 40년에 걸친 투쟁 끝에 정치적으로 실패하고 말았다. 그럼에도 그의 노력으로 인해 그의 적들인 독립적인 기업가들은 1859년 이후로 천연자원의 과도한 채굴을 어느 정도 둔화시키게 되었고, 종종 행해졌던 배럴당 유가의 터무니없는 덤핑 판매가 현재 석유시장을 강화시켜주지도 않고 앞으로의 유가도 안정시키지 못한다는 것을 통찰하게 되었다.

이러한 통찰에 이르기까지는 물론 록펠러의 에소 외에 또 다른 특이한 길을 걸어간 하츠혼의 업적도 언급해야 한다. 그는 인정받을 만한 저서 『권력과 시장 사이의 석유』를 1962년에 출간했다. 그는 이 책에서 콘체른들이 공표하는 사실, 즉 "유가는 경쟁의 결과다."라는 사실이 틀릴 수도 있다는 것을 인식하게 해주었다.

왜냐하면 가격형성에 영향을 미치는 요소로는 항상 정치적인 차원도 속하기 때문이었다. 특히 1917년 이후 미국이 전쟁에 참여함으로써 석유가 일종의 전략적 요소로 다루어지면서 더욱 그러했다. 감상적인 기분에 따라 부친의 조개상자에 집착했고 그 때문에 1897년에 자기 회사를 셸이라고 명명했던 영국 런던의 상인 마커스 새뮤얼은 석유가 일반적으로 유통되는 생필품 이상의 것이 틀림없다는 것을 확신했다. 왜냐하면 그의 회사가 세계시장에서 록펠러의 에소와 대결할 때, 이것은 곧 세계적 강대국인 영국과 미국 사이의 경쟁이 되기 일쑤였기 때문이다. 특히 새뮤얼은 에소의 시장점유율을 낮추기 위해 노벨 형제가 운영하는 바쿠 지역의 석유도 투입하곤 했다.

　유대계 영국인인 새뮤얼은 후에 귀족의 호칭을 수여받았고, 일시적이기는 하지만 런던 시장의 자리에 오르기도 했다. 그는 뉴욕에 주재한 에소가 정치가들에게 압력을 행사해서 러시아의 유조선이 수에즈 운하를 통과하지 못하도록 할 수 있다는 것까지도 파악하고 있었다. 에소 측의 이러한 행동은 자유무역의 원칙에 중대한 일격을 가하고 자유경쟁을 불순하게 왜곡시키는 행동이지만, 에소 측은 마치 이 사실을 모르는 듯 행동했다. 새뮤얼이 일전에 한 번 에소를 상당히 가치 폄하하여 '변방의 한 기업'이라고 부른 바 있었는데, 바로 이 기업이 이제 자유경쟁의 원칙을 깨는 과도한 행동을 한 것이었다.

　훗날 마찬가지로 귀족으로 승격한 헨리 디터딩도 자신의 강점, 즉 숫자를 놀랄 만큼 잘 기억해내는 능력을 마음껏 활용했다. 그는 또한 가끔 자만한 태도를 보이며 밖으로 드러나는 위신에 집착하는 셸 회장의 약점을 이용할 줄 알았다. 새뮤얼은 사업을 사적인 인맥과 연결시켜 카르텔을 형성하고, 시장의 상황에 현실적으로 들어맞지 않는 가격으로 유가책정을 도모하는 약점이 있었던 것이다.

　예를 들면 스핀들탑에서 1901년부터 엄청난 양의 석유가 채굴되자 마커스 경은 같은 해에 창립된 걸프와 '21년 동안 연간 10만 톤의 석유를 고정가격으로 구입하는 데' 동의했다. 그러나 순식간에 체결된 이 조약은 상당히 서두른 감이 있었고, 멜론 은행과 관계를 맺고 있었던 걸프는 그들이 채굴해낸 텍사스의 석유를 약속한 대로 공급할 수 없게 되었다. 이것은 마커스 경에게 쓰라린 위신의 실추를 의미했다.

마커스 경은 록펠러에게 특히 등유 세계시장에서 록펠러와 맞설 수 있는 상대가 있음을 보여주었다. 그러나 그의 영국기업은 그가 원하던 석유채굴과 석유상품화 사이의 구조적인 지속성을 이루어낼 수 없었다. 특히 과잉생산으로 인해 고정가격이 거의 치명적인 영향을 받게 되는 공급의 측면에서 그러했다.

1906년 로열-더치가 셸과 합병하고 이것을 계기로 이 기업의 활동범위가 전 세계적으로 확대되어갔을 때 디터딩도 이러한 전반적인 상황을 인식하게 되었다. 이 외에도 그는 장기적인 안목에서 볼 때 경영의 최고목표인 지속적인 이윤창출을 보장하려면 석유를 한낱 상품으로 취급하는 것이 충분하지 않을 수 있음을 깨달았다. 왜냐하면 불을 밝히는 발광물질로서 석유가 사용되던 지난 50년간의 경험과 휘발유와 디젤 그리고 등유의 영역에서 나타나는 새로운 차원에 직면해서, 이제 마커스 경이나 디터딩은 석유화학의 도래를 분명히 느낄 수 있었기 때문이다. 가공되지 않은 원유는 분야에 따라 완전히 상이한 품질을 지닐 수 있게 된 것이다.

따라서 석유가 발광물질로 사용되던 시대가 지난 후, 새로운 석유시장은 석유연료의 품질 향상에 대한 요구를 이행할 수 있어야 했다. 미래 석유산업의 이러한 새로운 차원을 잘 의식했던 사람은 바로 기이한 성격의 소유자인 조지프 컬리넌이었다. 그는 1901년 스핀들탑에서 석유 붐이 일어나던 당시에 독일계 미국인 아르놀트 슐레트와 함께 텍사스 회사를 창설했다. 주주 시스템을 기반으로 하는 이 석유 콘체른은 텍사코라는 이름으로 오늘날까지 다양한 방식으로 석유의 역사에 영향을 끼치고 있다. 텍사코가 미국 석유산업에 통합되는 최초의 기업이 되기로 한 결정이 이미 하나의 역사적 사건이었다고 말할 수 있을 것이다.

6. 초강력 카르텔

　이 기업은 하얀 별 모양의 회사 로고를 내세워서 생산품에 대한 상품 안내서에서부터 주유소에서의 최종 판매에 이르기까지 여러 가지 사업을 해나갔다. 이러한 사업운영은 그 자체로 완결된 순환체계와 유사했으며, 사업의 성공은 고객에게도 유용하게 작용했다. 물론 콘체른의 경영주들이 종종 기업 내에서 독재자처럼 행동했고 전제적인 태도로 악명이 높았다는 사실을 간과해서는 안 될 것이다. 물론 이러한 태도는 주주총회를 통해 민주적으로 통제를 받거나 아니면 수정되기도 했다.

　록펠러의 에소가 1911년에 새로운 세 기업, 즉 엑슨, 모빌 오일 그리고 소셜로 분할되었을 때, 에소 기업으로부터 분리되어 나온 이 세 기업들은 엄청난 속도로 팽창해가던 석유시장에서 걸프, 텍사코 그리고 로열-더치셸을 경쟁상대로 맞이하게 되었다. 이 여섯 개의 거대 기업에 1912년에 브리티시 석유가 가세하여 소위 말하는 '일곱 번째 자매'가 되었다. 물론 이 브리티시 석유는 민영기업이 아니라 정부가 주재하는 콘체른이었다.

　여기서 브리티시 석유의 특이성에 주목해야 한다. 왜냐하면 브리티시 석유는 다른 콘체른과는 달리 시장의 통상적인 사건들에 단지 제한적으로만 참여하고 있었기 때문이다. 국가가 경영하는 콘체른인 브리티시 석유의 주요업무는 전 세계에 퍼져 있는 영국 해군에게 값싼 연료를 공급하는 것이었다. 브리티시 석유는 윈스턴 처칠의 정치적인 압력 아래 윌리엄 녹스 다시가 창설한 앵글로-페르시아 석유회사로부터 생겨났다. 다시는 황금을 찾아 나선 모험가로서 1901년부터 페르시아(지금의 이란을 지칭—옮긴이) 땅에서 석유를 찾기 시작했다. 텍사스와 오클라호마에서 엄청난 양의 석유가 차례로 채굴되는 동안 페르시아 땅에서는 오랫동안 석유 소식이 들려오지 않았다. 1908년 5월 26일이 되서야 다시의 시추탐사 요원들은 석유를 발견했고, 그로부터 이란에서 석유시추의 역사가 시작되었다. 이때부터 시작되었던 석유발전은 오늘날까지 페르시아의 역사와 현재를 각인하고 있다. 1905년의 혁명(이란은 19세기 초인 카자르 왕조시대 후반에 러시아의 압박을 받았고 1857년에는 아프가니스탄 문제로 영국과 싸워 패전한다. 그럼에도 계속된 전제정치는 백성의 분노를 불러일으켜 결국 1906년에 헌법제정을 비롯한 의회제도가 이란에 도입되었다. 여기서 말한 1905년의 혁명은 헌법제정을 가져온 혁명을 말한다—옮긴이)이 일어난 지 3년 뒤에 그 혁명의 여파로 페르시아 외에 터키와 러시아에서 서양적인 면모를 띠는 사회질서가 수립되었고, 이후 노르웨이 왕국은 스웨덴으로부터 독립했다. 노르웨이는 수십 년 뒤에 유럽에서 지도적인 석유국가로 성장한다.

흔히 간과되어왔지만 아주 중요한 해인 1905년에 이란의 정치사회적인 모습은 자연 위에 군림하는 태도가 아닌 자연을 잠시 맡아 보살피는 수탁자의 정신을 근간으로 하는 민주주의 형태로 발전되어갔다. 그러나 이 태동기의 민주주의는 1914년 1차대전의 발발로 초라한 결말을 맞았다. 동시에 거대 석유 콘체른들은 전쟁이라는 상황 때문에 그들이 지금까지 펼쳐왔던 가격전쟁과 시장점유율을 둘러싼 심한 투쟁을 전반적으로 포기해야 했다. 이 과정에서 국가가 운영하는 콘체른인 브리티시 석유가 얼마나 정치권력적인 상황에 종속적일 수밖에 없는가뿐만 아니라, 민간 콘체른들도 전시 상황에서는 그들의 조국에 헌신해야 할 의무를 느끼고 있었다는 것이 드러나게 되었다.

1914년부터 1918년까지 이어졌던 전쟁이 국가라는 독점권력이 영향력을 행사할 때 모든 시장 메커니즘이 효력을 잃을 수 있다는 사실을 보여주었다면, 1919년의 석유불황기에 사람들은 어쩔 수없이 옛날에 펼쳤던 가격전쟁을 다시 시작할 수밖에 없다고 믿게 되었다. 엑슨의 석유귀족인 월터 티글은 셸의 디터딩 경과 어떤 일이 있어도 가격전쟁을

6. 초강력 카르텔

벌여야 한다고 주장하기까지 했다. 이 말은 초과생산된 석유는 최종 생산품의 가격을 낮춰서라도 팔아야 한다는 것을 의미했다.

그러나 이러한 덤핑 정책이 성공을 거두려면, 어쨌든 전체 생산과 상품화 과정의 순환고리 맨 끝에 위치한 고객이 함께해야만 가능했다. 그러나 고객은 모든 콘체른과 그 밖의 다른 기업에게 미지의 존재였고, 그들의 자유로운 구매결정에는 어느 누구도 강압적으로 영향력을 행사할 수 없었다. 여기에서 중요한 것은 석유 콘체른의 감정적인 에너지나 영향력(즉 광고!)이었다. 심지어 경영학적인 이윤창출의 사고를 따르지 않는 어느 정도의 '도덕적인 태도'도 중요했다.

이에 대한 예로 에소를 상대로 타벨의 주도 아래 펼쳐진 비방전을 한번 생각해보자! 그뿐만 아니라 네덜란드에서 발생했던 수많은 사건들도 셸의 기업 이미지를 상당히 손상시켰다. 동시에 정치권에서는 콘체른이 또다시 나이지리아의 경우처럼 인간을 경멸하는 독재적인 산유국과 관계를 맺거나 브렌트 스파(Brent Spar: 북해에서 시추 중이던 해상 시추기지. 채굴이 끝난 후 환경친화적으로 폐기하지 않고 바다 속으로 가라앉히는 방법을 채택하려다가 환경보호주의자들과 전 세계로부터 거센 항의를 받았다―옮긴이)의 경우처럼 환경을 오염시키는 행동을 한다고 의심하기 시작했다. 이미 디터딩이 살던 시대에 셸은 '가장 추악한 자매'로 간주되었고, 셸이 미국 땅에 발붙이려는 시도를 하자 미국의 록펠러 측에서는 이것을 '황화(黃禍, yellow peril: 19세기 후반 유럽인종들 사이에 일어난 황색인종 경계론으로, 황색 인종 우세에 대한 백인종의 두려움을 표현한 말이다―옮긴이)로 간주하기도 했다. 잠시 디터딩이라는 인물을 살펴보면, 이 사람은 아주 혐오스럽게도 나치에 협력한 전력을 가지고 있다. 디터딩은 레닌과 스탈린이 자신의 콘체른을 몰수했기 때문에 볼셰비키에 대한 투쟁을 벌이는 과정에서 나치에 동조하는 것을 별반 문제 삼지 않았고, 1936년 죽음을 맞이하기까지 나치 히틀러와 연합했다. 그리고 이를 통해 유가형성에 영향을 미치는 정치권력적이고 전략적인 요소를 자신을 위하여 마음껏 활용했다.

주유소에서 휘발유를 넣을 것인가 아니면 디젤을 넣을 것인가 고민하는 고객의 개인적인 선택을 고려해보면, 미국의 거대 석유업계인 콘체른들은 장기적인 안목으로 볼 때 어느 누구도 승자가 될 수 없는 계속되는 경쟁에서 분명히 벗어나야 했다. 이 사실을 깨달은 석유 콘체른들은 대결구도에서 벗어나 협력의 관계를 구축해나갔다. 그리고 그들은 단기적 안목에서 꿈꾸어왔던 석유독점이라는 미다스의 꿈을 버리고 장기적으로 영향을 미칠 수 있는 카르텔 내에서의 담합을 이루어냈다.

자사(自社)의 구조를 최적화시키기 위해 지금까지의 경쟁자와 적을 시장에서 완전히 소멸시키는 대신 이들을 이용하는 전략은, 외부의 정치적인 압력 없이는 그렇게 빨리 효과를 보지 못했을 것이다. 여기에서는 무엇보다도 미국 외무부가 중요한 역할을 수행했다. 왜냐하면 미국 국무성은 1918년 이래로 전 세계적인 석유경제에서 영국의 주도권을 깨기 위해 범세계적인 개방정책을 펴려고 노력했기 때문이다.

미국이 이러한 노력을 기울인 이유는 바로 자유무역의 전통에서 찾을 수 있다. 미국은 이미 1853년에 이 전통을 일본에 군사적인 압력을 가하면서 관철시킨 바 있다. 미국이 이런 노력을 기울인 또 다른 이유는 많은 미국 정치가들에게 걱정을 안겨준 자국 내의 석유와 가스 비축에 관한 격렬한 토론의 장에서 찾을 수 있다. 석유비축 문제는 언뜻 보기에는 석유와 직접적인 관련이 없는 것처럼 보이는 또 다른 전략적인 상황과 맞물려 있었다. 이것은 다름 아닌 1918년에 오스만제국이 개별적인 독립국가들과 신탁통치지역들로 와해된 이후, 소아시아나 근동

6. 초강력 카르텔

지역 전체에 완전히 새로운 질서가 수립된 것이다.

그중에서도 1958년 혁명이 발발할 때까지 이라크를 집권했던 하시미텐 왕조의 독재는 중요한 의미를 띠고 있었다. 케말 아타투르크가 통치했던 터키 공화국이나 프랑스의 신탁통치를 받게 된 시리아도 거의 비슷한 상황이었다. 비록 바그다드 철도 외곽의 이 지역이 교통상으로나 경제적으로 개발을 기다리고 있는 상황이었다 할지라도, 런던과 파리 그리고 워싱턴의 정치가들은 새로이 생겨난 국가들에 묻혀 있는 천연자원을 순순히 내주고자 하지 않았다. 특히 이 신생독립국에 틀림없이 매장되어 있을 것으로 추정되는, 군사적으로나 산업적으로 아주 소중한 석유는 더더욱 순순히 신생독립국의 수중에 내줄 수 없었다.

신생독립국에 대한 영향력 행사와 시장점유를 둘러싼 이러한 실랑이 속에서 1928년에 두 가지 역사적인 조약이 체결되었다. 이 조약의 파장은 오늘날까지도 광범위하게 느낄 수 있을 정도다. 우선 경제질서를 새로이 개편하는 데 문제가 됐던 것은 소위 말하는 '붉은 분필 조약'이었다. 협상은 벨기에의 해변휴양지 오스텐데에서 이루어졌는데, 놀랍게도 런던 측은 미국에게 1918년까지 전쟁을 지원한 대가로 실질적인 보상을 할 것이며, 자유무역의 정신을 살려 세계의 석유산업을 조금 더 개방할 의지가 있다는 의사를 천명했다.

독점적인 성향을 띤 소련을 겨냥한 것이기도 한 이 정책의 핵심은 특히 구(舊)터키 석유회사의 구조조정과 관련이 있었다. 이 터키 석유회사 대신에 이라크 석유회사가 들어서기로 되어 있었는데 이때 보유주식은 새롭게 평가되고 배당되었다. 이와 더불어 영국과 정부 소속 석유 콘체른인 브리티시 석유 및 로열-더치셸은 이러한 이전 행위에서 지금까지의 경쟁상대였던 엑슨에게 어쨌든 23.7%에 해당하는 몫을 할당했다. 초조하게 밀어붙이던 프랑스도 1920년에 설립된 국제연맹의 틀 내에서 자신들이 통치하던 신탁통치지역에 대한 고려가 이루어져서 이라크 석유회사의 지분 중 24%를 할당받게 되었다. 이 지분은 프랑스 석유회사의 수중으로 넘어갔다. 영국 브리티시 석유를 모범으로 했던 이 국영 석유 콘체른은 엘프 아키텐의 전신이다.

이 붉은 분필 조약에서 놀라운 점은 서유럽 열강들이 원래 석유주인들의 의사와는 상관없이 그들의 천연자원을 자기네들끼리 나누고 있다는 사실이었다. 이때 세계 석유시장에서 '미스터 5 퍼센트'로 알려졌고, 예술 후원자로 활동하였던 아르메니아의 상인 칼루스테 굴벤키앙은 붉은 분필로 앞으로 채굴할 지역을 표시했다고 전해진다. 이집트 왕국과 페르시아제국 그리고 1899년부터 영국 보호령이었던 세습 에미라트 (아라비아 왕족의 지위—옮긴이) 쿠웨이트는 붉은색 분필로 표시된 채굴지역에서 제외되어 있었다. 그 대신 남쪽의 아랍반도 전체와 북부터키가 채굴지역에 포함되었다.

이러한 경제적 동기를 지니고 있고 전략적으로 뒷받침된 이 분할계획은 서방열강들과 그 국가에 속한 석유 콘체른들의 재산을 극대화시킬 뿐만 아니라 잠재적인 경쟁자들을 제거하는 것을 목표로 하고 있었다. 그 잠재적인 경쟁자로는 민주국가가 된 독일제국(바이마르 공화국)과 이탈리아 왕국 그리고 일본제국과 소련이 속해 있었다. 석유가 풍부한 국가인 소련은 1918년에 외국 콘체른들에게 일체의 보상도 해주지 않고 그들의 석유에 대한 모든 소유권을 박탈해버렸다.

따라서 1914년과 1939년에 발발한 세계대전의 핵심 대결구도와 이로 인해 미래의 유가형성에서 모든 시장의 힘이 상대화되는 것을 어렵지 않게 알아챌 수 있을 것이다. 또한 유가는 주요 석유 콘체른들이 1928년 8월에 소위 'As-Is' 조항을 통해 전 세계적으로 통용되는 가격 카르텔을 조직함으로써 상당한 영향을 받게 되었다.

6. 초강력 카르텔

석유황제와 콘체른 매니저들이 영위한 봉건귀족과 같은 생활스타일에 맞게, 그 당시 엑슨의 티글과 로열-더치셸의 디터딩은 스코틀랜드의 애치너캐리 성에서 만났다. 석유생산과 상품화정책을 이성적이고 유익하게 조정하는 방안을 놓고 협상을 벌이는 동안에도, 그들은 자신들의 회담 장소가 북해 밑에 파묻혀 있는 엄청난 석유매장지와 아주 인접해 있다는 사실을 전혀 예감하지 못하고 있었다.

정치적으로도 파장이 컸던 이 협의의 핵심은 걸프-플러스-시스템이었다. 이 협의는 1944년에 체결된 브레튼 우즈의 획기적인 석유협정과 통화체계에도 영향을 미쳤고, 1974년까지 어느 정도 효력을 발휘했다. 이 조처를 비롯한 몇몇 다른 조처들을 내리게 된 이유는 전 세계적으로 단일 석유가격을 책정하려 했기 때문이었다. 그리고 이 책정가격은 상당히 높은, 정말 이윤을 남길 만한 수준에서 책정하기로 되어 있었다. 가격책정의 척도로 석유 한 통당 가격, 즉 '배럴'이 사용되었다. 그것은 멕시코의 걸프 지역에서 석유를 생산해낼 때 흔히 사용하는 척도였다. 이 배럴당 석유가격에는 석유운송에 필요한 운송비가 가산되어 있었다.

자세히 살펴보면 1928년 이래로 일곱 자매로 지칭된 대형 콘체른들인 엑슨, 모빌 오일, 셰브런, 로열-더치셸, 걸프, 텍사코 그리고 브리티시 석유는 그들 중 어느 하나에 의해 시장이 독점될 수 없도록 서로 민감한 석유시장을 통제하는 기능을 수행하고 있었음을 알 수 있다. 지금까지 석유를 놓고 벌였던 투쟁 상황은 모두에게 상당한 손실을 입혔는데, 이러한 투쟁 상황을 벗어날 수 있는 유일한 방법은 경쟁자들의 목적에 따라 서로 연합하는 목적연합을 결성하는 일이었다. 즉 그들이 살 수 있는 유일한 방법은 주유소나 광고에서는 경쟁관계인 것처럼 갈등 상황을 연출하면서도 사실은 연합관계를 이루는 카르텔의 결성이었다.

이러한 단점이 순순한 시장경제 옹호자들의 눈에 거슬렸을지도 모르겠다. 그러나 분명한 것은 그러한 네트워크 형성을 통해 일련의 장점들이 주어졌다는 것이었다. 이를 통해 우선 고객이 원하는 최종 생산품들(등유, 휘발유, 디젤, 난방용 기름, 천연가스)의 고품질이 보장될 수 있게 되었다. 그 다음으로는 구조적인 영속성이 보장되었고, 이와 더불어 석유에 의존해 있는 개별 국가경제의 미래에 대한 계획을 합리적으로 세울 수 있게 되었다. 마지막으로 카르텔을 결성함으로써 이윤을 보장받을 수 있게 되었다. 그리고 주주들이 관심을 보이는 이자율을 보장해줄 수 있었고 석유와 천연가스 탐사 때에 꼭 필요한 투자지원도 가능하게 되었다.

1944년 이후에 실시된 배럴당 고정가격 정책은 1928년에 합의된 카르텔 협정에 기인한다. 이 협정은 경제의 물질적 기초를 제공하는 특정 분야들에서 학문적인 이상 모델이기는 하지만, 현실은 시장의 조종과 통제에서 출발할 수밖에 없다는 것을 보여주는 역사적인 예라고 할 수 있다. 배럴당 고정가격 정책도 만일 극단적인 시장의 동요를 막을 수 있는 아주 훌륭한 메커니즘이 없다면, 어떤 한계에 부딪힐 수밖에 없다. 미국에서는 석유공급 과잉으로 인한 고통스러웠던 경험을 겪은 탓에 시장의 동요에 대처할 메커니즘들이 존재했지만, 이러한 조처가 전 세계적으로 통용되었던 것은 아니다. 여기에서 또한 1959년의 엄청만 석유공급 과잉과 함께 왜 '붉은 분필 조약'의 내용 중 몇 가지가 변화할 수밖에 없었는지가 설명될 수 있다. 왜냐하면 그곳에서도 경제적으로 볼 때 베네수엘라에서처럼 단일구조를 채택하고 있는 나라들에서 나타나는 여러 가지 부담들을 극복하려고 애쓰고 있었기 때문이다. 그리고 그러한 부담들을 발생시킨 이유들은 석유 자체에 있기보다는 아마도 인플레이션과 그 나라의 정치활동(대부분 독재정치) 그리고 생산자 측, 즉 석유보유국 측에서의 경제적 식민주의의 폐기에 있었다고 할 수 있다.

6. 초강력 카르텔

석유수출국기구의 꿈

1960년 9월 15일에 5개국 산유국 정상들이 모여 석유수출국기구의 결성을 기정사실화했을 때, 베네수엘라의 알폰소는 바그다드에서 다음과 같은 놀라운 가상 시나리오를 발표했다. "우리는 아주 고급스런 클럽을 하나 결성했습니다. 우리는 다 함께 세계 석유시장에 수출하는 석유 중에서 90%를 통제할 것입니다. 그리고 우리는 지금 의견일치를 보았습니다. 우리는 역사를 만들어갈 것입니다."

석유수출국기구의 창립을 위해 전방에서 특히 사우디아라비아와 협상을 벌였던 이 카라카스 출신 변호사가 자랑스럽게 표명한 입장 속에는, 이제는 산유국들이 석유수출을 무기로 해서 석유수입국들과 선진 공업국가들에게 결정적인 영향을 장기적으로 행사하고 싶다는 의지가 분명하게 드러나고 있다. 마치 그들이 원하는 영향력 행사가 근본적으로는 서로 영향을 주고받는 상호작용이 아닌 듯이 말이다.

알폰소와 석유수출국기구는 자국의 석유생산물을 자국 스스로 결정할 수 있으리라는 꿈을 꾸었지만, 그 꿈은 세계 최대 산유국인 미국이나 소련이 석유수출국기구에 참여하지 않음으로써 벌써 한계를 드러내고 있었다.

그 외에도 미국 정부는 이미 아이젠하워의 통치 아래 제정된 무역협정 법률과 존 F. 케네디의 통치 시절 맺은 무역확장 법률에서 원유 및 원유로 만든 최종 생산품의 수입이 결코 국가의 안보를 위협해서는 안 된다는 것을 분명히 하고 있었다.

미국은 1947년 제정된 무역 및 관세에 관한 일반협정의 틀 안에서 자유무역을 촉진시키고 국제연합(UNO)의 도움까지 받아 이미 구성되어 있는 독과점을 퇴치시키고자 하는 만반의 준비를 갖추었다. 그러나 이러한 준비가 있었는데도 석유친화적인 공화당 측이나 민주당 측은 미국 내 석유공급이 필요 이상으로 제3세력에 종속되기를 원치 않았다. 더구나 자국의 원유를 높은 가격에 팔아 확실한 국가 소득원으로 만들고자 하는 목적으로 국가 카르텔인 석유수출국기구를 창설시킨 5개국 정상들에게는 더욱 종속되기를 원하지 않았다. 이 5개국이란 1958년 이래로 혁명적이 된 이라크, 쿠웨이트, 페르시아, 사우디아라비아 그리고 1958년 이래로 다시 민주주의 정부가 들어선 베네수엘라 공화국을 말한다.

주권국가이자 국제연합의 회원국(쿠웨이트는 1961년에서야 영국으로부터 독립했기 때문에, 당시만 해도 예외였다)인 이 나라들이 이러한 목적연합을 창립한 외적인 동기는 석유생산 과잉으로 인한 엄청난 유가폭락에 있었다. 1959년에 뉴욕에서 열린 제5차 세계 석유회의는 타이터스빌을 기념하는 자리기도 했다. 여기서 석유과잉 생산은 몇몇 석유 콘체른들로 하여금 지금까지 해왔던 고정가격 시스템을 중단하고 '일곱 자매들'이 사적인 회사 카르텔로서 수행한 상호 견제활동을 위협하도록 만들었다.

이 일곱 개의 거대 석유 콘체른 중 특히 엑슨은 새로운 책임자 먼뢰 래트본의 감독 아래 지금까지 합의해온 대로 배럴당 지불하던 고정가격을 회사의 이익 차원에서 더 이상 석유주인 국가에 지불하지 않고 석유보유국을 뉴욕 가격 조약(New York Preisdiktat)에 따르도록 하기로 결정했다. 래트본은 이 중요한 사안을 사전에 베네수엘라나 걸프 지역의 석유 장관과 협의를 거쳐 결정한 것이 아니었다. 또한 엑슨을 제외한 나머지 여섯 석유기업들과도 사전에 이 사항에 대해 합의하지 않았으며, 심지어 여러 독립적인 기업가 중에서 걸프 지역의 석유사업에서

6. 초강력 카르텔

아주 중요한 역할을 수행했던 게티와 같은 사람을 단 한 명도 이러한 결정 과정에 끌어넣지 못했다.

이렇듯 정치적으로나 정신적으로 업무 수행능력이 없었던 엑슨 지도부의 독단적인 행동은 주변사람들에게서 즉각적인 반응을 불러일으켰다. 그 반응들을 지켜보았던 한 목격자는 "생지옥이 시작되었다."라고 표현하기까지 했다. 엑슨 지도부의 독단적인 행동으로 인해 발생한 격앙된 소요가 진정되자, 1959년 이집트의 카이로에서는 아랍권에서는 최초로 석유회의가 열리게 된다. 이 회의에는 베네수엘라의 대사도 비밀리에 참석했다. 이 회의가 열리고 1년 뒤에 생겨난 것이 바로 석유수출국기구였다. 석유수출국기구가 항상 소리 높여 사람들에게 주장해왔던 것은 바로 '공정한 가격'이었다.

그들이 이 '공정한 가격'이라는 말로 이해한 바가 무엇인지는 엑슨의 독단적인 가격결정에 대해 석유수출국기구가 취한 최초의 입장표명에서 분명하게 드러났다. 그리고 또한 나머지 석유 콘체른들도, 비록 브리티시 석유와 마찬가지로 정치적인 경험을 통해서나 아니면 아랍인들의 심성에 대한 이해로부터 또 다른 손해를 막기 위해 엑슨의 독단적인 가격결정을 피하고 싶어 했을지라도, 엑슨의 이러한 독단적인 가격결정의 영향에서 벗어날 수 없었다. 석유수출국기구의 회원들은 '석유협회는 어떤 불필요한 유가의 동요도 없는 고정가격을 지불할 것과 석유수출국기구의 회원국들은 이성적인 모든 수단을 동원하여 현재 유가를 이전 수준으로 되돌려놓을 것 등'을 요구했다.

이러한 요구는 온건한 어조로 제시되었지만, 우리는 여기에서 산유국들이 스스로를 석유생산자로 간주하고 있고, 1859년 이후 10년마다 주기적으로 나타나고 있는 이 석유공급 과잉현상에 자신들도 영향을 받게 되었다고 생각했음을 알 수 있다. 산유국들은 1959년에 이르러,

한때 록펠러와 민영 석유생산자들이 처한 것과 유사한 조건에 놓였음을 깨달은 것이었다. 생산되는 유전마다 품질이 다른 석유를 어떻게 공정한 가격으로 판매할 것인가 하는 구조적인 어려움에 고도의 정치적 측면 외에도 정신적이며 감정적인 측면이 추가되었다. 무엇보다도 노련한 언론들은 일제히 백 년 전의 상황과 비슷하게 사기행각과 권력남용 그리고 탐욕적인 이윤추구에 관해 보도하기 시작했다. 그러나 이번에는 일곱 자매들이 가격독점의 형태로 벌이는 식민적인 약탈까지 참아내야 한다는 내용의 비난도 가세되었다.

일곱 자매들로 불리는 석유회사들은 세계 각국에서 활동하고 있었기 때문에 독일어권 나라들에서는 '다국적기업들'로 지칭되기도 했다. 언론에서 나온 반(反)다국적기업 보도들은 이 기업들에 대한 반대 목소리를 만드는 데 적합했다. 그러나 이러한 보도에서와는 달리 석유공급자 측의 유조선 창고들은 석유로 넘쳐나고 있었고, 반면 시장의 수요는 취약했다. 이러한 현실은 당대 비판가들의 거짓말을 징벌했고 강한 영향력을 행사했던 치슈카나 정치가인 해럴드 I. 익스와 같은 이들도 사회에서 매장시키는 결과를 초래했다. 그들은 20년 전에 지금까지 남아 있는 석유가 아주 빠른 시일 내에 고갈될 것이라는 가정에서 출발했다. 익스는 미국 내무성 장관으로 재직할 당시인 1943년에 선동적인 호소 문구를 작성하도록 부추겨서 참전 중인 미국이 '석유를 위한 전쟁'을 벌이고 있다는 구호를 전 세계에 외치도록 했다.

'석유를 위한 전쟁'이라는 구호가 나올 만큼 미국인들은 석유고갈 문제를 걱정하고 있었지만 사실 그 걱정은 근거가 없는 것이었다. 그들은 석유생산자 측이 새로운 2차적인 채굴방법을 사용하여 채굴방법을 기술적으로 상당히 향상시켰고, 이로써 모체광맥에 들어 있는 전체 석유량 중에서 80%까지 채굴해낼 수 있다는 사실을 의식적으로 받아들

6. 초강력 카르텔

이려고 하지 않았다. 세계 석유산업에서는 충분한 공급을 통해 수요를 촉진시키는 것이 중요한 사안이 되었고, 이것은 항상 업스트림과 다운스트림 사이의 균형유지를 통해 가능했다. 그리고 이를 위해 사용되던 수단은 지속적인 저울질이라는 아주 복잡한 체계였다. 이 체계는 세 가지 조정방법을 사용할 수 있었다. 첫 번째 방법은 사람들에게 터무니없이 싼 가격으로 연료용 석유를 제공하는 것이었다. 결과적으로 이 방법으로 에너지 시장의 일대 역사적인 전환을 이루어낼 수 있었다. 이 검은 금은 곧 에너지 시장에서 지금까지 주 에너지 원료였던 석탄의 위치를 대신 차지했고, 독일처럼 전통적으로 석탄을 사용하던 나라마저 정복하기에 이른다. 두 번째 방법은, 굴러가기만 하는 소형 자동차에서 호화스런 리무진에 이르기까지 상관없이, 자동차문화를 최고의 생활양식과 주권적 태도 그리고 자유의 표현으로 열렬히 선전하는 것이었다. 세 번째 방법은 관광산업으로 이용하는 것이었다. 비행기는 정규노선 및 전세기 노선에서 그리고 항공 화물운송 분야 등 다방면에서 사용되었다.

무제한 성장의 징조를 보이며 계속되던 발전은 어느 순간 수요와 공급이 서로 관련을 맺는 것이 절실하게 필요하다는 것을 입증하는 시점에 다다르게 된다. 무엇보다도 1961년 베를린 장벽의 축조로 인해 세계시장에서 동구권 전체가 폐쇄되고 냉전의 정점으로 철의 장벽이 강화된 이후에는 더더욱 그러했다. 그러나 석유산업에서 주기적으로 반복되던 위기를 극복하기에 적합한 모델을 발견할 수는 없었다. 석유수출국기구는 그들의 본사를 초창기에는 스위스의 제네바에 두었고, 그 다음에는 오스트리아의 빈으로 옮겨 지금까지 그곳에서 활동하고 있다. 석유수출국기구에서 일하는 실무에 능한 비서들과 석유 장관들도 대형 콘체른의 경영주들이나 게티나 프랭크 필립스 또는 햄머와 같은 독립 경영자들과 마찬가지로 이 위기국면을 어떻게 극복해야 할지를 알지 못했

283

다. 근본적으로 석유수출국기구는 주권적인 석유보유 국가들의 생산자 카르텔로 존재하면서 막강한 민영 콘체른들(브리티시 석유를 제외한)로 이루어진 카르텔에게 '공정한 가격'을 도입케 하고자 했다.

석유수출국기구가 1962년에 가지고 있던 이러한 소망은 지속적인 노력을 했음에도 역사상 가장 심각한 석유공급 과잉사태를 극복할 수 있었던 2000년도까지도 실현되지 못했다. 안정되고 지속적인 유가가 유지되지 못하곤 한 이유는 카르텔 그 자체의 속성에 놓여 있었다. 카르텔은 하나의 공동목표를 달성하기 위해 조약에 근거한 서로 간의 합의를 바탕으로 하고 있다. 타산성이나 예산운용의 책임 또한 카르텔 스스로가 지게끔 되어 있었다. 이러한 자발적인 협정은 엄격한 카르텔의 규율을 깨도록 만들곤 했는데, 그 이유는 개별 기업들이 기회가 나면 항상 재빨리 돈을 벌려고 하기 때문이었다. 이미 록펠러도 이 문제를 겪었고, 일곱 자매들이라고 불리던 석유회사들과 석유수출국기구도 이 돈의 유혹에서 벗어날 수 없었다.

채굴량을 정확히 정해놓고 반년마다 모든 회원들이 만나 이 규정이 제대로 지켜지고 있는가를 검사하고 석유시장의 상황에 따라 채굴량을 약간씩 조정하던 큰 틀이 있었음에도, 이 기구가 거의 와해 직전까지가는 위기 상황이 발생하기도 했다. 예를 들면 이 위기 상황은 아랍국가들이 이스라엘에 맞서 전쟁을 벌였던 1967년과 1973년에 발생했고, 석유수출국기구의 회원국인 이라크와 이란의 전쟁 때(1980~1988년)와 1990년에서 1991년까지 있었던 쿠웨이트 위기 때도 발생한 것으로 볼 수 있었다. 이 위기 상황은 오늘날까지도 완전히 해결되었다고는 볼 수 없을 것이다. 국제연합이 취한 '식량을 위한 석유'(Oil for food: 이라크가 생필품을 살 목적으로는 석유수출 행위를 해도 좋다는 허용 방안)와 같은 경제제재 조치들은 아직도 유효하며, 미국 및 영국의 전투병력

6. 초강력 카르텔

들은 이라크의 북부와 남부지역에 있는 비행금지 구역들을 적극적으로 감시하고 있다(2000년도 상황을 말한다—옮긴이).

때로는 석유수출국기구 회원국들이 독자적인 행동을 하기도 했고, 사우디아라비아와 미국 사이에 맺은 것과 같은 특별 협정도 있었으며, 생산자 카르텔인 석유수출국기구를 위해 장기간 석유를 공급하는 경우에는 특별할인이 적용되기도 했다. 이러한 와중에서도 석유수출국기구는 40년 이상이나 세계경제를 안정시키는 요소였으며, 아주 풀기 어려운 위기가 닥칠 때조차도 건재함을 과시해왔다.

석유수출국기구가 40년 이상이나 건재한 이유는 비록 대부분의 회원국들이 지속적으로 또는 일시적으로(특히 베네수엘라, 나이지리아 그리고 인도네시아가 잠시 그러했다) 독재국가로 간주되었을지라도, 회원국들이 전반적으로 이 조직의 민주적 구조를 수용한 것과 밀접한 관련이 있다. 즉 회원국들은 카르텔 활동 초기부터 상이한 국가적 관심사나 석유의 품질 그리고 시장의 요구를 올바르게 비교하고 물질적으로 공정하게 평가하기 위해 계약을 체결할 때 '대체법칙'("그 사람의 외적인 모습에 상관없이")을 채택하는 것이 가장 좋다는 것을 알아차렸다.

이미 아리스토텔레스는 『니코마코스 윤리학』(아리스토텔레스의 목적론적 윤리를 다루고 있는 책으로 궁극목적으로서의 행복에 관해 기술하고 있다—옮긴이) 제5권에서 이 '대체법칙'의 의미를 이야기한 바 있었다. 이 대체법칙이 가장 잘 적용된 예는 바로 이라크였다. 석유수출국기구의 회원국이었던 이라크는 이슬람 공화국이었던 이란을 공격함으로써 우선은 회원국 자격을 취소당했다. 그러자 사우디아라비아와 쿠웨이트는 이라크가 벌여왔던 석유사업 중의 일부를 자신들이 단계적으로 처리해 나갈 의사가 있다고 선언했다. 그러나 1988년 사담 후세인이 벌인 이 전쟁이 갑자기 중단되자 이라크의 석유수출국기구 회원 자격은 다시 회복되었고 정상적인 석유사업 운영도 허용되었다. 석유수출국기구는 공격을 받은 이란과 마찬가지로 이라크에게도 똑같은 비율의 석유판매량, 즉 264만 배럴의 석유판매를 허용했다.

　석유수출국기구는 회원국들 간의 형평을 생각하여 석유할당량을 전쟁 해당 국가들에게도 공평하게 부여했을 뿐만 아니라 일상적인 석유사업에서도 놀랄 만한 유연성을 보여주었다. 그러나 이러한 형평성과 유연성에도 석유수출국기구는 바그다드의 독재자가 2년 뒤에 석유수출국기구와 국제연합의 소속국인 쿠웨이트를 기습하는 것을 막지 못했다. 그것도 석유수출국기구가 쿠웨이트의 동의를 얻어 이라크에게 하루 278만 3천 배럴에 해당하는 석유매출을 허용해준 시점의 일이었다.

　다른 회원국들 예를 들면 에콰도르, 나이지리아, 알제리, 인도네시아 또는 베네수엘라와 같은 회원국들의 국내 위기까지 포함하면 석유수출국기구의 부담감은 엄청났다고 할 수 있다. 그럼에도 이 국가들끼리의 카르텔인 석유수출국기구는 모든 균열 양상을 잘 극복해냈다. 이로써 석유수출국기구는, 1960년대에 90%나 되던 이 기구의 석유수출량이 2000년경에는 대략 35%정도로 떨어졌음에도, 기구가 전 세계에 안정적으로 석유를 공급할 수 있는 훌륭한 버팀목이라는 것을 증명했다.

　조지 솔로스는 1998년에 『전 세계 자본주의의 위기』라는 에세이집을 출간했다. 그러나 이 책에서 '록펠러'라는 이름은 거의 나타나지 않는다. 그뿐 아니라 세계경제를 주름잡는 가장 오래된 활동기업인 일곱 자매들, 즉 다국적기업들의 의미를 규명할 수 있는 언급도 거의 나타나지 않는다. 석유수출국기구조차도 1973년과 1979년에 나타난 유가위기와 관련되어 잠시 책의 한 부분에서 언급되고 있을 뿐이며, 그 한 부분마저도 부분적으로 잘못된 수치가 나온다.

6. 초강력 카르텔

이와 비슷한 예는 경제역사학자인 폴 케네디나 대니얼 S. 랜더스, 그리고 프랜시스 후쿠야마 같은 사람들이 저술한 최근의 대작들에서도 나타나고 있다. 심지어 제러드 다이아몬드와 호주 사람인 그레임 도널드 서크스는 외부로부터 고립된 국가사가 아니라 일종의 정신적인 세계화라는 의미에서 다시 세계사를 저술하려고 시도했지만, 여기서도 석유는 다루지도 않고 다룰 능력도 없어 보인다. 루프만조차도 석유와 천연 가스가 국가 독점주의적인 소련에서 가장 커다란 사업이며, 소련이 석유를 생산하는 나라들 중에서도 거의 선두주자 급이라는 사실을 전혀 고려하지 않은 채 자신의 저술을 끝내고 있다.

이미 나세르 장군은 1952년에 자신이 일으킨 군사 쿠데타가 성공한 후 한편으로 역사를 뒤돌아보고 다른 한편으로는 장래를 기약하며 '석유는 문명의 젖줄이며 석유가 없었더라면 문명이라는 것은 나타날 수 없었을 것'이라고 확언했다. "석유로 가동되는 대형 공장들이나 휘발유를 동력원으로 하는 육상 교통, 항공 교통, 해상 교통, 더 나아가 비행기나 잠수함조차도 석유가 없다면 모두 그저 녹슬어 가는 하나의 고철덩어리에 지나지 않을 것이다."

1969년 이래로 리비아의 최고 지도자였던 무아마르 알 카다피와 1964년부터 얼마 전까지만 해도 이라크의 지도자였던 후세인으로부터 존경을 받았던 나세르가 한 말 중에 놀라운 것은 그 당시 이집트에서는 아주 소량의 석유가 생산되고 있었다는 사실이다. 그러나 그는 1945년에 생긴 아랍연맹과 아랍사회주의에 대한 믿음을 기반으로 북 아프리카와 걸프 지역에서 생산되는 풍부한 석유를 곧 이스라엘과 미국에 대한 정치적 압력수단으로 사용할 수 있게 되기를 희망했다.

그러나 알폰소의 경우와 마찬가지로 역사는 나세르가 꿈꾸었던 것과는 다르게 진행되었다. 왜냐하면 모든 이의 기대와 달리 아랍의 사우디 왕조나 쿠웨이트의 샤바스 왕조와 같은 개별 왕조들이 자신들의 왕조독재를 세습국가 체제로 확립하는데 성공을 거두었기 때문이다. 이러한 세습국가 체제는 또한 유럽에서도 1627년 이후 세습 절대주의 뵈멘에 위치한 합스부르크 왕가로부터 나왔다. 이러한 아랍의 절대주의 봉건국가들은 엄격한 감시를 받는 복지체계를 건설하고자 했다. 이 경우 이들은 석유수출국기구로부터 얻는 석유수입을 국가의 독점재산으로 간주하고 있었다.

왕조적이며 봉건적인 생각을 품고 있던 록펠러나 아주 권위적으로 사업을 이끌었던 일곱 자매들(다국적기업들)도 적어도 법치국가와 입헌국가의 틀 내에서 행동해야만 하는 일종의 주식에 기반을 둔 민주주의는 허용했다. 그러나 석유수출국기구에 속한 나라들 중에는 2000년도까지 민주주의가 확실하게 자리 잡은 나라가 하나도 없다. 베네수엘라에서조차도 민주주의는 자리 잡지 못했다. 이 나라에서 1999년 민주주의적으로 선출된 대통령 차베스는 군인이었고 예전에는 직접 군사 쿠데타도 일으켰던 사람이었다. 그는 소위 볼리비아 정부를 확립하기 위해서 온갖 시도를 다하는데, 이것은 일인 독재체제를 구축함으로써 석유수입에 직접적으로 관여할 수 있기 위해서였다.

새롭게 석유수출국기구의 회원으로 가입한 나라들로는 걸프 지역에 있는 아랍에미리트, 리비아, 알제리, 나이지리아, 인도네시아, 그리고 1999년 초 브라질 금융위기 여파로 심각한 위기를 맞고 그해 10월에 외채이자 지불유예 발표로 경제파탄 위기에 직면한 에콰도르와 같은 나라들이 있다. 이 국가들은 대부분 부족주의적인 의미에서 한 가문이 국가의 권력을 차지하고 있는 권위적인 정권구조의 형태를 띠고 있다. 여기에 석유가 풍부한 브루나이와 같은 왕조 독재정치나 1990년 이래로 거대 정유회사인 가즈프롬(엄청난 규모를 지닌 러시아의 정유회사―옮긴이)

을 둘러싸고 러시아 공화국에서 벌인 석유 과두정치까지 덧붙인다면, 석유와 독재 사이에는 피할 수 없는 구조적이며 정신적인 연관성이 존재한다는 인상이 생겨나기까지 한다.

그러나 석유를 원료로 개척한 나라인 미국을 살펴보면 자국에서 생산해낸 생산물과 그 생산품의 사용은 민주적인 방법에 따라 제한되기도 한다. 또한 그것을 법적으로 통제할 수 있는 장치도 마련되어 있다. 미국이 걸어간 이러한 역사적인 예는 앞서 말한 석유와 독재 사이의 연계성을 필연적인 것으로 정당화하는 것이 아니라 오히려 전면적으로 반박하고 있다. 미국 외에도 중요한 산유국이면서 왕조적 전통이 아직도 이어져 내려오고 있는 덴마크나 영국, 네덜란드 혹은 노르웨이와 같은 나라들은 산업시대 이전부터 이미 수백 년에 걸쳐 계약에 기반을 둔 소유에 관한 법규를 제정함으로써 안정된 법치국가를 유지해오고 있다. 이 나라들에서 석유와 가스는 새로운 생산력이라는 의미로 규정되고 있고 이미 존재하는 헌법체계와 법적체계에 통합되어 있다.

미국을 비롯한 유럽 산유국들을 살펴보면 석유 자체가 국가의 구조를 결정짓는 것이 아니라, 국가가 공익을 위한 목적으로 국가살림을 맡아보는 공적인 관리자로 나서서 석유판매 대금과 세금을 사용한다. 그러나 온갖 조정장치와 통제기구를 갖춘 법적인 네트워크를 가지고도 지금까지 배럴당 유가를 장기적으로 안정되게 유지할 수는 없었다. 유가형성 때마다 항상 반복되어 나타나는 가격불안의 주된 이유는 아마도 상당히 정확한 주기로 반복되지만, 그 시기를 완벽하게 계산할 수는 없는 생산자 측의 '잠재적인 과잉생산'에 있는 것처럼 보인다.

석유수출국기구 중에서도 아랍권만의 석유수출국기구인 아랍석유수출기구(OAPEC)는 이스라엘에 대해 '석유를 무기'로 사용하고자 한 적이 있었다. 이러한 방해요소까지 겹치면 희망했던 구조적인 영속성이라는 것은 계속 중단될 수밖에 없다. 경기 동요, 인플레이션이라는 유령, 석유를 다른 에너지원으로 대체하는 것, 환경세나 군비지출 등은 물질적인 가치를 만들어내지는 않지만 세금과 연결되어 있고, (석유주식들의 주주가치만 제외하고) 유가에 영향을 미치는 그 외의 일들을 수행한다. 석유역사에서 나타나는 여러 장점과 단점에 대해 공정한 토론을 벌이기 위해서는 이 모든 요소들을 토론의 내용으로 삼아야 한다. 사우디아라비아의 전 석유자원부 장관이었던 자키 야마니는 석유수출국기구가 빠른 시간 내에 수명을 다할 것이라고 예언한 바 있었다. 이러한 석유수출국기구의 경우에 사람들이 처음에는 전혀 그 영향력을 상상할 수 없었던 두 가지 특별한 효과들이 더 고려되어야 한다.

사람들은 일곱 자매들이 결성한 카르텔에 반대하고 '공정한 가격'을 위한 투쟁에서 업스트림 전 영역을 독점화하는 수단을 선택했다. 이러한 행위의 열광적인 지지자들은 이러한 재산몰수의 조치를 때로는 탈식민화라고 불렀고, 때로는 국유화 내지 사회화라고 불렀으며, 또는 여타 수식어구 없이 간단하게 국영화라고 불렀다. 석유재산의 소유주가 된다는 사실에 떨리던 가슴은 한때 감정적으로 자신감을 강화시켜주기도 했다. 그러나 실제로 나타난 양상을 보면 석유수출국기구에 속한 산유국들 모두 명목상으로만 자주적이거나 독립적이 되었을 뿐이다. 왜냐하면 일곱 자매와 같은 콘체른들이 보유하고 있는 기술 없이는, 그들은 거의 아무것도 할 수 없기 때문이다.

산업국가의 고객들과 판매접촉을 맺기 위해서 성가신 중간세력인 일곱 자매들을 배제할 수 있으리라는 믿음은 환상이었다. 사실 석유 콘체른들은 계속해서 석유산업의 모든 분야에서 절실히 필요한 존재였다. 석유수출국기구 회원국가 중에서 가공하지 않은 원유를 정제된 형태로 고객에게 가져가기 위해 필요한 유조선을 충분히 보유한 나라는 없었다. 그들은 자국 내 주유소망조차 전혀 갖추고 있지 않았다. 이미 1973년 이전에 이라크와 알제리 그리고 리비아와 같은 나라들에서는 석유산업이 국영화된 상태였다. 따라서 일곱 자매들이 1973년 유가위기가 발생했을 때 다운스트림 영역을 총 가동하여 카르텔 운영 역사상 최대의 흑자를 낸 것은 놀랄 만한 일이 아니었다.

    석유수출국기구 회원국들은 1973년 유가위기 이래로 고유가정책을 편 결과 나타난 두 번째 효과—중동지역의 정치적인 불확실성과 엄청난 유가상승 때문에 갑자기 멕시코 만의 근해시추와 북해가 투자할 만한 가치가 있게 된 것—도 오랫동안 제대로 평가하지 못했다. 심지어 사람들은 시추기술 면에서 어려운 이 지역에서 석유탐사를 강행하게 된 것도 유가를 배럴당 12달러로 몇 배나 높인 것이 원인이 되었다고 말하기도 한다. 여기에서조차 석유역사의 진정한 승자는 석유수출국기구가 아니라 일곱 자매들로 나타나다. 이 일곱 자매들 중에서 걸프는 1984년 낙오하고 에소의 지사인 셰브런에 인수되었다.

    거의 백 년에 가까운 생애 동안 록펠러가 황금 손으로 붙잡은 것이 모두 석유가 되지는 않았다. 그러나 그가 상품화시킨 검은 금은 여러 어두운 측면에도 그의 기업가 정신을 바탕으로 많은 좋은 것들을 탄생시켰다. 여기에 속하는 것이 록펠러 재단이다. 이 재단은 전 세계에서 인본주의적인 프로젝트를 지원하는 것뿐만 아니라 학문과 연구도 지원하고 있다. 엑슨은 1911년 이래로 양차 세계대전을 포함한 모든 위기 상황을 이겨냈고, 모빌 오일과 합병한 이후에는 석유경제에서 가장 커다란 글로벌 플레이어가 되었다. 그러나 엑슨은 이 경우 독과점이 아니라 회사를 최적화하기 위해서 경쟁을 필요로 하는 카르텔의 형태를 유지해 나갔다. 바로 이것이 시장점유율을 놓고 경합하던 석유투쟁에서 거둔 가장 커다란 소득일 것이다. 카르텔 연합 내에서 노동분업의 장점들을 가장 먼저 인식한 것은 개별 투사였던 록펠러였고, 그 다음으로 일곱 자매였다. 이들은 이를 통해 자기업의 영업 성과와 이윤을 개선할 수 있었다. 그들이 서로 카르텔을 형성하거나 아니면 좋은 독립기업가들과 새로운 석유나 가스유전을 시추하기 위해 소위 말하는 '신디케이트'를 결성한 것은 헛된 일이 아니었다.

신디케이트란 개념은 아주 가정적이면서도 화해적인 개념이다. 이 개념은 라틴어 'sors'와 연관되며, 이것은 '자매'를 의미한다. 궁극적으로는 모두를 묶는 '공동의 끈'을 의미하기도 한다. 이러한 끈의 도움으로 사람들은 미다스의 꿈을 실현하려고 한 것이 아니라 이성적인 경제적 목표를 추구한 것이다. 물론 이들에게는, 때로는 석유수출국기구에 대항하기도 하지만 때로는 협력적 관계를 유지하면서, 제 힘으로 역사를 만드는 것이 허용되어 있다. 그러나 이것은 항상 그들 자신과 고객의 이익을 위한 행동이었다.

7

아메리칸 드림

"부가 자연 상태로 존재하는 것이 아니라는 사실을 우리들은 알아야 한다. 부는 만들어져야 하는 것이다. 금은 그것과 바꿀 수 있는 재화가 존재하지 않는다면 아무런 가치도 없을 것이다. 석유도 마찬가지다. 그것으로 많은 부를 쌓으려 한다면 자동차, 발전소, 석유산업 등이 존재해야 한다. 서양에서 창출된 기술이 존재하지 않고는, 중동의 석유는 그저 지층에 매장된 골동품에 지니지 않을 것이다."

귀족적인 미국인 만들기

1816년 캘리포니아 해안 앞에 다다른 러시아의 한 범선에서는 주목할 만한 토론이 있었다고 한다. 그해는 '여름이 없었던 해'로 악명이 높았는데, 아시아에서 화산이 폭발하여 그 재가 해를 까맣게 가렸으며 아일랜드에서는 기근이 발생했다. 이때 그 범선에 탄 유명 인사들은 1776년부터 공화국으로 독립한 미국에 대해 토론을 벌였다. 당시 국제정세를 보면 유럽에서 나폴레옹이 패하여 쓰러졌고, 라틴아메리카에서는 해방전쟁이 발발했는데, 이후 미국의 대통령 제임스 먼로는 1823년에 먼로주의를 선언하여 "미국은 미국인들의 손에!"라는 원칙을 천명한 바 있다.

그 토론에 참여했던 독일 시인 아달베르트 폰 샤미소는 미국의 정치가이자 노예소유자이기도 한 토머스 제퍼슨을 칭찬했다. 위그노 출신이자 노발리스와 비슷하게 광산에 대해 잘 알고 있던 그는 제퍼슨이 미국 독립선언문의 기초를 닦았으며 민주당을 창립하고 버지니아 대학교를 설립한 사람이라면서, 제퍼슨이야말로 '진정한 귀족이자 민족의 참된 대표자'라고 했다.

토마스 만의 장남인 클라우스 만은 1940년, 보고문인 『아메리칸 드림』에서 세계를 여행하는 샤미소의 미국에 대한 평가를 위와 같이 인용하고 있다. 또 그는 샤미소의 평가를 좀 더 자세히 설명하기 위해 "그때 누군가 마침내 귀족정치의 이상과 일치될 수도 있는, 실제적으로 설득력 있는 민주주의에 대한 구상을 가지게 되었다."는 샤미소의 말도 덧붙였다.

1787년의 헌법에 명시된, 미국 대통령은 모든 사적·물질적인 행복을 추구하면서도 진정한 미국인이자 애국자로서 정의의 계명을 결코 잊어버리지 않아야 한다는 의무를 생각한다면, 미국의 존경받는 대통령 제퍼슨에 대한 샤미소의 판단은 다음과 같이 이해될 수 있다. 즉 제퍼슨은 아리스토텔레스 신봉자로서 (사적 개인을 고려하지 않는=민주주의) 계약행위의 화해적 또는 소통적 정의를 (사적 개인을 고려하는=귀족정치) 분배적 정의와 결합했다. 또한『니코마코스 윤리학』의 의미에서 말한다면, 민주주의자 제퍼슨은 양과 질, 공익과 개인적 이익, 세습재산과 신탁관리, 선거와 세습 등을 상호성에 근거한 질서로 짜 맞춘 사람이라고 할 수 있다. 그 상호성의 질서에서는 권리와 정의(평등)를 시대와 상관없이 유효한 원칙들로 적용할 수 있다. 더불어, 어떤 충돌이 생기더라도 손해를 방지하고 이익을 증대할 수 있다.

1859년 이후부터의 석유시대에 이 질서를 적용해보면, 무엇보다도 미국의 호환법령이 의미하는 부분에서 그 전개 양상을 알 수 있다. 즉 비난받을 일을 하지 않은 성년 남자들 중에 법적으로 계약을 할 수 있고, 성실한 납세자며, 선거권이 있는 사람이라면 누구나, 특히 1863년의 노예해방 이후에는 피부색, 종교, 직업 등에 상관없이 석유나 모든 종류의 석유생산물들을 연방 전체에서나 개별 주들의 시장에서 거래할 수 있고 자신의 결정으로 팔 수 있었던 것이다. 단지 그가 제3자에게 손해를 끼치지 않으며 '합법적인 화폐'나 그에 상응하는 용역을 제공할 수 있으면 되었다.

그러므로 균형적이고 산술적인 공정함이 미국이 생각할 수 있는 모든 부문에서의 경제생활을 특징짓고 있다면 그때서야 왜 세계 제일의 수출국가인 미국이 모든 산업국가들 가운데 월등한 차이로 가장 낮은 석유세를 매겼는지 알 수 있을 것이다. 예를 들어 영국, 노르웨이, 독일 등과 같은 나라들에서 국가가 휘발유의 리터당 가격의 약 5분의 4를 세금으로 걷어 공공 재정을 충당한 반면 미국은 약 3분의 1의 세금에 그치

7. 아메리칸 드림

고 있었는데, 이는 공화당과 민주당으로 양분되어 있는 미국의 정치가들이 국민들의 구매력을 비교적 적게 감소시키면서 부자와 가난한 자들 사이의 균형을 맞추기 위한 결정이었다고 볼 수 있었다. 기름은 육지와 바다, 하늘에서의 민주주의를 가속화하는 원료로 간주된다. 그 때문에 환경보호가 문제가 될 때 기름은 협상의 걸림돌이 되는 것이다.

특히 선거에서 "석유기업 블록"(시어도어 루스벨트)에서 나오는 적극적인 기부금을 받아 득을 본 공화당 의원들은, 석유에 대한 과세를 민주주의 원칙에 대한 위반이자 독립적인 의사결정 주체로서의 자주적 결정이라는 숭고한 이념에 위반하는 것으로 여겼다. 하지만 그 점에서만큼은, 마치 유럽의 귀족들에게서 나타나는 강력한 개인주의를 엿볼 수 있다. '여럿 중의 독립체'라는 대통령 선거구호만 보더라도 로마의 모범에 따른 것으로, 분배적 정의를 엘리트적인 능력의 원칙으로 자리매김하게 한다. 이 원칙은 비단 대통령 선거, 상원의원 선거, 주지사 선거, 판사의 선출에서도, 뿐만 아니라 무엇보다도 결혼에서도 상호성에 대한 계약으로 나타난다. 즉 장래의 남편 쪽에서는 '가장 훌륭한 남자'를 제공하고 부인 쪽에서는 '영예로운 처녀'를 제공하는 것이다—양측은 모두 질적으로 최고의 위치에 있는 증인이자 두 사람의 결합을 신과 법 앞에서 집행하는 위탁인으로 여겨진다.

1913년 비어드가 미국의 헌법을 경제적으로 평가하는 데 대단히 가치 있는 것으로 관찰한 이러한 귀족적인 유산의 핵심요소들을 생각해본다면, 거트루드 스타인의 세기의 역작인 『미국인 만들기』에 묘사된 한 가지 기본 특징을 이해할 수 있다. 그녀는 그 책을 1906년부터 집필하기 시작했다. 그때는 미국 텍사스 주부터 오클라호마에 이르기까지 석유열풍이 불기 시작했고, 또한 유럽인들이 자주 간과해온 미국의 중간계층은 고집스럽게 자신의 재산과 유산을 가꾸고, 사회 전체가 '우리들은 이곳에서 민주적이고 동시에 귀족적으로 살아야 한다'는 기대를 갖던 시기였다.

석유제국의 황태자를 꿈꾸었던 석유의 왕들

미국 코미디언 보브 호프는 언젠가 이런 우스개로 세태를 풍자한 바 있다. "미국에서 백만장자가 되는 것은 여전히 쉽다. 이전에 한번 백만장자가 되었다면 말이다."

이 말은 미국에서 귀족이 된 부호들은 사회에서 추락할 수 있는 위험을 언제나 갖고 있음을 지적하는 것이지만, 동시에 미국의 부호들은 이익이나 자본수익을 공고히 하고, 그것을 재단을 통한 형태로 공익을 위해 사용할 수 있도록 자본유지의 기술을 발휘해야 함을 지적하는 것이다. 이미 살펴본 것처럼 록펠러나 자동차왕 헨리 포드는 이런 기술을 훌륭히 구사했다. 그 기술에는 획득한 돈을 잘 다루는 것뿐 아니라 단순한 상인에서 석유제국이라는 자신의 왕국을 건설하여 '왕'의 자리에 오르는 신분 상승의 기술도 포함되어 있다.

항상 역사가들의 흥미를 일깨우는 그런 성공사례들은 미국의 모험적인 석유역사에서 얼마든지 찾을 수 있다. 하지만 그들에게도 종종 비극으로 끝나고, 개인으로나 가족으로나 어떤 성공의 연속성도 찾아볼 수 없는 숨겨진 이야기가 많이 있다. 그것들은 평전을 통해서도 드러나지 않는다. 이미 여러 번 언급했던 싱클레어 기업의 해리 싱클레어는 자신의 창의력과 사업확장의 의지, 사회적 책임감 등으로 중노동을 하는 그 회사의 사람들에게는 아주 칭찬받는 인물이었을 것이다. 그는 한쪽이 안짱다리임에도 1903년부터 1949년까지 정말 위대한 석유역사를 창

7. 아메리칸 드림

출했다. 하지만 동시에, 그에겐 어두운 면도 적지 않았다. 무엇보다 1920년대의 티포트-돔(Teapot-Dome) 스캔들(1924년 하딩 행정부의 내무장관으로 있던 앨버트 펄이 해군에서 사용할 목적으로 따로 보존해두고 있었던 티포트 돔에 있는 정부 소유의 유전지대를 자신의 친구 에드워드 도헤니에게 특혜 임대해준 사건을 말한다. 이 사건으로 하딩 행정부의 권위는 실추하고 펄은 투옥되었다—옮긴이)에 그가 연루되었는지는 지금까지도 완전히 밝혀지지 않았지만, 그 사건은 석유와 정치 사이의 의심스런 중간 영역의 범위를 예감할 수 있게 했다.

석유탐사 전문가에서 모범적인 기업가로 성장했던 해리 싱클레어의 경력을 추월할 수 있었던 인물은 동시대에선 게티와 필립스 정도였다. 이들의 경력은 모두 미국 바깥에서는 상상조차 할 수 없는 것이었다. 전설적인 실화소설 『석유』를 쓴 업턴 싱클레어나 명저 『분노의 포도』를 쓴 존 스타인벡 같은 뛰어난 문인들도 그들이 비판한 아메리칸 드림의 허실이 현실에서 더 명백히 나타난 것을 보고 놀라지 않을 수 없었다. 그들의 상상력이 현실을 따라갈 수 없었던 전형적인 예는 '석유채굴 왕'인 필립스의 삶과 영향력이었다.

필립스의 아메리칸 드림 실현은 1873년 11월 28일 (미국 중서부의 네브래스카 주의) 스코샤에서 탄생한 그의 생애 이력에서부터 시작되었다. 아이들이 많은 그의 농부 가족은 자신들의 역사적 뿌리를 1620년 이래 미국을 건설한 영국의 비국교도 백인 귀족들로 이루어진 순례자들로까지 확장했는데, 이는 곧 어느 정도 선택받은 사람들이 미국사회를 최초로 형성했음을 말해준다. 뿌리에 대한 이러한 의식은 어린 필립스가 미국의 특별한 영웅들에 관한 호레이셔 앨저의 이야기들을 읽고, 아홉 남매들 중에서 자신이 단지 농부가 되는 것보다 더 나은 직업을 가질 수 있다고 느꼈을 때 더욱 강화되었다. 크레스턴에서 찾은 그의 첫 직업은 머릿기름을 만지며 일하는 이발사였는데, 그는 성공에 대한 열망을 억제하지 못하고 열일곱 때 그곳을 떠나 아이오와로 간다. 그리고 그곳에서 다시 서부로 향하여 유혹적인 로키 산맥으로 간다.

막 발전하기 시작한 신흥도시이자 '평야의 여왕'으로 통했던 덴버에서, 그 또한 1890년부터 계속되어온 콜로라도 지역의 금광 붐을 피할 수 없었다. 필립스의 이발소에서도 매일 부호 실버-바론 호레이스 타보르를 입에 올렸다. 그리고 필립스는 사시나무로 차 있는 은광맥의 중심지에서 가위와 빗, 면도칼을 사용하는 자기 기술을 금맥을 캐는 일로 바꿀 기회를 엿보고 있었다.

그렇게 대박을 좇는 사람들 틈에서도 필립스의 수입은 그다지 나쁘지 않았다. 그는 일주일에 엿새를 빠짐없이 일하여 산업과 경제, 법, 통화, 정치, 일상의 사업 등을 둘러싼 일정한 관계를 통찰하는 식견을 얻게 된다. 그때는 1893년으로 미국에서 특히 전 국가를 뒤흔드는 지진과 같은 사건이 발생했을 때였다. '셔먼 실버 구매법'(Sherman Silver Purchase Act)이 막 미국 의회를 통과했던 것이다.

록펠러의 석유사업과 그의 에소에게도 영향을 미쳤던 오랜 동안의 경기침체 이후에 미국은 이 법안을 통해 통화를 은본위제에서 금본위제로 하루아침에 바꾸었다.

경제를 모르는 대부분의 사람들에게도 이런 국가의 대규모 개입이 어떤 정책을 의미하는지는 확실해졌다. 원료를 생산하고 마케팅을 하는 일에서 항상 정치적 비용도 지불해야 한다는 사실이 그것이었다. 이런 점은 콜로라도 주의 아스펜에는 치명적인 결과를 초래했다. 예컨대 한때 번성하던 펜실베이니아의 석유도시 피트홀이 석유공급 과잉과 가격 폭락으로 하룻밤 사이에 붕괴하는 일이 발생했는데, 이제는 그런 일이 불행하게도 아스펜에게 닥친 것이다. 사람들은 그 도시에서 새로운 부

7. 아메리칸 드림

자들로 탄생했던 자들을 두고 왕정시대의 용어를 그대로 써서, "은광맥의 왕들이 폐위당했다."고 했다.

타보르는 석유의 생산과잉과 그에 따른 가격폭락을 불러온 이런 위기에서 직격탄을 맞아 순식간에 파산하고 결국 덴버의 한 호텔에서 자살하고 만다. 필립스는 이런 광맥 부호들의 급속한 흥망성쇠를 자신을 위한 타산지석으로 삼았다. 그는 누구보다도 먼저 위기에 떨어진 아스펜을 떠나 유타 주의 중요한 철도요충지인 오그덴으로 간다. 그곳은 뉴욕의 은행가 J. P 모건이 주요 지분을 가지고 참여하고 있는 컨티넨탈 석유회사의 사업기지가 있는 곳이었다.

젊은 이발사 필립스가 이 기업과 긴말한 접촉을 가지는 것은 훨씬 뒤의 일이다. 하지만 그곳에서 그가 알게 된 것은 미국 동부의 정유공장에서 생산된 석유를 개발되고 있는 서부지역에 집중하여 영업한다면 많은 돈을 벌 수 있을 것이며, 그 경우 필요로 하는 것이 바로 은행이라는 점이었다. 그래서 얼마 지나지 않아 독립한 필립스는 자신의 이발소를 팔고 은행 분야로 뛰어든다. 은행가 존 기번을 알게 되고 그의 딸 제니(제니 기번)와 1897년에 결혼한 것이다.

필립스는 이런 변화와 자기 발견의 시기에 거대한 재산을 모으고 유명한 재단을 남긴 강철왕 앤드루 카네기의 놀라운 경력에 특히 감탄한다. 또한 석유왕 록펠러의 성공 스토리도 이제 은행가가 된 그에게는 늘 자극제가 된다. 그는 이런 산업에서 미국의 이상인 자수성가의 꿈이 실현된다고 보았다. 필립스가 보기에 이런 인물들은, 오랫동안 자기 재능과 기회를 모두 시험해보고 자기에게 정말로 맞는 직업을 알아낸 뒤, 장소와 시간을 불문하고 지속적인 업적을 쌓는 데 온 힘을 집중하는 자들이었다.

영국에서 건너온 순례자 집안의 진지한 후손들이 지니는 태도는 이제 필립스에 이르러 그 성과를 보게 되었다고 할 수 있었다. 생애에서 위대한 것을 이룰 작심을 한 그 순간, 필립스는 감리교 전도사를 한 사람 만났다. 바로 크레스턴 출신의 감리교도 브루더 라라비였는데, 그는 이 젊은 은행가로 하여금 미래에 눈을 뜨게 해주었다. 필립스는 라라비를 세인트루이스의 세계박람회를 방문하는 동안에 알게 되었다.

이 전도사는 인디언들에게 기독교를 전파하고자 소위 인디언 지역으로 갈 작정이었다. 그의 종교적 임무 가운데는 툴사와 바틀즈빌 사이의 작은 도시들(소위 국가의 질서나 법이 미치지 않는 곳이었다)로 오는 자들을 구원하는 일이 포함되어 있었다. 이들은 대개 일확천금을 노리고 석유를 찾아 헤매는 자들이거나 사람들을 속이고 노상강도 짓을 하는 갱들이었다.

필립스는 1898년 존 깁슨의 아버지가 되었고, 아들의 장래를 생각하면서 지워버릴 수 없는 새로운 계획 하나를 그려보게 되었다. 1907년부터 오클라호마(붉은 민족이란 뜻)라는 이름으로 미국의 새로운 주로 편입되게 될 인디언 거주지역으로 가는 것이었다. "그곳은 땅 속에서 기름이 물처럼 흐르는 곳이다. 그 기름은 흐르는 금이고 그것을 통해 부자, 그것도 아주 큰 부자가 된 사람들이 존재하는 곳이었다."(마이클 윌리스)

필립스는 자신의 장인과 성실한 형제 몇과 상의를 한 후에 1904년, 기름채굴을 위해 황야의 서부로 떠났다. 기름이라는 보물을 찾아, 오클라호마로 길을 나선 것이다. 마이클 윌리스는 그런 보물찾기를, 풍부하게 존재하는 문헌자료를 조사하여 B. 트래번이 기술한 '기름에 담긴 활력'이라는 정신에 따라 묘사했고, 이로써 이 젊은 사업가가 성공을 향해 나가는 흥미진진한 과정을 추적할 수 있는 토대를 마련했다.

미국의 석유역사에서 중서부지방에서 일어난 석유 붐 시기에는 인디언들의 재산 개념이 어떤 것보다 중요한 역할을 했다. 특히 체로키, 오사지, 세미올렌족들은 걸프 만에 있는 원 거주지에서 이른바 긴 '눈물의 행렬'을 통해 강제로 서부로 이주했다. 그들은 백인들로부터 수많은 압력을 받으면서도, 워싱턴 정부가 보장한 집단적 종족재산을 관리해야 한다는 의식을 지니고 있었다. 그들은 새로운 관계에 맞추어, 부족의 개별 구성원이 일정 면적의 땅을 개인적으로 사용할 수 있도록 했지만 백인에게는 단 한 평도 땅을 못 팔게 했다. 이런 규정은 특히 모든 종류의 지하자원 채굴에 적용되었다.

허용된 소작과 임대규정은 오클라호마 지역의 석유채굴에도 중요한 문제가 되었다. 이곳에 수많은 노천 석유채굴지가 존재했기 때문이다. 그런 곳에서 채굴한 석유는 인디언이나 모피사냥꾼들에게는 대체로 치료제로 사용되었는데, 이제는 헨리 포드의 주도로 급속하게 발전한 자동차생산으로 인해 그 가치가 헤아릴 수 없을 정도로 평가 절상되었다. 더구나 석유는, 백인 기업가들이 인디언 부족들과 그들이 제시하는 적법한 조건에 맞추거나 자주 불안정한 모습을 보이는 석유시장에 맞출 수만 있다면, 인디언들에게나 백인 기업가들에게 모두 수입원이 되었다.

미래를 주도할 사업에 대해서라면 훌륭한 감각을 지닌 필립스는 우연하게 20세기를 주도할 석유라는 거대한 테마에 맞닥뜨리자 단숨에 미래의 비전을 얻을 수 있었다. 그는 어느 날 자신의 은행 사무실에서 자동차 한 대가 부르릉거리며 도로를 내려가는 것을 보고는, 당시 실업 상태에 있었던 자기 형제 중 하나와 대화를 나누기 시작했다. "이런 차들은 휘발유를 필요로 해. 휘발유는 미래의 연료가 될 거야. 지금은 차가 얼마밖에 없지만 언젠가는 수백 만 대로 늘어나게 될 거야. 석유는 지금은 1배럴(159리터)에 28센트지만 10년 후에는 얼마나 될지 어떻게 알겠어?"

늘 발전에 대한 생각에 사로잡혀 있었지만 그때까지만 해도 석유사업에 자세한 지식이 없었기에, 필립스는 석유사업이 1859년 이래로 10년마다 배럴당 가격이 최저점에 이르는 침체기를 극복해야 한다는 점을 알지 못했다. 그래서 그는 1904년, 장인과 다른 투자자들과 함께 위험을 무릅쓰고 '앵커 오일 앤드 가스 컴퍼니'를 설립하게 된다. 그 회사는 10만 달러의 창립자본금으로 시작하면서, 당시 미국 어디서나 볼 수 있었던 기업왕국에 대한 열풍의 진원지인 석유산업에 참여했다. "석유는 왕이 되려고 버티고 있다. 바틀즈빌은 그 왕국의 가장 중요한 지역 가운데 하나로 지정되었고, 프랭크 필립스는 그 왕국의 황태자가 되려 했다."

하지만 이런 높은 기대가 서서히 이루어질 수 있었던 반면, 경험은 적지만 도전정신으로 꽉 찬 석유은행가들에게는 몇몇 혹독한 시험이 버티고 있었다. 황야의 서부에 새로 개척되는 이런 석유채굴 지역에서 처음 시추 구멍을 뚫는 일은 이미 1897년 4월 15일에 "악마의 폭탄"(고드빌)이라는 다이너마이트를 이용해 실행되었다. 당시 시추 구멍의 깊이는 약 4백 미터였다. 하지만 노출된 석유채굴 지역에서 가까운 곳에서 시추한 것이 항상 성공적인 것은 아니었다.

필립스도 그런 실패의 경험을 겪어야 했다. 비록 그가 '홀란드 1호'라고 명명한 최초의 임대 시추탑이 석유에 닿았지만 거기서 뽑아낸 석유는 그 자리에서 졸졸 흘러내리는 정도였고, 그 다음으로 작업한 시추는 성과가 없었다. 이 결과는 그의 형제 리 엘리어스의 회의를 입증하기에 충분한 것처럼 보였다. 엘리어스는 단지 록펠러만이 특별한 신의 은총을 입고 석유사업에서 행운을 갖게 되었다고 오랫동안 굳건히 믿고 있었다. 그때 에소 사는 채굴사업과 석유획득에 전혀 참여하지 않았다. 석유를 캐겠다는 집념에 불타는 필립스의 인내는 별 성과 없이 끝난 처

7. 아메리칸 드림

음의 시도 후에 곧바로 풍성한 성과를 거둔다. 바틀즈빌의 북쪽에서 시도한 '안나 앤더슨 1호'라고 명명된 네 번째 시추에서 그는 완전히 성공했다. 하루에 시추 구멍을 통해 뽑아낸 석유의 양이 약 2백 배럴로 어쨌든 3만 리터 이상 되는 양이었다.

이 양은 텍사스에서 하루에 얻는 석유의 양과 비교한다면 정말 형편없어 보였지만, 이건 단지 시작일 뿐이었다. 실제로 그 후로는 필립스 형제들에게 시추에서 성공하는 일이 이어졌다. 그들은 이른바 '바틀즈빌의 사막'에서 81개의 시추 구멍을 지주로 삼고 연달아 시추했는데, 그중 기름이 나오지 않은 지역은 단 한 군데도 없었다.

이 기록은 50년 후에야 텍사스에 있는 조지 부시의 회사 '사파타 페트롤리움'이 깨트리게 되는 기록이었다.

목표의식이 뚜렷한 필립스 형제가 유정의 성공적인 시추를 했음에도 석유기업인으로 더 배워야 했던 것은 기술적이고 개인적인 면에서 고도의 위험이 따르는 이 새로운 산업활동에 재정적인 안정을 확보하는 것이었다. 그래서 그들은 그 일을 위해 1905년 12월 4일 '시티즌 뱅크 앤드 트러스트 컴퍼니'를 설립한다. 이날은 필립스가 30년 후에 커다란 경기침체와 나날이 밀려드는 온갖 염려로 생애에서 반드시 잊어버리고 싶어 한 역사적인 날이었다.

그들의 활동을 산업화하는 데 필요한 두 번째 기본 조건은 그들과 다른 수많은 채굴업자들과 거대한 기업에게도 커다란 염려거리였다. 왜냐하면 검은 금의 저장과 수송, 가공과 판매(다운스트림)는 혼란스런 석유시장에서는 기업 스스로가 규정하지 못하고 통제할 수 없으며 극복할 수 없는 여러 장애에 부딪히게 되기 때문이다. 기술적 요구와 비교해서 볼 때 '정당한 가격'을 얻기 위한 투쟁은 1909년에도 늘 사활을 건 도박과도 같았다.

조지 부시의 재선을 위해 소집된 1992년 공화당 전당대회

루이지애나 주의 셰브런 정유공장은 '미국의 생활방식'을 확고하게 해준다.

7. 아메리칸 드림

록펠러, 마커스 경 혹은 디터딩 경 같은 노련한 석유사업가들에게도 석유의 가격체계는 수수께끼 같았다. 석유역사가인 타벨은 그 수수께끼에 대한 해답을 수요와 공급의 주기적인 불균형에서 찾지 않았다. 오히려 자연의 저주라는 것에서 그 해답을 찾았다. 주기적으로 나타나는 석유과잉으로 시장의 수용력이 혼란해지고 그 결과 자신들을 미다스처럼 느끼는 석유왕들의 교만함이 꺾여지고 마는 것이다.

이런 아주 도덕적인 설명에서 특이한 것은 석유가 관련된 현실에서 이런 설명을 확인시켜주는 놀라운 상황이 존재한다는 것이다. 그래서 E. W. 멀랜드는, 동시대인들의 말에 따르면, '석유를 찾는 후각과 악마의 행운'을 지닌 사람인데도 '석유의 왕자'라는 영예를 누렸던 조 코스덴과 같이 시장과잉이라는 현상의 희생자로 전락했다. 그리고 전설적인 빌리 레저는 아무런 수고도 들이지 않고 석유사업에서 벌어들인 5천만 달러를 유정(油井) 하나를 시추하는 데 걸리는 시간보다 더 빨리 탕진해버리고 말았다.

2세대 후 1989년에 석유가격의 위기로 나타나는 10년 주기가 다시 한번 확인되었을 때 실버는 이런 현상에 대해 좀 더 정확하게 설명하기를, 시장수용력 사이의 균형이 제대로 작동되지 않고 있다는 점을 지적하고 사람이 하는 모든 일은 견고하지 않다는 점을 경고했다. "부가 자연 상태로 존재하는 것이 아니라는 사실을 우리들은 알아야 한다. 부는 만들어져야 하는 것이다. 금은 그것과 바꿀 수 있는 재화가 존재하지 않는다면 아무런 가치도 없을 것이다. 석유도 마찬가지다. 그것으로 많은 부를 쌓으려 한다면 자동차, 발전소, 석유산업 등이 존재해야 한다. 서양에서 창출된 기술이 존재하지 않고는, 중동의 석유는 그저 지층에 매장된 골동품에 지니지 않을 것이다."

보스턴 대학교 총장인 실버의 이 말에서 우리들은 1980년대 후반의 경기침체기에 미국이 안고 있었던 문제를 감지할 수 있다. 그때는 석유사업가였던 조지 부시가 레이건의 후임자로서 미국 대통령에 취임했던 때였다. 당시에 사회적 책임의식을 지닌 과거의 노동윤리는 사라졌고 부는 컴퓨터 마우스만을 잡고도 얻을 수 있게 되었다—당시의 **신경제**를 대표하는 사람들의 꿈은 빌 게이츠였다.

육체적 노동과 기계화된 작업 그리고 정신적 활동의 결합을 추구하는 **구경제**(Old Economy)의 열렬한 옹호자인 필립스조차도 때때로 석유사업에서 성공했음에도 모든 종류의 노력에 지친 듯 보였다. 왜냐하면 1909년의 석유공급 과잉과 가격폭락이 그의 기를 꺾었기 때문이다.

물론 그는 그 영향은 그럭저럭 막을 수 있었다. 하지만 해를 거듭할수록, 그는 자신이 제한적인 영향만 행사할 수 있는 시장의 메커니즘에 종속되어 있음을 깨닫는다. 그는 1913년, 세계여행을 하면서도 그 문제에 항구적인 해답을 발견할 수 있는가 하는 회의에서 벗어나지 못했다. 그의 여행은 아시아, 중동, 유럽으로 이어졌고, 이를 통해 자국의 경제적 번영은 미국산 등유를 수출하기 위한 세계시장에 의존하고 있다는 점, 그리고 그에 따라 당연히 자신의 기업도 당연히 세계시장에 의존하고 있다는 점을 부수적으로 의식하게 되었다. 하지만 이런 인식이 바로 그를 행동하게 만들지는 못했다. 오히려 그는 점점 더 심하게 위축되고, 마침내 힘이 드는 석유사업에서 완전히 손을 떼는 것까지 심각하게 고려하게 되었다. 그는 그쯤으로 충분하다고 생각했고, 자기 자본이나 자기 은행 고객들의 자본도 장래에 '일할 수 있게' 만들 작정이었다. 청교도로서 필립스는 자신의 영향력 바깥에 놓여 있고 개별 사업을 통해 제어할 수 없는 시장의 메커니즘에 너무 얽매여 있다고 느꼈던 것이다.

7. 아메리칸 드림

1914년 1차대전이 터지고 미국이 영국, 프랑스와 연합전선을 구축하게 되면서 필립스는 애국심을 발휘한다. 은행 업무를 사랑하면서도 이제 그는 자신을 1차적으로, 석유사업으로 고향의 전선을 지키는 자유의 투사라고 생각했다.

그는 당시 상황의 전개를 분석해보면서 석유의 엄청난 소비를 예측했다. 그 수요는 세계 석유시장에서 엄청나게 소비되던 등유뿐만 아니라 자동차 휘발유, 선박의 디젤유, 그리고 무엇보다도 이제 발전하기 시작하는 항공산업을 위한 비싼 항공 등유도 포함하고 있었다.

그래서 필립스는 다시 시추사업을 시작했다. 그는 우선 '185호'를 시추했는데, 그 시추 지역을 오사지 인디언 지역에서 임대하여 1917년 2월 13일부터 작업에 들어갔다. 하지만 새 출발의 낙관적인 분위기에서 시작한 것이 결과적으로는 차례차례 아무런 성과 없이 끝나고 말았다. 그가 가족의 범위를 벗어나서 전 오클라호마에서 널리 인정받아 불리는 이름인 '프랭크 삼촌'은 이 시기의 가혹한 시련을 견뎌내야 했다. 과거 유정개발의 행운을 기대하면서. 그 후로 족히 한 달이 지난 1917년 3월 21일에, 그는 드디어 불굴의 의지로 성과를 거두게 된다. 시추팀이 시간당 250배럴 이상의 기름을 바틀즈빌 사막의 석유매장 지층에서 지표면으로 뿜어내는 유정을 찾은 것이다.

이런 성공은 1901년 이후 텍사스의 스핀들탑에서 통상적으로 볼 수 있었던 1일 채굴량에는 훨씬 못 미치는 양이었지만, 이 유정개발로 해서 그는 미국 중서부 전역에서 마침내 '석유채굴 왕'이라는 명성을 얻게 된다.

대중들에게 알려지는 이런 칭호가 사실상 아무런 보장도 해주지 않는다는 것을 잘 알고 있었던 그는 형제 리와 함께 기업을 재조직하기로 결심한다. 이후 그들은 기업의 이름을 '루이신더 오일 앤드 가스 컴퍼니'로 바꾸고, 기름 한 통의 가격이 40센트에서 1달러를 넘어가는 가격의 상승에 즐거워한다. 그들이 오사지 지역의 유정을 개발할 때마다 석유산업 분야에서 오클라호마가 차지하는 비중은 증가하기 시작했다. 하지만 이런 것도 잠시, 얼마 되지 않아 급변하는 환경에 맞추어 새로운 회사명을 생각해야 했다. 석유기업 연합의 경우에 회사명으로 가족의 이름을 다는 것이 고객들에게 지속적으로 유효한 품질의 징표가 될 수 있다는 점이 부각되었고, 그들은 1917년 마침내 '필립스 석유회사'를 탄생시켰다.

고전적인 청교도기업에서는 당시까지만 해도 큰 석유회사의 범주로 어떤 '주력 기업'이나 새로운 '자회사'가 형성되지 않은 때였다. 하지만 이전에 이발사와 은행가였던 오클라호마 필립스 석유 콘체른은 미국 석유산업의 모든 분야에서 상당한 명성을 얻었고 나름대로 석유역사에서 중요한 한 부분을 기록했다. 즉 뛰어난 전문가들을 기업에 결합시키는 창립자의 수완으로 해서 그의 기업은 미국 내의 석유채굴과 수송, 정제, 판매 등의 분야에서 완전한 가치를 발휘할 수 있었던 것이다.

필립스 석유회사의 발전에 무엇보다도 기여한 것은 석유를 채굴할 때 발생하는 가스를 단순히 불태워버리지 않고 모아서 액화가스의 형태로 사용할 수 있게 만든 점이다. 1917년에 나온 이 생각은 오늘에 이르러서는 석유업계에서 황금과도 같은 공동자산이 되었다.

필립스 회사의 화학자가 이루어낸 항공 등유의 개선은 일찍이 군대에서뿐 아니라 1918년 이후로는 민간 항공사에서도 점차로 호응을 얻어 수요가 증가했다. 또한 이 기업은 모터가 하나 달린 단발 비행기를 타고 캘리포니아에서 하와이까지 논스톱으로 비행하는 최초의 기록을 세움으로써, 회사의 이미지를 제고시키는 데서도 승리자가 되었다. 폭발적인 인기를 모았던 이 비행은 1927년 8월 17일, 돌레이스에서 '울러록'(Woolaroc)이라는 비행기를 타고 거둔 성공이었다.

필립스의 유일한 상속자는 알코올중독자였다. 그러나 그는 가족의 위기를 극복하고 창의적으로 일하는 법을 지속적으로 간구해 나갔다. 그의 업적 가운데는 수요와 공급 사이에서 시장을 형성하는 주요 세력으로 등장하여 자사의 석유생산품을 능숙하게 광고했던 일도 들어 있다. 이를테면 그는 시카고에서 출발하여 중서부를 통과하여 로스앤젤레스로 가는 유명한 66번 고속도로가 '모든 도로의 어머니'로 여겨지자, 회사에서 생산하는 최고급 휘발유의 이름을 '필립스 66'으로 지어 이것이 바로 미국 자동차문화의 진보를 보여주는 총아라고 선전했던 것이다. 이런 선전효과와 그에 상응하는 제품의 품질 덕택으로, 필립스 기업의 석유는 대공황의 심각한 불황에서도 여전히 건승할 수 있었다.

그는 회사 이미지를 관리하고자 전국에 있는 자사 주유소의 전 직원에게 회사 유니폼을 입히고 손님들에게 친절한 서비스를 할 수 있도록 독려했다. 그 주유소들에서는 휘발유나 디젤뿐 아니라 주방용·난방용 LPG도 쇠로 만든 용기에 담아 안전하게 팔았다. 도로에서도 집 같은 편안함을 느낄 수 있는 미국식 생활방식을 소비자들에게 결정적으로 각인시킨 것이다.

그의 자유로운 기업정신에서 나온 이런 서비스는 필립스가 추구한 꿈과 맞았는데, 그는 그 자유로운 기업정신에서 기술의 개발과 최상의 능력을 발휘할 수 있도록 시도했다. 하지만 다른 경쟁자들은 경비문제로, 아니면 이윤만을 추구하거나 투자에 대한 용기가 부족해서 새로운 시도를 위한 전진에서 한 걸음씩 물러났다. 여하한 종류의 저항에 부딪혀서도 그의 회사 엔지니어들과 기술자들이 성공한 것은 휘발유 수송관을 텍사스 주의 보거에서 동부 루이지애나 주의 세인트루이스까지 기록적인 시간에 매설하는 일이었다. 그렇게 해서 매설된 수송관이 1930년

9월 20일에 세인트루이스에 있는 필립스 주유소까지 이르렀을 때 만 명 이상의 자동차 운전자들이 앞을 다투어 다가왔고, 일곱 시간 동안에 70,154갤런 이상의 '필립스 66'을 주유했다. 그것은 세계기록이었다.

대공항의 경기침체기에 거둔 이런저런 성공에도 아들 존의 알코올 중독은 필립스에게 큰 고통이었다. '프랭크 삼촌'에게는 자신이 일군 기업을 성실한 상속자의 수중에 넘겨주는 복이 오지 않았던 셈이다. 하지만 그가 겪는 이런 상실감은 미국의 석유업계에서 유일한 경우가 아니었다. 그와 가까운 해리 싱클레어도 비슷한 운명을 겪었고, 햄머 박사와 다른 청교도 사업가들도 역시 그러했다. 단지 조지 부시만이 이 경우에서는 운이 좋은 편이었다. 그는 알코올과 마약문제를 안고 있었던 장남에게 중독에서 확실히 벗어나도록 강권하고, 석유사업에서 손을 떼고 정치에 전념해보라고 충고했다. 결과는 성공적이었다. 누구나 잘 알고 있는 것처럼 젊은 부시(조지 W. 부시)는 이후에 텍사스 주지사가 되었고, 2001년에는 논란이 많았던 미국 대통령 선거에서 승리를 거두어 대통령이 되었다. 석유업자들에게는 환호가 터져 나왔고 환경보호론자들에게는 울부짖음이 터져 나왔다.

개인생활에 어두운 구석이 드리워져 있고 기업의 직원들에겐 때때로 독재적인 변덕을 부리곤 했지만, 잘 알려진 잡지 『오일 앤드 가스 저널』이 알려주는 것처럼, '프랭크 삼촌'은 오클라호마에서 사회활동 외에도 다른 업적을 많이 남겼다. 『오일 앤드 가스 저널』은 회사의 창업주인 그와 그의 성실한 형제들을 '산업에서 특별히 단정한 석유업자들'이라고 칭찬했는데, 이는 그들이 은행과 석유사업을 항상 능력과 공정함 그리고 높은 책임감으로 운영해온 데 근거를 둔 것이었다. 다시 말해, 필립스는 1930년대의 경제적인 곤궁의 시기에 자기 이익과 동시에 많은 미국인들의 공익을 위해서도 일한 업적이 있는 셈이었다.

7. 아메리칸 드림

필립스는 일이 많은 자신의 삶에서 항상 원대한 계획을 세웠는데, 그 많은 부분은 늘 실현되었다. 오사지 인디언 부족은 그에게 독수리의 우두머리란 뜻의 '홀라 키에카'(Hulah Kihekah)라는 뛰어난 칭호를 부여하며, 백인 중에서는 최초의 명예추장으로 추대하기도 했다.

이러한 특별한 영예는 경제위기의 해인 1931년에 주어졌다. 그때 필립스는 생애에서 가장 거대한 도전에 직면해 있었다. 대공황과 혼란스런 석유시장의 종잡을 수 없는 암흑을 헤치고 기업을 이끌어가야 했던 것이다. 그는 족히 6천 명이 되는 주주에게 직접 편지를 써서, 필립스 석유회사는 지속적인 개발을 통해 침체에 빠진 석유사업을 활성화시킬 수 있다고 설득했다. 그 가운데 자신의 1년 연봉을 상징적인 1달러로 축소시킨 것은 가장 광고효과가 컸던 기발한 착상이었다. 이런 외적인 자기 겸손의 제스처는 충분히 효과가 있었고, 기업의 모든 단계에 있는 임직원들에게 1940년까지 일정량의 임금 삭감을 요구할 수 있게 되었다. 물론 회사에 대한 그들의 충성심이나 능력을 보이겠다는 의욕은 꺾지 않은 채로.

그렇다고 필립스 석유회사가 자기만의 노력으로 돈을 번 것은 아니다. 뉴딜 정책을 통해 나오는 일련의 구조적인 경기부양 프로그램은 이 석유기업이 성장할 수 있는 토대를 마련해주었다. 프랭클린 D. 루스벨트 대통령 정부의 국가적인 경기부양 정책은 영국의 경제학자 존 메이너드 케인스의 영향을 받은 것이다. 그는 1920년대 이래로 시장개입의 옹호자로서 오늘날까지 미국의 경제생활과 스칸디나비아 국가들의 복지국가 개념에 영향을 미쳐왔다.

구체적 상황에서는 예를 들어, 필립스 석유회사에서 생산되는 부탄과 프로판 가스의 75%를 민간시장에 팔지 않고 미국 군대와 국가를 위해 판매하기도 했다. 경제침체기가 지나고 이런 새로운 경제정책으로 그의 회사의 수익이 증가했던 것도 놀라운 일이 아니었다. 그래서 1940년에 정확히 11,590,300달러의 순익을 낼 수 있었다면, 2차대전의 마지막 해인 1945년에는 거의 그 두 배인 22,571,000달러의 수익을 거둘 수 있었다.

가스와 오일을 가지고 사업을 할 때 주주들의 이해와 회사직원들 그리고 수많은 하청업자들의 이해도 동일하게 고려하겠다는 '프랭크 삼촌'의 약속은 다양한 방식으로 성취되었고, 그 점에 대해 그에게 모두 감사를 표했다. 그 역시 이런 성공으로 금욕적인 청교도 사업가가 아니라 성공한 산업계의 호사스런 생활방식을 즐겼다. 개인 비행기와 호화로운 별장, 그리고 당시로는 청교도 사업가와 이른바 진실한 미국인이면 누구나 가지는 꿈인 '자동차와 시가'를 즐겼다.

수년 동안이나 '프랭크 삼촌'은 링컨 리무진을 타고 여기저기를 다녔으며, 이후에는 자신의 체면에 걸맞게 더 고급 차종인 캐딜락을 타고 다녔다. 이런 것은 모두 그 사람이 아메리칸 드림인 물질적인 성공과 사회적 명성을 획득했음을 드러내는 특별한 표시였다. 그는 "미용실에서 석유제국"(『캔자스 시티 스타』에서 인용)의 황제로 등극한 것이다.

청교도의 직계후손인 필립스가 1950년 8월 23일 죽었을 때 오클라호마 경계를 훨씬 넘어선 곳에 있는 그의 친구와 적들조차도 그가 죽음으로 해서 미국 석유산업의 한 위대한 개척자가 영면했다는 것을 인정했다. 실로 그의 대담한 기업가정신은 그가 죽은 후에도 오랫동안 잘 조직된 그의 기업을 번성하게 만들었다. 1952년에 푸르도 만에서 알래스카 석유를 발견한 것이 필립스의 시추팀이라는 것은 정확하지 않다. 그렇다고 경쟁사인 엑슨이라고도 할 수 없다. 필립스가 남겨준 개척자정신과 능력으로 그들은 유정을 발견할 수 있었고, 동일하게 1969년 북해에서 '에코피스크'라는 이름으로 최초의 거대한 유정을 시추할 수 있었다. 그리고 마침내 1981년 필립스맨들은 자국 내 캘리포니아 해안 앞에서 '포인트 아겔로'라는 거대 유정을 발견했다.

지치지 않는 부지런함, 전문성, 모험정신, 그리고 미국 바깥에서는 종종 비웃음을 샀던 신에 대한 신뢰 등이 네브래스카 출신의 농부 아들인 필립스에게 20세기의 위대한 모험에 참여할 수 있게 했고 더구나 한 획을 긋게 했다. 비록 때때로 볼 수 있는 그의 권력욕과 무법자적인 태도 등은 어쩔 수 없이 권력 세습자다운 모습의 일면을 보여주고 있지만, 이 석유계의 왕도 저변에 점잖은 명성을 남겼다. 언젠가 그는 자신이 이룩한 사업에 대한 평가에서 그가 경탄해마지 않았던 인물인 록펠러와 비슷하게 다음과 같이 말했다고 한다.

"신은 나에게 호의를 가지셨어."

"돈은 세계를 지배한다."는 성공 모토가 가져온 악몽

1956년 수에즈 운하 사건과 헝가리와 폴란드에서 일어난 민중봉기로 세계적인 위기가 닥쳤을 때, 필립스 석유회사는 그 기업의 역사상 처음으로 판매수익 10억 달러의 경계를 넘었다. 이때 캘리포니아의 아주 작은 석유회사는 생존을 위한 몸부림을 치고 있었다. 그 회사는 1920년대에 창설되어 약간 거창하게 '옥시덴탈 페트롤리움'이라는 이름을 붙였지만, 알려진 바로는 기껏해야 '은행에 14,000달러 현찰'만을 두고 있는 형편이었다.

이런 정보는 석유사업과 은행 간의 아주 본질적인 결합을 확인해 줄 뿐 아니라, 미국과 전 세계의 석유역사에서 극도로 특이한 흔적을 남겼던 한 정보제공자를 드러내는 것이기도 한데, 그가 바로 햄머 박사다.

오늘날에도 '옥시'(OXY)라는 약어로 표현되어 석유업계에서 전적으로 경의를 표하는 그 회사의 계좌잔고에 대한 그의 정보는, 그러나 믿기 어려워 보인다. 그건 학구적인 의사인 햄머가 자신을 지속적으로 연출하고 사실적인 정보에 대해 정확한 관심을 보이지 않는 치명적인 약점을 가지고 있었기 때문이다. 즉 에드워드 F. 엡스타인이 최근의 연구에서 설득력 있게 증명해 보인 것처럼, 햄머에 대하여 장밋빛으로 기록된 회고록은 아주 신중을 기해 읽어야 할 것이다.

하지만 서구의 자본주의와 동구의 공산주의 사이를 넘나들었던 이 사람의 생애에서 몇 가지 점들은 그런 대로 신뢰할 만한 것으로 간주할 수 있다. 1898년에 출생한 의사이자 활동적인 기업가인 이 사람은 이미 58세의 나이로 은퇴한다. 그러나 석유시추 사업에 투자하면 세금을 감면받기 때문에 10만 달러로 옥시를 산다. "돈은 세계를 지배한다."는 자신의 성공 모토에 따라 그는 아주 형편없었던 석유회사를 평생 꿈으로 여기던 단계까지 민첩하게 끌어올린다. 1956년에 거둔 그의 성공을 뒷받침한 것은 새로운 재테크였다. 하지만 그 회사와 관계된 다른 모든 사람들에게 그것은 악몽으로 다가왔다. 그가 옥시를, 추방할 제물로 삼으려 했기 때문이다.

그에겐 어떤 수단도 정당했다. 그는 악마와의 계약도 두려워하지 않고 마피아와 같은 권력체계를 구축했다. 그 체계는 '인형 안에 있는 인형'이라는 러시아의 장난감 '마트로슈카'와 놀랍게 유사했다(마트로슈카는 같은 모양의 여러 인형들을 배 안에 여러 개 겹쳐 담고 있는 러시아의 전통 민속인형이다. 어원으로 보면 어머니를 뜻하는 러시아어 '마티'에서 나왔다고 한다. 전통적인 마트로슈카는 다산과 풍요를 의미하고 있으며, 장밋빛 홍안과 전통적인 머리수건을 쓰고 사라판을 입고 있는 농부의 모습을 하고 있다. 또한 마트로슈카는 고대 우랄 지방의 여신인 주말라(Jumala)와 관련이 있으며, 사람들은 이 여신의 몸 속

7. 아메리칸 드림

에 모든 사물이 들어 있다고 믿고 있었다. 바이킹과 상인, 그리고 초기 러시아 국가의 지도자들도 마트로슈카를 찾고자 했는데, 그것은 후대의 엘 도라도[El Dorado]와 같이 마트로슈카가 단단한 금으로 만들어졌다고 믿고 있었기 때문이다. 사실 마트로슈카는 나무로 부활절 달걀 모양의 공예품을 만들던 러시아 전통에서 일부 영향을 받았으며, 특히 19세기 후반 무렵 러시아로 건너온 일본 인형의 영향을 받았다는 점은 널리 공인된 사실이다—옮긴이). 이런 체계에 햄머는 1921년 이래로 익숙해 있었는데, 그때 그는 레닌 아래서 굶주리고 있었던 소비에트 연방을 위해 유리한 조건으로 서구의 시장에서 곡물을 사들이는 일을 조직했다. 심지어는 부친과 함께 모스크바 근처에서 연필공장을 운영하기도 했다. 그 공장은 1929년 스탈린이 그를 노동자 낙원인 연방에서 추방할 때까지 계속되었다. 그는 볼셰비키에게서 싸게 사들인 몇 개의 귀중한 러시아 황제의 달걀(1884년 러시아의 황제 알렉산더 3세가 황후 마리아에게 부활절 선물로 주기 위해 공예가 파베르제를 통해 만든 달걀 모양의 보석공예품. 파베르제는 알렉산더 3세와 니콜라이 2세를 위해 30년 동안 금과 은, 구리, 루비 등을 이용해 50여 개의 달걀 공예품을 만들었다. 이 황제의 달걀은 러시아 공산정권이 돈이 필요해 1920년대 후반에 공개 매각하기 시작했다. 당시 매각한 달걀은 미국을 비롯한 서방의 박물관이나 개인 수집가들 손에 넘어갔다. 하지만 일부 달걀들은 비공식 경로를 통해 러시아 밖으로 유출됐고, 일부는 황궁약탈 과정에서 사라졌다. 파베르제의 달걀은 개당 가격이 현재 미국 달러로 144,000~190만 달러에 이를 정도로 엄청난 가치를 갖고 있다—옮긴이)들을 가지고 파리로 갔다. 파리는 파베르제가 아틀리에에서 공예품 달걀을 제작했던 곳이다. 파리로 간 햄머는 달걀을 판 수익금으로 미국에서 기업을 시작했다. 바로 로스앤젤레스에서 석유사업에 뛰어든 것이다.

그 자신의 자료에 따르면, 1957년에는 그가 '석유사업가가 될지 언론매체의 사장이 될지' 정확히 알지 못했다. 하지만 그가 국왕 이드

317

리스 1세가 다스리는 리비아에서 거대한 석유사업을 시작했을 때 상황은 곧 명백해졌다. 그래서 '인형 안의 인형'이나 러시아 황제의 부활절 달걀은 외부에서 볼 때 속이 꽉 찬 단일체로 나타나지만 내부를 살펴보면 복잡하게 여러 겹으로 싸여 있는 것처럼, 그 역시 자신의 일단의 전략들을 구상했다. '리비아에서 석유면허를 따기 위한 포커게임에서' 자신보다 훨씬 더 강한 경쟁사인 엑슨, 모빌 오일 또는 셸보다 더 많은 에이스 카드를 수중에 확보하기 위해서였다.

우선 그는 자신이 단 한 번도 대주주가 되지 못했던 옥시 내부의 측근들의 충고와는 반대로 옥시리비아(Oxylibya) 석유회사를 창설한다. 그때는 냉전이 베를린 장벽의 건설과 함께 바야흐로 절정에 다다르던 1961년이었다. 그리고 막 석유수출국기구가 창설되고 서구에서는 경제적인 측면에서 지속적인 성장의 징표가 나타나던 때였다.

새 회사를 세운 햄머의 의도는 그러나, 리비아에서 석유를 채굴하기 위한 허가를 얻기 위해서만은 아니었다. 그의 의도는 그에 더하여 물도 찾아 시추할 수 있기 위함이었는데, 그래야만 개발도상국인 그 나라에 자기 공장에서 만든 인공비료를 공급할 수 있었기 때문이다. 즉 햄머의 기업은 하나의 완결된 순환구조와 같이 조직되어, 사막으로 이루어진 나라를 발전하는 나라로 변화시키고자 했던 것이다.

실제적인 원조를 베푸는 이런 종합적이고 꽉 짜인 프로젝트는 설득력 있게 들렸다. 하지만 햄머에게는 이 모든 것이 채굴권을 얻기 위한 유인책일 따름이었다. 에소리비아가 1955년의 '석유조약'에 의해 최초의 석유채굴 허가 단계에서 엄청난 유정을 개발한 일이 있었기 때문이다. 예를 들어 1959년 4월 12일 하루에만도 믿기지 않는 양인 50만 통의 고품질 원유 '아라비안 라이트'를 채굴할 수 있었다.

이렇게 여러 방면으로 나누어진 사업에서 성공을 거두리라는 막연

7. 아메리칸 드림

한 전망으로 햄머는 온갖 저항을 감수하고 옥시의 가능성과 잠재력을 총동원했다. 그는 특히 자신이 리비아 정부에게 건넨 일괄적인 제안이 "국민의 복리를 위하겠다는 리비아 왕의 애국적인 의식을 자극하고 그 제안의 상업적인 성격을 의식하지 않게"(아먼드 햄머) 초점을 맞추었다.

허튼 소리지! 사실상 햄머는 후손이 없는 노년의 왕이 측근들에게 농락당하며 다스리는 궁정의 부패한 기류와 족벌경제를 잘 알고 있었기에 애초부터 그렇게 생각했다. 그는 악명 높은 '검은 왕자' 압둘라 아바드의 시도—왕으로부터 석유채굴 허가를 따게 해주고 장래의 석유사업에서 얻는 이익의 3퍼센트를 가지겠다는 제안—에 대해서도 서술하고 있다. 햄머는 그 거래에 관한 서술에서 자신을 미국에서 온 아주 정직하고 존경받는 사업가로 연출했다고 적고 있다. 동시에 그는 마침내 리비아에서 채굴권을 따내기 위해 엄청난 뇌물까지 썼다.

레닌부터 레오니드 일리치 브레주네프까지 이르는 소비에트 연방의 공산주의 지도자들 및 그들의 독재적인 참모들과 거래한 경험과 리비아 사막에서 석유를 채굴하여 수십 억을 벌 수 있는 거대한 도박에 사로잡혀, 햄머는 1965년 연초부터 채굴허가를 따내기 위한 아주 위험한 작업을 본격적으로 시작했다. 하지만 이 모든 시도가 실패했을 때 그는 다른 채널을 통해 다시 시도하는데, 다름 아닌 오마르 셸리라는 인물에게 접근한 것이다. 셸리는 이드리스 왕의 양아들로 왕위의 후계자로 지목받고 있었다.

고고학자로 아라비아 지역에서 널리 알려졌고 때때로 그곳의 석유사업에도 동참했던 미국인 모험가 웬델 필립의 도움으로, 햄머는 한스-알베르트 쿤츠라는 중요한 루트를 마련할 수 있었다. 스위스 사람인 쿤츠는 아라비아 석유업계에서 특수임무를 담당하는 사람으로서, 트리폴리의 이드리스 궁정과 '황태자' 셸리에게 다리를 놓을 수 있는 케말 차

이날 차드라는 인물을 알고 있었다.

아제르바이잔 아버지와 체첸 어머니 사이에서 태어난 차드는 KGB의 바쿠 지역 지휘부와도 개인적인 관계를 가지고 있었다. 비록 이 남자에게는 러시아에 미쳐 있는 듯 보이는 햄머가 석유업계의 일곱 자매 회사들의 경쟁자로 자신을 나타내고자 하는 것이 우습게 보였지만, 결국 뒤셀도르프에서 비밀리에 만난 자리에서 햄머가 눈부시게 설득했던 석유사업에 대한 책략에 걸려들고 말았다.

햄머가 주장한 요지는 다음과 같다. 옥시는 소위 미국의 거대한 석유기업들의 독점을 끊고 리비아에게 국민적인 석유로를 열어준다는 것이다. 그것은 고도의 정치적 행위로 경제적 고려는 하지 않은 것이었다. 하지만 셸리 역시 차드나 다른 참여자들과 마찬가지로 햄머가 이전에 '검은 왕자'에게 자긍심의 문제로 그럴 듯하게 꾸며 기부했던 3퍼센트 지분을 포기할 의향이 거의 없었다. 장래의 석유수익에서 얻는 이런 보상 외에도 셸리는 우선 280만 미국 달러(당시 독일 화폐로 보면 천만 마르크 이상의 가치였다)를 일종의 커미션으로 지불할 것을 요구했다. 더구나 옥시가 그 커미션과 앞으로의 수익지분에 대한 지불을 모두 스위스의 한 은행(!)을 통해 해달라는 조건도 포함시키고 있었다. 요컨대 이런 불법거래를 암시하는 어떤 치명적인 말도 공공에 흘러나오지 않게 하기 위해서.

햄머는 '불안에 대한 보상'으로 마침내 102, 103 공구에서 시추할 수 있는 허가를 받았다. 그것은 1966년 2월 26일에 있었고, 사막에서의 석유채굴에 훨씬 더 많은 경험을 가진 40여 개의 회사들을 놀라게 했다. 자신의 능력을 강화하는 것이 아니라 상대의 약점을 이용하는 햄머의 방법은 다시 한번 유용함이 증명되었고, 즉시 놀라운 성공을 구가하기 시작했다. 왜냐하면 벌써 그해 11월에 옥시의 시추팀은 원유를 찾았고

7. 아메리칸 드림

아귈라 유정을 개발했던 것이다. 그곳에선 하루 9만 통 이상의 석유를 채굴했고, 그것도 '아라비안 스위트'라는 최고급품으로 유황이 아주 적어 가솔린과 휘발유를 만드는 데 가장 적합한 석유였다.

옥시는 103 공구에서도 비슷한 행운을 경험했는데, 그곳에서는 매장량이 풍부한 이드리스 유정을 개발했다. 햄머의 자료에 따르면 그곳에서 세 번째로 시추한 시추 구멍에서만 하루에 74,867통의 석유가 나왔다. 1967년 말경에 전문가들은 옥시에게 채굴권이 있는 리비아의 석유매장량을 '30억 배럴'로 추정했다. 당시 고급 원유에 지불하던 한 통에 3달러 정도의 가격으로 계산해보면, 햄머의 머리가 단순히 어지러울 정도는 아니었음을 알 수 있다. 여하튼 이런 사실로 보면, 그는 10년 전에 그저 언론매체의 미미한 백만장자로 석유사업에 뛰어든 후에 이제는 억만장자가 된 셈이었다.

외부 사람들이 볼 때는 엄청나게 동경했던 꿈이 실현되는 것으로 비쳤겠지만 옥시의 내부 사람들에게 이 현실은 끔찍한 악몽이었다. 자발적으로 계산해보면 예상 달러 수익은 높았지만 매일 달성해야 하는 하루의 생산량은 그만큼 더 많은 부담을 주었던 것이다. 석유의 채굴을 잘 해내는 것은 석유사업에 속했지만, 채굴한 석유를 수송하여 정제하고 판매하는 일은 완전히 다른 차원의 일이었고, 이 둘을 잘 결합하는 능력이 바로 수완인데, 햄머는 그런 점에는 전혀 무지했다고 할 수 있었다.

그는 협상의 수완을 발휘해야 하는 석유판매의 분야에서도 바로 그런 덫에 걸려들고 말았다. 그 덫은 1859년부터 자영 석유사업자 모두를 괴롭혔던 것으로, 채굴한 석유를 어디에 그리고 어떻게 저장해야 하며, 어떻게 수송하며, 궁극적으로 주유소에서 급유기를 통해 어떻게 판매하는가 하는 물음이었다. 햄머는 베첼 기업에서 극적으로 일시적 협력사를 찾았는데, 그 회사는 사막의 유정에서 지중해 연안까지 석유를 수송하는 파이프라인을 매설했다. 하지만 상황은 여전히 긴장된 상태에 있었다. 때문에 자신을 스스로 석유업계의 태풍으로 말한 그도 수세대를 통해 발전하면서 상호 긴밀한 네트워크를 형성하여 석유의 생산과 판매망을 뛰어나게 독점하고 있었던 기존 석유업계의 일곱 자매들 조직을 뚫고 들어간다는 것이 적어도 얼마나 어려운 일인지를 알게 되었다.

옥시의 사정은 석유업계의 기존 강자들과는 판이하게 달랐다. 업계의 여덟 번째 자매가 되겠다는 그의 꿈은 때때로 게티에 의해서도 추격당하여 실패했다. 다만 회사의 시추팀은 여전히 성실하게 일하고 있었다. 그들은 옥시의 명성을 콜롬비아, 멕시코 만, 심지어 북해나 파키스탄에 이르기까지 세계적으로 떨치며 주목할 만한 성공을 거두고 있었다. 사실상 그의 꿈이 실현되지 않았던 이유는 특히 그의 기업이 고질적으로 자본금 부족에 시달렸기 때문이고, 모험적인 석유사업을 지원해줄 큰 은행을 배경에 두지 못했기 때문이다. 요컨대 세계를 무대로 활동해야 하는 기업조직이 되기에는 자본금이 턱없이 적었던 것이다.

거대한 경쟁 석유기업들 역시 주목했던 옥시 시추팀의 성공은 리비아의 경우에는 정치적 불운을 맞게 된다. 사막에서 석유를 채굴하는 독특한 사업이 진척되어 그럭저럭 사업이 본궤도에 올랐을 때, 1969년 27세의 대령 카다피가 군사 쿠데타를 통해 이드리스 1세의 권좌를 물려받는 사건이 일어났다.

이로써 지금까지 권력자와의 모든 관계는 일거에 끊어져버리고 이제 새로운 권력자들과 외부 석유회사들 사이의 관계는 새로운 질서를 요하게 되었다. 비록 햄머가 소비에트 연방에 기울어진 '아라비아 사회주의'라는 이름을 내건 혁명정부와의 협상에서 극단적인 조치들을 완

7. 아메리칸 드림

화하는 몇몇 점들에는 성공을 거두지만, 옥시 회사 역시 석유생산을 엄청나게 감축해야 했다. 결국 햄머는 실제적인 권력자들과의 포커게임을 궁극적으로는 지속할 수 없다는 결론을 내리게 된다. 특히 1969년 석유불황에 이르자 결론은 더욱 공고해졌다.

'유대인' 햄머에 반대하는 아랍 언론들과 투쟁하고 이스라엘의 철천지원수와의 관계를 유지한다는 것이 리비아에서 얻을 회사의 장래 위치에 거의 부정적이었으므로, 그가 선택한 방법은 크렘린의 권력자들을 카다피 체제 아래서 보호를 받은 후원자로 끌어들이는 것이었다. 동시에 그 자신의 진영으로부터도 그가 오랫동안 몰랐던 위험이 자라고 있었다. 즉 CIA와 FBI가 이데올로기의 경계를 넘나들고 있었던 회색 인물을 예의 주시하고 있었기 때문이다. 사실상 그는 공산주의 중국에서 석탄채굴에도 참여할 작정이었는데, 그런 일종의 우회로를 통해 베이징의 공산당으로부터 석유채굴권을 따내려 했다.

자본주의자 햄머가 모스크바, 베이징, 이제 트리폴리의 사회주의자들과 아주 친밀하다는 것은 워싱턴의 영향력 있는 그룹과의 접촉을 봉쇄당하는 결과를 초래했다. 선거자금을 위한 거액의 헌금은 항상 환영을 받았고, 비록 그가 민주당의 케네디부터 공화당의 레이건 대통령에 이르기까지 동서문제에 대한 조언자로 활동했음을 여러 번 뽐내면서 말했을지라도, 그것으로 그가 그렇게 간절히 바랐던 당대 여러 미국 대통령들과의 친교는 보장되지 않았다.

햄머는 게티나 굴벤키앙처럼 관대한 예술품 수집가로 등장하면서 자신의 명예욕을 충족시키기 위하여 레오나르도 다 빈치의 『라이체스터 코덱스』(Leicester Codex: 레오나르도 다 빈치가 과학에 관한 자신의 생각을 글과 그림으로 집대성시켜 놓은 책—옮긴이)도 구입했지만 늘 냉혹한 독재자이자 양심의 가책도 없는 권력추구형 인간으로 평가받았다.

특히 데이비드 머독은, 이런 유의 범죄적인 에너지가 아무런 절제를 모르고 돈으로 모든 것을 살 수 있다고 믿는 한 사업가를 어디로 모는지 알아차릴 수 있었다. 옥시의 주요 주주였던 머독은 햄머의 온갖 권력을 향한 곡예와 재정상의 속임수를 알고 난 후에 기업에 더 이상의 손해를 끼치지 않기 위해 독선적이고 독재적인 기업의 총수를 전복시키는 데 모든 힘을 쏟고자 결심한다. 하지만 햄머를 그 자리에서 쫓아내는 대신에 오히려 개인적으로 불리한 체험을 하게 된다. 왜냐하면 독재자 햄머가 머독에 대한 개인적인 문서를 작성해놓아, 그것을 출판하게 되면 햄머의 전복에 득이 되기보다는 머독에게 더 해가 되는 상황이었기 때문이다.

이런 종류의 마키아벨리즘은 햄머의 뇌물 성향과 더불어, 술책을 부려 실정법을 어기려고 계속해서 시도하는 점이나 법망을 피해 석유사업에 존재하는 규칙을 범하고자 하는 것들과 잘 어울렸다. 그의 이런 부정적 측면은 기아에 처한 사람들을 돕거나 암 연구를 후원하는 등의 대외 자선활동을 훨씬 능가하는 그늘을 드리웠다. 지칠 줄 모르는 에너지로 무장한 그는 때때로 '중혼'(重婚) 상태에 있었을 뿐만 아니라 일종의 광기에 휩싸였다. 이를테면 그는 특별히 제작한 롤스로이스를 타고 노르웨이의 왕 올라프 5세를 알현하고 난 후 자신에게 틀림없이 노벨평화상이 주어질 것이라고 믿기도 했다.

그가 얼마나 병적일 만큼 항상 과대망상에 젖어 있는지는 그의 긴 생애 말년에도 드러났다. 그는 심각한 암의 고통에 있는 와중에도 로스앤젤레스에서 워싱턴까지 비행기를 타고 가려 했다. 그곳에서 자신이 지원한 공화당 후보 조지 부시가 미국의 대통령으로 취임하는 것을 맨 앞줄에서 앉아 지켜보고자 함이었다.

7. 아메리칸 드림

　대통령 공식 취임식은 1989년 1월 20일에 거행되었다. 과잉생산과 가격하락으로 인한 석유업계의 심각한 위기와 더불어 동유럽의 공산권 국가들이 붕괴하기 몇 개월 전의 어수선한 상황이었다. 사정은 햄머와 1921년부터 친밀한 관계를 누려왔고 스탈린 시대 이외에는 수차례 그 관계를 사업에 이용했던 소비에트 "악의 제국"(로널드 레이건)도 마찬가지였다.

　여러 언어에 능숙하고, 매력적이며, 교양을 갖춘 의사 출신인 그가 석유사업에서 저지른 분명히 부끄러운 과오들에 대하여 기술한 많은 출판물이 나와 있을지라도, 그를 실제로 붕괴시킨 게 무엇인가 하는 질문은 여전히 제기되고 있다.

　할리우드에서 만든 석유에 관한 영화 〈더 포뮬러〉(The Formula)는 그에 대한 한 가지 해답을 줄 수 있다. 그 영화에서 이미 멕시코혁명의 영웅 에밀리아노 사파타 역으로 석유사업가 조지 부시에게 깊은 인상을 남긴 바 있는 말론 브랜도는 '아담 스테이플'이라는 석유업계의 태풍 역을 맡았다. 그 가상의 이름, 아담 스테이플은 마치 악마를 뜻하는 독일어 '토이펠'(Teufel)처럼 들려서 그 주인공이 마키아벨리의 프로그램을 구현한 것처럼 보였다. 즉 스테이플은 생각해낼 수 있는 온갖 계략을 다 동원해 세계시장에서 석유가격을 붕괴시켜 세계의 지배자로 등장했던 것이다. 스테이플은 이어서, 자신이 가진 주요 능력으로 시장의 기능을 마비시키고 만다. 마치 미다스 왕과 그의 형제 헌트를 연상시키는 대목이다.

　햄머 박사는 스테이플의 이미지가 긍정적이지 않음에도 브랜도가 의식적으로 자기 자신을 모델 삼아 연기를 했다고 자랑해댔다. 그는 경제생활과 문화생활에서 기꺼이 다른 사람들의 희생으로 자신의 장점을 연출하고, 동시에 그것을 석유사업에서 자기 이익을 위해 이용할 줄 아는 특별한 능력을 지녔다. 1990년 10월 12일에서야 오일 포커판의 약삭 빠른 포커꾼의 모든 허세가 끝장나고, 그는 영면을 한다. 록펠러의 나이까지 생존하거나 아니면 그 나이 이상으로 사는 행운이 그에게는 오지 않았던 것이다.

에덴의 저편

분투하는 인간이 낙원의 이면에서 무엇을 기대하느냐에 따라 그곳이 오히려 일종의 지옥이 될 수 있다. 제임스 딘은 가족 드라마 〈에덴의 동쪽〉에서 그것을 콩 재배자의 고통을 통해 보여주고 있지만, 〈자이언트〉(1955. 〈자이언트〉는 〈젊은이의 양지〉[1951], 〈셰인〉[1953]에 이어지는 '아메리칸 드림 3부작'의 마지막을 장식하는 영화다. 이 영화는 미국 동부와 서부의 문화적 관습을 아우르면서 석유개발과 변화의 중심이었던 20세기 중반 텍사스를 무대로 펼쳐지는 장대한 멜로 드라마다. 제임스 딘은 여기에서 텍사스 대농장의 일꾼으로 반항적이고 충동적인 제트 링크 역할을 맡아 청년의 모습부터 우연히 물려받은 불모의 땅에서 석유가 쏟아져 나와 거부가 된 모습까지를 보여준다—옮긴이)에서는 석유업계의 개척자가 개인의 에덴동산을 '에덴'과는 반대되는 세계로 건설하는 내용을 보여주고 있다. 이 영화에서 딘은 사회적으로 일그러진 미국이 아니라 역동적인 미국의 모습을 형상화하고 있다. 그는 혜성처럼 떠오르는 기업가로서 1950년대의 아메리칸 드림을 실현시킨다. 그는 '제트 링크'로서 독립적인 자신의 길을 간다. 그리고 물질적 성공을 거두고 온갖 어려움 가운데서도 삶에서 '훌륭한 직업'을 가지기 위해 노력한다.

그의 행동 배후에는 한때 케네디가 대통령 취임사에서 표명한 기

7. 아메리칸 드림

본사상이 작용하고 있다. 당시 케네디는 1787년의 헌법정신에 입각해 1차적으로 국가가 개별 시민을 위해 무엇을 해줄 것인지를 묻지 말고, 자신이 국가와 국가의 공익을 위하여 무엇을 할 수 있는지를 자문해보라고 연설한 바 있다.

이런 종류의 애국주의는 공화당원 프레스콧 부시에게도 평생의 의무였다. 그는 수년 동안 회사를 정리하고 동시에 노동계에서 사회적인 많은 어려움을 직면했다. 그는 US-Rubber의 경영자로 고용되었다. 1953년부터 그는 미국 상원에서 매사추세츠 주를 대표하면서 자신이 고대 로마의 덕목과 연관되어 있다고 느꼈다. 그는 그 덕목이 없었더라면 계약이라는 토대에서 공동체를 전혀 상상할 수 없었을 것이다. 그가 자신을 늘 인도하는 원칙으로서 자신의 아이들과 당의 친구들에게 전해준 잠언은, "한 개인이 장점들과 뛰어난 점들을 많이 지니면 지닐수록 자신과 자신의 재산을 공익을 위해 사용해야 하는 의무도 증가한다."는 것이다.

이런 귀족적인 자기규정과 민주적인 원리에 대한 생각은 무엇보다도 그의 둘째 아들 조지 부시가 물려받아, 그 역시 특별한 방식으로 그에 따라 살아보고자 시도했다. 1924년 6월 2일에 (매사추세츠 주의) 밀턴에서 태어난 그는 명문 예일 대학교에서 경제학을 공부했고, 2차대전 때는 일본에 대항한 태평양전선의 전투기 조종사로 참여한 후 일찍 경제활동에 뛰어들려 했다. 종교적으로는 교황의 독립적인 주교중심주의에 영향을 받았으며, 20세에 벌써 바바라 피어스와 뉴욕에서 결혼하여 2차대전에서 승리했을 때 독립적인 자영 기업가의 일에 관심을 가진다.

하지만 미국의 이런 에덴동산에 들어가기 위해서는 관련된 온갖 이론을 공부해야 할 뿐 아니라 그 후에도 지속적인 실습을 거쳐야 했다.

그러고 나서야 독립된 자영 사업계로 뛰어들 수 있으며 이를 통해 확실히 부를 축적해야 정치활동을 할 수 있었다. 부시 집안의 친한 친구로 의복산업 경영자이자 석유채굴 장비회사인 이데코를 소유하고 있던 미혼의 닐 맬런의 후원으로, 조지 부시는 텍사스의 유정개발 사업에 뛰어들어 물질적 행운을 찾고자 했다.

1948년 오데사/텍사스에 정착할 때만 해도 그는 자신이 40년 후에 북해의 오지 오데사 출신의 정치가를, 냉전을 종결시키고 독일과 유럽의 분단을 극복하기 위한 고도의 정치적 차원에서 만나게 되리라는 생각을 꿈에도 하지 못했다. 바로 미하일 고르바초프를 만난 것이다.

그 대신에 그는 유고슬라비아의 엔지니어에게 그 자신도 바로 이데코에서 익혀야만 했던 '유정의 언어'를 중개해주어야 했다. 하지만 이 공산주의자와의 첫 번의 만남보다 훨씬 강력한 영향을 끼친 것은, 이후 캘리포니아의 베이커스필드에서 텍사스의 미들랜드에 이르기까지 다양한 유정을 돌아다니는 생활이었다. 조지 부시가 이 거대한 영역에서 임명받은 회사의 일은 설치된 시추사업장을 하나하나 찾아다니며 각 지역에서 특히 시추장비를 판매하는 것이었다. 그 일을 위해 그는 자기의 '스투데베이커'를 타고 매달 천 킬로미터씩 다녀야 했다. 이 일은 종종 큰 도로를 벗어나서 다녀야 하는 힘든 일이었다. 대가족을 부양하기 위해서기도 했고, 개인적으로는 스포츠(야구)에 대한 관심을 충족하고 특별히 공화당에서 인정받는 지위를 획득하기 위해서 하는 일이었다. 그것도 민주당이 우세한 지역인 텍사스에서였다.

조지 부시는 곧 '미국의 광활한 초원에 세워진 모든 도시들 가운데 왕'과 같이 텍사스 분지의 중앙에 자리 잡고 있는 미들랜드로 이주하여 그 지역에서 전후에 있었던 경제발전을 체험했으며, 특히 그곳에서 볼 수 있었던 미증유의 석유 붐을 경험했다. 그 지역에서는 이미 1890년대 일련의 석유탐사와 시추활동이 있었다. 하지만 1922년 5월 28일에 이르러서야 '신성한 리타의 기적'이 일어났다.

'텍사스 오일 앤드 랜드 컴퍼니'는 그것을 극적인 방법으로 경험했다. 이 기업은 약 천 미터 깊이에서 힘겹게 진행한 시추작업을 포기하려고 했다. 그런데 어느 순간 갑자기 시추봉의 꼭대기에서 땅이 확실히 폭발하는 것처럼 보였다. 시추팀이 원유가 튀어 오르는 분유정에 이른 것이다. 이를 통해 시추작업장 전체와 그 주변 일대가 흑갈색 점액질의 냄새나는 덩어리로 뒤덮였다.

수십 년 후인 1990년에 공기 청결법안에서 환경보호의 입장에 서게 되는 조지 부시는, 당시 시추기의 판매업자로 그와 같은 사건을 직면하면서도 깨끗한 지하수와 오염되지 않은 공기를 연결할 수 있는 법을 알지 못했고, 그에 따른 정치적 결론도 이끌어내지 못했다. 그러니까 그는 그런 환경오염이라는 부산물을 기술적 진보를 위해 납부해야 하는 어쩔 수 없는 가격 정도로 생각했던 것이다. 하지만 그도 1987년에 나온 자서전 『앞을 내다보며』에서 석유사업에서 예측할 수 없는 것들이 있다는 어떤 감수성을 보여주고 있다. 그것이 환경문제거나 아니면 10년 주기의 석유값 등락이거나 간에. 10년 주기의 현상은 1949년에도 다시 나타났고, 그래서 모든 석유업자들은 문제가 어디에 있는지 잘 알게 되었다. 즉 석유생산량이 증가하면 석유의 가치가 줄어들면서도 석유의 공급과잉이 생겨나고 결국 가격급락으로 이어진다는 것이다.

노련한 석유업자들은 1929년의 경제공항을 기억하고 있었다. 당시에 미들랜드를 중심으로 한 서부 텍사스 지역에서는 새로운 유정의 개발이 미국 국내시장에 공급되는 석유를 엄청나게 증가시켜 결과적으로 물 한 통의 가치가 최상급 석유 한 통의 가격보다 높았다. 한 번은 그 가격이 10센트라는 우스운 값이 된 적도 있었다.

헤리 싱클레어나 필립스 같은 기업가들은 그 현상에 대처하는 법을 알고 있었다. 바로 이런 주기적인 석유시장에서의 석유가격 상승과 하락의 현상에서는 특별한 조치를 취해야 한다는 것이었다. 하지만 뉴딜 정책 기간 중에 취해진 일련의 구조적 개혁을 통해 일반 은행 시스템을 폐지하고 그 대신에 주로 투자은행을 만들어 석유사업에서의 위험요인들을 줄여보려고 했던 것과 같은 조치들도, 이런 경제의 기현상을 없애지는 못했다. 미국 석유산업의 백주기를 기념하는 1959년에도 석유는 여전히 동일한 문제에 봉착해 있었다. 도대체 전체 석유사업은 어디로 향할 것인가?

이 시점에 조지 부시는 이미 석유사업에서 성공적인 10년을 보냈다. 그의 성공은 1950년에 사업상 존 오버베이와 동업하여 세운 '부시-오버베이 오일 디벨러프먼트' 사에 힘입은 바 컸다. 예일 대학교 졸업생이자 시추비트 전문가이며 가족의 가장인 부시가 드레서-이데코와 결별하고 독립 사업가로 자신만의 회사를 운영하고자 했을 때, 그는 업계에서 경험이 많은 맬런으로부터 모든 종업원을 항상 공정하고 정당하게 대하라고 충고를 들었다. 그의 말은 "한 손을 내밀게, 조지!"였다.

독립한 사업가로 첫발을 내딛는 이 기간에 성실한 노력파인 조지 부시는 리트케 형제를 알게 된다. 그들은 석유의 고장 오클라호마에서 미들랜드로 왔고, 젊고 '야심에 불타는' 변호사로서 석유열기에 휩싸여 곧 부시와 협력하여 일하게 되었다.

조지 부시는 특별히 형 리트케와 잘 통했는데, 그는 한 세대 후에 정말 걸작을 이뤄냈다. 1985년 텍사코와 벌인 전설적인 세기의 재판에서 승리하여 106억 달러의 보상금을 챙기게 되기 때문이다. 이 총명한 변호사로부터 부시가 일찍이 배운 사실은 다름 아니라 석유의 탐사와

7. 아메리칸 드림

채굴 그리고 판매가 결코 치외법권 영역에서 이루어지지 않는다는 점이었다. 시추회사와 은행, 증권사 사이의 모든 활동에서도 항상 제3자의 권리나 이해가 고려되어야 하고, 이를 통해 체결된 계약의 효과까지 고려되어야 했다. 이런 목적을 위해서는 악수 한 번 나누며 건네는 확언의 말 한마디도 충분할 수 있다. "내 말이 보증입니다."

항상 헌법과 법률, 법령 등을 피해가며 석유사업을 하려 했던 햄머와는 정반대로 조지 부시는 법률질서를 통한 가능성을 이용하려 했으며, 그 테두리 안에서 자신의 활동 영역을 찾고자 노력했다. 그런 노력에는 계획적인 모험에 뛰어들려는 자세도 포함되었다. 그런 자세는 거대한 석유기업에서는 거의 존재하지 않았지만 작은 시추회사에게는 어느 정도의 기회를 제공해주기 때문이다. 부시는 이런 현실을 자신의 경험을 통해 알게 되었음을 언젠가 아주 명확하게 기술한 적이 있다. "한 독립 사업가가 한 거대 기업에 들어간다―가령 그것을 에소 혹은 골프라고 하자―그리고 자신이 사업조건을 설명한다. '당신들은 네 개의 채굴 갱이 있지요. 그것들 중 두 개를 내게 파시오. 난 그것들을 시추하여 그곳에서 석유가 있는지 살펴보겠어요. 내가 무언가를 발견하면 당신들은 확실히 아무런 자본을 들이지 않고도 석유가 있다는 것을 확신할 수 있을 것입니다. 만약에 아무 것도 발견하지 못하면 그건 내 불운이자 큰 손해겠지요.'"

이런 종류의 틈이나 다른 유의 틈새들에서 소형 내지 중형 규모의 석유사업자들은 소위 '계약자'나 위탁채굴자로서 기회를 갖는 것이다. 하지만 장기적 시각에서 채굴권이나 채굴허가를 얻기 위해 싸우는 것이 그들에게 너무 소득이 없는 일이라고 여겨지면, 그들은 이 사업에서 지질학적으로나 기술적인 측면에서 거의 개발되지 않아 더욱 큰 위험성을 감수하는 탐사와 시추작업에 착수할 것이다. 1950년대에만 해도 사람들은 멕시코 만의 대륙붕을 연안의 석유채굴 작업을 위한 기지로 여겼다.

시골 쥐 같은 조지 부시는 자신이 밝히는 바에 따르면 바다와 쾌속의 모터보트를 조종하는 데 특별히 약점을 가지고 있었다. 따라서 그에게는 텍사스 연안 앞에서 활동하는 것에 대해 다른 석유업자들보다 걱정이 덜했다. 그는 자기 팀의 능력을 신뢰했고, 가족과 친구들의 네트워크를 이용할 때는 종종 맞으리라는 감으로 결정을 하곤 했다. 그래서 그는 리트케 형제들과 함께 더 큰 기업을 세우려고 결정했을 때도 같은 식으로 행동했다. 출발 자본금 백만 달러를 가지고 진정한 개척자정신으로 새로운 유전개발에 뛰어들었던 것이다. 즉 바다로 나가서 현대적인 탐사 플랫폼을 수단으로 하여 대륙붕 시추에 확고히 착목했던 것이다.

그런데 그 사업이 제대로 굴러가기 전에 사업을 담당하는 회사를 위해 매력적인 이름을 지어줘야 했다. 이름은 업종광고 책자나 전화번호부 책을 펼칠 때 눈에 띄는 것이어야 했다. "그 이름은 A로 시작하거나 아니면 Z로 시작해야 한다."(휴 리트케)

최고의 작명을 하기 위해 여러 가지로 고심하는 중에 조지 부시는 우연히 한 이름을 발견한다. 바로 미들랜드의 한 영화관에서 말론 브랜도가 주연을 맡은 〈비바 사파타〉라는 영화에서였다. 사파타는 이웃 나라인 미국 역사에서는 갱단의 한 명으로 기록될 뿐이었지만, 멕시코에서는 혁명 영웅으로 조국의 가난한 농부를 위해 '땅과 자유'라는 구호 아래 투쟁했던 용감한 애국자였다.

1688년 영국혁명의 구호인 '자유와 재산'을 도치시켜 놓은 이 구호는 석유사업에 뛰어든 법률가 리트케 형제들의 마음에 들었을 뿐만 아니라 오버베이와 무엇보다도 조지 부시의 마음에 들었다. 그들은 멕시코인의 이런 역사적이고 정치적인 프로그램에서 '우리들이 회사의 이미지를 위해 찾았던 바로 그것'을 발견했던 것이다. 그것은 1789년의 헌법에 따른 계약정신에서 경제적인 번영을 지시하는 이정표로서, 자유로운 시민을 요구하는 것과 똑같이 독립적인 사업가를 전제하고 있었다.

1954년에 설립된 사파타 페트롤리엄은 눈에 띄는 이름 덕택에 좋은 전도를 보이고 있었다. 이미 설립 첫해 말에 71개 이상의 시추구를 통해 석유탐사를 했으며, 이를 통해 하루 평균 1,250배럴의 석유를 생산하고 있었다. 회사는 그 이후 곧 127개의 시추구를 설치했고, 그중 단 한 곳에서도 석유가 나오지 않는 실패 시추탑인 '드라이 홀'(건공)은 없었다. 이런 대단한 성과는 그 자체로 텍사스의 환경에서는 놀라운 것이었다. 업계의 많은 사람들은 그 결과를 '믿기지 않는 행운'이라고 말했다. 반면에 조지 부시는 이런 설명을 받아들이지 않으려 했다. 그는 이전에 오클라호마에서 필립스가 경험한 아주 유리한 시추지역을 지적할 수도 있었지만, 그 점은 생략한 채 과학적인 방법을 이용했던 체계적인 탐사를 인정하는 선에서 만족했다. "그것은 행운이라기보다는 응용지질학의 성과였다."고 그는 말했다.

조지 부시 회사의 제미슨 유전은 확실히 텍사스에서 가장 풍부하게 석유를 산출했던 곳은 아니었다. 하지만 그곳은 사파타 기업의 기본 토대를 형성했고, 그곳에서 거두는 꾸준한 산출량은 석유탐사에서 연안탐사 기술을 가진 회사도 수용될 수 있다는 것을 은행이 인정하는 기반을 마련해주었다.

조지 부시는 회사가 발전하는 이 시기에 백혈병을 앓던 어린 딸 로빈의 죽음을 맞는 불행을 겪었지만, 마음을 열고 새롭고 실현 가능한 생각에 도전할 용기 정도는 충분히 갖추고 있었다. 따라서 그는 사파타 기업의 경영자로서 2,200명의 주주들과 다투어야 하는 위험한 프로젝트에 동의한다. 즉 시추 플랫폼의 건축자 중에서 혁명적인 인물로 통하는

R. G. 르 투르노에게 새로운 플랫폼에 대한 자신의 구상을 실현시킬 기회를 주었던 것이다. 실제로 이 건축자는 '사파타 근해시추' 기업을 위해 당시로는 초현대적인 탐사 플랫폼인 '스콜피온', '바인개런', '매버릭' 등을 건조했다.

처음에 받침대구조에서 약간의 문제가 발생했지만 결국 그 탐사선은 파도가 높은 만에 버티고 설 수 있었고, 심지어 회오리 폭풍에서도 견디며 시추에서 그 진가를 발휘다. 하여 "우선은 투자하고 그 후에 이익을 챙겨라."는 업계의 오랜 원칙을 확인해주었다.

높은 위험을 감수했던 이 시기에 조지 부시는 자신의 동업자들과 주주들 그리고 무엇보다도 직원들에게 기업 전체를 최상의 상태로 만들기 위해 자신에게 맡겨진 기업의 일을 잘 의식하고 있는 기업가로 성장했다. 경제학이라곤 전혀 배우지 않았고, 경제학이란 그저 미심쩍게 돈 버는 일이라고 여겼던 햄머와는 대조적으로, 부시는 예일에서 장기적으로 성공을 거두려면 거시경제학과 경영학이 할 수 있는 것이 무엇인지를 제대로 배웠다. 그래서 그는 개별 기업의 경제 과정에 영향을 미칠 양적이고 질적인 두 가지 힘의 지속적인 영향을 아주 힘주어 강조했다. 즉 '수요와 공급'을 인식하는 것은 증권 상황을 관찰하거나 해당 정부의 금리를 아는 것만큼이나 중요한 것으로, 위험과 임금, 이익과 손실 또는 '노동과 윤리'를 정확하게 측정하는 것에 다름 아니라는 사실을 강조한 것이다.

그는 이런 모든 요인들을 통합해서 인식하는 것이 뉴딜 정책과 세계대전 이후 엄격한 규제에 묶여 있어 그 힘들의 자유로운 작용이 단지 제한적인 범위에서만 허용되었던 석유시장에서 산업가가 해야 할 마땅한 임무임을 인식했다. 조지 부시는 자신의 팀원들과 직원들과 함께 자신이 가야 할 길을 알 수 있었다. 그래서 1964년에는 '석유사업'에서 이

7. 아메리칸 드림

룩한 중요한 인생의 역작을 회고할 수 있게 되었다. 그는 이후 정치를 하기 위해 그 사업을 다른 사람에게 양도했고 회사의 이름을 바꾸는 것에도 동의했다. 즉 이후부터 그때까지의 사파타 기업을 '펜조일'로 개칭했고, 이 이름은 지금도 여전히 사용되고 있다.

1979년, 리트케의 능숙한 경영 아래서 발전한 이 석유회사의 25주년 기념식에서 조지 부시는 국가 최고의 정치적 지위에 오르려는 문턱에서 자신이 석유사업을 했을 당시를 회고했다. 그는 자신이 내린 판단에 아주 공정한 인물이다. 현장의 시추탑에서 일하는 기술자들에게나 시추된 원유를 검사하는 곳에 있는 사람들에게나 원유를 뽑아 올리는 일을 사람들에게나 아니면 시추선에서 일하는 모든 사람들에게, 그는 정직하게 그들이 일한 결과를 알려주며 그들에 대한 자신의 존경심도 보였다. "그 당시 유전에서 일하는 일군들의 교육수준은 보잘것없었다. 그들은 나와는 아주 완전히 다른 환경에 있던 사람들이었다. 하지만 그들의 피부와 머리카락의 색깔과는 상관없이, 그들이 몰두한 길과 그들의 지독한 충성심, 치열한 경쟁심과 투쟁정신은 모두 나의 영감의 근원이었다. 이 모든 경험은 나에게 지속적으로 뚜렷한 인상을 남겼다."

이런 회고와 발언들은 자신의 개척자 시기를 이상화하는 경향의 산물일 수도 있지만, 여하튼 조지 부시는 텍사스와 캘리포니아의 유전에서 팀워크와 관련된 중요한 몇 가지 점들을 배울 수 있었다. 그것들은 이후 그의 정당활동에서 유익하게 작용했다.

경제문제에서 공화당은 국가가 필수적인 조세나 그 외의 법률적 보호조치를 넘어서서 그 이상으로 경제적 과정에 개입하면 항상 폐단만 가져온다고 주장했다. 이런 점 때문에 철저한 공화당원으로 자신을 내세우며 민주당의 아성인 텍사스에서 정치적 활동을 하는 것은 무모한 짓으로 보였다. 특히 텍사스는 엄청난 인기를 누리는 미국 대통령 린든

335

B. 존슨의 고향이었기에 더욱 그러했다. 케네디가 1963년 11월 22일에 텍사스의 댈러스에서 암살되었을 때, 그는 부통령으로 케네디의 후임이 되었다. 그리고 이듬해 1964년의 대통령 선거에서 공화당의 배리 골드워터에게 승리를 거두었다.

이런 상황에서 조지 부시는 미국 상원의 의석을 얻기 위해 도전한다. 그가 선거유세 동안 냉정하게 결론을 내릴 수 있었던 사실은 미국의 정치현실에서는 심지어 무지막지한 석유업계의 일꾼들에게서보다도 더 한 거친 목소리가 난무한다는 점이었다. 무엇보다도 사람들이 그의 약점을 맹렬히 비난하는 와중에도, 그는 석유사업자들을 마주했고, 그에 따라 워싱턴의 강력한 석유 로비를 지척에서 경험했다(비록 정치적 세력을 가지고 있는 석유자본가들과의 접촉은 이제 시작 단계인데도).

그래도 그 자신은 자신을 얽어매는 이런 공격을 큰 어려움 없이 막아낼 수 있었지만 그의 정치적 진영은 42세의 후보자인 그에게 아무런 대책을 마련해주지 못했고, 때로는 아무런 응답도 없었다. 1956년 '가스 정유법안'과 관련해서 그의 아버지에게 가해오는 석유업계의 로비 하나만을 경험하고도, 그는 고도의 정치현장에서 몇몇 석유제국들이 꾸며온 행태들이 어떤 것인지를 분명히 알게 된다. 그것을 나타내는 개념으로 협박이라는 말은 오히려 부드러운 표현이었다. 만약 프레스콧 부시 상원의원이 그 법안에 '잘못' 투표하게 되면 그의 존재가 끝나버리는 위험에 직면했던 것이다.

이런 집단에서는 상황이 극단적으로 흘러갈 수밖에 없었다. 그래서 조지 부시는 자기가 볼 때 사기를 당한 사기꾼인 해머가 보여준 행동의 많은 부분들을 전적으로 이해할 수 있게 되었다. 부시는 하지만 비열하게 행동할 생각이나 그들과 타협할 의도는 없었다. 또한 미국 석유산업에는 '엄청난 어리석음'이 존재한다는 공화당 출신의 미국 대통령 아

7. 아메리칸 드림

이젠하워의 극단적인 평가절하의 발언에도 동의하지 않았다. 그렇지만 그는, 비록 그 자신은 비가톨릭 교인으로 아주 다르게 행동했을지라도, 자신이 겪은 고통스런 체험을 바탕 삼아 아이젠하워의 계속되는 다음의 평가는 적어도 이해할 수 있었다. 그 평가란 '석유업계'는 용의주도하게 사람들의 정서를 파고드는 선전활동을 통해 '여전히 도덕적이고 윤리적인 표준에 관한 어떤 관념을 가지고 있는 모든 사람에게, 미국의 정치를 황폐한 것이며 좌절을 가져오는 하나의 경험'이 되게 만들었다는 것이었다.

하지만 조지 부시는 그런 정치를 포기하려고 하지도 않았고, 동시에 석유업자들의 조직원으로도 받아들여지고자 했다. 그는 개인적인 정치적 야심을 채우려고 텍사스에서 정당을 옮기려는 생각 따위는 결코 한 적이 없었다. 그 대신 피터 오도넬과 태드 허치슨과 함께 토착 민주당원들의 지도부에 대한 투쟁을 전개했다. 이는 또한 골드워터와의 선거 패배 후에 더 나은 미래를 위해 오랜 전통의 공화당을 내적으로 개혁하는 작업이기도 했다.

조지 부시는 자신의 정치적 경력을 보잘것없는 '하층'에서부터 시작했다. 그러나 그가 석유사업에서 배웠던 것처럼 집요하게 자신의 목적을 추구하면서, 경제생활과 국가의 정치문화에서 적용되어야 하는 네 가지 기본규칙은 신봉했다. 그것은 그가 존경하는 아버지로부터 알게 된 구식의 느낌이 나는 내용임을 알 수 있다. 즉 첫째, 힘든 사실 관계의 갈등에서도 아무것도 '개인적'으로 받아들이지 마라. 둘째, 항상 시급한 자신의 과제를 해결하고 사실에 근거해서 토론하라. 셋째, 상호성의 계명과 함께 제3자로서의 영향이라는 계명을 지켜라. 넷째, 동료들의 필요들도 항상 유념하라, 그러니까 동료들과의 교제에서 인간적이고 공정하게 행동하라.

조지 부시는 이런 행동의 지침을 수단으로 하여 자신을 하원의원, 상원의원, 공산 중국의 미국 대사, 유엔 대사, 미국 정보부의 책임자 그리고 레이건 재임 시 부통령으로 능력을 증명하여 1988년 드디어 자신의 두 번째 아메리칸 드림을 성취한다. 다름 아닌 거의 25년 동안 목표로 노력해왔던 대통령이 된 것이다.

하지만 그가 동유럽에서 공산주의를 전복시켰던 부드러운 혁명의 과정에서 독일의 재통일에 커다란 공을 세우고, 쿠웨이트 위기에서 커다란 갈등이 생기지 않게 하면서 '정당한 일'을 쟁취하며, 1992년 리우데 자네이로의 환경 정상회의에서 환경보호를 역설했음에도, 미국의 유권자들은 그의 직위를 다시 한번 더 부여해주지는 않았다. 그들은 오히려 훨씬 젊은 민주당 후보 빌 클린턴에게 승리를 안겨주었다.

그것은 아마도 성공으로 점철된 그의 인생에서 가장 혹독한 패배였을 것이다. 하나 그것은 8년 후에 집안의 승리로 변화되었다. 왜냐하면 그의 장남 조지 W. 부시가 텍사스 주지사로서 민주당의 후보인 부통령 앨 고어에 대항하여 대통령 선거전에 뛰어들었고, 아주 논란이 많았던 플로리다—이곳에서는 그의 동생 제브 부시가 주지사로 있었다—의 표 집계방식에 따라 미국의 43대 대통령이 되었던 것이다. 2001년 1월 20일의 일이었다.

위의 사실만도 이미 워싱턴과 세계가 관심을 가지게 되었던 하나의 사건이었다. 그런데 그 선거일 하루 전에 이임하는 대통령 클린턴이 떠들썩하게 추가적인 흥분을 자아내게 했다. 즉 그는 자신의 사면권을 사용하여 "금세기의 가장 대단한 사업가"(바인베르크)를 사면해주었는데, 그 사업가는 다름 아닌 억만장자 마르크 리치였다.

클린턴의 마지막 오판에 대해 언론에서는 대서특필했지만, 그것은

7. 아메리칸 드림

리치의 교묘한 재정기술과도 연관된 사안이었다. 리치의 행동은 시어도어 루스벨트가 석유업자들이 미국 내 정치에 미치는 영향에 대해 한 말을 떠올리게 했다. 이 경우 정부의 영역에까지 이르는 '최고의 관계'를 이용하는 두 가지 특별한 사업이 중요하게 부각되었는데, 그 두 사업은 리치가 "무법적인 방법으로"(바인베르크) 자신만의 치부를 위해 이용한 것이다. 요컨대 그중 하나는 1976년의 '올드 오일'과 '뉴 오일'의 관계며, 다른 하나는 1979년부터 1993년까지 이르는 남아프리카 공화국의 인종차별 정책에 내린 유엔의 석유수출 봉쇄조치의 위반이다.

전자의 경우는 미국 내의 석유시장을 새로 정비하기 위한 지미 카터 정부의 조치를 이르는 말이다. 그것에 따르면 1972년 전에 건설된 시추시설에서 나온 석유는 배럴당 6달러에 판매해야 하지만, 그 후에 채굴된 석유는 배럴당 40달러까지 받을 수 있다는 것이다. 리치와 그의 파트너 그린은 이제 미국의 국세청으로부터 파나마에 있는 회사를 경유하여 많은 양의 올드 오일을 뉴 오일의 상표로 판매하여 세금을 탈루했다는 비난을 받았다. 후자의 경우는 리치가 자신의 파트너와 함께 무엇보다도 소비에트 연방의 석유를 터무니없는 이익을 취하고 남아프리카 공화국으로 공급했다는 내용이다. 이 경우 그는 국제법의 취약점을 교묘히 이용했다는 말이 된다.

그러나 교묘한 석유사업으로는 충분치 않았다. 리치는 또한 기이하게도 은(銀)시장을 독점하고자 했던 헌트 형제들처럼 주석시장을 독점하려고 시도했다. 하지만 그는 미국이 자신의 비축자본(연방 비축금)으로 리치의 투기에 대항하여 시장의 상황을 정상화했으며, 동시에 그에게 거대한 손실을 안겨주었다는 점을 체험해야만 했다. 비록 그는 세계적으로 사업을 계속하고 있었지만, 1983년에는 세금의 천국인 스위스로 이주했고, 곧이어 이스라엘과 스페인의 여권을 획득했다. 특히

1991년 소비에트 연방이 와해된 후에는 햄머가 리치보다 앞서서 소비에트 연방과 추진했던 사업을 계속했다. 즉 권력 시스템이 미치는 소비에트 연방 내에서 수익성이 있는 원유의 거래와 독점을 추구한 것이다.

그 사업은 이미 록펠러 시대에도 단지 비신사적인 행동 이상의 범죄였는데, 이제는 이런 범죄가 클린턴의 사면에 따라 마치 보상을 받는 것처럼 되었다. 하지만 미 법무부 산하 반독점위원회에 새로 임명된 책임자인 찰스 제임스 변호사를 중심으로 한 공정거래 위원들과 법률 전문가들은 이런 사실을 그냥 묵과하지는 않을 것이다. 이것은 그린 진영의 투사들이 새로운 조지 W. 부시 정부의 무신경한 환경정책과 적당히 타협하려는 태도를 보이는 것과는 대조를 이룬다. 사실상 오존 구멍, 스모그 경보, 온실효과, 등유에 의한 오염과 환경재난 등은 미국에서 경고의 신호를 보내고 있는 상태다. 그 경고는 현재의 오염도를 올리지 않도록 하거나 대중에 영합하여 환경오염을 무시하지 말라고 알려주고 있다.

자립의 추구와 신탁관리, 구경제와 신경제(예컨대 마이크로소프트 사와 빌 게이츠의 경우)의 요소가 주는 긴장에서 미국은 여전히 몇 가지 위기를 경험하게 될지도 모른다. 그러나 그 위기들도 이를테면 모든 종류의 기업가들과 시추자들을 마치 '석유로' 늘 다시 유혹하여 끌어들이는 개척자정신을 끝내게 할 수는 없을 것이다. 1991년부터는 그 유혹이 그들을 카스피 해로 강하게 인도하고 있다. 바쿠 주변의 오래된 석유의 땅이 그들의 새로운 시추 낙원인 것이다.

8

바쿠의 불길

기술을 잘 사용한다는 것은 확실히 자신을 '프로메테우스의 아들'로 느끼는 모든 사람들의 경이로운 업적이 틀림없다. 하지만 그 업적이, 곧 불과 기름이 잘 조절되어 결합하기만 한다면 그것은 결코 파괴적인 도구로 남용될 수 없다는 사실을 보장해주는 것은 아니었다. 교통사로로 목숨을 잃는 수백만의 사망자들과 1914년 이후 발생한 온갖 종류의 전쟁들은 이미 이에 대한 명백한 증거다!

프로메테우스의 불, 석유

고대 그리스의 신들은 프로메테우스의 뻔뻔스런 행동에 엄청난 고통을 주는 장소로 왜 하필이면 코카서스 산맥의 절벽을 골랐을까? 그리스 신화에 따르면 이 거인은 신의 적으로, 인간에게 건축술과 항해술을 가르쳐주었을 뿐만 아니라 올림피아에서 불을 훔쳐다가 지상의 거주자들인 인간에게 가져다주었다.

엄청난 결과를 가져올 수 있는 이런 행위가 비난받는 이유는 신들의 아버지인 제우스와 대장장이 신인 헤파이스토스에게 음모를 꾸몄기 때문만은 아니었다. 오히려 도적질 이후에 인간에게 우주의 기본요소를 잘 다루는 법을 알려주지 못한 데 있다. 인간들에게 지속적으로 하늘을 뜨겁게 만드는 불을 안전하게 다루는 법을 알려주는 대신에 "어두운 지옥"(막심 고리키)을 가져다주고 통제할 수 없는 상태에 빠지게 했던 것이다.

제우스는 자신이 인간에게 선행을 베풀었다고 느끼는 그 범죄자를 절벽에 묶어놓아 벌했다. 그리고 거기에 더해 낮에 독수리가 간을 쪼아 먹게 했다. 그러나 간은 밤이 지나면서 다시 재생되었으므로, 프로메테우스는 그 끔찍한 형벌을 계속 받아야 했다. 이런 형벌은 헤라클레스의 구원으로 비로소 끝이 난다.

산업적 용도로 채굴되고 개인적인 용도로 평가되는 석유에 대한 시선도 이런 운명을 경고하고 있다. 이런 귀중한 원료는 지상의 어느 곳에서나 분별없는 범죄로 오용될 수가 있기 때문이다. 이런 관념은 카스피 해의 서쪽 해안에 위치한, 바쿠가 중심지인 코카서스 산맥 주위의 풍부한 유전지역에서 그대로 적용되는 생각이다. 그 지역은 한때 인도 출신의 배화교도들과 불의 신 차라투스트라나 조로아스터의 숭배자들이 영원히 타오르는 불의 신전에서 자신의 모든 죄와 잘못들을 정화하기 위해 순례의 길을 떠나던 곳이었다. 네 모서리에 불을 지펴놓은 그들의 소박한 신전은 까마득한 태곳적부터 불타고 있었던 지진지역에서 산맥의 줄기를 타고 노출된 지역의 중심에 위치하고 있다. 그곳의 불길은 밤낮으로 깊숙한 지하에서부터 타오르고 있다.

우리들이 중국을 향해 코카서스 지역을 통과하는 모험적 여행을 하고자 했던 마르코 폴로의 보고를 믿는다면, 이런 지진지역에서도 족히 7백 년 전부터 '석유가 솟구치는 거대한 분수'가 있었다고 짐작할 수 있다. 그곳으로 온갖 종류의 민족들이 모여든 것은 그들의 등잔에 쓰일 연료를 가져오기 위해서나 아니면 사람과 동물들에게 있는 피부질환을 치료하기 위해서였다.

석유는 조명용 연료 재료나 고통을 완화하는 치료제로 동시에 사용되었다. 이런 두 용도의 결합으로 해서 석유는 페르시아 지방까지 신의 특별한 선물로 여겨졌다. 그것은 절제해서 사용해 도를 넘지만 않는다면, 사람들에게 수천 년 동안 유익을 가져다줄 수 있었다. 물론 현 시대에 이르기까지 사람들은 코카서스 전 지역에서 땅이나 암반에서 나는 석유를 지칭하는 나프트 혹은 나프타가 불이 붙으면 유해현상을 동반한다는 사실을 알지 못했다. 나프타는 공기와 생활공간을 유해가스로 오염시켜 제국의 경계를 넘고 부족들의 주거지도 넘어 초원과 목초지까지 더럽혔던 것이다.

이런 기본적인 연관성은 이미 타이터스빌 이전에 코카서스 노출유전에서 채굴한 석유를 간단한 정유 과정을 통하거나 야릇한 '악마의 주방'을 통해 대강 정유하여 값싼 등유 재료를 생산하던 초기의 석유채굴업자들도 알지 못했다. 1859년에 바쿠에서도 석유를 산업에 이용하기 위하여 채굴을 시작했다. 하지만 채굴지역은 해안지역에 면해 있는 땅

8. 바쿠의 불길

이거나 카스피 해에 있는 섬들이거나 바쿠의 내항들에서부터 그로즈니까지와 바쿠의 서부에 위치한 후일의 격전지였던 마이콥 평야까지였다.

석유가 러시아의 산업화에 필요한 동력으로서 그리고 루트비히와 로베르트 노벨의 활동 이후에 외화를 벌어들이는 수단으로 얼마나 중요한가는 1879년의 한 사건에서 잘 드러난다. 스웨덴 출신으로 러시아에 귀화한 루트비히와 로베르트 노벨 형제는 러시아의 황제가 바쿠를 방문했을 때 황태자 니콜라이에게 순은으로 된 시추탑을 선물했다. 황태자는 그 선물을 통해 러시아 산업의 미래는 석유채굴에 있음을 알았고, 이윽고 황제 니콜라이 2세로 즉위하자 독일의 빌헬름 2세가 그랬던 것처럼 당시 등장한 새로운 자동차에 적지 않게 감명을 받는다.

1915년에도 카데트 당의 바실리 마클라코프는 러시아 황제의 사진을 주제로 끄집어내어 말하기를, 황제가 마치 미친 사람처럼 커다란 차의 운전석에 앉아 '어머니 러시아의' 품에서 드라이브를 한 것이 아니라 러시아를 파멸의 깊은 구덩이로 몰고 갔다고 했다. 그 정치가는 이와 같은 비교(자기 마음대로 움직이는 자동차와 국가를 마음대로 통치하는 독재자를 비교하고 있다—옮긴이)로 자동차 팬인 독재자 러시아 황제의 진정한 속성을 드러내고자 했다. 황제는 자신의 절대 권력을 이용하여 러시아의 산업을 로마노프 가의 황실을 위한 목적으로 오용하고 있었지만, 어떤 상원이나 의회에 의해서도 제동이 걸리지 않고 있었다.

실제로 니콜라이 2세는 1914년에 자신의 눈앞에 전개되고 있는 폐허를 보았지만 그래도 정지하지 않고 러시아를 그 속으로 몰고 갔다. 왜냐하면 러시아 황제로서의 그의 본질에는 그가 자신의 나라와 국민들의 재산에 전권을 휘두르고 있다고 느낄 때는 통상 어떤 간섭이나 설득도 용납하지 않고 그와 관련한 그 어떤 것도 배우려 하지 않았기 때문이다. 그에게 지식이란, 베이컨이 계몽주의의 구호로 널리 소개한 '아는 것이

힘'이라는 것과는 차이가 있었다. 권력 자체가 그에겐 벌써 지식이었던 것이다.

이런 태도는 1613년 이래로 로마노프 가가 황제라는 지위에서 어떤 종류의 기술개혁에도 아랑곳없이 견지했던 태도로서, 볼셰비키 당에서도 익히 관찰된 것이었다. 레닌과 레온 트로츠키는 그들이 '위대한 10월 혁명'이라고 미화했던 1917년 11월 7일의 쿠데타가 성공을 거둔 후에 러시아 전체를 일종의 사회주의의 신성한 영토로 여겼고, 마치 이전의 황제처럼 가부장적으로 국가를 통치하기 시작했다. 다시 말해 사회주의 기술자들이 창조하고자 했던 새로운 인간상은, 자신의 권리를 위탁한 민주주의자가 아니라 맹목적으로 러시아 공산당의 정치국과 중앙위원회에 있는 공산당의 새로운 귀족들의 명령에 복종하는 노동자 노예들이었던 것이다.

크렘린의 붉은 지도자들이 로마노프 황제들과 거의 구분이 되지 않는다는 사실은 소련의 영화 〈바쿠 위의 불〉에서도 잘 드러난다. 산업용으로 쓸 석유생산을 통해 자연이 여러 번 파괴되는 것은 스탈린이란 이름을 가지고 레닌의 후계자로 전체주의 소비에트 연방의 역사에 등장한 게오르기에 이오셉 주가슈빌리의 활동에서도 찾을 수 있다(게오르기에 이오셉 주가슈빌리는 스탈린의 고향인 그루지야식 본명이다. 그의 정식 이름은 이오시프 비사리오노비치 스탈린이다—옮긴이). 이전에는 신학원의 학생이자 은행강도 그리고 직업적 혁명가로 활동했으며, 한동안 석유채굴장에서 노벨 형제들과 함께 일했고 레닌처럼 석유에 열광적이었던 그는 석유를 자신이 상상하는 사회주의의 추진 연료로 여겼다.

스탈린은 석유를 장악하여 가장 중요한 권력의 수단을 수중에 확보했다는 것을 확실히 의식했다. 즉 내적으로는 거대한 제국의 산업화를 위해서, 그리고 외교정책과 안보정책을 형성하는 데도 석유는 중요한 수단이었던 것이다. 이를테면 1939년에 아돌프 히틀러와 맺은 조약을 생각해보면 알 수 있는데, 그 조약을 통해 히틀러는 대 독일제국에 1941년까지 바쿠 산 석유의 공급을 확보했고 이를 통해 전략적으로 서유럽에서의 나치전쟁을 지원할 수 있었다.

이런 석유정책은 오랜 역사를 가지고 있었고 그 결과는 사람들이 차지하고자 했던 원료의 역사에서 유일한 것이었다. 소련의 석유정책이 가져온 결과는 사람들로 하여금 자연을 자신들의 이익을 위해 이용하는 순간, 기술과 윤리를 결합시키는 일에서 수행해야 할 것이 무엇인지를 깨닫게 해주었다. 이런 현상은 다른 어떤 산유국에서도 볼 수 없을 정도로 뚜렷하고 분명하게 나타났다.

돈 키호테적인 야망을 넘어 노동의 지옥을 일군 노벨 형제

미국의 많은 출판업자들은 석유의 역사를 기술할 때 미국 이외의 지역에서 명성을 획득한 것은 무엇이든지 미국과 연관시키는 편리한 습관을 가지고 있다. 그들의 이런 습관은 매우 선별적인 시각을 동반해 사건들을 과대평가하거나 왜곡하는 경향을 보이거나, 아니면 1859년 이전의 독일의 소금과 석탄채굴업자들의 업적 따위는 단 한 가지도 인식하지 못하게 만들었다.

이런 오만함은 노벨 형제들도 거스를 수 없어, 출판업자들에게 그들의 업적은 그 자체로 평가받아 독자적인 석유개척자로 파악되기보다는 "러시아의 록펠러"(톨프)로 표현될 뿐이었다. 미국의 역사가들 중 누구도 존과 윌리엄 록펠러를 '미국의 노벨'로 파악하려는 생각을 한 적이 없었다. 만약 그렇게 한다면 스웨덴 출신의 이 두 러시아인이 궁극

1900년경 바쿠 유전지역의 시추탑

화재에 쌓인 바쿠 근교의 석유채굴지

적으로 석유업계에서는 클리블랜드의 미국 사업가들보다는 더 중요한 사람들이라는 것을 인정해야만 할 것이다. 그리고 지금까지의 역사적 순위도 엄청나게 바뀌어야 할 것이다.

역사의 빛으로 비춰보면 통상적인 시각을 검토하고 노벨 형제들의 업적을 인정할 수 있는 몇 가지 사실들을 끄집어낼 수 있다. 노벨 형제는 그들의 비범한 아버지 이마누엘 노벨의 활동을 계승하기 위해 상트페테르부르크의 무기공장을 계속 경영했는데, 이때는 1870년에 록펠러가 자신의 스탠더드 오일을 무역회사로 설립하기 전이었다. 그 외에도 1873년부터 루트비히와 로베르트 노벨이 이끄는 나프타 콘체른은 개인적인 창의력, 조직력, 도전적인 기업가 정신 등으로 클리블랜드 사업가인 록펠러 형제들을 훨씬 앞질렀다. 그들은 발명가이자 건설기술자, 엔지니어, 석유화학자 등의 역할을 동시에 했던 것이다.

더욱이 노벨 형제들은 사업가의 측면에서 보더라도 그들의 석유기업을 이미 일찍이 기업연합으로 조직하여 시추와 채굴, 전송, 정유 등의 공정을 일괄적으로 하여 생산한 석유를 세계 각지로 보냈다. 이에 따라 노벨 콘체른은 미국의 텍사코(1902)보다 20년 앞서고 에소 록펠러 (1919)보다도 앞서서 석유의 생산과 판매를 결합하는 최상의 형태를 이루는 데 성공한 것이다.

노벨 형제들이 특별히 건조한 그들의 유조선 이름을 '스피노자'로 지은 것만 보아도 그들이 석유업계에서 염두에 둔 구조적인 통합의 방향을 알 수 있다. 네덜란드의 철학자이자 렌즈기술자, 범신론인 스피노자의 저서 『윤리론』(1677)은 신과 자연 그리고 인간의 상호작용에 대해 서술하고 있었다. 그들은 『윤리론』을 산업현장에 적용하면, 매일 새로이 검증받아야 하는 땅과 사람들, 인간과 기계에 대해서 지고 있는 임무를 잘 인식할 수 있으리라 생각했다. 그 임무에는 개인 재산의 사회적 책임을 인식하는 것과 회사의 모든 직원들에 대한 높은 복지의 의무가 포함되었다.

　이 두 성실한 노벨 형제가 노력했던 점은 "혼이 담긴 경영"(베르너 좀바르트)으로 훌륭한 전문 인력과 효율적인 조직을 최상으로 결합한 네트워크를 만드는 것이었다. 이런 기업철학은 하지만 항상 스위스 시계처럼 정확하게 진행되지 않았다. 때때로 거대한 알력과 맞서 싸워야 했고 러시아제국의 수송 인프라는 부실하고 또한 고충거리가 많았다.

　그 와중에 심지어 두 형제들 사이에도 의견의 불일치와 오해가 생겨났다. 같은 시기에 미국에서는 록펠러가 SIC 프로젝트의 실패를 극복해야 했다면 로베르트 노벨은 상트페테르부르크에서 바쿠로 향해 가는 중이었다. 그는 1873년 루트비히의 위임에 따라 25,000루벨을 가지고 남쪽으로 가서 코카서스 지역에서 특별한 호두나무 목재를 사고자 했다. 그 목재는 벨기에 산 브레단 소총의 몸체에 사용하기 위함이었다. 그 소총은 차르 군대의 현대화를 위해 도입될 예정이었고 노벨 형제들에 의해 생산될 것이었다.

　하지만 로베르트가 바쿠에서와 그 주변지역을 살펴보았을 때 그 '검은 도시'는 마치 석유로 넘쳐나는 것처럼 보였다. 그는 자신의 필생의 기업을 일굴 기회를 인식하게 된다. 차르 정부의 위임에 따라 무기공장을 만드는 대신에, 그는 작은 정유시설 하나를 인수하고도 다른 석유관련시설과 부대시설까지 인수한다. 신탁회사에 맡겨진 자본금을 루트비히와 사전에 상의도 하지 않고 독단적으로 투자한 것이다.

　이런 독단적인 투자 결정으로 촉발된 노벨 가의 불화의 기운은 그러나 곧 조정된다. 루트비히도 새로운 기회를 확신하게 되었기 때문이다. 그리고 그는 아버지로부터 물려받은 상트페테르부르크의 무기공장을 보완하는 장치의 일환으로, 바쿠에서 그들의 석유기업을 건설하는 일을 추진한다. 그들의 계획은 몇 년 내에 멋지게 성공하여 노벨 형제의 기업은 그들의 질 좋은 나프타 생산물을 곧 전 러시아와 동구 전체에 판매할 수 있었고, 아시아에서조차도 수익을 증가시키면서 판매하기 시작했다. 당연히 록펠러의 에소는 그때마다 실망을 했다.

물론 지방적·지역적·국민적이자 세계적인 석유생산물의 배분 시스템을 구축하기 위한 이런 과정이 순조롭게, 그리고 무리 없이 진행되지는 않았다. 오히려 그 반대였다. 시추와 채굴장에서 폭발을 일으키거나 정유소에서 화재가 발생하고 그 불로 유조선도 피해를 입었다. 이런 사고들로 험난한 길로 우회하게 되었고, 그에 따라 적지 않은 귀중한 인명이 희생되고 비싸게 획득하거나 자체 생산된 기계들을 상실하게 되었다.

그럼에도 노벨 기업은 카스피 해에서부터 시작하는 석유공급망을 볼가 강을 따라 모스크바와 상트페테르부르크까지 신속하게 구축하는 데 성공했다. 또한 발트 해의 항구 라비아우에서 스칸디나비아 반도 전체와 중부유럽으로 석유를 공급하기 위해 발트 해 연안의 국가들도 편입했다. 노벨 석유제국의 꾸준한 성장은 분명 노벨이 생산하는 질 좋은 (포토겐[Fotogen]이라는) 조명물질 때문에 유발된 커다란 수요와 연관이 있었다. 하지만 사업이 번성했던 또 다른 이유는 기업의 분위기가 모든 차원에서 혁신적이고 효율적인 협동작업을 위한 전제를 창출해준 것도 있었다.

하겔린은 언젠가 특별한 기업정신에 대해 다음과 같이 언급한 적이 있다. "우리들은 직원들을 스웨덴인, 핀란드인, 러시아인, 노르웨이인, 발트 해인, 아르메니아인, 페르시아인, 타타르인 등 요컨대 온갖 민족 출신의 남자들로 채용했다. 하지만 모두 무엇보다 자신들을 노벨인으로 느꼈다. 회사는 우리들의 회사였다. 회사의 번영과 쇠퇴는 우리들에게는 마치 우리 개개인들이 그 일을 당하는 것처럼 느꼈다."

오늘날 어떤 기업의 회의에서도 회사의 능력을 고양시키는 '기업 이미지 통합전략'(Corporate identity)으로 훌륭히 평가받는 모범사례를 노벨 기업은 일찍이 보여주었던 셈이다. 프랑크푸르트와 파리의 은행인 로트실트가 장악하고 있는 '마추트 코퍼레이션'(Mazut Corporation)과 같은 여러 종류의 경쟁자들에 대항하여 온갖 나라들에서 온 기술자들과 전문가들은 나프타와 노벨을 특별한 품질의 상표로 만드는 법을 알고 있었다. 그렇지 않아도 회사의 전 직원들과 그 가족들을 위해 지불되는 일반적이지 않은 사회복지 보조금으로 해서 노벨 기업은 전 러시아에서 제1의 자리에 있는 최고 회사의 위치에 있었다. 이런 이유로 해서 이 기업은 경쟁사들의 공격에 대비하여 잘 무장되어 있었다. 이를테면 록펠러가 러시아라는 거대한 제국의 '미개척시장'에서 에소 석유제품을 판매하기 위해 노벨 기업의 독점을 일부 점령하려는 시도였다.

스칸디나비아 반도와 중부유럽 그리고 스위스에 이르기까지 증가하는 공격적 경쟁에 직면하여 록펠러는, 몇 개의 판매 기관을 만들어 바쿠에서 온 혁신적인 석유공급자인 노벨 기업을 꾸준히 관찰하게 했다. 뉴욕의 에소사 본부에서 존경의 뜻으로 불렀던 '노벨 형제들'은 낮은 임금을 바탕으로 미국의 경쟁자들이 제시하는 것보다 낮은 가격으로 석유를 제공할 수 있었기 때문이다. 뿐만 아니라 그들은 전등에 쓰이는 아주 질 좋은—연기와 냄새가 거의 나지 않는—조명물질을 세계에 공급할 수도 있었다.

노벨 기업의 경쟁력은 1883년에 개통한, 카스피 해의 바쿠에서 흑해의 바툼으로 향하는 철도노선으로 더욱 강화되었다. 그로 인해 우선

8. 바쿠의 불길

많은 양의 석유가 유럽으로 수출될 수 있었고 새로운 수에즈 운하를 통해 아시아로의 수출도 비약적으로 증가할 수 있었기 때문인데, 그 결과 노벨 기업은 현대적인 유조선을 이용하여 입지 면에서 엄청난 장점을 누릴 수 있었다. 그 외에도 바쿠 기업은 항상 용의주도한 가격인하를 계속해서 단행했고 이로써 에소에 지속적으로 압박을 가할 수 있었다. 바쿠 현지에서 노벨 기업의 활동을 관찰했던 미국 영사 J. C.체임버스는 평소 자신에 차 있는 뉴욕의 세계적인 사업가들과 록펠러 개인에게 다음과 같은 점을 지적하여 상대를 놀라게 했다고 한다. 그가 지적한 부분은, 러시아인들에게는 "미국산 석유를 세계시장에서 몰아내고자 하는 돈 키호테적인 야망"(톨프)이 존재한다는 것이었다.

그런데 그의 말은 사실상 대단한 과소평가였다. 노벨 형제들은 어떤 방식으로도 우스꽝스런 기사의 모습과 같지는 않았다. 그들은 시대착오적인 이념으로 풍차에 대항해 싸우는 어리석은 기사가 아니라, 아주 생각이 깊은 기업가이자 능숙한 발명가, 그리고 효율적으로 일하는 조직의 책임자임을 보여주었다. 우선 그들은 세계적으로 판매되는 석유의 전략적인 의미에 대해 알고 있었고, 두 번째로 이자율이 높은데도 은행대출을 수단으로 투자를 확실히 했다. 그 때문에 그들은 러시아 황제 정부와 최상의 관계를 유지했는데, 이는 자신들 기업을 위한 일종의 물질적이자 정치적인 지지기반이었다. 크렘린으로부터 수익을 많이 내는 무기 주문이 들어왔는데, 그것은 동시에 은행의 대출을 받을 수 있는 담보로도 통했다.

심지어 자유경제주의자인 세르게이 그라프 비테 백작 휘하의 러시아 정부는 그 외에도 비밀경찰 오흐라나와 카자흐 기병의 도움으로 때때로 범죄가 일어났던 유전들의 치안을 유지했다. 이런 연결구조만으로도 노벨 기업은 무기와 석유생산의 결합에서 1905년까지 러시아 황제

체제를 구성하는 효과적인 일부분이 되었다. 그 체제란 헌법도, 의회도 없이 자신을 '폐쇄된 사회'로 격리시키는 독재체제였다.

석유와 산업 그리고 정치가 유착된 이런 결합을 좀 더 자세히 표현하기 위해서는 외부에 완전히 독립적인 에소의 기업방침을 대입해볼 수도 있을 것이다. 하지만 여기서는 록펠러 자신의 발언을 기억해보는 것만으로도, 민주주의와 의회제도가 시행되는 '열린 사회'라 할지라도 정경유착이 밀접히 이루어질 수 있음을 명확히 보여주기에 충분할 것이다. 즉 "우리들의 대사와 외교사절, 그리고 영사들은 세계의 가장 오지에서라도 우리들이 새로운 시장을 개척하는 길을 여는 데 도움을 주었다."

또한 미국의 역대 외무부 장관들 중의 대부분, 예컨대 헨리 키신저(에소), 조지 슐츠(벡텔) 혹은 지미 베이커(텍사코) 등과 지난 세기의 한 대통령조차도 마치 '석유에서 출발하여' 그들의 지위에 오르게 된 것처럼 보이고, 미국의 석유기업을 위해 드물지 않게 정치적인 영향력을 행사했다는 점을 생각해본다면 노벨 형제들의 사업 수완을 올바르게 평가하는 데 충분할 것이다.

루트비히와 로베르트 노벨은 자수성가형 기업가로서 그들의 성공적인 동생 알프레트 노벨처럼 의회민주주의의 신봉자라고는 할 수 없다. 의회민주주의는 러시아에서나 독재적인 페르시아나 오스만제국처럼 1905년의 혁명과 함께 비로소 도입되기 시작했고, 따라서 특별히 훌륭한 전통을 세워놓지 못했던 것이다. 한 국가에서 이 제도가 계약상으로 재보장을 받는 일은 공정한 경쟁체제의 시장질서를 잡는 것만큼이나 어렵기 때문에 그러했다. 이 두 스웨덴 형제는 러시아 출신으로 1905년 이전에는 황제체제에서 남아 있는 얼마간의 자율공간을 이용하는 것 외에는 다른 길이 없었다. 그들은 기업가로서 노조를 겁낼 필요가 없었고, 누군가 그들에게 주민들의 충성심을 포기하라고 요구할 수도 없었다.

8. 바쿠의 불길

그들은 개인적 이기심에 순응했고, 그들의 전 직원들을 위해 가부장적인 보살핌을 보여주면서 공공의 복지에도 신경을 쓰고 있었다.

이와 더불어 재물을 얻을 수 있는지에 대한 저울질이 개인적인 갈등 부분에서 발생했을 경우에는, 쉽게 결정을 내릴 수가 없었다. 왜냐하면 부패하기 쉬운 경향을 보이는 러시아 정부와 러시아 황실과의 거래에서 개인적으로 친분을 가지는 관계는 대단한 역할을 했기 때문이다. 특히나 러시아 기업이 러시아 외부에서 활동할 작정이라면 더욱 그러했다. 석유는 오래 전부터 정상적인 자본주의 시장질서에서 돈을 벌 수 있는 단순한 상품 이상의 의미를 가지고 있었다. 어느새 석유는 전략적인 원료며 아주 정치적인 상품이 되어 있었다.

이런 이유들로 해서 노벨 형제는 록펠러의 스탠더드 오일에 자신의 석유기업을 가지고 참여하는 것을 거부하게 되었다. 이 정도까지를 보면 1884년부터 록펠러가 행한 접근의 시도는 성과 없이 끝났다고 할 수 있었다. 그는 새로운 바쿠 석유왕국의 주인인 이 두 사람과 함께 세계적인 석유사업을 펼칠 작정이었다. 동시에 값싸고 품질이 더 좋은 노벨 등유가 자신이 80% 정도 장악하고 있었던 미국 석유시장에 발을 붙이지 못하도록 할 작정이었다.

노벨 형제가 거부하는 태도를 보였기 때문에 에소가 공격적으로 대응했다는 것은 어느 정도 사실이다. 그래서 에소는 이제 런던에 앵글로-아메리칸 석유회사를 세워 영국에서 석유공급을 거의 독점적으로 행사해오던 것을 확실히 하고자 했다. 또한 브레멘에 독일과 미국의 합작 석유회사를 세워 중부유럽과 전 스칸디나비아 반도의 석유시장에서 최소한의 지도적인 위치를 점하고자 했다. 반면에 로테르담에 있는 석유 터미널에서는 베네룩스 3국과 프랑스에 석유를 공급하게 했다. 이 모든 조치들은 세를 확장하고 있는 노벨 왕국에 대항하기 위한 것이었으며, 이로써 베를린의 노벨 기업 '나프타포트'에도 대항하고자 했다.

마치 고도의 정치적 차원에서 비슷한 형국이 펼쳐지기도 전에 이미 유럽의 중부에서 미국과 러시아의 개인 석유제국이 서로 충돌했다. 그런데 이에 더하여 막강한 영향력을 가진 러시아 정부의 재정장관 비테 백작의 주변에서는 이런 경제적 대치국면을 첨예화시키지 않고 전체적인 화해를 찾아보자는 계획이 논의되었다. 그들이 염두에 두었던 것은 노벨과 러시아의 석유에 대해 관심을 가지고 있는 로트실트 은행(마추트 코퍼레이션)과 에소를 세계적인 범위에서 서로 협력할 수 있게 만드는 것이었다.

이런 형국은 1890년 이래로 급격하게 변화한 안보상황과 유럽전략에도 적합했다. 왜냐하면 비스마르크가 해임되던 그해에 베를린과 상트페테르부르크 사이의 불가침보장 조약은 독일제국의 황제 빌헬름 2세에 의해 더 이상 연장되지 않았기 때문이다. 이에 민주적인 프랑스와 독재국인 러시아가 접근했고 중부유럽에 대한 봉쇄로서 꺼려졌던 조치가 시행되었다. 즉 빈과 베를린을 전략적으로 고립시키는 일이었다. 1914년의 정치적 역학관계는 석유사업계에서 이미 이전에 형성해놓았던 것의 복사판에 불과했다!

무엇보다도 1894년 이래로 독일에서는 약간의 석유 붐이 존재했다. 특히 하노버 동쪽 윌하임을 중심지로 하는 지역은 '작은 펜실베이니아'로 변화되었다. 하지만 그때까지도 석유는 전통적으로 석탄을 사용했던 독일에서는 커다란 정치적 역할을 하지 못했다. 물론 세계시장에서는 거대한 질서가 자리 잡아가고 있었는데, 그것은 루트비히와 로베르트 노벨의 후손들에게도 어느 정도 염려거리였다.

세기 전환기에 족히 천만 톤이라는 썩 일정한 러시아의 연간 석유 생산량은 단순히 세계 석유생산량의 반이라는 의미 이상이었다. 노벨이

8. 바쿠의 불길

정점에 있는 러시아의 석유기업들은 이로써 석유생산에서 이미 미국을 앞지르고 있었다. 하지만 이런 수준을 유지하고 정유된 석유의 품질을 높이기 위해서는 엄청난 투자가 필요했다. 이것은 자체 자본력으로는 더 이상 가능하지 않았다. 루트비히 노벨의 상속자이자 후계자인 그의 아들 에마누엘 노벨은 이미 1897년에 베를린의 은행에서 2,160만 마르크(천만 금 루블)의 대출을 받을 수밖에 없다고 느꼈다. 4.5퍼센트 이자와 1917년까지 20년 거치 상환의 조건으로.

정치적 유착을 가져오는 통화의존의 단계는 확실히 대담한 시도였다. 하지만 이 시도는 곧 옳은 것으로 드러났다. 왜냐하면 같은 해에 새뮤얼이 세운 석유회사 셸이 활동하기 시작했고, 1901년부터는 텍사스의 거대한 유전을 발견한 텍사코와 걸프가 새로운 경쟁자로 추가되어 다른 기업들과 함께 세계시장으로 밀고 나왔던 것이다. 미래를 위한 진로가 결정되는 이런 변화의 시기에 로트실트와 노벨 그리고 록펠러는 새로이 서로 접근하는 길을 모색하기 시작했다. 그들은 1900년에는 전적으로 록펠러의 카르텔 개념에 따라 구상된 하나의 협상을 이루어냈다. 특히 가솔린 엔진의 등장과 자동차 교통을 알려주는 수요가 증가하는 상황에서 석유업계에서 거대한 세 기업이 전반적으로 합의한 사항은 이점만을 가져올 것이었다. 하지만 그들의 실패는 또한 맨체스터 자본주의와 카를 마르크스의 시대 이후 사회적 문제라고 명명되었던 것과도 관련이 있었는데, 그것은 고도의 정치적인 도전이기도 했다.

누구도 상트페테르부르크와 바쿠에 있는 노벨 왕조가 과거의 가부장적인 방식으로 그들의 직원들을 잘 다루며 다른 석유기업들보다도 더 많은 임금을 준다는 사실에 심각하게 논쟁할 수 없을 것이다. 그러나 노벨 기업은 노조를 허용하지 않았고, 직원들에게 사회복지 분야에서 주어지는 모든 특혜에 대해 법적 요구를 제기할 소송의 권리도 주지 않았다. 이런 일들은 러시아 황제체제의 권력 시스템에서도 결코 허용되지 않았을 것이다. 그 시스템에서는 모든 신하들이 '콜로펜'(Cholopen: 종, 하인 계급을 지칭하는 러시아어―옮긴이) 혹은 세습노예들로 간주되어 궁극적으로 로마노프 왕가의 사유재산이었기 때문이다.

이에 비추어 보면 노벨 형제의 사회적 태도는 대단한 예외였고, 또한 이 점은 그들의 석유제국에서는 러시아인이나 타타르인과는 다르게 대접받고자 하는 수많은 유럽인들이 일하고 있다는 사실에 의해 조종되었다. 그들은 회사의 수익이 증가함에 따라 이름 그대로 '고결한' 상태에 있고자 했다. 하지만 인간과 자연의 무자비한 약탈이라는 공분을 일으키는 심각한 상태에서는 노벨인들도 근본적으로 변화하지 않았다. 시추탑이나 채굴시설, 정유소 혹은 유조차와 유조선을 위한 충전소에서 일하는 노동자들의 법적인 권리도 거의 고려되지 않았다. 이를테면 종종 보잘것없는 아위(阿魏: 약용식물) 하나를 캐기 위해 목숨을 건 시도를 하는 격이었다.

업턴 싱클레어가 1929년에 나온 자신의 석유 소설 『페트롤리움』에서 미국의 유전 상태에 대해 보고를 한 것이나, 트래번이 2년 후에 소설 『백장미』에서 멕시코의 석유 캠프에 대해 쓴 것은 바쿠와 코카서스 지역에서는 이미 한 세대 일찍 묘사되고 있다. 스웨덴의 노벨 회사 책임자인 하겔린의 거의 알려지지 않은 기록을 읽을 수 있는 사람은 '검은 도시'에 드리워진 뚜렷한 그림자에서 볼 수 있는 비참함에 대해 깊은 인상을 받을 것이다. 크누트 함순(노르웨이의 극작가이자 시인―옮긴이)도 펜실베이니아 석유지역에서의 삶을 관찰했는데, 그는 1901년에 바쿠에 있는 노벨 사로 여행을 한 후에 그곳 시추탑들에서 볼 수 있었던 소음, 불결함, 그리고 인간이 경험할 수 있는 온갖 종류의 고난에 찌든 모습에서 충격을 받은 후에야 하겔린의 보고를 확인했다.

8. 바쿠의 불길

러시아에서 1905년과 1917년 2월에 인권을 유린당한 차르 체제에 대항하여 발발한 "혁명의 진정한 산실"(레닌)이 존재했다면, 그것은 귀족주의적 분위기의 상트페테르부르크나 정교가 뿌리를 내린 모스크바가 아니라 석유로 적셔진 프로메테우스의 땅인 코카서스의 중심 바쿠였다.

아마도 수마트라로부터 스핀들탑에 이르기까지 당시 세계의 유전지대들 어디에서도, 바쿠와 바툼 사이에 있던 석유채굴지와 정유회사에서 일한 노동자들만큼 무자비하게 대접받은 노동자는 없을 것이다. 왜냐하면 그들은 하루 정식 열두 시간의 중노동에 일당이 겨우 50센트(!)였으며, 아무런 사회시설이나 인간적인 숙소도 없이 일했기 때문이다. 회사는 노동자들을 '죽은 영혼'으로 치부하여 인권을 완전히 박탈했다. 그들은 해고보호나 임금협상의 자율권, 의료보험, 노동자 연금은 차치하고 파업권조차 꿈꾸지 못했다. 이를 위해 때때로 차르 체제의 소위 '검은 백인조'의 적나라한 테러가 횡횡했다. 즉 석방된 중범죄자들로 구성된 폭력단이 저항이나 사보타주 혹은 노동 거부의 조그마한 징조라도 보이면 평온함과 질서를 지킨다는 명목으로 현장에 투입되었던 것이다.

바쿠와 그 주변지역에서 일하는 노동자들을 위한 광범위한 개혁이 얼마나 절실한가는 1903년의 파업운동에서 나타났다. 그때 바쿠에서는 "악마 자신이 분노했고"(톨프) 더구나 1905년 혁명의 발단이 되었다. 복수의 피가 강을 타고 흘렀다. 유대인들은 단체로 끔찍한 집단학살을 당했는데, 이는 사람들이 석유사업에서의 판매감소 위기와 가격침체의 책임이 로트실트 은행에 있다고 여겼기 때문이었다. 개별적 시추탑들과 채굴시설들도 정유소와 마찬가지로 검은 백인조에 의해 화염에 휩싸였다. 이렇게 해서 전 바쿠 지역이 화염의 지옥처럼 변해버렸다.

여태껏 시련을 겪어왔던 이 석유도시의 역사에서 가장 암울한 이 날의 비극이 다시 새로운 광란으로 치닫고, 상트페테르부르크에서는

'피의 일요일'이 그렇지 않아도 힘에 겨운 차르 체제의 종말을 알려주고 있을 때, 에마누엘 노벨은 1905년 9월 24일에 베를린에 머물렀다. 그곳에서 그는 1897년처럼 새로운 투자대출을 받기 위한 계약서에 서명을 했다. 그 계약은 할인은행에서 총 3,240만 마르크의 금액을 연리 5퍼센트에 다시 20년 거치 상환의 조건으로 대출받는 것이었다.

바쿠에서 멀리 떨어져서 노벨 기업의 장래를 안전하게 해줄 것으로 보였던 것이 실제로는 미증유의 가혹한 시련으로 드러났다. 노벨 기업은 '러시아' 기업으로서 인명과 물질에서 이를테면 호전적인 반유대주의의 공공연한 희생물이 되었던 로트실트의 마추트 사보다 훨씬 손실이 적었다고 할 수 있었다. 하지만 폭넓은 투자 분위기는 이런 방화의 재난이 있은 이후에 급격하게 변했다. 왜냐하면 복구에 많은 시간을 요하는 사회 인프라(철도, 도로, 송유관)의 엄청난 파괴 말고도 에마누엘 노벨은 비테 백작에 통하는 '좋은 창구'를 포기해야 했던 것이다. 차르 니콜라이 2세의 정부에서 자유주의적이고 능력 있는 장관이었던 그는 이미 1903년에 실각했고, 황제의 궁정에서 거의 지위를 회복하지 못하고 있었다.

인적인 범위에서 변화되었던 것이 구조적인 환경과 심리적인 상태에서는 중대한 결과로 나타났다. 즉 러시아가 일본에 대항하여 패한 전쟁은 유명한 쓰시마 해전으로 제정러시아가 굴욕적인 종말을 맞는 계기가 되었다. 이때 미국의 대통령 시어도어 루스벨트가 개입하여 양국을 중재했고 이로써 그는 알프레트 노벨에 의해 1896년 제정된 노벨평화상(!)을 받았다. 아시아에서 일어난 이 전쟁의 여파는 노벨 기업의 내부적인 불안요인으로 작용했고 기업의 경제 상태를 악화시키는 데 일조했다. 더구나 텍사스와 오클라호마 그리고 페르시아에서는 거대한 유전이 발견되어 세계 석유시장에 지속적으로 석유를 과잉공급하게 되었다. 또한 원유의 품질과 관련해서도 바쿠 산 석유는 유황 함량이 높아 이제 막 시작하는 벤진과 디젤 그리고 등유의 생산에 특별히 매력적이지 않았다.

그러므로 1914년 8월에 세계대전이 발발할 때까지 에마누엘 노벨은 나프타 콘체른의 책임자로서 자신을 엄청나게 변화한 세계에 억지로라도 맞추어야 한다고 여겼다. 러시아에서조차 1905년의 혁명 동안에 국가 역사상 처음으로 소위 소비에트가 형성되었다. 소비에트란 기층민주주의의 기반 형태로서 주로 도시들에 존재하는 특별한 인민대표자회의를 지칭하는 것이었다. 그들의 작업에 새로운 정당들도 참여했고, 이로써 소비에트는 제정러시아 의회인 두마의 활동을 대체했다. 그곳으로 바쿠의 조직된 석유노동자들은 한 정당의 대표자들을 파견했는데, 그 정당은 1904년 런던에서 있었던 러시아 사회민주주의 회의 동안에 당에서 분리되어 나와 형성되었고, 그 이름은 레닌의 볼셰비키였다.

혁명적인 변혁과 번영의 도정에서

에마누엘 노벨은 한동안 친척들 가운데 성실한 사람들이 자신의 집안 기업에서 일하게 된 것을 썩 마음에 들어 하지 않았다. 그는 자신만의 기업을 소유하고 싶다는 소망이 있으면서도 1905년의 위기로부터 얼마간의 결론을 도출할 수 있었다. 그가 바쿠의 엄청난 폭동사건 후에 확실히 깨닫게 된 것은 그 지역 주민들의 정서적 상태를 개선하기 위하여 무엇인가를 해야겠다는 점이었다. 그 일에는 자신의 기업을 포함해서 그 지역의 '사회적 문제'에 대한 해결책을 찾는 것도 포함되었다.

그래서 그가 주창하여, 상트페테르부르크의 무기와 기계제작 공장의 노동자들을 위해 당시의 상황에서는 모범적인 사회 프로그램을 실현시켰다. 복지에 대한 그의 노력은 미국의 석유기업가 해리 싱클레어의 노력과도 유사하다. 싱클레어는 매년의 석유수익에서 근로자들과의 협상을 통해 나온 임금수준보다도 더 많은 금액을 직원복지를 위해 사용했다. 이제 노벨은 자신의 직원들이 무료로 병원을 이용할 수 있도록 했고, 직원의 아이들을 회사가 세운 학교에서 수업받도록 했으며, 직원들에게 일주일의 휴가를 주기도 했다. 노벨은 이런 호의에 힘입어 직원들이 회사에 대해 건설적이고 호의적인 태도를 보여주길 기대했다.

바쿠의 석유노동자들의 처우개선에는 기업 내적인 만족감 증진 프로그램도 들어 있었다. 하지만 노벨 기업에서 시행되었던 복지정책들이 다른 석유회사들에서는 오랫동안 시행되지 않았다. 그런 회사들은 종종 여전히 잔인한 자유무역과 기업우선주의적인 태도에 고착하고 있었고, 산업화가 진행되고 1세기가 지난 후에 노동문화가 변하기 시작하고 기계가 완전히 새로운 도전에 직면해 있다는 사실을 인식하려고 하지 않았다. 노벨 기업 창립자의 자손들은 이런 점을 제때에 인식했고, 자기 자신과 전체 러시아를 위해 역사적 사건이 된 석유의 개별 채굴과 디젤 엔진의 독점 가동에 대한 허가권을 획득했다.

노벨 가는 위와 같은 관심사에서도 록펠러 가와 매우 달랐다. 록펠러 가는 기술개발에 관심을 보였지만 본질적으로는 상인 집안이었다. 노벨 가에서는 가족의 유산이 중요한 역할을 한 것 같았다. 그들 집안의 선조는 스웨덴의 쇤 교구 뇌벨뢰프 출신으로 1682년 웁살라에서 대학생으로 노벨리우스라는 성을 가지게 되고, 올라프 루트베키우스의 딸과 결혼했다. 루트베키우스는 당시 스웨덴의 만능 천재였기에, 발명왕조 노벨 가는 항상 그의 이름을 즐겨 언급하곤 했다. 그는 이를테면, 그들 가족의 유산이었던 것이다.

노벨 가에서는 신세대에 해당하는 에마누엘의 동생 카를 노벨이 특히 뛰어났다. 그는 새로운 에너지 형태인 전기에 열광했는데, 전기는 당시 스웨덴 출신의 에디슨이 미국에서 새로운 전구를 만드는 데 이용했고 이를 통해 석유로 된 점등 재료와 치열한 경쟁을 벌이고 있었다. 뿐만 아니라 카를 노벨은 모든 종류의 엔진들에도 열광적으로 관심을 보였다. 하지만 유감스럽게도 그는 1893년 취리히 호텔에서 당뇨병으로 의식을 잃은 뒤 죽고 만다. 그의 죽음은 너무 이른 것이었다. 그때는 그가 엔진 분야에서의 새로운 발전에 대해 누구보다 잘 알았고, 혁명적인 엔진이 출현하리라는 기운을 가장 예민하게 느끼던 시기였던 것이다. 바로, 디젤엔진의 출현이었다.

에마누엘 노벨은 그와 같은 '고귀한 영혼이자 가장 정직한 사람'을 잃은 것을 매우 애석해했다. 그래서 그 자신이 직접 동생이 개척한 길을 계속 가기로 작정했다. 그는 석유를 단순히 전등에만 쓰일 원료로 사용하지 않고, 새로운 이용 형태를 발견할 작정이었다. 그의 눈에, 집과 공장에서 이용하고 있는 전기가 앞으로 완전히 새로운 에너지 시대를 열 것이라는 사실은 명백해 보였다. 그래서 석유사업가로서 장래에 살아남기 위해서는 완전히 다른 길을 가야 할 것이라 느끼고 있었다.

그런 극적인 변화를 이루어야 하는 절박한 필요성으로 해서 에마누엘 노벨은 이미 1898년에 놀라운 결단을 내린다. 세계적으로 맹위를 떨치고 있었던 석유경기 침체의 와중에 안톤 칼전드와 같은 중개인을 통해 독일 발명가 디젤과 접촉한 것이다.

그는 디젤과의 접촉을 통해 이미 같은 해 2월에 의미심장한 의견일치를 보게 된다. 스웨덴의 은행가인 마르쿠스 발렌베르크가 동석하여 그의 영향력으로 에마누엘 노벨이 독일 아우크스부르크 출신의 발명가와 의견일치를 본 것은, 러시아와 스웨덴을 위한 디젤엔진 공장을 건립하는 계획이었다.

베를린의 브리스톨 호텔에서 있었던 협상 동안에 디젤은 자신이 록펠러와도 접촉하고 있다는 점을 알렸다. 하지만 그것은 노벨과의 협상에서 발명특허에 대한 가격을 높이려는 작전이었을 것이다. 결국 디젤은 러시아에서의 생산권에 대한 사례로 당시로선 거액인 80만 마르크를 받았는데, 그중 60만 마르크는 현찰로, 20만 마르크는 뉘른베르크에 새로 창립하는 '러시아 디젤엔진 회사'의 주식 형태로 건네받았다!

에마누엘 노벨은 이제 스웨덴 출신의 뛰어난 엔지니어들인 칼존드와 하겔린 등의 도움을 받아 가까운 관계를 유지해왔던 디젤의 비극적인 죽음이 있기까지 유일무이한 엔진개발 프로그램을 실현시킬 수 있었다. 이로써 20에서 40마력에 이르는 다양한 종류의 엔진이 개발되었다. 그 엔진들은 바쿠와 바툼 사이의 코카서스 횡단 송유관을 위해 설치된 펌프장에만 사용된 것이 아니었다. 러시아 전역에 있는 노벨 콘체른의 공장들과 황제의 포병부대, 자체 유조선 편대와 수많은 곡물 정미소들도 이 튼튼한 연소기관을 갖추게 되었다. 빛나는 촛불로 이루어진 승리의 행진을 따르면서.

기술혁신을 이루기 위한 이런 결정으로, 에마누엘 노벨은 줄어드는 조명물질을 대체할 뛰어난 물질을 발견한 셈이다. 성실한 하겔린은 디젤로 인한 생산의 증가와 아울러 판매한 기계에서 얻는 수익의 성과에 만족하지 않고 더 복잡한 제품을 만드는 데 성공했다. 그는 1905년 참사 이후에 러시아 황제 함대를 위해 완전히 새로운 유조선과 동력에 관한 구상을 발전시켜 그 함대를 세계에서 가장 현대적인 수준으로 끌어올렸다. 실제로 황제 니콜라이 2세 함대의 일관적인 장비교체는 1912년부터 시작된 영국 함대의 개조보다 앞서 일어났다. 심지어 최초의 잠수함들은 1908년부터 알프레트 폰 티르피츠 제독이 이끄는 독일제국

8. 바쿠의 불길

함대가 아니라 러시아에서 건조되었다. 물론 노벨의 디젤엔진을 갖추고 말이다.

그 이후 1912년의 발칸전쟁 이후에 1914년 세계대전이 발발했을 때 가족 소유의 노벨제국은 러시아 황제 가문인 로마노프 가의 산업에서 가장 중요한 부분을 형성했다(마치 독일의 기업 크룹이 베를린의 호엔촐레른 가의 군국주의를 유지하는 산업 주축을 형성했던 것과 마찬가지로).

엔진 제작과 조선에서 이루어진 혁명적인 변화가 노벨 콘체른의 번영을 가져왔다는 것에는 의심의 여지가 없다. 노벨의 모든 회사들에 있는 사회복지 시설들도 역시 조금 나아졌다. 그럼에도 이런 번영이 특히 바쿠 지역 석유노동자들 사이에서 쟁점이 된 '사회문제'를 실제로 해결할 수는 없었다. 왜냐하면 그 지역에서는 노벨 기업 직원들이 지닌 장점은 거의 모방되지 않았고, 전 석유생산 지역에서 벌어지는 경쟁적 시추는 석유탐사와 발전을 위한 최상의 표현으로 여겨졌기 때문이다. 때문에 미국에서처럼, 종종 가장 좁은 공간에서 자연과 노동하는 인간들을 모두 해치는 과도한 시추작업을 하기 일쑤였다.

아울러 당시 석유노동자들에게는 가장 불행한 일이었던 '민족문제'가 여전히 상존하고 있었다. 타타르인이거나 아르메니아인, 체첸인들은 종교적인 이유가 걸림돌이 되어 서로를 용납하려 하지 않았다. 비록 그들이 채굴현장에서는 동일한 위험과 멸시를 받았지만, 민족을 뛰어넘는 연대감을 찾을 수는 없었다. 그 연대감이 노동의 세계에서 간절히 요구되던 인간적인 복지를 가져올 수 있었는데도 그러했다. 민족문제의 한 가지 유형은 1905년 이후의 혼란기에도 나타났는데, 무엇보다도 러시아 의회 두마의 보수세력들은 석유산업의 국유화를 요구했다.

그들은 국유화를 통해 그들이 증오했던 자본주의를 실행하면서 모든 문제를 한꺼번에 해결할 수 있다고 믿었다.

　　1917년 11월의 혁명을 거친 볼셰비키는 개인 석유기업의 보상 없는 소유권 박탈을 시행했는데, 이는 초기의 민족주의 운동에서 그 기원을 찾을 수 있다. 초기 민족주의 운동은 강력한 반유대주의의 영향을 받았다. 반유대주의는 1차적으로 로트실트 가를 반대했다. 비록 로트실트 가가 오래 전에 기독교로 개종했는데도 마찬가지였다. 이런 사실적 상황에 대하여 많은 러시아 사람들은 단순히 자본, 유대주의, 은행 등에 대단한 지식을 가지지도 않았거니와, 그를 자세히 생각하려고도 하지 않았다. 어리석은 외국인 증오는 기술, 금융, 경제, 법률적 관련에 대한 무지를 강화시켜 손쉽게 1909년의 경기침체와 증가하는 실업률을 통째로 외부인들에게 전가하는 역할을 했다. 노벨 가에게도 사정은 마찬가지였다.

　　실제로 전체 석유업계에서는 자본주의자들의 수익에 대한 욕망과는 완전히 다른 요소들이 지속적으로 파괴적인 작용을 했다. 그래서 예컨대 1859년에서 1909년 사이의 바쿠 지역 석유는 평지에서 약 8백 미터 깊이까지 이르는 채굴에만 유효한 암반 시추작업을 통해 채굴되었다. 이런 최초의 공정에 해당하는 시추 단계에 오랫동안 쓰였던 펌프 채굴기는 그 사이에 수명을 다해버렸다. 석유채굴 회사는 따라서 석유저장 시설들을 비교적 깊은 곳에 설치하는 것이 필요했고 이를 위해서는 완전히 다른 기술이 요구되었다. 이미 볼 수 있었던 것처럼 정치적·기술적 변혁의 시기에 일련의 대체기술이 제공되었다. 하지만 결과적으로 1901년부터 텍사스에서 시도되었던 로터리 시추법이 보편화되었는데, 이 시추법으로 표면시추뿐만 아니라 심층시추도 시행할 수 있었다. 바쿠의 노벨 기업도 이런 신기술의 가치를 인식했고 결국 역사적인 투자를 하기로 결정했다. 즉 1911년부터 열두 개의 로터리 굴착기를 들여와 가동시킨 것이다.

    그러나 그들의 시추 성과는 기계를 구입하는 것뿐만 아니라 숙련된 전문가들도 데려와야 했으므로 고액의 비용을 지불하고 이루어진 것이었다. 시추작업에서 일하는 인부들이 어리석고 힘만 센 사람이 되었던 시대는 지나갔다. 이제 시추기술자는 시추팀에 소속되어 종합적인 팀워크를 요구하는 기계 파크에서 철저한 교육과 수련을 받아야 했다. 이런 저런 모든 비용은 시장에 공급되는 석유가격에 추가되었고, 때문에 그 가격은 도네츠-베켄 광산에서 채굴되는 석탄의 톤당 가격보다 두 배나 더 높게 책정되었다. 결과적으로 석탄이 바쿠의 석유보다 연료용으로 더 유리하게 되었던 것이다.

    그 와중에 세계의 모든 주요국들에서 한때 성장하던 수출은 물론 내수도 줄어들었다. 러시아가 1905년 이전에는 바쿠 석유로 해서 세계 최대의 석유생산국이자 수출국이었다면, 이제 치명적인 유전지역의 화재와 완전히 노후한 기술로 해서 상황은 완전히 바뀌었다. 미국은 텍사스와 오클라호마에서 개발한 강력한 유전 덕택에 석유생산 면에서 지금까지의 라이벌인 러시아보다 여섯 배나 많은 양을 생산했다. 이런 사정은 러시아가 그로즈니 서쪽에 있는 마이코프 근교의, 산출량이 많고 해안에 가까이 놓인 새로운 유전을 개발했음에도 그러했다.

    석유산업 조직의 변화에 독일은행도 강력하게 참여했던 것은 루마니아에서 석유와 관련된 이해를 지원하기 위해서였다. 하지만 초국민적인 석유기업 '유럽 석유연합'(European Petroleum Union, EPU)의 창립에는 큰 도움이 되지 못했다. 왜냐하면 세계적으로 인정받았던 코카서스 지역에서 1차적인 최대의 석유개발 시기는 1919년에 지나갔다는 사실이 아주 명확해졌기 때문이다.

그 시기가 지나가는 것을 노래하듯이 파리의 로트실트 은행은 러시아에서의 석유개발에 대한 관심을 디터딩의 로열-더치셸에 표명했다. 노벨 기업에서 오랫동안 충실히 일했던 노르웨이인 한스 올젠도 러시아의 석유사업에서 녹초가 되어 손을 떼고, 1905년에 독립한 노르웨이 왕국으로 이주하여 은행을 세운 뒤 국내의 에너지 기업인 '노르스크 히드로' (Norsk Hydro)에 참여했다. 그 기업은 1958년 이후에 발견된 북해 석유의 덕택으로 두 세대 후에는 능력 있고 주식시장에서도 인기 있는, 반 국영의 기업연합으로 발전한다.

러시아 황제 퇴위운동은 제정러시아의 위기가 서서히 다가오고 있다는 점을 잘 알려주는 신호탄이었다. 비록 에마누엘 노벨이 자신의 무기와 엔진 및 석유왕국을 통해 마지막까지 다양한 방식으로 러시아 황실을 지원했음에도 소용이 없었다. 더군다나 1914년 8월에 전쟁이 터지자 궁극적으로 전 러시아와 그 모든 주민들의 최고 소유자로서의 황제는 노벨 가의 개인 제국에서도 실제적인 발언권을 가지고 있음이 드러났다. 왜냐하면 모든 노벨 기업들은 황제의 포고령을 통해 하루에 3교대로 전쟁 독재자 니콜라이 2세의 명령에 따라야 했기 때문이다. 이제 시장법칙, 신용대출의 거치기간과 이율 또는 독점권을 얻기 위한 노력이 석유를 둘러싼 가격경쟁을 더 이상 좌우할 수 없었고, 전투부대나 함대 그리고 이윽고 공군력의 수요가 석유가격을 결정했다. 하지만 여기에 관련된 사람들은 주문자인 러시아 황제가 황실의 명예를 걸고 벌이는 싸움의 결말에서 그 주문에 대한 값을 지불할 수 있는지 없는지 자세히 알 수 없었다.

1915년에 러시아 황제가 개인적으로 최고 지휘권을 접수한 사실을 보면, 독재가 본질상 개인의 소유와 얼마나 깊은 관계를 맺는지 알 수 있다. 가문과 상속 이데올로기로서의 소위 보트치니즘(Votčinism: 러시아어로 가장인 아버지로부터의 상속재산을 의미하는 보트치니에 기초를 둔 러시아의 봉건적 체제를 의미한다—옮긴이)은 독재자의 철권통치에서 의회인 두마나 그 어떤 사적 경제도 단순한 하청업자와 맹목적으로 순종하는 시종으로 격하시켰다.

에마누엘 노벨은 자신의 조부 이마누엘이 제정러시아를 신뢰한 까닭에 크림전쟁 후에 그의 무기공장이 파산한 것을 기억했다. 그래서 그는 노벨 기업이 평화 시에도 황제에 봉사하는 일에 열성적이지 않고 은행에 채무를 지는 것에 자주 주저했다. 하지만 그가 주저한 것은 결국 더 이상 아무런 의미가 없었다. 왜냐하면 1914년의 전쟁이 1917년 3월 혁명의 역한 불꽃으로 번져가고 그 후 볼셰비키를 통해 로마노프 왕조가 소멸되는 일이 발생했기 때문이다. 변호사이자 붉은 황제인 레닌은 러시아의 전체 석유산업을, 1918년 8월 1일에 보상도 없이 자신이 만든 소비에트 체제에 완전히 넘겨주려고 하지는 않았다.

무거운 유산

러시아에서 1930년 이전에 85퍼센트까지 바쿠 지역에 집중되어 있었던 석유산업을 급진적으로 사회화시키는 것은 단순히 절대적 소유권을 공산주의자들에게 양도하는 것만을 의미하지는 않았다. 오히려 그것은 외국에서 온 전문 인력을 추방하는 것도 포함되어 있으며, 아울러 노후한 기계장비를 새롭게 하거나 서구의 세계시장을 영업지역으로 이용할 수 있는 모든 가능성이 단절되는 것을 의미했다. 잔인하게 재산을 몰수당한 디터딩 경은 자신이 벌인 언론 캠페인과 다른 정치적인 영향력으로 소비에트 연방이 석유와 신용대출 시장에서 제외되도록 노력했다.

1924년까지의 레닌 통치와 이후 1929년까지 스탈린이 통치한 초기의 몇 년 동안, 소비에트 체제는 미국으로부터 일정량의 기술적 도움을 받았고, 1922년부터는 '라팔로 협정'에 따라 독일 바이마르 공화국과 경제적·군사적 접촉을 지속적으로 해오고 있었다. 하지만 1930년대의 문턱에 이르러서야 석유생산이 약 천만 톤에 이르렀는데, 이는 제정 러시아가 1900년대에 이미 도달했던 수준에 불과했다.

러시아의 내란 후에 레닌이 무거운 유산을 극복해야 했다는 사실은 명백하다. 그는 이를 위해 신경제정책(NEP)이라는 프로그램을 폈으며 이때 무엇보다도 석탄과 석유, 철강의 3화음으로 된 중공업을 중점 육성했다. 이것은 군사적인 필요에 의한 것이기도 했는데, 붉은 군대에 중장비를 갖추게 하고 여덟 시간대에 걸쳐 있는 거대한 영토에 인프라를 갖추게 하기 위해서였다. 하지만 "프롤레타리아 위에 군림하는 독재"(트로츠키)라는 정치적 억압체제는 경제적·기술적 범위에서도 필요했던 개혁의 힘을 막고 있었다.

볼가 삼각주에 있는 엠바 지역이나 우랄 산맥에 있는 우츠타 지역과 같은 새로운 유전의 발견은 전문능력에서 남아 있는 여력을 가동시켰기에 가능했다. 그 전문능력은 서서히 다시 확장되었고 성공도 전시해 보일 수 있었지만, 로터리 시추공법이 보여주는 것처럼 경제적이지는 않았다. 그렇지만 석유산업에서 서구 수준에 접근하고자 하는 이런저런 시도가 결코 시추를 중지시켜야 하는 힘든 경험에서 나온 인식과 연관된 것은 아니었다.

사람들은 『나프타』라는 독특한 제목을 가진 알렉시스 톨스토이의 프로파간다 소설에 주목했고, 이를 통해 바쿠 볼셰비키를 이제 잘 조직된 신탁을 위한 국가자본가들로 격상시키는 것은 별 의미가 없음을 이해했다. 즉 기술과 윤리를, 무엇보다 후속비용이라는 관점에서 자연과

8. 바쿠의 불길

인간 모두에게 정당한 관계로 만들 수 있느냐는 문제는 의미가 없어졌다는 것이다.

그들이 느낀 이 같은 사실—근본적인 요구를 실현할 수 있는가 하는 문제—은 사실상 미국의 경험이 풍부한 민주당원이나 공화당원들도 오늘날까지 해결하지 못한 문제로 남아 있다. 볼셰비키가 대단한 무신론자들이자 유물론자들로서, 인권에 관한 혁명적인 업적을 시민 이데올로기와 허위의식으로 치부하고 경멸했다는 사실을 받아들인다면, 1917년에서 1990년까지의 소비에트 시대엔 단지 미약한 환경보호 운동만이 존재했다는 사실에 별로 놀랄 필요가 없을 것이다. 거대한 협동농장들을 갖춘 "민주적인 중앙집권"(레닌) 체제에서 그와 관련된 자유공간은 생각할 수 없었고, 특히 전체주의적 정당은 환경오염에 대한 어떤 비판도 체제를 위협하는 것으로 여겨 억압당했다.

이런 구조적인 경계설정과 심리적인 특징, 그러니까 모든 면에서 '맹목적인 존경'을 강요하는 그런 특징들 외에도 2차적인 것으로 기술에 대한 지식과 경험 부족이 있었다. 예를 들어 1930년 이후로 미국에서 발전된 가스 수송, 프랙 공법(Frac treatment: 유정에서 가스나 기름의 흐름을 인공적으로 증가시키기 위한 인공분쇄 공법—옮긴이) 또는 물의 대량공급 등은 소비에트 연방에서는 1945년이 지나서야 비교적 큰 범위로 적용될 수 있었다.

공식적인 수치를 신뢰해도 된다면, 이런 분야에서는 정말 흥미 있는 발전을 볼 수 있다. 1940년에는 석유탐사기의 23.6%만이 석유저장층을 더 잘 채굴하기 위하여 2차적인 방법을 사용했는데, 이 비율은 1948년까지 최소 29.2%까지 증가했다. 하지만 그 후에는 1955년까지 그 비율이 55%에서 58%까지 두 배가 되었고, 계속해서 2년 후에는 70.2%에 이르렀다. 1957년도를 기준으로 삼는다면 석유산업은 전체

371

생산연도 동안 다양한 품질의 원유를 거의 1억 톤까지 생산했다. 그중에 2,300만 톤만이 특별한 압력방식을 통해 지반에서 끌어 올려졌고, 이를 위해 매일 30만 입방미터 이상의 물을 석유저장소 안으로 뿜어 넣어야 했다.

몇몇 전문가들은 1959년 뉴욕에서 개최된 제5회 세계 석유대회(WPC) 동안 이런 방식의 원유채굴 수준 실태를 보고했다. 하지만 그곳에 모인 석유계는 순수한 석유의 양 외에는 별로 관심을 보이지 않았다. 왜냐하면 당시 언급된 채굴방식은 서부에서 오래 전에 충분히 시험한 수준으로, 개별적인 경우에서는 이미 매장량의 80%까지 채굴한 적 있는 방식이었기 때문이다.

특히 스탈린 시대(1924~1953) 동안에 소비에트의 전체 석유경제에서 볼 수 있었던 특별히 '사회주의적인' 요소는 무엇보다 경쟁체제가 없었다거나 비용과 그에 따른 효과에 대한 진지한 계산이 존재하지 않았다는 것이 아니라, 사람들의 소비에 따라 요구되는 원유와 천연가스에 대한 수요를 계획과 목표라는 형식으로 변화시켰다는 데 있다. 이는 마치 1945년 이후의 원자력산업에서와 비슷한데, 전력생산을 위해 원자력을 평화적으로 이용하는 것은 전력생산의 비용에 따른 것이 아니라 주로 권력의 유지에 기여했다는 점과 유사하다.

권력의 안전판으로서의 석유와 원자력산업의 상관관계는 공산주의자들의 통치 기간 내내 적용 된다. 사실 1956년의 탈 스탈린운동 이후에도 공산주의 통치자들은 소비재생산을 서구의 수준으로 끌어 올리는 일에서 성공하지 못했다. SIL 리무진 형태의 자동차인 '모스크비치'나 피아트 사에 의해 현대 기술을 갖춘 토글리아티 공장에서 출시된 튼튼한 '라다'의 생산에도 개인들의 자동차 소유는 더디게 진행되었다. 따라서 이런 현상은 브레주네프 치하에서 고르바초프 시대에 이르기까지의 경제 정체기의 신호로 여겨졌다. 이 정체기는 1986년 체르노빌의 원자력발전소 대참사로 종말을 맞게 되었다. 자연과 인간을 경시한 결과 나타난 경제의 절대적인 저점이었다.

    1991년 이후 공식적으로 민주화된 러시아가 이제는 미국과 서구에서처럼 자본주의의 조건 아래 급속한 경제발전을 이루리라는 생각은 희망에 불과했다. 산업화된 세계의 한 부분인 이 지역에서는 일찍이 프로메테우스 신드롬이 깨질 수가 있었다. 왜냐하면 이전 제정러시아와 공산 통치하의 소비에트 연방은, 계약에 의한 위탁이라는 개념이 자연과의 관계에서 아주 서서히 나타났기 때문이다. 이때 채굴하고 시멘트로 막아놓았던 수천의 채굴 구멍들은 2천 미터 이상의 깊이에서 나온 지열을 전력생산에 이용할 수 있는 가능성을 제공할 수도 있었을 것이다. 하지만 체르노빌 원자력발전소의 참사가 난 지 15년이 지난 블라디미르 푸틴 대통령 때에 이르러서도, 러시아는 여전히 원자력을 전기 공급원이자 플루토늄 제조원으로 고수하고 있었다. 동시에 시베리아 전역과 사할린에 이르기까지, 석유와 가스탐사는 해안지역에서 집중적으로 이루어졌다.

    물론 이전의 명령 경제체제의 유산에서 볼 수 있었던 브레이크 효과(계획경제 체제 아래서 경제활동의 심리적 수동성으로 인해 생상성이 저하되는 현상—옮긴이)도 간과될 수는 없다. 석유생산의 3분의 1에 이르는 대규모 추락을 도외시하고라도 사유화가 허용된 채굴지역에서도 채굴활동이 심각하게 축소되었다. 1991년 새로운 규정 이후에 오늘날의 러시아에서도 1997년에는 여전히 4,290개의 시추 구멍을 파내려갔지만, 이 숫자는 그 이듬해에 4분의 1 정도가 줄어든 3,220개로 떨어졌다. 역사적으로 가장 큰 석유 과잉생산으로 원유가격이 배럴당 10달러 이하로 급속히 떨어졌던 1999년이나, 루블화의 약화와 기술혁신의 역량 부족으로 인한 폐해는 당연히 러시아에서 석유산업의 몰락을 가속화시켰고, 동시에 기업들이 시장조건에 따라 합쳐지게 되는 결과를 낳았다.

물론 크렘린과 가까운 가스회사 가즈프롬은 석유와 천연가스의 거인으로 공산독재 시대 후에도 자신의 존재를 유지할 수 있었다. 이 회사는 새로운 러시아 공화국의 가장 큰 세금 납부자로 통하며, 서구와의 거래를 주도하고 있다. 또한 1990년 혁명 전의 거대한 송유관을 통해 맺어진 '친교' 시대에서 나온 관계를 새로운 관계로 변화시킬 수 있었다. 그 외에도 루코일 기업은 구조적인 안전성을 획득한 것처럼 보이고, 국가시장에서 확실한 경쟁자로 발전한 것처럼 보인다. 그런데 로즈네프트 기업이 노력을 경주했던 합병계획이 정치적으로 실현될 수 있다면 세 번째로 중요한 요소가 작용하게 될 것이었다. 왜냐하면 그 기업의 경영은 1999년 이후로 경비절감과 투자의 견고성, 채산성을 제고하기 위해 슬라프네프트와 오나코, 차루베스네프트 등과 공조를 시작하는 협상을 하고 있었던 것이다.

궁극적으로 현대적 경제에 부합하는 경제구조를 구축하고자 하는 러시아의 노력은 명백했다. 하지만 어느 때 러시아에서 법률질서와 민주주의, 시장, 환경의식이 최상으로 협력할 수 있을지는 여전히 의문스러웠다. 여기에서 '과두지배 정치인' 바딤 라비노비치의 관찰을 고려해 볼 수 있다. 그는 한 번은 시베리아의 트주멘 평야에 있는 한 석유경영자를 방문했다고 한다. 그곳에서 그는, "나는 내 생애 처음으로 수천 개의 시추탑에서 석유가 뿜어져 나오는 것을 보았고, 엄청난 찌꺼기, 거대한 유전의 웅덩이 그리고 멋진 타이가(시베리아의 침엽수림—옮긴이)를 보았다."고 했다. 그는 그곳에서 법이나 의회의 어떤 통제도 받지 않고 '어떤 일도 저지를 수 있는' 유전의 노동자들에 의해 그 지역이 깡그리

8. 바쿠의 불길

파괴되는 모습을 본 것이다.

이런 무소불능의 심성은 제정러시아와 공산주의의 유산으로 남아 있는 러시아에서도 관찰할 수 있다. 이곳에서는 결코 민주화의 서구적 수준이 중요한 것이 아니라, 소수 집단의 부족주의가 정치·경제적으로 중요한 세력인 것이다. 미국 거대 석유업계의 대표자들은, 예를 들어 바쿠를 중심으로 한 석유지대의 핵심국가인 아제르바이잔이 모스크바로부터 독립하는 데 큰 역할을 했다. 그들은 자신들의 원대한 계획을 실현하는 데 몇 개의 중대한 장애가 가로놓여 있다는 사실을 매우 빨리 파악했다. 부족한 법률적 보장, 이를 필두로 기술적인 낙후성은 물론 국내의 인프라도 갖추어져 있지 않은 중대한 결함, 파벌정치의 부패 등이 그것이었다. 『월드 오일』의 자료에 따르면 매우 높은 석유매장량을 갖추고 있는 이 오래된 프로메테우스의 땅에서는 1997년 동안에 42개의 시추가 실시되었지만 그중 단 하나만이 유일하게 육지에서 성공했고, 하나는 카스피 해에서 성공했다. 그리고 더 이상의 성공은 없었다.

실제로 코카서스 전체의 석유지역에서 처음에 볼 수 있었던 환호는 오래 전에 사라져버렸고 현실적인 분석이 그 자리를 대신했다. 정치적으로 복잡한 상황을 고려해야 한다는 점도 여기에 포함되어 있었다. 수년 전부터 격렬하게 전투를 벌였던 석유 중심지인 체첸의 그로즈니를 한 번만 살펴보아도 충분히 찾을 수 있는 교훈은, 석유탐사와 석유의 획득은 항상 정치적인 차원을 가지고 있다는 점이다.

자신을 '바하비텐'(Wahhabiten)으로 명명하고, 자신들의 지역이 독립국가적인 결정을 할 것을 요구하며, 심지어 모스크바에 대항하여 군사저항을 하는 체첸 이슬람인들의 입장은 아주 놀랍게도 오래된 석유지역에 부가적인 긴장을 초래했다.

1970년대 초부터 러시아 석유업계 사람들은 새롭고 열광적인 현실을 만드는, 무엇보다도 카스피 해 앞의 저지에 있는 유전지대에서 볼 수 있는 하나의 현상 때문에 바짝 긴장한다.

1974년 이래로는 우랄 강의 북쪽에 위치한 오렌부르크 근방에서 볼 수 있었고, 1986년부터는 볼가 강의 서쪽에 있는 아스트라칸은 물론이고 오늘날 독립국인 카자흐스탄에 속하는 엠바 강의 남쪽에 있는 텐기즈 평야에 이르기까지의 지역에서 볼 수 있는 엄청난 자연현상은, 시추팀과 시추팀원들을 깜짝 놀라게 만들었다. 즉 그들이 시추했던 석유층이 믿을 수 없을 만큼 엄청나게 크다는 지질학적인 특수성이 있었던 것이다. 석탄채굴 지역의 지층이 몇 미터 두께밖에 되지 않는 빈약한 지층을 갖고 있는 것과 마찬가지로, 석유지대도 대체로 몇 미터 되지 않는 노천 광상을 가지는 게 특징이었다. 하지만 위에서 언급한 유전지대에서는 갑자기 5백 미터 이상의 시추 구간이 나타났고, 오렌부르크 평야의 시추 구간은 무려 1,400미터 깊이였던 것이다.

이런 사실은 시추기술을 위해서도 그때까지 알려지지 않았던 만큼의 엄청난 공이 들어가야 함을 의미했다. 이윽고 완전히 다른 측면도 나타났다. 카라차가낙의 평야에서 사람들은 강제로 5,250미터 깊이를 시추해야 했을 뿐 아니라 시추팀은 1,650미터의 퇴적층에서 원유가 분출되는 것을 경험하기도 했다!

우리들이 어렵지 않게 상상할 수 있는 것은 그 같은 상황에서는 시추팀도 지하의 막대한 열 때문에 특수장비를 써야 하지만, 원유운반 작업에서도 다양한 지하의 압력요인과 유동적인 지하의 구멍, 국지적인 불안정 지층, 지층의 파인 곳 등을 잘 알아야 한다는 사실이다. 앞으로의 실제적인 도움은 미국에서 나온 새로운 기술인 회전시추 공법으로 가능할 것이었다. 그 공법으로 거의 정확한 각도에서 원유매장층을 일정한 간격으로 시추할 수 있었고, 그로 인해 원유의 채굴이 대단히 증가할 수 있었다.

또한 지질학자, 지형물리학자들로 이루어진 지형측정단, 시추와 원유운반팀 혹은 송유관 건설 기술자들이 자주 시베리아와 같은 심각한 악조건의 기후에서 일해야 한다는 사실을 고려한다면, 러시아의 석유 분야 종사자들이 보여준 용기와 지식 그리고 열정에 경의를 표하지 않을 수 없을 것이다. 그럼에도 비판적인 지적이 없지는 않았다. 그들이 수억 톤의 기름(1997년 기준 하루에 약 6백만 배럴 정도)과 수십 억 입방미터의 천연가스를 땅에서 채굴했지만, 동시에 해마다 1,500톤의 기름을 완전히 낡은 송유관 시스템 때문에 낭비해야 했고 이에 따라 엄청난 환경오염을 유발시켰던 것이다. 불합리하게 되어버린 진보라는 개념의 시효를 마감하고 그 개념의 새로운 이해가 모든 석유업계의 사람들에게 요청되었다. 앞으로는 그들이 자연의 파괴자가 아니라 생명의 보존자들로 활동해야 했다.

고르바초프는 브레주네프의 후계자이자 소비에트 연방 공산당의 총서기가 되고 난 후, 1984년 이후에 펼칠 자신의 정책에 대한 입장을 밝혔다. 그는 앞으로 페레스트로이카(개혁) 정책을 소비에트 연방의 구조적이고 정서적인 변화의 틀로 자리매김하겠다고 선언했다. 그는 자신의 국가와 국민들의 상태를 다음과 같이 천명했다. "우리들은 모든 분야에서 뒤쳐져 있습니다. 우리들은 일하는 법을 잘못 배웠습니다. (중략) 많은 수의 주정꾼과 도둑 그리고 국가의 재산을 부정하게 사용하는 사람들이 존재합니다. 내가 모든 시간을 레닌 서적을 읽기 위해 앉아 있어야 할까요? 난 새로운 길을 찾을 수 있는 책을 읽을 것입니다."

경제적·기술적 그리고 정치적으로도 완전히 지친 흑해 오데사 출신의 법률가인 그는 그럼으로써 체제위기의 정점에서 법률가이자 공산당 최고지도자로 해법을 찾고자 했다. 그런 그가 현대에서 배우고자 했던 것은 무솔리니나 히틀러 그리고 다른 '사회주의자들'이라 할지라도, 미래주의인 필리포 토마소 마리네티(20세기 초에 일어난 문학·미술·정치 운동인 미래파의 창시자—옮긴이)에 의해 더 훌륭한 이성을 배울 수 있다는 점이었다. 고르바초프는 결국, 기술의 빠른 발전에서 유일한 축복을 주는 진보의 총체를 찾을 수 있다는 신념을 갖고 있었던 것이다.

이런 기술발전 속도의 지속적인 증가는 또한 자본주의자들과 민주주의자들, 시장옹호론자들, 자연법주의자들도 설득할 수 있는데, 가령 빨리 달리는 자동차가 그들을 유혹한다면 가능하다. 기술발전은 불 없이는 가능하지 않았을 것이다. 기술을 잘 사용한다는 것은 확실히 자신을 '프로메테우스의 아들'로 느끼는 모든 사람들의 경이로운 업적이 틀림없다. 하지만 그 업적이, 곧 불과 기름이 잘 조절되어 결합하기만 한다면 그것은 결코 파괴적인 도구로 남용될 수 없다는 사실을 보장해주는 것은 아니었다. 교통사로로 목숨을 잃는 수백만의 사망자들과 1914년 이후 발생한 온갖 종류의 전쟁들은 이미 이에 대한 명백한 증거다!

9

전쟁과 석유

"우리들은 석유를 필요로 하거나 아니면 전쟁에 질 것이다." (……)
인간과 자연에 불어 닥친 불행을 석유 탓으로만 돌리는 것은 무리가 있다. 석유는 결국 무책임한 군대, 혹은 태만한 기업가들의 손에 들어왔을 때야 비로소 유해한 물질이 되었던 것이다. '악마의 눈물'에 의해 야기되었던 갈리시아의 지옥 같은 상황의 원인은 오히려 나치 독재에서, 또한 빌헬름 시대 사회의 '비도덕적' 상황에서 찾아야 한다.

석유가 직접적인 원인은 아니다

1859년부터 석유로 인한 전쟁이 발생하지 않았던 것은 이미 그 이전에 상황이 종료되었기 때문이다. 이런 평가는 역사상의 위기와 갈등, 그리고 공공연한 전쟁의 원인을 항상 경제적인 이해관계에서 찾으려는 사람들에게는 놀라운 사실일지도 모른다. 그들은 산업화 이전의 시기에서 나온 권리와 영역에 대한 요구나 '감정적 에너지'에서 인종차별주의에 이르기까지 여러 현상들을 그 원인으로 보려 하지 않는다. 여기서 프랑스 대사 쥘 캉봉이 1914년 세계대전의 발발 전야에 보인 반응을 떠올려 볼 수 있다. 그는 베를린과 런던을 살펴본 후에 영국의 정부와 야당 인사들에게 그 자신에게는 가장 중요했던 질문을 던졌다. "그런데 명예 말인가요? 도대체 영국이 명예가 무엇을 의미하는지 이해하고나 있습니까?"

기사도정신으로 무장한 채 런던 시를 세계의 신용 중심지로 만들어 전쟁에 완강히 반대했던 존경할 만한 상인들로부터 유래한 영국인의 명예를 이해하지 못한 프랑스인의 경우에서 볼 수 있듯이, 이런 윤리적인 기본개념을 둘러싼 오해는 1914년에 세계의 어떤 지역에서 산출되는 석유생산보다 전쟁에 더 많은 영향을 미쳤다. 물론 역사에서는 경제적인 이유가 1차적 원인이 되어 전쟁을 일으켰던 경우를 찾을 수 있다. 칠레, 페루, 그리고 볼리비아 공화국 사이에 벌어졌던 1879년의 '질산칼륨을 둘러싼 전쟁'에서는 영국 역시 당시 유일한 세계 강국으로 개입했는데, 이 전쟁에서 분명히 알 수 있는 것은 전략적으로 중요한 원자재들을 확보하기 위해 전 육군과 해군이 노력을 경주했다는 사실이다. 또한 지하자원이 풍부했던 앙골라의 내전을 살펴봐도 정부 측이 석유의 수입에 의존하고 있고, 반란군들은 배후에 있는 나라에서 '피로 물든 다이아몬드'의 도움으로 그들의 군사행동을 위한 자금을 마련했음을 쉽게 알 수 있다.

그렇더라도 특히 20세기에 일어난 수많은 전쟁들의 원인은 원자재를 획득하기 위한 투쟁과는 무관했다. 이런 결론은 1차 및 2차대전에서도 유효하다는 것을 알 수 있다. 그리고 1948년에 건국한 이스라엘과 이웃 아랍 나라들 사이의 모든 군사적인 반목 역시 오늘날까지 근동의 석유를 전쟁의 목표로 해서 발생하지는 않았다. 설사 몇몇 아랍 정부들이 그들의 '석유를 무기로' 유대국가에 군사적으로 대항하거나 경제적인 압력수단으로 이용하고자 했을지라도, 1967년의 6일전쟁과 1973년의 욤-키푸르전쟁에서는 정치적인 측면과 법적인 측면에서 많은 것을 얻지는 못했을 것이다.

미국의 중재로 이스라엘은 1979년 캠프 데이비드 협정(Camp David Accords: 중동국가들과 이스라엘 간의 평화정착을 위해 이스라엘과 이집트가 체결한 협정—옮긴이)의 평화안을 수용했다. 그에 따르면 이스라엘은 시나이 반도에서 점령했던 이집트의 유전들을 반환할 뿐만 아니라 이전 전쟁 상대에게 1967년 이후로 그 유전을 사용해온 것에 대해 적절한 보상을 지불해야 했다. 중동의 두 군사강국은 오늘날까지 산유국이 아니며(!) 그에 따라 석유와는 상관이 없고 정의와 규율에 깊이 연관된 민족들의 권리와 관련된 원칙을 정확히 고수하는데, 그 원칙이란 "승리가 권리를 주는 것은 아니다."이다.

그 원칙은 1935년 아르헨티나의 외무장관 카를로스 사베드라 라마스가 볼리비아와 파라과이 사이에 오랫동안 끌어온 차코전쟁을 끝내기 위해 발전시킨 것이다. 당시 그 전쟁은 1차적으로 오래된 국경분쟁에 기인한 것이지, 반이 사막인 그랜 차코에서 발견된 석유를 차지하고자 하는 싸움은 아니었다. 1962년 예멘에서 있었던 나세르 침공이나 레바논 내전에 시리아가 개입한 것과 같은 아랍 내부의 갈등에서조차도, 1991년 쿠웨이트전쟁 때와 마찬가지로 원칙적으로 석유는 관련이 없었다. 물론 석유는 전쟁에 동원되는 육해공군을 위한 전략적인 연료로 중요한 역할을 했다. 1980년부터 1988년까지 석유수출국기구의 두 멤버인 이란과 이라크가 벌인 전쟁이 그 예다.

전쟁에서 석유는 이런 전략적인 연료의 기능을 하는 것으로 관찰되어야 한다. 왜냐하면 석유는 정유를 거쳐 엔진의 결정적인 동력원이 되었고 그에 따라 독재자들이나 민주주의국가의 군대들이 지향하는 목표를 성취시켰기 때문이다. 즉 군사주의의 최고 목표는 모든 종류의 무기들의 기동성을 제고하고 가속화시키는 것이었다. 독재민주주의라는 체제 아래서는 기술의 도움으로 한 나라를 "세계의 모든 곳에서 방어하는"(샤를 드골) 것이 가능해졌다.

석유의 파도를 타고

1914년 여름에 최고의 정치적 수준에서 그리고 왕조의 측면에서 여러 번 '신의 정의'가 외쳐졌다. 신의 정의란 민족의 명예와 대륙의 지배를 두고 유럽이 각축을 벌인 1912년의 발칸전쟁이 있고 난 뒤로는, 지옥으로 갈 행위에 대한 하늘의 판결이 결정되어 있다는 말이었다. 즉 그 전쟁의 시초에 앞으로 벌어질 거대한 세계대전의 끝이 어떨 것인지에 대한 두 가지 결과가 예측 가능해졌다는 것이다.

이미 1914년 8월 1일 펠트만 소위의 소대는 독일 황제의 출전 명령에 따라 새로운 엔진기술의 도움으로 자신들이 얼마나 신속히 움직일 수 있는가를 보여주었다. 그들은 전쟁에서 최초로 수송수단으로 자동차를 사용했고, 전 국민 동원령이 발표되기 전날에 룩셈부르크의 국경도시 울핑엔을 점령했다. 국권을 심각하게 침해한 것이자 역사적으로 독일 왕조의 주권 대공국인 그 나라의 중립성을 해친 것이다!

두 번째 무력 점령이 연이어 일어났고, 그 침공이 정당하다는 놀라운 거짓 주장이 제기되었다. 하지만 그 무력 침공에 참여한 사람들은 자신을 귀족적이고 마치 모세의 십계명에 상응하는 삶의 법전을 지닌 명예로운 남자들로 파악했다. 왜냐하면 물리적인 전쟁의 원인으로서, 베를린에서는 합스부르크 황제에 대한 충성의 맹세나 세르비아에 대한 빈의 최후통첩을 내세우는 대신 뻔뻔스런 주장을 제기했던 것이다. 독일제국의 수상인 테오발트 베트만-홀베크는 제국의 의회 앞에서 거짓 정보―프랑스의 비행선이 독일의 오래된 제국도시인 뉘른베르크를 폭파시켰다!―를 유포시켰다.

파리에 있는 폰 쇤 독일 대사는 주지사 르네 비비아니에게 공공연한 거짓말을 해댔다. 그는 덧붙이기를 프랑스 전투기가 벨기에 지역을 비행했으며, 이로써 독일 왕조와 연관된 이 왕국의 중립성이 깨졌다고 말했다. 즉 이제부터 '독일제국은 프랑스와 전쟁 상태'에 있다는 것이다.

휘고 그로티우스(1625) 이래로 국제법상으로 주어진 긴급 상황과 '정당한 전쟁'을 규정하는 당위성은 이런 견해에 의해 의식적으로 형편없이 깨지고 말았다. 1871년의 프랑크푸르트 평화조약에 반하는 이런 물리적이고 이념적인 폭력은 군대와 궁정, 행정부, 산업계는 물론이고 학교와 대학교에서 활동했던 엘리트들의 권력 성향을 알 때만 이해할 수 있다. 이 점에서는 전쟁 세대의 동시대인들 중에 이전의 크룹 기업의 사장이었던 빌헬름 뮐론만큼 그 권력 성향을 그렇게 가차 없고 해박하게 알려준 사람은 없었다.

1878년에 출생한 뮐론의 개인적인 정직함은 직업에서 보인 그의 역량과 더불어 비판적 비교를 한 후에 확실한 판단을 내리는 그의 능력에서처럼 의심할 바가 없다. 1989년에야 출간된 그의 일기는 1차대전의

9. 전쟁과 석유

전야와 그 처음 단계를 묘사하고 있는데, 그곳에서도 그의 특성은 여러 번 나타났다. 오늘날 그의 일기는 리츨러 일기와 함께 1914년 이전의 '빌헬름 시대의 독일인들'의 정서에 대해 확실히 알려주는 최고의 자료로 통한다.

이웃 나라를 많이 여행하면서 자기 나라 사람들을 정확히 관찰했던 뮐론은 때때로 자신의 나라에서 스스로를 이방인으로 느꼈다. 권력에 사로잡히고 법에 사로잡힌 그의 나라 사람들이 그에게 거부감을 주었기 때문이다. 역사학 교수 하인리히 폰 트라이치케의 장광설은, 그가 이전에는 1848년의 자유주의자였으나 이제는 독일 호엔촐레른 제국의 신하로 일하면서 법을 웃음거리로 만들었음을 보여주었다. 그의 연설은 여러 권에 달했으며, 더욱이 대학생들에게 "권력, 권력, 권력이 최고"라는 표어를 주입했다.

세련되지 못하고 법을 무시하는 이런 태도는 1650년의 프로이센 건국 이래로 '그로비안주의'(Grobianism: 원래 16세기 독일의 궁정문화를 따르는 시민들의 풍습과는 다른, 거칠고 민중적인 태도나 언어표현을 담고 있는 문학 내지 그 특징을 나타내는 개념이지만 여기서는 프로이센의 조야한 군국주의적 특성을 지칭하는 말이다—옮긴이)라는 프로이센의 특징이 되었다. 그것에 대해 뮐론은 풍자적인 어조로, 그것은 무엇보다도 제국의 엘리트들과 그 아래 지배집단들에게는 아주 구미에 맞는 말이라고 했다. 즉 "사람들은 독일인들이 정치를 할 때는 잔인하고, 지배를 할 때는 냉혹하며, 사업을 할 때는 양심이 없고, 또한 가르칠 때는 의미가 없고 고루하며, 등장할 때는 늘 미숙하고 거만하게 하고, 물건을 살 때는 아무 감각이 없고, 남들과 구별되고자 애쓸 때면 우스꽝스러울 따름인 데다 낯선 사람들에 대해 판단할 때는 정당하지 못하다고 느꼈다. 그러니까 그들은 낯선 사람들을 페스트와 같은 역병으로 여기는데, 특히 최고위직과 부유한 사

람들이 가장 심하게 그러했다."(뮐론)

    이런 태도의 이유에 대해 묻는 사람은 무엇보다 1701년 이래 프로이센의 근대를 특징지어온 '맹목적인 복종'이라는 권력성향을 고려해야 할 것이다. 왜냐하면 그러한 태도에 따르면 명령의 수행이란 재판을 받지 않아도 되는 통치행위의 집행에 다름 아니기 때문이다. 이로써 명령에 따르는 각자는 그에 따른 어떤 책임도 지지 않게 된다. 하여 이미 저지른 행위가 불러올 수 있는 어떤 부당함에 대한 의식도 떨쳐버릴 수 있게 된다.

    좌파와 우파의 독재와 같은 모든 절대주의의 특별한 권력은 군사적이고 관료적인 일상에서만 작용하는 것이 아니었다. 그 권력은 변덕스런 권력의 명령을 맹목적으로 수행하는 것이 요구되는 곳이 아니라, 새로운 발전을 위한 개방성이 요구되는 곳에서 나타났다. 그리고 어김없이 그 개방성을 차단해버렸다. 또한 무지에서 나온 경영상의 맹목성의 예는 제2제국의 함대 팽창정책을 지지하는 사람들한테서도 증명될 수 있다. 영국 함대와 동일한 수준이 될 수 있다는 권력욕과 헤게모니 욕구로 말미암아 무엇보다도 티르피츠 소장 주변의 사람들은 석탄으로 운행되는 증기선의 파괴력을 완전히 확신했다. 1897년에 나온 그의 회고록에 따르면, 문제가 되었던 것은 브레스트와 상트페테르부르크 사이에서 있을 해전을 수행하기 위해 석탄의 재고를 확보하는 것이었는데, 이는 북해와 발트 해를 독일 수중에 두게 하기 위함이었다.

    노벨 형제가 바쿠에서 유조선과 다른 배들을 위해 그리고 바로 디젤추진 잠수함을 위해서 성공적으로 시험했던 석유엔진은 전혀 고려되지 않았다. 사실상 1914년 8월 1일 1차대전이 발발할 때까지 석유는 국가의 공공재정을 확실히 하기 위한 과세대상에서 특별한 역할을 맡은

9. 전쟁과 석유

적이 한 번도 없었다. 당시에는 매년 국내에서 생산되는 원유(윌하임, 페헬브론, 비체)의 양이 약 10만 톤 정도로 미약한 양이었기 때문에, 미국 석유회사 에소를 중립적인 나라에서 나온 전매업자이자 공급자로 위임해서 휘발유, 디젤, 등유, 램프용 석유, 윤활유를 국내시장에 공급하게 했다.

민주체제를 가진 주요 경쟁국인 영국의 상황은 전혀 달라 보였다. 베를린에 있는 제국 해군청은 세계적으로 활동하는 영국의 전쟁 함대와 무역 함대를 놀란 눈으로 바라보며 두려워했다. 영국에서는 존 A. 피셔 제독이 1901년에 세계 최강인 영국 해군의 동력을 많은 공간을 차지하는 석탄동력에서 벗어나 공간 절약형의 석유동력으로 교체하는 일을 시작했다. 이처럼 영민하고 아주 헌신적으로 활동하는 '석유의 대부'는 기술의 역사적인 변화 과정에서 등장하게 되는 미래형 함대의 장점들을 인식했다. 그 함대는 항상 자신을 최적화하며 다음의 범위, 즉 더 넓은 적재공간, 빨라진 운항 속도, 증가된 운항 거리, 강화된 갑판, 집중적인 화력, 연기 발생을 현저히 줄여 개선된 함대의 위장기술 등에 중점을 두는 형태로 발전시켰다.

이런 미래형 함대의 구상이 아무리 명확히 이해할 수 있는 것이라 할지라도, 피셔는 세계 정세에 밝고, 의회민주주의 형태를 가진 영국에서조차도 주요 정부부처들에 있는 고루한 관료들과 투쟁해야 했다. 그들은 영국 함대에 더 높은 효율성을 부여하기 위해 국내의 석탄 기반을 포기한다는 사실을 이해하려 하지 않았다. 하지만 피셔는 최초의 해상 귀족처럼 1904년부터 영국 함대의 혁명적인 개조를 위해 노력하는 일을 강화했으며, 석유 무역기업인 셸의 창업자이자 주요 주주인 새뮤얼과 처음으로 접촉을 하게 된다.

그 접촉은 훌륭한 선택이었다. 왜냐하면 대단히 성공적인 이 기업가는 유대인임에도 영국의 세습귀족으로 받아들여졌으며, 상원의원이 된 비상한 사람이었기 때문이다. 피셔는 빠른 속도를 내는 함대를 건설하고자 하는 자신의 꿈을 이해하고 그 실현을 위해 도움을 줄 정치인을 찾는 데 성공했다고 할 수 있었다. 1911년 11월의 한 편지에서 마커스 경은 기술 전반에 걸친 역사적 전환점을 정확히 지적했고 피셔에게 명확한 표현으로 용기를 주었다. "가솔린엔진의 발전은 세계가 여태까지 보아온 것 가운데 가장 중요한 것입니다. 내가 이 글을 쓰는 것처럼 그렇게 확실히 가솔린엔진이 증기동력을 해체할 것입니다. 그것도 거의 비극적인 빠른 속도로 말이죠. 제가 가슴이 아픈 것은 당신이 관리들의 음모에 노출되어 있으며 그들이 저지른 손실을 다시 회복하는 데는 강력하고 아주 능력 있는 사람이 필요하다는 점을 알기 때문입니다. 처칠이 그런 사람이라면 제가 온 정열을 바쳐 그를 후원할 것입니다."

처칠은 실제로 1912년에 당시 유일한 세계 강국의 해군을 기술적 혁명으로 개조할 수 있는 사람이었다. 그는 1940년에 다른 상황에서도 한 번 더 결정적으로 그의 나라와 유럽 그리고 세계의 운명에 영향을 미친다. 즉 영국을 둘러싼 전투기가, 유럽의 지리적 중심에서 벗어나서 세계패권을 장악하고자 하는 독재자 히틀러의 영향을 받았던 1914년처럼, 주로 공중전의 양상을 띠었던 것이다.

처칠은 경제적인 이유로 해서도 피셔가 요구한 새로운 군함의 엔진개조에 착수했지만, 개조를 마친 군함에 어떻게 지속적으로 공급되며, 특히 전쟁에서 어떻게 석유가 모든 종류의 추진 연료로 석유가 사용될 수 있을까 하는 본질적인 문제가 항상 제기되었다. 결국 1912년까지도 사람들은 북해까지 이르는 영국 섬들의 대륙붕에서 석유가 엄청나게 매장되어 있다는 사실을 전혀 예상하지 못했다. 그 사실은 처칠이 죽 난 후에야 비로소 발견되었다.

9. 전쟁과 석유

석유수출은 마커스 경의 기업에 위임할 가능성이 있었다. 비록 처칠이 귀족이 된 기업가의 애국적인 성향을 의심하지는 않았지만, 어쨌든 처칠은 석유수출을 개인 기업에 의존하게 되는 것이 썩 마음에 내키지 않았다. 개인 기업이란 석유시장에서 생존하고 수익을 찾기 위해 존재하는 것이지 이타적인 목적으로 존재하는 것이 아니기 때문이다. 또한 에소와 같은 미국기업을 통한 석유의 공급에 관해서는, 미국과의 경쟁이 증가하는 상황인 터라 특히 더 마음에 들지 않았다. 1898년 쿠바 전쟁을 결정지었던 신흥 세계 강국인 미국은 일시적인 유럽 불간섭정책에도 불구하고 서서히 세계 2대 강국으로 이전의 모국인 영국의 일에 간섭하고자 했던 것이다. 1905년 일본과 러시아 사이의 평화를 중재하고자 시어도어 루스벨트가 나선 것은 단순히 개별적인 신호 이상의 발전을 알리는 것이었다.

생각할 수 있는 모든 조건들로부터 하나의 결론이 남았는데, 그것은 바로 필요한 기름을 '수에즈 동쪽'의 공간에서 얻는 일이었다. 이것은 현실에서는 '앵글로-페르시안 석유'를 정부의 기업인 브리티시 석유로 개조하는 일이었다. 정부 기업이란 수익을 목표로 하지 않고 석유값에 따른 시장요인에 영향을 받지 않으면서도 신뢰할 만한 공급자인 것이다. 그러면서 영국은 세계 함대에 석유를 공급하는 주요 중심지로서 페르시아 만의 북쪽 연안에 있는 아바단 항구를 주목하게 되었고, 그 영내에 세계 최고의 석유정유와 선적을 위한 복합시설을 건설했다. 1914년 11월에 오스만제국(터키)이 독일편으로 참전하게 되자, 영국은 당연히 바그다드로부터 날아오는 여러 형태의 공격을 군사적으로 방어해야 했다. 하지만 전쟁의 작전이나 독일 황제군의 원수인 에리히 폰 팔켄하인의 명령 아래 이루어진 전설적인 진군도 전략적으로 아주 중요한 석유 중심지인 아바단을 실제로 위험하게 하지는 못했다. 또한 페르시아어에 정통한 독일 영사 빌헬름 바스무스가 카자르 왕조에 이웃한 중립적 페르시아에서 정치적 동기로 벌인 활약도 영국이라는 세계 강국의 석유 보루를 무력화시키는 데 성공하지 못했다.

1912년에 완성된 베를린과 바그다드를 잇는 철로를 이용하여 바다에 거점을 둔 영국에 대항하여 헤게모니를 장악할 수 있는, 육지에 거점을 둔 대항세력을 구축하고자 하는 독일제국의 온갖 노력들은 1914년부터는 거의 성과가 없었다. 그의 적대자도 경의를 표하면서 불렀던 '독일의 로렌스'라는 바스무스에게는 영국의 정치도 마침내 굴복시킬 수 있으리라는 정서적 에너지와 관련된 장래의 전망이 떠올랐는데, 그것은 다름 아닌 민족자결권을 향한 노력이었다.

남쪽에 있는 영국과 아랍인들에 대항하고, 서쪽의 터키인들과 북쪽의 러시아인들에 대항하여 자신들을 관철시키고자 하는 페르시아인들의 시도는, 1951년에 변호사 출신의 정치인 모사데그의 국유화정책으로 부분적인 성공을 거두기도 했다. 결국 1979년에 이르러 페르시아인들은 이슬람의 혁명과 함께 자결권을 가지게 되었고 국가의 재산인 석유도 장악할 수 있었다. 그들은 이제 정치적으로 영국의 뒤를 잇는 강국인 '거대한 악마' 미국에 대항하여 걸프 지역에서 자리 잡게 되었다.

이로써 페르시아인들은 기본적으로 다름 아닌 처칠이 1912년에 브리티시 석유를 세워 추구했던 것을 실행했다고 할 수 있다. 그러니까 브리티시 석유를 순수 영국 회사로 남기고자 하는 노력 덕분에, 그 회사는 처칠과 다른 개혁론자들에게 사적인 이익을 고려하지 않아도 되고 시장의 요동과 외국의 모든 영향에서 벗어나 있는 회사가 되었다.

처칠은 역사적으로 의미 있는 이런 목표를 큰 노력을 경주하여 도달했다. 그럼에도 그는 1915년에 제일해상 장관 직을 그만두어야 했다. 그가 정부 밖에서 알게 된 사실은 자랑스러운 그의 해군 함대가 1차대

9. 전쟁과 석유

전의 유일한 해전에서는 아직까지 함대의 모든 장점들을 집중하여 최상으로 사용하지 못했다는 사실이었다. 1916년 5월 31일에 덴마크의 반도 위트란트의 북방에 있는 스카게락에서 독일제국의 석탄 함대 전함들이 영국 석유 함대의 전투전함 편대에 공격을 가했고 이때 영국 전함들은 심각한 손실을 입었다. 영국의 115,000톤에 이르는 함선이 북해에 좌초했는데, 이에 반해 독일의 제국 함대는 단지 61,000톤 정도의 손실을 보고했을 뿐이었다.

미완으로 끝난 이 해전의 결과를 두고 석탄 함대의 놀라운 성과라고 말할 수도 있을 것이다. 하지만 여기서 염두에 두어야 할 것은 석유 함대는 당시 완전히 구축된 것이 아니라는 점이다. 요컨대 해전을 통해 암시된 것은 피셔와 처칠의 전략이 여전히 미래의 일에 속한다는 점이었다. 이 점은 티르피츠 제독의 주변에서도 알아차렸고, 따라서 이런 큰 사건 이후에 새로운 해상무기가 투입되게 되었다. 그러니까 그들은 러시아인들에게서 그 신무기를 엿보았고, 1917년부터는 디젤추진 잠수함을 들여와 전투에 투입했다. 그런 잠수함은 영국 함대가 한동안 갖추기 어려운 무기였다.

또한 이런 결정은 석탄에 고착하고 있는 베를린의 전쟁정책조차도 새로운 도전에 직면하게 했다. 그들은 이제 연료를 석유체제로 전환해야 한다는 것을 인식하게 되었다. 1913년 석탄을 통해 특정한 액체추진 연료를 생산하는 데 성공한 베르기우스 석탄액화법과 더불어 1914년 이후 매일 치른 전쟁의 경험, 그리고 높은 기동성과 가속할 수 있는 힘이 곧 엄청난 군사력이 된다는 깨달음은 석유에 대한 베를린의 인식을 바꾸는 데 큰 영향을 끼쳤다.

1차대전 때 일어난 이런 기술적 측면의 발전은 말이 여전히 중요한 역할을 했던 당시에도 곧 고위 정치에서 석유외교라고 불리는 부분을 촉발시켰다. 또한 그 외교에는 군대 지도자들의 많은 비판도 포함되어 있는데, 그들이 비탄에 빠졌던 이유는 자신들이 사랑하는 기병대들이 강력한 장갑차에 의해 해체되고, 편지를 전달하던 비둘기들이 비행기로 대체될 수 있다는 점을 종종 너무 늦게 깨닫게 되었다는 것이었다. 아마도 1차대전 중 프랑스의 가장 훌륭한 사령관이자 전쟁의 끝 무렵인 1918년에 모든 서방 연합군의 최고사령관이 되었던 페르디낭 포슈는 전쟁이 수년 동안의 진지전에서 자동차와 장갑차, 비행기를 통한 기동전으로 변화되는 것을 아주 현실적으로 평가했다. "우리들은 석유를 필요로 하거나 아니면 전쟁에 질 것이다."(샘슨)

1942년 히틀러에 의해 거의 동일하게 들을 수 있는 역사적인 이 말은, 하지만 이제 오히려 진부할 정도다. 서방 강국들이 난국에 처하자 미국은 절박하게 필요로 하는 연료를 1917년부터 공급했다. 그 공급로는 대서양을 가로질러 가는 것이었는데, 그곳에는 독일제국의 잠수함이 명중률을 높이고자 무차별 공격을 감행하고 있어 무기를 탑재하지 않은 유조선이 공격받는 일도 있었다. 하지만 독일제국의 잠수함 역시 위치가 노출되어 어뢰를 맞아 침몰하는 일이 비일비재했다. 이런 공격은 1918년 독일의 수병들이 황제의 출동명령을 거부하고 시위를 벌인 11월 혁명으로 끝이 난다.

여기에서 전쟁의 서술은 중지하고 군대 하위지휘관 출신의 한 증인의 말을 들어보자. 그 증인은 전쟁에서 기술적인 발전과 그에 따른 그의 전쟁에 대한 태도를 특별한 방식으로 전달해주고 있다. 이미 1915년에 출간된 라인하르트 비어나츠키 소위의 야전편지에서는 당시의 전쟁 수행이 기술적으로 말에서 마력으로 변화했으며, 전쟁 유형도 두 군대 사이의 전투에서 지금까지 알려지지 않은 엄청난 화력전으로 변화되었

9. 전쟁과 석유

음을 알려주고 있다.

　그는 명예로운 훈장을 받은 장교이자 공병대에 속한 군인으로 자신의 부대가 벨기에로 진격할 때 과연 이 왕국의 중립성을 깨뜨리는 것이 다시 유효한 국제법과 일치하는 것인지, 그리고 그들의 진격이 도덕적인 정당성을 얻을 수 있는 것인지에 대해서는 질문하지 않고 있다. 그는 자신의 고향에 있는 약혼녀에게 사랑고백을 들려주고 전원적인 풍경을 반복해서 묘사하고 있지만, 시대의 흐름에 대해서는 충분히 알고 있지 못했다. 특별하게 기록한 것이, "우리들은 두 개의 검은 십자가가 그려진 여러 독일 전투기들이 쏜살같이 지나가는 것을 보았다."는 정도다.

　이미 1914년 8월 12일에 그는 "생필품과 부상자들을 수송하기 위해 도열한 커다란 차량들이 40대 정도" 된다고 보고하고 있다. 또한 비어나츠키는 자랑스럽게 적기를, 그와 그의 동료들이 뤼티히의 시민들에게 '매우 점잖게' 행동했고, 벨기에인들이 "자네들은 예의바른 사람들이야."라고 말하는 것을 즐겨 듣고 싶어 했다고 언급한다.

　그들은 며칠 동안 전쟁을 경험한 후에 바로 "대포 소리와 기관총의 발사 소리에도 잘 수 있는" 상태에 있게 되었다고 전한다. 그리고 이구동성으로 "우리들은 모두 프랑스에 진격할 날을 즐거이 기대한다. 벨기에인들은 아주 어리석게도 우리들에 대항하여 싸웠다. 이제는 우리들의 철전지 원수인 프랑스인들의 차례다. 그들은 우리들이 무엇을 할 수 있는지를 곧 알게 될 것이다."라고 말했다.

　비어나츠키 소위는 계속되는 진격에서 발을 다친다. 그러고는 처음으로 자동차 운전사로부터 자신이 계속 진격해야 한다는 사실을 듣게 된다. 또한 비어나츠키의 정확한 관찰은 "전투기가 어느덧 아주 일상적인 현상이 되었다."는 사실도 놓치지 않는다. 그리고 작은 도시 스와송에 있는 "가스제조공장이 폭파되는" 것은 파괴적인 현대전의 양상을 보

393

여준다는 점도 관찰했다. 하지만 밤에는 여전히 그의 중대장이 "등으로 쓸 초를 차에다" 나누어주었다. "모두 상인의 가게에서 약탈한 것들이지만……"

그의 기록에는 항상 말에 관한 이야기가 반복해서 등장하고, 기병대도 그의 사단에 속했다. 그러나 1914년 9월 중순 벌써 나뭇잎은 떨어지고 있었다. 황제 빌헬름 2세의 말에 따르면 독일군은 이미 전쟁을 끝내고 집에 왔어야 할 때지만, 그의 중대장은 몇몇 중대원들과 함께 특정 다리를 폭파하라는 명령을 받는다. 이때 그들은 자신들이 투입될 곳으로 평소처럼 말을 타고 가는 것이 아니라, 점점 더 많은 사단 참모들이 사용했던 '자동차로 이동했다'.

회녹색 제복의 독일 병사들은 자신들의 버클에 '신이 우리와 함께 하시길'이라는 문구를 새겨 넣고 다녔다. 이 문구는 과거 스웨덴의 아돌프 구스타프 2세 왕의 군대에서 독일과의 전쟁 시기인 1630년부터 사용되던 전투구호였다. 하지만 독일 병사들은 그 구호의 배후에 정당한 복종을 강조하는, 자유와 정의에 대한 정신이 담겨 있음을 몰랐다. 그 정신은 스웨덴 왕의 친구인 그로티우스가 요구했던 것처럼, 마치 계약에 따른 상호성에서 나온 정신과 같았다. 하지만 1650년부터 1918년까지의 프로이센과 독일제국의 호엔촐레른 가의 군대에서는 그 정신에 대한 말을 들을 수 없었다. 아마도 1752년에 나온 프리드리히 2세의 정치적 유언인 "군대의 규율이란 군대에 맹목적인 복종을 도입하는 것이다."는 권력의 잠언 때문이었으리라.

집과 국가의 모든 차원에서 볼 수 있는 이런 "사회적 규율"(외스트라이히)은, 비어나츠키 소위조차 1915년에 회의에 잠겨 전쟁이 대량살상으로 점점 격화되는 상황을 목도하고 다음의 질문—"실제로 신이 존재하는 것일까 아니면 그렇지 않은 것일까?"—을 하게 될 때까지도 여

9. 전쟁과 석유

전히 작용하고 있었다. 이런 세계관적 질문을 두고 토론을 벌이는 과정에서 그는 아리스토텔레스뿐만 아니라 철학자 오스트발트와 그의 일원론적 에너지론을 언급하려고 노력한다. 심지어 아이스네 전투 직전에는 다음과 같이 적고 있다. "전쟁은 엄청난 에너지 낭비다. 문화가치는 추락하지만 새로운 가치를 창조하지는 못한다. 더 이상 아무런 종류도 남지 않을 정도로 에너지가 소비된다. 모든 것은 먹을 수도 없고 지닐 수도 없을 정도로 무가치하다. 물론 일원론자는 전쟁을 에너지의 관점에서 전적으로 비난해야 한다. 하지만 우리들은 그들에게 대답할 수 있다. 전쟁을 통해서 더 높은 가치가 창조될 수 있고, 법과 진실을 기만과 거짓에 대하여 관철시키기 위하여 우리 자신들의 희생을 필요로 한다는 것을. 마치 브뤼닝 목사가 설교한 것처럼 말이다."

전쟁의 가치에 대해서는, 사람들이 전쟁을 통해 에너지를 소비하지도, 낭비하지도 않는다는 것이 문제가 아니다. 또한 전쟁은 에너지를 단지 열로 바꾸고, 그것도 독가스를 사용함으로 해서 곧 모든 사람들의 눈앞에 그 잔인함을 보여주었던 것처럼 대부분의 열을 유해한 물질로 변화시킬 수 있다는 점도 도외시할 수 있다. 그렇더라도 1차대전은 다음의 2차대전과 마찬가지로 더 높은 가치를 거의 창조하지 못했다. 전쟁에서 신무기를 통해서 공격을 퍼부음으로써 산업화 이전 시대에 전쟁에서 의미가 있었던 몇 가지 것들은 이제 아무런 의미가 없게 되었다. 비어나츠키가 독일제국의 십자기사 훈장을 받았을 때 언급했던 것처럼, 전쟁은 그저 무력한 몸짓으로 자신이 귀족의 행동규약에 따라야 하는 의무를 지고 치르는 것일 뿐이다. 기계화된 세계를 경험하면서 자신을 불합리하다고 느끼면서.

에른스트 윙어는 같은 시기에 제국의 장교로 전쟁을 체험한 작가인데, 그는 전쟁이 인간으로 하여금 더 높은 인간가치를 갖게 한다고 말한 바 있다. 그는 한 세대가 지난 후에야 스스로 전쟁에 대한 결론을 도출해낸다. 2차대전이 한창인 1943년 9월 11일 그는 파리에서 다음과 같이 적고 있다 "이것이 우리들의 운명적이고 형이상학적인 상태다. 전쟁과 내전들, 그리고 파괴수단들은 2차적이고 일시적인 장식으로 자리매김해 있다. 우리들이 해결해야 하는 과제는 파괴적인 세계의 극복이지만 그것은 역사적인 차원에서는 성공할 수 없다."

하지만 그가 1943년에 전쟁 극복에 대한 역사적 차원의 해결을 거부하고 하늘의 뜻에 맡긴 것은 비어나츠키의 경우처럼 구체적인 해결책이라고 거의 볼 수 없었다. 비어나츠키는 1915년에 군인으로서의 업적을 최고로 인정받는 훈장을 받았지만 여러 차례 '유혹의 생각'을 뿌리치지 못했고 결국 놀라운 고백을 하게 된다. "우리들이 승리하든 패배하든 그건 아무런 상관이 없다. 그저 이런 살인행위가 끝이 나길 바랄 뿐이다!"

실제로 전쟁의 의미를 빌헬름 시대의 맥락에 따라 전달하는 것은 점점 더 어렵게 되었지만, 그래도 모든 종류의 충성심에 강한 회의를 느끼기까지는 몇 년이 더 흘러야 했다. 그리고 그 사이 독일제국 군인들은 엄청난 피를 흘려야 했다. 사정은 사회민주주의자들에게도 마찬가지였다. 그들은 자신들이 주장해온 평화주의에 반하여 1914년 전쟁이 지속되는 동안은 독일제국과 일종의 잠정적인 화해조약을 체결했다. 또한 보수적인 입장인 크룹의 기업책임자 뮐론은 이미 일찍이 도덕적인 파멸이 나타나기 시작한다는 것을 감지했다. 그가 베를린 언론에 '새로운 승리의 전령인 석유'에 대해 언급했을 때 그는 자신의 주장에 대한 근거로 '독일인들이 점점 더 심하게 빠져드는 선동과 현혹에 빠지지 않는' 한 대단한 실업가의 진술을 들고 있다. 남독일 출신의 그 신사는 이미 1914

9. 전쟁과 석유

년 11월에 뮐론에게 위험한 말을 털어놓는다. "전쟁이란 소수의 사람들이 일으키는 것입니다. 그들에 대해선 역사가 심판을 하겠지요. 시간이 지나서라도 말이죠. 그런 주도적인 범죄자들에게 선동자로서 도움을 준 모든 독일인들은 그때 가서 역사가 주는 수모를 당하게 되겠지요."

빌헬름 황제의 진영에서는 이런 도덕적인 어려움 외에 물질적인 어려움도 만만치 않았다. 이는 군대의 최고 지휘부에 있는 힌덴부르크와 루덴도르프조차도 점점 걱정을 하게 되었던 어려움이었다. 이런 상태가 된 가장 큰 원인은 아마도 단기간의 전쟁이라는 구상이 실패했기 때문일 것이다. 신속한 공격으로 상황을 종료하고 모든 군사행동은 시간적으로 극도로 제한적인 범위에서 시행해야 했지만 실제로는 긴 장기전이 되고 말았다.

"독일인들에게는 기름 한 방울도 모자랐다."(샘슨)는 말은 전적으로 사실은 아닐 것이다. 하지만 휘발유와 디젤, 등유의 부족은 전쟁 초기에 벌써 느낄 수 있었다. 왜냐하면 영국 함대가 아주 효과적으로 해상을 봉쇄하여, 서방으로부터 단 1톤의 유조선조차 들어오지 못했기 때문이다. 그리고 기계화된 전쟁을 위해 긴급히 필요한 연료를 석탄으로 자체 조달하고자 하는(소위 액화석탄을 이용하는) 베르기우스 처리법도 기름의 수요를 충족하기에 충분치가 않았다. 화물차와 비행선(체펠린), 전령병들이 사용하는 오토바이, 잠수함, 승용차, 비행기에 쓰려면 기름은 매일 필요했다.

군 최고지휘부는 악화되는 기름의 공급난을 루마니아의 풍부한 유전지대에서 나는 석유를 들여와 상당히 개선시킬 수 있으리라 희망했다. 하지만 이런 가능성은 1916년 가을에 산산이 부서지고 만다. 우선 그곳을 군사적으로 점령하는 일에 실패했고, 11월 말 월라차리에서 영국군 병사 존 노턴 그리피스가 놀라운 활약을 하여 그곳 유전을 폭파하

397

는 데 성공했던 것이다.

이 용감무쌍한 병사는 '지옥불 잭'으로 알려졌다. 그는 전쟁에서 어떤 특별한 일을 기획하고자 하지는 않았다. 다만 그는 독일 지휘부가 파견한 특공대가 군사적인 점령작전을 시작하기도 전에 루마니아의 석유 중심지인 플로에스티 외에 다른 유전지대에도 불을 질렀다. 그러니까 1991년 쿠웨이트전쟁에서 볼 수 있었던 유전지대 방화사건은, 석유의 역사를 놓고 볼 때 대단한 선두주자를 갖고 있었던 셈이다.

루덴도르프 장군은 '루마니아의 곡물과 석유가 없이는' 제국의 생존이 위험하다고 여긴 까닭에, 위와 같은 비보를 접하고 '우리 군대와 고향의 석유공급'을 확보하는 일은 장담할 수 없다고 여겼다. 폭파된 유전을 수리하는 데는 1년이 지나야 했고, 또한 그때 군 최고지휘부가 석유공급을 확보하고자 시도한 두 번째 희망도 무산되었다. 즉 브레스트-리토브스크와 레닌, 트로츠키, 그리고 스탈린의 볼셰비키 러시아가 1918년에 맺은 위장된 평화조약에도 불구하고, 독일이 카스피 해의 바쿠에서 석유를 얻지 못했던 것이다.

일이 이렇게 된 것은 페르시아에서 온 영국 특공대가 바쿠의 석유채굴 시설과 송유관, 저장탱크를 파괴시킨 탓이 컸다. 영국군은 독일의 동맹국인 터키의 오스만 군대가 그 지역을 점령하기도 전에 그 작전을 성공시켜버렸다. 이런 저런 석유공급원으로부터 차단된 독일 황제측은 특히 군수공장 노동자들의 파업과 수병들의 폭동이 일어나자 나날이 증가하는 석유부족을 더 이상 이기지 못하고 모든 전선에서 휴전협정을 체결하고자 했다. 결국 총사령관 포슈의 지휘 아래 연합군이 감행한 공격으로 지칠 대로 지친 독일군은, 마침내 1918년 11월 수병들의 폭동으로 촉발된 혁명이 일어나자 손을 들고 말았다.

이런 상황에서 내릴 수 있는 명백한 결론은, 베를린의 빌헬름 정부

9. 전쟁과 석유

가 "세계 권력의 장악"(존 A. 피셔)을 기도한 것은 석유를 차지하기 위해서가 아니라는 점이다. 왜냐하면 전쟁의 주요 책임자인 독일제국의 황제 빌헬름 2세는 1914년 8월 4일에 한 자신의 유명한 연설에서, 그해 가을이면 전쟁을 끝내고 다시 고향에 돌아오리라 희망했기 때문이다. 하지만 전략적인 요소인 석유는 신속히 증가하는 전쟁의 기계화로 인해, 전쟁에 참여했던 모든 사람들이 초기에 믿었던 것보다 더욱 강하게 전쟁에 관여하게 되었다. 물론 영국의 군수 장관인 키처너 경과 같은 몇몇 영국인들은 그 점을 미리 예상하고 있었지만 그것은 예외의 경우였다.

그렇지만 영국의 인사들도 전쟁이 그렇게 오래 지속될 것으로는 예상하지 못했고, 1917년부터 미국이 그들에게 원조를 가속화하자 대단히 기뻐했다. 영국의 전시 내각에 참여하고 있었던 커즌 경은 1918년 런던에서 개최된 석유회담에서 세계대전을 조기에 끝낼 수 있는 상황을 정확한 말로 표현했다. "연합국들은 석유의 파도를 타고 승리로 헤엄쳤다."

전쟁의 원인이 된 경우

1914년 이전의 독일제국에서 군부 엘리트들의 권력의식은 석탄과 철강 같은 국내 생산품에 기반을 두고 있었다. 그들은 또한 카를 보슈 회사를 통한 암모니아 가스나 폭약의 제조를 살펴보며, 군수품과 직결되는 거대한 화학산업의 역량이 증가하리라는 것을 믿고 있었다. 그리하여 군사이론가 카를 폰 클라우제비츠의 이론을 바탕으로, 두 전선에서의 전쟁을 성공적으로 단기간에 끝낼 수 있으리라는 환상을 가지게 되었다.

하지만 철도망에 의존한 공격 형태는 서부전선에서는 메츠와 동부전선에서는 타넨베르크가 이룬 초기의 신속한 성공 이후에는 정체 상태에 이르게 되었다. 그러니까 단기전이 아닌 진지전(陣地戰) 내지 소모전의 양상에 직면하게 된 것이다. 이런 상황에서는 무자비한 물리전이 전개되었고 해협 봉쇄, 경제 제재, 해상 봉쇄가 물질적이고 심리적인 소진 전략의 효과적인 무기들로 작용했다.

1914년부터 1918년에 이르는 이런 쓰라린 경험을 통해 모든 전략가들에게 확실해진 것이 무엇인가 하면, 장래의 전쟁수행에서 심화되는 기술전의 양상이 석유에 대한 의존성을 점점 더 증가시킨다는 사실이다. 원유나 연료 없이는 최종 승리나 승리에 따른 평화를 기대할 수 없다는 말이다.

사람들이 무제한적으로 사용할 수 있는 에너지 수단을 발견하여, 현재 원료로 쓰이는 석유를 완전히 대체할 수 있다면 사정은 달라질지도 모른다. 이를 위해 이미 1913년부터 석탄액화를 위한 다양한 방법들이 개발되어 꾸준히 개량되었다. 그래서 석탄액화에 따른 높은 비용에도 불구하고 1933년부터는 나치의 "권력 사취"(카를 융)와 함께 석탄액화법은 위험한 무게를 얻게 되었다. 주로 로이나 근교에서 생산되는 석탄가솔린이 군사적 무장을 위해 사용되었기 때문이다.

독일 최대의 화학공업 회사인 '독일 염색공업 주식회사'의 감독에 따라 사용되던 응용처리법은 대규모에 비용이 많이 들었지만 히틀러와 에소 사의 월터 티글을 열광시켰다. 인공적으로 생산된 연료는 이탈리아의 독재자 무솔리니와 마찬가지로 히틀러도 매료시켰는데, 그것이 기술 면에서 상당한 가치가 있었기 때문이다. 그 기술은 엄청난 속도를 가져올 수 있는 아찔한 잠재력을 보여주었다.

히틀러는 1차대전에서 볼 수 있었던 엔진동력의 사용과 독가스의 사용에 자극을 받아 당대의 어떤 정치인과도 달리 자신의 근본적인 '권력에 대한 의지'를 달성하기 위해 동력을 사용했다. 그는 운전면허를 따지는 않았지만 빌헬름 2세와 니콜라이 2세처럼 질주하는 차를 타는 데 푹 빠져 있었다. 그리고 의전용 무개 메르세데스를 타고 도시와 시골을 다니기를 좋아했고, 지도자 숭배를 위한 의식을 거행할 때도 그 차를 타고 다녔다. 그가 이미 1932년에 시작한 본과 쾰른 사이의 아우토반(고속도로) 건설에 박차를 가한 것도 이해할 만한데, 그건 주로 군사적인 이유에서였다. 또한 그는 폴크스바겐의 보급이 확대되도록 소비를 진작시켰다. 그 차의 원래 디자인은 페르디난트 포르셰가 1938년에 설계했지만, 동시에 공랭식 엔진은 무개 군용자동차에서도 이용되었다. 북부와 동부의 추운 지역은 물론 북부 아프리카의 사막에서도 이 자동차는 이용이 증가했다.

하지만 자동차에 대한 열정이 전부가 아니었다. 미래의 프로그램으로서 가속의 이념은 또한 히틀러와 그 측근들의 비행기에 대한 열렬한 관심으로도 나타났다. 히틀러는 최초로 현대적인 양상의 선거전을 치른 유세자로, 가능한 한 빨리 한 대도시에서 다른 도시로 이동하고자 비행기를 이용했고, 1936년부터 1939년까지 벌어졌던 스페인 내전에는 '콘돌 군단'을 투입하여 전투기와 폭격기를 망라하는 여러 형태의 비행기들을 시험해보기도 했다—자신들이 수행할 앞으로의 전쟁을 준비하기 위해서 말이다.

그 외에도 히틀러는 영화광이었다. 그는 무성영화 〈프리데리쿠스 렉스〉를 체험한 이후에 바로 프리드리히 숭배를 연출했으며 "프로이센 정신과 사회주의"(슈펭글러)의 결합을 믿었다. 이를 통해 볼 때 그의 행로가 실패한 예술화가에서 대 독일제국의 지도자로 되는 것은 결코 역사의 우연이 아님을 알 수 있다. 그는 자신만의 힘에서는 결코 강하지 못했지만 민주주의자들의 약점을 능숙하게 이용했고 새로운 형태의 귀족주의에 굴복한 모든 독일인들의 약점 또한 잘 이용했다. 그들은 이를

테면 뛰어난 운동선수, 기관사, 자동차 선수, 비행기 조종사, 잠수함 선장, 영화 스타일뿐만 아니라, 하늘이 내려준 '새로운 귀족'인 전쟁 영웅이었다.

나치 지도부는 기술에 대한 광적인 믿음과 심지어 우생학의 도움으로, 순수한 인종의 새로운 인간을 만들어내려고도 했다. 또한 그들은 일찍이 산업과의 관계를 밀접히 하고자 힘썼으며, 최초의 전쟁준비의 일환으로 에너지 경제법을 1934년에 통과시키기도 했다.

기술적 형태의 몇몇 부수적 규정을 제외한다면 독일의 전체 석유 및 가스 경제는 1차적으로 1865년의 (프로이센) 일반 광업법에 따르고 있었다. 하지만 동시에 석유와 천연가스, 아스팔트를 탐색하고 채굴하는 일은 전적으로 상위의 소유주인 국가의 감독 아래 있었다. 국가는 이런 전략적으로 중요한 원료를 기술적으로 개발하는 일을 개인 회사에 위임할 수 있었다. 이러한 공식적인 법률의 보완과 새로운 적용은 전쟁 수행을 위한 중요한 단계를 취한 것이라는 데 의심의 여지가 없다. 모든 가용 원료와 연료를 독재자의 수중에 집중시키는 것과 지역 독점에 의한 판로의 창출이 바로 그것이다.

1939년까지 '석유산업의 사회화'가 추진되었을 뿐만 아니라 특별히 제국 석유시추 프로그램도 장려될 수 있었던 것은 독일의 폐쇄적이고 대단히 지속적인 구조 때문이었다. 석유시추 프로그램의 기술적인 요구 수준은 새로운 전문노동자 직업의 기준에 따랐는데, 1943년부터는 광산공무원들에게 심층시추자로서 3년간의 과정을 이수하는 것이 수용되었다.

이렇게 평화정책으로 위장된 전쟁계획의 목표는 에너지 산업 분야에서 경제적인 독재를 이룩하는 것이었다. 멕시코나 미국 혹은 스웨덴과 같은 비파시스트 국가들도 그 목표는 동일했다. 그리고 나서 1938년

9. 전쟁과 석유

독일제국은 오스트리아 공화국과의 합법을 가장한 강제합병을 이루고 빈의 분지지형에 있는 겐제른도르프에서 치스터도르프에 이르기까지 석유를 산출했다. 이로써 히틀러의 독일제국은 2차대전 시초에 독일 염색공업 주식회사의 로이나 가솔린 외에도 백만 톤 이상의 연간 석유생산량을 가질 수 있게 되었다. 이것은 1914년 전쟁이 나던 해와 1929년 경제공황기보다 열 배나 많은 양이었다.

게다가 폴란드의 비밀분할을 목적으로 히틀러와 스탈린이 1939년에 맺은 조약으로, 이전에는 증오의 대상이었던 소비에트 연방에서 1941년까지 엄청난 양의 원유가 지속적으로 공급되었다. 때문에 독일로서는 전쟁 초기의 상태가 추가로 개선되었다. 또한 루마니아가 동맹국이던 덕에, 그 외의 일정한 양도 제공받을 수 있었다.

하지만 이 정도의 양은 미국에서 매년 용출식 시추기나 펌프식 시추기를 통해 뿜어져 나오는 1억 톤 이상의 원유와 비교한다면 아무것도 아니었다. 독일군의 석유비축량은 비교적 장기간의 전쟁을 수행하는 데 충분치가 않았다. 따라서 독일은 1914년에 세웠던 단기전 구상을 다시 구체적으로 고려하고자 했다. 독일 언론들, 특히 독일의 영화관에서 영화가 상영되기 전에 제공되는 주간 뉴스에서는 번개와 같은 단기전에 대한 내용이 점점 더 많아졌음을 알 수 있다.

비록 번개전이라는 개념이 많은 지지층을 확보하게 되었고, '오펠-블리츠'라는 화물차(제너럴 모터스)나 전쟁에 부역하는 여자를 '블리츠-메델'이라고 부르는 것처럼 대중적인 개념으로까지 정착되었지만, 히틀러는 개인적으로 이 인공 조어와 오랫동안 쉽게 친해질 수 없다. 하지만 1941년 6월 22일 소비에트 연방 침공('바르바로사 작전') 후에 그는 '아주 어리석게 보였던 번개전이라는 말'을 다른 눈으로 관찰했고 신속한 승리에 도취되어 떠벌리기를, "거대한 제국이 지금의 러시아처럼 이렇게 단기간에 파괴되고 패한 적이 여태껏 한 번도 없었다."고 자랑했다.

1941년 11월 8일에 히틀러가 자신의 1923년 쿠데타 시도를 기념하기 위해 뮌헨의 군사령부 강당에서 거행된 기념식에 참석하여 독일 국방군이 동부전선에서 진격하고 있다고 공포한 것은 단지 일면의 진실만을 담고 있었다. 왜냐하면 스탈린이 통치하는 소비에트 연방의 전쟁 잠재력의 상당부분은 파괴되지 않고 있었으며, 무엇보다도 우랄에서 바쿠까지에 이르는 석유기지는 보존되어 있었던 것이다. 히틀러는 독일 국방군의 최고사령부와 함께 마치 한때 독일제국의 빌헬름 2세가 자신의 군 최고지휘부와 함께 빠졌던 것과 비슷한 어려운 곤경에 빠졌다. 즉 그들은 바쿠로 진격할 작정이었으나 그 작전은 1차적인 전쟁목표가 아니라 미리 예상하지 못했던 전쟁계획의 결함에 따른 결과였다. 그리고 그것은 실패로 끝났다.

이에 반해 독일 국방군은 다른 침공에는 성공했다. 국방군은 1934년부터는 평화유지의 명령과 인권에 대한 보장, 그리고 민주주의에 대한 의무의 원칙을 담고 있는 바이마르 헌법에 충성맹세를 하는 대신 '무조건적인 복종'이라는 원칙에 따라 히틀러 개인에게 충성을 했다. 그에 따라 그들은 아무런 저항도 없는 이웃 나라를 침공했다. 폴란드와 덴마크, 노르웨이, 네덜란드를 점령하면서 독일 국방군이 아주 허약한 상대에 대한 전격전 혹은 신속한 침공이라는 구상을 증명하는 것처럼 보인 것은 당연했다. 하지만 프랑스의 제3공화국이 1940년 5월 10일부터 군부와 정치가 그리고 지식인들이 오늘날까지도 아픈 기억으로 간직하는 '이상한 패배'를 당한 것은 놀라운 일이었다.

역사가 마르크 블로크는 이런 표현을 자국의 군부 엘리트와 정치

계급에 대한 자신의 분석에 붙이는 제목으로 선택했는데, 그의 분석은 아마도 그때까지 그들에 대해 행한 것 중에 가장 신랄한 분석일 것이다. 그는 분석에서 자신의 군대체험을 근거로 그들의 성향에 대해 일정한 판단을 내리는데, 그 부분은 뮐론의 '부도덕한 독일인'이라는 평가와 썩 일치하면서도 지도적인 프랑스인들에게 가한 신랄한 비평에서는 조금의 양보도 없음을 알 수 있다.

전문 역사가인 블로크는 중세에서 볼 수 있는 '기적을 일으키는 왕들'의 이야기를 잘 알고 있는 아날 역사학파의 창립 멤버로, 역사에 나타난 여러 사회의 구조와 성향을 주목하는 사람이었다. 그는 전쟁의 초기에 갑자기 자신에게 부과된 새로운 과제를 인식했고 아무런 기술적 지식도 없었지만 프랑스 '최정예 기계화 부대'의 연료담당 최고 장교로 임명받는다.

그가 실제로 군대에서 한 일은 '최고 정신교육자'로서의 임무였다. 하지만 전황이 나빴기 때문에 다방면에 걸친 그의 능력을 완전히 발휘할 수는 없었다. 1914년과 마찬가지로 국제법과 벨기에의 중립성을 어기고 무작정 마지노선을 넘은 독일 국방군의 강력한 진군에 대해 그는 체념적인 어투로, "나는 거의 매일 또다시 후방의 한 연료창고가 독일인들의 수중에 들어갔다는 소식을 접한다."고 적고 있다.

1944년 독일의 게슈타포에 의해 유대인으로 잡혀 잔인하게 총살당할 때까지 애국심에 불타던 블로크는 프랑스 패배의 원인을 파리 근교에 위치한 프랑스 육군사관학교의 높은 성루에 갇혀 있는 고루한 군부 엘리트들이 1차대전 이후로 전쟁에 대해서는 아무 것도 배우지 못했던 것에서 찾고 있다. 섬세하게 꾸며진 파리의 멋진 방에서 일했던 프랑스의 군사 및 정치 전략가들은 프랑스를 동부 전선을 향한 마지노선으로 확보할 수 있다는 17세기 프랑스 세바스티앙 드 보방 장군의 요새 개념을 그대로 믿고 있었던 아주 단순한 이웃임이 드러났다. 블로크는 약간의 조롱과 실망을 담은 어투로 결론 내리기를, "우리나라의 군대 지휘부는 1940년에, 실제로 1914년부터 1918년까지의 세계전쟁을 반복하려고 생각했다. 하지만 독일인들은 1940년의 전쟁을 수행했다."

독일인이 수행한 전쟁이란 1차대전에 참전한 노병이었던 블로크가 볼 때 도적적인 문제와는 상관없이 무엇보다도 기습전의 요소, 전투부대의 고도의 기동력, 고도의 기술적 효율성과 노련한 전술 등의 결합이 그 내용을 이루고 있었다. 이런 모든 분야에서 프랑스의 군대는 여지없이 패하고 말았다. 블로크의 관찰에 따르면 완전히 기진맥진한 프랑스의 엘리트들을 지질학적 언어로 다음과 같이 표현할 수 있을 것이다. 석화된 관료주의, 화석과도 같아 보이는 장교들의 자만심, 사관학교의 침식한 윤리의식 및 이미 정당의 기반에서부터 존재하는 심각한 정치적인 단층들. 이 모든 것들은 1940년 성령강림절에 독일 국방군이 갑자기 침공하자 서로에게 장애물로 작용했다.

장-폴 사르트르는 이 외에도 기상학자와도 같이 프랑스의 마지노선에 대해 일단의 정확한 관찰을 했다. 그는 블로크를 거의 절망시켰고, 연대기 저자로서 결론을 내렸던 것을 다음과 같이 확인했다. "우리들은 장갑차가 모자랐고, 비행기도 충분치 않았고, 화물차도 모자랐으며, 오토바이, 기관차들도 마찬가지였다. 따라서 애초부터 그것이 필요했을지라도 작전을 수행할 수 없는 상태에 있었다."

1635년 스웨덴의 편에서 독일전쟁에 가담한 이래 어떤 전쟁도 자력으로 이겨보지 못했고, 종종 기괴한 오판에서 전쟁을 시작하기도 했던 프랑스 군대가 겪은 완전한 무기력 상태가, 블로크의 책에서는 정말 기묘해 보이는 다음의 장면으로 표현되고 있다. 그 장면은 불합리성이라는 관점에서 보면 전쟁을 통해 볼 수 있는 석유역사의 희비극의 절정

9. 전쟁과 석유

으로 나타난다.

　이 섬세한 감각을 가진 역사학 교수는 그가 밝힌 것처럼 자신의 모든 동경을 '진리와 정의'를 추구하는 일에 맞추고 있었다. 그런데 그는 어느 날 얼마 남아 있지 않은 연료창고들 중의 하나에 있는 가솔린 통으로 간다. '등유의 왕' 답게 그는 큰 피펫 시험관을 높이 들어 연료를 부어넣고 이것을 다시 똑같이 나누어 이미 준비된 통에 한 방울, 한 방울씩 따랐다. 그런데 그 통은 더 이상 존재하지도 않는 기계화 부대를 위한 가솔린 통이었다.

　한편 히틀러 휘하의 국방군에서의 연료 상태는 1940년까지는 그렇게 대단히 극적인 것은 아니었다. 하지만 프랑스와 영국의 총참모들의 계획에 따라 결국 그런 상태가 되고 만다. 왜냐하면 나치 침략자들은 무엇보다도 소비에트에서 석유공급을 받지 못했는데, 그 석유는 바쿠 지역에서 생산되는 것으로 독일 내 소비량의 반 정도를 차지하고 있었던 것이다.

　스탈린이 히틀러가 유럽에서 벌인 전격전을 석유공급을 통해 지원하고자 했던 사실은 역사 서술에서는 드물게 언급되는 점인데, 이로 인해 서방 국가들은 극비리에 코카서스 작전(연합군이 독일의 석유공급원을 차단하기 위해 소련의 코카서스 지방을 폭격한다는 계획을 세운 것을 말한다─옮긴이)에 착수하게 되었다.

　블로크가 프랑스 군대에서 조롱거리로 찾을 수 있었던 엉성한 일 처리들 가운데 하나를 예로 살펴보면, 1940년 5월 19일에 작은 도시 라 샤리테 역에서 프랑스 참모본부의 극비문서 몇몇이 발견된 점을 들 수 있다. 그 문서를 보고 독일 측에서는 적지 않게 놀랐다. 왜냐하면 그 문서에는 프랑스와 영국의 특공대가 바쿠의 유전지대를 폭파할 것이라는 계획이 적혀 있었기 때문이다. 그것도 국제법과 터키의 중립성을 해치면서까지.

히틀러는 이런 세간의 이목을 끄는 문서를 발견하고 탐욕스럽게 그것을 집어 들었다. 그는 1940년 7월 19일에 개최된 제국의회의 연단에서 겉으로는 아주 근엄한 표정을 지으면서 광적으로 열변을 토하고 있었다. 서방의 두 연합국들의 정치인들과 군인들은 폴란드의 주권을 유지한다는 그들 동맹의 의무에 따라 전쟁에 참여한 것이었다. 하지만 그들이 원했던 것은 핀란드와 스웨덴, 노르웨이를 전쟁터로 만들려는 것뿐만 아니라 발칸반도 역시 전쟁으로 끌어들이려는 것이었다. 이로써 그들이 프랑스인이건 영국인들이건 상관없이 오만하게 추구했던 것은 '러시아 유전의 파괴'였던 것이다.

실제로 모리스 귀스타브 가믈랭 장군과 프랑수아 다를랑 제독은 바쿠에 초점을 맞추어 공습을 하겠다는 거대한 작전을 구상했다. 단지 문제는 폭격기가 터키의 유전 중심지인 이라크와의 남부 국경에 있는 디야르바키르에서 출발하느냐 아니면 이란에서 출발하느냐에 있을 뿐이었다. 이라크의 석유도시 모술조차도 한때 출발기지로 고려되었다. 이들은 모두 비행기가 필요로 하는 연료를 공급받을 수 있는 지역들이었다.

프랑스 측에서는 공습이 법치국가와 민주주의를 위해 허용되는가 하는 점이 국제법에 따라 해명되어야 한다는 상황이었지만, 영국 측에서는 그 논의는 차치하고 육상작전도 가능한 고려 상황으로 여기고 있었다. 즉 그들은 터키의 영토로부터 마이코프와 바쿠의 석유지역으로 진격할 작정이었다. 당연히, 터키가 중립국이라는 사실은 특별히 고려하지도 않았다.

그러니까 프랑스와 영국에서는 독재적으로 명령을 내리는 기습공격은 계산에 넣지 않고 있었지만, 그래도 '소비에트 연방의 전쟁 잠재력을 완전히 와해시키는' 폭격을 감행하는 것을 공공연한 목표로 하는 서방세력들의 이른바 '남진계획'은 구체화되었다. 이를 실현하기 위해 정확히 117대의 비행기가 투입될 예정이었다. 그 비행기들은 단지 10회 정도의 집중적인 폭격으로도 5백 톤 이상의 폭탄을 정확히 투하한다면 한 달 사이에 마이코프에서 바쿠에 이르는 지역의 전체 석유생산과 연료의 생산을 장기적으로 끊어놓기에 충분했다.

그들은 결국 모술에서부터 작전을 감행하기로 합의했다. 이 작전으로 맥심 웨이건드와 영국 근동지구 공군의 사령관인 미첼을 중심으로 한 군 지휘부는 그 지역의 모든 시추시설과 족히 백 개나 되는 정유소를 완전히 파괴시킬 수 있으리라 믿었다.

그것은 실로 미친 계획이었다. 왜냐하면 첫째로 당시의 공군기들의 오폭은 잘 알려진 사실이었고, 게다가 이런 작전은 최상의 날씨가 전제돼야 했으며, 세 번째로 지상이나 공중이나 막론하고 어떤 방공시설도 없었기 때문이었다. 이런 기술적 이의와 법적인 이의가 있었는데도 새로 취임한 전시내각의 수상 처칠은 이 계획을 승인했다. 하지만 그 승인은 너무 늦은 것이었다. '베저 훈련'이라는 작전명에 따라 이미 1940년 4월에 독일의 국방군은 전투해군과 공군과의 합동작전으로 노르웨이 왕국을 점령했기 때문이다. 중립적인 스웨덴에서 나르빅 항구를 거치는 광석 수송로를 확보하기 위해서였다. 이로써 두 연합국의 바쿠로 향한 '남진계획'은 실패로 돌아갔다.

다시 한번 더 드러난 것은 군사작전에서 만약 기동력이 제때에 사용되고 그에 맞는 재료를 사용할 수 있다면 그것이 어떤 의미를 가질 것인가 하는 것이었다. 이런 생각은 해상에서의 번개전의 구상에서도 영향을 미쳤다. 해상의 번개전의 주요 목표는 무엇보다도 영국이 미국과 베네수엘라로부터 공급받는 석유를 차단하는 것이었다. 이를 위해 1940년에 잠수함으로 '무차별 공격작전'이 시작되었다.

　1941년 12월 7일 일본제국 공군이 미국의 태평양 함대가 정박하고 있었던 진주만(하와이)을 공습한 것은 오늘날 교과서마다 2차대전의 대사건으로 언급된다. 하지만 대서양 해변 앞에서와 멕시코 만에서 미 해군이 나치의 하켄크로이츠기를 단 잠수함의 공격을 받은 사실은 거의 알려져 있지 않다.

　미국에 대해 선전포고가 있기 전에 모든 잠수함이 총동원되는 것이 이미 일어난 사실이었다는 점은 더욱 놀라운 일이었다. 지휘관이자 훗날 해군 대장인 카를 되니츠는 이미 1차대전 때 잠수함 조종사였다. 그는 자신의 권력에 따라 어떤 법적인 측면도 고려하지 않고 모든 잠수함의 함장들이 준수해야 할 지침을 하달했다. "어떤 인명도 구조해서 데려와서는 안 된다. 또한 (격추된) 증기선에 대해서는 걱정할 필요가 없다. 기상조건과 근해라는 점은 고려할 필요가 없다. 단지 자신의 잠수함에만 신경을 쓰고, 가능한 한 신속하게 다음의 목표를 찾아 침몰시키려 노력할 것이다! 우리들은 이 전쟁에서 가혹해야 한다. 상대는 우리들을 절멸시키기 위하여 전쟁을 시작했다."

　되니츠는 상대와 적군을 구분할 필요성에 대해서나 국제법적인 상황에 대한 고려를 거의 하지 않았기에, 미국에 대한 선전포고도 행할 이유를 느끼지 못했다. 따라서 하랄드 겔하우스(U107)에서 라인하르트 하르데겐(U123)에 이르기까지 모든 잠수함 함장들은 대서양 항로에서 그들의 어뢰발사기 앞에 포착되는 모든 것들을 침몰시킬 수 있다는 승인을 받았다. 특히 유조선은 무장을 하지 않았다고 할지라도 공격 대상이었다. 이런 상황에서 모든 함장들이 총력을 기울이는 것이란 가능한 한 빨리 선적 화물량 총 10만 톤의 유조선을 침몰시키는 것이었다. 왜냐

9. 전쟁과 석유

하면 그 정도의 침몰 성과를 보여야 함장들은 되니츠가 개인적으로 수여하는 십자기사 훈장을 받는 영광인 '할스유켄'(Halsjucken)을 즐길 수 있었기 때문이다. 사실상 되니츠는 1945년 히틀러의 사후에는 그의 후계자가 된다던 인물이었다.

기술시대인 현대에서 독일 잠수함에 투입된 자칭 약탈 기사들 가운데는 일반적으로 다음과 같은 견해가 퍼져 있었다. 즉 그들은 "미국의 위선적인 중립성"(하르데겐)뿐 아니라 1941년 12월 12일에 히틀러가 미국에 한 선전포고에까지 분노를 느꼈다는 것이다. 하지만 그 기사들이 말하는 기독교적인 항해가 그 이면에 무장하지 않은 배들을 폭파시키고, 침몰하고 있는 배에서 생존한 사람들을 종종 불타고 있는 바다에 남겨두고 떠나는 행위라면 그것이 실제로 영웅적인 행위일까?

물론 베네수엘라까지 작전을 수행하고 대서양에서는 특수 제작된 유조선(멜크쿠)에 의해 원유를 공급받았던 많은 잠수함 함장들 가운데는, 항로를 통해 석유를 수송하는 것을 차단하고자 하는 이런 전쟁에 반대하는 예외적인 사람도 있었다. 그들은 잠수함 대원들이 이미 1917년부터 오판한 해전의 범행자일 뿐만 아니라 희생자기도 하다는 사실을 보여주고 있다. 되니츠의 무선 통신문에 자주 등장하는 표현인 '비축 연료가 허용한다면'은 분명하게 다음의 사실을 알려주고 있다. 즉 그의 해상 번개전이라는 구상도 극도로 빈약한 디젤기지의 비축 상태 때문에 장기적으로는 유지할 수 없다는 점이다.

로타르 부흐하임의 보고와 〈함정〉이라는 그의 영화가 짐작할 수 있게 하는 것은 단지 북대서양에서 어떤 비극이 연출되고 있었는지에 대한 것만이 아니었다. 카리브 해의 아루바 앞에서나, 하켄크로이츠를 단 잠수함이 정유소도 공격하는 걸프 만의 아바단 앞에서조차도, 모든 것은 세계적으로 조직된 연합군의 석유공급망을 파괴하고자 하는 목적으로 수행되고 있었다는 것이다. 그러나 그들은 결국 그 목적을 달성할 수 없었다. 잠수함에 따르는 호송선단으로 말미암아 잠수함은 그 위치가 노출되어 공격선에서 공격을 당하는 입장이 되었기 때문이다. 특히 무선 암호해독기가 개발된 후에는 독일 잠수함은 엠덴이나 브레스트 항에서 출항하여 천국으로 직행하는 특공대가 되어버렸다.

히틀러조차도 때때로 자신이 석유에 의존하고 있다는 사실을 인식했고 자신의 직속 지휘관들에게 그에 따른 전략에 관해 적당한 보충적 교시를 베풀었다. 그래서 1942년 11월 말에 독일 국방군 원수 에리히 폰 만슈타인은 히틀러에게서 스탈린그라드에 있는 6군의 상황과 관련하여 석유의 중요성에 관한 몇 가지 점을 들을 수 있었다. 만슈타인이 전화로 "지도자 각하, 코카서스에 있는 A 군단이 도대체 무엇을 해야 할지 말씀해주십시오."라고 질문하자, 그의 최고 사령관 히틀러는 부관 알렉산더 슈탈베르크를 통해 다음과 같이 대답했다. "장군, 문제는 바쿠를 차지하는 것입니다. 우리들이 바쿠의 석유를 획득하지 못한다면 전쟁에 패하고 말 것입니다."

가스 학살

독재자 히틀러와 무솔리니가 석유를 '미래의 자원'이라고 강조한 것을 진지하게 받아들인다면, 가스에 대해서도 역시 언급해야만 할 것이다. 그렇다고 히틀러 자신이 1차대전에서 잠시 그 희생자가 되었던 대량 살상무기로서의 가스를 말하는 것은 아니다. 또한 여기서는 벤진의 점화 성능을 향상시킴으로써 모터를 작동시키는 특수 기화기 내에서 일어나는 벤진 살포의 기술적 과정을 말하는 것도 아니다. 오히려 그보다는

9. 전쟁과 석유

'팀파니소리 작전'(미국과 벌인 독일의 잠수함 전쟁을 일컫는다. 전쟁을 벌인 지 몇 달도 안 되서 독일 잠수함 부대는 4백 척이나 되는 미국의 함선을 파괴했다. 이때 입은 피해로 영국은 생필품 보급경로가 거의 끊겼으며 미국의 전쟁산업은 마비되었다—옮긴이) 동안에 자행된 해양 대학살과 구조적 및 정신적으로 연관되어 있는 파괴 의도의 특정한 측면에 관심을 기울여야 할 것이다.

유대계 이탈리아인이자 화학자였던 프리모 레비는 「부나(Buna)의 지옥」에서 전한 보고에서 왜 전체주의 정권이 저항세력이나 그 외의 달갑지 않은 인물들을 제거하기 위해 모든 수단을 동원할 수 있었던가 하는 문제를 자세히 분석했다. 또한 그는 어느 정도까지는 시독(屍毒) 혹은 프토마인(Ptomain)으로 구성되어 있는 석유에서 추출한 유독물질을 이용한 가스 학살에 대해서도 자세히 분석했다.

레비는 '정의와 자유'라는 빨치산 단체의 단원으로서 파시즘 및 무솔리니의 전쟁독재에 적극적으로 항거했으나, 체포된 후 일종의 노예 같은 노동자 신분으로 어느 산업단지로 이송되었다. 그곳은 이게-파르벤의 기술적인 지휘를 받으며 특히 나치 독일 국방군 차량에 사용되는 인공 고무를 만들어내던 '부나 생산공장'이었다.

레비는 그곳에서 '소유권에는 의무가 따른다'라는 독일 기본법 제1조항에서 유래하는 신탁개념과 정반대되는 인권유린을 경험했다. "부나는 절망적이고, 극도로 우울하며 암담하다. 철과 시멘트, 진흙과 자욱한 검은 연기가 뒤엉킨 완벽한 혼란, 그것은 아름다움의 정반대다. 이곳의 모든 도로와 건물은 비인간적이고 불길한 이름을 달고 있거나, 우리들처럼 숫자와 철자로 이름이 붙여져 있다. 이 구역에서는 풀 한 포기 자라지 않고, 대지는 석탄과 등유의 유독 액체로 적셔져 있다. 이곳에는 아무 것도 살지 않는다. 단지 많은 기계와 노예들만이 있는데, 전자가 후자보다 더 많다."

레비의 이런 체험은 1944년에 있었던 것이다. 군비 장관 알베르트 슈페어가 연합군에 의한 막강한 지상 폭격을 강행했음에도, 거의 전 유럽에서 끌려온 노예 같은 노동자 및 강제 징용자들 덕택에 전쟁물자 생산을 최상의 수준으로 끌어올리는 데에 성공했던 바로 그해였다. 또한 그렇게 함으로써 서방세력의 침입군에 대항하는 '아르텐 산맥-공격'을 확실히 하는 데에 성공할 수도 있었다. 철자와 숫자로 단순화하여 명기하는 방식은(U-보트도 이런 식으로 표시했다) 화학자인 레비에게는 그 자신이 속한 학계에서 쓰던 학술용어집을 통해 이미 익히 알려진 것이었다. 그러나 부나에서는 이러한 방식이 자연의 경우와 마찬가지로 자신의 고유 가치를 인정받지 못했던 모든 인간을 무자비하게 물질화하는 작용을 했던 것이다.

무자비한 번호 매기기의 이러한 기술적 냉혹함에 관해서는 저명한 사전인 1952년 판 『헤르더 대사전』도 약간 언급하고 있다. 이 사전은 합성수지 부나에 대하여 철저히 기술만능주의적으로 보고하고 있다. 마치 '파르벤' 화학이 얻어낸 이런 대성과를 나치 정권이 결코 오용한 적이 없었던 것처럼 말이다. 이에 대한 서술을 보자. "부나는 1934년 이래로 독일의 공장에서 생산한 인공 탄성고무다. 아제틸렌(Azetylen)에서 수은 염을 이용한 촉매 과정과 가성소다액, 즉 물 화합처리를 거쳐 부타디엔(Butadien: 불포화 파라핀-탄화수소)이 생산되었다. 유화 및 중합작용을 통해, 그것에서 고무나무에서처럼 유액이 생성되고, 나트륨과 함께 이 유액은 탄성고무로 가공될 수 있는 생고무를 만들어낸다. 부나는 부타디엔의 Bu와 나트륨의 Na를 합성하여 생겨난 단어며, 자연고무보다 몇 배나 우수하다."

부나 생산은 강제 징용자들의 노고로 이루어졌다. 이들은 2000년까지도 여전히 그들의 고통에 대한 물질적 보상을 받지 못했다. 독일의

9. 전쟁과 석유

산업체가 보상기금에서 자기가 맡아야 했던 분담금 일체를 제때에 지급하지 않았기 때문이다. 그러나 '노동은 쉽게 해준다'라는 냉소 속에서 겪은 그 모든 끔찍한 궁핍도 레비가 다른 인간상을 믿는 것을 막지는 못했다. 레비는 기술과 도덕이 서로 대립해 있는 것이 아니라 상호의존적인 성격을 가지고 있으며, 제도적인 제3작용(사법제도)을 이용하여 신탁관리를 할 의지를 가져야 한다는 의무감을 지니고 있었다. 또한 그는 수용소 베테랑들 간에 농담조로 '회교도'라는 말이 돌 때도 확신을 잃지 않았다. 이때 회교도란 가스 처형을 명령받은 다음 희생자로서의 '약하고, 쓸모없고, 가스실로 보내지기에 충분한 죄수들'을 의미했다.

회교도, 모슬렘 혹은 모하메드인은 반유대주의 나치의 살육극 이전에는 어떤 유파에 속하든 이슬람교도를 의미했다. 바로 이러한 속성 때문에 이슬람교도는 한때 유대인의 적으로 간주되어 나치로부터 아주 호의적인 대우를 받았다. 물론 여기에는 광대한 걸프 지역으로부터 장래에 석유를 공급받기 위한 속셈도 작용했다. 그러나 독일 특사 프리츠 그로바가 이미 1938년부터 추축국인 독일과 이탈리아가 아라비아 산 석유를 사용할 수 있도록 지다에서 끈질기게 노력했음에도, 영국과 미국을 이러한 미래사업에서 몰아내기 위한 그의 모든 노력은 허사로 돌아가고 말았다. 또한 베를린에 앉아서 회교도 해방운동을 지지함으로써 영국과 프랑스 및 미국에 의한 식민지배를 민족적으로 타파하려던 목표조차 의도했던 대로 이루어지지 않았다.

그 밖에도 석유에 집착하던 독재자들 사이에서 모종의 경쟁이 일어났다. 왜냐하면 무솔리니는 리비아와 에티오피아에서 파산한 후에 특히 이라크의 하시미텐 왕조를 강력하게 비호하여, 이라크가 이웃 국가 페르시아로부터, 즉 바스무스 이래 전통적으로 친 독일제국 노선을 걷고 있던 나라로부터 무력으로 풍부한 유전지역인 쿠지스탄을 강탈할 수 있도록 재가했던 것이다.

이 프로젝트는 아랍사회주의를 추구하는 바트 운동의 정신에 입각했던 것으로서, 후세인이 1980년부터 또 다른 이유에서 무력으로 실현하려고 했던 것이기도 하다. 이 운동의 이론적 중심인물은 회교도가 아니라, 기독교인인 미하엘 아플락이었다. 무솔리니 숭배자이자 파시즘을 지지하던 아플락은 '영웅적 인간상'을 신봉하던 인물로서, 팔레스타인 거주지의 유대인 및 유대주의에 반대하는 입장을 드러냈다.

걸프 지역에서 정치·외교·경제적으로 승리하지 못했던 것은 이제 그의 세력권 내에서 끔찍한 방식으로 실현되었다. 그는 1933년 이래로 유대인의 재산을 아리안화함으로써 직업을 박탈하고 재산을 몰수했으며, 1935년에는 소위 '독일 혈통과 명예보호'를 위한 합법을 가장한 조치를 취했으며, 강제수용소에서는 노동에 의한 인간파멸 정책을 펼쳤던 것이다. 그리고 이제 전쟁이 발발하자 소위 결말 단계가 기다리고 있었다. 즉, 악명 높은 반제 회의(1939~1945년 사이 베를린의 '반제 56~58번가'에 있던 빌라에서 열린 회담으로, 이 회의에서 나치 수뇌부들이 모여 유럽의 유대인 학살계획을 논의했다. 반제는 반이라는 이름을 가진 호수라는 뜻. 따라서 '반 호수 회의'라고도 번역할 수 있다—옮긴이)가 진행되던 중 1942년 1월 20일에 '유대인의 절멸계획'이 결정되었던 것이다. 그것은 후방에 위치한 저항능력이 없는 사람들에 대한 악독한 행위로서, 심지어 가스를 이용한 살인을 하기에까지 이르렀다.

'혈통과 명예'라는 독일 나치 친위대 SS의 표어 아래 수백만의 무고한 사람들을 끔찍하게 살육했던 이 역사의 한 장에서, 상당히 패륜적인 역할을 한 것이 석유를 생산할 때 독일인들이 유대인의 노동력을 불법 사용한 것이다. 이것은 베르톨트 바이츠의 회상 덕분에 몇 년 전에야

9. 전쟁과 석유

비로소 몇몇 부분에서 공개될 수 있었다. 또한 이것은 빌헬름 무엘론이 이미 빌헬름 2세 체제의 독일에 윤리적 결함이 있었다고 1914년에 판단한 것이 사실이었음을 확인해주고 있다. 즉 "지극히 평범한 남자들이" (브라우닝) 통치행위로서의 최고 명령의 비호를 받아 야수같이 행동할 수 있었던 것이다.

후에 크룹의 전권 대표가 된 바이츠는 함부르크의 로열-더치셸에서 구매부 사원으로 직장생활을 시작하여, 1941년 7월에는 동 갈리시아 지방의 유전지대로 발령을 받았다. 그는 그곳에서 베를린 주재 제국경제 장관의 지시에 따라 '카르파티아 석유 주식회사'의 구매부 부장으로 활동하며 전쟁에 꼭 필요한 물자인 석유를 계속 확보하는 임무를 맡게 되었다.

바이츠는 동쪽으로 진군하는 독일군 후방에서 활동을 시작하던 때까지만 해도 아마 다음과 같은 일은 거의 생각하지 못했을 것이다. 즉 자신이 1944년 봄까지 때때로 '유대인의 아버지' 내지 '지옥의 천사'로서 많은 인명을 구하게 되리라는 것을 말이다. 그는 아내 및 딸과 함께 자기 소유의 메르세데스 자동차를 타고 지리적으로 다양한 형태를 띤 분지지역으로 오게 되었다. 폴란드에 속했던 이 지역은 1939년 가을에 소련군에게 점령되었다. 1941년 6월에 감행된 소련군에 대한 습격과 함께 이 값진 석유지대는 또다시 새 점령군을 맞게 되었다. 이 점령군 중 특히 몇몇 SS 대원들은 대로에서 민간인을 살해하는 등 독단적인 월권 행위를 하기까지 했다.

가족과 함께 보리슬라프에 거처를 정한 뒤 석유생산을 감독하던 바이츠는 구멍을 뚫는 인부에서, 시추전문가 그리고 그 지역 정유공장의 엔지니어 및 석유화학자에 이르기까지, 석유경제 분야에 종사하는 사람 대부분이 유대인이라는 사실을 곧 알게 되었다. 그는 그들을 쉽게

417

알아볼 수 있었다. 왜냐하면 그들이 의무적으로 '파란색 다윗의 별이 새겨진 흰 완장'을 둘러야만 했기 때문이다. 이것은 수년 뒤 이스라엘 국기의 심볼이 되었다.

바이츠는 점령군 및 그 우크라이나로부터의 보조군에 의해 자행된 유대지식인 체포와 처형을 알아차렸다. 그 자신의 진술에 따르면, 그런 일들은 그로 하여금 그 지옥이 지속되는 동안 '비인간적인 시대에 인간'으로 남을 수 있게 노력하게끔 만들어주었다고 한다. 그러나 그가 기울였던 노력은, 몇몇의 남녀 노동자들을 카르파티아 석유 주식회사를 위해 없어서는 안 될 인력으로 보고해 그들 중 몇몇의 목숨을 제한적으로 확보하는 일에만 한정되었을 뿐이었다(이 회사의 주식자본에는 은행 '도이체 방크'도 관여하고 있었다).

심한 굴욕을 겪었던 유대인들을 위해 그가 개인적으로 위험을 감수하고 관여를 할 때, OKW의 특별 전보가 종종 그를 돕곤 했다. 그 결과 그는 때때로 나치 친위대의 파괴망상을 저지할 수 있었고 최악의 상황을 막을 수 있었다. 소련에 대한 전격전의 실패가 이미 예상되고 난 이후, 지극히 공식적인 이 문서에서 갈리시아의 석유는 전쟁수행을 위해 각별히 중요한 것으로 평가되었다.

베를린 행정부는 갈리시아의 유전지대에서 어떤 유대인 전문인력도 고용하지 말아야 한다고 주장했지만, 콘체른의 경영진은 그때까지 근무했던 동료들을 '필수적'이라고 평가함으로써 유대인들을 나치 친위대나 경찰병력이 자행했던 확실한 섬멸로부터 보호할 수 있었다. 특히 '군수 노동자'(Rüstungs-Arbeiter)나 또는 '정유공장 노동자'(Raffinerie-Arbeiter)에서 따온 철자 'R'는 석유산업계에서 일하는 다수의 유대인들이 밥벌이를 하고 어느 정도의 보호를 받을 수 있도록 해주었다.

9. 전쟁과 석유

그러나 바이츠는 나치 친위대의 다른 조처들에 대해서는 영향력을 갖지 못했고 무기력하게 반응할 수밖에 없는 처지였다. 가령 유대인 부녀자들이 특별히 다루어질 때 그러했다. 이 부녀자들은 가스실로 보내지기 전에 머리카락이 다 잘려서 대머리가 되었고, 그 머리카락은 감자 자루에 담겨져 갈리시아에서 서쪽으로 운송되었다. 바이츠의 말에 따르면, 이런 재료들은 "U-보트를 위해 어떤 특별한 목적에 쓰이도록 정해졌다. 틈을 메우는 용도나 그와 비슷한 것에."

그러나 그 정도의 만행으로도 부족했다. 석유생산, 그리고 '갈리시아', '나프타' 또는 '폴민' 정유공장에서의 석유가공은 그 자체로 유대인 'R' 전문 인력의 가족들에게 치명적인 위험이 되었다. 왜냐하면 근처의 살육수용소 벨젝에서 거의 매일 아주 악독한 방법으로 다음과 같은 끔찍한 문구가 실천에 옮겨졌기 때문이다. 그 문구는 재앙의 징조에 대한 경고 내지 표시처럼, 지금도 세상의 모든 주차장 벽에 붙어서 닥쳐오는 불행을 경고하고 있다. "모터 가동 중에 중독 위험 있음!"

따라서 바이츠가 카르파티아 석유 주식회사와 고용계약을 맺어 구출했던 노동자와 직원들은 자신의 가족들을 연소가스로 질식사시키게 될 원료를 자기 손으로 생산하도록 강요당하고 있었던 것이다! 이러한 살육행위에 대해 비판적이었던 SS 대원 쿠르트 게르슈타인은 갈리시아 유전지대의 감독관으로서 1942년 8월에 내려진 그런 조치들에 대해서 혐오감을 느끼게 되었다. 그는 나체가 된 수백 명의 사람들이 매우 비좁은 방 안에 집어넣어지는 광경을, 그리고 그들이 퉁퉁거리는 디젤모터의 배기가스 속에서 비참하게 질식할 때까지 독소, 유해물질, 가스(일산화탄소)가 살수되는 것을 아주 가까이에서 목격했다.

그 밖에 여러 광란의 살육축제가 특히 비르케나우와 아우슈비츠에서는 한마디로 말해 극악한 차원으로 고조되기에 이르렀다. 이것은 이게-파르벤의 무기고에서 나온 신종 독가스로 인해서 가능하게 된 것이었다. 그 신종 독가스 중에서 청산가스인 살충제-B가 최악의 명성을 떨쳤다.

자칭 '위대한 인간'들이 완전한 무법지대에서 이른바 '인간 이하의 사람들'을 체계적으로 살육함으로써 초래했던 산업적인 결과물은, 자연조차 학대받는 사람들을 도울 수 없었던 곳에서도 유사한 결과를 가져왔다. 바이츠의 말에 따르면, "게토 지역의 주민들은 채소를 직접 재배할 수 없었다. 보리슬라프 시 전 지역의 대지가 석유로 오염되어 있었기 때문이다."

인간과 자연에 불어 닥친 불행을 석유 탓으로만 돌리는 것은 무리가 있다. 석유는 결국 무책임한 군대, 혹은 태만한 기업가들의 손에 들어왔을 때야 비로소 유해한 물질이 되었던 것이다. '악마의 눈물'에 의해 야기되었던 갈리시아의 지옥 같은 상황의 원인은 오히려 나치 독재에서 찾아야만 한다. 또한 그 원인은 무엘론이 이미 1914년에 빌헬름 시대 사회의 '비도덕적' 상황이라고 지적했던 것에서도 찾아야 한다. "집에서, 학교에서, 병영에서 그리고 직장에서 그 누구도 사람들을 더 높고, 더 자유로운 단계로 이끌려고 노력하지 않았다. 사람들에게는 명령이 전달되었고, 그들은 복종했다."

대학살에 대한 연구가, 오늘날까지도 맹종과 같은 이러한 핵심적 특징을 거의 고려하지 않은 채 "섬멸적인 반유대주의"(골트하겐) 같은 설명에 자리를 내주고 마는 것은 놀라운 일이다. 어쩌면 몇몇의 경우에서 그런 살육의 발상은 더욱 고조되면서 첨가되었을 수 있다. 그러나 언제나 결정적이었던 것은, 아무런 윤리적 가책 없이 일반적으로 수행되었던 살육명령이었다. 그것은 집시 같은 비유대인에게도 가해졌던 것이다.

이러한 살육명령을 수행했던 이들은 고분고분하게 명령을 집행하는 군인들이었다. 이들은 히틀러를 정당 지도자이자 최고 행정책임자로, 그리고 최고 지휘권자로 세 번의 '선서'를 통해 무조건 떠받들며, 1934년에서 1945년까지 절대적 권력 원칙으로 내면화되었던 말, 즉 "영도자여, 명령하십시오, 우리는 당신을 따를 것입니다!"라는 말을 그대로 수행했다.

거의 한 민족 전체를 지배했던 이러한 지도자 숭배의 막바지에, 레비는 세심한 관찰을 통해 다음과 같은 일에서 성과를 거두었다. 즉 석유와 석유생산물 없이는 생각할 수도 없었을 전쟁 기동화의 초기에 역사적으로 시선을 맞추는 일이었다. 1944년 1월 20일의 경과에 대해 그가 메모한 것을 보면, 그가 어떻게 부나 공장부지에서 동쪽에서 서쪽으로 이동하는 이상한 행렬 내지 '민족 대이동'과 마주쳤는지가 적혀 있다. "벌써 사흘째, 연이어 도주하는 독일 국방군이 지나갔다. 장갑차, 즉 하얗게 위장용 칠을 한 '호랑이-장갑차'와 말을 탄 독일인들, 자전거를 탄 독일인들, 걷고 있는 독일인들……."

그중에는 입고 있던 검은 제복에다 해골을 그리고 목에다 나치의 철십자 훈장을 건 악마 같은 무리들도 있었다. 이들의 살기는 1944년 7월 20일에 양심의 반란을 일으켰던 군인들과 민간인들조차 실질적으로 막지 못했다. 왜냐하면 폭군으로부터 나라를 해방시키려던 반란은 무산되고, 그 대신 주동자들은 클라우스 그라프 폰 슈타우펜베르크 백작의 암살계획이 수포로 끝난 뒤 플뢰첸 호수에서 정육점 갈고리에 목이 내걸리거나, 혹은 베를린의 벤들러블록에서 처형되고 말았기 때문이다.

그곳은 또한 히틀러가 대 독일제국의 최고 재판권자로서 그 지위에 걸맞게 자결했던 벙커로부터 그리 멀지 않은 곳이었다. 그는 지상의 그 누구에게도, 더구나 독일 국민에게는 더욱 아무런 의무를 지지 않고,

포화와 공중에서 쏟아지는 융단폭격에 의한 아수라장의 한가운데에서 자결했던 것이다. 그가 자결한 그 장소는 아마 그의 마지막 명령이 되었을 그 명령에 의해 불태워졌다. 벤진 화염 속에서!

자세히 살펴보면, 20세기에 중유럽에서 대륙을 지배하는 패권을 획득하여 그것을 영구히 굳히기 위해 일으켰던 전쟁은 두 번 모두 실패했다. 이 두 번의 재앙에 대한 근본적인 원인은 단기전 및 전격전을 권력수단으로 잘못 판단한 데서 찾아야 할 것이다. 왜냐하면 그러한 수단은 단지 제한된 에너지 기반을 보유하고 있었기 때문이며, 특히 석유부족으로 인해 지속적으로 시행될 수 없는 것이었기 때문이다.

그러나 이러한 구조적 약점 외에도 두 전쟁수행에서 나타난 정신적 결핍도 한 몫을 했다. 그런 결핍을 애국자이자 성실한 사업가였던 무엘론은 이미 1914년에 인식하고 있었다. 그는 '거칠고 잔인해진 언론'의 선동적 장광설에 반대하며, 역사적 경험을 바탕으로 다음과 같이 경고했다. "많은 민족들은 몇몇 소수의 사람들이 내놓은 괴상한 발상들을 위해 싸운다. 그것은 몇몇의 소수가 불러일으키는 위험이기는 하지만, 모든 민족들이 책임져야 할 위험이다. 여러 민족들은 통치하는 자들을 쉽게 믿으며, 서로를 불신하고, 유령에 대한 공포와 망상으로 가득 찬 어리석은 무리로 남는다. 그렇게 조종에 따라 움직이는 우민들보다 더 끔찍한 것은 없다. 필요에 따라 순전한 감정적 유행병을 만들어낼 수 있는 실험장으로서의 우민들 말이다. 이들은 항상 정신적으로 눈먼 상태에 있으며, 악이든 선이든 내면의 인식 없이 행한다. 이들은 집단운동의 엄청난 조류에 헌신한다. 그 집단운동이 천사에 의해 인도되었든, 악마에 의해 몰아졌든, 혹은 유령에 의해 추구되었든 상관없이……."

10

멕시코—황금 벨트

페레스는 냉소적으로 근대적인 생활방식을 다음처럼 말한다.
"다음 세대가 우리와 무슨 상관이 있는가? 우리가 죽은 다음에 생길지 모르는 세계의 몰락은 침실에서 무선으로 상영되는 영화로도 볼 수 있다. 땅, 땅, 땅, 땅이 도대체 뭔가? 우리의 자동차를 굴릴 수 있는 석유를 위해서는 땅이 필요하다. 옥수수? 옥수수를 경작하기 위한 땅이라고? 멍청한 인디언들은 지옥에나 떨어져라! 우리가 땅을 죄다 석유로 오염시켰기 때문에 옥수수가 필요하다면, 그러면 옥수수를 기계로 만들면 되지. 그리고 통조림 통에 든 옥수수를 사면 될 것 아닌가."
이에 인디언 아킨토는 콘도르 석유회사의 변호사이자 대리인인 페레스에게 이렇게 대답한다.
"영원히 시추할 수는 없을 것입니다. 어느 날엔가 석유가 고갈될 것입니다. 그때 모든 남자들은 이미 옥수수를 어떻게 재배하는지 잊어버렸을 테지요."

인간, 기술의 노예가 아닌 주인

'멕시코의 이미지'라는 전시회의 카탈로그를 보고 세 가지 문화가 섞여 있는 이 특이한 나라에 대한 이미지를 그려보고자 하는 사람은 곧 한 가지 특이한 점을 발견하게 된다. 1900년에서 1960년 사이에 생겨난 작품들 중에서 정선해낸 이 유화 및 그래픽 작품들과 사진들에는 산업노동의 세계 또는 석유 분야와 관련된 노동의 세계까지 다루었던 한 예술가의 작품은 거의 포함되어 있지 않기 때문이다. 이 석유라는 천연자원이 1910년 혁명 이후로 지금까지, 그리고 1917년 발표된 헌법에서도 멕시코에서 가장 중요한 국가재산으로 명시되어 있으며 오늘날까지 '멕시코의 피'로 간주되고 있었는데도 말이다.

단지 안토니오 루이스가 1941년에 그린 유화 〈로스 미네로스〉만이 다른 그림들과 다르게 보인다. 다른 화가들이 들판에서 일하는 가난한 농부들과 도시의 부유한 시민들만을 그리고 있다면, 루이스는 광부들을 그리고 있다. 이 그림에는 반쯤은 거의 벗은 것이나 다름없는 광부들이 등장한다. 이들은 샌들에다 헤진 바지를 입고 아무 장식 없는 모자를 쓴 채 나무 버팀목으로 지탱해놓은 수직갱으로 터벅터벅 걸어 들어가고 있다. 갱부의 휴대용 안전등 하나와 삽 그리고 곡괭이는 숨 막히는 수평갱 내에서의 광부들의 일상을 생생하게 그려내고 있다.

그러나 이러한 현실의 외양만 보고는 이 그림을 제대로 파악할 수가 없다. 왜냐하면 그림 속에 그려진 갱부들은 관람객에게 등을 돌리고 있기 때문이다. 그들은 등을 돌리고 서 있어서 마치 지옥의 문전에 서 있는 죽은 영혼들 같은 인상을 풍긴다. 그리고 숨어 있는 파수꾼은 죽음에 제물로 바쳐진 이 갱부들이 자신의 작업시간을 마치고 모두 안전하게 갱 밖으로 나올 수 있다는 보장을 해줄 수 없다. 그림 속의 이 사람들은 인간이 자연을 파괴하고 천연자원을 채굴할 때 자연을 배려하지 않으면 인간이 자연과 접하면서 얼마나 자신의 존엄성을 잃는지를 암시하고 있다. 루이스가 광업의 모티프 속에서 그려내고 있는 것은 바로 멕시코의 사자(死者)숭배 문화다. 매년 11월마다 열리는 이 의식은 물질세계의 덧없음을 다음과 같은 시어로 경고한다. "옥(玉)도 부서진다. 금조차도 파괴된다. 꼬리 긴 고운 새의 깃털조차도 뜯겨나간다."

이러한 윤회사상에서 물질적인 재산은 사람들이 추구해야 할 유일한 삶의 목적이 되지 못한다. 종교적인 멕시코인들은 이러한 의미에서 석유라는 우상을 숭배하고 재물을 쌓아가는 것이 영혼의 구원보다 더 중요한 듯이 보이는 미국적인 삶의 방식을 회의적으로 바라본다. 그럼에도 이미 1억 국민 중에서 많은 사람들이 소비주의를 추종하고 있고, 자국에서 조립된 폴크스바겐 회사의 케퍼(일명 '딱정벌레 차'—옮긴이) 자동차만이라도 신분의 상징으로 사두려고 많은 노력을 기울이고 있다. 이러한 그들의 태도는 국가적 차원에서 쟁취해낸 '에히도'(ejido)가 파괴된 것만큼이나 삶의 재산인 땅에 대한 태도가 파괴되었다는 것을 보여준다. 에히도는 1992년 카를로스 살리나스 대통령이 민영화 조치의 일부로 취한 공동 토지소유를 지칭하며, 1917년 헌법 27조에 근거해 자신의 토지가 없는 농부들을 위해서 국가가 보장해준 공동토지 소유권을 말한다.

산업화 이전 시대 자연에 대한 인간의 관계가 어떠했는지는 석유 중심지인 콜로모와 걸프 해안 유역(流域)의 쿨레브라에 있는 무수히 많은 광맥 노출부위들에 대한 호칭에서 잘 드러난다. 그곳은 지금도 여전히 스페인어와 아스텍어를 합성해 만든 '달콤한 향기의 눈'이라는 감동적인 표현으로 불리고 있다.

누수부위에 고여 있거나 지진으로 인해 지표면으로 유출된 석유는

10. 멕시코―황금 벨트

옛 멕시코의 주 종족이었던 아스텍인들에게는 특수한 고형 회반죽을 만들거나 계단식 피라미드를 건축할 때 사용될 정도로 귀중한 것이었다. 아스텍족과는 반대로 토토나켄족이나 우아스테카족과 같은 다른 종족들은 이 검고 끈적끈적하며 냄새나는 원료가 도자기 위에 그린 채색장식을 오래 지속시키는 데에 탁월한 성능을 발휘한다는 것을 일찍 알아차렸다. 그들은 석유의 치유효능과 발광성질에 대해서도 오클라호마의 인디언들이나 뤼네부르크로 이주한 독일 니더작센 주의 농민들, 그리고 쿠웨이트의 베두인들만큼이나 잘 알고 있었다. 1967년에 멕시코에서 열린 제7차 세계 석유회의의 의장인 헤수스 레제스 에롤레스가 석유의 이러한 다양한 활용방법과 관련해서 "석유는 항상 멕시코에서 여러 방식으로 삶과 긴밀한 관계를 맺어왔다."고 말한 것은 당연한 일이었다.

그러나 인간이 석유와 맺어왔던 이러한 자연스러운 관계는 1863년에 사람들이 석유를 가공되지 않은 원료로 산업적으로 채굴하기 시작했을 때 변하기 시작했다. 그 당시 석유의 선구자라고 할 수 있는 마누엘 힐 이 사엔스는 테페티틀란 근처에 풍부하게 존재하는 노출된 광맥들을 누수수직갱으로 발전시켰다. 이 발전으로 인해 석유는 족히 백 년 뒤에 '멕시코 경제의 기둥'이 되었고, 이를 기반으로 해서 산업화도 이루어지게 되었다. 그러나 이로 인해 한때 오염되지 않은 맑은 공기로 유명했던 수도 멕시코시티의 환경오염이 시작되었다.

이러한 근본적인 변화가 이루어지고 있는 동안에 영향력이 컸던 멕시코의 지식인들과 사회주의 화가인 디에고 리베라는 그들이 자연친화적인 자국의 심성과 기술적인 현대의 여러 요구사항들을 서로 결합시킬 수 있다고 믿었다. 그들은 심지어 비의 신 케찰코아틀과 석유 우상이 지닌 불의 속성이 서로 화해할 수 있다고 믿기까지 했다. 이런 맥락에서 다비드 알파로 세케이로스는 1952년까지 멕시코시티의 국가 종합기술

연구소에 걸려 있던 자신의 기념비적인 벽화를 '인간—기술의 노예가 아닌 주인'이라고 명명했다.

이러한 멕시코인들의 꿈은 그들의 역사를 생각해보면 이해가 갈 것이다. 멕시코는 1540년부터 1821년 해방될 때까지 스페인의 부왕 독재 통치하에 놓여 있었다. 이 부왕은 전 국토의 부를 마치 자신의 개인 재산인 듯 사용했고 멕시코인들을 마치 노예처럼 취급했다. 홈볼트가 1803년에 보고한 과나후아토의 은광 사정을 한번 눈앞에 떠올려보면, 이 굴욕을 벗어나기 위한 멕시코인들의 자유에 대한 욕망을 이해할 수 있을 것이다. 그러나 스페인의 멍에에서 해방된 것은 멕시코 국적의 독재자들이 생겨날 수 있는 기반을 마련해주었을 뿐이었다. 그들은 스페인 부왕의 뒤를 이어 족벌들과 함께 새로운 부에 대한 망상을 해방된 조국에서 마음껏 펼칠 수 있었다. 독재자들과 그들의 족벌들이 저지른 수탈과 만행은 1910년 혁명이 일어나 수탁자적인 헌법이 제정될 때까지 계속되었다. 그러나 1938년의 멕시코는 스스로 'PRI'라고 명명한 국가 당과 국영 석유 콘체른 페멕스의 영향을 받으면서 '국가와 자유'라는 혁명의 슬로건을 무시하고 다시 1919년 혁명 이전의 국민약탈 양상으로 회귀하는 양상을 보였다.

멕시코의 피

세계에서 가장 오래된 옥수수 문화와 설탕을 뿌려 넣은 해골, 그리고 쾌활한 마리아치 (Mariachi: 멕시코의 떠돌이 악사를 지칭—옮긴이)를 지닌 이 나라에서 석유채굴은 스페인 부왕의 사치와 교회 치장에 사용되었던 청동, 은, 금의 채굴과 별반 다르지 않게 진행되었다. 그러나 이 '멕시코의 피'(석유를 지칭—옮긴이)가 산업용으로 이용된 후에는 기존의 광업과 초기 공장산업 내지 공장제 수공업에서 볼 수 있는 것과는 다른 몇 가지 특이한 점이 나타났다.

이미 역사적인 해인 1859년, 즉 그가 아직 살아 있을 당시에 '제2의 아메리카 발견자'로 존경받았던 훔볼트가 관찰한 바에 따르면, 리오그랑드 남쪽에 위치한 라틴아메리카 전체는 완전히 봉건주의적인 면모를 띠고 있었다. 봉건주의적 태도는 상도에서 벗어난 족벌주의와 계속된 부정부패에서뿐만 아니라 전형적인 권력남용에서도 드러났다. "공장주들은 노동력을 얻기가 힘든 곳이면 어디서든지 키토(Quito: 에콰도르의 수도—옮긴이)의 공장에서나 스페인계 미국인들의 대농장에서 저질렀던 것과 같은 짓들을 저질렀다. 공장주들은 자신이 고용한 감독관을 가난한 이들에게 보내서 이 사람들이 만취할 수 있도록 조금도 망설이지 않고 돈을 주게 했다. 이들은 이렇게 주인에게 빚진 돈을 몸소 일해서 갚을 수밖에 없는 채무자나 노예로 전락했고 주인에게 예속될 수밖에 없었다. 주인은 이들의 노동력을 제멋대로 계산하거나, 옷가지를 원래 금액보다 60% 정도나 비싼 가격으로 매겨서 임금 대신 지불했다. 이 불행한 사람들은 한 해 내내 일을 해야만 했고, 그럼에도 결코 자신의 채무를 변제할 수 없었다. 한 나라 전체가 전 재산을 잃어버린 예가 어디에 있단 말인가?"

훔볼트가 여기서 악순환이라고 묘사한 것이 스페인 특유의 것은 아니었다. 왜냐하면 이와 비슷한 소유 행태는 같은 시기에 1863년까지 존속했던 미국의 노예제도와 스웨덴에서도 나타났기 때문이다. 스웨덴에서는 '스타타르나'(Statarna)라는, 반쯤은 물건 취급을 받던 계절노동자와 농부들이 1945년까지 대부분 귀족 출신의 대농장주들이나 브룩스 고용주들에게 착취를 당했고 술로 보상을 받았으며, 심지어 그들에게 사육되기까지 했다.

그러나 19세기에 사회문제로 격렬하게 토론되었던 이러한 비인간적인 상황이 석유채굴 영역에서는 어느 정도 완화되었다. 왜냐하면 이 문제는 멕시코에서 국가가 아니라 개인이 해결할 문제로 전이되었기 때문이다. 그래서 1984년에는 독재자 포르피리오 디아스의 지배 아래 1784년도에 제정되었던 광업법이 개정되게 된다. 구헌법은 합스부르크 왕가가 제정한 소유권규정에서 출발하고 있으며, 앵글로색슨의 헌법을 모범으로 따르고 있었다. 이 헌법에 따르면 석유나 역청 혹은 아스팔트가 발견된 땅의 주인은 이 천연자원을 마음대로 사용할 수 있었다. 여기서 우리는 그 당시에 광맥 노출부위나 타르 구덩이에 고여 있는 석유는 일반적으로 떠내기만 하면 되는 것이었지, 흔히 갱부들의 작업인 수직갱이나 수평갱 작업을 통해 채굴되지 않았다는 것을 짐작해볼 수 있다.

1869년 파판탈크루스 근처에서 활동했던 아돌포 어트리 박사와 1883년 마쿠스파나/타바스코에서 최초로 시굴갱을 팠던 시몬 살라트, 그리고 세라피온 카릴료와 같은 석유개척자들은 새 헌법에 의해 보장된 소유권 해결방식이 아주 안전한 방식이라고 느꼈다. 이제는 절대적인 상급소유자인 국가에 시달리지 않게 된 것이다. 그들도 세계 도처에서 그랬던 것처럼 자신들의 시추팀원들을 이끌고 처음에는 주로 툭스판 분지와 특히 단층과 같은 복잡한 지질학적 구조를 지닌 멕시코 걸프 해안 영역에 무수히 많았던 노출 광맥부위들을 따라 탐사해나갔다.

그러나 석유생산 지역을 보유한 주인들은 석유를 생산해내도 그것만 가지고는 오랫동안 실질적인 수익을 낼 수 없었다. 그들은 이 끈적거리는 덩어리들을 팔거나 처분해야 했다. 업스트림과 다운스트림의 상호작용이라는 이 성가신 문제는 멕시코에서도 역시 시장에 의해 조정되어야 했다. 사엔스도 역시 힘든 채유 초창기에 바로 이러한 구조적이면서도 경기에 따라 달라지는 시장경제의 불가피성을 고통스럽게 느낄 수밖에 없었다. 말하자면 그가 멕시코 내에서의 내수수요 부족으로 인해 자신이 소유한 광맥 노출부위에서 떠올린 석유마저 뉴욕에서 팔려고 했을 때, 석유 공급과잉과 가격폭락은 그가 최초로 시도한 수출을 수포로 돌아가게 했다.

석유탐사가 전문가들에게조차 여전히 얼마나 위험천만한 일인지는 한 미국기업이 (중남미의) 대규모 농장인 '엘 코우가스'를 임차했던 1892년에 드러났다. 비록 2,500헥타르가 넘는 지역에서 집중적으로 석유가 탐사되었을지라도, 시추팀원들은 별 채산성이 없는 광맥을 찾았을 뿐이었다. 이 실패와 걸프 해안을 따라 탐사하는 데 투여한 투자가 실패했음에도 곧 멕시코에 전형적인 중유생산이 가능하게 된다. 이 중유는 곧 '멕시칸 헤비'(Mexikan Heavy)라는 이름으로 캘리포니아에서 수출 히트상품이 되었다. 캘리포니아는 1848년까지 멕시코 공화국의 영토였으나 텍사스나 뉴멕시코 또는 애리조나와 마찬가지로 영토확장에 혈안이 되어 있었고, 그 결과 그 당시 전투적이었던 미국의 연방주로 넘어가게 되었다.

세기 전환기에 캘리포니아가 공급한 중유는 이미 2,600만 배럴로 잠정적으로 최고점에 달했다. 10년 뒤에는 그 사이에 혁명적이 된 멕시코로부터 수입하는 중유량이 이미 5,500만 배럴에 육박했다. 걸프 연안에 위치한 미국 근방의 나라들은 이와 비슷한 발전과 성장률을 기록했다. 미국으로 수출되는 물량은 1901년에 4,400만 배럴에 불과했지만 1909년에는 이미 4,900만 배럴이나 되었다.

멕시코가 종종 정제되지 않고 난방연료로 사용된 자국산 중유 덕분에 놀랄 만큼 성장한 것은 캘리포니아나 멕시코와 국경을 맞대고 있는 미국의 다른 연방주들에는 석탄이나 벌채할 수 있는 산림이 거의 없다는 사실과 관련이 있었다. 이 주들은 천연자원이 풍부한 동부 해안의 원료공급 지역과는 정반대 상황이었다. 그 외에도 록펠러의 에소는 중유 상품화에는 별로 관심이 없었다. 그래서 그는 이 벌이가 되는 사업은 주로 독자적으로 사업을 펼치는 헨리 싱클레어 같은 이들에게 위임했다. 리오 그랑데 양쪽에서 펼친 그들의 사업은 한 세기의 획을 긋는 한 가지 발명품 때문에 더욱 유리하게 되었다. 이 발명품의 기술적인 발전과 경제적인 적합성에 공헌한 이들은 바로 러시아의 바쿠 유전지역에서 활동하던 노벨 형제였다. 이 발명품이란 다름 아닌 공장을 가동시키기 위해서뿐만 아니라 가정용으로도 사용되는 특수한 기름보일러였다.

헨리 싱클레어가 쿠바에서와 마찬가지로 시카고에서도 장려한 이 혁신적인 기술이 신대륙에 그렇게 빨리 보급된 것은 이 기름보일러가 분출된 유황을 연소 과정에 결합할 수 있고 이로써 부식의 위험을 상당히 줄였기 때문이었다. 처칠과 영국 해군 함대 사령부가 1912년까지 전력을 다해 매달렸던 선박동력원으로 적합한 중유는 철도의 기관차에도 전격적으로 사용되게 되었다. 석탄으로 가동되던 마지막 기관차가 미국에서는 1955년에야 비로소 운행을 중단했을지라도, 새로운 철도노선을 통해 멕시코와 거친 서부에서 지체 없이 채굴이 이루어질 수 있었던 것은 주로 중유보일러를 장착한 기관차 덕택이었다. 성장하던 시장은 중유를 필요로 했던 것이다.

석유탐사에 개인 투자가 증가한 것은 1884년 이래의 소유권 보장과 관련이 있었다. 그러나 이 사실은 국가도 이 사업에 왕성한 의욕을 보였고 그중에서도 특히 대통령 디아스가 그랬다는 사실을 배제하지 않는다. 왜냐하면 그는 대통령이라는 자신의 직책상 채유 구역을 제한하고 그 시기를 규정하는 등의 시추경영과 채유에 필요한 특별 허가를 인

10. 멕시코—황금 벨트

가할 수 있는 권한을 가지고 있었기 때문이다.

앵글로색슨 계열이 이룬 성공사례에 비견할 만한 일련의 개혁 덕분에, 이 독재자는 외국의 자본과 투자자들을 국내에 유치할 수 있었다. 사람들은 외자유치를 통해 특히 영세해진 광업의 현대화와 농업 외에 멕시코의 산업화가 촉진될 것을 기대했다. 이러한 발전 상황은 석유가 최초로 산업용으로 사용된 지 채 40년이 안 된 1901년 5월 1일에 멕시코 석유회사(Mexican Petroleum Company, MPC)가 설립된 것과 맥락을 같이한다.

캘리포니아 출신의 석유기업가인 에드워드 L. 도우니는 다른 투자자들보다도 더 일찍 철도와 석유생산을 결합시키는 것이 더 많은 기회를 제공한다는 것을 알아차렸다. 그는 곧 전설적인 석유도시가 될 탐피코 근처에서 자신의 멕시코 석유회사로 하여금 산 루이스 포토시행 철도구간을 따라 시추를 하게 했고 425피트(대략 140미터)도 파내려가지 않아 전형적인 중유광맥을 시추하게 되었던 것이다.

캘리포니아 법에 따라 조직된 멕시코 석유회사의 성공적인 시추활동을 본보기로 해서 곧 멕시코인들도 석유탐사에 나섰다. 이들이 세운 새로운 기업은 '우아스테카 석유회사'라고 불렸다. 이 회사는 그 내부에 소규모 시추회사들을 거느리고 있었다. 이 소형 시추회사들은 북쪽에 있는 베라크루스에서 걸프 해안의 남쪽에 있는 타마우리파스에 이르기까지 수없이 많은 노출광맥에서 석유를 탐사했고, 연달아 유전을 채굴해 나갔다. 곧 석유캠프의 술집들 안에서는 시추팀원들이, 그리고 멕시코 밖에서는 은행가들마저도 오직 '황금벨트'(멕시코어로 'Faja de Oro')에 관한 이야기만 하게 되었다.

이러한 상황은 '라 페스 1호'라는 존데를 설치함으로써 실질적으로 멕시코에서 석유산업이 시작되기 전인 1904년 4월 3일까지 지속되었다. 왜냐하면 그때까지 개별 시추작업으로 채굴된 석유는 적은 양이었고 멕시코 내수시장에서는 상품화하기도 어려웠기 때문이다. 그러나 이 존데로 인해 지금은 1,647피트(549미터) 깊이의 땅 속으로부터 제1차 생산시기 동안에 하루 1,500배럴의 석유채굴이 가능해졌고, 구조적인 면에서도 지속적인 석유산업이 가능해졌다.

1904년까지만 해도 산 크리스토발 유전은 사용이 가능했다. 이 유전은 테우안테펙행 철도구간 및 최초의 정유공장이 세워진 미나티틀란 근처에 위치해 있었다. 훗날 이 정유공장은 1938년에 석유산업 전체를 국유화할 수 있었던 카르데나스 대통령의 이름을 따서 불리게 되었다. 이 정유공장은 1904년부터는 멕시코 자국의 난방용 석유공급뿐 아니라 미국과 쿠바로의 석유수출을 활성화시키는 데도 많은 도움을 주었다.

영국 기업가 휘트먼 퍼슨은 미래의 산업을 위한 이러한 거의 역사적인 투자활동에 결정적인 역할을 담당하고 있었다. 그는 그 후 1년 뒤 코드레이 경이라는 이름으로 영국 상원이 되었다. 그는 자신의 아들과 함께 도버 항구와 템스 강 밑의 블랙웰 터널을 건설한 공으로 귀족이 된 것이었는데, 그는 이렇게 귀족이 된 것을 당연하게 여기고 있었다. 이러한 건설은 그에게 대단히 귀중한 경험이었다. 그는 이 경험을 멕시코의 걸프 해안을 따라 항구시설을 건설했을 때와 마찬가지로 뉴욕에서 터널을 건설할 때도 이용했다.

어쨌든 퍼슨이 이렇게 멕시코에서 활동할 수 있었던 것은 독재자인 디아스 대통령과 긴밀한 우정을 유지하고 있었기 때문이다. 디아스는 장기적 관점에서 미국 자본의 유입을 위해 자국의 문호를 개방하는 것을 전적으로 환영하지는 않았다. 디아스에게 이 영국인의 활동은 일종의 힘의 균형이라는 의미에서 아주 중요했다. 어쨌든 디아스는 반드시 해결해야 할 두 가지 과제를 안고 있었다. 첫 번째로 그는 멕시코에서 생산된 석유만으로는 그가 세운 미나티틀란 정유공장에 충분한 양의 석유를 공급할 수 없었기 때문에 텍사스로부터 부족한 원료를 추가로 구입해야만 했다. 두 번째 문제는 멕시코의 내수시장이 아직도 열악해서 정제된 고급 석유들은 영국이나 나머지 유럽으로 수출돼야 했는데, 이때 유럽에서 멕시코의 석유는 세계에서 가장 강력한 경쟁자들인 에소 및 노벨과 경쟁해야 했다는 것이었다.

멕시코의 이러한 특수상황에 직면하여 '퍼슨 앤드 선' 팀은 독자적인 석유생산을 가능하게 하여 석유상품화 사업을 좀 더 안전하게 만들기로, 즉 통합 시스템을 갖춘 석유 콘체른을 구성한 노벨을 모방하기로 결정한다. 따라서 이 팀은 자신의 시추대원들을 이끌고 석유탐사에 참여했다. 그리고 1908년 7월 4일에 세인의 이목을 집중시킬 만한 석유를 발견하게 되었다. 멕시코의 석유역사에서 매우 중요한 이 날에 '산디에고 드 라 마 3호'(San Diego de la Mar No. 3) 시추 장소에서는 엄청난 폭발이 일어났다. 시추를 위한 폭발물의 점화는 시추팀원과 기업가들을 경악시켰고 그 때문에 이 방법은 오랫동안 사용될 수 없었다. 수천 톤의 원유가 매일같이 사라져가고 있음에도 이러한 열광적인 방화벽은 멕시코에서 생겨날 미래의 풍부한 석유에서 한몫을 거두려는 외국 투자자들에게는 일종의 획기적인 사건처럼 여겨졌다. 퍼슨도 도처에서 '도스-보카스-화재'라고 불렸던 이 화재에 놀라지 않고, 같은 해에 CMP 또는 엘 아퀄라라고 불려졌던 '엘 아퀄라 멕시코 석유회사'를 창립했다.

그것은 이례적이고 파장이 큰 결정이었다. 왜냐하면 퍼슨은 광업법으로 보장되어 있는 이 석유회사에 대한 봉건주의적인 재산에는 관심이 없었기 때문이다. 그는 그보다도 석유산업에 영향을 미치는 모든 것들에 수탁자적인 입장을 가지고 있었다. 말하자면 그는 사적인 이윤추구 이외에 멕시코의 복지도 중요하게 생각하고 있었던 것이다. 이러한 이유로 퍼슨은 공장장이라는 지위에 만족했다. 반면 감사위원회의 의장은 대통령의 절친한 친구인 석유도시 베라쿠르스의 주지사가 맡고 있었다. 이러한 구도가 이미 부정부패의 냄새를 풍기고 있었다면, 이러한 족벌주의에 대한 인상은 독재자인 대통령의 아들과 사위가 이 회사 협의회에 자리를 차지하는 것을 허락받았을 때 한층 강화되었다. 대통령의 사위는 어쨌든 멕시코 혁명 이전 시기에 가장 많은 면적의 땅을 소유한 토지소유자였다. 그는 1,700만 헥타르에 달하는 치우아우아 지방을 유산으로 물려받아 자신의 소유로 삼았다.

퍼슨이 수탁자적인 생각을 갖고 있었음에도, 여기에서는 정치적이고 사적인 측면들이 족벌주의와 부족주의, 그리고 국가주의라는 체계 속에서 이와 관련된 모든 이들에게 이익이 되는 하나의 그물망으로 결합되어 상호보완적으로 작용하고 있었다. 엘 아퀼라 회사는 의도적으로 회사 이름과 상징에 멕시코의 국가 문양에서 차용한 독수리를 사용하고 있었다. 실제로 이 '엘 아퀼라' 석유회사의 구조가 어떻게 되어 있는가를 살펴보면, '멕시코의 피'로서 간주된 석유의 사용을 국가의 통제 아래 두려는 시도가 최초로 시험되고 있음을 알 수 있다. 이러한 정치는 외국 자본, 그중에서도 특히 미국에서 유입된 외국 자본을 밀어내고 이를 멕시코의 자본으로 대체하려는 목적을 갖고 있었다. 더 나아가 시추, 채굴, 운송, 정유공장 그리고 주유소로 이어지는 전체공정은 멕시코 전문가들의 손으로 이루어져야만 했다. 간단히 말하자면, 석유는 장기적 안목에서 보았을 때 국가의 재산이자 궁극적으로는 국가 독점재산이 되어야 했던 것이다.

헨리 클레이 피어스는 같은 시기에 이러한 미래상을 예견하고, 자신의 개인 석유사업에서 이러한 예상이 적중했음을 검증할 수 있었다.

그는 이미 1900년 이전부터 멕시코에서 광산과 지속적으로 성장하던 철도망에 대한 지분을 어느 정도 보유하고 있었고, 전등용 석유판매 수입으로 '워터스 피어스 석유회사'를 창립했다.

에소는 이 미국인이 운영하는 특수한 기업의 주식 중에서 정확히 65%의 주식을 보유하고 있었다. 피어스는 나머지 35%의 주식을 보유하고 있었고, 이를 토대로 손수 효과적인 사업을 꾸려나갔다. 그는 독재자 디아스와의 협상을 통해 멕시코 전체에 대한 독과점을 얻어내는 데 성공했다. 그의 기업은 이 협상결과에 따라 단독으로 이웃나라인 미국의 정유공장으로부터 석유제품을 들여와 그것을 멕시코에서 팔 수 있게 되었다. 피어스는 국가원수의 이러한 인가를 재빠르게 이용했고 자신의 권한을 남용했다. 그는 과도한 가격을 요구했고, 경쟁자가 없는 상황에서 미국 내에서 '반(反) 트러스트 운동'의 비판을 받게 되었다. 왜냐하면 반 트러스트 운동이 가지고 있는 순수 경쟁에 관한 견해에 따르면, 피어스는 자신의 독과점을 토대로 개방된 시장을 개인의 사리사욕을 채우기 위한 수단으로 변질시켰기 때문이다. 피어스는 그 때문에 해리 싱클레어가 이 기업을 인수할 때까지 엄청나게 발전하고 있던 석유도시 텍사스를 떠나야 했으며, 에소가 갖고 있는 지분을 지불한 후 워터스 피어스 회사의 독점소유주가 되었다.

에소 콘체른이 미국 최고헌법재판소의 판결에 따라 해체된 1911년에 멕시코에서 이러한 모델의 사적인 독과점이 형성된 것은 사리사욕과 공공의 이익이 조약이라는 토대 위에서 서로를 보완하지 않는다면, 자신의 존재와 영향력에 따라 얼마나 퍼슨의 수탁자적인 사고와 정반대 되는 결과를 낳을 수 있는지를 보여준다.

피어스의 경우는 국가의 재산인 석유를 국유화하거나 사회주의화 혹은 국영화하여 1884년 이전 상황으로 돌아가자는 유혹에 넘어가는 것이 얼마나 위험한 일인가를 극명하게 보여주었다. 1910년의 혁명을 일으킨 자 중에서 적지 않은 이들이 이러한 생각으로 디아스 대통령의 독재에 추파를 보냈다. 그러나 석유의 국유화라는 이 해결책이 시험되기까지는 아직도 족히 한 세대에 해당하는 시간이 흘러야만 했다. 궁극적으로 석유사업의 수익을 공공복지를 위해 사용할 수 있도록 만들 수 있는 아주 다른 방법도 있었다. 예를 들면 세금을 통한 수익이 이에 해당했다.

독재자였던 디아스 대통령은 1884년 이래로 멕시코를 산업근대화로 이끄는 것을 국가 과제로 생각하고 있었다. 그는 이를 위해 외국 기업의 기술적인 전문지식을 활용했는데, 이것은 자국민들이 여러 가지 기술들을 익힐 수 있도록 하기 위한 것이었다. 그는 이를 위한 모든 투자에는 많은 위험부담이 따른다는 것을 알고 있었기 때문에 25년 이상 지속되던 자신의 정치생활 동안 산업시설과 그곳에서 생산되는 생산품들에 대해 세금을 인상하지 않았다. 멕시코의 발전이 지나친 과세로 인해 불필요하게 방해를 받거나 위험해져서는 안 된다고 생각했기 때문이다.

디아스는 특별한 친구관계를 이용해 스스로는 물론 그의 친척까지도 가장 많은 이득을 올릴 수 있었다. 그러나 이러한 우정관계에 입각한 정치는 베누스티아노 카란사를 중심으로 한 중산층의 관심을 대변하던 입헌주의자들뿐만 아니라 농부 출신의 장군들인 사파타와 판초 비야에게도 수상쩍은 것으로 여겨졌다. 그들은 '에히도'의 정신에 입각한 근본적인 토지개혁에 관심이 있었다. 다시 말해 국가의 재산과 정치적인 자유에 관심이 있었던 것이다.

이와는 반대로 멕시코 역사상 최초로 선출된 1919년 멕시코 혁명 정부의 대통령인 프란시스코 마데로는 산업 분야에 지배적인 기존의 소유개념이 미래의 문제를 해결할 수 있는 유일한 해결책이 아니라는 것을 분명히 알고 있었다. 그래서 그는 최초로 세금징수를 시도해보았다. 세금징수는 가혹하게 이루어졌고 멕시코 땅에서 채굴되는 석유에 톤당 20센타보스(Centavos: 과테말라의 화폐단위—옮긴이)의 세금이 부여되었다. 이 수입 원천으로 인해서 1912년에 바닥난 국가재정으로 유입된 돈은 단지 49만 4,275페소에 불과했다. 그러나 이 금액은 5년 뒤에 이미 707만 4,968페소로 증가했고, 1922년에는 5,817만 7,029페소라는 기록적인 금액에 도달했다. 따라서 매년 들어오는 이 세수가 석유가 국유화될 때까지 매우 환영받았던 것은 쉽게 이해할 수 있을 것이다.

이렇게 이득을 가져오는 국가 세수가 증대되었는데도, 입헌주의자들의 대열에 있는 주도적인 개혁세력들과 '기술석유위원회'(CTP)를 이끄는 경영위원회 임원들은 이에 만족하지 않았다. 신임 산업부 장관인 파스토르 로우아익스는 카란사가 1915년에 설립한 석유산업 통제위원회의 중추세력이었다. 로우아익스는 자신의 진영에 속한 대부분의 사람들과 마찬가지로 중산계층의 신분상승에 대한 정서와 관료적 정서를 대변하고 있었다. 이러한 중산계층은 점진적으로 기술적인 지식에 대한 관심과 기대를 드러내기는 했지만, 기꺼이 민족적 소유의 이념을 고수하기도 했다. 그리하여 멕시코 중산층의 혁명적인 감정은 1823년에 채택된 '먼로주의'의 변형으로, 대중적이기는 했지만 경제적으로는 별로 생산적이지 않던 "멕시코는 멕시코인들에게!"라는 요구를 내세울 때 최고조에 달했다.

이러한 슬로건이 역사적으로, 특히 석유산업이 국유화될 때는 억지로 만들어낸 값싼 상투어처럼 보일지는 모르지만, 멕시코의 경우에는 적어도 감정적으로는 상당히 중요한 의미를 지니고 있었다. 왜냐하면 이러한 슬로건이 나온 배경에는 외국의 자본이 자국의 경제를 압도하여 심지어 국가의 정치적 주권까지 위협하지는 않을까 하는 두려움이 깔려 있었기 때문이다. 그래서 1910년 혁명을 일으킨 개혁세력들 대부분은 자신들이 소유하고 있는 재산을 보존하기 위해 그들이 1915년 이래로 요구해온 석유산업의 국유화를 절대 절명의 정치 계율로 1917년에 새로 개정될 헌법에 집어넣기를 고집했던 것이다.

이렇듯 국가의 재산인 석유를 둘러싸고 벌였던 아주 격렬한 논쟁들의 결과는 새 헌법의 제27조에 반영되게 된다. 이 조항은 혁명을 고전적으로 이해하여 '그 좋던 옛 권리'로 회귀하는 것이란 바로 다름 아닌 1884년 혁명 이전의 상태로 되돌아가는 것을 의미하며, 그것은 지표면 아래에 있는 모든 지하자원은 국가의 고유재산이며 이 사실은 영원히 변치 않는다는 것을 말하고 있다. 말하자면 개혁세력들은 절대주의를 표방하던 합스부르크 왕가가 소위 자신들이 선대로부터 물려받았다고 주장하는 유산 혹은 세습재산을 내놓으라고 요구하며 라틴아메리카 전체를 자기 마음대로 사용할 수 있는 개인재산처럼 취급했던 바로 그 상황으로 다시 되돌아왔던 것이다. 그것이 정말 진보라고 할 수 있을까?

멕시코가 참전하지는 않았던 1차대전이 종반부를 향해 치닫던 가열된 분위기 속에서, 카란사 운동이 외국 석유사업의 목을 조이기 위해서 기술석유위원회와 협력하여 국가주의라는 수단을 강구했던 것은 이해가 가는 일이었다. 이 몰수정책은 단계적으로 시행되었다. 이 정책은 우선 납부된 세금이 정확한지 철저히 따져보고, 시추허가권 및 채굴허가권을 발부하는 새로운 조건들을 만들어나갔으며, 입법적으로 멕시코의 석유산업 전체를 위한 미래의 법적인 틀이 마련되지 않는 동안은 유전이나 정유공장에서 벌이는 모든 산업적 행위들을 중단시키기까지 했다.

혁명세력들은 자신들이 취한 엄격한 조치로 인해 엘 아퀼라 회사 하나가 내는 하루 손실만도 10만 파운드 쉬테를링(영국의 통화단위인 파운

10. 멕시코—황금 벨트

드의 정식 명칭—옮긴이)에 달하는 힘겨운 상황을 겪게 되었다. 코드레이 경은 이러한 상황에서 멕시코 정부가 처한 곤경을 영국에 통보할 수밖에 없었다. 그러나 이 캠페인의 정점은 세금부담이라기보다는 1918년 2월 9일에 내려진 법령이었다. 헌법 제27조에 의거해 모든 외국 회사들은 회사의 소유권 증서와 임대차계약을 산업자원부에 등록해야만 했다. 이 법을 어길 경우에는 그 회사 소유의 부동산이 소유주가 없는 것으로 간주되었고, 이 부동산에 관심을 보이는 '제3의' 멕시코인에게 매물로 제공되었다.

때때로 아주 선동적으로까지 발전했던 이러한 논쟁의 와중에 석유협회 소속 변호사들이 기댈 수 있었던 중요한 버팀목은 오직 멕시코 헌법 제14조뿐이었다. 왜냐하면 헌법 제14조에는 헌법조항의 소급적용이 불허되었고, 그 결과 이 헌법으로부터 이미 1917년 이전에 멕시코에서 토지권이나 시추권 혹은 채굴권을 취득한 석유기업들의 권리나 소유권을 어느 정도 보호할 수 있는 방안이 도출될 수 있었기 때문이다.

이러한 갈등은 그 당시 혁명적인 멕시코 공화국이 외교적 승인을 얻어내려고 전력을 다하고 있었기 때문에 정치적으로 더욱 격렬해졌다. 워싱턴에서는 영향력이 막대한 석유 콘체른들의 로비로 인해 아주 다른 계획이 구상되는 동안에, 이웃 나라 미국은 1917년 8월에 멕시코 정부를 형식적으로 승인했다. 그러나 미국은 승인 대가로 민주적으로 선출된 카란사 대통령의 하야를 요구했을 뿐만 아니라 석유조합의 소유권을 보장하기 위해 무력개입도 요구했다. 이렇게 양측에서 거세게 밀어붙인 이 갈등은 궁극적으로 베라크루스 주지사가 일으킨 반란의 실패로 끝이 나고 말았다. 이 반란은 멕시코에서 가장 큰 석유 중심지가 멕시코시티의 중앙권력을 상대로 일으킨 반란이라고 할 수 있었다.

국가재산인 석유를 둘러싸고 벌인 흥분이 서서히 가라앉고 멕시코의 최고재판소가 외국 기업들의 활동을 법으로 보장했다 하더라도, 석유는 '멕시코의 피'로서 국가의 통일과 자주 그리고 독립을 상징하는 것이었고 궁극적으로는 역사적인 기억들의 틀 안에서 감정적인 에너지를 표현하는 것이었다. 왜냐하면 아스텍의 지배자인 몬테수마가 스페인 정복자 에르난 코르테스에게 모든 재물과 함께 피로 얼룩진 자신의 왕국을 넘겨준 날이 바로 1517년이었기 때문이었다. 몬테수마는 태고부터 내려오던 신탁에 의거해 이러한 행동을 했는데, 이 신탁에 의하면 어떤 신이 자신의 원래 재산을 되찾기 위해 멕시코로 다시 돌아온다는 것이었다.

멕시코 혁명가들은 정확히 4백 년이 흐른 지금 석유 산출가능성이 높은 땅을 소유하기 위해 미국과 영국에서 들어온 석유 신들을 자국에서 쫓아낼 궁리를 하기 시작했다. 물론 멕시코인들은 만약 외국의 기술들을 더 이상 사용할 수 없다면 이 검은 금으로 그들 스스로 무엇을 시작할 수 있을지 정확히 알지 못했다. 그들은 아마도 자신들의 힘으로 난방용 기름이나 휘발유, 디젤과 등유를 자급자족할 수 있고 수출까지 할 수 있을지 모른다는 막연한 희망만으로도 충분했을 것이다.

'땅이 빵이고 빵이 삶이다'

석유왕국 멕시코로부터의 수익금 사용을 둘러싸고 계속되었던 논쟁들은 혁명 이후에 매우 인기 있었던 1920년대의 오락게임과 비슷했다. "사람들 모두가 권총으로 무장한 채 어슬렁거렸다. 재미있다고 생각하면, 사람들은 마베니다 마데로 거리의 가로등을 그냥 쏘아버렸다. 당연히 이러한 행동은 다른 사람들을 화나게 만들었다. 밤이 되면 그들은 이

가로등을 차례로 쏘아서 완전히 부수어버리거나 순전히 장난으로 근방에서 이리저리 권총을 난사하곤 했다."

전설적인 '고통의 화가'이자 멕시코의 비밀스런 여왕인 프리다 칼로가 벽화화가이자 훗날 그녀의 남편이 된 리베라와의 첫 만남을 회상하면서 보고하는 1923년의 사건들에서 다음과 같은 두 가지 사실을 알아낼 수 있다. 첫 번째로는 계급사회인 멕시코의 특정 계층에서 나타나는 무사 안일함을 들 수 있다. 이들은 국가의 재산을 파괴하는 것은 물론이고 모든 이에게 이득이 되도록 사적인 이해와 공공의 복지를 결합시키고자 하는 멕시코 특유의 에히도 정신이 결여된 것에 대해서 그 어떤 죄책감도 느끼지 않았다.

이러한 의식은 혁명을 통해 강제적으로 얻어낸 권력교체와 민주주의적인 헌법만으로는 형성될 수 없었다. 이를 위해서는 오랜 경험이 필요했고, 역사적인 상황이 요구했던 것과는 달리 실행되지 못한 교육도 필요했다. 사실 1917년부터 1938년 사이에 멕시코의 정치적인 장을 규정했던 이들은 막강한 기술석유위원회 출신의 호아킨 사나타엘랴나 알베르토 랑가리사와 같은 기술 관료들이었다. 이들 관료들은 검은 금을 국가가 사용하는 것에 대해서 정복자 코르테스가 가졌던 권력욕과 비슷한 입장을 보였다. 권력욕에 휩싸인 코르테스는 이렇게 소리 질렀다고 한다. "나에게 금을 보내라. 나와 내 아내는 단지 금으로만 치유될 수 있는 심장병에 시달리고 있으니."

온갖 이성적인 제안들이 쏟아졌지만 이 제안들은 석유국유화라는 노이로제에 빠진 국가에게는 아무 소용이 없는 듯이 보였다. 이 이성적인 제안들 중에는 멕시코인들이 1910년도의 혁명에서 추구했던 것처럼 적어도 사회정의라는 의미에서 멕시코의 발전을 가속화시키기 위한 목적으로 석유와 관련된 외국의 기술을 최상으로 이용하자는 것 등이 포함되어 있었다. 한 독일인 모험가는 이 시기에 나타났던 정치적 요구들, 경제적인 필요, 정치적인 구속력과 국내의 여러 특징적인 상황들 사이의 긴장을 1925년 이후에 문학적으로 그려냈다. 이 문학작품은 석유를 국유화하기로 하는 역사적인 결정을 내리기 전에 당시 멕시코의 분위기가 어떠했는지를 알아보기 위해 여기에 소개할 만한 가치가 있을 것이다. 이 문학작품은 외부에서 노동의 세계를 바라보는 한 동시대인의 자의적인 목소리라고 볼 수 있다. 여기에 그려진 노동의 세계는 물론 허구로 만들어낸 것이지만, 그래도 자기 나름대로 멕시코 석유사의 특별한 한 장을 전해주고 있을 뿐만 아니라, 칼로가 이미 주의를 환기시킨 바 있던 독재적 성향 또한 잘 그려내고 있다.

카를 구트케는 비밀에 둘러싸인 이 작가에 대해 지금까지 나온 분석 중 가장 뛰어나다고 할 수 있는 분석을 통해, 이 작가가 1918년 뮌헨 혁명의 전투클럽에서 '레트 마루트'(Ret Marut)라고 불리던 비교적 여윈 남자라는 사실을 알게 해주었다. 그는 몇 년 뒤에 멕시코로 피해서 그곳의 엘 아궐라 공장에서 석유노동자로 살아가려고 했다. 그는 자신의 이름을 한시적으로 트래번 토르스반(Traven Torsvan)으로 바꾸고 작가명 B. 트래번으로 베를린에 있는 노동조합 소유의 서점 길드인 구텐베르크에서 실화소설을 출판했다. 무엇보다도 나치가 없애려고 노력한 '아스팔트 문학'(대도시 문화를 배경으로 삭막한 인간 정서를 다룬 문학—옮긴이)에 속하는 그의 시나리오들은 자본주의적인 산업세계를 소재로 삼고 있었고, 센칭어의 경우와 마찬가지로 수백만의 독자를 확보했다. 그리고 이 사실 하나만 가지고도 그가 쓴 이 석유 이야기는 역사적인 중요성을 획득한다. 왜냐하면 그가 쓴 석유 이야기는 한 세대 전체의 모든 인간상과 기계상을 각인시켰기 때문이다.

업턴 싱클레어가 쓴 고전소설 『페트롤리움』(1912)이 많은 사람들

10. 멕시코―황금 벨트

이 읽은 트래번의 석유소설 『백장미』(1931)의 모범이 되었거나 아니면 적어도 자극을 주었으리라는 것을 입증하는 몇 가지 증거들이 있다. 이 소설에서는 당시 멕시코에 전형적이었던 근본적 갈등이 문제가 되고 있다. 자기 소유의 땅 속에 석유가 매장되었을 가능성을 엿본 미국 콘체른인 콘도르 석유회사에게, 인디언 아킨토는 백장미라고 불리는 자신의 대농장이 에히도 소유라고 설명한다.

이 인디언의 씨족 전체가 거주하고 일하는 이 풍요로운 땅덩이는 토지 등기부등본에는 아킨토의 소유로 되어 있지만, 그에게는 이 부동산을 다른 가족 구성원들과 대부들의 동의 없이 팔거나 그 밖의 다른 용도로 사용할 권리가 없었다. 아킨토는 1918년까지 존속했던 귀족의 공동상속 재산이나 유럽의 궁중세습 재산과 마찬가지로 단지 생존 기간 동안만 토지의 이용권과 용익권을 사용할 수 있었을 뿐 그 이상은 아니었던 것이다.

그는 미국기업을 위해 일하면서 회유와 협박으로 아킨토를 괴롭혔던 변호사 페레스에게 다음처럼 자신의 입장을 설명했다. "나는 단지 훗날 이 땅에서 살고자 하는 사람들과 살게 될 사람들을 위한 땅 관리인일 뿐입니다. 나의 아버지가 한낱 관리인에 지나지 않았던 것처럼. 그리고 아버지의 아버지, 그리고 그 아버지의 아버지도 계속 이 땅의 관리인으로 살아왔던 것처럼 앞으로 다음 세대도 그렇게 계속 살아갈 것입니다."

신탁관리인으로서의 생각과 행동은 다시 양로 계약(젊은 세대가 늙은 세대를 부양하는 원칙―옮긴이)과 결합되어 있고, 이 원칙을 지탱하고 있는 정신적인 힘은 황금의 광채보다 더 강했다. 어떤 것도 인디언들을 시내로 유혹해낼 수 없었다. 아킨토는 교육과 학업을 수단으로 해서 멕시코 신흥중산층이 될 수 있는 출세에도 별 관심이 없었다. 또한 그는 자동차나 근대기술이 내리는 다른 은총에도 전혀 관심이 없었다. 왜냐하면 그는 대지의 자비와 풍요를 신뢰하는 자연스럽고 영원히 반복되는 순환리듬 속에서 살고 있었기 때문이다. 훌륭한 존재에 맞는 삶을 영위해 나가기 위해서 아킨토가 필요로 한 것은 오직 '땅이 빵이고 빵이 삶이다'라는 생각뿐이었다.

사회적 신분상승의 표현으로 담배를 피우던 페레스는 아킨토와는 정반대되는 입장을 보여준다. 그러나 바로 이 입장이 멕시코가 세기 전환기에 새로운 대통령 빈센테 폭스의 통치 아래 거의 절망적으로 투쟁해야 했던 모든 경제적인 문제와 그 후 나타나는 생태학적인 문제들을 만들어내게 되는 입장이다.

트래번은 목판화 같은 자신의 문학적 필체로 페레스라는 작품 속 인물을 환경의 파괴나 자신의 건강에는 전혀 신경 쓰지 않으며 오직 물질적 발전만을 신봉하는 인물로 묘사했다. 페레스는 냉소적으로 근대적인 생활방식을 다음처럼 말한다. "다음 세대가 우리와 무슨 상관이 있는가? 우리가 죽은 다음에 생길지 모르는 세계의 몰락은 침실에서 무선으로 상영되는 영화로도 볼 수 있다. 땅, 땅, 땅, 땅이 도대체 뭔가? 우리의 자동차를 굴릴 수 있는 석유를 위해서는 땅이 필요하다. 옥수수? 옥수수를 경작하기 위한 땅이라고? 멍청한 인디언들은 지옥에나 떨어져라! 우리가 땅을 죄다 석유로 오염시켰기 때문에 옥수수가 필요하다면, 그러면 옥수수를 기계로 만들면 되지. 그리고 통조림통에 든 옥수수를 사면 될 것 아닌가."

트래번이 1936년 베를린 올림픽 기간 중 최초로 무선 TV 방송이 나간 것보다 5년이나 앞서서 기술이 일구어낼 기적을 예고하고 있다는 사실은 차치하고라도, 그는 기술 현대의 근본적인 문제를 아킨토와 페레스라는 정반대되는 두 인물의 입장을 대비시킴으로써 잘 전달하고 있다. "공업이 전래의 농업을 완전히 대체하거나, 농업에서 농업산업이 생겨나는 방향으로 전래의 농업이 보충된다면? 이미 화학비료와 살충제가 농업화학을 지배하고 있다면? 뿐만 아니라 유전자공학이라는 수단으로 생산이 조정된다면?"

멕시코는 1944년부터 바로 위화 같은 질문에 대해 에소 재단에서 지원받은 소위 '녹색혁명'이라는 프로그램으로 멕시코 특유의 대답을 하게 되었다. 이와 동시에 오직 '석유를 발견하라'는 단 한 가지 요구사항만 알고 있는 것처럼 보이던 기술적인 근대화 과정에서 아킨토와 같은 인디언들은 완전히 제외되었다.

땅을 팔아서 빨리 돈을 벌고 인간을 기계처럼 소모시키는 시스템에서는 기술이 가져온 결과들을 제대로 평가할 수가 없다. 또한 얼마나 오랫동안 검은 금의 영향력이 지속될 수 있는가라는 질문도 제기될 수 없다. 그러나 트래번이 이상화시킨 자신의 대변인 격인 아킨토는 콘도르 석유회사의 변호사이자 대리인인 페레스에게 바로 이 문제를 대담하게 눈앞에 제시한다. "영원히 시추할 수는 없을 것입니다. 어느 날엔가 석유가 고갈될 것입니다. 그때 모든 남자들은 이미 옥수수를 어떻게 재배하는지 잊어버렸을 테지요."

콘도르 석유회사의 대리인은 이러한 미래상에 불안해하는 모습을 보이기는 하지만, 그는 기술의 진보가 끌어당기는 흡인력에서 벗어날 힘도 없고 어떤 대안을 제시할 여력은 더더구나 지니지 못했다. 그 외에도 그는 경험으로 미루어보아 상황이 심각해지는 경우라도 석유수익으로 축적한 자본은 확실히 남아 있을 것이고, 석유산업이 남겨놓은 손실과 저질러놓은 피해는 사회의 몫으로 납세자 모두에게 책임이 돌아가게 되리라는 것을 알고 있었다.

트래번은 자신이 정치적 좌파에게 호감을 가지고 있다는 것을 절대 숨기지 않았으며 이 책에서도 반자본주의자의 태도를 보이고 있다. 비록 소설의 다른 부분에서는 그가 막강한 힘을 지닌 석유 보스로의 신분상승을 얼마나 경탄해 마지않았는가를 알아챌 수 있지만. 그는 특히 탐피코 유전에서 돌아가는 현지사정을 직접 눈으로 보았기 때문에 잘 알고 있기는 했으나, 자신이 직접 시추탑이나 채굴현장에서 일한 것은 아니었다. 그는 그럼에도 기계처럼 돌아가는 합리성에 내재한 새로운 악순환을 꿰뚫어볼 수 있을 정도로 종합적인 판단능력이 뛰어났다. "유전이든, 청동광산이든, 섬유공장이든 모든 공장은 식량을 얻기 위한 장소일 뿐이다. 그곳에서 사람들은 모두 단지 하나의 숫자일 뿐이며, 그들을 표시하는 숫자는 밤에 사람들이 공장을 떠날 때면 다시 칠판에 걸리게 된다." (『백장미』에서 인용)

트래번이 여기에서 노동 분담과 효율성의 결과로 묘사하고 있는 것은 교류법과 계약법 속에서 나타나는 교환법칙을 표현하고 있는 것이다. 이러한 법칙들은 주지하다시피 '신분의 구별 없이' 적용되고 있으며 양적인 것을 척도로 삼고 있다. 그리고 이것은 또한 앞서 묘사한 루이스의 유화와, 사람과 무관한 교환이 이루어지는 금융업에서도 나타나고 있으며, 트래번의 석유 이야기가 나온 지 족히 10년 뒤에 부나 공장을 분석한 레비의 보고에서도 나타나고 있다.

트래번이 인간의 개인적인 특질들을 추상화하는 데 반대하고, 인간을 완전히 노동용 짐승으로 사용하고 궁극적으로는 숫자로 교환할 수 있도록 만드는 것이야말로 진짜 악마의 소행이라고 생각한 것은 이해가 가는 일이다. 그러나 그는 이러한 기계적인 소외화에 대한 대안을 찾는 중에도 숫자적인 것으로부터 벗어나지 못하며, 석유 콘체른의 '넘버원'인 콘도르 석유의 보스인 '콜린스 씨'에게 빠져들게 된다.

그의 지도 아래 미국기업은 이미 인디언 부족의 옥수수 들판을

'Nr. 95부터 Nr. 144' 까지 채굴 번호로 분할해놓았다. 그리고 이 작업은 인디언의 땅을 분명 얻어낼 수 있으리라는 것을 예견하고 행해진 것이었다. 그것은 이미 공업부지의 측량과 함께 계몽주의시대 이래로 진행된 '자연의 탈마법화'에 해당하는 것이었다.

트래번은 이러한 노동의 세계에서 말하는 합리화와 자신의 꿈인 '진정한 왕'을 대립시킨다. 그는 여기에서 바로 이미 마르크스가 산업노동자는 농노나 무산계급과는 달리 '인류의 귀족'이며, 노동자 독재의 도움으로 맨체스터 자본주의를 교체한 다음 우선적으로 '조야한 공산주의'를 건설할 능력이 있다고 했을 때 말한 바로 그 귀족정치주의를 표현하고 있다.

따라서 그가 석유 보스인 콜린스를 석유 우상으로 전형화하고 그를 심지어 천재라고 설명하며 일반적인 도덕률을 적용하지 않은 것은 놀라운 일이 아니다. 그래서 콜린스에게는 아스텍인들의 테스카틀리포카 제식이나 이슬람에서 볼 수 있듯이 동시에 네 명의 여성을 아내로 맞는 것이 허용되었다. 이 네 명의 여성들 중에는 여자 제후가 한 명이 있었는데, 콜린스가 만약 석유 콘체른의 보스로서 자신의 신분을 유지하고자 한다면 이 여제와 동등하다는 것을 증명해야만 했다. 마치 콜린스가 속한 기업이 바로 록펠러가 건설한 것과 같은 기술과 자본을 지닌 근대적인 왕국과 동일하기라도 한 것처럼 말이다. 그러나 트래번은 작품 속에서 멕시코에 한동안 첩을 두고 가정까지 꾸렸던 햄머 박사와 같은 무책임한 이들의 중혼 같은 것마저, 이러한 왕국의 특징이기라도 한 것처럼 묘사하고 있다.

이러한 시나리오에는 트래번의 자기도취적인 뉘앙스가 담겨 있다. 그러나 거기에는 자신이 성취해냈으면 했지만 결코 이뤄낼 수 없었던 것에 대한 경탄도 담겨 있다. 따라서 트래번이 콘체른 사장의 성격을 묘사할 때 마치 자신의 견해를 사장이라는 인물을 빌려 말하고 있는 것도 별로 놀랄 일은 아니다. "석유를 생산해내는 조직체에서 진정 천재적인 능력을 발전시켜 나가는 재능을 지닌 이는 방탕아나 중혼자도 아니고 수천 명의 삶의 기반을 짓밟는 살인자도 아니다. 콘도르 석유회사의 사장은 나와 같은 좋은 사람이었을 것이고, 아마 나보다 훨씬 낫고 고상한 사람이었을지도 모른다. 왜냐하면 그는 단지 소수의 사람들만이 지닌 위대함을 지녔기 때문이다. 그는 우리 시대에 자신의 이 위대함을 오직 잔인함이나 가혹함 혹은 인정사정없는 태도로 보여줄 수밖에 없다. 그것은 그의 죄가 아니다."

이 문장만 읽어보면 이 변명이 마치 1618년부터 1918년까지 족벌 경영체제로 인해 합스부르크 왕가를 정치적 파산으로 이끈 절대주의 선제후의 사죄로도 보일 수 있을 것이다. 1867년 멕시코에서 처형당한 황제 막시밀리안 1세, 즉 멕시코 부왕과 1910년까지 멕시코를 지배했던 독재자 대통령들은 이 절대주의의 선제후들을 역사적인 모범으로 삼았고, 역사가들과 문필가들 중에서는 이 독재자 대통령들을 전폭적으로 옹호하는 이들도 있었다.

트래번도 여기서 별반 다르게 행동하지는 않는다. 그는 기회가 있을 때마다 자신이 우상화시킨 석유 보스의 무죄를 변명하기 위해서 하나의 괴물을 만들어낸다. 이 석유 보스가 콘도르 석유의 주주들에 대한 자신의 입지를 강화하든지, 휘발유 절약용 모터를 개발한 경쟁자를 제외시키든지, 석탄광산에서 노동자들의 임금삭감을 강요하든지, 증시에서 배짱 좋게 투기를 하든지 아니면 이윤 창출을 위해 시장조작을 시도하든지 상관없이 트래번은 항상 상황에 걸맞은 해명을 찾아내는 것이다.

물론 자본주의를 비판하는 문학적 수단으로 사용된 반어도 작품에서 읽어낼 수 있다. 그러나 이와 마찬가지로 석유 보스가 지닌 강인한 지구력에 대한 존경도 간과할 수 없다. 석유사업 혹은 석탄사업에서 성공을 거둔 이후에 자신의 부인을 '나의 여왕'이라고 부르는 콜린스는 아킨토와의 협상이 모두 끝난 뒤에 아킨토의 대농장에서 시추작업을 벌이는데, 이때 그는 당연히 모든 일을 아주 냉혹하게 처리한다. 트래번의 영웅들에게는 석유라는 전투장에서 패배한 희생자들은 아무런 의미가 없다. 어쨌든 업턴 싱클레어의 소설 『페트롤리움』뿐만 아니라, 해리 싱클레어로부터 노벨에 이르기까지 실제 현실에서도 나타나고 있는 사회적 책임감은 트래번의 소설에서는 한 번도 언급된 적이 없다. 왜냐하면 "인간이 우리와 도대체 무슨 상관이 있단 말인가? 중요한 것은 오직 석유뿐"이기 때문이다.

    1931년에 나온 소설의 바로 이 마지막 문장에서는 엄청난 체념이 표현되고 있다. 트래번은 비록 자신이 석유 콘체른에 대한 노동자들의 투쟁을 존경할 만한 가치가 있는 것으로 느끼기는 할지라도, 궁극적으로 노동자들이 미래를 만들어 나갈 능력이 있다고는 생각하지 않는다. 그가 이러한 회의를 한 데에는 자신의 회의를 뒷받침해줄 수 있는 중요한 한 가지 사실을 관찰했기 때문이다. 그는 탐피코 시추 장소에서 소위 말하는 '자유로운 계약노동자'들을 만났다고 한다. 그들은 어떠한 노동조합에도 속하지 않았으며 자신들을 '자영인'으로 생각하고 있었다. 그러한 그들의 자존심은 멕시코 석유노동자들의 작업태도와는 확연한 대조를 이루고 있었다.

    트래번의 견해로는 이 자영인들이 자신들을 자유롭다고 느끼는 이유는 그들이 시추탑이나 다른 채굴 장소에서 적당한 일이 있는 한 '한 달에 2백 내지 3백 달러'를 벌 수 있었기 때문이다. 그러나 이 석유노동자들 중에서 할 일이 전혀 없어서 '일을 달라고 애걸복걸'하는 사람도 여전히 자신이 자유로운 사람이라고 믿었다. 그리고 그들은 자유로운 미국 노동자들이기 때문에 하루 2교대로 열두 시간씩 뼈빠지게 일을 했다. "반면 멕시코 노동자들은 하루 여덟 시간만 일했다. 그들은 그 자유로운 미국 노동자들의 절반만큼도 고용주의 마음에 들려고 애쓰지 않았다. 그러나 미국 노동자들은 모두 언젠가는 백만장자가 될 수 있으리라는 생각을 품고 있었다. 그것은 그들을 멕시코 땅에서 벗어나지 못하게 하려는 간계였다."

트래번은 가장 성공한 자신의 책이자 존 휴스턴이 영화로 만든 〈시에라 마드르의 보물〉(1927)에서 독자의 이해를 돕기 위해 석유노동자들의 처지가 어떠했는지—석유노동자들 중에서 험프리 보가트 같은 이는 진짜 금을 파기 위해 산으로 간다—각주를 달아 설명하고 있지만, 이 각주는 좀 과장되어 있다. 왜냐하면 훌륭한 연장 외판원이나 구멍 뚫는 사람 혹은 기계공들은 대부분 일자리를 발견했기 때문이다. 그들은 궁극적으로 볼 때 전문 인력들이었다. 그리고 그들 중에서 많은 사람들은 이미 백만장자가 되기 전에 자신의 삶에 만족했을 것이다. 백만장자라는 것은 시추 장소에서 일당으로 받은 돈으로는 도달할 수 없는 목표였고, 오히려 이익을 낼 만한 주식을 소유하거나 특허를 발부받음으로써 도달할 수 있는 것이었다. 임금과 이윤 간의 상대성을 고려해보면 그 즉시 트래번이 '유전에서 자행되는 살인적인 노동력 착취'에 대해 언급한 것이 틀리지 않다는 것을 알 수 있을 것이다. 수많은 사고나 유정분출로 인한 부상자와 사망자를 생각해보아도 그러하다.

트래번의 자료에 따르면 기술이 없는 인디언 노동자들은 석유 캠프에서 일당으로 8페소를 받을 수 있었다. 그 금액을 합산하면 한 달에 단순한 막노동꾼에게 족히 2백 페소가 지불되는 셈이다. 그리고 "만약 이 돈을 전부 다 술 마시는 데 쓰지 않고 저축을 한다면 그들은 곧 상점

하나를 살 수 있었다." 트래번은 1930년대 초에 멕시코에서 석유를 발판으로 삼아 출세할 경우 도달할 수 있는 목표를 이렇게 겸손하게 표현했다. 그러나 이 나라는 내전이 벌어지던 시기(1936~1939)에 독일과 스페인으로부터 빠져나온 정치적 망명인사들의 도피처가 되었고, 트로츠키조차 스탈린을 피해 이곳으로 망명 오게 된다. 이로써 이 나라는 곧 아주 어려운 환경적·정치적 그리고 사회적 위기에 빠져들게 된다.

그 위기는 새로운 '굴뚝 남작' 계층뿐만 아니라 구 대농장 소유자 계층을 놀라게 했다. 그리고 변호사와 기술가들로 이루어진 신흥중산층을 압박했다. 이 위기는 결국에는 1932년 자동차 황제 포드 및 석유 군주인 록펠러를 위해 비싼 파노라마 그림을 그렸던 사회주의적 성향을 지닌 벽화의 황제 리베라를 위시한 정신적 귀족정치가들도 압박했다. 뿐만 아니라 이 위기는 말콤 로리의 소설 『화산 아래서』처럼 엄청난 분출을 준비하고 있었다. 멕시코는 오늘날에야 이 분출로부터 회복하기 시작했다. 이 위기란 다름 아닌 석유산업의 국유화를 말한다.

절대적인 독점권을 행사한 공룡 기업, 페멕스

공적인 위치에 있는 자가 개인의 축재를 위해 부정부패를 일삼는 행위를 개탄하는 일은 고대 이래로 너무도 익숙하게 경험한 일이며, 특별히 멕시코적인 현상만은 아니다. 전 세계적인 전염성을 지닌 이 문제를 독일의 예를 통해 접하고자 한다면, 예전에 독일을 대표하던 철강 그룹인 클뢰크너가 원유 선물거래에서 보였던 일을 떠올려보면 된다. 경영자로서 맡은 일을 다 해야 하면서 제3자들의 권리를 고려해야 하는 사람들은, 특히 커다란 이익을 올릴 수 있는 유리한 상황에서는 '소유주' 행세를 한다. 그들은 대토지 소유주의 방식대로 행동한다. 그래서 처음에는 모든 일을 좌지우지하지만 끝에 가서는 아무런 책임도 지지 않는다. 민주적인 법치국가와 안정적인 시장질서에서 이루어지는 상거래에서 좋은 상도덕을 의식적으로 위반하는 일은 이미 체제에 대한 도전이라 할 때, 국가가 특정 사업을 강제로 독점하여 스스로를 소유주로 세우고 자신의 관료들에게 일을 맡겨버린다면 상황은 극적인 갈등으로 치닫지 않을 수 없다.

멕시코 공화국은 이를 잘 보여주는 특수한 예이자 전형적인 예다. 1915년 이후 영향력이 커진 카란사 운동 내부에서의 요구를 떠올려보기로 하자. 국가 소유의 석유는 카란사 운동가들의 추진에 따라 국가 최고의 산업재로 선언되어 1917년 헌법의 특별보호를 받게 되었고, 멕시코 기업에 의해서만 개발되고 유통될 수 있도록 결정되었다. 1921년 공화국을 멕시코에 있는 모든 유전과 정유시설의 절대 소유주로 만들고자 했던 카란사 운동가들의 모든 시도가 최고법원에 의해 저지되었는데도, 국유화 주제는 지속적인 정치권의 의제가 되었다. 경제적 자급자족 노력에 국가가 어떤 형태로든 외국의 석유자본에 의존하게 되면, 나라의 주권이 침해되는 것이라는 관념이 수반되었기 때문이다. 그리하여 자유의식을 지닌 멕시코인들은 그러한 주권침해를 받아들일 수 없었던 것이다.

이 세기적 갈등에 이와 같이 이데올로기적 부담이 더해지는 현상은 1920년대 석유노동자들의 잇단 파업이 강력한 노동조합의 창설로 이어졌을 때 더욱 심화되었다. 노동조합은 정부와의 합의를 통해 미래의 사회적 프로그램을 만들어내는 데 성공했다. 1934년 7년 임기의 대통령 직에 취임한 카르데나스 대통령 치하에서, 노동조합은 석유노동자들의 임금인상을 관철시키는 일에만 그치지 않고 휴가, 의료보험, 연금 등과 같은 일련의 다른 사회복지 서비스를 요구했다. 그 요구 수준은 프랑스의 인민전선 정부를 연상시킬 만한 정도였다. 하지만 그로 인해 몇몇 석유회사들은 과중한 부담에 시달리게 되었다. 특히 1929년 경제 대공황 이후 전 세계적 불경기의 여파 속에서 사정은 더욱 악화되었다. 멕시코 역시 이 불경기의 그늘에서 벗어날 수 없었기 때문이다.

그러나 멕시코의 임금노동자들 가운데 당시 가장 임금 수준이 높은 계층에 속했던 석유노동자들은 1936년 특히 노조연맹의 임원들과 함께 좌편향 노선의 카르데나스 정부에 압박을 가하여 국민의 재산인 석유를 끝내 사회에 귀속시키도록 밀어붙였다. 그 결과 에소, MPC, 애틀랜틱 리파이닝, 텍사코, 싱클레어 콘솔리데이트 등과 같은 외국 대기업들과의 정면 대결이 불가피하게 되었다. 싱클레어 콘솔리데이트 회사의 회장은 오랜 경험에서 멕시코의 석유 상황에 대해 거의 체념적인 어조로 다음과 같이 말했다. "이 나라에서 석유를 발견하는 일은 문제도 아니지만 그것을 시장에 내다 파는 일은 커다란 문제다."

자신의 기업에 모범적인 복지체제를 구축한 해리 싱클레어 회장은 멕시코의 중유를 국제시장에 유통시키는 사업을 통해 당연히 이윤을 올리고자 했으나 이 사업은 수시로 난관에 부딪혔다. 카르데나스 대통령과 석유노조들은 석유유통의 그와 같은 문제점들에 별로 구애받지 않았다. 왜냐하면 석유는 외국 기업들의 이윤을 위해 멕시코 땅에서 반출되는 것이 아니라 나라의 내부 발전을 위해 이용되어야 하는 것이었기 때문이다. 이는 당대의 자급자족 이념의 대의와 전적으로 일치하는 것이었다. 궁극적으로 이러한 자세가 의미하는 것은 채굴된 석유에 대한 기존의 과세정책을 철회하고 석유기업의 완전한 국유화를 추구하는 것 외에 다름 아니었다. 국유화 결정은 1938년 3월 18일에 이루어졌다.

오늘날 돌이켜보면 카르데나스 대통령은 그 자신이 스스로 이러한 중대한 결정을 그토록 서둘러 강행하고자 했다기보다는 석유노동자들의 요구에 대체로 굴복했다고 보는 편이 올바른 판단인 것 같다. 그는 요란한 민족주의적 요구, 즉 국유화 주장의 논거를 경제적 필요성에서가 아니라 이데올로기적 당위성으로 설명했다. 즉 외국의 석유기업들은 멕시코 공화국에 대해 '오만하고 반역적인 자세'를 취했으며, 주권국가의 처분 및 결정의 자유를 충분히 존중해주지 않았다는 것이다.

이제 많은 지식인들과 특히 PRI(제도혁명당. 1929년 이후의 집권당이다)의 정치가들은 1910년의 혁명이 비로소 실질적인 승리를 거둔 것으로 생각했다. 그들의 견해에 따르면 멕시코는 민족 재산인 석유 부문에서 마침내 스스로 주인이 된 것이며 1884년 이후 통용되어온 앵글로색슨적인 원리를 포기한 것이다. 당시 행복한 위업으로까지 찬양되었던 이 역사적 결정은 곧이어 1938년 7월 20일 페멕스의 설립으로 그 구체적 결실을 보게 되었다. 페멕스 사는 석유에 관한 절대적 독점권을 지닌 국가 기업으로 탄생한 것이다.

1923년 노동당 정부에 의해 국가와 긴밀한 연관을 갖게 된 영국의 브리티시 석유나 레닌에 의해 러시아 석유산업이 국유화된 일을 생각해 보면, 멕시코 좌파 정치인들의 이러한 조처가 그리 새로운 것은 아니다. 이 경우 역시 국가의 전능함에 대한 믿음이 경제적 이성보다 더 강하게 작용했던 것 같다. 즉 경제적 이성이란 국가의 목표로 추구되던 자국의 현대화를 외국의 좀 더 우수한 기술로 추진해 나가기 위해 외국의 투자가들을 이용하는 것을 말한다.

멕시코의 정치가들과 각료들은 이러한 믿음에 아무런 의심을 두지 않았다. 하지만 그들은 민족 자결이라는 민족주의의 꿈을 채 펼쳐보지도 못한 채 가혹한 경제현실과 기술격차의 벽에 부딪히게 되었다. 페멕스가 이제는 통합된 국가 기업으로서 시추공에서 주유소 급유기에 이르기까지 석유산업 전체를 어떠한 경쟁 상대도 없이 지배하게 되었다는 사실만으로는 이윤이 보장되지 않았기 때문이다. 페멕스는 1938년만 해도 처음 석 달간은 1,500만 페소의 이익을 낼 수 있었으나 1939년에는 2,100만 페소 이상의 손실을 기록하게 되었다. 1년 뒤에는 페멕스 지도부가 세금 납부조차 중지하는 결정을 내리고 정부로 하여금 특단의 구제조치를 취하도록 압박했다. 결국 멕시코 정부는 1940년 이 공룡 기업이 납세의 의무를 이행할 수 있도록 하기 위해 일반 조세수입에서 6천만 페소를 페멕스 사에 융통했다.

이러한 점만으로도 멕시코의 정치가들이 자족적 민족경제의 확립을 위해 시장경제의 힘을 저지하는 순간, 얼마나 파괴적인 메커니즘 속으로 빠져들게 되었는가를 잘 알 수 있다. 그렇게 된 주된 요인 중 하나는 무엇보다도 모든 중요한 석유기업들이 멕시코를 떠나 콜롬비아나 베네수엘라로 옮겨가 버린 점이다. 그로 인한 결과는 참담했다. 멕시코는 이제 시추탑에서 정유시설에 이르기까지 대부분의 고급기술을 상실하게 되었다. 이 나라 자체는 오랜 광산의 역사를 지니고 있으면서도 필요한 지질학자나 기술자, 경제학자를 아직 자기 나라 사람들로 충당할 수 없었다. 빈약한 내수시장에서의 수요 또한 불어나는 적자폭을 메울 수 없었다. 더군다나 석유생산물의 가격은 인위적으로 소위 사회계약에 따라 낮은 수준에 묶여 있었기 때문에 사정은 더욱 어려웠다. 하지만 이러한 정책 덕분에 문제의 실체는 곧 드러나게 되었는데, 그것은 대개 투자자본의 부족으로 해서 기존의 시설들이 환경보호에 대한 온갖 요구가 있었는데도 계속 노후화되었으며, 새로운 유전의 체계적인 개발 또한 오랜 동안 거의 불가능해졌다는 점이었다.

1918년 이후 비슷한 곤경에 처하게 된 소련의 경우를 일별해 보기만 해도 국가에 의한 독점기업의 절대 소유는 결코 성장과 환경을 함께 고려하는 경제구조를 세울 수 없다는 점을 충분히 알 수 있다. 멕시코의 경우에는 대외적으로 높이 찬양되는 석유 분야에서의 자치체계가 대내적으로는 조직화된 '자율' 구조에 부합된다는 특수성이 추가적으로 언급될 수 있을 것이다. 페멕스의 조직이 바로 그러한 구조의 성립을 촉진시켰다. 그리하여 카르데나스 대통령은 거의 옛날 부왕(副王)들이나 하던 방식으로 경영진과 감독위원회 위원들을 임명했다. 감독위원회는 다섯 명의 정부 대표들, 신설된 '석유관리청'(AGPN)의 장관 한 명, 그리고 석유노조(STPRM)의 대표 세 명으로 구성되었다. 대통령은 이 감독위원회와 함께 직접 페멕스의 연간 예산안을 비준하는 일을 맡아 보았다.

이러한 구조에서는 명백히 국민의회나 주주총회의 견제조차 허용하지 않는 그러한 방식이 '자율'의 의식구조를 촉진시킬 수 있을 뿐이었다. 사실 페멕스는 정치적 동기의 독점기업으로서 멕시코 전체를 더 이상 몇몇 기업들이 경쟁을 벌이는 시장이 아니라 적자나 환경 등을 고려치 않고 마음대로 주무를 수 있는 무제한의 판매공간으로 여겼다.

그러나 이러한 온갖 결함에도 멕시코의 석유생산은 증가했는데, 특히 북동부 멕시코 만 지역인 탐피코-나우틀라, 베라크루스, 타바스코, 이스트무스 등이 그 중심지였다. 이러한 성공이 가능할 수 있었던 것은 1938년 이후인데, 주로 소규모의 미국 시추회사들이 당국의 허가 아래—지질구조가 지극히 복잡한 유전지역들에 한해—활동할 수 있었기 때문이다.

석유생산의 중심지인 멕시코의 황금 벨트 지역은 텍사스와 루이지애나에까지 광범위하게 뻗어 있는 지향사(地向斜)지형의 일부다. 시추는 궁륭암염류(穹薩巖鹽瘤)가 형성되어 있는 수많은 지점들에서 이루어지며 에오세(世)와 올리고세(世)의 지층에서는 석유층 외에 가스층도 발견된다. 이 지향사지형의 전체 지질구조는 백악기와 쥐라기 및 마이

10. 멕시코—황금 벨트

오세(世)와 팔레오세(世)의 지층도 포함하고 있으며, 어떤 경우에는 고도의 시추 및 채굴기술이 요구된다. 오늘날 단층이라든가 개발하기가 어려운 다른 지층구조에 봉착하여 약 8백 미터 깊이까지의 표층시추가 포기되고 심층시추가 이루어져야 하는 경우에 특히 고도의 기술이 사용된다.

수출지향적 석유경제가 자급자족의 독점구조로 뒤바뀌게 된 1938년의 급격한 변화를 고려해볼 때 페멕스의 실적은 부정부패와 내부 갈등, 낙후된 기술을 감안할지라도 부정적으로만 평가될 수 없다. 특히 1960년의 세제개혁 이후—그리고 미국에 대해 조심스러운 개방정책을 펴면서—페멕스는 그동안 소홀히 했던 석유탐사 작업을 새롭게 추진하고 미국의 기술력을 동원해 작업을 강화하는 데 성공했다. 1965년의 경우 361건의 시추계획 가운데 139건만이 개착이 이루어졌다. 그때 99건은 지질탐사를 위한 '와일드 캣'(시험시추)으로 구상된 것이었는데, 시추 결과 그때까지 개발되지 않은 지역에서 여섯 개의 석유층과 아홉 개의 가스층이 발견되었다. 이는 당시의 상황으로서는 상당한 수확이었다.

1965년 멕시코 정부와 페멕스는 1919년의 미국 석유연구소를 모델로 멕시코 석유연구소(MPI)를 설립함으로써 그동안 미루어오던 일에 비로소 착수하게 되었다. 그것은 단순 기술자에서 연구소 소장에 이르기까지 자체 인력으로 하여금 국제적 수준의 기술과 지식을 갖추도록 하는 일이었다. 이러저러한 노력들은 전 세계의 석유산업으로부터 특별한 방식으로 보답을 받게 되었다. 즉 1967년 제7차 세계 석유회의를 개최할 수 있게 된 것이다.

불과 30년간의 '사회주의' 실험 결과 여실히 드러난 사실은 경제에서 단순히 생산수단의 소유관계를 바꾸고 이데올로기적 선전에 주력하는 것으로는 생산 및 유통의 현안문제들을 풀어나가는 데 역부족이라는 점이다.

1988년 살리나스 대통령은 그동안의 안 좋았던 경험을 바탕으로 소위 '멕시코 병'의 근본 원인들을 가감 없이 솔직하게 지적했다. 그러면서 그는 모든 지하자원에 대해 국가가 절대적 소유권 및 관리권을 갖는다는 국가의 광산감독권에 대한 스페인적인 관념을 피력하지 않았다. "오늘날의 관점에서 볼 때 모든 것을 소유하는 국가란 더 이상 정당한 국가일 수 없다. 아무튼 국가는 이제 그럴 힘도, 개혁의지도 부족할 것이다."

그 옛날 훔볼트는 멕시코 여행 중 '사업가들이 미래의 일에 거의 몰두하지 않는다'고 보았지만, 카르데나스 대통령과 그의 후임자들의 의도와 노력은 그와 상반되는 방향으로 나아갔다. 그들의 눈앞에 어른거렸던 것은 자연친화 정신과 산업개발 의지를 모순 없이 조화시킬 수 있는 '새로운 인간상'(Rivera)의 구현만이 아니었다. 그들은 석유산업의 국유화를 통해 농업의 현대화도 함께 추진하고자 했다. 즉 석유판매 수익과 화학비료, 살충제와 같은 석유화학의 산물들은 1944년 이후 '녹색혁명'이라 불려지는 농업혁명의 성공을 보장해줄 수 있을 것이라 생각했다.

미국의 식물 병리학자인 노먼 볼로그의 지휘 아래 추진된 이 과감한 계획은 원대한 목표를 지니고 있었다. 그에 따라 멕시코시티 근교에 위치한 아티사판의 넓은 경작지에서는 고도의 인공 재배법을 통해 슈퍼 옥수수, 슈퍼쌀, 기적의 밀 등 특정 작물의 생산량을 극대화하여 멕시코가 자급자족 경제를 이루고 곡물을 외국으로 수출할 수 있게 만들고자 했다. 이러한 계획에 필요한 자금은 애초의 의도와는 달리 페멕스가 아니라 록펠러 재단과 포드 재단이 조달하게 되었으며 멕시코의 계획 모델은 인도나 이집트로도 수출되었다. 하지만 온갖 노력을 했는데도—

1970년 볼로그에게 노벨 평화상이 수여되기도 했지만—멕시코의 이 실험은 부분적인 성공에 그쳤다.

멕시코의 이와 같은 열악한 투자환경을 고려할 때 미국, 캐나다와의 공동시장이 실제로 구축될 수 있을지는 매우 의심스러워 보인다. 나프타(NAFTA, 북미자유무역협정의 약자인데, 석유 이름과 동일하다. 여기서는 북미자유무역협정을 의미함)의 실현은 물론 미래가 요구하는 지상 명제다. 1929년에서 2000까지 71년간 멕시코의 정치를 독점하며 정치 발전을 저해해온 제도혁명당의 지배를 마침내 종식시키고 새로운 대통령으로 선출된 폭스 대통령은 이 자유무역지대를 하나의 공동시장으로 만들고 동시에 유럽연합과의 협력체계도 구축하는 일에 정력적으로 노력을 기울이고 있다. 그러나 멕시코와 남쪽으로부터의 인구 유입을 차단하고 있는 미국 간의 국경지역에서의 현실만 놓고 보더라도, 나프타의 전망은 어둡다고 할 수 있다. 리오 그랑데 강을 따라 유독가스와 산업폐수를 방출하여 강과 주변 환경에 심각한 폐해를 주고 있는 악명 높은 '악덕 기업'들이 바로 그 주범이다. 국경 바로 근처의 멕시코 땅 위에 설립된 이 회사들은 노동자들에게 파업권조차 허용하지 않고 않으며, 필요한 원자재를 미국으로부터 관세 없이 들여와 가공한 후 다시 미국으로 수출하고 있다. 그러면서 이들은 각종 세제 혜택을 누리며 높은 개발에너지에 비해 턱없이 낮은 환경 부담금을 지불한다.

이와 같은 맨체스터 자본주의 방식은 결코 인간적인 미래, 친환경적인 미래의 모델일 수 없고 그 핵심 면에서 야만적인 성격을 드러낸다고 할 수 있다. 특히 멕시코에서 이것은 오랜 전통으로 굳어져온 방식이다. 이에 관해 훔볼트는 여러 광산과 매뉴팩처에서 보고 겪은 체험을 감동적으로 묘사한 바 있다. "1821년의 독립도, 1910년의 혁명이나 1938년 석유산업의 국유화도 열망하는 '새로운 인간'을 창출해내지 못했다.

거의 국가부도 사태나 다름없었던 1992년의 심각한 통화위기 역시 마찬가지였다. 이 위기는 국제적인 원조(세계은행의 구제금융)를 통해 간신히 벗어날 수 있었다."

하지만 이때의 경제위기가 이 1억 인구의 나라에서 적어도 엘리트층에게만은, 더 나은 미래를 위해서는 현존하는 결함이 있을지라도 과거의 잘못들로부터 교훈을 배울 줄 아는 '개혁된 인간상'의 비전을 세우는 일이 우선적인 과제라는 깨달음을 심어주었다. 이러한 역사의 교훈에 관한 언급은 멕시코의 사정에 밝은 르네 나바레가 1967년 제7차 세계 석유회의의 개회식에서 '과테모친(아스텍제국의 마지막 왕—옮긴이)의 고귀한 자'의 그 유명한 탄식을 인용하면서 했던 말이다. 독일의 자동차회사 보르크바르트와 폴크스바겐의 단종 모델을 다시 살려내 국가적 차원에서 자동차 보급을 추진하면서도 환경보호에는 한 푼도 투자하지 않았던 나라에서 그는 그러한 말을 했던 것이다. "왜 우리 민족은 나를 버렸습니까? 그대들은 왜 나를 파괴했나요? 나는 늘 어둡고 부정적인 면들과 싸우려고 노력했는데……."

11

사우디아라비아
—신의 선물

1962년에서 1986년까지 야마니의 시대가 열리면서 사우디아라비아가 석유수입의 상승을 통해 동화 같은 부의 축적만 이룬 것은 아니었다. 이 엄청난 경제팽창의 시기에 이 나라는 근검절약과 환경보호에 관심을 갖도록 하는 그 어떤 조치도 거의 취하지 않았다. 휘발유가 22페니히밖에 하지 않고 디젤이 5페니히밖에 하지 않는 상황에서, 이들이 자신들의 풍족함을 향유하는 것을 천연석유세를 거두어들이는 것으로 방해하는 일은 쉽지 않았을 것이다. 그 대가로 이제 사우디아라비아의 도시들은 대기오염을 견뎌내야 한다.
"이 안개같이 자욱이 퍼져 있는 배기가스는 마지막 병실까지 스며들어오고 있었다."

이슬람의 길을 따르지 않는다

석유가 악마의 배설물이라는 기독교적 관념 외에 신의 선물로도 이해될 수 있다는 점을 코란의 한 구절처럼 명심하라. 이러한 관점에서 볼 때 특히 이해하기 힘든 것은 유럽 언론들이다. 이들은 석유값이 인상될 때마다 석유의존도가 높은 산업국들을 상대로 이슬람 지도자들이 부당이득을 취하려 한다고 맹렬히 비난한다.

비난의 표적은 석유가 풍부한 걸프 지역, 그중에서도 특히 사우디아라비아로 집중된다. 사우디아라비아는 그 이름에서 벌써 1932년 국가 설립 이래 사우디 왕가가 국가에 대한 절대 소유권을 갖고 있는 것이 아닌가 하는 인상을 받게 되는, 여전히 신비에 휩싸여 있는 나라다. 오늘날 사우디 왕가는 약 5천 명의 왕자와 그 가족들로 구성되어 있다. 한 나라의 이와 같은 인적 결합관계에 놀라움을 금치 못하는 사람은 현대 석유산업의 발전에 선구자적 역할을 한 지역인 펜실베이니아 또한 자신의 이름을 한 씨족장에게서 얻게 되었다는 점을 기억해야 할 것이다. 그것은 윌리엄 펜이 토착민인 인디언 종족들을 물리치고 헌장이나 헌법의 형태로 자신과 자신의 가문을 '모든 경작지와 자치령의 진정한 절대적 소유주'로 선언했던 1681년의 일이었다.

이러한 역사적 사실의 언급은 여기에서 매우 중요해 보이는데, 그 이유는 사우디아라비아와 미국 사이에는 석유와 안보 문제를 중심으로 수십 년간에 걸쳐 쌓아온 동반자 관계가 형성되었기 때문이다. 이 관계는 1948년에 건국한 이스라엘의 존재와 관련해서도 매우 독특하다고 할 수 있다. 이슬람 성지인 메카와 메디나가 위치해 있고 이슬람 근본주의를 주장하는 와하비트파(Wahhabit: 정통교리로의 복귀를 주장하는 이슬람교의 일파—옮긴이)가 득세하고 있는 나라 사우디아라비아가 어떻게 해서 세계 최대의 산유국이자 석유수출국기구의 창립회원국으로 비약적인 기술발전을 이룩하게 되었는가를 이해하고자 한다면 미국과의 '특별한 관계'에 대한 지식이 반드시 필요하다.

석유의 역사에서는 이례적이라 할 이 특별한 관계의 형성에 1929년은 결정적인 의미를 갖는 해다. '자본주의의 메카'인 뉴욕에서의 증시폭락, 석유의 공급과잉과 가격하락 등으로 이어진 당시의 심각한 경제위기를 타개하기 위해 특히 미국에서는 프랭클린 D. 루스벨트 대통령의 주도하에 소위 뉴딜 정책이라는 범국가적 조치를 취하게 되었고, 이러한 조치는 사우디아라비아에서도 특정 시기마다 되풀이되었기 때문이다.

그 당시 아직도 내전 상태에 있었던 사우디아라비아는 결국 '이슬람의 길'을 따르지 않았고 미국이나—역시 경제위기로 뒤흔들리고 있던—스웨덴처럼 영국의 경제학자인 케인스의 권고에 귀를 기울였다. 케인스는 경제사에 대한 해박한 지식을 바탕으로 시장에서의 '자유로운 파워게임'은 생산구조의 붕괴, 대량실업, 정치적 혼란을 피하기 위해 국가로부터의 특정한 규제와 개입, 기본적 조건 설정을 필요로 한다는 것을 깨닫고 있었다. 요컨대, 시장의 힘들은 민간경제와 공공의 이익을 위해 국가의 개입을 통해 조절되어야 했다.

이와 같은 케인스주의의 처방이 없었더라면 소위 '검은 금요일'(1929년 10월 29일) 이후 전 세계적으로 파급된 세계 경제위기는 극복될 수 없었을 것이다. 그 후로 정치적 안정과 병행하여 추구해온 경제성장, 완전고용, 공공복지를 위한 노력은 이른바 '석유시대'의 특징이다. 왜냐하면 '석유시대'는 늦어도 1960년 석유수출국기구의 창설과 더불어 수시로 가격조절을 위한 개입을 체험했기 때문이다. 하지만 이로써 미국이 자국의 국내시장을 위해 케인스의 정신에 따라 시범을 보였던 것이 전 세계적인 공감을 얻게 되었다.

　　영국이나 노르웨이와 같이 석유를 자급자족하는 석유 수출국들에서 석유세가 차지하는 비율을 생각해보면—휘발유 값의 80% 이상이 세금일 수 있다—시장조절의 원칙이 뚜렷이 드러난다. 사우디아라비아도 마찬가지로 다른 길을 가지는 않았지만, 그럼에도 1944년 이후 전세계 석유업계의 결산단위로 통용되고 있는 오일 달러의 마력에 사로잡혀 유럽에서와 같은 조세수익은 꿈조차 꿀 수 없었다.

아라비아의 도약

1929년까지만 해도 이슬람의 성스러운 수도 메카에서는 자국산 석유로 석유등을 전부 소화하지 못했다. 이러한 사정은 1935년 비로소 최초의 석유가 발굴되어 '다맘 7호' 유정의 수직관으로부터 악마의 눈물이 아닌 신의 복된 선물이 사막의 밤을 밝혀주기까지 지속되었다. 사우디아라비아 최초의 석유는 걸프 만 남쪽 해안에 인접한 다란 시 근교에서 미국 기술진에 의해 빛을 보게 된 것이다.

　　이 사건은 발생 시점이 특히 중요하다. 왜냐하면 이 사건은 이 "매직 왕국"(R. 매키)의 궁극적인 국가 통일이 이루어진 이후에 일어났기 때문이다. 이 통일은 베두인족의 부족장이자 군주인 압둘 아지즈가 전투를 통해 강제적으로 이루어낸 것이다. 그는 아라비아 역사와 세계 역사에서 이븐 사우드(압둘 아지즈의 별칭)라는 이름으로만 알려진 사우디아라비아 왕국의 창립자였다.

　　그는 씨족 및 부족 간의 지루한 싸움에 휘말렸으나 이크완 비밀결사 조직이 획책한 봉기를 진압한 후 자신의 세력권 내에 조밀한 인적 관계망을 구축하고, 그러면서 정략결혼(일부다처제)을 통해 내적 안정을 이루는 데 성공했다. "왕과 그의 국민 사이에는 어떠한 인간도, 어떠한 제도도 존재하지 않았다. 심지어는 비개인적인 관료조직조차 존재하지 않았다."

R. 매키가 유일무이한 것이라고 주장하는 사우디 왕의 이러한 지위는 그러나 1618년과 1918년 사이 유럽의 군주적 독재체제에서 군주 개인에게 권력이 집중되었던 현상을 연상시킨다. 유럽의 군주국들은 이븐 사우드가 절대 권력을 소유하는 이 새로운 베두인 국가와 마찬가지로 세습될 수 있는 절대적 소유권에 집착했다. 다만 이븐 사우드는 다른 부족장들을 고려해야 했으며 베두인족의 무슬림 교단과 비밀결사의 눈치를 보아야 했다. 메카와 메디나에서 오랜 세월 동안 살아온 상인 가문 또한 우주의 검은 돌을 품고 있는 카바(메카의 사각형 영묘)에 도달하기 위해 매년 전 세계로부터 구름처럼 몰려드는 순례행렬과 마찬가지로, 그가 결코 무시할 수 없는 사회적 영향력을 지니고 있었다.

사람들이 입을 모아 이븐 사우드는 베두인족의 용맹스런 지도자로서 특별한 카리스마를 지녔다고 입을 모아 이야기하듯, 그는 특정한 목적을 지닌 회합이나 쿠웨이트에서도 장려되곤 하는 의회(Majlis)에서 모든 중요한 그룹들의 목소리에 귀를 기울일 줄 알았고, 그들 사이에 갈등이 발생했을 때 최고 조정자로서의 역할을 수행할 능력이 있었다. 그는 홍해의 지다에서 걸프 만의 다란에 이르기까지, 예멘과의 국경지역인 '무인지대'에서 북부의 아카바 항에 이르기까지 '샤이크(베두인족의 족장─옮긴이) 중의 샤이크'로 여겨졌다. 동시에 그는 네이드의 군주였으며 파트와(Fatwa: 이슬람 근본주의 지도자가 내리는 사형 선고─옮긴이) 또는 법적 판결을 내릴 수 있고 관철시킬 수 있는 이맘(Imam: 아랍어로 '지도자' 또는 '모범'이라는 뜻으로 이슬람교도 공동체의 우두머리를 말한다─옮긴이)의 종교적 지위를 지녔다. 이븐 사우드는 누구나 인정하듯 외관상 동등해 보이는 자들 가운데 명백히 제1인자로서의 역할을 했으며, 모두의 말을 경청하기는 하지만 어느 경우에서나 최고 또는 최종적인 발언권을 가졌다.

자기 왕가의 왕족 위원회나 이슬람 율법학자들의 모임인 울레마 위원회 또는 심지어 내각의 각료회의가 사우디 왕에게 어떤 내용의 견해를 제출하더라도 그것은 권고의 성격만을 지닐 뿐 결코 구속력을 갖지 못한다. 이와 같은 권력의 개인 집중적인 체제는 권력분립을 인정하지 않으며 그때그때의 최고 통치자이자 우두머리인 사우디 국왕이 최고의 결정권을 쥐고 있는 전형적인 족벌주의에 의해 운영된다.

정치, 경제, 사법의 영역에서 무소불위를 자랑하는 그의 권력은 후계자 선정 때에만 약간의 제약을 받는다. 왜냐하면 코란이 허용하는 일부다처제로 인해 정실부인들 간에 서열이 생기고, 그와 함께 왕위 계승에 여러 갈등이 발생하기 때문이다. 하지만 왕위 계승은 언제나 이븐 사우드의 자손들로 이루어진 왕실 내부그룹에서 이루어지며, 사우디 최고위직을 코란에 따라 수행할 만한 정신적 자질을 가늠하는 원칙에 따르고 있다. 왜냐하면 사우디아라비아에는 입헌군주제에서와 같은 헌법이 없기 때문이다.

이 베두인의 군주인 사우디 국왕은 그 밖에도 메카와 메디나의 '성소 관리자'라는 타이틀에 걸맞게 와하비트주의가 요구하는 의무를 이행해야 한다. 수니파 이슬람교 내부의 이 엄격한 운동은 이미 17세기부터 발전하기 시작했다. 사우디 왕궁과 나머지 씨족 및 부족사회에서 이 운동의 수호자들은 코란에 근거하여 정당하게 설명할 수 없거나 산업사회 이전의 관습법인 '수나'에 어긋나거나 불가피한 이성적 이유에 근거를 두고 있지 않는 한 어떠한 개혁도 허용하지 않는다.

이러한 의식이 사우디 왕궁과 상류층에서 일부 해이한 경향을 보이고는 있지만, 이슬람 율법서인 샤리야와 결합되어 여전히 아라비아의 일상을 얼마나 강하게 지배하고 있는가는, 어디에나 출몰하는 풍기단속 경찰의 존재에서 알 수 있다. 이들은 공공생활에 저해가 된다고 생각되는 어떠한 행위도 즉시 저지하며 여자들이 운전하는 것조차 허용하지 않는다. 독일인 의사 요아힘 뮈스케의 경험에 따르면 사우디아라비아인이 비회교도인이나 기독교도와 이야기를 나눌 경우 정치와 종교에 대한 대화를 하는 것 자체가 중대한 문제를 초래할 수 있다.

이러저러한 장애요인들과 부족한 사회기반 시설은 사우디아라비아에서 체계적인 석유탐사가 시작되기까지 왜 그렇게 오랜 시간이 걸렸는가를 설명해준다. 영국군 소령으로 1923년 사우디아라비아에서 선구적으로 석유탐사에 나섰던 프랭크 홈스의 시도는 빗나간 하나의 에피소드에 그쳤다.

1930년 이크완 반란 이후 이븐 사우드의 사정이 현저히 악화되었을 때 상황은 비로소 호전되었다. 이븐 사우드는 네이드의 군주이자 이슬람 성지의 보호자로서 심각한 자금난에 처하게 되었다. 영국이 제공한 6만 파운드의 연금이나 터키의 오스만제국과의 싸움을 위해 그에게 승인된 30만 미국 달러만으로는 자신의 비용을 충당하기에도 결코 충분치 못했던 것이다. 순례자들로부터 받는 연간 조세수익 역시 늘어가는 수요를 감당하기에는 턱없이 모자랐다.

새롭고 영구적인 수입원을 찾아 동분서주하는 과정에서 이븐 사우드는 마침내 영국인 존 필비에게서 해법을 찾게 되었다. 이슬람교로 개종한 이 아라비아 어문학자는 그에게 서방의 현대기술을 빌려 드넓은 사우디 땅의 모든 지하자원을 개발하라는 충고를 했다. 필비는 코란의

한 구절을 언급하며 와하비트 운동을 대변하는 이맘이자 베두인족의 족장인 그로 하여금 알라가 직접 인간을 변화시키는 것이 아니라는 것을 확신하도록 만들었다. 오히려 인간이 신 앞에서 자신의 책임을 맹세한 후 유익한 변화를 일구어내야 할 의무가 있음을 조언했던 것이다. 이것은 곧 인간은 지상에 사는 동안 선을 행해야 하며, 자연은 인간을 위해 창조된 것이라는 정신에서 비롯된 것이었다.

다맘 유전의 신속한 확장과 다란 유전도시의 건설은 이븐 사우드 자신의 정신적 변화가 반영된 첫 결과였다. 그는 석유발굴을 위한 이 역사적 결정으로써 걸프 만 연안지역에서 취약한 자신의 권력을 확인받게 되었다. 그곳은 종교적으로 페르시아에 가까운 시아파가 다수를 차지하던 지역이었다. 다만 그는 울레마들의 저항에 부딪혀 이러한 기술적 혁신을 통해 와하비트 사상에 젖어 있는 사우디 사회를 서구의 사고방식에 대해 개방적인 사회로 바꾸는 데까지는 실패했다. 그 결과 시추 장소, 채굴 장소, 정유시설, 적재 플랫폼 등은 그 주변지역과 완전히 격리되었다.

따라서 지하자원의 개발을 위해 채굴권이나 수익권과 관련해 주어진 인가는 기술에 관한 것뿐이었다. 그러나 무엇보다도 1944년 아라비아·아메리카 석유회사(Aramco: 이하 '아람코'로 표기)의 설립 이후 이러한 기술적 혁신은 왕조적 독재라는 사우디아라비아의 국가적 근본 성격(왕가=국가)도 변화시키지 않으면서 그 효력을 나타내기 시작했다. 아람코의 독특한 기업연합 형태는 한때 '네 명의 부모를 둔 신경질적인 아이'라는 평가를 받았으며 그 구조상 카르텔과 일치했다. 아람코는 에소, 모빌 오일, 소셜(셰브런), 텍사코의 대표들로 구성되었고 이들은 자신의 이익과 사우디의 발전을 위해 처음의 기대 이상으로 서로 협력을 잘 해나갔다. 그러나 결국 이 네 회사는 미국시장을 무대로 치열한 싸움을 벌였고 세계시장에서 역시 한 치의 양보도 하지 않았다. 하지만 이때 더 이상 사생결단의 싸움을 그만두고 서로에게 이익이 되는 길을 찾기로 한 1928년의 협약이 그 진가를 발휘했다.

1948년 아람코의 개혁 이후에는 심지어 필비조차 아랍과 미국 간의 이 협력 모델을 찬양하기에 이른다. 동시에 그는 이 모델을 전 세계적인 차원으로 끌어올려 그것에다 경영의 윤리적인 차원을 부가했다. "옛날에 신들과⋯⋯ 고대 세계를 위해 향신료와 몰약(沒藥)을 공급하던 아라비아가 마침내 오랜 잠에서 깨어나 앞으로는 자신의 감추어진 재화를 개발하여 맘몬 신을 섬기듯 인류를 위해 기여하고자 한다."

아람코의 활동이 영국의 이상주의자인 필비에게 오랜 꿈의 실현이라고 한다면, 나라 살림을 개인 재산처럼 다루던 이븐 사우드 자신에게 그것은 처음에는 물질적 이득만을 의미할 뿐이었다. 그러면서 그는 전에 베네수엘라에서 합의된 바 있는 50대 50의 분배 원칙에 만족했다. 그러나 이는 석유사업으로부터의 지속적인 수익만을 의미하는 것이 아니라 세계시장의 구조적 네트워킹을 의미하는 것이기도 했다. 그 결과 사우디아라비아는 아람코에 의존하게 되었을 뿐만 아니라 그보다는 시장의 힘에 더욱더 종속되었다. 정확히 보자면, 사우디아라비아는 시장을 통제할 수 없었고 반대로 시장이 원자재 생산국으로서의 사우디아라비아의 기능에 영향을 미쳤다.

이러한 결합관계뿐만이 아니라 고도의 정치적 의미를 갖는 새로운 차원이 동시에 열리게 되었다. 이 차원은 아람코의 설립 당시에는 전 세계가 전쟁에 몰두하느라 제대로 간파할 수 없었던 새로운 국면이었다. 왜냐하면 그 당시에는 아무도 사우디아라비아가 미국 및 당시의 소련과 더불어 세계 최대의 매장량을 자랑하는 석유자원을 보유하게 되었다는 사실을 몰랐기 때문이다. 이러한 사실을 알게 되었을 때 미국의 입장에서는 특히 냉전 초기에 사우디아라비아의 지정학적 의미가 높아지지 않을 수 없었으며, 이는 결국 두 나라 간에 '특별한 관계'를 맺는 정치적 결과를 초래했다. 그에 따라 미국은 초강대국이자 사우디아라비아의 보호국으로서 전략적 비축을 위해 특별가로 석유를 공급받는 관계에까지 이르렀다.

이러한 상호종속 관계에서 놀라운 점은 1944년에 체결된 석유협정의 구조적 안정성이다. 왜냐하면 석유와는 거의 무관했던 중대위기가 이를 통해 번번이 극복될 수 있었기 때문이다. 여기서 한번 미국과 이스라엘의 관계를 생각해보자. 이스라엘의 안전을 보장해주는 강대국 역시 미국이다. 워싱턴에 어떤 정부가 들어서더라도 미국으로서는 불구대천의 원수인 이 두 나라 사이에서 최대한 양다리를 걸치는 외교를 펼칠 수밖에 없다. 두 나라는 1948년 이래 줄곧 전쟁 상태를 유지해왔다. 반면 거기에다 또한 소련은 1990년까지 이집트, 시리아, 이라크, 리비아 또는 예멘을 통해 나머지 아랍국가들에게 압력을 행사하고 있었다.

이 아슬아슬한 곡예는 온갖 부담이 있는 상황에서도 교역과 거래 그리고 그와 연관된 기술은 종교를 떠나 계약을 중심으로 움직여야 하는 의사소통 원칙을 따르기 때문이라는 이유만으로도 성공할 수 있었다. 뿐만 아니라 미국의 일류 대학들에서 유학생활을 하고 돌아온 적잖은 사우디인들이 이 특별한 관계를 유지하는 데 기여하기도 했다. 그러면서 그들은 이스라엘과 팔레스타인이라는 영구적인 주제를 필요 이상으로 거론하여 그 관계가 훼손되거나 더 나아가 깨져버리는 일이 없도록 조심했다.

그들 중 한 사람이 석유 장관으로 출세한 야마니였다. 그는 석유역사의 중요한 부분을 함께 만들어 나간 인물이었다. 이 남자의 경력은 그 자체만 놓고 보면 근본적으로 여전히 와하비트 정신에 젖어 있지만, 기술적 발전의 이유에서 볼 때는—텔레비전의 경우처럼—갖가지 변화를 허용하지 않을 수 없었던 시대를 상징하며, 개인의 윤리적 기초와 지속적인 긴장관계에 처해 있는 한 나라가 근본적인 변혁을 겪고 있던 시기를 보여주는 명백한 징표가 된다.

모범적인 아랍인, 자키 야마니

이븐 사우드가 1947년에 그 사이 역사적인 사건으로 되어버린 필비와의 자동차 동행을 기억했다는 것은 좋은 일이라고 할 수 있다. 이 자동차 동행에서 모슬렘 출신의 영국인 필비는 베두인족의 제후인 이븐 사우드에게 가혹한 진실의 가르침을 전해주었다고 한다. 즉 필비는 이븐 사우드의 충복들을 "매장된 보물 옆에서 자면서도 너무 게으르거나 또는 겁이 많아 그것을 찾지 못하는" 사람들과 같다고 말했다는 것이다.

이븐 사우드가 이것을 시정하고자 했을 때, 그는 미국의 지질학자와 기술자를 국내에 들여와야 했을 뿐 아니라 또한 외국에 나가 있는 자국의 젊고 재능 있는 사람들에게 기회를 제공해야만 했다. 이것은 이 젊은이들이 근대화되기 훨씬 이전에 메카와 코르도바 사이에 있던 아랍인들이 지녔던 탁월한 능력, 즉 수학과 천문학, 의학과 다른 자연과학 분야에서 세상에서 가장 발전된 지식을 가지고 있던 능력을 다시 얻을 수 있도록 하기 위해서였다.

이븐 사우드는 1930년에 메카에서 판사의 아들로 태어난 야마니를 더 나은 미래에 대한 희망을 품고 카이로로 보내는 것을 허락했다. 야마니는 파루크 왕이 통치하던 이 제국의 명문 알-아자르-대학에서

11. 사우디아라비아—신의 선물

1947년부터 이슬람법을 공부하기 시작했다.

배움에 대한 욕망이 강했고 전통적인 교육을 받았던 이 아랍인은 1951년까지 철학과 법 그리고 정치의 기본지식을 배웠다. 더 나아가 그는 세계로 문호를 연 카이로에서 특정한 서구적인 생활방식과 사고방식을 습득하게 되었다. 이러한 서구식 사고방식은 이미 코르도바에 있는 아베로에스에게서 나타났던 것으로, 이것은 이중적인 진리의 의미에서 종교와 철학, 윤리와 기술, 권력과 도덕, 그리고 끝으로 교회와 국가를 분리하고 있었다.

그러나 모든 생활 영역이 통일을 이루거나 상호 결부된 문화에서 성장한 사람에게는 유럽 계몽주의의 이러한 성과들이 틀림없이 거대한 도전을 의미했을 것이다. 이러한 사실에 충분히 주목했던 야마니는 '모슬렘의 형제애'라는 단체의 활동을 간과하지 않았다. 이 단체의 목적은 근본적인 존재 영역과 사고 영역들 간의 이러한 분열을 지양하고 이슬람의 일원주의를 강제로 획득하려는 데 있었다. 이 비밀결사 단체는 사우디아라비아에 있는 와하비트파의 엄격한 요구들을 이행했다. 이 와하비트파의 옹호자들은 기술화 과정을 서구화의 진행으로 보았으며, 이것을 신이 선물한 올바른 생활 형태인 이슬람교의 삶에서 벗어나는 것으로 간주했다. 이와 동시에 주로 지식인 계층으로 구성된 영향력이 막강한 이 비밀결사 단체는 아랍의 민족주의를 유럽 식민주의에 맞선 투쟁으로 찬양했다. 다시 말해 옛 문화민족인 아랍인들이 이제 정치적·법적 그리고 경제적으로 금치산자가 되는 것을 찬양했던 것이다.

이 근본주의적인 단체에는 위험요소들이 많이 산적해 있었지만, 식민통치 강국들의 여러 정치가들은 이것을 제대로 인식하지 못했고 진지하게 생각하지도 않았다. 야마니가 뉴욕과 보스턴에서 자신의 법학공부를 보완하기 위해 미국으로 가던 중인 1952년에 나세르 장군이 파루크 국왕에 대해 일으킨 쿠데타가 성공을 거두었다. 그는 왕정을 무너뜨리고 이집트를 공화국으로 선포했으며 위대한 범 아랍주의를 꿈꾸었다. 그러나 이 꿈을 이루는 데는 메카에 있는 '검은 돌'이 아니라 사막의 모래 밑에 있는 '검은 금'이 필요했다.

내성적이고 때때로 소심하기도 했던 야마니는 이러한 정세평가 외에 군부와 기술관료로 이루어진 새로운 세대의 도래를 알리는 징조들도 경험할 수 있었다. 이 신세력들은 문화적 자긍심과 반식민지 의식이 투철했기 때문에, 외국 콘체른을 국유화하는 것을 기술적으로 후진적인 자국을 위한 물질적 은총으로 간주할 수 있었다. 이들이 추구하는 방향의 궁극적 목표는 특히 영국과 프랑스의 정치적 비호와 석유재벌들에 의한 자국경제의 자주성의 결여를 극복하는 것이었다.

그러나 외부로부터 온 이러한 해방은 오직 그것이 내부에서의 근본적인 변혁조치들의 지원을 받을 경우에만 성공을 거둘 수 있었다. 나세르와 함께 쿠데타를 일으켰던 안와르 앗-사다트는 나중에 이집트의 대통령까지 되었던 인물로, 사우디아라비아의 국왕 파이살의 가까운 친구였으며 이스라엘과 캠프 데이비드 협정을 맺은 인물이기도 하다. 그는 1952년 혁명 시기에 혁명의 과업이 다섯 개의 상이한 차원에서 진행되는 것으로 간주했다. 그의 말에 따르면, 이 혁명은 파루크 왕조의 독단, 정치적 과정에서의 중산층의 배제 및 국가권력의 배제, 군부와 행정부서에서의 맹목적인 복종, 임금노동자의 착취 그리고 '어떻게든 빨리 부를 획득하려는 모든 금융귀족'에 저항하는 것이었다.

위대한 혁명이자 근대로 향한 출발로 찬미되었던 나세르의 이러한 권력인수 프로그램에서는 근본적으로 지금까지 아랍권에서 일어났던 모든 쿠데타 운동의 요소들이 다시 발견되었다. 그것이 1959년 이라크에서 하세미트 왕조가 붕괴된 것이든 아니면 1969년 리비아에서의 카

권력의 정점에 있던 시절의 자키 야마니

다피의 쿠데타가 이드리스 일족을 제거한 것이든 상관없이 말이다. 심지어 샤(Schah: 1979년까지 사용된 이란 왕의 칭호—옮긴이)의 팔레비 왕조가 백색 혁명을 종결해야 했던 1979년에 호메이니 치하에서 물라(이슬람에서의 성직자에 대한 호칭—옮긴이)들이 제기한 요구에서도 이러한 쿠데타적 특징들이 나타났다.

사우디아라비아는 이 모든 변화에서도 여러 위기를 견뎌낼 수 있었다. 이것은 점점 세력이 커져가는 사우드 왕조가 내부적으로나 외부적으로 모두 항구적인 안정의 목적에 잘 적응할 수 있었고 특정한 유혹에 빠지지 않을 수 있었기에 가능한 것이었다. 야마니가 1956년 보스턴에 있는 하버드 법과대학으로 전학했을 때 일어난 수에즈 운하 위기는 아랍사회주의의 본질적 특징이 무엇인지 잘 보여주었다. 즉 이 사회주의의 옹호자들은 외국 기업을 강제로 국유화했는데, 이것은 그들 자신이 이 기업을 운영하기 위해서였다. 그러나 이들에게는 이 기업을 기술적으로 자력으로 운영해 나갈 수 있는 힘이 결여되어 있었다.

야마니는 이러한 교훈을 수에즈 운하 회사의 인수사건을 통해서만 끌어낸 것은 아니었다. 그는 또한 미국의 석유역사를 통해 석유의 법적인 완전 소유권과 그것의 효과적인 사용 사이에는 종종 현격한 차이가 있을 수 있다는 사실을 배우게 되었다. 즉 1953년에 사망한 이븐 사우드가 지배하던 시기에서처럼 왕조의 이기적인 석유독점과 국가의 공공복지 사이에는 현격한 틈이 있었던 것이다.

그러나 야마니가 이러한 복합적인 영역에서 사우디아라비아를 위한 공헌을 하고 아람코의 인수를 위한 지속적인 해결책을 발견하기 전에, 그는 학업을 끝마친 후 우선 리야드에서 사막의 왕국 역사상 최초로 독립적인 변호사로 활동하기 시작했다. 그는 코카콜라와 같은 미국회사의 이익을 대변하다가 어느 날 카리스마를 지닌 인물인 파이살 황태자에게 발탁된다.

이븐 사우드의 아들인 파이살 황태자는 이미 1946년에 미국을 방문했을 때 자신의 위엄 있는 태도로 강한 인상을 심어주었다. 미국 외부성의 딘 에치슨은 워싱턴에 파이살이 나타났을 때의 인상적인 모습을 이렇게 묘사했다. "하얀 두건이 달린 외투와 그의 검은 피부를 더 부각시켰던 황금색 아갈(Aggal)을 입고 구부러진 얇은 코 밑에 뾰족한 수염을 기르고 있던 이 황태자는, 사람을 뚫어질 듯 쳐다보는 시선으로 무시무시한 인상을 풍겼다. 이러한 인상은 단지 이따금 그가 희미하게 내보이는 미소를 통해서만 완화될 수 있었다. 나는 이 황태자가 비타협적인 적이 될 수 있으며, 그를 매우 진지하게 대해야 한다는 인상을 받았다."

금욕주의적이고 일부일처제에 따라 살던 파이살 황태자가 비타협적이 되는 순간은 이스라엘 국가의 시온주의와 소련 및 이를 따르는 아랍 추종 국가들의 불경한 사회주의와 대결할 때뿐이었다. 그는 이 두 이데올로기들을 아랍과 이슬람인으로서의 아랍인의 정체성을 위협하는 요소로 간주했다. 그 밖에도 아랍인들은 물질주의의 형태로 나타나는 근대주의와 대결해야 했다. 이러한 물질주의는 그들이 보기에, 삶을 영혼을 상실한 서구적인 기술의 지배로 환원시키는 듯 보였다.

영어를 잘 알아듣기는 했지만 유창하게 말할 수는 없었던 파이살 황태자는 일찍부터 자기 나라에서 석유생산이 증가하고 이것이 전 세계적으로 유통되는 과정에 어떤 위험이 내포되어 있음을 인식하고 있었다. 그러나 그도, 그의 형인 사우드 국왕(이븐 사우드의 아들로 이븐 사우드의 뒤를 이어 국왕이 됨—옮긴이)도 이러한 위험에 대해 거의 아무런 영향력도 행사할 수가 없었다. 왜냐하면 신의 선물로 간주되는 그들 왕족의 재산인 석유는 명목적인 가치로 한정될 수 없었기 때문이다. 오히려 석유는 그것이 판매될 때 코란으로서는 해결될 수 없는 특별한 물질적인 조건들의 지배를 받고 있었다. 궁극적으로는 아람코 회사에게도 석유탐사를 위해 다란 지방을 넘어 활동할 것이 요구되었다. 그리고 이것은 도로와 철도를 건설하고 현대적인 의사소통 구조(전화망)와 보건제도에 투자하라는 요구를 포함하고 있었다. 그리하여 아람코는 10년 이내에 석유산업과 사회간접 시설의 건설과 연관하여 일종의 국가 내의 국가로 성장했으며, 심지어는 국가의 공공재정에 영향을 미칠 수 있게 되었다.

그러나 파이살 황태자는 이븐 사우드의 사후에 이러한 발전 추이를 더 이상 수동적으로 받아들이고자 하지 않았고 오히려 그것을 적극적으로 함께 만들어 나가고자 했다. 그는 이 때문에 정부 수장의 직권으로 1957년에 자국의 석유와 지하자원을 관리할 관청을 만들게 했다. 이 석유 및 지하자원 관리청의 첫 번째 소장은 압둘라 타리키였다. 그는 곧 '붉은 샤이히'라는 명성을 얻게 되었는데, 그 이유는 그가 아랍 민족주의의 열렬한 지지자이자 미국 제국주의의 적이기 때문이었다. 그는 아람코의 석유재벌들에게서 이러한 미국 제국주의의 모습을 보았으며 이들을 악마의 모습으로 묘사하곤 했다.

타리키는 미국에서 빅 오일의 구조와 심성을 모든 차원에서 경험하게 되었다. 그는 또한 에소의 해체를 가져온 반 트러스트 운동의 관심사도 알고 있었다. 에소가 해체된 후 생겨난 세 개의 후속 콘체른들은 이제 아람코에 적극적으로 참여하고 있는 기업들이었다. 이와 동시에 타리키는 사우디의 주권을 위해 투쟁했다. 그가 위의 콘체른들을 비난할 때 그의 투쟁은 더욱더 강력해졌다. 그는 서구의 콘체른들이 그들의 기술적인 성과가 있음에도 이븐 사우드의 우정을 잔인하게 악용하고 자기 나라를 사리사욕에 가득 차 착취했을 뿐이라고 비난을 퍼부었다.

이윤 욕구에 찬 미국 석유회사들이 저지른 여러 부주의한 태도에 대해 민족주의자 타리키가 흥분한 것은 충분히 이해할 수 있다. 그러나 모든 단점과 약점의 원인을 석유재벌들에게 돌리고 사우디인들이 국내에서 저지른 잘못들을 국가에 대한 충성심으로 은폐하고 있는 이러한 관점과 달리, 실제의 석유역사는 그렇게 단순히 도식적으로 진행되지는 않았다. 예를 들면 이븐 사우드는 1947년 이후 흘러들어온, 점점 증가하는 석유수입을 국가재정에 귀속시키지 않고 우선적으로 자기 개인의 욕구충족을 위해 사용했던 것이다.

또 다른 한편 미국의 4대 석유재벌들이 석유생산과 상품화에서 생겨나는 위험을 최소화하는 데 적극적인 관심을 가지고 있었고 이를 위해 미국에서 탈세를 시도했다는 것은 공공연한 사실이었다. 게다가 사우디아라비아와의 석유사업은 항상 워싱턴의 안보전략에 의해 조종되었는데, 특히 나세르가 세계 제2의 초강국인 소련에 접근하고 영국이 수에즈 동쪽지역에서 철수한 이후 더욱 그러했다.

파이살이 석유자원부를 수립한 해에 야마니는 이라크 여인 라일라 파이디와 결혼했고, 수도 리야드에 가정을 꾸리고 정착하기 시작했다. 이러한 결정은 파이살이 이 젊고 세상물정에 밝은 법조인 야마니를 모든 해외사업과 관련해서 사우드 가의 법적 자문을 구하는 데 필요로 했기 때문에 더욱 장려되었다.

이를 위해 이 두 사람 간의 아주 중요한 만남이 광산도시 타이프에서 이루어졌다. 이곳은 오늘날 비행기로도 갈 수 있는 곳이다. 이 도시는 메카와 홍해로부터 멀리 떨어지지 않은 어느 산악지대에 위치해 있었는데, 좋은 공기로 유명해졌고 그래서 뜨거운 여름 동안에는 리야드 대신 임시 정부소재지로 활용되기도 했다. 파이살과 야마니 사이의 이러한 역사적인 만남은 서로를 관찰하고 상당 시간을 침묵으로 일관하는 가운데 이루어졌다고 전해진다. 이렇게 꽤 긴 시간 동안 인내심이 시험되고 나서 이 젊은 변호사는 자문 직책을 맡는 것에 대해 어떤 대가를 바라느냐는 질문에 망설임 없이 다음과 같이 답변했다고 한다. "당신을 위해 일할 수 있는 기회를 가진 사람은 어떤 조건도 제시하지 못할 것입니다"

물론 이러한 입장은 이슬람 세계만의 고유한 특징은 아니며, '프로이센 왕을 위한 봉사' 라는 말을 상기시키기도 한다. 즉 이것은 1918년 이전의 유럽에 널리 퍼져 있던 왕조적인 개인숭배의 표현이라고 할 수 있다. 이러한 고용관계는 모든 법적인 심판이나 상하원의 통제에서 벗어나 있으며, 맹목적인 복종과 소유권 숭배를 보여주는 일면성을 표현하고 있다. 이러한 소유권 숭배는 '고용하고 해고하라' 는 원칙에 따르는 미국 경제체제에서 나타나는 것이기도 하다.

따라서 동방적인 전제정치의 특수성이나 사막 왕국의 마술로 간주되는 것은 더 자세히 살펴보면 모든 권력적인 태도에 나타나는 보편적인 현상임이 입증된다. 이러한 권력적인 태도의 보편성은 그것이 어떤 방어나 저항을 두려워할 필요가 없다는 점에 있다. 1957년부터 1962년까지 사우디아라비아의 석유정책을 전문적인 지식과 정치적인 열정으로 주도했던 타리키는 족벌독재의 왕조적 원칙이 무슨 일을 저지를 수 있는지 몸소 체험해야 했다. 그는 파이살이 그를 '자유로운 왕자들' 이라는 사우디 내의 모반세력과 결탁하고 있다는 혐의를 씌운 이후 하루 아침에 해고되었다. 이 단체를 지도한 타랄 왕자는 진보세력과 근대화 추진세력의 선봉에 섰다고 한다.

이 세력은 나세르의 모범에 따라 아람코의 완전국유화를 추진했을 뿐만 아니라 또한 이븐 사우드가 세운 절대 전제정치를 입헌군주제로 전환시키고자 했다. 이러한 제도전환은 1961년 쿠웨이트에서 성공을 거둔 바 있었다. 물론 그곳에서의 이러한 성공적인 전환은 비호국가인 영국의 정치적 압력과 그들의 주둔 보장 아래서 이루어진 것이었다.

이 경우에 타랄과 타리키가 1960년에 석유수출국기구를 석유재벌들에 대한 반대세력으로 함께 조직했다는 것은 아무런 도움도 되지 못했다. 이들은 법적인 절차를 거치지 않고 협상을 통해 카이로로 망명을 가게 되었고 이로써 이제 사우디의 정책에 어떤 영향도 미칠 수 없게 되었다. 파이살이 서구 세계가 거의 주목하지 않았던 이 위기에서 벗어남으로써 더욱 강한 모습을 띠게 된 것은 놀라운 일이 아니다. 그는 이러한 성공을 거둔 이후 1964년에 자신의 형인 사우드 왕을 형식적으로 퇴위케 하고, 마찬가지로 그를 카이로로 추방하는 계획을 관철시킬 수 있었다. 이러한 권력 다툼에서 야마니는 카리스마 있는 파이살을 충성을 다해 보필했다. 그래서 왕조적인 의미에서 이들 간에 맺어진 이전의 주인과 노예의 관계는 이제 우정의 관계, 심지어 아버지와 아들 간의 관계로 발전했다.

야마니가 1962년 3월 2일에 타리키의 후계자가 되었을 때—물론 그가 이 자리에 얼마나 있을 것인지는 전혀 알지 못한 채—거기에는 그의 전문적인 지식 외에 무엇보다도 새로운 왕과의 친밀한 관계가 중요하게 작용했다. 야마니는 이를 통해 폭넓고 수탁적인 사고에 의한 석유정책을 세울 수 있었다. 야마니가 석유자원부의 틀 내에서 상당히 자유로운 정책결정의 공간을 가지고 있었을지라도, 그의 능력은 파이살의 절대적인 독점적 결정권한에는 미치지 못했다. 파이살은 모든 면에서 왕으로 남아 있었고 단지 사우드 왕조 및 코란의 규율에만 예속될 뿐이었다.

아람코와 석유수출국기구의 존재는 세계시장에 대해 점점 커져가는 사우디아라비아의 예속관계만큼 거의 변한 것이 없었다. 게다가 오일 달러는 슬며시 가치가 떨어지기 시작했다. 오일 달러는 1964년 이후 베트남 분규의 재정지원을 위해 투입되기 시작했으며, 이러한 후원은 그 후 무장지원을 위해, 1974년 유가파동이 일어나고 베트남 사태가 종결되기 전까지 10여 년간 계속되어야 했다.

구조적인 지속성은 여전히 있었지만 타리키에서 야마니로 갑작스런 장관 경질이 이루어지면서, 석유자원부 내부 및 아람코에서는 지금까지 부담스러웠던 관계가 일대 전환을 맞이하기 시작했다. 무엇보다도 지금까지 미국의 경영주들이 대개 자신들이 무식한 모리배나 돈에 눈이 먼 착취자로 멸시받는다고 느꼈다면, 이제 약관 32세의 야마니는 미국의 경영주들을 객관적인 파트너로 대하는 데 역점을 두었던 것이다. 그는 이를 통해 석유사업에서 상호원칙뿐만 아니라 계약에 의거해 미국과의 동등한 관계를 인정받으려고 했다.

부드럽게, 때때로 매력적으로 행동하는 야마니는 이러한 이중전략을 통해 미래 사우디아라비아의 석유정책이 대결이 아니라 상호협력에 바탕을 두고 있음을 인식시켜주었다. 이러한 태도는 왕조와 족벌국가의 매년 수입이 거의 전적으로 석유판매에 의존해 있기 때문에 더욱 적절한 것이었다. 더 나아가 국제 석유수출국기구의 영향과 그들의 채굴할당제와 함께 새로운 시장형성이 이루어지기 시작했다. 다시 말해 배럴당 고정가격의 영향 아래 있던 지금까지의 경직된 가격결정 체제에서 시장상황에 따른 더 유연한 가격형성 체제로 전환이 이루어진 것이다.

이러한 변환 과정은 경제적 요소와 기술적 요소 외에 또한 경우마다 국가적 이익의 의미에서 숙고되어야 할 특정한 정치적 요소들을 고려하는 것을 의미했다. 그리하여 1964년에 이웃 나라인 쿠웨이트는 서독이 이스라엘을 주권국가로 인정하자 서독과의 외교관계를 중단했던 것이다. 석유는 경제적인 압박수단으로 정치적 차원을 갖게 되었고 심

11. 사우디아라비아─신의 선물

지어 무기로 사용되기까지 했다. 그러나 이러한 기능이 큰 성과를 거두지는 못했다.

파이살과 야마니가 취한 태도는 이러한 극단적인 태도와는 거리가 멀었다. 그들은 이미 오래 전부터 자국의 석유에 대한 절대적인 소유권만으로는 실질적인 소득을 보장받을 수 없다는 것을 알고 있었다. 더욱이 아람코의 지원 없이는 석유로 소득을 올리기란 쉽지 않았다. 물론 야마니는 경영주들에게 자기 나름의 방식으로 사우디아라비아가 미래에는 더 큰 발언권을 요구하게 될 것이고 심지어 일정한 배당도 얻으려 한다는 점을 주지시켰다. 게다가 야마니는 일곱 개의 대형 석유 콘체른에게 어떤 대가를 치르든 석유사업에서 최고의 이익을 거두려는 그들의 정책이 이제 공정한 가격을 지향하는 또 다른 정책을 위해 물러나야만 한다는 점을 분명히 이해시키려고 했다.

야마니는 단계적으로 실현될 참여라는 자신의 정책을 장기적으로 보장하기 위해, 또한 옛 석유 중심지인 다란에 있는 석유대학의 확장을 더욱 강화했다. 이 대학에서 필요한 자국의 전문 인력들이 양성돼야만 했다. 이들은 이곳에서 교육받은 후, 사우디아라비아의 석유 및 광산회사인 페트로민(Petromin)에서 국가의 복지를 위해 일하도록 약정되어 있었다.

이 모든 활동들이 주로 유럽과 일본을 필두로 한 동아시아에서의 석유공급에서 사우디아라비아가 지니는 국제적인 책임의 영향 아래 있었다면, 이것은 동시에 자주경제에 대한 사우디아라비아의 노력을 표현하는 것이기도 했다. 이러한 이중적인 부담은 젊은 야마니가 자신의 경력을 쌓기 시작한 초기에 예상하던 것 이상으로 힘드는 일이었다. 그리하여 그는 아내와 이혼하게 되었고 심지어는 석유자원부 장관을 그만두고자 했다. 그러나 파이살은 그의 중요한 협력자를 포기하려 하지 않았고, 그래서 사퇴하려는 야마니의 청을 왕조만이 할 수 있는 전형적인 방식으로 거절했다. "나는 내 아들이 가출하는 것을 허락하지 않듯 당신이 관직을 그만두는 것도 허락하고 싶지 않소."

모든 사우디의 왕자들 중 왕국 전체의 새로운 군주로 등극한 이 파이살 왕은 일방적인 소유권 행사를 주장했는데, 여기에는 절대적인 충성심에 대한 의무와 무조건적인 복종도 포함되어 있었다. 그리고 놀라운 일이 일어났다. 야마니가 실제로 충실한 아들처럼 그의 군주 말에 복종했던 것이다.

그는 석유자원부 장관직을 고수했고 파이살 왕이 자신의 장남 사우드를 그에게 맡겨 전문적인 교육을 시키도록 지시했을 때 특별한 충성심의 태도를 보여주었다. 젊은 황태자는 명문 프린스턴 대학에서 경제학과를 졸업했고 아버지의 소망에 따라 이제 실제적인 현실 속에서 석유사업의 전 분야를 배울 예정이었다. 또한 외교와 안보정책 차원에 대한 지식도 쌓아야 했는데, 이것은 사막국가인 사우디아라비아가 결코 간과해서는 안 될 부분이었다. 따라서 후에 외무부 장관이 된 사우드는 야마니에 대해 왕조의 일원으로서의 우위를 주장하지 않고 야마니의 전문적 능력을 충실히 배워나갔던 것이다. 이 모든 것은 자신의 이익과 국가의 복지를 위한 것이었다.

야마니는 애초의 계획과 달리 이제 법학교수로서 강단에 서기 위해 조용히 연구실에 틀어박히는 대신 다시 한번 자신의 생활방식을 바꿀 필요를 느끼게 되었다. 그는 알 야맘 호텔에 작은 스위트룸을 마련하여 그곳에서 거주하며 작업을 하고 사람들을 맞이했다. 이곳에서 그는 아람코의 모험과 수많은 석유수출국기구의 위기뿐만 아니라, 또한 1967년과 1973년의 이스라엘전쟁을 이겨내기도 했다. 이 전쟁에서 아랍 진영의 호전적인 세력들은 석유를 무기처럼 사용하고자 했는데, 이러한 태도는 야마니의 전문적인 지식과 균형의 정책에는 맞지 않는 것이었다.

종종 결단을 망설이곤 하는 야마니의 태도가 걸프 지역의 권력 단에서 항상 동의를 얻은 것만은 아니라는 사실은 쉽게 상상해볼 수 있을 것이다. 1964년 이후 후세인과 바트당이 지배하게 된 이라크와 1953년부터 통치하기 시작한 페르시아의 샤(Schah)는 종종 야마니 정책의 방해자가 되었다. 이 샤는 스스로를 걸프 지역에서 가장 막강한 세력자로 느꼈으며 미국과 영국에게 자신들의 군비확장 프로그램에 대한 돈을 지불하기 위하여 석유사업에서 높은 수익을 거두고자 했다. 야마니는 무엇보다도 이스라엘이라고 하는 절대적으로 민감한 테마와 관련해서 두 배로 신중해야 했다. 왜냐하면 그는 이슬람 신도를 위해 성스러운 도시 예루살렘을 시온주의자들로부터 해방시키고 싶어 하는 파이살 왕의 열렬한 소망을 잘 알고 있었기 때문이다. 그렇지만 예루살렘은 1967년에 아랍인들에게 매우 치욕적이었던 6일전쟁 이후 불구대천지 원수의 손에 완전히 넘어가게 되었다.

그는 이에 못지않게 이스라엘의 보호세력이자 사우디아라비아의 보호세력이기도 한 미국을 불필요하게 도발하지 않도록 조심해야 했다. 왜냐하면 그는 오래 전부터, 아람코가 1차적으로 경제적인 이윤추구에 대한 관심이 있는데도 소위 미국 외무부의 교두보 역할을 하고 있으며 그곳에서 석유 압력단체들이 특별한 압력을 행사할 수 있었다는 사실을 분명히 인식하고 있었기 때문이다. 아람코에 대한 그의 참여 모델은 미국 경영진을 불안하게 만들었고 정치 심장부인 워싱턴을 경악케 했다. 왜냐하면 이 모델에 따르면 처음에는 25%, 중간에는 51%, 그리고 최종적으로는 100%의 지분이 사우디아라비아의 정부로 귀속될 예정이었기 때문이다. 공화주의자로서 석유 카르텔에 많은 신세를 지고 있었던 닉슨 대통령은 리야드에 있는 아람코를 위해 야마니의 정책에 반대하며 강력한 개입을 할 필요성을 느꼈지만, 이러한 그의 개입은 별다른 성공을 거두지 못했다.

파이살은 자신의 석유자원부 장관에 대해 샤가 장광설을 퍼붓는 것에 별 신경을 쓰지 않았다. 그는 야마니가 반년마다 열리는 석유수출국기구 회의에서 이웃 국가의 무절제한 태도를 왜 비난했는지 잘 알고 있었다. 왜냐하면 팔레비 1세는 자금부족 때문에 매번 석유수출국기구의 협상을 깨면서도 이에 대한 야마니의 비판에 대해서는 증오를 퍼부으며 대응했기 때문이다. 그는 유화한 성격을 지녔지만 철저하고 정확했던 변호사 출신의 야마니를 심지어 '제국주의의 도구'라고 욕했고 그를 미국인의 하수인쯤으로 간주했지만, 사실은 그 스스로 자신의 군대를 미국에 의해 무장시키는 모순을 저질렀다. 달리 말하자면 야마니는 걸프에서 일어나는 석유를 둘러싼 사건들과 석유수출국기구 내의 문제에서 샤로부터 사우디 왕을 대신해 매를 맞는 시동 역할을 했던 셈인데, 이로써 샤는 이웃 왕조에 대한 고려를 하면서 사우디 왕가를 직접 공격할 필요가 없게 되었던 것이다.

석유와 안보 그리고 화폐에 대한 관심이 서로 얼마나 가혹하게 충돌할 수 있는지는 곧 1971년 1월 테헤란에서 개최된 석유회의에서 분명히 드러날 수 있었다. 이 회의의 결과로 미국과 영국이 일방적으로 선호하던 1944년 브레튼 우즈 협정의 옛 통화체계가 폐지되었다. 그러나 여기에 참여한 모든 국가들은 더 나아가 현재의 일상생활에서 몇 년 전부터 살며시 인상되고 있는 오일 달러의 인플레이션에 맞선 투쟁수단을 발견해야 한다고 생각했고, 이것을 제국주의에 맞설 무기로 분명히 인식하고 있었다. 이들이 혁명과 석유 콘체른의 재산몰수 의미에 대해 수

사학적인 말을 한 것과 상관없이, 이러한 인식은 중요성을 띠고 있었다. 석유생산국들은 그들이 민주국가든 사회주의국가든 아니면 왕조국가든 상관없이 미국이 1964년 이후 베트남전쟁을 달러의 의도적인 가치절하를 통해 재정 지원해왔고, 이로써 석유수출국기구 회원국들을 엄청난 어려움에 빠뜨렸다는 데 인식을 같이했다. 이들 국가가 자신들의 재정을 안정시키고 그들의 개발계획을 확고하게 하는 데 어려움을 가지게 된 것과 마찬가지로, 이들의 석유구매력 역시 그 가치가 떨어졌기 때문이었다. 이들은 열띤 토론 끝에 이란 왕조와 사회주의국가 리비아의 주도 아래 인플레이션을 상쇄하기 위한 수단으로 원유가격 인상정책에 합의했다. 생산자와 공급자 그리고 소비자 사이의 파트너 관계를 추구하는 자신의 정책을 전 세계적으로 확산하려는 야마니의 시도는 실패로 돌아갔다. 이러한 실패의 원인은 백색혁명을 구해내려는 샤와 같은 선동자와 자신의 독재를 녹색혁명의 형태로 확고히 하려 했던 리비아의 카다피 같은 인물에게 있었다. 이러한 녹색혁명의 전제조건은 석유판매를 통한 더 나은 수입의 획득이었다.

　원유가 다시 한번 정치적으로 사용될 것이라는 데는 의심의 여지가 없었다. 이것은 내적으로는 석유수출국기구 회원국들의 물질적인 발전을 위한 것이었고, 외부적으로는 석유생산자와 소비자 사이의 연결고리로 작용하는 석유 콘체른들의 우위에 맞서기 위한 것이었다. 심지어 석유의 공정한 분배에 몰두하고 무엇보다도 장기적으로 생각하며 항상 신중하게 행동하는 야마니조차도 1971년 이후의 석유 분야에 대한 사회적 압력에 잠시 현혹되었다. 왜냐하면 1973년 10월 16일에 이스라엘에 대항한 이집트의 전쟁을 지원하기 위해 엄청난 석유무역 봉쇄조치가 내려졌을 때, 사우디아라비아의 석유자원부 장관인 야마니 역시 기뻐했기 때문이다. 그는 이제 전쟁협상을 넘어서 주요 고객들에게 내려진 이러한 일방적인 공급차단이 특히 서유럽에서 근본적으로 새로운 상황을 가져올 것이라고 믿고 있었다. "처음으로 생산자와 가장 큰 산업국가들의 소비자들은 그들 사이에 중개자 없이 서로 마주서게 되었다. 석유수출국기구가 권력을 가지게 된 것이다. 실제적인 권력을!"

그러나 이것은 착각에 지나지 않았다. 이러한 착각이 발생하게 된 것은 아마도 야마니가 왕조적인 원칙에 영향을 받은 데 그 원인이 있을 것이다. 록펠러 역시 1870년에 이와 비슷하게 모든 형태의 중간상인들, 중개자들 또는 연결고리들을 배제하려고 시도한 바 있었다. 그 역시 이러한 중개인들과 다운스트림 사업에서의 이윤을 나누어가져야만 했던 것이다. 물론 석유수출국기구가 결정한 1973년 유가규정에 따라 배럴당 가격이 약 2달러에서 12달러로 상승했고, 그 이후에도 계속 상승된 것은 사실이다. 그러나 이러한 이윤은 단지 물가상승으로 인한 손실을 메울 수 있을 정도였으며, 결코 분배와 판매라는 구조적 문제들을 해결하지는 못했다. 석유생산자들은 일시적으로 정치적인 힘을 가지고 있다고 느꼈지만, 실제로 구조적으로는 취약한 상태에 있었다.

이러한 구조적인 취약성은 위기시기에 휘발유를 배급하고 중동 왕들의 탐욕적인 이윤추구에 대해 비난하는 열띤 신문기사들을 실으며 석유 콘체른들이 최대의 이윤을 거두었던 분야에서 일요일에 자동차운전을 금지했을 때 잘 나타났다. 특히 일곱 자매들은 사우디아라비아와 마찬가지로 석유회사의 국유화나 지분참여 모델에 의해 생산 분야(업스트림)에서 쫓겨났지만, 그 대신 수송과 석유정제 그리고 판매(다운스트림)와 같은 영역에서 점점 더 큰 비중을 얻게 되었다. 왜냐하면 단지 그들만이 필요한 유조선, 정유소 그리고 산업국가에서의 주유소 연결망을 마음대로 사용할 수 있었기 때문이다.

이슬람의 석유지상주의

야마니는 이러한 유가위기 동안에 특히 서구 언론에서는 '모범적인 아랍인'으로 칭송되었다. 그는 심지어 미국 외무부 장관인 키신저의 적수로 간주되기도 했다. 키신저는 자신의 말에 따르자면 석유에 대해 아무것도 알지 못했지만, 그럼에도 1974년에 파리에 국제에너지기구(IEA)를 설치할 것을 강력히 주장했다. 이것은 석유수출국기구의 석유를 구매하는 사람들이 미래에는 이러한 시장조정자의 자문을 받을 수 있도록 하기 위한 조치였다. 이 기관의 설립에서 이미 서유럽이 자신의 석유의 존성에 대한 입장을 전환하고 1969년 이후 북해에서의 성공적인 석유탐사에 몰두하기 시작했음이 드러났다. 세계적으로 유가가 상승하자 이러한 석유탐사는 투자로서 간주되기 시작한 것이다.

1971년 이후의 석유수출국기구 회담은 이러한 효과에 대해 미처 생각하지 못했다. 이 회담은 또한 석유 및 달러의 축복과 함께 이슬람 회원국들 사이에 점차 이슬람적인 석유지상주의의 태도가 형성되고 있었다는 사실도 간파하지 못했다. 이 태도는 석유를 신의 선물로 간주하고 그것을 의미 없이 연소하지 말 것과 환경을 온갖 종류의 매연과 폐기가스 그리고 유해물질로 오염시키지 말 것을 상기시켰다.

석유를 이런 식으로 해석하는 것을 이슬람교의 근본주의로 해석하는 사람이 있을지도 모르겠다. 그러나 이것은 사실은 미국에서 1969년 이후 있었던 빅 그린의 사상이나 일상에서의 과도한 기술화에 반대하는 녹색당의 개혁 노력과 같은 것을 표현하고 있다. 이것은 또한 오래 전부터 알제리에 있었던 소위 '구세전선'의 특징이기도 했는데, 이 구세전선은 유럽에서 교육받은 한 석유기술자가 주도하여 그가 암살당할 때까지 이끈 이슬람교의 운동이었다.

또한 1979년에 샤의 정권이 몰락한 이후 혁명적인 성직자 물라 (Mullah: '보호자'라는 뜻으로, 일반적으로 '군주'를 의미하는 이슬람 칭호—옮긴이)가 한 도덕적인 압력도 기술화의 특징을 띤 서구화 경향에 주도권을 넘겨주지 않으려는 이슬람 세계의 기본적인 조류를 보여주고 있었다. 물론 여기에서도 서구적인 기술을 사용하지 않는 소박한 삶으로의 귀환이 별다른 결과를 가져오지 못했음이 나타났다. 이란의 수도 테헤란은 기름보일러와 자동차교통에 의해 세계에서 멕시코시티 다음으로 대기오염이 심하고 호흡기질환이 심한 도시로 손꼽히고 있다.

이미 교황 피우스 10세는 1910년에 순수한 물질주의로서의 근대주의가 미래에 낳을 위험을 경고한 바 있었다. 그는 정통 이슬람교도처럼 신을 경외하고 자연을 따르며 투철한 신앙심을 지닌 삶을 살 것을 권고했다. 즉 모든 재물을 넘어서서 삶 속에서 의미를 찾고 "타자에 대한 동경"(막스 호르크하이머)을 지닌 삶을 살라는 권고였다.

야마니는 자신의 종교가 코란의 근본조항을 새롭게 반성하는 것을 이해했다. 그러나 그는 케인스적인 척도와 기술의 도움으로 경제를 운영하는 것이 이슬람적인 정체성의 요구를 충족시킬 수 있으리라 믿었다. 그러나 사우디아라비아의 건립자인 이븐 사우드의 열다섯 번째 아들의 장남인 할리드 이븐 무사이드는 이러한 상반되는 요소를 합일시키려는 시도를 비판적으로 바라보았다. 파이살 왕이 1966년에 전체적인 검열을 받는다는 조건 아래 텔레비전 방송을 도입하는 것을 승인했을 때, 할리드 이븐 무사이드는 이러한 개혁조치를 와하비트파의 윤리와 사우디의 명예에 대한 심각한 훼손으로 간주했다. 그러나 이 TV 매체는 이슬람 법학자들과 종교학자들의 격렬한 저항이 있었음에도 강제적인 방식으로 승인을 얻게 되었다. 파이살 왕의 조카인 할리드 이븐 무사이드는 이러한 조치에 굉장히 심기가 상했고, 그리하여 자신과 뜻을 같이

하는 충성스런 부하들과 함께 수도 리야드에 있는 몇몇 방송국을 점거했다. 그러나 그들의 항의는 왕의 결정을 철회시킬 수 없었고 그 대신 전경들과의 총격전을 유발시키고 말았다. 이 총격전의 결과로 할리드 이븐 무사이드는 사망하게 되었다.

이러한 강경조치를 내린 장본인은 바로 파이살 국왕 자신이었다고 한다. 물론 그는 이것이 사우디아라비아 내부에서 피의 보복을 불러일으키리라는 것을 예상하지는 못했을 것이다. 실제로 총살당한 할리드 이븐 무사이드의 동생인 파이살 이븐 무사이드는 이 살인행위에 대해 그에 상응하는 보복조치를 취할 결심을 하게 되었다. 코란과 수나 그리고 샤리야도 특정한 조건 아래서는 이러한 보복행위를 허용하고 있었다. 국가의 공식입장에서는 사우디 왕자의 이러한 순수한 의도가 의심되었고 그의 행동에 약간 강한 공명심이 있었으리라는 것은 오인의 여지가 없지만, 그럼에도 다음과 같은 윤리적 입장—즉 산업화 이전 시대의 와하비트파의 도그마에 따르는 이슬람과 서구기술은 근본적으로 양립할 수 없으며, 따라서 이슬람의 석유지상주의를 어떻게든 없애야만 한다는—이 바탕이 되었으리라는 것은 사실일 것이다.

파이살 이븐 무사이드가 다음과 같은 행동을 취한 최종적인 동기가 무엇이었는지는 아마도 영원히 비밀로 남아 있을 것이다. 그러나 그는 어쨌든 1975년에 자신과 이름이 같은 혈연이자 사우드 왕조의 수장인 파이살 국왕을 왕위에서 몰아낼 역사적인 순간이 온 것으로 간주했다. 파이살 국왕의 살해범은 쿠웨이트의 새 석유자원부 장관의 수행원 중 하나로, 그는 리야드에서 파이살 왕을 방문했다. 정부청사에서 있었던 예정된 알현이 막 이루어졌을 때, 복수심에 사로잡힌 사우디 왕자는 쿠웨이트 장관 옆으로 달려가 파이살 국왕을 향해 권총을 세 발 쏘았다. 왕은 바닥에 쓰러지면서 야마니도 함께 잡아 넘어뜨렸다.

두 사람이 쓰러졌을 때 계속해서 총알 소리가 들려왔다. 이것은 야마니를 향해 쏜 것이었지만, 그를 맞추지는 못했다. 파이살 왕의 경호원이 암살범을 붙잡고 있는 동안, 야마니는 의사를 불러 도움을 요청했다. 그러나 의사들은 국왕의 생명을 구할 수 없었다.

그의 때 이른 죽음은 사우디아라비아에게는 고통스런 상실을 의미했다. 이 나라가 와하비트파의 윤리를 본질적으로 포기하지 않으면서도 신중하게 근대화를 진행할 수 있었던 것은 그의 덕이 컸다. 그는 과감한 실험을 단행했는데, 여기에는 야마니의 공로도 컸다. 파이살의 후임자 역시 이러한 실험을 중단시키고자 하지 않았다. 사우드 왕가의 후계자법에 따라 파이살의 사후에 그의 가장 가까운 형제인 할리드 이븐 아브드 알 아지즈 앗 사우드(이하 '할리드'로 표기함)가 즉시 씨족의 최고책임자, 즉 샤이히 중의 최고 샤이히가 되었다. 반면 동생 파드는 황태자로 승격하여 사막왕국의 정부를 인수하게 되었다.

놀랍게도 이러한 인사교체 때 예상되었던 야마니의 해임은 이루어지지 않았다. 파드와 야마니 사이의 관계가 아직 껄끄러웠던 것은 공공연한 비밀이었지만, 그럼에도 이들의 상호협력은 계속 되었다. 따라서 할리드 국왕이 자연사하던 1982년까지 야마니는 안전한 위치에 있다고 느낄 수 있었던 것이다. 더욱이 그의 전문적인 능력은 의심의 여지가 없는 것이었기에 그의 위치는 확고했다. 또한 석유자원부 장관 야마니가 아주 특이한 방법으로 자기 자신 및 사우디 왕국을 위해 명예로운 일을 했기에, 새 국왕의 호의는 더욱 두터워졌다. 야마니는 1975년 12월 21일 빈에서 발생한 석유수출국기구 장관들의 인질극을 용기 있게 이겨냈을 때, 거의 마법적인 아우라에 둘러싸인 듯했다.

이 인질극은 산유국인 베네수엘라 출신의 자칭 혁명가였던 일릭 라미레스 산체스가 일으켰다. 그는 '카를로스'라는 가명으로 활동한 최고 테러리스트로서 전 세계적으로 두려움의 대상이었다. 그의 배후에는 리비아의 대령 카다피와 호전적인 팔레스타인들, 그리고 자신들이 반파시즘적인 전투를 하고 있다고 믿었던 몇몇 독일 적군파 회원들이 도사리고 있었다.

이들과 함께 산체스는 극적인 유혈 상황에서 빈에서 체류 중이었던 석유수출국기구 회원국 장관들을 억류하는 데 성공했다. 야마니는 우선은 카를로스 대원들의 이러한 행동이 '유가인상에 반대한 시위'라고 생각했다. 그러나 나흘간 알지에와 바그다드 사이를 표류 비행하는 가운데 아랍의 석유가 또다시 무기로 사용돼야 하는 상황에 처하게 됐음이 밝혀졌다. 그러나 이번에는 이스라엘을 파멸시키기 위해서가 아니었다. 이것은 제3세계의 혁명적인 발전을 가속화하기 위한 것이었다. 즉 인질범은 석유산업을 국유화하는 것이 사유화에 입각한 자본주의에 저항할 수 있는 만병통치약이라고 믿었던 것이다.

인질범들의 성급한 행동주의는 모든 좌익들의 이데올로기적인 입장을 넘어서 몇몇 아랍의 정부들을 단기적으로 협박하는 상황으로까지 발전했고, 결국에는 구체적인 살해의 위험으로 귀결되었다. 작성된 살해자 명단에 있는 인물 중 가장 저명인사였던 야마니는 카를로스로부터 직접 다음과 같은 말을 들었다. "우리는 당신들을 개인으로는 존경합니다. 그러나 당신은 살해돼야 합니다. 우리의 활동이 당신들의 나라를 적으로 삼고 있기 때문입니다."

그러나 다행히도, 이러한 연좌제적인 살해는 일어나지 않았다. 그러나 카를로스 대원 중 한 명인 독일인 공조자가 마인 강변의 프랑크푸르트에 있는 지방법원에서 몇 년간의 징역을 선고받으려면 2001년까지 기다려야 하는 반면, 야마니는 자신의 침착한 행동에 대한 보상을 받기까지 그리 오래 기다릴 필요가 없었다. "국민들의 사랑을 받았던 자애로운"(야마니) 할리드 국왕은 의연하면서도 영리하게 행동하는 자신의 석유자원부 장관이 리야드로 귀환했을 때 막 새로 뽑은 롤스 로이드 자동차를 선물했던 것이다.

야마니는 이렇게 공고하게 된 개인적인 관계를 바탕으로 이후에 그의 주도 아래 이루어진 1,420억 달러가 소요된 5개년 계획 (1975~1980)을 단계적으로 실현할 수 있었다. 이것은 매년 약 3백억 달러 내지 약 6백억 마르크에 해당하는 돈이 기간시설과 국민보건 시설, 경찰력 및 자국 산업에 투자된 것을 의미했다. 이러한 엄청난 과제를 성공적으로 수행하기 위한 전제조건은 높은 유가를 어느 정도 지속적으로 유지시키되, 과도한 유가상승을 유발해서는 안 된다는 것이었다. 야마니는 산업국가들에서의 상황에 대한 정확한 관찰과 고통스런 체험에 의해 석유가격을 무한정 올리려고 시도해서는 안 된다는 것을 잘 알고 있었다. 이러한 시도는 세계 경기의 숨통을 조일 것이기 때문이다. 그는 석유수출국기구의 모임에서 유가를 상승시키려는 사람들에게 여러 차례 다음과 같은 역사적 진실을 상기시켰다. "모든 경제의 제1법칙은 가격이 오르면 소비는 내려간다는 것이다. 이것은 신이 세운 법칙이다. 따라서 너희들이 그것을 바꿀 수는 없다. 아랍 라이트(Arab Light: 석유수출국기구의 바스켓 가격[석유수출국기구 회원국들이 생산하는 일곱 개 대표 석유 종류의 가격을 더해서 평균을 낸 원유가격으로 국제 유가의 기준이 된다]을 이루는 일곱 개 유종 중 하나. 알제리의 사하람 블렌드[Saharam Blend], 인도네시아의 미나스[Minas], 나이지리아의 보니 라이트[Bonny Light], 사우디아라비아의 아랍 라이트[Arab Light], 두바이[Dubai], 베네수엘라의 타아후아나라이트[T. J, Light and Isthmus Brent], WTI가 일곱 개 유종에 속한다-옮긴이) 석유가격은 11달러 70센트에서 18달러로, 그리고 나서 24달러, 심지어 28달러로 상승하

고 있다. 그런데 그 결과가 대체 무엇인가? 소비의 감소가 아닌가?'

야마니는 단기간의 가격폭등 이후에 뒤따르는 궁핍시기 내지 내부적 파열상황을 잘 알고 있었고 그 때문에 생산자와 소비자를 모두 만족시킬 수 있는 적정한 석유가격을 지지했다. 왜냐하면 이때는 위기의 시기라고 할 수 있었던 1979년으로, 이 시기는 이슬람 혁명으로 인해 샤의 정권이 붕괴되고 아프가니스탄에 소련군이 진주한 해였던 것이다. 1973년 이후 계속된 고유가가 서구 산업국가들에게 사고의 전환을 야기했고 심지어 이로 인해 절약형 자동차들이 시장에 선보인 것도 공공연한 사실이 되어 있었다. 그 밖에 고유가정책은 서구 산업국들로 하여금 석유 및 가스를 채굴하기 위한 투자를 강화시키는 계기가 되었다. 이들은 상당한 비용이 드는 근해 영역, 즉 서유럽에서는 북해에서 그리고 북아메리카에서는 황폐한 알래스카에서 이러한 석유시추 작업을 벌이기 시작했다.

사우디의 장관이 가격에 대한 언급을 하면서 아랍 라이트 석유의 최고품질을 언급했을 때, 이것은 틀린 말은 아니었다. 왜냐하면 이러한 품질측정은 미국 석유연구소(API)에 의해 이루어졌기 때문이었다. 그가 이러한 말을 한 의도는 전 세계의 유가를 결정하는 방향결정 인자가 예를 들면 텍사스의 석유 '웨스턴 인터미디에이트' 외에도 아랍 라이트가 될 수 있음을 암시하기 위한 것이었다. 그리고 세계 석유시장에서 중요한 위치를 차지하는 이 두 석유 외에 이제 또 다른 종류의 석유가 추가되었으니, 이것은 바로 북해지역의 영국 수역에서 발견된 '브렌트 블렌드'(Brent Blend)였다. 이 석유는 유럽의 산유국들에 의한 가격형성에서 새로운 중요한 요인이 되었다.

야마니는 석유수출국기구에 의해 상황이 과열되는 것을 강력히 경고했다. 그러나 그가 다가올 유가의 붕괴현상을 언급했을 때, 그는 그

대가로 카라카스에서 열린 회의에서뿐만 아니라 자국의 다란 석유대학에서도 조소를 받았을 뿐이었다. 그의 이러한 행동에 대해 경제전문가들이나 석유계 인사들이 몰이해를 보인 것은 이들이 지닌 구태의연하고 1차원적인 사고방식, 즉 석유를 순수한 기술적인 천연자원으로만 간주하는 태도에 그 원인이 있었다. 그러나 야마니는 항상 가격형성에서 감정적인 에너지가 함께 작용함을 염두에 두었으며, 정치적인 차원도 고려해 넣었고, 그 외의 부가적인 전략적 가치의 영향력도 잘 알고 있었다. 특히 1980년에 이라크가 이웃 나라 이란을 습격한 직후에는 더욱 그러했다.

야마니는 이러한 부담스런 요인들이 있음에도 이 시기에 사우디아라비아가 아람코를 유리한 조건으로 인수하는 계약을 성사시킴으로써 석유역사의 한 시대를 평화롭고 성공적으로 종결짓는데 성공했다. 이로써 50년 전부터 걸프 지역에서의 석유와 관련된 모든 문제를 정치적으로도 지배하고 있었던 일곱 자매들은 이제 석유생산에서 완전히 물러나서 단지 석유판매 영역에서만 우위를 지키는 것에 만족해야 했다.

아람코 인수라는 결과를 국유화로 해석하는 사람이 있을 수도 있을 것이다. 그러나 사우디아라비아에서 국가란 다름 아닌 사우드 가문의 절대적인 세습재산이라는 특별한 상황을 고려하면, 실제적으로 여기에서 일어난 것은 국유화라기보다는 지배왕조를 위한 사유화라고 하는 것이 더 적절할 것이다.

야마니 자신에게는 아람코 건의 해결이 큰 도움이 되지 못했다. 왜냐하면 그는 베두인족의 현실로부터 멀어졌고, 아마도 왕조중심적인 이 사회에서 모든 것이 석유를 중심으로 돌아가는 것은 아니라는 사실도 —비록 석유수입 없이는 사우디아라비아의 물질적인 생활수준이 유지될 수 없었을지라도—무의식적으로 감추려 한 것 같기 때문이다. 베두인족이 가지고 있었던 산업화 이전 시대의 사고방식에는 또한 비밀집회들과 빠르게 성공한 기술관료들 사이의 극복되지 않은 갈등도 포함되었다. 이 기술관료들은 엄격한 신앙심을 가진 와하비트파에게는 경솔한 삶을 사는 히자지(Hijazi: 사우디아라비아에는 다양한 아랍인들이 모여 산다. 히자지 아랍[사우디 아랍으로 대부분 알려져 있다]은 사우디아라비아 인구의 다수를 형성하고 있다. 이들은 홍해 해안을 따라서 거주지를 형성했고, 주요 도시지역에 주로 살고 있다. 그들의 언어는 아라비아어 혹은 일반적으로 불리는 히자지 아랍어다―옮긴이)로 경멸받았다. 그뿐만 아니라 이들은 이슬람과 석유의 서구적 사용 사이에서 커다란 모순을 인식하지 못한다는 이유로 공격을 받기도 했다.

특히 사우디 가문과 아주 긴밀한 연관을 맺고 있었던 비밀단체인 '파타 네이드'(Fatah Nejd)에게는 서구적인 정서를 지닌 야마니가 가장 중요한 부서의 최고직을 차지하고 있는 것을 20년 이상 보아온 것으로 충분했다. 그리하여 석유지상주의의 적수들인 이들은 새로운 왕 파드에게 1982년 이후 파이살 시대에 벼락출세한 이 야마니를 권좌에서 쫓아낼 것을 강력히 촉구했다. 특히 야마니가 오래 전에 예고된 가격폭락을 멈추게 할 수 없었기 때문에 이러한 제안을 하기에 더욱 유리한 상황이었다. 예멘 출신의 조상을 둔 야마니가 자신의 부서를 재정부 장관의 통제 아래 두기를 거부했을 때, 그는 사우디의 궁정에서 일어나는 암투에서 패배할 수밖에 없었다. 그리고 국왕 파드도 이것을 묵인하고 있었다.

1929년의 검은 금요일을 기념하던 1986년 10월 29일에 야마니는 리야드에서 친구들과 모여 카드놀이를 하고 있었다. 그는 이때 사우디의 정치체계 내에서 '고용하고 해고하라'는 세습권력적인 원칙이 자신에게도 통용될 수 있을 것이라는 사실을 아마 예상하지 못했을 것이다.

놀랍게도 야마니는 텔레비전 뉴스를 통해 특별한 이유도 거론되지 않은 채 자신이 해고되었다는 사실을 알게 되었다.

1962년에서 1986년까지 야마니의 시대가 열리면서 사우디아라비아가 석유수입의 상승을 통해 동화 같은 부의 축적만 이룬 것은 아니었다. 이 엄청난 경제팽창의 시기에 이 나라는 근검절약과 환경보호에 관심을 갖도록 하는 그 어떤 조치도 거의 취하지 않았다. 휘발유가 22페니히밖에 하지 않고 디젤이 5페니히(1990년 기준)밖에 하지 않는 상황에서, 이들이 자신들의 풍족함을 향유하는 것을 천연석유세를 거두어들이는 것으로 방해하는 일은 쉽지 않았을 것이다. 그 대가로 이제 사우디아라비아의 도시들은 대기오염을 견뎌내야 한다. "이 안개같이 자욱이 퍼져 있는 배기가스는 마지막 병실까지 스며들어오고 있었다." (뮈스케)

일찍이 자국의 석유재고를 보존하기 위해 햇볕이 강하게 내리쬐는 이 나라의 태양에너지를 이용하거나 또는 더 이상 사용하지 않는 채굴존데로부터 지열을 끌어내 이용하는 대신, 이곳에서는 엄청난 양의 석유가 쓸모없이 연소되었다. 1980년대와 1990년대에 야마니가 일찍이 예견했던 유가붕괴와 함께 심각한 유가위기가 닥쳐와서야 사람들은 사고의 전환을 하게 되었고, 심지어 오랫동안 상상할 수조차 없던 것처럼 보였던 변화들을 이루어내기 시작했다. 새로운 세계무역기구의 자유방임적인 요구들을 충족하기 위한 노력에서 21세기에 들어와서는 심지어 외국기업들의 소유권 획득도 가능하게 되었다. 물론 이것은 석유재산이라는 의미에서 그런 것은 아니었다.

이러저러한 개방을 위해 1999년에 만들어진 고위 경제각료위원회는 "세계에서 가장 큰 석유생산자들"(『파이낸셜 타임스』)의 경제적인 이해가 새로운 상황에 부응할 수 있도록 또 다른 기반을 마련해야 했다.

이러한 개방조치의 일환으로 사우디아라비아가 국제 자본시장에서 신용대출을 늘린 것뿐만 아니라 반년마다 과잉생산과 생산부족 사이의 긴장관계를 측정하는 까다로운 문제도 맡았다는 사실을 들 수 있을 것이다. 그리고 이것은 석유수출국기구의 틀 내에서 이루어진다. 석유수출국기구는 이제 석유공급의 약 3분의 1 정도만 맡고 있을 뿐이고, 이 기구의 에너지 문제 담당고문이었던 야마니는 이미 여러 차례 이 기구의 수명이 다 되었다고 말했지만 지금도 여전히 존재하고 있다. 이들의 정책은 배럴당 22달러에서 28달러 사이에서 안정된 기준가를 정하는 데 초점이 맞추어져 있다.

신경제가 주도하는 미래의 시기에 지금까지의 독점적인 구조로 버텨보려는 온갖 노력이 있었음에도 사우디아라비아가 자신의 경제적·정치적 위치를 보존할 수 있을지는 상당히 의심스럽다. 왜냐하면 이 나라는 근본적으로 내부적인 자유화의 물결을 받아들이지 않고 있으며, 이로써 국가의 미래과제를 극복하기 위해 절실히 필요로 하는 사회적 에너지를 봉쇄하고 있기 때문이다. 이에 대한 예로 기술적인 영역에서는 무엇보다도 1968년 이후 '무인지대'에서 파내려간 심층시추를 들 수 있다. 이 심층시추는 지금보다 훨씬 더 확대되어야 한다. 왜냐하면 이 시추를 통해 고품질의 석유를 발굴했기 때문이다. 그러나 이 석유는 막대한 비용을 들여 예멘과의 국경지대에 있는 이 엄청나게 무더운 사막지대로부터 해안지역으로 옮겨야 하는데, 이것은 현재로서는 외국기술의 도움 없이는 거의 불가능하다.

이러한 기술적인 문제를 해결할 수 있을지라도, 지금까지 키워온 석유지상주의를 보존하기란 훨씬 힘들어진 것처럼 보인다. 왜냐하면 이슬람 근본주의자들이 그냥 맥 놓고 있지만은 않기 때문이며, 사우디 내의 아프가니스탄 전사 수뇌부 출신인 이븐 빈 라덴과 같은 종교적인 급진주의자들의 행동이 여전히 이슬람의 권력 핵심부에게조차 예측할 수 없는 요인으로 나타나고 있기 때문이다. 이 빈 라덴은 건축사업가로, 그의 씨족이 야마니 시대에 엄청난 부자가 되었다고 한다.

기술과 윤리의 이러한 긴장관계 속에서 베두인족의 제후였던 파이살의 생각이 T. E.로렌스의 유명한 책 『지혜의 일곱 기둥』에서 비통한 진리로 나타나게 된다. 특히 사우디의 왕조적 원칙이 무기력해지고 아랍의 석유가 세계 도처에서 유해물질로 연소될 때 더욱 그러하다. 파이살 왕은 한 유럽인과 다란과 치다 사이에 있는 아랍인들의 미래에 대해 이야기를 나누면서 "약간의 재산에 매달린 허약한 민족"을 언급하는데, 거기서 왕은 "마침내 이 민족이 자신의 발을 되찾을 때"까지 "절름발이 상태로 있는 그들의 심리상태"를 오랫동안 관찰하고 있다.

12

한 방울의 피도
흘려서는 안 된다

조지 부시 행정부는 걸프 정책에서 나타난 자신들의 잘못과 실수를 개선하는 대신 이라크의 만행에 대한 보고를 제시하기 바빴으며, 그러한 일들이 실제로 일어났는지에 대해서도 충분한 검토를 하지 않았다. 이러한 수치스러운 행동들은 미국 측으로부터도 "거짓말 전투"(맥아더)라는 이름으로 비판받았다.

석유를 넘칠 정도로 소유한 나라

노스트라다무스는 '바그다드의 괴물'이 미래에 미쳐 날뛰리라는 예언을 한 바 있다. 그러나 그도 지상 위의 지옥을 그을음으로 가득 차고 끈적거리며 유독가스로 뒤덮인 이 모습보다 더 나쁜 모습으로 상상할 수는 없었을 것이다. 쿠웨이트시티에서는 밝은 대낮이 칠흑처럼 어두운 밤으로 바뀌었고, 이 밤은 거대한 부르간 유전의 화염으로 뒤덮인 배후지역에서는 다시 시뻘건 낮으로 변했다. 이것은 마치 지구의 종말과도 같았다.

1991년 2월 쿠웨이트를 둘러싼 기괴한 전쟁이 막바지에 이른 시점에 전 세계가 흥분한 것은 충분히 이해할 만했다. 왜냐하면 이라크의 독재자 후세인의 특수부대가 유엔군에 의해 강요된 쿠웨이트 철수 때 그 지역에 방화를 저질러 약 6백 개의 석유 및 천연가스 채굴시설을 불태워버렸기 때문이다.

기술문명 속에 살고 있는 인간들은 매일 아무렇지도 않게 라이터에서 로켓에 이르는 수십 억 개의 연소기구들을 사용하고 있다. 그런데 위에서 언급한 이 섬뜩한 광경이 벌어진 순간 이제 그들이 이 연소기구들로 수행하는 것이 그들 자신들에게 이러한 지옥의 모습으로 펼쳐진 것이다. 원유는 1938년 이후 쿠웨이트에서도 채굴되었다. 이 원유를 연소할 때 생긴 온갖 유해물질들로 생태계 전체를 채우는 이러한 환경파괴 행위는 비단 개인들에 의해서뿐 아니라 범세계적으로 자행되고 있다. 그러나 쿠웨이트의 역사가 세계 여론에 제대로 인식되기 시작한 것은 후세인의 군대가 1990년 8월 초에 샤이히 왕국을 급습하여 그곳을 군사적으로 점령하고 이라크 공화국의 열아홉 번째 주로 선언하면서부터다. 이때 이라크는 스스로를 위대한 아랍이 다시 일어서는 부활의 중심지로 간주하는 이데올로기를 선전했다.

특히 서구 언론들과 정치가들은 이라크와 그 이웃 나라 이란 사이에 벌어진 걸프전쟁(1980~1988) 이후 다시 한번 불쾌한 주제인 석유가 주요 이슈로 대두될 수 있으리라는 점에 인식을 같이했다. 위기가 점차 고조되는 가운데 이에 대한 항의가 베를린과 버클리 사이에서, 특히 정치적 좌파의 평화시위로 일어났다. 이때 이 시위가 "석유를 위해서는 한 방울의 피도 흘려서는 안 된다!"는 구호로 그 정점에 도달했던 것은 결코 놀라운 사실이 아니다.

이 극단적으로 감정적인 표어는 걸프에서의 미국 정치를 사악한 것으로 매도하는 데 중점을 두고 있었다. 이러한 표어는 조지 클레망소에까지 거슬러 올라가는 역사적 기억을 불러일으키기도 한다. 프랑스 수상이었던 클레망소는 1917년의 정세를 올바르게 판단한 인물이었다. 그때 그는 미국의 즉각적인 전쟁참여를 촉구했고 황제 빌헬름 2세가 지배하는 독일제국에 맞서 싸운 전쟁에서 서구열강의 긴급사태를 "우리에게는 우리의 피만큼이나 석유가 절실히 필요하다."는 말로 올바로 지적한 바 있다.

두 세대를 거치며 생겨난 정서의 변화는 석유가 단지 이윤극대화를 위한 예측 가능한 경제적 의미 이상을 가지고 있음을 알려주고 있다. 이라크와 쿠웨이트는 석유를 부족자원으로 간주하지 않았다. 그들은 석유를 넘칠 정도로 소유하고 있었으며 석유수출국기구를 통해 그것을 판매해왔다. 이러한 사실은 우리에게 이전의 유사한 역사적 상황에 대해 생각하게 만든다. 이라크는 1958년 하세미트 정권 붕괴 후 스스로를, 1918년에 해체되어 일련의 역사적 갈등을 남겼던 오스만제국의 계승자로 간주했는데, 이 경우 자동적으로 산업화시대 이전으로부터의 소유권에 대한 권리를 가지게 되었던 것이다.

12. 한 방울의 피도 흘려서는 안 된다

기괴한 꿈

1899년 2월 16일에 인도의 부왕이 쿠웨이트의 샤이히와 영국 사이의 보호협정을 승인했을 때, 특이한 규정이 법적효력을 발휘하게 되었다. 그 당시 지배 군주였던 무바라크 빈 셰이크 사바는 "자신과 자신의 후손 그리고 자신의 후계자들에게 자기 영토의 단 한 지역도 다른 세력이나 정부에 양도하거나 파는 것, 또는 빌려주거나 세를 놓는 것, 심지어 어떤 방식의 소유를 위해서도 내주지 않도록 법적인 조처를 취했다. 적어도 이 일과 관련하여 사전에 황제 정부와 접촉을 하지 않고서."(아부-하키마[Abu-Hakima])

주지하다시피 서구적인 법 이해에 따르면, 특별한 접촉이 곧바로 계약을 의미하지는 않는다. 1985년에 텍사코와 펜조일이 세간의 주목을 불러일으키며 벌였던 법정사건은 사업세계에서 접촉이라는 것이 그 자체로 거래나 계약의 체결로 간주되어서는 안 된다는 것을 명백히 보여주었다. 그러므로 이것을 1899년에 체결된 보호협정의 조건들에 옮겨놓고 생각해보면, 영국 측에서는 세습적으로 보장된 쿠웨이트의 세습군주를 적절하게 통제하고 그가 맺은 접촉을 미래의 계약과 마찬가지로 집중적으로 관찰하기 위한 상당히 큰 활동공간을 가지고 있었던 셈이다.

동시에 거기서 표명된 진술들은 만일 영국이 정치적으로 적절하다고 간주할 경우 영국 측에서 샤이히 왕국의 영토를 변경할 수 있다는 유보적인 태도를 담고 있었다. 이러한 엄청난 유보적인 태도 이면에는 번역하면 '작은 성채'를 의미하는 쿠웨이트를 인도로 향한 길을 보장하기 위한, 전략적으로 중요한 교두보로 간주하려는 생각이 숨어 있었다.

걸프의 남쪽 해안에 있는 이 샤이히 왕국이 1913년까지만 해도 이 나라의 국경이 계속해서 보장되어 있다는 전제에서 출발할 수 있었던 반면, 1922년 알-우쿠에이르(al-Uquair) 협정(1차대전이 끝난 후 영국과 프랑스는 자국의 이해관계에 따라 중동지역을 분할했다. 이라크와 쿠에이트의 영토경계가 확정된 것이 바로 이 협정에서였다—옮긴이) 이후에는 자신의 영토의 약 3분의 2를 이웃 국왕인 이븐 사우드에게 양도하지 않을 수 없게 되었다. 이것은 국가권위의 측면과 실질적인 측면 모두에서 쓰라린 손실을 의미했다.

샤이히 왕국이 감수해야 했던 손실은 사우디의 수장이 영국인들에게 1차대전에 참전한 대가를 영토로 보상해주기를 요구한 것과 관련이 있었다. 왜냐하면 사우디는 1차대전 때 영국의 주요 동맹국으로 터키와 맞서 싸운 적이 있었기 때문이다. 사우디에 양도된 영토에는 유목생활을 하는 베두인 종족을 위해 소위 두 개의 '중립 지역들'이 정해져 있었다. 영국 측은 이러한 소유권 이전을 다음과 같은 논거를 제시하며 옹호했다. 즉 만일 그들이 이렇게 하지 않았더라면 이븐 사우드가 그곳에 묻혀 있는 석유자원을 찾기 오래 전부터 쿠웨이트의 샤이히 왕국 전체를 군사적으로 점령하려는 시도를 감행했을 것이라는 주장이었다.

사우디아라비아 사람들은 쿠웨이트에 대한 무역봉쇄로 일종의 경제전쟁을 시작했다. 이것은 1922년 국경설정 이후 이븐 사우드가 왕조의 이익을 감지하면서 얼마나 단호해졌으며, 얼마만큼 예측 불가능한 공격적인 모습을 띠게 되었는지를 입증하는 것이었다. 비록 사우디아라비아가 1932년에 주권국가로 되면서 쿠웨이트가 약간의 안도감을 가질 수는 있었을지라도, 곧 새로운 도전들이 암시되었다. 이것은 다름 아닌 영국의 브리티시 석유와 미국의 석유 콘체른 걸프 간의 쿠웨이트에서의 시추권과 채굴허가를 둘러싼 싸움이었다.

정부 콘체른이자 세계적인 영국 함대의 공급자이기도 한 브리티시 석유는 1899년의 보호협정에 따라 쿠웨이트 영토에 대한 절대적인 우선권을 요구할 수 있었다. 그러나 콘체른의 지도부는 이 유일무이한 선택권의 의미를 제대로 인식하지 못한 채 무관심으로 일관함으로써 불굴의 석유개척자인 프랭크 홈스에게 1925년 이후 석유를 탐사할 큰 기회를 열어주었다. 이것은 또한 사바(Sabah: 쿠웨이트의 지배 왕조—옮긴이) 샤이히와의 친분으로 인해 비호를 받은 결과기도 했다.

그러나 집중적인 노력을 했는데도 홈스는 이렇다 할 만한 석유매장지를 발견하지 못했다. 그는 이에 절망한 나머지 자신의 채굴허가권을 미국 텍사스의 걸프 회사에 팔아버렸다. 이 회사의 배후에는 피츠버그의 멜런 은행이 있었다. 걸프 회사가 채굴허가권을 획득하는 역사적인 결정과 함께 '열린 문'이라고 불린 미국의 개방정책도 가속화되었다. 이것은 워싱턴에서는 미국기업을 위한 걸프 지역의 경제적 개방을 의미했다. 석유 부분에서 이러한 기업들의 활동은 경우에 따라 정치적으로도 이용될 수 있었다. 예를 들면 런던과 워싱턴의 고위 정치인사들의 의도적인 개입은 궁극적으로 1933년 쿠웨이트 석유회사(KOC)의 설립 배경이 되었던 것이다.

이 회사의 당면 목표는 우선은 사바 샤이히에게 그들이 통치하는 지역에서의 석유채굴 허가권을 보장받는 것뿐이었다. 바스라(이라크)에서 활동하고 있는 영국 개인 기업과의 비밀협상을 통해 석유사업 내에서 자신의 입지를 개선하려는 사바 샤이히의 시도는 실패로 돌아갔다. 이러한 심각한 위기의 최종 순간에 이들은 쿠웨이트 석유회사의 도움으로 영국과 미국의 공동개발 체계를 수립하는 데 합의했다. 엄청난 압박에 놓인 사바 샤이히는 아주 장기간으로 구상된 석유채굴 허가권의 시한을 승낙했다. 이에 따르면 영국과 미국은 1934년에서 2009년까지 6,178평방미터의 쿠웨이트 영토에 대한 석유탐사를 할 수 있도록 보장받은 셈이었다.

이것은 정말 대담한 계획이었다. 그러나 이러한 계획의 추진방향은 경제적인 것이라기보다는 정치적인 것이었다. 왜냐하면 이 협정은 진작으로 1899년 보호조약의 정신 속에서 또 다른 석유의 이권을 완전히 배제하고 있었기 때문이다. 이탈리아 왕국과 독일제국 또는 일본제국과 같은 무일푼의 국가들도 자신들의 석유에 대한 입지를 확장하기 위해 걸프 지역에서 활동하고자 했지만, 미국인들과 영국인들은 이들을 그곳에서 몰아냈다. 이 두 세계적인 강대국들은 1945년 유엔이 설립되던 때 2차대전의 패전국들을 전 세계의 적대국가로 낙인찍을 수 있었다. 비록 이러한 관점은 1955년 이후 취소되었을지라도 오늘날에도 완전히 없어진 것은 아니다!

쿠웨이트 석유회사가 설립되던 당시에 이웃 섬나라 바레인에서만 석유가 발견되었다는 것을 고려한다면 이러한 지역패권적이고 군사전략적인 차원은 더욱 강화될 수밖에 없었다. 이미 1913년에 지질학적인 탐사를 통해 수도 쿠웨이트시티의 남부지역에서 광맥이 확인된 바 있었다. 거기에 있는 역청은 베두인들에게는 상처 입은 낙타를 치료하기 위한 치료수단으로 사용되었다. 그러나 이 사막국가의 지표면에 대한 이러 저러한 증거들 및 페르시아의 아와즈 유전이나 키르쿠크 주변의 이라크 석유지역과 비교를 거쳤음에도 실제 시추에서는 쿠웨이트에 주목할 만한 원유매장지가 있다는 사실을 입증할 수 없었다.

수많은 시추팀들이 계속되는 시추 실패로 상당히 좌절했고, 그래서 시추에 사용된 석유지질학을 믿지 않았다는 것은 쉽게 이해할 수 있는 일이다. 물론 그들은 단지 저층시추만 했을 뿐, 8백 미터가 넘거나 심지어 2천 미터가 넘는 심층시추는 감히 시행하지 못했다. 많은 비용이 들고 신경을 말리는 이러한 상황이 지속되었다. 그러다가 마침내 한 기이한 꿈의 실현이 상황을 변화시켰고, 이로써 쿠웨이트는 점차 미국

완전히 다 타버린 쿠웨이트 땅 위의 불기둥 모습. 1991년 2월 이라크 군이 철수한 뒤의 광경이다.

악마의 눈물, 석유의 역사

의 관심어린 시선을 받게 되었다.

해럴드 딕슨은 벤젠 고리의 구조에 대한 케쿨레의 백일몽을 연상시키는 자신의 꿈을 후세에 알렸다. 1936년 이후 쿠웨이트 석유회사의 대표로 일했던 그는 시추팀들 사이에 점점 커져 가는 불만을 잘 알고 있었다. 시추팀들은 매번 고생스런 수고 끝에 메마른 구멍을 발견할 뿐이었던 것이다. 딕슨은 자신의 진술에 따르면 1937년 9월 말 아주 기괴한 시나리오를 꿈꿨다. "어느 날 밤 엄청난 폭풍우가 일어났다. 그것은 내가 여태까지 한 번도 경험하지 못한 것이었다. 동이 텄을 때, 우리는 바깥을 내다보았고 폭풍우가 잠잠해졌음을 알 수 있었다. 그러나 그곳에 있는 한 그루 무화과나무 옆에 커다란 구덩이가 나 있었다. 가로와 세로가 약 30센티미터 정도 되는 크기였다. 그 구덩이의 한가운데는 탁자가 있었다. 그 위에 돌로 만든 판이 있었고 이 위에서 우리는 노란색 옛날 옷을 입은 한 여자를 발견했다. 그녀의 얼굴은 마비된 딱딱한 피부를 가진 젊고 아름다운 여성의 얼굴과 닮아 있었다. 폭풍우가 옛 무덤을 파헤친 것이 분명했다. 나는 이러한 발견을 했을 때 너무나 소름이 끼쳐 그 무덤을 다시 흙으로 덮기 위해 서둘러 몇몇 사람을 찾기 시작했다. 내가 무덤에서 몸을 돌렸을 때, 내 아내가 놀라서 그 얼굴을 가리켰다. 그 얼굴이 천천히 변해 점차 생기를 띠었기 때문이다. 우리는 놀라서 꼼짝할 수가 없었다. 양피지 같은 그녀의 얼굴은 부드러워졌고 뺨은 다시 혈색을 찾았으며 육체는 호흡하기 시작했다. 그러고 나서 그녀는 눈을 뜨고 일어나더니 고대 아랍어로 이렇게 말하는 것이었다. '수천 년 동안 잠을 잤더니 춥군요. 내게 따뜻한 옷과 먹을 것을 가져다주세요.' 이렇게 말하고 나서 그녀는 우리에게 동전을 건네주었다."

정말로 이 젊은 여성이 석유를, 동전이 쿠웨이트에 다가올 미래의 부를 상징한 것인지는 각자의 주관적인 판단에 내맡겨두겠다. 그러나 여기에서 중요한 것은 딕슨이라는 영국인이 꿈을 해몽하는 한 베두인 여성에게서 쿠웨이트시티 남쪽에 있는 부르간의 언덕지역과 무화과나무 옆을 시추해보라는 지시를 받았다고 주장했다는 사실이다. 그러나 이곳에서조차도 생산적인 유전을 발견하지는 못한 것 같다. 그러다가 마침내 쿠웨이트 석유회사의 시추팀이 1938년 2월 24일에 부르간 유전지역을 발견하게 된 것이다. 이것은 엄청난 발굴로 석유역사에 길이 남을 만한 사건이었다.

쿠웨이트가 나중에 '아부-엘-나프트'(Abu-el-Naft: 석유의 아버지)라는 칭호로 경의를 표한바 있는 홈스의 인내와 경험 및 딕슨의 감수성과 고집은 서구 기술의 도움을 받아 사막의 모래 밑에서 검은 금을 발견할 수 있도록 해주었다. 그러나 이번에도 이러한 일을 해낸 사람은 아랍인 자신이 아니었다. 오히려 외부에서 들어온 결정적인 자극과 지원이라고 할 수 있었다.

물론 사바 일족과 쿠웨이트 석유회사는 이 놀라운 시추의 성공을 특별히 기뻐할 필요가 없었다. 왜냐하면 이곳에는 채굴된 석유의 양을 감당할 수 있는 수용공간과 운반시설, 그리고 가공체계와 선적항구가 없었기 때문이다. 석유산업이 기능하기 위한 이러한 모든 구조적인 전제조건의 결핍 속에서 쿠웨이트 석유회사는 이러한 좋지 못한 상황에서 우리가 생각할 수 있는 최악의 수단을 선택했다. 채굴된 원유를 그냥 불에 태워 의미 없이 소각시켰던 것이다.

딕슨의 꿈속에 나타난 상징적인 사막폭풍우와 의도적으로 계획된 석유화재는 1991년에 일어난 미래의 전쟁에 대한 일종의 징조였던 것일까? 이러한 불확실한 꿈을 제쳐둘 때 한 가지 확실한 것은 2차대전 때 석유에 대한 수요가 아주 많았음에도 쿠웨이트의 석유는 동맹국들의 전쟁수행을 위해 사용되지 않았다는 것이다. 1946년 이후에야 사람들은 부르간 유전과 남쪽의 중립지역에 있는 다른 저장지대의 생산물을 가장해 그 원유를 세계 석유시장에 판매할 수 있는 기술적인 능력을 갖게 되었다. 이것은 또한 게티 오일 덕택이기도 하다. 게티 오일은 1949년 이후 이 지역에서 계속해서 발견되었다.

쿠웨이트의 지배왕조인 사바 일족은 이러한 기술적인 측면을 넘어서 또한 사우디아라비아와 광범위한 협상을 하기 위해 노력했다. 이러한 협상시도는 이를 통해 특히 미국의 지리 정치적인 보호 영역으로 들어오기 위한 의도를 가지고 있었다. 그러나 이것은 쿠웨이트가 미국의 동맹국이라거나 영국인들이 1968년에 쿠웨이트에서 철수한 이후 미국의 동맹국이 되었다는 의미는 아니었다. 직접적인 동맹의 의무 없는 이러한 의존의 장점은 국제 석유수출국기구 내에서 페르시아, 이라크 그리고 후에 리비아와 싸우는 가운데 입증되었다. 사바 일족의 태도는 1968년 아랍의 석유수출국기구 회원들의 특별조직으로 아랍 석유수출국기구가 설립되었을 때와, 이스라엘과 6일전쟁을 치른 이후에도 근본적으로 달라지지 않았다. 특히 사바 일족은 아랍 석유수출국기구와 함께 어느 정도 아랍 석유생산자들의 정치화를 수행했다. 그러나 물론 이것이 석유수출국기구 자체의 존립을 위협하는 것은 아니었다.

독재자 후세인의 지휘 아래 전쟁을 수행한 이라크에 대한 연대감의 표시 역시 이러한 행동의 틀에 속하는 것이었다. 후세인은 1980년과 1988년 이란과의 분쟁 중에 사우디아라비아와 쿠웨이트의 지원을 기대할 수 있었다. 이들은 이라크가 석유를 판매하는 데 큰 도움을 주었다. 물론 이러한 이웃 국가들의 적극적인 원조가 혁명적인 시아파 국가인 이란과 어느 정도의 관계 수립을 배제하는 것은 아니었다. 특히 메카로의 순례 때문에 그 관계는 유지되어야 했다. 미국의 압력 아래 이들은

12. 한 방울의 피도 흘려서는 안 된다

심지어 기이한 무기 거래에 개입하기도 했다. 이것은 이란 게이트라는 이름으로 정치사에 알려졌고, 걸프 지역과의 관계에서 미국에게 명예롭지 못한 하나의 역사를 남겼다. 이것은 또한 걸프 지역의 명성에도 큰 해가 되었다.

이란 게이트의 배후세력으로는 석유상이자 무기상인 아드난 카쇼기가 연루되어 있었다. 그러나 진짜 배후세력은 아마도 결코 완전히 밝혀질 수 없을 것이다. 그럼에도 이중 몇 가지 사실은 오늘날 언론에 알려져 있다. 언론은 특히 미국의 레이건 대통령이 스스로를 변호하는 모습을 직접 체험할 수 있었다. 레이건 대통령은 이 경우 특히 대통령 자문위원인 존 포인덱스터 해군대장(백악관)과 올리버 노스 육군대령(국가 안전보장위원회) 그리고 빌 케이지 CIA 국장이 직무이행 규정을 어겼다고 비난했다. 구체적으로 말하자면, 그들이 대통령에게 이러한 석유와 무기 거래에 대해 충분한 정보를 주지 않았다는 것이다.

쿠웨이트도 관련된 이 사건의 핵심은 이슬람 공화국인 이란과 미국의 중간상인 사이의 무기 거래에서 몰래 수백만 달러가 떼어져 나갔다는 것이었다. 이 돈은 니카라과에 있는 반 혁명세력이 국제 무기시장에서 절실히 필요한 전쟁 물자를 살 수 있도록 돕는 데 사용될 예정이었다. 다시 말해 이것은 산디니스타(니카라과의 좌익조직인 민족해방전선—옮긴이)의 혁명을 막기 위한 전투를 계속 수행하기 위한 돈이었던 것이다.

도처에서 이루어졌던 이 비밀스런 거래에 대해서는 많은 것이 알려져 있지 않으며, 단지 케이지가 1984년 스페인 남부의 마르벨라에 있는 호화 요트 '압둘 아지즈'에서 새로 등극한 사우디의 왕 파드를 만난 정도만이 알려져 있다. 케이지는 이때 미국 정치의 중개자로서 테헤란으로 향한 비밀통로를 열려는 계획 때문에 사우디의 수장을 자신의 편으로 끌어들였다고 전해지고 있다. 그러나 이로 인해 혁명지도자인 호메이니와 정면으로 충돌하지는 말아야 했다. 실제로 파드는 석유장관인 야마니 몰래 이란의 석유 장관 아가자데와 무기 거래를 위한 구속력 있는 동맹을 맺는 데 성공했다. 물론 이 동맹이 산디니스타들을 권력에서 몰아내려는 니카라과의 반 혁명세력들에게는 별로 큰 도움이 되지는 못했다. 쿠웨이트 및 이와 함께 사바 일족이 이 지역정책적인 검은 통로에 얼마나 많이 개입된 것인지는 아직까지 밝혀져 있지 않다. 그러나 샤이히 왕국은 사우디와 더불어 그 자신이 논란이 되고 있는 이 문제의 해명을 위해 중요한 임무를 맡고 있다고 생각했다. 1988년 이라크와 이란 간의 휴전을 성사시키기 위한 쿠웨이트의 노력은 좀 더 고조된 참여의식을 보여주었는데, 이것은 자국의 이익에 대한 활발한 관심에서 비롯된 것이었다. 왜냐하면 끊임없는 인간적 고통과 경제적인 부담을 낳은 8년간의 소모전 이후 이 두 인접한 적대 국가들은 그들이 이미 1975년 알제리 협정에서 평화적인 방식으로 타협을 맺은 바로 그 자리에 다시 서 있게 된 것이기 때문이다. 그때 이들은 걸프 만의 입구 앞에서 유프라테스 강과 티그리스 강이 만나는 샤트-알-아랍을 국경지대로 상호 인정한 바 있었다.

그러나 이것은 쿠웨이트의 요구사항과 관련이 있는 것이었다. 이러한 요구사항이란 강어귀 지역에 있는 섬과 연관된 것으로, 그것은 분쟁거리, 아니 전쟁의 원인이 될 수도 있는 것이었다. 물론 1988년에는 아직 그러한 상황까지 가지는 않았다. 그러나 쿠웨이트의 은밀한 지원으로 수행된 이란전쟁이 종결되는 즈음에 샤이히 왕국이 확실한 고립상태에 빠졌다는 것이 밝혀졌다.

샤이히 왕국은 1961년 영국으로부터 독립되어 주권국가가 되었고 국제 석유수출국기구의 정회원 자격도 얻었으며, 이에 따라 유엔의 111번째 국가로 안정된 위치에 있다고 느꼈다. 더 나아가 이 왕조는 걸프 협력위원회나 석유수출국기구와 같은 아랍연맹에 대한 참여가 이웃 나라의 개입을 막을 수 있기에 충분하다고 믿었다. 그러나 이 작은 국가에 대한 압력이 얼마나 큰 것이었는지는 이미 1987년 이후 계속된 소위 '유조선 전쟁'에서 밝혀졌다. 이 시기에 쿠웨이트는 이란에 의해 걸프에서의 자유로운 선박활동이 방해받는 것을 인식했는데, 단지 가까스로 미국의 힘을 빌려 미국 깃발의 보호 아래 쿠웨이트 유조선을 정박시킬 수 있었다.

또한 이 시기에 일련의 테러가 평소에는 아주 평화로웠던 이 왕국을 뒤흔들어 놓았다. 이 테러의 원흉은 베일에 가려져 있었다. 그러나 그들의 폭탄은 곧 반응을 촉발했다. 이러한 반응에 의해 사바 일족은 행동하게 되었고 1961년 이후 실행되었던 민주주의를 중단하고 나라 전체에 비상사태를 선포했다. 더욱이 1986년부터는 곡예를 부려 일종의 임시 독재정권을 수립하는 데 성공했다. 그러나 이 때문에 석유산업이나 세계적인 경제 강국으로서의 고유한 활동들이 변화될 필요는 없었다. 에르-리아드에서 사우디 일족이, 바그다드에서 후세인 일족이 지배한 것처럼 쿠웨이트시티에서는 사바 일족이 지배했기 때문이다. 그들은 이것을 정당하게 생각했다. 더욱이 그들은 이제 이전처럼 의회나 영국과 같은 외부세력의 통제를 받지 않을 수 있게 되었던 것이다.

쿠웨이트에서는 세습왕조에게 왕조에 속한 모든 자원의 절대적인 사용을 허가하는 왕조의 원칙이라는 것이 있다. 이 원칙에 상당히 영향을 많이 받은 특정 형태의 권력 양태가 이로부터 발전되어 나왔다. 그러나 이것은 곧 파국적인 결과를 가져올 수밖에 없었다. 특히 이러한 권력 세력이 자신과 비슷한 정서를 지닌 집단과 맞부딪치면서도 자신의 안정을 위한 근본적인 요소, 즉 병력을 충분히 작동시킬 수 없을 때는 그러했다. 왜냐하면 이러한 병력은 이 나라를 정말로 적의 공격으로부터 보호할 수도 있었지만, 다른 한편 이 나라를 미래에 있을 수 있는 침략자에 의해 위험한 곳이 되도록 만들 수도 있었기 때문이다.

권력함수

수니파로서의 이슬람적 정체성을 찾는 대신 다른 곳에서 자신들의 역사적 정체성을 찾으려는 아랍인들은 오늘날까지도 이전의 좋은 명성, 즉 대수의 고안자이자 의학의 대가며 천문학의 개척자였다는 명성으로 겨우 명맥을 유지하고 있다. 그러나 이러한 이전의 정신적 힘은 석유로 축적한 부가 있음에도 석유발견 후 두 세대가 지난 지금까지도 되돌아오지 않고 있다. 오히려 왕조가 통치하는 걸프 국가들에서는 사람을 무기력하게 하는 바다인(Ba'dain)이 지배하고 있다. 이것은 일종의 유유자적함이라고 할 수 있는데, 아랍인들은 이러한 여유를 가지고 외국에서 오일 달러로 모든 것을 구입할 수 있는 반면, 자신의 나라에서는 아무 것도 개발할 필요가 없게 된 것이다.

이와 같이 제대로 소화되지 못한 물질적인 풍요에 의해 정신적인 파열이 일어나는 현상은 또한 스페인 몰락의 역사에서 찾을 수 있다. 스페인은 1492년 엘리트 계층인 아랍의 무어인들과 유대인들을 추방했을 뿐만 아니라, 자신의 내적인 발전도 소홀히 했다. 왜냐하면 스페인 사람들은 라틴아메리카에서 얻은 '차가운 금덩이'로 유럽시장에서 모든 것을 구입할 수 있었기 때문이다. 그래서 이들은 스스로 노력할 필요가 없었으며, 결국에는 정신적으로나 경제적으로 또한 정치적으로도 파멸하고 말았다. 특히 미국과의 전쟁이나 1898년 쿠바의 상실과 함께 유럽의 빈민구호 시설로 전락하고 만다.

12. 한 방울의 피도 흘려서는 안 된다

　서구에서 교육받은 아랍 걸프국가의 엘리트들은 대부분 이러한 역사적인 유사한 상황은 전혀 고려하지 않은 채 특별한 권력함수에만 정통해 있었다. 때때로 이들은 이러한 권력함수에 따라 불가능한 것을 추구하고 이 경우 호의적인 유럽인들이나 미국인들을 속이며 "한 광장을 가로지르는 바른 길은 세 군데가 있다."(T. E.로렌스)는 논리만을 믿고 있었다.

　항상 세 가지 선택권을 비장의 카드로 가지고 있는, 위기극복과 갈등해소의 이러한 모델은 아랍국가들의 국내외 정치에서 잘 나타나고 있다. 이 모델은 원칙적으로 유럽 절대주의로부터 잘 알려져 있는 왕조나 일족에 의한 술수정책의 모델을 따르고 있다. 이것은 '나의 적의 적은 곧 친구'로 간주하는 친족정책과 세습정책의 특성을 지닌다.

　권력과 위신을 둘러싼 도박에 나타난 이러한 태도는 석유보다는 정서와 심리전과 관련이 있다. 그러나 사바 일족의 정치가들은 바로 이 점에서 특별히 훈련되어 있지 않았다. 그렇지 않았다면 그들은 일찍감치 1968년 영국 철수 후, 쿠웨이트에 일종의 안전 진공상태가 생겨났음을 인식해야 했을 것이다. 이러한 상황은 설령 단 하나의 이웃 국가만이 부유한 세습왕조를 합병하려는 욕망을 느꼈다고 할지라도 최고의 위기를 가져올 수 있는 상황이었다.

　이전에 쿠웨이트 영토의 3분의 2를 빼앗아간 바 있는 사우디아라비아나, 군사적 기지사용은 허락하지 않았지만 친밀한 관계를 유지했던 미국에 대한 의존정책은 오랜 기간 동안 이 나라에 그들이 오래도록 소망해온 국가적 독립을 지키기 위한 충분한 보장이 될 것만 같았다. 이란전쟁이 위협적인 모습을 띠게 되었을 때도 쿠웨이트시티에서는, 미국으로부터 몇 대의 스팅어 방공미사일 및 F16 전투기를 구입해서 무장하면 그것으로 충분할 것이라고 믿었다. 그러나 레이건 미국 대통령은 이 무기의 판매를 거절했다.

　충분한 지불능력이 있는 쿠웨이트인들에게 이들이 원하는 군사기술을 전해주는 대신, 미국인들은 그들에게 단지 낡은 무기만을 제공했던 것이다. 산유국과 자본세력으로서의 쿠웨이트의 위상은 워싱턴에서는 그리 높게 평가되지 않는 것처럼 보였다. 그러자 공식적으로 미소 어느 진영에도 속해 있지 않았던 쿠웨이트는 크렘린으로부터 현대적인 방어무기를 공급받기 위해 소련에게 의뢰를 했다. 워싱턴은 그때서야 비로소 깜짝 놀라게 되는데, 이것도 결국에는 권력함수가 불리한 정세를 보여준 탓이었다. 왜냐하면 소련은 이미 이라크와 우호동맹을 맺고 있었던 것이다.

　따라서 사드-알-사바 정부수장의 지휘 아래 있는 쿠웨이트가 이라크 진영으로 이탈하고 이로써 걸프 지역 내의 안정과 균형을 위태롭게 할 수 있는 위험이 도사리고 있었던 것이다. 그 때문에 미국인들은 열한 개의 쿠웨이트 유조선을 '스타스 앤드 스트라이프스'(Stars and Stripes)의 보호 아래 두자고 결정함으로써 쿠웨이트인들의 소원을 들어주었다. 그러나 바그다드의 전략가들은 이러한 기회주의적 정치에서 걸프 지역 내 미국의 안전고리 중 쿠웨이트가 가장 약한 부분이라는 것을 확인할 수 있었다.

　어느 진영에도 속해 있지 않는 비동맹국의 특성, 안전의 진공상태, 고립화 그리고 자본주의와 사회주의 양 블록 간에서의 기회주의 정책 외에 쿠웨이트를 위협할 수 있는 또 다른 몇 가지 요소들이 더해졌다. 1986년 이후 원유가격의 폭락은 이라크로 하여금 이란에 맞선 소모전의 비용을 충당하는 것을 어렵게 만들었다. 후세인은 전 세계적인 유가 폭락에 대한 책임의 일부를 이웃 국가인 쿠웨이트에게 돌렸다. 왜냐하면 쿠웨이트가 국경을 초월한 공동 유전지역인 루마이라에서 석유를 지나치게 채굴했기 때문이다. 실제로 쿠웨이트는 국제 석유수출국기구 내에서 벌어진 가격정책으로 인해 바그다드에서는 심지어 이란과 맞서 싸우는 이라크의 뒤통수를 친 '침공자'로 간주되었다. 불운했던 쿠웨이트는 또한 이 시점에 샤트-알-아랍의 강어귀에 있는 극도로 논란의 대상이 되어온 부비얀 섬을 확보하려고 시도했다. 이때 쿠웨이트는 역사적으로 문제가 되어온 법률 및 소유권 문제에 대해 이라크와 전혀 상의하지 않았고 거기에 대해 구속력 있는 답변도 내놓지 않았다.

그 자체로 이미 충분한 전쟁수행 이유가 될 수 있었던 이 모든 개별 원인들 외에 이라크가 1989년 사우디아라비아와 상호침략 금지협정을 맺을 때 쿠웨이트를 보호해야 할 이웃이자 동맹인 제3자로 함께 포함시키지 않았다는 사실을 추가로 고려해보면, 또 다른 취약점이 눈에 띈다. 이것은 쿠웨이트의 가장 중요한 이웃 국가들 간의 쌍방 안전보장 구조에서 쿠웨이트는 배제되었음을 의미하며, 여기에서 정치적인 위험성이 잘 나타나고 있다.

무능력과 무지함 그리고 잘못된 사태평가가 위험한 상황을 만들고 있었다. 이러한 상황의 평화적인 해결을 위해서 쿠웨이트는 사태에 대한 올바른 인식을 가져야 했을 것이다. 즉 만일 쿠웨이트가 군사적으로 좀 더 강력한 국가들과의 동맹을 통해 안전을 보장받을 수 없을 때, 그들이 그렇게 높게 평가했던 주권국가란 가상에 지나지 않음을 의미했던 것이다. 왜냐하면 쿠웨이트 왕조는 자력으로는 국가안전을 보장할 수 있는 능력이 없었고, 돈 하나만으로는 국가의 주권을 영구히 보존하기에 충분하지 못했기 때문이다.

쿠웨이트의 지도자들은 국가안보 정책과 관련된 이러한 쓰라린 교훈을 1990년 비밀회합에서 배워야만 했다. 그들은 사우디아라비아의 왕 파드의 중재로 홍해의 쉬다(Dschidda)에서 이라크 협상가들과 만났다. 이 아주 극적인 만남에 대해 지금까지 알려진 바는 그것이 권력, 세습 그리고 이권을 둘러싼 투쟁이었다는 것뿐이다. 이러한 것들은 1918년 이전 유럽의 왕조 독재정치에서도 일반적인 것이었으며, 결코 아랍 특유의 문제만은 아니었다. 이 모임에서 후세인 일족은 세 가지 비밀 정보기구를 이용해 마지막 베두인 천막까지 차지했다. 여기에서 이라크는 자신들이 이란과의 전쟁에서 입은 손해에 대한 보상으로 백억 달러를 요구했다.

쿠웨이트 혼자 이 금액을 바그다드로 송금해야 했다. 그러나 다가오는 재앙을 막기 위해 이 액수를 받아들이는 대신, 쿠웨이트의 협상지도부와 왕조의 대표자 사드-알-사바는 단지 90억 달러만 배상할 준비가 되어 있다고 선언했다. 그러나 이라크가 요구한 백억 달러는 나중에 쿠웨이트가 이라크와의 전쟁으로 인한 재앙으로 치러야 할 금액의 10분의 1에 불과한 금액이었다. 전쟁 부채를 둘러싼 이 아랍 내부 회의는 초기에 실패할 조짐을 보였지만, 최종 순간에 사우디 왕 파드가 부족한 10억 달러를 출연함으로써 회담 결렬만은 피할 수 있었다. 사우디 왕의 이러한 기부는 북쪽 경계지역에 있는 두 국가와 좋은 이웃 관계를 확고히 하기 위한 특별한 선물이었다.

사우디 권력부가 부족분을 제공함으로써 확실한 안정을 꾀하게 되었을 때, 쿠웨이트의 정부 수장인 사바 왕자는 다시 한번 과격하게 자신의 의견을 개진했다. 그는 쿠웨이트가 이라크의 전쟁비용 분담에 상당한 기여를 한 것에 대한 대가로, 1922년 이후 자신이 계속 품어온 소망을 드러냈다. 그것은 다름 아닌 "우리는 이제 마침내 우리의 국경선을 확실히 정해야만 한다."는 것이었다.

이라크 측은 중대하고 모험적인 협상의 막바지에 제기된 이러한

12. 한 방울의 피도 흘려서는 안 된다

요구를 모욕으로 받아들였다. 왜냐하면 이라크의 대표단 단장인 에츠라트 이브라힘은 그러한 부대적인 제안에 대해서는 후세인으로부터 어떤 지시도 받지 않았기 때문이다. 따라서 그는 이 무리한 부대 제안을 거절해야 했다.

그러고 나서 격렬한 말들이 오고갔다. 게다가 사드-알-사바는 쿠웨이트가 이라크의 공격을 받지 않을 것이라고 영국 정부가 보장해줬다는 도발적인 말을 건네 사태를 더욱 악화시켰다.

마치 분위기가 아직도 외교적인 비등점에 이르지 않은 것처럼, 쿠웨이트 왕자는 "쿠웨이트에게는 강력한 우방들이 아주 많이 있습니다."라는 말까지 서슴없이 내뱉었다.

이 시점이 1990년 8월 1일이었다. 바그다드에 있는 후세인을 비롯하여 바트 정권을 이끌고 있던 다른 지도자들은 중대한 시련을 맞이했지만, 미국의 걸프 정책에 나타나는 모순들을 토대로 쿠웨이트를 공격하더라도 미국과 사우디아라비아 또는 유엔의 직접적인 반격을 걱정할 필요는 없을 것이라는 믿음을 가지고 있었다.

결과적으로는 이러한 가정이 완전히 잘못된 것으로 드러났다. 그럼에도 이러한 가정을 하게 된 근본적인 이유는 아마도 전쟁 바로 직전에 미국의 여자 대사인 에이프릴 글래스피가 후세인과 가졌던 특별 대화를 이라크 측이 의도적으로 조작 해석한 데 있었을 것이다. 언어사용에 고도로 능숙하고 역사적인 교양까지 갖춘 이 아랍 여인은 25년간 외교활동을 한 경력을 가지고 있었다. 그녀는 일상적인 공감과 힘의 과시, 그리고 책략으로 무장한 아랍 권력층의 정서를 아주 잘 알았고, 자신의 진술에 따르자면, 독재자 후세인에게 사태를 오판하지 말 것을 경고했다고 한다. 즉 미국이 쿠웨이트의 군사적 점령이나 합병을 아무런 저항

없이 받아들이리라 믿는 것은 착각이라는 것이다.

그러나 모든 것을 결정짓는 이 구절은 기독교도인 이라크 외무부 장관 타리크 아지즈가 국제적으로 널리 알려진 이 담화문을 번역하는 과정에서 의도적으로 생략되었다. 하지만 미국 외무부는 이에 즉각적으로 항의하고 수정을 요청하는 대신, 텍사스의 석유업자 제임스 베이커의 말을 빌려 이라크의 축약된 담화 텍스트 버전을 '원칙적으로' 긍정했다.

그러나 이것은 심각한 결과를 초래한 역사적인 실수였다. 왜냐하면 후세인은 미국 외무부의 이러한 입장을 그들의 침공계획의 확실한 묵인으로 간주할 수 있었거나, 아니면 적어도 군사작전 동안 미국의 저항에 부딪히지 않을 것임을 기대할 수 있었기 때문이다.

그리고 나서 1990년 8월 2일 모든 통신사들과 특히 미국 민영방송국 CNN이 새벽에 이라크 군의 쿠웨이트 점령이 시작되었다는 소식을 전했을 때, 워싱턴의 권력 핵심부에서는 특별히 놀라는 사람이 아무도 없었다. 그들은 이미 오래 전부터 쿠웨이트 국경지대를 따라 전개되는 이라크의 군사준비에 대해 정보를 듣고 있었으며, 이제 몇 가지 전쟁 시나리오, 그중에서도 이전의 비밀작전 90-1002에 대해 논의하고 있었던 것이다.

콜린 파월과 노먼 슈바르츠코프 주위의 고위 장교들은 이러한 비밀작전을 펼친다는 전제 아래 걸프 만에서의 군사적 개입의 가능성과 위험에 대해 상세히 논의했다. 파월은 10년 후 미국 외무부 장관이 되었던 인물이고 슈바르츠코프는 페르시아 모사데그가 권력에서 추락 때 경찰총장으로 활약했던 인물의 아들이었다. 그러나 이들 고위 장교들은 이라크군으로부터 쿠웨이트를 직접적으로 해방시키는 목적보다는 사우디아라비아의 안전을 위해 이 전쟁에 개입하려고 계획하고 있었다.

12. 한 방울의 피도 흘려서는 안 된다

사우디 유전의 점령계획에 대해서는 이미 1973년 유가파동 때 미국 외무부 장관 키신저가 생각한 적이 있었다. 그는 이로써 미국과 서부 유럽에 내려진 석유 수출금지 명령을 분쇄하고자 했다. 이러한 명령 뒤에는 주지하다시피 이라크로부터 지금 공격받고 있는 쿠웨이트가 정치적인 추진세력으로 숨어 있었다.

그러나 여기서 문제가 되었던 것은 한 유엔 회원국이 다른 유엔 회원국에 대한 공공연한 적대감을 철회하는 것뿐만이 아니었다. 더 나아가 항상 이런 문제에 포함되어 있는 제3세력의 권력함수에 따라 이스라엘의 안전도 함께 고려되어야 했는데, 이스라엘은 이집트를 제외한 다른 모든 나라의 공격을 두려워해야 하는 실정이었다. 게다가 이 복잡한 상황에서 후세인이 독가스를 사용할지도 모르며, 이스라엘에 대한 미사일 공격 외에, 심지어는 자포자기한 나머지 그가 선전한 '아랍식 핵무기'를 사용할 수도 있다는 사실도 고려해야 했다.

만일 바그다드의 독재자가 북한의 스커드 미사일을 사용한 핵 공격 계획을 실현하는 것이 가능해진다면, 유엔 안전보장이사회의 상임이사국 5개국의 핵 독점은 더 이상 존속될 수 없었다. 미국의 조지 부시 대통령과 그의 자문위원에게는 이라크와 같은 깡패국가로부터 핵무기로 협박당하는 것은 생각만 해도 끔찍한 것처럼 보였다. 반면 이라크는 이전에 이븐 사우드와 마찬가지로 자신보다 약한 이웃국가들을 옛 베두인 사람의 방식에 따라 급습한 적이 있었는데, 이것은 결국 모든 국제법을 어기고 이 이웃 국가를 병합하기 위한 것이었다. 따라서 조지 부시가 지금까지 그렇게 후원하던 후세인을 그의 잠재적 파괴력 때문에 이제 심지어 히틀러와 비교하기까지 하고, 사막국가에서의 새로운 홀로코스트가 출현하리라고 언급한 것은 놀라운 일이 아니다.

쿠웨이트의 해방

미디어와 대부분의 언론인들이 임박한 이라크-쿠웨이트 전쟁의 주된 원인이 석유라고 확신했다면, 이라크의 진격 후에 조지 부시 행정부에서는 곧 전혀 다른 목소리들이 들려왔다.

석유업계에서 풍부한 경험을 쌓은 바 있는 조지 부시와 지미 베이커는 정치가로서 쿠웨이트와 이라크로부터의 석유유입을 1차적으로 중요한 문제로 생각하지는 않았다. 왜냐하면 쿠웨이트와 이라크의 원유는 대부분 아시아, 특히 일본으로 수출되었기 때문이다. 오히려 부시와 베이커가 걱정한 것은 미래 사우디아라비아와 이스라엘의 안전문제였다. 그 밖에 이들은 전쟁이 자신의 경제와 미국의 조세수입에 미칠 경제적 영향을 예견했다. 미국은 '악의 제국'에 맞서 집중적인 무장을 했다. 이 '악의 제국'이란 말은 이전에 레이건이 소련을 지칭할 때 사용한 말로, 이제는 이라크를 가리키는 말이 되었다. 이러한 '악의 제국'에 맞선 무장으로 인해 미국은 1990년 가을에 일시적으로 자국 공무원들의 월급을 정기적으로 제대로 지불할 수 없는 상황에 놓이게 되었다. 다시 말해 미국은 1986년의 위기와 지속적인 세계 경기침체 이후 상당히 어려운 내부적 상황에 처해 있었던 것이다. 심지어 베이커는 2차대전 직전과 유사한 새로운 경기침체 상황을 우려하기까지 했다.

미국 외무부장관 지미 베이커는 유엔의 쿠웨이트 해방작전에 필요한 돈을 조달하기 위해 전 세계를 순회하는, 거의 굴욕적이라고 할 수 있는 구걸 순방을 했다. 그는 이로 인해 자신의 진영에서조차 격렬한 비판을 받아야 했다. 조지 부시 대통령의 안전보좌관인 브렌트 스카크로프트는 베이커의 입장을 '소박한 상업주의'라고 평가하고 걸프 정책에 나타난 베이커의 태도를 오류로 간주했다. 심지어 무역물자와 산업생산품의 수출입금지와 같은 비군사적인 압력으로 바그다드에 영향력을 미칠 수 있으리라는 대통령의 생각조차 잘못된 계산임이 드러났다. 왜냐하면 이들은 '공포의 공화국'에서 행해지는 독재의 본질에 대해 분명히 알고 있지 못했기 때문이다.

미국은 아주 비생산적인 안정 관념에만 사로잡혀 있었다. 이것은 공동묘지에서와 같은 평화상태를 추구하며 단지 외적인 균형만을 신경쓸 뿐 한 국가의 내적인 상황은 고려하지 않는 생각이었다. 이에 따라 워싱턴은 깡패국가 이라크가 걸프 지역 내의 안정을 보장하는 역할을 할 수 있도록 지원해주었고, 심지어는 이라크를 이란에 대항할 보증세력으로 간주하기조차 했다. 그 때문에 후세인은 쿠웨이트 침공 몇 주 전까지도 미국에서 엄청난 곡물수매를 할 수 있었고, 펜타곤은 '바그다드의 도적'에게 군사적 도움을 주려고 애쓰고 있었던 것이다. 심지어 펜타곤은 이라크에게 이란 병력의 움직임에 대한 인공위성 촬영 정보까지 제공했다.

미국이 대외정책 문제와 국가안보 정책 문제에서 석유 콘체른을 국유화시키는 방안까지 생각하며 그것을 항상 대안정책으로 사용할 수 있었다면, 1973년 유가파동 이후에는 이러한 국가의 영향력이 사라져 버렸다. 그럼에도 미국은 걸프 지역을 위한 미래 구상은 물론, 평화법안조차 만들거나 실현하지 않았다. 만일 개별 국가들 사이의 대외적 상황이 안정된 것처럼 보이고 이스라엘의 안전이 위협받지 않으며 원유수급이 방해를 받지 않았더라면, 미국의 걸프 정책은 군사기지 없이 대사관의 도움만으로도 충분했을 것이다.

미국의 전쟁 개입을 '정당한 일'로 강조하며 이라크의 유엔헌장 침해를 주장한 주교주의자 조지 부시의 윤리적인 요구들은, 이러한 배경을 고려할 때 상당히 과장된 측면이 있었다. 물론 '이라크의 침략'은 유엔헌장에 어긋날 뿐 아니라 국제법을 어기는 것이기도 해서 그냥 보아 넘겨서는 안 될 일이었다. 그러나 잊지 말아야 할 것은 미국 자신과 소련이 각각 파나마와 아프가니스탄에서 이와 유사한 행동을 한 적이 있다는 사실이다. 이때 이들 양국은 유엔에 대해 별로 신경 쓰지 않았으며, 법적 행위나 군사적인 행동에서 사용된 수단의 적법성에 대한 국제법 조항에도 크게 신경 쓰지 않았다.

미국은 국익이 문제 될 경우에는 자신의 모든 정책을 특별히 법에 구속받지 않고 일관성 없이 수행했다. 이것은 특히 1986년 사바 일족이 민주주의 체제와 법치국가를 무효로 하고 왕조 독재체제로 전환했을 때, 레이건과 부통령 조지 부시가 아무런 구속력 있는 이의제기를 하지 않았다는 사실에서도 잘 나타난다. 그러나 사실은 이러한 사바 일족의 행동 역시 명백하게 유엔헌장을 침해했던 것이다.

조지 부시 행정부는 걸프 정책에서 나타난 자신들의 잘못과 실수를 개선하는 대신 이라크군의 만행에 대한 보고를 제시하기 바빴으며, 그러한 일들이 실제로 일어났는지에 대해서도 충분한 검토를 하지 않았다. 이러한 수치스러운 행동들은 미국 측으로부터도 "거짓말 전투"(맥아서의 말)라는 이름으로 비판받았다. 다시 말해 의도적인 위장정보가 유포되었던 것이다. 이 경우에 석유는 단지 부수적으로만 언급되었을 뿐인데, 그것은 쉽게 이해할 수 있는 일이었다. 왜냐하면 유엔 안전보장이사회의 5대 강대국들은 이라크나 쿠웨이트의 석유에 크게 의존하지 않았기 때문이다.

미국은 1974년 이후 석유수입 비율이 증가했음에도 이라크나 쿠웨이트의 석유를 반드시 필요로 하지는 않았다. 미국의 필요량은 자국 생산에 의해 공급되거나 멕시코와 베네수엘라 또는 사우디아라비아에서 충당되었다. 쿠웨이트의 이전 보호국인 영국은 이라크 침공 시점에

12. 한 방울의 피도 흘려서는 안 된다

이미 자급자족 능력을 갖추었을 뿐만 아니라 고급 품질인 북해 석유의 수출국이기도 했다. 이 경우 영국은 석유수출국기구의 회원국은 아니었다. 고르바초프가 지배하는 몰락 중의 소련은 이 시기에 석유수출의 급격한 감소를 겪고 있었지만, 석유수출국기구 밖에서 계속해서 석유 자급자족 국가이자 수출국가로 남아 있었다. 유엔 안전보장이사회에서 쿠웨이트 해방을 승인받기 위해 워싱턴과 모스크바가 동조를 청했던 중국도 석유생산 선두 그룹으로 뛰어올랐으며 걸프 지역에서 생산되는 석유에 더 이상 의존해 있지 않았다. 단지 프랑스만이 자국 수입의 약 35%를 아랍국가에서 충당했다. 그러나 전통적인 아랍 우방국이자 이라크의 무기 공급자인 프랑스도 일반적으로 생각하는 것처럼 그렇게 석유문제 때문에 행동하지는 않았을 것이다. 그 때문에 프랑수아 미테랑은 프랑스가 석유 때문이 아니라 훼손된 국제법과 유엔헌장의 재수립 및 정의의 수호를 위해 해방군 동맹에 참여하는 것이라는 주장에 큰 의미를 부여했다.

물론 이 거창한 말들과 새롭게 대두된 정의로운 세계질서에 대한 조지 부시의 요구가 정치·군사적 현실에서 가지는 의미는 (사우디아라비아의 보호를 위한) '사막방패작전' 시기뿐만 아니라 이라크 침공군의 추방을 위한 '사막폭풍 작전' 및 그 이후에도 여실히 드러났다.

1991년 1월 17일부터 2주 동안 일어난 공습과 단 사흘간의 지상전투 이후 후세인의 군대는 엄청난 인명 및 물자 손실을 경험한 채 바그다드 방향으로 퇴각했다. 그러나 미국 대통령은 미국의 지휘 아래 독재자를 몰락시킬 때까지 유엔군의 작전을 계속 수행하는 대신 놀랍게도 진격을 중단시켰다. 더 나아가 그는 이라크 북쪽의 쿠르드인들과 이라크 남쪽의 시아파 교도들에게 후세인에 저항하는 데 필요한 군사적 지원을 거부했다. 그것도 미국의 총사령관 슈바르츠코프의 충고까지 듣지 않으면서.

조지 부시는 공포작전으로 사태를 종결짓는 대신 '한니발 신드롬'에 빠져 있었고, 그 때문에 그가 유엔의 틀 내에서 해결하려고 했던 끝없는 공포 상황을 계속 존속시켰다. 대부분의 영국계 미국인 정치가들처럼 부시도 세계 지역 내 정치적 안정을 국내에도 요구하며 그것을 "3부로 된 조약"(헤일[M. Hale])으로 관철시키려는 생각에서 빠져나오지 못했다. 미국과 영국 공군은 10년 넘게 이라크 북부와 남부의 비행금지 구역을 감시해오고 있으며 이 경우 사우디아라비아와 쿠웨이트 내의 군사기지를 이용하고 있다. 그러나 이러한 비행금지 구역들은 화생방 프로그램의 무장해제를 목적으로 한 제재조치와 마찬가지로, 후세인의 독재체제를 약화시키는 데 거의 성공을 거두지 못했다. 나중에 미국은 이라크에게 석유판매 수입을 통해 고통에 시달리는 국민들에게 식량과 의약품을 구입할 수 있도록 하기 위해 일정량의 석유판매를 허용했다. 그러나 이러한 '식량을 위한 석유' 판매 승인이 있었음에도 바그다드는 세계 여론을 자신에게 유리하게 하기 위해 여전히 미국과 영국에게 저항하고 있다.

오늘날 미국에 의해 주도된 유엔의 반 이라크 작전이 쿠웨이트의 군사적 해방에는 기여했지만, 쿠웨이트를 1961년부터 1986년까지 존속되었던 민주주의체제로 복귀시키지는 못했다는 것은 의심할 나위 없는 사실이다. 사바 일족은 약간의 양보를 했음에도 왕국을 무한권력으로 통치했다. 이 왕국은 1991년에는 팔레스타인 사람들로부터도 '해방' 되었다. 다시 말해 그들 중 많은 사람들이 수십 년 전부터 쿠웨이트에서 의사나 기술자로 일했음에도, 쿠웨이트는 이들을 팔레스타인 해방기구(PLO)의 친 이라크 정책에 찬성한 일종의 연좌제에 연루시켜 쿠웨이트에서 추방시켰던 것이다. 이것은 유엔헌장과 1948년 이후의 수많은 국

12. 한 방울의 피도 흘려서는 안 된다

제협정들에서 제기되고 있는 법치국가나 인권보장에 대한 요구와 합치될 수 없는 행위였다.

쿠웨이트는 1899년 이후 영국의 보호 아래 석유 없이 생존했고, 무역, 진주채취 그리고 전통적인 조선업을 토대로 조용한 삶을 영위했다. 그러나 쿠웨이트는 석유생산과 함께 세계적인 자본세력이 되었고 정치적인 이유에서 오히려 엄청난 손실을 감수해야 했다. 이렇게 한 이유는 쿠웨이트의 왕조 지도부가, 미국과 서유럽 또는 일본으로 투자된 오일달러가 그들 미래의 삶을 보장할 것이라고 믿었기 때문이다.

물론 회히스트나 메르세데스와 같은 독일의 세계적인 회사 대표들이 쿠웨이트시티에 와서 그들의 가장 중요한 주주 중 한 사람에게 그 밖의 사업정책에 대해 설명하고 장기적인 회사결정 사안에 대한 동의를 구해야 했을 때, 이것은 쿠웨이트 석유회사의 매니저들과 사바 일족의 장관들에게 적지 않은 즐거움을 주었을 것이다. 그러나 아랍의 이웃 국가에게 습격당한 사실과 서구의 막대한 원조에 의해서만 국가의 주권을 되찾을 수 있었다는 충격은 여전히 그들의 마음속 깊이 자리 잡고 있었다. 동시에 이들의 화폐가치도 절반으로 떨어졌던 것이다.

그럼에도 사바 일족 및 다른 '베두인 귀족가문'에 속하는 약 10만 명의 일원들은 석유를 통한 수입에 의해 자신들의 물질적 생활을 보장받을 수 있었을 것이다. 이들은 "절대적인 권력과 절대적인 부"(슈퇴거〔Stöger〕)를 소유하고 있었던 것이다. 구 토착세력과 법적으로 동등한 위치에 있지 못한 60만 이상의 신 쿠웨이트인들에게도 상당한 부가 주어졌고, 이집트 또는 파키스탄에서 온 백만 이상의 외국인 노동자들도 고국에서보다 이곳에서 더 많은 돈을 벌 수 있었다.

그러나 1979년까지만 해도 세계에서 가장 부유한 나라에 속했던 쿠웨이트인의 정서에는 변화가 생겼다. 적어도 지도부는 신의 선물로 간주되었던 안락한 부가 얼마나 빨리 위험한 상황으로 추락할 수 있는가를 분명히 인식하게 된 것이다. 또한 세계시장은 상당히 많은 유황을 함유하고 있는 쿠웨이트의 석유가 없어도 유지될 수 있다는 사실이 밝혀졌고, 원유 대량구매자들은 이제 쿠웨이트와 달리 정치적으로 위협받지 않는 다른 공급자에게로 눈길을 돌렸다는 사실이 밝혀졌다.

여기에서 미국과 함께 쿠웨이트 해방의 가장 큰 추진세력이었던 영국이 자신의 석유수요 0.4%만을 쿠웨이트에서 구입했다는 사실을 한번 생각해보라. 단지 이 정도의 원유구입 때문에 영국이 유엔의 군사적 활동을 정당화하려고 하지는 않았을 것이다. 일본과 마찬가지로 직접적으로 이 전쟁에 참여하지는 않았지만, 162억 마르크를 워싱턴의 전쟁금고에 송금했던 독일 역시 자국 석유수요의 단 1.4%만을 쿠웨이트에서 구매했을 뿐이었다. 따라서 이것 또한 전쟁 참여의 이유가 되지는 못한다.

여기에서 쿠웨이트 지도부는 석유만이 전부는 아니며, 무게중심이 결정적으로 옮겨지고 있다는 사실을 인식해야 했다. 지금까지 가장 중요한 구매국가였던 덴마크(54%)와 네덜란드(13.8%)는 더 이상 걸프 지역에서의 잘못된 안보정책 때문에 다시 한번 재산과 피를 쏟을 의지가 없는 것처럼 보였다. 특히 그들 자신의 해안에, 즉 북해의 대륙붕에 미래의 석유가 매장되어 있었기 때문에 더욱 그러했다.

13

이제 초점은 북해로

"유감스러운 일이기는 하지만, 이 나라에서는 어느 누구도 석유 압력단체들의 지원 없이는 선거에서 승리할 수 없다. 그리고 석유 압력단체들이 존재하는 한, 어느 누구도 진정한 지배자가 될 수 없다."

안전이 우선이다

"북해는 사람의 목숨을 앗아가는 바다다."라는 무시무시한 판결은 산업화 이전 시대에 모든 뱃사람들이 가지고 있었던 공포에 근거한 것이다. 이들은 지질학적으로 볼 때 그리 오래되지 않은 해역에서 일어난 거센 파도에 두려움을 가지고 있었던 것이다. 이전에 '독일해'라고 불린 빙하기 말기에 생겨난 북해는 더 뒤에 생긴 동해와 마찬가지로 수심 30~300미터에 해당되는 얕은 바다다. 북해는 석유나 천연가스 계발을 위한 모든 근해시설을 설치하기에 가장 이상적인 조건을 갖추고 있다.

1958년 아랍국가들 사이에서 대륙붕 배분에 관한 런던조약이 체결되었을 때, 그토록 갈망하던 천연자원 계발의 희망이 조약체결에 중요한 역할을 했으리라는 것은 의심의 여지가 없다. 이들 국가 중 몇몇 국가들은 또한 같은 해에 유럽경제공동체(EWG) 수립에 관한 로마 협정에 서명하기도 했다. 그러나 영국은 여기에 참여하지 않았다.

이 획기적인 사건은 정치적으로 새로운 베를린 위기가 극복되고 프랑스가 샤를 드골 장군의 지도 아래 제5공화국을 건립하던 시점에 일어났다. 게다가 수에즈 운하의 봉쇄는 서유럽이 걸프 지역으로부터의 석유공급에 얼마나 의존해 있는지를 인식시켜주었다. 또한 동구권과의 냉전 상황에서 이러한 의존성을 줄이거나 전적으로 없애는 것이 필요한 것처럼 보였다.

1959년 네덜란드에서 일어난 엄청난 석유발굴과 함께 정식으로 가열되기 시작한 석유 및 천연가스에 대한 희망과 상관없이, 이미 오래전부터 북해의 수역이 다양하게 산업적으로 이용되고 있다는 것은 더 이상 간과할 수 없는 사실이었다. 이것은 특히 로테르담 국제시장 또는 직접적으로 함부르크의 거대 정유공장으로 향하는 유조선 노선에 해당되었다. 이곳에서 에소와 셸은 자신들의 석유를 주로 베네수엘라와 멕시코 및 걸프 지역에서 구매하여, 이것을 다시 난방연료와 플라스틱 제품, 인공비료와 살충제, 화장품 또는 약품으로 가공했다.

해양의 산업화 현상은 그 밖의 다른 해운업에도 해당된다. 가솔린 엔진이 작동하고 나서 그리고 좀 더 엄격한 환경보호 의무가 있기 이전에, 해운업에서는 쓸모없는 오래된 석유들을 바다로 내버렸다. 선장과 선원들도 다양한 원천의 산업쓰레기들을 3마일 구역 밖에서 불태우거나 황산을 물 속에 버리는 데 가담했다. 이것 자체가 이미 반생산적인 행동이었는데, 왜냐하면 이것은 이 얕은 바다의 제2산업 영역이라고 할 수 있는 어업활동에 엄청난 지장을 초래했기 때문이다.

초반에는 상당히 보잘것없이 출발한 이 어업 분야는 특히 1945년 이후에는 첨단산업이라고 부를 정도로 잘 갖추어지게 되었다. 여기에서는 석유시굴에서 이미 오래 전에 사용한 바 있는 방법들을 모방하여 자신들의 목표에 맞게 사용했다. 특히 음향측심기의 사용은 청어와 대구떼의 위치를 파악하는 데 큰 도움이 되었다.

그러나 해저에서 예인망을 사용하는 것과 바다 위를 떠다니는 가공공장은 해운업이 이전의 방식에서 상당한 질적 변화를 이루었음을 보여주고 있었다. 이러한 새로운 해운업은 바다의 풍부한 자원에 대한 위탁의무를 확실히 인식하고 있었고, 산업적으로 수행되는 약탈행위를 거부했다. 이것은 남은 어류들이 조용히 재생할 수 있기 위한 것이었다.

여기에서 이러한 언급이 중요한 이유는 얼마 전부터 환경보호자들과 어업전문가들이 북해의 수자원이 머지않은 시기에 완전히 고갈될 것이라는 우려를 표명했기 때문이다. 노르웨이인들과 일본인들에 의해 포획당하는 고래와 마찬가지로 청어와 대구, 연어 그리고 가자미도 그 사이에 위협받는 어종(魚種)으로 간주되고 있으므로, 이 어종들 역시 산란기 동안에는 정확히 어획률을 정하거나 고기잡이를 금지하여 보호하는 조치를 취해야 할 것이다.

특히 영국 동쪽에 있는 북해의 넓은 사주의 주변 지역에서 이루어지는 지나친 포획 때문에 북해는 점차 환경에 민감해지고 있는 여론의 시선을 받게 되었다. 이들의 관심은 더욱 강화되었는데, 특히 1990년에 갑자기 바다표범들이 죽고 해초가 생겨나며 물고기가 기형의 모습을 드러냈을 때 언론의 특별한 스포트라이트를 받게 되었다.

그러나 그 외에 그린피스의 환경운동가들을 가장 격분시켰던 것은 바다를 대하는 몇몇 석유인사들의 태도였다. 이들의 태도는 때때로 독선적이고 종종 아주 부주의하거나 심지어 태만하기까지 했다. 석유산업에서도 전 세계적으로 '안전이 우선이다'라는 기본 명제가 '시간은 돈이다'라는 이윤 원칙보다 더 중요하게 되었는데도, 1969년 첫 번째 석유가 발견된 이후(에코피스크) 북해에서의 시추나 채굴공사 때 세척물이나 원유 그리고 화학물질이 바닷물 속으로 들어오는 일이 계속해서 일어났다. 그 원인은 대개 자재노후와 선박 내의 기술적 장애 또는 인간의 실수였다.

그럼에도 의사이자 환경보호가며 노르웨이의 수상이기도 한 그로 H. 브룬트란트는 1994년 스타방거에서 열린 세계 석유회의에서 석유인사들의 노고를 분명한 어조로 칭찬했다. 그녀는 하랄트 5세가 동석한 이 자리에서 대담한 개회연설을 했고 이 거대한 석유산업이 지상에서, 그중에서도 특히 북해 석유의 중심지에서 갖는 책임의 증대를 재차 강조했다.

이것은 이전과는 완전히 다른 건설적인 어조였다. 왜냐하면 시추섬 '브라보'(1977)와 '파이퍼 알파'(1988)에서 일어난 비참한 붕괴사건은 석유산업에 대한 좋지 못한 보도를 낳게 했기 때문이다. 이러한 붕

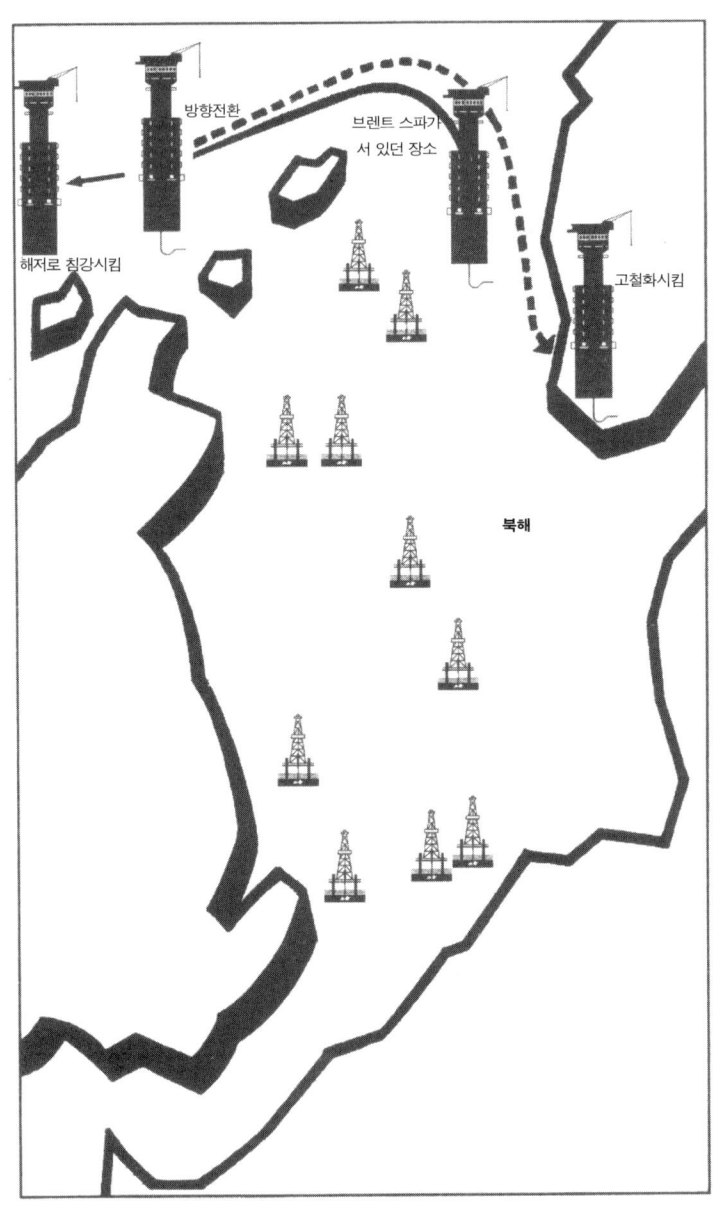

1995년 여름 '브렌트 스파' 유조선 플랫폼을 둘러싸고 벌어졌던 위기

괴를 막는 데는 미국의 전문가 어데어가 큰 공을 세웠다. 그러나 스타방거 회의 이후에도 곧 1995년 여름에 '브렌트 스파' 유조선 플랫폼을 둘러싼 투쟁이 전개되어 언론의 공격을 받았다.

많은 시선을 끈 이 투쟁의 전개 과정에서 특히 그린피스가 격렬한 비난을 제기했고 언론에서도 신랄한 불평의 목소리가 높아져 갔다. 이것은 직접적으로 석유산업의 자기이해와 관련된 것이었다. 동시에 격렬하게 논의된 이러한 갈등은 산업화 과정이 법적 제재를 받지 않는 영역에서조차 순수한 경쟁으로 수행되는 것이 아니라 산업화시대 이전으로 거슬러 올라가는 원칙을 지켜야만 한다는 것을 분명하게 보여주었다.

대양의 자유

대통령 후보들이 자국의 해안 전역이 석유나 가스탐사를 위해 제공될 수 있는가의 여부에 초점을 맞춰 선거전을 치르는 것은 유럽에서는 상상조차 할 수 없는 일이다. 그러나 공화당 후보 조지 부시와 민주당 후보 마이클 두카키스 및 무소속 후보 제시 잭슨이 레이건 대통령의 자리를 계승하기 위해 출마했던 1987년 미국 선거 동안에는, 석유산업의 마지막 전선이랄 수 있는 근해시추의 법적·실제적인 허용문제가 중요한, 아니 거의 결정적인 역할을 했다.

이러한 복잡한 주제의 정치적 파장을 이해하고자 하는 사람은 대부분 공화주의 성향을 지닌 석유 압력단체가 미국 선거정책에 미치는 영향에 대해 프랭클린 D. 루스벨트가 말한 다음과 같은 말을 상기해보면 될 것이다. 루스벨트는 반쯤은 경고를 섞고 반쯤은 체념이 섞인 어투로, "유감스러운 일이기는 하지만, 이 나라에서는 어느 누구도 석유 압력단체들의 지원 없이는 선거에서 승리할 수 없다. 그리고 석유 압력단체들이 존재하는 한, 어느 누구도 진정한 지배자가 될 수 없다."고 말했던 것이다.

조지 부시는 그 자신이 텍사스의 석유산업에서 고위 정치로 전향한 사람이며, 그의 아들 조지 W. 부시도 2001년 1월 20일에 제43대 미국 대통령이 되었다. 아버지 부시는 그의 이전 동료들이 가지고 있던 걱정들을 잘 알고 있었다. 그는 1986년 유가파동과 그 이후에 특히 미국의 석유고갈이 투자 및 그것에 의존해 있는 노동시장에 미칠 영향에 큰 관심을 가지고 있었다. 이것은 다시 조세수입, 내수수요, 공공주문(군수산업, 연구 분야), 채무업무, 그리고 성장에 큰 영향을 미쳤다. 이러한 순환 과정과 상호의존성은 석유 없이는 해결될 수 없는 것이었다.

조지 부시는 근해시추와 관련해서는 다른 어떤 대통령 후보보다 더 경험이 풍부했으며, 멕시코 만에서 근해시추의 발전에 선구자적 역할을 한 바 있었다. 그는 이미 레이건 밑에서 부통령을 하던 시절부터 국가지원 아래 가장 바깥쪽 대륙붕지대에서도 석유 및 가스 채굴을 하는 것을 장려하는 미래의 프로그램을 선호했다. 그는 동시에 미국에 풍부하게 존재하면서도 난방목적으로 더 잘 쓸 수 있는 천연가스를 '최고의 전략적 비축품'의 지위에 올려놓았다. 부시는 또한 푸르도 만 주변의 알래스카 자연보호 지역에 대한 마지막 금지조치마저 그곳의 석유지역을 확장하기 위해 없애려고 했다. 그는 동시에 에탄올과 메탄올을 대체 자동차 연료로 제시하는 노력을 지원했다. 그리고 상황을 개선하기 위한 모든 조처들은 세금혜택을 통해 촉진시키고자 했다.

많은 전문지식을 바탕으로 제안된 이 미래의 에너지 계획에 대해서 다른 대통령 후보들은 거의 반박할 수 없었다. 특히 조지 부시가 환경보호의 의미를 인식하고 있으면서도, 또한 미국인들의 경제적·정서

13. 이제 초점은 북해로

적 관심을 고려할 줄 알았기 때문에 더욱 그러했다. 그는 신중한 개혁안과 대체안을 제시했고 자신의 능력과 관직의 경험을 바탕으로 국민들을 경탄시켰으며, 전형적인 공화주의자적인 태도를 취하며 "내 입술을 읽어보세요. 결코 새로운 세금은 없을 것입니다."라는 대중적인 말로 유권자들을 유혹했다.

유권자들은 기업가적인 자유로 대양의 자유를 이용하려고 했던 것과 마찬가지로 기업가적 자유를 맘껏 활용했던 조지 부시의 태도를 높이 평가했다. 게다가 국제적 효력을 지닌 몽트뢰(1936)와 몬테고 만(1982)의 해상법 협정에서는 자유항해와 같은 근본적인 규정들이 확정되었다. 물론 충분히 논란을 불러일으킬 만한 기폭제 역할을 할 수 있는 몇 가지 문제사항들은 여전히 존재했다. 이 경우 특히—아일랜드 공화국이 이 지역을 국가경제권과 함께 어류조업 영역으로 요구하고 대구 전쟁에서 나토 파트너인 영국에 맞서 저항함으로써 하나의 선례를 남겼음에도—지하자원을 시굴할 때 17세기 이후 수용되는 3마일 구역이 절대적인 척도가 되어야 할지, 아니면 12마일 선이나 50마일 경계선, 심지어 최종적으로는 2백 마일 지역이 그 척도가 되어야 할지의 문제가 중요한 문제로 대두되었다.

이미 고대 로마의 정치가 세네카는 자연에 대한 인간의 책임을 강조하는 스토아학파의 계율에 따라 대양의 자유를 요구했다. 그 후 1609년 네덜란드의 법률가인 그로티우스가 또다시 이러한 입장을 열렬히 지지하는 대변자가 된다. 그는 자신의 획기적인 저서 『대양의 자유』에서 고대로 거슬러 올라가는 아주 오래된 기본 원칙에 대한 지지를 표명했다. 이 원칙은 다름 아닌 "모든 민족은 다른 민족을 방문해 그 민족과 사업을 할 수 있다."는 것이었다. 이에 따르면 대양은 인류의 공동재산으로 간주되며, 각 민족은 항해할 때 해적이나 국가적 경계로부터 자유무역이 방해받지 않도록 유의해야 했다.

그러나 거대한 해상세력인 포르투갈과 스페인은 1493년부터 바로 이러한 행위를 해왔다. 이들 국가는 신세계를 교황의 칙서에 따라 선교지역뿐만 아니라 일반 봉토로 간주했다. 그러나 발견된 영토를 교회에 맡겨 관리하고 모든 기독교 신자를 상인의 자격으로 그곳으로 여행할 수 있게 만드는 대신, 이들은 라틴아메리카에 있는 이 나라들을 마치 사유재산처럼 폐쇄적으로 봉쇄했다. 이에 따라 자유무역의 표현인 사용권 및 용익권은 무제한적인 소유권 내지 사유재산으로 변화되었고, 그들 외의 다른 모든 용익권자들은 배제되었다.

종교개혁과 같은 분열의 주된 원인은 아마도 신학자들의 논쟁이 아니라 범세계적인 교회가 형식적으로는 허용하지 않았던 이러한 폐쇄 조치였을 것이다. 그 결과 가톨릭교회에서 1535년 이후 영국국교를 믿는 영국인과 칼뱅주의를 신봉하는 네덜란드인이 분리되어 나오는 현상이 생겨나게 되었다. 이러한 현상은 이 두 해상민족들이 생존을 위한 이익의 관점에서 도처에서 무역을 수행하고 식민지를 만들 수 있기 위해 일곱 개의 대양을 모두 개방시키려고 노력하고 있었기에 생겨난 것이었다.

그로티우스 역시 이러한 의미에서 대양의 자유를 위해 힘썼던 것이다. 그는 이러한 공로로 나중에 '국제법의 아버지'로 추앙받게 되며, 1635년에는 파리의 스웨덴 대사를 맡게 된다. 바로 같은 해에 영국의 법률가 존 셀든이 『대양 봉쇄』라는 반박의 글을 출판, 소유권에 따른 대양 봉쇄를 정당화하려고 시도했다. 따라서 그는 그로티우스에게 반대하고 나선 셈이며, 특히 운하와 북해 전역에 걸친 해안 근접수역을 영국의 국가소유로 선언했던 것이다. 올리버 크롬웰은 이러한 소유권 점유의

그린피스 행동대원들을 몰아내기 위해, 화재진압 보트가 '브렌트 스파'에 물을 뿌리고 있다.

지상에 투입 중인 미국의 영웅적인 소방대원 '레드' 어데어

정신 아래 항해법에 관한 칙령을 발포했고, 거기에서 영국 상선이 아닌 다른 모든 배들이 영국으로 물건을 운송하는 것을 금지시켰다. 이러한 조치는 1849년까지 계속되었다.

이러한 역사적인 결정으로 인해 영국과 네덜란드 사이에 두 차례에 걸친 전쟁이 일어났고, 그 후 맺어진 1674년 웨스트민스터 강화조약에서는 1645년 덴마크와 스웨덴 사이의 브룀세브로 강화조약과 유사한 결과가 초래되었다. 오늘날까지도 법적 효력을 가지고 있는 브룀세브로 조약에는 미래를 위한 자유무역 원칙이 확고하게 규정되어 있었다. 이 원칙은 동해 및 스웨덴과 덴마크 사이의 해협을 위해 규정된 것이었다. 스웨덴의 제국수상 악셀 옥센셰르나는 그의 친구 그로티우스와 함께 1648년 베스트팔렌 강화조약에서 이 자유무역 원칙이 헌법으로 수용되도록 관철시키는 데 성공했다. 그리고 이 법은 1806년까지 지속되었다.

1958년 런던 협정에서 북해지역 분할을 위해 수행된 것을 이해하기 위해서는 이러한 구조적·정신적 준비 과정에 대해 깊이 생각해야 할 것이다. 이 경우에 진정으로 현명한 결론에 도달하기 위해서는, 먼저 족히 3백 년이 되는 역사를 종합적으로 살펴보고 절대적인 반대 입장들에 대해 상세히 논의해야만 할 것이다. 이때 대양의 자유라는 (그로티우스의) 자연수탁 원칙은 유지될 수 있었는데, 그 이유는 모든 민족의 배가 자유롭게 항해할 수 있게 된 북해에서 대양의 자유가 지켜질 수 있었기 때문이다. 이와는 반대로 소유원칙(셀든)은 단지 대륙붕에만 적용되었다. 대륙붕의 올바른 분할을 위해서는 중앙선과 등거리 원칙을 따랐는데, 그 결과 영국과 노르웨이가 가장 큰 영역을 차지하게 되었고, 독일은 헬고란트 섬의 오리주둥이처럼 나온 부분을 소유하며 가장 작은 부분만을 얻게 되었다.

이와 같이 해저지역은 합리적으로 분배되었다. 외적으로 매우 공정하게 이루어진 이러한 협상은 모든 국가가 자신의 광업법 내지 주권에 따라 석유 및 가스 탐사를 위한 고유 영역을 이용하고 심지어 외국 기업, 특히 미국 근해 기업마저 그 일에 참여하는 것을 가능하게 만들었다. 그러한 기업들은 필립스 석유회사(에코피스크)와 같은 개별 콘체른이거나 비용을 분담하는 컨소시엄 형태(브렌트 스파)의 기업이었다.

대양과 대륙붕을 구분하고 있는 이 모델이 지닌 합리성 때문에, 이 분리 모델은 포클랜드의 비글 운하에 있는 세 섬들과 석유이권이 문제가 된 칠레와 아르헨티나 사이의 지역분쟁에도 큰 도움이 된 것으로 입증되었다. 이와 마찬가지로 1975년 페르시아와 이라크 사이에 있었던 샤트-알-아랍의 국경선 문제를 둘러싼 분쟁의 조정도 대체규정이 진지하게 간주된다면 국제법이 아주 합리적으로 적용될 수 있음을 보여주고 있다. 심지어 멕시코와 카스트로의 쿠바, 그리고 클린턴 대통령 시절의 미국도 1609년과 1635년의 원칙에 따라 심해 및 대륙붕에서 그들의 내해지역 지분과 시추지역을 정하는 데 성공을 거두었다. 1990년 소련이 무너진 이후 카스피 해가 새 연안국들 사이에서 분할된 경우에도 유사한 절차를 밟았다. 그리고 석유산출 가능성이 있는 파라셀 군도와 중국 남해를 둘러싼 그칠 줄 모르는 분쟁은, 이데올로기적 차이와 역사적 요구 및 국가적 이익에 대한 주장이 제기되었음에도 런던에서 제시된 해결책의 도움으로 마찬가지로 별 잡음 없이 종결될 수 있을 것이다.

나쁜 녀석?

정치가와 법률가 그리고 석유산업 전문가들이 협의를 통해 만든 규정과 독일에서 1934년 석유와 광상(鑛床)에 관한 법률 및 심층 시추법과 관련해 만들어놓은 조항들은 대개 일반적인 경우에만 적용된다. 그러나 이러한 규정들은 특히 초대형 방사능 유출사고(GAU)와 같은 경우에 적용하려고 하면 시대에 뒤떨어진 반생산적인 것으로 나타나기도 한다.

이와 같은 경험을 한 석유관계자가 한 명 있었는데, 그는 이미 생전에 전설적인 '미국의 영웅'이 된 인물이었다. 이러한 그의 명성은 궁극적으로 북해에서 특별한 초점을 받고 있는 장소에서 그의 투입이 거둔 성공에 기인했다. 그가 투입된 장소는 다름 아닌 '브라보'와 '파이퍼 알파'라는 폭파된 플랫폼으로, 이 두 곳 모두 엄청난 사고를 겪은 곳이었다. 이러한 예외적인 상황은 마법을 사용하여 죽음과 악마를 물리치려는 시도로도 이 사고를 해결할 수 없는 것처럼, 정상적인 수단과 광산 공무원의 규정으로는 극복할 수 없는 사안이었다. 오히려 이러한 문제의 해결을 위해서는 전문적 지식과 냉철한 이성, 그리고 모든 개별적인 경우를 그것의 특수한 조건을 잘 파악하여 다룰 수 있는 개인적인 능력과 같은 세 요소의 성공적인 결합이 필요했다. 이 최상의 조건을 가장 잘 갖춘 사람은 다름 아닌 폴 닐 어데어였다. 그는 어린 시절 가졌던 새빨간 머리카락과 새빨간 작업복 때문에 전 세계에서 친근한 동료를 부르듯이 '레드'라고 불렸다.

1915년 6월 18일에 텍사스 주 휴스턴에서 태어난 어데어는 석유분야에서 그 누구 못지않게 석유역사의 특별한 한 장을 장식했을 뿐만 아니라 이를 통해 자신의 아메리카 드림을 성취하기도 했다. 1901년 텍사스에서 시작되어 오클라호마를 거쳐 캘리포니아까지 번져갔던 석유에 대한 열광 속에서 그 역시 유년기와 가난한 소년 시절을 보냈다. 어린 어데어는 이미 아버지의 대장간에서 풀무를 다루는 법을 배웠다. 손으로 작동하는 이 유용한 도구는 작열하는 코크스에서 화염이 제대로 타오르도록 공기펌프처럼 사용할 수 있었다. 이렇게 생겨난 화염은 순도 높은 철광을 녹일 수 있었다. 그러나 또한 이 도구를 사용해서 솟구쳐 오르는 화염을 즉석에서 불어서—단 활활 타오르는 불꽃을 짧은 순간이지만 집중해서 숨을 내쉬어 불어 끄는 데 성공한다면— 끄는 것도 가능했다.

어데어는 이러한 이전의 경험을 바탕으로 유전이나 천연가스 매장지에서 불꽃을 끄는 특별한 기술을 발전시켰다. 물론 그는 이제 풀무로 작업하는 것이 아니라, 강력한 물줄기와 농축된 다이너마이트 장전 또는 폭발물인 니트로글리세린을 치밀한 계산하에 사용했다. 이것은 시추 구멍이나 채굴 구멍에서 나온 불줄기를 차단하기 위한 것이었다. 빨간 보호복을 입고 머리 위에 안전 알루미늄 헬멧을 쓴 그는 베네수엘라의 어느 불타오르는 유전에서 생명의 위험을 무릅쓰던 사람들의 긴장을 다시 체험하기 위해 1953년에 만들어진 클루조(Clouzot)의 모험영화 〈공포의 대가〉를 떠올릴 필요가 없었다. 왜냐하면 어데어 자신이 바로 존 웨인이 주연한 영화에 등장하는 영웅이 되었기 때문이다.

물론 할리우드는 이 영화에서 상상할 수 있는 모든 상투적인 것을 다 사용했다. 이러한 것들은 진짜 지옥에서 타오르는 듯한 화염과 관련된 무시무시한 불도마뱀의 현실과는 거리가 먼 것이었다. 어데어는 미디어에서 즐겨 묘사되곤 하는 '무뢰한'이나 '나쁜 녀석'이 아니라, 아주 경험이 풍부한 체계적인 분석가였다. 그는 그곳이 바다든 육지든 상관없이 모든 발화점과 그것의 조건들에 새롭게 적응하는 능력을 갖추고 있었다. 이러한 때면 그는 극도의 인내심을 발휘하고 필요 이상의 시간을 허비하지 않았으며 호기심을 가지고 사건을 관찰하곤 했다.

물론 그의 미덕은 석유산업 경영자들 사이에서는 특별히 각인되어 있지 않았다. 필립스의 후계자들도 예외는 아니었다. 그들은 1977년에 전화로 어데어에게 북해의 '브라보' 플랫폼에서 일어난 폭발을 신속히 진압할 것을 촉구했다. 어데어의 동료직원들이 발생한 상황을 제대로 진압할 수 없다는 것이 명백해지고, 오클라호마 콘체른이 매일 점점 더 거세지는 언론의 비난을 받으며 엄청난 석유를 유실한 이후, 어데어 자신이 현장에 몸소 가지 않을 수 없게 되었던 것이다.

바로 이 지시만 봐도 어데어가 얼마나 예속된 상황이었는지 잘 알 수 있었다. 그는 1959년 석유산업의 발족기념 해이자 장기간의 고된 노동 이후 마침내 '마이런 킨리' 시추화재 진압회사를 열며 독립했다. 그러나 이러한 결정은 단순히 자기의 이익만을 추구한다는 것 이상을 의미한다. 그는 이제 스스로 진압팀의 투입을 조직해야 했던 것이다. 그곳이 고국이든 멕시코 만이든 알제리의 사막이든 아니면 북해의 플랫폼이든 상관없이. 그는 이를 위해 계속해서 장비를 개선시켜 나가야 했고 이를 위한 재원을 마련해야 했으며, 무엇보다도 좋은 직원들을 필요로 했다. 이들에게는 위험 수당이 붙은 봉급뿐만 아니라 연말에 보너스도 지불해야 했다. 따라서 기업의 주인이 된다는 것은 무엇보다 기존의 종속관계를 잘 해결하면서도 현장 투입 때는 최후의 결정권을 가진다는 것을 의미했다.

독립된 경영인으로 활동한다는 것은 기술적인 도전 외에 시추 구멍 화재와 같은 극적인 상황을 맞이할 수도 있음을 의미한다. 어데어는 특히 에코피스크 유전에 있는 브라보 플랫폼에서 이것을 직접 체험할 수 있었다. 그는 자신의 직원 중 최고 기술자인 부츠를 유럽으로 보내 북해 한가운데에서 일어난 석유유출을 막고 이 문제를 해결하려고 했다. 그러나 이 시도는 성공하지 못했다. 그러고 나서 어데어가 직접 브라보 플랫폼으로 가서 그와 마주쳤을 때, 그는 자제력을 잃고 미쳐 날뛰었다. 왜냐하면 부츠는 현장에서 자신이 일하는 도중에 아무런 사전통고도 없이 통제받는 느낌을 받았기 때문이다. 168센티미터의 땅딸막한

키지만 강인한 몸을 지녔고, 피부와 손에 온갖 덴 흉터가 있었던 62세의 어데어는 부츠의 이러한 공격에 대해 미국의 일반 독립경영인에게서 흔히 볼 수 있는 그러한 반응을 보였다. "부츠, 필립스가 내게 이리로 와 달라고 부탁했어. 그리고 이 회사의 경영자는 나야. 내가 이 회사의 주인이고 보스란 말이야."

이 다툼으로 인해 부츠는 어데어의 다른 직원 한 사람과 함께 회사를 떠났고 시추화재 진압회사인 '부츠와 쿠츠'를 설립했다. 그러나 어데어는 이러한 다툼이 있었는데도 사고 진원지를 자세히 조사한 끝에 석유유출의 원인을 찾아내는 데 성공했다. 회전책상 밑의 차단목인 프리벤터가 제대로 설치되지 않은 게 원인이었다. 게다가 틈새를 막는 고무가 시추 구멍에서 생겨나는 엄청난 압력을 견뎌내지 못했다. 따라서 프리벤터를 최상의 상태로 조정하고, 틈새를 매우는 고무를 교체하며, 이렇게 수리된 것을 다시 사용하기에 앞서 압력 테스트를 하는 것이 중요했다.

어데어는 밤새 고생한 끝에 이 문제를 기술적으로 해결했다. 그러나 그는 자신의 직장동료들이 자신에게 갖고 있는 불쾌한 심정을 알아차렸다. 그는 사실 자신이 건강상의 이유로 물러나야 할 경우, 은밀히 새로 설립된 '부츠와 쿠츠' 회사가 머지않은 장래에 자신의 회사를 인수하기를 희망했다. 그는 전 세계의 유전을 다니며 수십 년간 힘든 도전을 이겨냈다. 그 때문에 그가 이제 마침내 은퇴하여 자신의 친구 조지 부시처럼 경주용 보트를 타고 바다를 질주하려 결심한다 해도 이를 나쁘게 생각할 사람은 아무도 없을 것이다. 그러나 시추팀들의 해이함과 자연의 근원적인 폭력은 그를 여전히 극도의 긴장 상태에 빠뜨렸고, 이러한 긴장 상태는 잠을 자는 중에도 누그러지지 않았다.

한 번은 그가 고향으로 비행기를 타고 가는 도중 특이한 악몽을 꾸었는데, 이것이 그를 매우 놀라게 했다. 이 꿈에 나온 내면의 형상들은 어데어를 1968년의 상황으로 빠져들게 했다. 그때 그는 시추 플랫폼에 있던 필립스 페트롤리움으로부터 긴급사태라는 연락을 듣고 이 사태를 해결하라는 지시를 받았었다.

이것은 세 명의 석유회사원들을 죽음으로 몰고 갔고 그래서 어데어 혼자 대처해야 했던 시추화재 발생사건인 북해의 그레이트 야마우스 사건 이전의 일이었다. 이 사건이 일어났을 때 헬리콥터 비행에서 이미 문제가 발생했는데, 원인은 해상에서 소용돌이치는 바람 탓이었다. 이 때문에 헬리콥터는 갑판에 아주 힘겹게 도달해야 했다. 플랫폼은 마치 다른 행성에 있는 산산이 찢긴 강철 도시처럼 보였다. 그곳에는 독가스가 구름처럼 퍼져가고 있었다. 이러한 상황에서 어데어는 두 시간 견딜 수 있는 산소통을 등에 매고 화재진화에 나섰다. 그는 외적인 난관이 있는데도 거의 믿기 어려운 일을 해내는 데 성공했다. 그는 시추 구멍을 메우고 물을 퍼내 불길을 잠재웠던 것이다.

"그러나 그의 꿈에서는 상황이 전적으로 다르게 나타났다. 시추 구멍의 머리가 있어야 할 곳에는 이제 큰 구멍만이 벌어져 있었다. 그는 끊임없이 이 구멍으로 미끄러져 내려갔다. 소리치려고 했으나, 얼굴 앞을 가린 흡입용 마스크 때문에 그렇게 할 수가 없었다. 설령 그가 소리를 쳤다고 할지라도, 누가 그의 외침을 들었겠는가? 누가 그를 도울 수 있었겠는가? 그는 구멍에 빠지지 않으려고 무언가를 붙잡으려고 했다. 그러나 가까스로 잡은 것을 오래 붙잡지 못한 채 다시 구멍으로 미끄러져 내려갔다. 이 구멍에서는 가스 기둥이 솟구쳐 나오고 있었고 이런 상황이라면 그는 죽을 게 틀림없었다. 그런 다음 그는 무언가가 아래로 떨어지는 것을 느꼈고 이에 놀라 벌떡 일어나 꿈에서 깨어났다. 기이한 꿈이었다. 나는 다시 그레이트 야마우스 앞에 서 있는 꿈을 꾸었다. 북해

13. 이제 초점은 북해로

의 시추 플랫폼에 서 있는 것이 아닌가 생각되었다. 오, 이런. 그것은 정말 대단한 사건이었다. 꿈을 꾸는 가운데도 추위가 느껴졌다. 그 당시는 11월이었고, 밖은 여전히 추웠다. 심지어 7월인 지금도……."

어데어가 꿈과 현실을 뒤섞으며 북해에 매장된 석유의 개척 시절에 대해 보고하는 내용에는 무시무시한 면이 없지 않다. 이러한 무시무시한 사건은 1977년 시추섬 '브라보'에서 변이된 형태로 반복되어 나타났고, 지상에서도 그 못지않게 극적인 형태로 일어난 바 있었다. 이에 대한 예로 그는 자신이 15년 전에 알제리의 가시 투이에서 진화한 바 있었던, 석유역사상 가장 맹렬히 타올랐던 천연가스 화재만 떠올려도 충분했다. 그것은 프랑스군에 대항한 해방전쟁의 한가운데에 일어난 '악마의 불길'과도 같았다.

사람들은 종종 어데어의 놀라운 진화능력에 숨겨진 비밀을 알아내려고 여러 가지 추측을 하곤 했다. 그런데 그가 이루어낸 성공의 진짜 결정적인 이유는 그가 모든 시추 장소와 채굴 장소에서 일어난 화재를 여러 가지 복합적인 원인을 지닌 사건으로 간주한다는 사실에 있었다. 즉 그는 다른 화재진압 전문가들처럼 화재를 기술적으로 분리시켜 그것을 단지 폭파 대상으로만 간주하는 실수를 저지르지 않았다는 것이다. 그가 지닌 독특한 기술의 진면목은 바로 이러한 화재발발의 진정한 원인을 찾아내는 능력에 있었다. 그러한 원인을 알아낸 다음, 그는 지역적인 상황, 특히 바람과 날씨, 땅과 시추 자체를 살펴보고자 했다. 이것은 궁극적으로 방출되는 불과 석유 그리고 가스의 흐름을 중단시키기 위해—그것을 막기 위해 또 다른 한 번의 폭발시도가 행해지는데—어디에 일정량의 폭파물이 설치되고 그것이 얼마나 강해야 하는지를 결정하기 위한 것이었다.

이러한 집중적인 준비는 당연하게 들릴 수도 있다. 그러나 오랜 기간 동안 어데어의 보스였던 마이런 킨리는 이러한 복합적인 원인분석을 통해 화재진압의 적합한 시기를 찾아내는 방식을 쉽게 받아들이지 못했다. 이것은 1956년 페르시아의 아바스 유전에 그가 투입되었을 때 여실히 드러났다. 이 유전의 6번 시추 장소에서 불이 났을 때 고령의 킨리는 미친 듯이 타오르는 가스의 불길을 잠재우려고 세 번이나 시도했지만 모두 허사였다. 그러나 어데어는 파열된 시추탑에 아주 가까이 접근하는 모험을 감행했다. 그는 이렇게 하여 화재원인을 알아내고 말발굽 형태로 폭발물을 만들었다. 그는 내열 방호판의 보호 아래, 그리고 무한궤도식 트랙터의 도움을 받아 이 폭발물을 설치했다. 그러나 이것의 점화는 보스만이 할 수 있었다. 화재진압에 성공을 거둔 어데어는 그 공을 보스에게 돌리며 다음과 같이 말했다. "나는 이미 그 당시에 그 일이 더 이상 보스가 해결할 일이 아니라는 것을 알고 있었다. 그러나 나는 내 스스로 불을 진압함으로써 보스를 당황하게 만들고 싶지는 않았다. 그는 항상 내게 잘 대해주었고, 점잖은 노인이었다. 그런 이유를 떠나서라도, 내가 사랑하는 사람에게 무례하게 행동하여 상처를 줄 수는 없는 법이다."

어데어는 이러한 고귀한 인간적 기품을 지니고 있었기에 자신의 능력을 넘어서 확실한 존경을 받았고, 린든 존슨 이후 모든 미국 대통령들에게 '진정한 미국의 영웅'으로 백악관에 초대받는 영예를 누리게 되었던 것이다.

어데어는 1940년에 오티스 프레셔 컨트롤 회사의 철도직원으로 근무하며 피해방지 업무를 시작한다. 그 이후 그가 세운 생애의 업적 중에는 1988년에 있었던 '파이퍼 알파'의 성공도 포함된다. 그때 그는 이미 73세의 나이였으며, 온갖 지옥의 불구덩이에서 나온 소음으로 인해

13. 이제 초점은 북해로

거의 귀머거리가 된 상태였다.

많은 지옥 같은 화재의 체험에 익숙해 있던 그였지만, 이 파열된 플랫폼과의 대면은 그가 자신의 화재진압 경력을 시작한 뒤 겪었던 모든 상황을 능가하는 것이었다. 이 플랫폼은 햄머 박사의 옥시덴탈 페트롤리움 회사 소유였다. 그는 어데어와의 첫 번째 통화에서 북해에서 전해오는 소식을 이렇게 알려왔다. "레드, 끔찍한 악몽이에요. 사망자가 모두 얼마나 되는지 아세요? 틀림없이 백 명이 넘을 거예요. 어쩌면 150명이 넘을지도 몰라요"

실제로 229명 중 166명이 사망했다. 그들은 이 거대한 시추 플랫폼의 선상에서 일하다가 1988년 7월 6일 스코틀랜드 해안에서 갑자기 엄청난 재난을 겪은 것이다. 이 사고는 소위 동시작업을 허용하는 시설 위에서 일어났다. 그곳의 작업대 위에서는 여러 개의 시추 구멍을 팔 수 있었고, 웅장한 시설구조를 자유롭게 사용할 수 있었다. 전체 높이가 341미터고 무게는 정확히 3만 840톤인 이 시설은 1975년 이후 북해의 모든 폭풍우와 물결을 꿋꿋이 이겨낸 바 있었다.

사람들은 이 거대한 강철더미 위에서 어떻게 폭파와 화재의 참사가 일어날 수 있었는지에 대해 종종 추측을 하곤 했다. 매우 안전하다고 할 수 있는 이 플랫폼이 사실은 이곳과 전혀 조건이 다른 멕시코 만의 상황에 맞게 건설된 것이라는 정황이 위의 의문을 해명하기에 중요한 의미를 지닐 수 있을 것이다. 그러나 사람들은 이 플랫폼을 북해의 특수한 성격에 맞게 장치를 바꾸지 않았다. 게다가 이 거대한 플랫폼을 멕시코 만에서 대서양을 넘어 끌고 와 스코틀랜드 앞에 정박시키려면 영국 정부의 특별허가가 필요했는데, 이러한 과정도 전혀 없었던 것이다.

현대적인 대형 유조선이 12년 가동되면 쓸모없는 것으로 분류된다는 사실을 생각한다면, '파이퍼 알파'의 사용 연수로 미루어볼 때 그것의 하부구조나 네 개의 주요 모듈로 구성된 구조물 모두 거의 마모된 상태라고 할 수 있었다. 그런데도 참사가 일어난 시점에 36개의 분출존데에서 매일 약 30만 배럴의 원유(족히 4,700만 리터가 되는 양)와 상당한 천연가스가 채굴되고 있었던 것이다.

이 유조선의 거대한 상자 곽 시스템 내에는 일련의 위험요소들이 내재해 있었다. 특히 유조선이 폭풍우가 몰아치는 바다에 장기간 투입될 경우에는 더더욱 그러했다. 그러나 '전기기구를 작동시키거나 금속공구가 굴러 떨어지면서 생긴 불꽃이나 용접기계의 불꽃이 천연가스에 닿았다'는 주장은 폭발원인에서 확실히 배제될 수 있었다. 1989년 어데어의 회상록을 편집했던 언론인 필립 싱어맨이 이러한 주장을 펼쳤을 때, 그는 한 가지 오류를 범한 셈이다. 큰 망치와 스패너, 그리고 시추막대기를 돌릴 때 사용하는 펜치에 이르기까지 시추시설에서 사용되는 모든 금속도구들은 특수강철로 만들어져 있어 불꽃이 생겨나지 않는다. 설령 불꽃이 생겨나더라도 그것은 결코 천연가스에까지 미치지 못한다. 오히려 가스가 점점 번져나가 점화하는 불꽃이나 화염에 이를 수는 있다. 그러나 이러한 위험요소들이 완전히 제거되어 있다고 할지라도, 엄청난 흐름의 석유와 천연가스가 갑작스럽게 자동점화를 할 수도 있었다.

유조선의 화재사고엔 위에 기술한 것같이 전혀 예상할 수 없는 위험이 도사리고 있었다. 어데어는 이러한 위험을 항상 신중하게 숙고했고 생명의 직접적인 위험이 나타나는 순간 어디로 도주해야 할지 확실히 생각해두었다. 지상에서는 이에 대한 여러 가지 가능성이 있었지만, 시추섬에서는 종종 단지 물 속에 뛰어드는 방법만이 있을 뿐이었다. 그러나 이러한 도주방법은 시추 구멍에서 나오는 광포한 불길만큼이나 치명적일 수도 있었다.

불길처럼 빨간 자신의 머리에 화를 내곤 하던 어데어는 여섯 살 때 휴스턴에서 처음으로 석유화재를 접하게 된다. 그는 그곳에서 하늘에 비친, 작열하는 불빛을 보았다. 그러던 그가 이제는 '파이퍼 알파'에서 지옥의 앞마당에 들어서게 된 것이다. 그의 구상에 따라 건설되었고 최현대식 구급시설을 갖추고 있었던 구조선 '타로스'(Tharos)로부터 그는 기괴한 세계를 뚫어져라 응시했다. 거기에서 잠수 로봇들은 시추작업자들과 다른 근무원들의 시체를 건져 올리고 있었고, 여러 차례 파열된 강철구조물 위에서는 원유가 북해 쪽으로 철퍽거리며 흘러 들어가고 있었으며, 파열된 관은 발화된 지점의 안을 들여다보는 것을 방해하고 있었다.

생태학의 뜨거운 감자, 브렌트 스파

'브렌트 퀄리티'(Brent Quality) 내지 '브렌트 블렌드'(Brent Blend)라는 말은 물품 거래소와 마찬가지로 석유업계에서도 지속적으로 좋은, 심지어 어디에서나 통용되는 마법 같은 평판을 누리고 있다. 그 이유는 이것들이 미국 석유연구소(API)의 기준에 따른 최상급 품질의 원유기 때문이다. 이러한 원유들은 주로 북해의 영국 수해 내에 있는 브렌트 유전에서 채굴되고 있다.

브렌트 석유는 미국의 '웨스트 텍사스'와 근동지역의 '아라비안 라이트'와 함께 국제적인 기준을 이루고 세계적인 추세를 결정하는 상품으로 간주되고 있다. 이것은 단기적으로 일정한 물량의 석유를 구매할 수 있는 인접한 로테르담의 국제시장에도 해당된다.

물론 서유럽의 여론에 나타난 호의적인 인상과 좋은 평판은 그린피스가 1995년 여름에 환경이 파괴된 북해를 구하기 위해 시작한 캠페인과 몇 명의 행동주의자들이 유조선 플랫폼을 강제 점거한 사건으로 인해 상당히 훼손되었다. 네덜란드와 영국이 합작한 거대 콘체른인 로열-더치셸 소유의 유조선 브렌트 스파는 이미 여러 해 전부터 더 이상 사용되지 않은 채 쓸쓸이 방치되어 있었는데, 몇몇 극단적인 행동주의자들이 바로 이 유조선을 점거해버린 것이다.

세간의 이목을 집중시키는 이 사건이 일어난 시간과 같은 시각에 세계적으로 활동 중이고 레인보우 전사들로 불리는 그린피스 대원 조직은 라디오, 신문, 텔레비전에서 석유 콘체른에 대항한 정식 언론전쟁을 시작했다. 그들의 행동목표는 유조선 브렌트 스파를 지상으로 끌어올려, 기존의 폐기물 처리시설 규칙에 따라, 즉 북해의 환경보호법에 맞게 그것을 해체시키는 것이었다.

그러므로 해양보호자들의 요구는 현행법에 상응하는 것이었다. 그러나 에소와 함께 신디케이트를 형성하고 있던 석유 콘체른 로열-더치셸은 지금 점거된 유조선 플랫폼을 건설하고 운영하기 위해 '이와는 다른, 근본적으로 좀 더 저렴한 해결책'을 원하고 있었다. 그들이 원하는 해결책은 유조선 브렌트 스파를 대륙붕 가장자리로 끌고 가서, 그것을 남은 석유 및 화학약품의 재고와 함께 대서양 깊은 곳에 빠뜨리는 것이었다.

그린피스는 NGO(Non-Governmental Organization: 비정부기구—옮긴이)로서 해양오염 방지와 해양생물의 종의 다양성, 특히 남아 있는 고래와 돌고래를 보존하기 위해 1971년에 설립되었다. 이것은 주로 무책임한 석유회사에 대한 투쟁에 주력했던 미국의 환경운동 빅 그린이 있은 지 2년 후이자, 다음 세대를 전혀 고려하지 않고 자연을 무자비하게 개발한 산업국가에 대한 로마클럽의 경고가 있기 1년 전의 시기다. 그린피스 일원들이 셸의 행동 낌새를 알아차렸을 때, 특히 네덜란드인 기스 티에메와 독일인 롤란트 힙이 유조선 브렌트 스파를 바다에 침수시키는 것을 막기 위해 언론을 통해 활발한 활동을 펼쳤다.

이 유조선 플랫폼은 이미 1975년 노르웨이 서부 해안에 있는 에르 표르에서 건조되어 1년 후 가동되었다. 이것은 채굴된 석유 연료를 적재하고, 필요하면 유조선에 수송하는 목적을 가지고 있었다. 이 유조선은 영국 브렌트 유전의 주변부 및 프리그, 하임달, 오딘, 트롤, 또는 스타트표르와 같은 짧은 시간 동안 유명해진 노르웨이 지역 내의 유전들과 얼마 떨어지지 않은 곳에 위치해 있었다.

높이 109미터에 30만 배럴의 원유 수용능력을 지닌 유조선 브렌트 스파는 개별 분야의 경계를 넘어서는 산업 네트워크의 첫 번째 발전 단계에 속해 있었다. 엄청난 저장소의 기능을 가졌던 이 유조선은 해저에 충분한 파이프라인이 설치될 때까지 시간적 공백을 메워야만 했다. 그 뒤에는 채굴된 석유나 가스가 이 파이프라인을 통해—예를 들면 에코피스크에서 영국 동해안의 테스사이드까지—보관 및 전달될 수 있었다. 생산 영역에서 인접한 정유공장에까지 파이프라인 네트워크는 계속 확장되어갔다. 그러는 가운데 1991년 유조선 브렌트 스파는 에소의 동의 아래 부분 소유주인 셸에 의해 포기되었고, 그 이후 사용되지 않은 채 승무원도 없이 방치되고 있었다. 북해 석유를 처음 개발하던 때부터 있었던 콘크리트 강철로 만든 이 공룡 같은 배가 약 150톤의 재고를 선상에 가지고 있었던 것이다. 이 150톤 중에는 오래된 석유 외에 담배를 태울 때 방출되는 방사능 폴로늄 같은 물질도 섞여 있었다.

1959년과 1969년의 영국법은 석유채굴과 보관에서 생기는 유독성 쓰레기를 육지에서 폐기 처분하고 깊은 바다 속에 버리지 않도록 분명히 규정하고 있지만, 존 메이저 수상이 지배하는 영국 정부는 이것을 예외적으로 허가해주었다. '파이퍼 알파'의 경우처럼 영국의 보수주의자들은 법률을 어기는 이 결정에서 셀든의 정신에 입각하여 세습적인 태도를 취했다. 물론 그들은 국제협약 및 국제법과 해상법에 따라 제3자의 권리를 준수해야 하는, 공익과 해상의 수탁자로 행동할 의무가 있었지만 그들은 그렇게 하지 않았다.

실제로 메이저 내각은 아무런 긴급 상황도 없는 상태에서 이루어진 법의 왜곡에 동의했다. 하원은 자기존중의 정신 때문에라도 이러한 결정은 막아야 했을 것이다. 그러나 미국이 그렇게 두려워하는 석유 블록은 영국에서도 정부 소속의 석유 콘체른 브리티시 석유와 네덜란드-영국 합작의 로열-더치셸의 설립 이후 이 회사의 로비 활동가들과 함께 의회의 모든 정당들에서 일반 유권자가 생각하는 것 훨씬 이상의 영향력을 가지고 있었다. 그 때문에 심지어 여기에서도 매수행위가 있었는지 문서보관용 자료가 공개되자마자 분석, 조사되어야 할 것이다.

그러므로 셸의 경영자들은 사건의 정황으로 미루어볼 때 유조선의 플랫폼을 영국 수해에서 끌어내고자 한 그들의 행동이 옳지 못했다는 것을 알 수 있었다. 그래서 셸의 경영진은 여론의 압력을 받아 소위 '생태학적인 해결책'에 몰두하기 시작했다. 여기에서 나온 해법은 유조선 브렌트 스파의 파열된 콘크리트 링들이 해저에서 작은 생물과 물고기를 위한 인공암초를 형성할 것이며, 반면 기름 찌꺼기는 대서양의 거대한 물 속에서 증발할 것이라는 것이었다. 그러나 환경보호자들은 1리터의 기름이 백만 리터의 물을 훼손시킬 수 있다는 것을 알고 있었기 때문에, 위의 주장은 근거가 미약했다.

석유가 유조선 브렌트 스파에서 넘쳐흐르면 흐를수록, 이 넘쳐흐른 양은 활동 중인 캠페인에게는 반대논거로서 더 효과적으로 제시될 수 있었다. 그러자 궁지에 몰린 셸은 브렌트 스파의 소유주로서 가택 불가침권을 주장하며 자기변호를 했고 보호세력인 영국 정부에 도움을 요청했다. 플랫폼이 영국 수해에 위치해 있었고, 이로써 영국의 법적 주권 아래 놓여 있었기 때문이다. 하지만 이로 인해 거의 고전적이라고 할 수 있는 갈등 상황이 발생했다. 즉 보수세력은 셸과 메이저 정부와 함께 그린피스라는 해양의 수호자로 자처하는 세력과 대립하는 사태가 벌어졌던 것이다.

그러므로 이러한 갈등 국면에서 UK-셸의 크리스 페이가 독일 셸 주식회사의 사장 페터 던컨에게 "브렌트 스파는 전적으로 영국의 문제라고 이미 수천 번이나 말하지 않았소!"라고 신랄한 어조로 이야기한 것도 놀랄 만한 일은 아니다.

다국적 석유 콘체른 내에서 관할권한이 소유 영역에 따라 구분되고 모든 간섭이 거부되었을 때, 이 사건의 주연들은 그들의 사조직인 셸과 그린피스와는 반대로 민주선거에 의해 정통성을 부여받기는 했지만, 국가적 차원에서도 근본적으로 다르게 행동하지는 않았다.

영국 정부의 수반인 메이저는 외부로부터의 모든 개입에 격렬히 저항했다. 심지어는 그의 '친구'인 당시 독일 연방 수상 헬무트 콜의 개입에 대해서도 반대했다. 콜은 인기 차원에서 그린피스를 지지했고, 당 의장으로서 기독교민주당(CDU) 의원들이 셸 주유소를 보이콧하자는 외침을 막기 위한 아무런 시도도 하지 않았다.

브렌트 스파를 둘러싼 가택 불가침권 및 소유권 논쟁과 함께 또한 행위자 책임 원칙, 즉 책임과 손해배상의 문제가 제기되었다. 이것은 제3자들이 손해를 입게 되고 이로써 손해방지 및 후속적 재정부담에 관한 공적인 법적 관심이 생겨나자마자, 모든 파이프라인 파손, 유조선사고, 자동차 방화, 비행기 추락사건에서 시끌벅적해진 문제다.

그린피스의 책임자들이 언론에 영향을 미치는 그들의 매 활동 단계에서, 자신들이 얼마나 논란의 소지가 있는 법적 영역에서 움직이고 있었는지를 이미 의식하고 있었는지 이 자리에서 평가할 수는 없다. 단지 그들이 함부르크 본부의 지시 아래 사태를 극단화시킬 한 조치에 동의했다는 것과, 이것이 치명적인 결과를 낳았다는 사실만을 언급할 수 있을 뿐이다. 그 조치란, 그들이 브렌트 스파의 탱크에 150톤의 석유가 아니라 5,500톤의 석유가 남아 있을 것이라고 주장한 것이었다.

이것은 셸과 이 석유 콘체른을 지지하고 당면 법적 문제들을 엄명으로 마무리하고자 했던 메이저 정부에게는 심각한 비난이었다. 그러나 결국에는 이 진술이 허위보고로 밝혀졌고, 그린피스는 어쩔 수 없이 셸에 사과해야 하는 상황을 맞게 되었다.

이러한 신뢰 상실이 있었는데도 캠페인은 언론과 특히 텔레비전을 매개로 해서 독일, 네덜란드 또는 덴마크의 여러 자동차 운전자들의 급유 태도에 큰 영향을 미쳤다. 그들은 미국 콘체른인 에소가 브렌트 스파의 50% 지분을 가지고 있었는데도 자동차 연료를 셸에서 구입하지 않고 가까운 곳에 있는 에소 주유소에서 구입했다. 사람들은 정말로 플랫폼의 소유관계에 대해 아무 것도 몰랐거나, 아니면 알면서도 이 사태를 모르는 척하려고 했다. 그 이유는 언론에서 만든 적의 모습이 '황화'에 집중되어 있었기 때문이다. 셸은 이전에 '황화'(일종의 황색인종 경계론)라는 말로 록펠러의 에소가 있는 미국에서 고객들에게 비난을 받은 적이 있었다. 브렌트 스파 사건으로 인해 이제 서유럽에서 여러 자동차 운전자들의 구매 태도에 영향을 미치기 위해서는, 헤이그의 한 도로터널 입구에 붙어 분위기를 고조시킨 바 있었던 짧고 강력한 문구 **"셸은 지옥으로 가라!"**는 말만으로 충분했다.

북해 전 지역에서의 석유 및 천연가스 발견과 이러한 천연자원들의 개발은 미국 시추회사의 협력도 있었지만, 서유럽의 모든 산업국가들이 엄청난 노력을 기울인 결과의 산물이었다. 이를 통해 이제 석유가 개발되지 않는 이웃 국가들은 큰 부담을 덜 수 있게 되었다. 왜냐하면 이러한 생산량의 증가는 독일을 제외한 국가들, 특히 스칸디나비아 지역과 중부유럽 지역 국가들을 석유 자급자족 국가 및 수출국가로 만들어놓았기 때문이다.

근동의 걸프 지역으로부터 석유를 공급받아 온 유럽의 국가들은 1956년 수에즈 갈등과 1973년의 유가위기로 이러한 석유의존을 매우 고통스럽게 체험했다. 그런데 이제 북해에서 석유가 개발되면서 심히 우려해온 이러한 의존성은 상당히 해소되었다. 그러나 이러한 축복할 만한 석유개발이 그 지역의 유가하락에는 별 영향을 미치지 못했다. 왜냐하면 무엇보다도 '신흥 샤이히들'이라고 할 수 있는 은총받은 상속 왕국들인 벨기에, 덴마크, 영국, 네덜란드 그리고 노르웨이는 석유수출국기구의 회원도 아니었고, 의회민주주의 국가들로서 그들의 공공재정의 가장 중요한 수입원인 석유의 과세를 변경하지도 않았기 때문이다.

국민연금의 재원을 마련하려는 환경세 도입 실험으로 인해 세기 전환기의 독일에서는 처음으로 휘발유값이 1리터당 2마르크를 넘어섰다. 이것은 자동차 운전자들 사이에서 약간의 동요를 낳기도 했다. 그러나 걸프 지역의 '다국적 콘체른들'과 '샤이히들'에 대한 욕설이 있는데도 내국에서 정한 높은 휘발유 가격은 거의 변하지 않을 것이라는 사실이 여러 경험을 통해 드러나고 있다. 적어도 석유와 천연가스가 그것들을 재료로 산업 생산된 제품들과 함께 비행 범위(!) 밖에서 고 과세를 부과받고 있고, 이를 통해 매년 국민복지(국가재정)에 기여하는 동안은 휘발유 가격 변동은 없을 것이다.

모든 징후들을 살펴보면, 북해나 시베리아에서 생산되는 천연가스가 특히 난방과 전력 부분에서 값비싼 석유를 이미 대체하는 경향이 나타나고 있음을 알 수 있다. 그러나 신탁 에너지 정책의 수행 과정에서는 아직도 많은 과제가 남아 있다. 예를 들면 천연가스의 부족을 특정한 경우에 지열을 사용함으로써 보완하거나, 현재 이스라엘의 경우처럼 어느 날 지열로 완전히 대체하는 과제가 남아 있는 것이다. 이를 위해 북해의 석유나 가스가 고갈된 이후 그곳에 이전에 파놓은 깊이 2천 미터의 시추 구멍들을 잘 보존해둘 필요가 있을 것이다. 왜냐하면 섭씨 백 도의 온도를 지닌 시추 구멍에 물이나 공기를 집어넣어 새롭고 깨끗한 원격 난방열로 사용할 수 있기 때문이다.

이러한 대체에너지 개발로 스칸디나비아 반도에서는 무엇보다도 프로메테우스 신드롬이 타파될 수 있을 것이다. 그러나 아직은 스칸디나비아 반도에서 자동차 교통이 계속해서 발전하고 있고, 이전에 국가적으로 장려된 원자력에너지마저 특히 스웨덴의 경우처럼 포기되는 현상이 나타나고 있다. 이에 따라 미래의 에너지 공급은 전통적으로 사용되어온 수력 및 '순수한 형태'의 석유나 천연가스의 연소로 분담될 것이다. 역사적 후퇴를 보여주는 이러한 방향 선회로 인해 가장 큰 부담을 떠맡은 것은 노르웨이 석유 콘체른인 스타트오일이다. 이 회사는 국영기업으로서 노르웨이의 주유소 지점을 대부분 차지하고 있을 뿐만 아니라, 스웨덴, 핀란드 그리고 덴마크에서도 에소와 다른 경쟁기업에 맞서 시장점유율을 높이는 데 성공했다. 또한 광대한 경제지구의 교통요충지에 주유소를 재치 있게 확장함으로써 그 사이에 제대로 된 문화 중심지들이 생겨나기도 했다. 스타트오일은 북부유럽의 특징이라고 할 수 있는 자동차 광증을 이용하여, 휘발유나 디젤의 급유를 통해 아주 유동적인 이 사회의 또 다른 욕구들을 만족시킨다. 즉 주유소는 점차 놀이방, 슈퍼마켓 그리고 영화관의 기능을 포괄하는 다중기능의 문화센터가 되고 있다.

    핀란드의 거대한 조선소들에서 나타난 근본적인 변화뿐만 아니라 런던의 우월성에 반대한 스코틀랜드의 민족주의도 산업화된 북해의 강한 영향력을 보여주는 예다. 이전에 핀란드의 조선공들은 스탈린이 이끄는 소련과의 겨울전쟁(1941)에서 패한 이후 소련을 위해 온갖 종류의 특수 선박들을 만들지 않을 수 없었다. 그중에는 바다 위를 떠다니는 물고기통조림 공장 같은 선박도 있었다. 이 선박은 망치와 낫이 그려진 깃발 아래 이전에 물고기가 풍부했던 북해의 국제수역까지 정규적으로 불법 조업을 하러 오곤 했다.

    그러나 핀란드는 아직 소련의 사회주의가 붕괴되기 전에 해저시추용 인공섬과 석유개발 플랫폼의 건설에 전력을 기울이기 시작했다. 그러고 나서 핀란드는 이러한 자국 기술의 놀라운 성과물들을 동해를 거쳐 북해의 시추 장소로 옮겨놓았다. 이로써 생태학적으로 설계된 체계들을 갖춘 미래지향적인 발전이 이루어지게 된 것이다. 이러한 발전은 스웨덴과 덴마크 사이의 해협 위에 세운 새로운 다리로도 제지될 수 없었다.

    북해의 강한 밀물과 폭풍우는 모든 플랫폼에서 항상 두려움의 대상이 되고 있다. 그러한 북해가 서유럽과 북유럽은 물론, 심지어 미국에까지 생산적인 노동시장이자 천연자원의 제공자로 된 것이다. 북해는 이제 산업적인 기술을 이용해 닥치는 대로 물고기를 잡던 무책임한 단계를 지나 식량공급원으로서 부활하기 위한 자연적 권리를 가지고 있다. 북해의 석유와 천연가스에서 얻은 수입의 도움으로 북해의 부활은 미래에 가능하게 될 것이며, 이것은 우리 모두의 이익이 될 것이다.

14

의회의 귀족화

석유 연구는 다시 한번 사람들이 새로운 방법으로 '더 멀리' 가고, 더 나은 등유로 '더 높이' 날아갈 수 있으며, 모터의 폭연은 방지하지만 납이 든 휘발유로 '더 빠르게' 달려도 좋다는 것을 입증했다.

인간적인 희망을 향해 가는 도정

석유산업의 고위인사들만큼 스스로를 적절히 무대 위에 내세워 존경받을 줄 아는 능력을 가진 사람들은 지구상에 존재하지 않는다. 이것은 1933년 런던에서 열린 제1차 세계 석유회의 이후 변하지 않고 있다.

세계 각지의 지질학자, 석유기술자, 지구물리학자, 석유화학자, 기술자, 경영층, 법률가, 정치가 그리고 언론인들이 모인 이 회의의 유래는 중요한 전범으로 거슬러 올라간다. 왜냐하면 이미 1900년에 파리에서 모든 석유관계자들이 모인 바 있었고, 그 후 1905년 뤼티히와 1907년 부카레스트에서 특히 그들의 공동 관심사를 상세히 논의한 바 있었는데, 이것은 1933년에도 여전히 현실성을 잃지 않았고 오늘날까지도 그 의미를 가지고 있기 때문이다. 바로 이 회의에서 산업표준(ISA)을 위해 세계적으로 통용되는 규격화가 이루어진 것이다.

사람들은 1907년까지만 해도 상설 국제 석유위원회가 규격통일을 위한 업무를 맡는 것에 의견의 일치를 보았다. 그러나 이 업무는 1914년 세계전쟁의 발발로 갑작스럽게 종결되고 말았다. 이 시기에 세계에서 가장 중요한 원료이자 연료인 석유를 전 세계에 최상으로 공급하기 위해 기술적 진보를 사용하려는 노력은 국가 이기주의에 자리를 비켜주고 물러났다. 다시 말해 위의 노력은 위기 상황이나 전시에 이웃 국가나 하청업자에게 의존하지 않기 위해 에너지 분야에서 자급자족의 기반을 마련하려는 시도에 굴복하고 만 것이다.

이와 같은 단독노선은 세계시장에 전혀 도움이 되지 않았고 우선적으로 기능적인 합리성과 효율성 그리고 수익성을 중요시하는 산업에서는 더더욱 그러했다. 이러한 사실을 이해하기 위해서 이 자리에서는 단지 독일 산업규격(DIN)의 고립화만 생각해보아도 될 것이다. 이러한 답답한 상황은 석유시추 및 채굴 장비의 척도들이 미터나 인치 중 하나로만 계산되어야 했고 다른 것과는 서로 양립할 수 없었다는 사실에서 잘 나타나고 있다. 이러한 상황을 극복하는 데는 특히 일곱 자매들이 크게 기여했다. 주지하다시피 이 국제적인 콘체른의 지도층들은 1928년에 시장점유율을 둘러싼 지금까지의 냉혹한 전투를 포기하고 이제부터는 서로 공정하게 행동하기로 결정했다. 살인적인 가격전쟁은 카르텔 협의를 포함하는 순수한 경쟁으로 변화되어야만 했다. 이것은 생산자, 시장거래자 그리고 고객이 지속적으로 안정되고 유리한 휘발유 가격 또는 난방용 석유 가격의 이점을 누릴 수 있도록 하기 위한 것이었다. 그뿐 아니라 이것은 또한 가까운 미래를 위한 구상이기도 했다.

그러므로 사람들은 최고의 석유위기 때 천민자본주의의 긴 단계에서 빠져나와 석유를 일종의 문화재로 간주하려고 열심히 노력했던 것이다. 그러나 1933년과 특히 1937년에 파리에서 세계 전시회를 하는 동안, 런던에 상설위원회를 둔 세계 석유회의라는 새로운 기관이 기술적인 규격화를 넘어서서 기대했던 것은 단지 부차적으로만 실현되었다. 파리에서 열린 세계 석유회의의 개회사에서 장중한 어조로 이야기되었던 것처럼, 이 회의는 석유의 도움을 받기는 하지만 평화와 자유라는 '가장 고귀한 인간적인 희망'을 향해 가는 길이라고 사람들은 생각했다. 그러나 이와 동시에 스페인에서는 이미 내전이 다가올 전쟁을 위한 전주곡처럼 소용돌이치기 시작했다. 윤리와 기술이 특히 고대와 기독교의 인간상에서 서로 연관 지어져 있었기 때문에 서로 대립해서는 안 된다고 할 때, 이 내전은 특히 정치가와 군인들이 무엇을 수행해야만 하는지를 기계화된 전쟁을 통해 분명하게 보여주었다. 다시 말해 그들은 이러한 전통적인 인간상에 입각하여 개인의 기술이 모든 활동에서 집단적으로 계획하는 공동체의 오성을 고려하고 천상의 자비로운 선물, 즉

14. 의회의 귀족화

'성실한 자의 행복'을 기대할 수 있는 방향으로 그것을 사용할 의무가 있었던 것이다.

1901년 미국의 역사학자 비어드는 산업혁명의 역사에 관한 자신의 글에서 이미 이 문제를 언급한 바 있었다. 그는 1935년 「그 고귀한 꿈」이라는 현실 참여적인 논문에서 다시 한번 인간이 역사와 현재 속에서 하는 모든 활동이 '윤리와 미학'으로부터 분리되어서는 안 된다는 점을 강조했다. 비어드는 만약 그렇지 않다면 그러한 활동들이 잔인한 권력적 태도로 변할 거라고 했다. 비어드는 1787년의 헌법이 생긴 이래 미국이 걸어온 역정에 대한 오랜 경험과 지식을 통해 분명한 역사서술 태도를 가지는 것을 중요하게 여겼다. 그는 역사서술이 랑케식 독일 역사주의 전통처럼 인물과 사건에만 집중해서는 안 되고, 구조들과 성향들도 고려해야 하며, 궁극적으로 권력과 도덕을 분리해서도 안 된다고 생각했다.

1913년에 발행된 비어드의 주요 저작은 미국헌법의 경제적 조건들을 서술하고 있다. 이 책은 1974년에 이르러서야 독일어로 번역되었지만, 유럽의 막강한 기성학파들로부터는 거의 수용되지 못했다. 정신적 귀족이라고 할 수 있는 비어드는 자신의 주요 저작이 발간된 시기에 실천적인 정치의 영역에서 자신과 유사한 신조를 지닌 동료 투사를 가지고 있었다. 이 사람이 바로 아르헨티나의 외무부 장관 카를로스 사베드라-라마스다. 그는 구 스페인 귀족가문 출신의 탁월한 법률가이자 사회개혁자였다. 그는 1935년 독재국가 볼리비아(공격자)와 민주국가 파라과이 사이의 지난한 차코전쟁을 성공적으로 종결지었다. '전쟁의 목적은 평화'라는 그로티우스의 협정정신(1626) 속에서 그는 또 하나의 중요한 국제법 정신을 만들어냈다. "승리는 어떤 권리도 주지 못한다."라는 그의 말은 많은 동시대인들이 가지고 있었던 권력자나 승자의 정서와는 모순되는 것이었지만, 그럼에도 평화를 가져오는 데 기여했다.
 부에노스아이레스 출신의 이 노벨 평화상 수상자가 한 말이 지니는 역사적 의미는 늦어도 1941년에는 나타났다. 이 해에 베를린에서 개최된 제3차 세계 석유회의는 세계평화를 장려하고 석유생산품을 인류를 위한 긍정적이고 고귀한 목적에 사용하려는 석유인사들의 노력을 강화시켜야 하는 과제를 가지고 있었다. 그러나 그 대신 석유는 또다시 모든 법을 어기고 군사적인 승리와 야만성을 위해 함부로 악용되었다. 즉 석유는 화염방사기로부터 폭격기를 위한 비행 연료를 거쳐 강제수용소의 독가스에 이르기까지 다양한 용도로 남용되었던 것이다. 그뿐 아니라 이것은 우라늄 핵연료봉과 핵폭탄의 생산에까지 사용되기도 했다.

석유인가 원자력인가?

1941년에 겪은 좌절의 반향은 10년 후인 1951년 서구의 석유인사들이 제4차 세계 석유회의에 참가하기 위해 헤이그에서 만났을 때 뼈저리게 느낄 수 있었다. 회의 장소는 영리하게 선택되었다고 할 수 있었는데, 왜냐하면 이곳에 로열-더치셸의 본사가 있었기 때문이다. 그뿐 아니라 네덜란드 왕국의 수도인 이곳은 1898년의 헤이그 지상전 법규에 의해 전적으로 국제법 및 이와 함께 평화중재자 그로티우스가 내세운 정신의 영향을 받고 있었다. 그로티우스가 인간의 공존을 위해 내세운 정의의 계율은 의회에 참석한 사람들에게도 지켜야 할 의무조항이었던 것이다.
 그러나 평화적 질서와 석유를 연결시키려는 이러한 시도는 그 후 수십 년간 양적인 성장이라는 목표 아래 가려지고 말았다. 양적인 성장을 추구하려는 시도는 4년마다 열리는 세계회의를 마치 석유의 올림픽

처럼 만들어버렸다. 이에 따라 1955년 로마 이후 뉴욕, 프랑크푸르트 암 마인, 멕시코시티를 거쳐 1971년 모스크바에 이르기까지 석유인사들이 세계 여론에 제시했던 것은 1896년 바론 드 쿠베르탱(1894년 근대 올림픽 대회를 창시하는 데 가장 큰 역할을 한 프랑스의 교육자로 올림픽 대회는 중단된 지 약 1,500년 만에 그의 공로로 부활되었다—옮긴이) 남작이 소망했던 것과 일치했다. 다시 말해, 석유 연구는 다시 한번 사람들이 새로운 방법으로 '더 멀리' 가고, 더 나은 등유로 '더 높이' 날아갈 수 있으며, 모터의 폭연은 방지하지만 납이 든 휘발유로 '더 빠르게' 달려도 좋다는 것을 입증했던 것이다.

1973년에 닥친 석유위기에 이르러서야 지금까지 다루어진 주제들이 근본적으로 변하기 시작했다. 대개 일주일간 지속되는 회의와 토론, 그리고 각 개최국가의 유전과 정유공장의 방문은 생산량 증가와 정제방법의 성공사례를 열거하는 의례적인 절차에서 1859년 이후의 무절제한 석유연소가 환경에 미친 영향을 반성하는 방향으로 바뀌었다. 1975년 도쿄에서 열린 세계 석유회의에서도 미국 정부가 에너지의 윤리적 사용을 요구하기에 이르렀다. 이러한 요구는 이미 캘리포니아 만에서 발생한 석유참사 이후(1969) 미국 환경운동 단체 빅 그린에 의해 제기된 바 있었지만, 여러 석유 콘체른들은 이것을 그냥 무시하거나 심지어는 이와 맞서 싸우기까지 했다.

1945년 히로시마와 나가사키에 두 개의 핵폭탄이 성공적으로 투하되었을 때 이미 산업이 행위자 책임 원칙을 고려하지 않거나 행위의 결과에 대한 책임을 지지 않고 순수한 기술주의로 물러나도 되는 것인지에 관한 토론이 활발하게 전개되었다. 이 문제가 또한 석유회의에 어떤 영향을 미쳤는지는 전적으로 '타이터스빌 백 년'의 영향 아래 놓여 있던, 뉴욕에서 열린 제5차 세계 석유회의가 진행되는 동안에 나타났다. 물론 사람들은 이 회의에서 석유의 역사라는 테마에 오래 머무르지는 않았고, 이미 역사적인 사건이라고 부를 만한 가격폭락을 동반한 석유의 일시 공급과잉 사태에 직면하여 미래를 위한 몇 가지 선택 가능성들을 차례로 생각해보았다. 특히 석유에 대한 대체에너지로서의 원자력 개발 기술의 평화로운 사용이 고려되었다.

여기에서 오고간 논쟁에서 놀라웠던 점은 1956년 이후 스탈린주의에서 벗어난 소련의 전문가들이 화기 조종팀에게 지나치게 경솔하게, 아무런 양심의 가책도 느끼지 않은 채 자국의 석유산업에 나타난 방사능 물질의 사용실태를 보고했다는 사실이다. 그것도 스푸트니크-쇼크(Sputnik-Schok)의 영향이 아직 사라지지 않았고 니키타 흐루시초프 지도하의 소련 지도부가 장거리 핵미사일을 포진시켰던 시점에 말이다. 이 미사일은 동독지역에서 발사하면 런던, 파리, 헤이그와 같은 지금까지의 모든 석유회의 개최 장소들에 도달할 수 있는 위력을 가지고 있었다. 그러나 그 와중에 헝가리 출신의 '수소폭탄의 아버지' 에드워드 텔러가 물리학교수의 자격으로 석유회의에서 강연하고 이어서 에소, 오하이오 오일, 싱클레어 또는 걸프와 토론을 한 것은 대사건이라고 할 만했다.

학계에서는 핵물리학자를 '신귀족'이라는 명칭으로 부르곤 한다. 텔러는 섹션 X 발표에서 이러한 명칭에 걸맞은 스타로 등장하여 레이니어-프로젝트(Rainier-Projekt)로부터 몇 가지 결과들을 도출해냈다. 그는 이 프로젝트를 위해 만든 영상자료를 토대로 자신의 연구 결과를 설명했다. 여기에서 다룬 내용은 비교적 작은 폭발력을 지닌 핵폭발의 반응과 결과로, 그것은 미국 네바다 주에서 화석으로 나타난 바 있는 것처럼 여기에서는 화산재의 형태로 나타났다. 시추 구멍 끝에 있는 암석덩어리가 붕괴할 때 비교적 큰 동굴이 형성되는 것은 뒤따른 지표면에 있는 분화구 형성과 마찬가지로 석유전문가들에게는 쉽게 이해할 수 있는 내용이었다. 또한 (8백 미터까지의) 전통적인 시추 깊이를 넘어서는 법이 드문 장소에서 핵폭발을 할 때 발생하는 엄청난 열기 역시 이해할 수 있는 것이었다. 그러나 예를 들면 함유혈암(含油頁岩)과 같은 것에 대한 석유인사들의 많은 관심에도 불구하고 그들에게 몇 가지 염려를 불러일으켰던 것은 텔러조차 아직까지는 '깨끗한 폭탄'(clean bomb)을 작업에 투입할 수 없다는 사실이었다. 말하자면 유해광선을 지닌 방사능의 부작용을 피할 수 없었던 것이다.

텔러는 모든 실험에서 우려할 만한 양의 방사능 쓰레기가 지표면으로 들어오지 않았다는 점을 단언했지만, 그의 발표에 관한 토론에서 우려의 목소리는 그치지 않았다. 특히 방사능의 방출이나 독성 폐기물이 지하수를 거쳐 자연의 순환계로 흘러 들어오기 때문에, 1959년 당시 세계적으로 일반화되어 있었던 대기에서의 핵실험에 직면하여 생태계와 인간의 오염이 나타날 수 있을 것이라는 우려가 있었다.

텔러는 이러한 위험을 의식하고 있었다. 그래서 그는 끊임없이 계속적인 연구의 필요성을 강조했다. 그럼에도 텔러는 석유인사들에게 하나의 비전을 제시했다. 잘 통제된 핵폭발의 도움으로 특히 미국과 캐나다에 있는 엄청난 함유혈암과 함유모래를 '흘러가게' 만들 수 있다고 말했던 것이다. 동시에 그는 산맥에 보존되어 있는 엄청난 핵 열을 사용할 수 있는 가능성을 언급했다. 그는 이렇게 말했다. "일련의 관을 통해 물을 뿜어 넣고 그 물을 증기의 형태로 다시 터빈이 설치되어 있는 위쪽으로 보냅니다. 이 사업 전체가 헛된 일이 되지 않으려면, 이 터빈이 충분히 커야 합니다." 이것은 무엇보다 전기생산을 위한 일이었다. 하나의 터빈이 내뿜어 나오는 방사능 증기를 얼마나 오랫동안 견뎌낼 것인가 하는, 쉽게 떠오를 수 있는 질문은 텔러에게 제기되지 않았다. 아마도 콘체른 대표들이 값비싼 투자를 한 석유-핵-기술을 현장에서는 전혀

써 먹을 수 없다거나, 시장에 맞지 않는 것으로 나타나게 한 것은 이러한 기술적인 요인보다는 오히려 경제적인 요인에 있었을 것이다. 왜냐하면 그들은 이미 오래 전부터 2천 미터 깊이에 있는 아주 순수한 에너지인 지구 열을 사용하는 것이 이보다 훨씬 저렴하다는 것을 알고 있었기 때문이었다. 이것은 또한 고온암체 방식으로도 성공을 거둘 수 있는 것이었다.

그런데 눈에 띄는 것은 이 뉴욕 석유회의가 얼마나 열성적으로 "방사능을 석유산업의"(클라크 굿맨) 여러 활동 영역에서 사용하고자 하느냐는 점이었다. 그것이 수직으로 파내려간, 배관된 시추 구멍에서 금속 침전을 막기 위한 것이든 아니면 파이프라인에서 관 청소기구의 현 위치를 알아내기 위한 것이든 말이다. 그러나 이 경우 이것이 인간과 자연에 대해 가지고 있는 잠재적 위험에 대해서는 깊이 성찰되지 않았다.

따라서 실천적인 영역에서 석유산업과 원자력개발 기술을 서로 접근시키려는 시도가 성공을 거두었다면, 특히 1959년부터는 미래에 값싼 원자력발전 전기가 적어도 난방용 석유를 전반적으로 대체할 수 있을지도 모른다는 물음이 제기되고 있었다. 미국의 전문가들은 현재의 석유공급 과잉현상에도 불구하고 미국이 1946년 이후 멕시코, 베네수엘라 그리고 사우디아라비아에서 꾸준히 석유수입을 늘려왔고 이로써 이 에너지 영역에서의 자급자족 능력을 상실했다는 것을 알고 있었기 때문이다.

전 에소 사장이자 미국 핵에너지 위원회 고문인 로버트 E. 윌슨이 이 문제에 관심을 보였다. 그는 석유회의 기간 동안 불길한 해로 예언된 1984년에 예상되는 석유공급 상황의 최종 수치를 산출했다. 1948년에 나온 조지 오웰의 소설은 이 시점에 세계에는 전체주의적인 대륙 정부만이 존재할 것이라고 예언했다. 이러한 공포의 전망은 자유를 사랑하는 모든 미국인들에게는 혐오스러운 것이었고 어떻게든, 즉 석유와 핵에너지의 도움을 빌려서라도 막아야 할 것이었다.

심지어 이 회의에서 객관적인 보고를 한 에소의 윌슨에게서조차 세계의 초강대국 미국에 닥친 에너지의 미래에 대한 불안감을 느낄 수 있었다. 그는 이 자리에서 오늘날까지도 토론 때 은폐되곤 하는 한 요소를 언급한다. 그가 언급한 내용이란 다름 아닌 원자력발전 전기가 상당량의 난방석유를 대체할 수 있으리라는 사실에는 의심의 여지가 없지만, 동시에 원자력산업이 핵연료봉을 생산할 수 있기 위해서는 엄청난 양의 난방용 석유가 필요하다는 것이다.

게다가 윌슨은 우라늄 235를 천연우라늄으로부터 분리해내기 위해서는 연간 2천만 톤의 석유가 소모되어야만 한다고 확언했다. 이것은 그 당시 서독에서 생산되는 연간 석유생산량의 네 배에 해당하는 양이다. 이 에소 소속 전문가는 이러한 기술적인 상황에 근거해서 국가적으로 세금을 통해 지원된 원자력산업을 석유산업의 경쟁자가 아니라, 화석 연료의 부담을 덜어줄 보조수단으로 간주했다.

이러한 윌슨의 주장에서 우리는, 훨씬 뒤에 서유럽에서 등장해 '에너지 혼용'이라고 불리던 것의 전조를 읽어낼 수 있다. 에너지 혼용이란 에너지 수요를 다양한 자원으로 배분하자는 주장이다. 상황을 현명하게 판단한 윌슨은 에너지 주요 공급원인 석유산업을 원자력산업으로 대체하는 것이 아니라 그것을 통합적으로 서로 조율하는 것에 관심을 가졌다. 그래서 국가 전체에 이익이 되고 최고로 적합한 방식으로 보완하자는 것이었다.

이러한 이론을 기술적으로 적용해 사용하는 문제와 관련해서 볼 때, 윌슨은 그 밖에 석유의 시장점유율을 상당히 침식하는 저렴한 상선용 원자력 동력장치가 있을 수 있다는 사실을 인식하지 못했음을 알 수 있다. 미국의 '사바나' 및 서독의 '오토 한'과 관련해서 볼 때는 에소의 윌슨 말이 옳다고 할 수 있다. 그러나 시장에서 경쟁할 필요가 없고 많은 재정지원을 받았던 군사적 영역에서는 '나우틸루스' 이후 핵잠수함의 건조가 붐을 누려왔다. 적어도 핵강대국 다섯 나라와 국제연합의 상임이사국들에서는 그러했다.

윌슨은 '원자력으로 가동되는 자동차와 화물차 및 트랙터'에 대한 비전을, 반박하기 어려운 논거를 제시하며 물리쳤다. 그가 제시한 논거는 첫번째로 거기에는 엄청난 개발비용이 들어가고, 두 번째로 그러한 차량의 사용자를 '위험한 광선'으로부터 보호해줄 수 있는 '아주 특별한 보호막'이 필요하다는 것이었다.

경험이 풍부한 석유전문가인 윌슨은 현대기술을 가장 높은 수준으로 끌어올리려는 의지를 가지고 있었음에도 새로운 생산품에 대한 비용과 유용성의 문제를 고려할 줄 알았다. 그는 어느 고객이 결함 있는 기계에 의해 손해를 입거나 아니면 스스로 상해를 입게 될 경우 미국에서 종종 상당한 금액의 손해배상을 치러야 한다는 사실도 알고 있었다. 그는 이러한 이유에서 원자력 시설을 가정난방에 사용할 수 있다고 생각하는 원자력 지지 로비 세력의 견해를 받아들일 수 없었다. 그는 마찬가지로 원자력으로 운행되는 비행기와 기관차를 현실적인 근거 없이 상상 속에서만 생각해볼 수 있는 것으로 간주했다.

근본적으로 볼 때 윌슨의 견해는 1984년의 시점을 넘어서까지 유효했다. 왜냐하면 그는 아직 더 시험되어야 할 기술보다는 저렴하고 효과적으로 사용되는 석유의 계속적인 유입을 더 높이 평가했기 때문이다. 혁신에 대한 생각에 미쳐 있으면서도 본질적인 면에서는 극도로 보수적으로 생각하는 미국과 같은 사회에서 석유에 대한 이런 식의 지지는, (특히 미국이 일본에 핵폭탄을 투하한 이후 원자력에 대한 거의 극복할 수 없는 근원적인 공포가 생겨났으므로) 아주 쉽게 먹혀들어갔다.

 텔러와 윌슨의 등장은 분명 석유산업 백주년을 맞이해 열린 이 중요한 석유회의의 절정 중 하나였다. 그러나 이들은 석유를 대량소비하는 것을 더욱 공고히 하는 결과를 낳았다. 그 밖에 다른 영역들도 이에 못지않게 중요한 테마였다. 특히 1900년과 1933년에 이미 제기된 바 있는 석유산업에서 사용되는 모든 도구와 기계, 그리고 제품들에 대한 규격화의 요구가 활발히 논의되었다.

 미국 석유연구소(API)가 1999년 국제 발행판본에서 전문독자층에게 마련해준 '기술규격 서비스'를 한번 들여다보기만 하더라도, 규격통일에 대한 욕망이 얼마나 큰지 분명히 드러난다. 규격통일화의 큰 업적을 세운 이러한 작업의 근원을 살펴보면, 국제 규격화기구(ISO)의 '기술위원회 28'의 노력으로 거슬러 올라간다. 이 기구는 1945년 이후 국제연합의 틀 속에서 전 세계적인 규격통일을 관철시키려고 시도해왔다. 미국과 영국이 1944년에 국제적 중심화폐를 위한 협상에서 석유산업 전체를 위해 오일 달러를 결재단위로 만든 것처럼, 이 국가들은 기술 영역에서도 규격통일을 이룩하려고 노력했다. 이러한 노력 끝에 이미 1959년에는 거기에 참여한 국가가 40개국에 이르렀다.

 이와 같이 동구권을 제외하고서는 전 세계적으로 미국의 실무능력을 인정해주었다. 이러한 인정은 뉴욕 세계 석유회의의 절정으로 간주될 수 있다. 더욱이 이를 통해 보도기자 올드는 이로써 미국이 고귀한 신분에 따르는 의무, 즉 전 세계 석유산업을 국가적으로나 세계적으로 최고의 질적인 수준으로 유지할 의무를 지게 되었다는 평가를 하기에 이른다. 물론 이 경우 미국은 기술을 그 자체적인 목적을 위해 사용하지는 않는다는 것이다.

위기의 해인 1959년에, 미국은 생산량감소와 수요가 증가되는 상황에서도 세계의 주도적인 산유국이며 그렇게 계속 남아 있어야 한다는 것이 분명해졌다. 뉴욕 세계 석유회의에 참가했던 석유인사들은 세기 전환기까지 미국이 이러한 역할을 수행하기를, 즉 세계 미래의 수호자가 되기를 희망했던 것이다.

루르 지역의 푸른 하늘 vs 굴뚝에서는 연기가 나야 한다

뉴욕에서 행해진 찬란한 석유의 미래에 대한 고무적인 연설들이 귓가에서 사라지자마자, 다시 냉혹한 일상이 찾아들었다. 치슈카만 해도 (『석유전쟁』이라는 책에서) 1939년에 20년 후 미국에는 석유가 한 방울도 남아 있지 않을 것이라고 선언할 수 있었다. 그렇지만 실제로는 석유공급 과잉현상이 나타나 그의 주장과는 달리 석유가격이 곤두박질했고, 이는 세계적인 콘체른들뿐만 아니라 베네수엘라나 사우디아라비아 같은 산유국들의 (꼭 필요해서 하는) 투자까지도 위협하기에 이르렀다. 위기에 빠진 이들은 다른 생산자들과 함께 1960년 국가연합 석유수출국기구로 통합되었다. 이러한 조치는 석유가 세계시장에서 공정한 가격으로 판매되도록 투쟁하기 위한 것이었고, 달리 말하자면 제대로 된 취급을 받았으면 하는 희망에서 그들 스스로 윤리적으로 행동하기 위한 것이었다.

여기에서 1928년의 석유회사 연합 이후 새로운 세계화의 형식이 예고되었다면, 소련 공산주의는 1961년 베를린 장벽 설치 이후 세계시장 및 자유무역과 담을 쌓았다. 이로 인해 소련은 자신의 주요생산 분야에서 침체국면에 이르게 되었다. 그래서 소련은 석유를 남용하고, 핵무

14. 의회의 귀족화

장을 하고, 많은 위험을 내포한 우주비행까지 할 준비가 된 것처럼 보였다. 이와는 반대로 미국에서는 젊은 대통령 케네디가 새로운 낙관적 진보주의를 내걸며 스푸트니크-쇼크의 종결을 선언했고 1969년에는 미국 우주비행사들의 달 착륙을 약속했다. 그리고 잘 알려진 것처럼, 이러한 시도는 실제로 성공을 거두었다.

이와 같은 시기에 독일 사민당의 수상 후보인 브란트는 선거유세에서 하얀색 메르세데스를 타고 구서독 지역을 지나면서 가장 중요한 선거공약으로 "루르 지역에 푸른 하늘"을 만들 것을 선언했다. 공화국의 산업 심장부인 루르 지역이 점점 오염되는 상황에 직면해서 환경운동의 전통이 영향력을 발휘하기 시작했다. 이에 대해 콘라트 아데나워가 수상으로 있는 집권당 기민당은 "굴뚝에서는 연기가 나야만 한다."는 선거 슬로건을 내세우며 반격을 했다.

헌법에서 요구된 국민건강과 상해방지와 밀접하게 관련되어 있는 환경보호 정책은 윤리적인 기본 관심사항으로서 완전고용과 성장 이데올로기에 맞서 제시되었다. 이에 반해 성장위주의 경제중심주의적 사고는 에너지 수요에서 단지 양만을 생각할 뿐이었고 그로 인해 발생하는 부담에 대해서는 전혀 고려하지 않았다.

제6차 세계 석유회의는 윤리의 옹호자들과 기술의 예찬자들 사이의 내적인 대결이라는 이러한 분위기 속에서 1963년 마인 강변의 프랑크푸르트에서 개최되었다. 석유인사들이 마인 강변의 주 수도인 프랑크푸르트를 개최지로 결정한 것은 무엇보다도 시장 베르너 보켈만의 노력 덕택이었다. 이전에 이미 라인 강변에 위치한 루트비히스하펜의 시장으로 근무한 바 있는 보켈만은 바스프와 회히스트 같은 석유화학 회사들과의 관계를 이용해 국제공항이 있는 이 박람회 도시로 관심을 기울이게 하는 데 성공할 수 있었다.

석유회의 역사상 처음으로 프랑크푸르트 박람회장에서 시추기술과 채굴기술 그리고 파이프라인 기술에 대한 특별 경진회가 열렸다. 박물관 입구에 놓인 두 개의 특별 강철관만으로 만든 웅장한 A 모양의 돛대는 입구에 들어오는 모든 자동차 운전자들에게 독일 석유산업도 루르 강변에 있는 철강공장의 도움으로 활발히 현대화되었다는 것을 상징적으로 보여주었다.

이 자기과시적 표현에서 놀라웠던 것은 독일 측 발표문들이 석유화학에만 집중해 있었다는 사실이다. 반면 1763년 이후에 나타난 지질학의 성과 및 1809년에서 1901년까지에 이르는 시추 전통의 방대한 성과들에 대해서는 전혀 언급되지 않았다. 자기 자신의 역사에 대한 이러한 무관심은 경제장관인 루트비히 에르하르트가 담배연기를 내뿜으며 대중적인 낙관주의를 퍼뜨리고, "모든 사람을 위한 복지"라는 슬로건을 내세워 심지어 전 세계의 석유관계자들마저 경탄에 빠뜨림으로써 은폐된 채 슬쩍 넘어갈 수 있었다. 그들은 이제부터 이 모토를 '인류의 복지'에 봉사해야 할 석유산업을 위한 주문으로 받아들였다.

우리는 이러한 조건 아래서 또한 서독의 소비태도가 미국처럼 변하는 현상을 쉽게 이해할 수 있다. 이러한 현상은 무엇보다도 자동차 및 이와 더불어 증가하는 석유수요가 자유와 자기규정 및 진보의 상징이 되면서 더욱 강화되었다. 폴크스바겐에 이용된 "달리고 또 달린다." 같은 광고문구는 미국 자동차 운전자들이 '도로의 왕'으로 느낀 바 있었던 그 생활감정을 잘 표현해주고 있다. 그들은 포르셰-스파이더를 타고 달리는 청춘 영화스타 제임스 딘과 마찬가지로 속도의 정신에 따라 현대적이고 유동적으로 자율적인 삶을 즐기려는 생각을 가지고 있었던 것이다. 그러나 다른 한편으로, 그들은 가정에서 만들어진 납과 일산화탄소 및 다른 유해물질들로 인한 공기오염을 전혀 반성하지 않는 이들 쾌

마인 강변의 도시 프랑크푸르트에서 열린 제7차 세계 석유회의의 상징인 A 모양의 돛대. 1963년.

락주의에 대해 반대하는 세력도 움직이기 시작했다. 마틴 루터 킹의 지도 아래 미국 인권운동 지지자들과 1964년 아우슈비츠 재판 이후 주로 독일 대학도시에서 있었던 좌파 학생운동 세력은 인간이 소비밖에 모르는 백치이자 '1차원적 인간'으로 환원되는 것을 순순히 받아들이려고 하지 않았다. 여기에서 1차원적 인간이란 헤르베르트 마르쿠제가 서구 상품세계의 삶을 비판할 때 사용한 개념이다. 물론 그들의 시위는 점점 늘어나는 자동차 수보다는 석유와 화학물질을 부주의하게 취급하거나 배기가스를 여과하지 않고 방출하여 점점 심해지는 환경오염에 반대하는 것이었다. 사람들은 자본주의적인 이윤욕구에 의한 지구의 약탈 외에 지구의 대기오염 또한 두려워했으며, 그 때문에 포기의 윤리를 내세웠던 것이다.

이러한 분위기에서 현대사회를 인간답게 만드는 것에 대한 근본적인 물음이 제기되었고, 사람들은 카스트로와 체 게바라가 1959년 이후 쿠바에서 내세웠던 혁명적인 마르크스주의에서 그 해답을 찾았다고 믿고 있었다. 또한 이러한 분위기에서 제7차 석유회의가 1967년 멕시코시티에서 개최되었다.

그러나 이 회의는 프랑크푸르트에서 논의된 바 있는 사회와의 관계 속에서 산업이 차지하고 있는 위상과 지위에 관해 계속 토론하는 대신 고상한 자세를 취하며 다시 '순수하게 학문적인' 위치로 되돌아갔다. 정선된 일련의 학자들은 전래의 성공사례 보도와 일상적인 회의주제에만 몰두했고 연소된 디젤에 들어 있는 유해물질의 비율에 대해서는 단지 한 편의 글만을 발표했다.

이러한 분석관점에서 출발한 멕시코 세계 석유회의는 환경문제를 다각적으로 토론할 수 없었다. 몇몇 우려의 목소리들이 환경오염의 증대에 대해 강력하게 언급하기는 했지만, 순수한 기술주의와 양적인 성장 그리고 무제한 동력화에 대한 지지자들이 압도적인 우위를 점했다. 이러한 생각들로 인해 멕시코시티는 곧 세계에서 가장 깨끗한 도시에서 가장 더러운 도시로 변하게 될 운명에 처해 있었다. 이러한 변화는 또한 독일적인 배출 시스템을 지닌 낡은 연소기술의 도움을 받아서 이루어질 것이었다.

 텍사스의 휴스턴에서 열린 세계 석유회의가 1987년에 마침내 반응을 보이고, 처음으로 석유 및 가스 사용에 의한 환경오염 문제에 몰두할 위원회를 투입한 것은 멕시코 세계 석유회의가 열린 후 정확히 20년이 지나서였다. 이것은 세계의 환경이 훼손되는 가운데 잃어버린 상당한 시간들이었다. 모스크바 크렘린 궁전에 있는 마르크스-레닌주의자들은 과거 역사와 현재에서 일어나는 모든 일들에 대해서는 이념적으로 설득력 있는 설명들을 준비해놓고 있었지만, 점점 손상되어가는 세계에서 생겨나는 환경문제들에 대한 해결책은 알지 못했다.

 이전에는 노벨 형제가 석유통이 든 썰매를 끌고 크렘린 궁전의 어둠을 뚫고 지나갔다면, 1971년에는 납이 든 휘발유와 디젤의 안개가 소련의 권력중심지를 나풀거리며 지나갔다고 할 수 있었다. 그러나 이러한 상황에서 열린 제8차 세계 석유회의의 참석자들은 세계 공산주의의 수도에서 이 체제의 좋은 모습만을 보도록 인도되었다.

 소련 공산당은 1917년 이후 국가와 국민들에 대해 최소한의 위임업무마저도 협약에 기초해서 행한 적이 없었다. 사회학자 안드레이 아말리크는 소련 공산당이 1968년 프라하를 점령했을 때, 이 권력기구가 1984년을 넘지지 못할 것이라고 예언했다. 실제로 이 시기에 당 독재의 형태로 나타난 "조야한 공산주의"(마르크스)의 내적인 붕괴는 몰락의 상황까지 이르렀다. 고르바초프는 이 사실을 확인할 수 있었을 뿐, 그것을 더 이상 멈추게 할 수는 없었다. 수십 년간의 부실경영과 부패가 제국의 파열을 초래한 것이었다.

그러나 소련의 석유 장관 블라디미르 D. 샤신은 소련의 영락한 명령경제 체제에 대해서는 전혀 반성하지 않은 채, 1859년에서 1917년까지 러시아의 석유역사를 자본주의적 착취에 의한 파괴 과정으로만 내세우려고 시도했다. 그는 노벨 형제와 바쿠 유전의 노동자들에 대해 그들의 사회적 업적을 인정하는 말을 단 한마디도 하지 않았다. 그 대신 차르가 시추 및 채굴을 승인한 것을 토대로 해서 러시아와 그 국민들에게 '중대한 손실만을 가져다준' 외국 석유자본가들에 대한 엄청난 비판만을 했을 뿐이었다.

출판된 세계 석유회의 자료들을 살펴보면 전 세계의 석유관계자 중 어느 누구도 샤신의 말에 반박했다는 언급은 나오지 않는다. 회의에 참석한 사람들은 전체 석유산업의 국유화와 그것의 "엄격한 통제"(레닌)를 토대로 휘발유와 디젤 그리고 등유를 정말 싼 가격으로 제공할 수 있었다는 공산주의자들의 자화자찬을 그냥 받아들였다. 공산주의자들이 제시한 자랑스러운 통계가 맞는다고 가정한다면, 석유회의가 개최된 해인 1971년만 해도 채굴되고 사용된 천연석유는 6억 9,300만 톤에 이른다.

그러나 이탈리아의 자동차회사 피아트에게 소련 내 유일한 현대적인 자동차공장 '토글리아티'를 건설하게 한 소련의 극히 미약한 기계화 상황을 살펴보면, 러시아 정부가 관장하는 석유와 천연가스 산업이 대중적 소비와는 전혀 다른 사용 용도를 가지고 있었다는 사실이 드러난다. 석유와 천연가스 산업은 1918년 이래로 봉건적인 착취를 겪고 있었고, 최우선적으로 핵무장을 한 제국의 절대적인 억압도구였던 소련군의 수요를 충당해야 했다.

윤리와 기술, 권력과 도덕 또는 석유와 환경 사이의 책임의식 있는 관계에 대한 질문은 모스크바에서는 반향을 얻지 못했고, 이에 대한 미약한 대답이나 해결책마저도 제시되지 않았다. 그 대신 이 문제는 1975년 동경에서 개최된 제9차 세계 석유회의에서 개선되었고, 더 나아가 여기에서는 1945년의 방사능 환자들에 직면해서 핵기술의 발전이 어떤 결과를 낳을 수 있는가라는 매우 중요한 문제가 제기되었다.

회의 장소를 아시아의 산업 최강국인 일본으로 정함으로써 일본은 원유의 생산자로서가 아니라 최고 구매자로서 특히 걸프 지역으로부터 존경받는 귀한 위치에 놓이게 되었다. 이 경우에 황제 국가인 일본이 유엔헌장에 의해 여전히 2차대전의 '적국' 중 하나에 속해 있다는 사실은 더 이상 중요하지 않았다. 오히려 2차대전 패전국 상황이 전화위복되어, 일본은 서독과 마찬가지로 많은 세금을 필요로 하는 중무장에 대한 부담이 전혀 없이 낮은 원유가격 덕택에 경제기적을 이루어낼 수 있었다. 여기에는 값싼 혼다, 가와사키 그리고 스즈키 오토바이 및 도요타와 미츠비시 자동차의 수출 붐이 견인차 역할을 했다. 그러면서도 외국의 경쟁업체에 대해 내수시장을 뚜렷이 개방하지 않았던 것도 경제기적의 또 다른 이유로 작용했다.

일본은 영국과 유사하게 1638년 이래로 경제나 무역에서 완전히 외부와 담을 쌓고 있었다는 점에서 이국적인 나라였다. 그러다가 미국의 제독 매튜 페리가 1853년에 처음으로 미국 함대의 군사적 압력을 내세워 이 섬나라로 하여금 쇄국정책을 끝내고 세 개의 항구와 함께 자유무역을 위한 문호를 개방할 것을 강요했다. 이 자유무역의 협상정신에 따라 1868년에 소위 다이묘(大君) 체제가 폐지되었다. 이 체제는 상비군을 지닌 막부들의 독재적인 왕조체제를 의미했다. 이것은 중앙행정

체제와 일반군을 지닌 메이지 왕조에 의해 대체되었다.

일본이 아시아의 지도적인 무역 및 산업국가로 재빠르게 성장하는 데 무엇보다 중요했던 것은 급진적인 변화를 꾀한 이 섬나라 엘리트들의 기본 자세였다. 여기에는 새뮤얼 스마일이 쓴 『자력구제』란 책이 중요한 역할을 했다. 왜냐하면 이 책은 변화를 지향하는 일본인들에게, 자신을 부인하고 무조건 복종을 외치며 절대적인 충성을 요구하는 사무라이 윤리만으로는 서구에 대항할 수 없음을 보여주었기 때문이다. 반면 일본인들이 서구의 우세한 기술을 섭렵하고 더 나아가 개선하는 데 성공했을 때, 이들은 미래에 세계시장에서도 함께 경쟁할 수 있었다.

도요타 사키치는 자력구제를 하라는 이러한 조언을 진지하게 받아들여 자신의 사위 코다마 이자부로와 함께 산업 콘체른을 건설했다. 이 회사는 1924년에서 1925년 이후 일본에서 활동 중인 미국 자동차회사인 포드와 제너럴 모터스에게 도전할 수 있게 되었고, 그 이후 일본이 중국에 대해 벌인 정복전쟁과 1941년 미국 습격을 하게 되었을 때 기술적으로 함께 참여하기도 했다.

미국은 1945년 일본의 두 곳에 핵폭탄을 투하한 이후 또다시 군사적으로 열등한 일본에게 민주주의체제를 수립할 것을 지시했고, 신도의 영웅숭배 및 천황숭배를 없앴으며, 무장 해제된 제국을 '평화로운 강국'으로 전환시켰다. 이렇게 하여 일본은 1975년까지 급속도로 발전하여 서구 제1산업국가의 대열에 올라설 수 있게 되었다.

석유와 관련해서는 이미 1874년에 니가타 구역에서 석유가 채굴되었다는 믿을 만한 기록이 있다. 그러나 이보다 훨씬 더 많은 석유를 수입해야 한다는 사실에서 일본이 이미 그 당시에 그의 외부 파트너 국가들에게 상당히 의존해 있었음을 알 수 있다. 특히 일본이 서구의 모범에 따라 현대적인 함대를 건조하고 1930년 이래로 자동차 산업의 비

14. 의회의 귀족화

약적인 발전을 함으로써 이러한 의존도는 더욱 높아졌다. 이렇게 출발한 지 두 세대밖에 지나지 않은 시점에서 심한 시련을 겪었던 일본이 미국과 소련의 뒤를 이어 석유수요 세계 3위의 자리를 차지하게 된 것이다!

근해 지역과 육지에서 다양한 제3기층 분지를 개발하려는 독자적인 노력의 결과 작은 유전과 천연가스 매장지가 발견되었고, 이로 인해 환영할 만한 석유 및 천연가스 생산이 가능해졌다. 하지만 국가적으로 이와 같이 업스트림을 가속화했다고 해서 일본의 석유경제가 주로 다운스트림 분야에서 활동하고 있다는 사실을 눈가림할 수는 없었다.

일본에서 개최된 세계 석유회의의 의장인 K. 미야모리는 이 회의의 개회사에서 이러한 특수한 상황을 언급했다. 그는 또한 자기비판적인 태도를 취하며, 단지 양적으로만 추구된 성장의 부정적인 결과들을 시인하고 시정책을 촉구했다. 그에 따르면 그 사이에 환경문제는 무절제한 산업화와 극단적인 동력화로 인해 매우 심각해져서, 생태계와 대기를 보호하기 위해 일본 전역에 걸쳐 환경운동이 일어났다는 것이다.

일본 정부는 이에 대한 광범위한 첫 번째 조처로 납이 들어 있는 휘발유에 대한 통제를 확대하도록 지시했다. 이 납이 들어 있는 휘발유는 1975년 2월 이후 납이 들어 있지 않은 휘발유와 경쟁하게 되었다. 그러나 환경보호와 국민건강을 생각한 칭찬할 만한 이러한 조치들은, 증후들과 맞서 싸우는 데만 기여했을 뿐 이러한 폐해의 근본적인 원인을 고치지는 못했다. 이 폐해의 근본적인 원인은 절대적인 권력을 휘두르는 일본 기업가들에게 있었다. 그들은 자신의 사원들을 가부장적인 태도로 배려하기는 했지만, 그들에게 회사 일을 같이 결정할 수 있는 공동결정권은 부여하지 않았다. 더 나아가 거의 모든 일에 다 개입할 수 있는 초 강대권력이 있어서, 이것이 이러한 회사구조를 지배했다. 중앙집권적인 체제에서만 가능한 이 권력은 다름 아닌 산업과 금융 그리고 무역을 관장하는 정부부서로, 이것을 줄여서 미티(Miti)라고 부르기도 했다. 세금을 통해 재정지원을 하는 일본적 정서 때문에 가장 큰 은행들조차 항상 위기나 파산을 맞이하곤 했다. 또한 시장의 힘이 국가의 개입에 의해 단지 간접적으로만 작용할 수 있었던 것이나 일본 내의 판로가 외부의 경쟁자들로부터 광범위하게 차단되어 있었던 것도 은행위기의 이유가 되었다.

원자력에너지를 평화롭게 전력생산을 위해 사용하려는 소극적인 시도가 있었음에도 전문가들은 일본에서도 석유가 향후 25년간 주도적인 에너지 인자로 남아 있을 거라는 사실을 알고 있었다. 2000년도인 지금 시점에서 볼 때 그러한 진단이 전적으로 옳았다는 것이 입증되었다. 비록 일본이 '고속증식로' 기술을 사용하려고 몇 가지 노력을 했을지라도, 이 기술은 칼카르(Kalkar: 독일과 네덜란드 국경을 접하고 있는 니더하인 근처에 있는 도시 이름. 이 도시에는 네덜란드인 헨니 판 데어 모스트로부터 사들여 호텔과 회의장소를 구비한 대형 놀이 공원으로 리노베이션한 옛 원자력 발전소 '슈넬러 브류터'가 있다-옮긴이)가 보여주는 것처럼 이미 오래 전에 실패한 모델임이 입증되었다.

일본의 정치가들은 연소된 석유생산물에 의해 환경오염이 일어날 것을 염려했기 때문에 도쿄 석유회의에서 소련의 석유 장관 샤신이 그랬던 것처럼 '깨끗한 해결책'으로 원자력 대체에너지를 생각하게 되었다. 샤신은 모스크바에서 열린 세계 석유회의 이후 세계의 모든 석유관계자들이 후세대의 삶을 위태롭게 하지 않기 위해서 지금까지보다 더 환경보호에 신경을 쓰고 관심을 기울여야 하리라는 것을 분명하게 인식하고 있었다.

샤신은 1971년에만 해도 고집스럽게 어떤 대가를 치르고서라도 양적인 성장을 추구하려는 인물로 나타났다. 그러나 그는 그 사이에 경제를 경제관계자들에게 위임해야 한다는 생각에 전혀 동의하지 않는 봉건적인 권력이 경제체제에 얼마나 치명적인 영향을 미치는지를 분명히 인식한 것처럼 보였다. 왜냐하면 절대주의적인 스페인은 나치 독일이나 소련 공산주의와 마찬가지로 이러한 체제로 인해 붕괴된 바 있었기 때문이다. 2001년 일본에 닥친 구조적이고 정서적인 위기 역시 정부가 스스로를 선거권이 있는 국민과 외부 경제로부터 봉건적으로 차단시킨 데 원인이 있다. 현대 일본에 대한 서구의 최고 전문가라고 할 수 있을 알렉스 커는 최근에 이에 대한 명쾌한 분석을 내놓았다. 그는 여기에서 일본의 기술자, 매니저 그리고 은행가들이 '서구의 기술'을 배우기는 했지만, 자연친화적이고 환경을 생각하며 인간을 고려하는 태도를 취하는 심부름꾼으로서의 인간상을 배우지는 못했음을 밝히고 있다. 그는 이러한 사람들이 아리스토텔레스의 윤리나 산상설교의 황금률에서 요구되는 수단의 적절성이나 타당한 이유에 따라 행동할 의무를 지니고 있음을 지적한다. 이러한 규칙들에서는 모두 상호성에 대한 요구가 제기되고 있는데, 일본인들은 이러한 요구를 이행하지 못했다는 것이다.

 전적으로 산업시대 이전에서 유래하는 이러한 윤리적이고 초시대적인 계율의 의미에서 미국의 상무장관 찰스 B. 모턴은 기술을 그 자체의 흐름에 내맡겨둠으로써 인간의 인위적 파괴를 가속화시키는 것에 대한 자신의 염려를 표명했다. 그는 제럴드 포드 회장의 지시를 받아 도쿄로 와서 아주 열정적으로 미래의 혼합에너지를 지지했다. 일본 황태자와 수상 미키가 동석한 가운데 그는 미국 정부의 태도를 "미국은 국제적인 에너지 윤리를 발전시키려는 간절한 소망을 가지고 있다."는 함축적인 말로 표현했다.

새로운 석유법률

환경오염 및 산적화물인 석유연소의 증가를 막자는 도쿄의 열렬한 호소는 그 기원을 살펴보면 미국의 닉슨 대통령으로 거슬러 올라간다. 닉슨 대통령은 1974년 자신의 '독립 프로젝트'를 통해 이와 관련된 인식을 지속적으로 얻게 되었다. 그는 석유파동의 결과에 자극받아 미국이 자급자족의 상태가 되기를 원했다. 다시 말해 미국이 자신의 힘으로 국가의 석유와 천연가스 공급 및 그 밖의 에너지 수요를 보장하길 원했던 것이다. 그러나 이것은 언론에만 영향을 끼치고 만 소망 사항에 지나지 않았으며, 역사적인 실제 현실에서는 실패하고 말았다. 왜냐하면 미국은 국내 석유정책을 이미 1차대전이 끝난 이후 자신이 보유하고 있는 재고를 장기간 보존하는 방향으로 결정했고 그래서 멕시코와 베네수엘라 그리고 사우디아라비아로부터의 석유수입 증가를 허용했기 때문이다. 이들 산유국들은 자신의 전략적 특권을 위해 미국에게 특별가로 석유를 주었고, 미국이 미래에 석유를 더 이상 단순히 연료로서가 아니라 귀중한 문화재로 간주할 수 있도록 도와주었다.

　도쿄에서 에너지 윤리와 함께 세계를 위한 새로운 석유협정을 맺을 것을 요구하게끔 했던 이 획기적인 사상적 자극은 부쿠레슈티에서 열린 제10차 세계 석유회의에서 매우 진지하게 받아들여졌다. 석유관계자들은 1979년 루마니아의 수도에서 이미 이 새로운 생각이 얼마나 중요한 것이 되었는가를 직접 체험할 수 있었다. 공산주의 의장 니콜라오 차우셰스쿠가 축하행사를 통해 기념한 키치적인 권력의 피안에서 로파타리(Lopatari: 루마니아 동쪽에 있는 멜레딕 부근의 도시 이름. 이 도시를 지날 때 'Focul Viu'[영원한 불]이라는 곳을 볼 수 있다. 돌산인 이곳에는 땅 속에 여러 구멍이 나 있는데, 이 구멍에서 배출되는 천연메탄가스가 자연스럽게 점화되어 아주

14. 의회의 귀족화

옛날부터 불이 피어올랐다. 사람들이 불을 꺼도 자연스럽게 다시 불이 붙는다고 한다. 언덕에서 2백 미터 올라간 지점에 있다—옮긴이)의 '영원한 불'의 역사는 부쿠레슈티에서 그을음을 내며 다니는 교통수단과 마찬가지로 만연해 있는 연소에 대한 광기를 상기시켰다. 사람들은 성장 이데올로기에 사로잡힌 옛 산유국에 초대받은 것이었다. 이 나라는 로마시대부터 노출된 수많은 광맥에서 새어나오는 이 물질을 여러 용도—치료제와 윤활유 및 발광(發光)수단—로 사용하는 방법을 알고 있었지만, 성장 위주의 정책 외에 다른 해결책을 제시한 적은 없었다.

최초의 계획적인 석유시추는 위의 세계 석유회의가 열린 루마니아에서 이미 1857년에 이루어졌다. 이것은 시간적으로 타이터스빌과 바쿠보다 2년이나 앞선 것이다. 이러한 시추를 통해 연간 275톤의 석유가 생산되었고, 이것을 계기로 곧 루마니아 석유산업의 중심지가 된 플로에스티에 정유공장이 건설되었다. 이 정유공장에는 이미 1906년에 첫 번째 회전시추 시스템 시설이 투입되어, 1,170미터의 시추 깊이까지 도달했다고 전해지고 있다. 1920년에는 시추 깊이가 17만 미터까지 내려갔고, 그 구간은 1937년까지는 395,000천 미터로 늘어났다. 이를 통해 8백만 톤의 연간생산이 가능해졌다.

루마니아는 1913년부터 천연가스 발굴에 착수했다. 이것은 자국 석유화학 공장의 건설 및 확충과 특히 유독한 방부제인 포름알데히드의 생산을 위해 이용되었다. 그러나 전쟁의 영향과 무분별한 채굴로 인해 석유 획득양은 1944년까지 380만 톤으로 감소했다.

1948년 공산주의자들이 석유산업 전체를 국유화하고 나서야 비로소 석유산업의 재구조화가 이루어질 수 있었다. 그러한 일환 중 하나로 시추기술과 채굴기술을 자력으로 현대화하려는 시도가 일어났다. 우리는 여기에서 라키의 영향을 받았다고 할 수 있을 일종의 중유럽적인 유

591

산을 발견할 수 있는데, 바로 이것이 주요 하청산업으로 토대를 형성한 것이었다. 석유산업의 구조적인 기초를 이루고 있는 이 하청산업은 알제리, 브루나이, 가봉, 인도네시아, 나이지리아, 사우디아라비아 또는 베네수엘라 등의 국가에서는 오늘날까지도 준비 단계에 있을 뿐이다.

부쿠레슈티에서 열린 세계 석유회의는 지질학과 기술에 관한 이러저러한 요소들을 관심 있게 받아들였다. 그러나 계속된 고유가는 지금까지의 석유업계에 새로운 질서를 가져오는 변화를 초래했고, 세계 석유회의도 이러한 분위기의 영향을 받고 있었다. 이러한 변화는 도쿄 석유회의 때만 해도 단지 그 시작을 예감할 수 있을 뿐이었다. 석유수출국기구가 반년마다 빈에서 열린 정기모임과 유가규정을 통해 여전히 세계시장의 상당 부분에 영향을 미칠 수 있었다면, 이제는 이러한 국가간 카르텔에 저항하는 상황이 생겨났다. 영국, 노르웨이, 심지어 덴마크나 네덜란드와 같은 나라들도 북해의 석유를 채굴함으로써 점차적으로 자급자족의 능력을 갖추는 동시에 석유수출국기구의 회원이 아닌 상태로 세계시장에 참여할 수 있게 되었다.

사람들이 우려했던 것은 지나친 경쟁뿐만 아니라 과잉공급에 의한 미래 원유가격의 하락이었다. 그 밖에 이 석유회의에서는 2000년대까지 매년 석유채굴량이 증가함으로써 성장의 한계에 부딪힐 것이라는 불안감이 확산되었다. 이미 1972년에 로마클럽은 이 점을 경고한 바 있었다. 이러한 이유에서 세계 석유회의의 상임위원회도 부쿠레슈티에서 하나의 결의안을 통과시켰다. 이 결의안은 특히 석유소비자들에게 '사라져가는 유전을 영리하게 보존하기 위한 노력을 배가시킬 것'을 절실하게 호소했다.

세 번이나 세계 석유회의 회장의 영예를 얻은 독일인 빌헬름 폰 일제만은 1933년 상황과 관련하여 석유산업의 질적인 변화를 "빠른 성장에서 침체기로, 침체기에서 불확실성으로!"라는 함축적인 말로 묘사했다. 일제만이 이 말을 한 것은 세계 석유회의가 제1차 석유회의를 기념하기 위해 다시 런던에서 개최된 해인 1983년이었다. 이 회의의 성대한 개회식에서 브라질과 호주 그리고 중국 대표들이 환대를 받으며 처음으로 세계 석유 형제국가들 사이에 새로운 회원으로 받아들여졌다. 그러나 이들도 인플레이션과 경기후퇴 및 투자정체의 특징을 띠고 있고 산유국인 이라크와 이란 사이의 국경전쟁을 기다리고 있는 현 상황을 어떻게 극복해야 할지 제대로 알지 못했다.

엘리자베스 2세는 이 기념적인 석유회의의 후원자 역을 맡기는 했지만, 개회식 때는 자신을 대신하여 찰스 황태자를 보냈다. 그는 저명인사들이 모인 축하파티에서 "나는 석유에 대해 전혀 아는 바가 없으며, 단지 북해에 있는 몇몇 플랫폼을 방문했을 뿐"이라고 솔직하게 고백했다. 그러나 그는 석유소비자로서, 모든 석유재고를 미래에 어떻게 보존할 것인가 하는 문제와 환경보호라는 문제가 구체적인 답변을 요구하고 있음을 알고 있다고 말했다. 그는 연설에서 심지어 구체적인 숫자까지 제시하며 "세계 석유소비가 1979년에만 해도 매일 5,200만 배럴이었던 것이 지금은 매일 4,250만 배럴로 줄어들었다."고 상황을 언급했다. 그러므로 그는 여기에서 희망의 신호도 발견할 수 있다고 주장했다. 특히 산업국가에서 지금까지의 생활수준이 이를 통해 악화되지 않고 대기의 질이 향상되었기 때문에 더욱 그러하다는 것이다.

이러한 평가는 영국에도 해당되었다. 영국 동력자원부 장관 앨릭 뷰캐넌-스미스는 산유국으로서의 영국의 역사적 발전에 대해 몇 가지 흥미로운 숫자를 제시했다. 영국 지상에서 석유생산이 시작된 1933년에는 단 한 번의 작은 시추를 통해 매년 3천 톤의 석유가 채굴되었다. 50년 후에는 해상에서 매년 1억 톤 이상의 석유를 생산할 수 있게 되었는데, 그중에는 최상질의 브렌트 블렌드도 있었다.

게다가 또 하나의 숫자가 경탄을 자아냈다. 영국 정부는 1934년 첫 번째 천연석유세를 도입했다. 이것은 톤당 4실링에 해당되는 액수로, 한 번에 6백 파운드의 수입을 국고로 가져다주었다. 이러한 비중은 세계전쟁 중인 상황에서도 30년 넘게 지속적으로 유지되었고, 몇 차례의 급격한 인상 이후 석유회의가 열린 1983년에는 영국의 재정에 매년 80억 파운드의 수입을 보장해주었다. 이러한 변화 과정에서 보이듯이 석유산업은 그 구조적인 지속성을 통해 경제의 기본 토대로 간주되었을 뿐만 아니라 최고의 조세원천으로서 국가예산의 토대를 이루었다. 이러한 상황은 노르웨이나 서독에서와 마찬가지로 점점 더 새로운 석유법률에 반영되었다. 그 결과 휘발유 1리터 가격 중 세금의 비율이 80%를 넘어서게 되었다.

이러한 수입을 고려할 때, 특히 도시에서 절실히 요구되는 환경보호를 위해 결정적인 조치를 취하고 개별 교통수단으로서의 자동차의 광증을 멈추게 하라는 국회와 정부에 대한 여론의 압력이 커진 것은 쉽게 이해할 수 있는 일이다. 특히 교통문제의 해결은 전기동력 장치를 이용하는 근거리 교통수단의 확충을 통해 이루어져야 했다.

브리티시 석유 I의 명예회원으로 임명되는 영예를 얻은 찰스 황태자는 이러한 의미에서 전 세계의 석유관계자들에게, 미래에는 더 나은 기술을 이용해 멕시코 만에서 일어난 참사 같은 상황을 막을 수 있어야 한다고 촉구했다. 그러나 그는 1968년과 1977년에 자기 왕국의 해안 앞에서 발생한 사건은 잊고 있었다. 그해에 영국에서는 시추 플랫폼이 화염에 휩싸여 바다에서 횃불처럼 타올랐는데, 이것은 마치 닥쳐올 재앙의 암시 같았다.

제12차 세계 석유회의는 이러한 위기의 징후들에 몰두했다. 회의는 1987년 석유의 수도라고 할 법한 휴스턴에서 개최되었다. 회의는 표면적으로 단지 '학문적이고 기술적인 성향'에 걸맞게 걸전쟁이나 다른 아주 민감한 정치적인 문제들에 대해 어떠한 공식적인 입장도 취하지 않았다. 그러나 이제 막 힘들게 극복한 유가붕괴의 위기, 사우디아라비아 석유 장관 야마니의 무기한 해임, 투자의 지속적인 침체와 환경보호의 문제들만으로도 충분히 정치적인 사안이 되기 때문에, 세계 석유회의에 참가한 많은 관계자들은 이 문제들을 해결하기에도 바빴다. 게다가 미국 동력자원부 장관 존 S. 해링턴이 몇 가지 소용돌이를 불러일으켰다.

에너지 정책과 관련, 석유관계자이자 부통령이었던 조지 부시의 영향을 특히 많이 받고 있던 레이건 대통령의 지시 아래, 해링턴은 세계 석유회의에서 하나의 개혁 프로그램을 추천했다. 이러한 급진적인 프로그램은 아직까지 세계 석유포럼에 제시된 적이 없는 것이었다. 왜냐하면 이 내용은 케인스주의로부터 완전히 돌아서는 것을 골자로 삼고 있었기 때문이다. 이 프로그램은 마침내 1930년대의 뉴딜 정책에서 등을 돌려, 누구보다도 밀턴 프리드먼이 시카고에서 설파한 바 있는 시장자본주의로의 전향을 천명했다.

새로운 석유법률을 추구하는 가운데 특히 미국에서는 석유시장과 가스시장을 활성화시키기 위해 끊임없는 규제해제가 예고되었다. 이러한 예로 엄격하게 통제되어온 석유 및 가스 내수시장과 관련된 법률적 제약의 폐지뿐만 아니라 지금까지 이루어진 환경보호 조치의 엄청난 완화를 들 수 있을 것이다. 레이건 행정부는 석유 및 가스 탐사를 위해 대륙붕의 상당 부분을 사용할 수 있도록 허가를 내주기로 결심했다. 그리하여 푸르도 만의 광활한 주변 지역 내의 알래스카 최대 자연보호 지역은 연방 내 다른 지역과 마찬가지로 석유발굴자들에게 개방될 참이었다. 공화주의자인 레이건은 근본적인 세제개혁과 관련, 명백한 경기침체에서 빠져나와 미국에 경제 붐을 일으키기 위해 또다시 개인 주도적인 참여를 장려하고 옛 개척자정신을 부활시키고자 했다. 따라서 당연히, '악의 제국'인 소련에 대한 군사무장 외에 미래의 에너지 공급문제에 최고의 관심이 기울여졌다. 그러나 이제 그러한 관심은 더 이상 석유나 천연가스 또는 원자력에너지에만 집중되지 않았으며, 혼합에너지 쪽으로도 관심의 폭이 확장되었다. 특히 지열에 대한 관심이 높았다고 할 수 있다.

휴스턴에서 해링턴이 수행해야 할 임무는 분명했다. 그는 유가파동과 1973년의 무역 봉쇄 기간 중에 일종의 협박처럼 체험됐던 것이 또다시 반복되지 않도록 해야 했던 것이다. 미국의 동력자원부 장관인 해링턴은 석유를 오랫동안 충분히 보장해야 할 '미국 경제의 생명줄'로 간주했다. 따라서 워싱턴을 특히 화나게 만들었던 것은 고유가 국면 이후 생겨난 1986년의 유가붕괴 현상이 미국 석유산업의 황폐화를 초래했다는 사실이었다. 이에 따라 갑자기 투자자본을 더 이상 구할 수 없게 되었고, 시추시설의 판매도 급격히 줄었으며, 석유탐사에 투자하거나 새로운 제3차적 방법(박테리아를 이용한)으로 옛 지역에서의 채굴을 활성화시키려는 은행과 기업의 노력과 준비도 격감했다.

레이건 행정부는 이 어려운 상황에서도 석유와 가스의 소비가 증가하는 것을 보고 이것들을 장기간 보존하기 위한 재주를 선보이고자 했다. 물론 이들은 닉슨 대통령 체제에서 행한 국가적인 단독노선이나 자급자족 방식이 아니라 모든 사용 가능한 자원을 범세계적으로 사용하는 방식으로 보존 계획을 구상했다.

해링턴은 이러한 입장을 취하면서 미국을 위해 1859년 이후의 석유역사 및 경제사에서 가장 중요한 교훈 중 하나를 끌어냈다. 그는 휴스턴 세계 석유회의에서 행한 연설에서 특히 미국 석유업자들이 자신들의 머릿속으로만 상상한 기업가로서의 독립성에 대한 믿음을 현실성 없이 맹목적으로 숭배해왔으며, 이러한 맹목적 숭배가 미국의 고위정책까지 지나치게 규정해왔다고 주장했다. "미국은 1976년까지만 해도 에너지 영역에서 독립성을 추구해왔습니다. 그러나 우리는 오늘날 우리가 상당히 심하게 상호의존적이 되었음을 인정합니다. 그 때문에 우리는 정말 섬세한 감각으로 국제적인 에너지 전략을 찾고 있습니다."

바로 이 핵심적인 문장에 미래의 석유 및 가스 법률의 '새로운 철학'이 담겨 있다. 이제 경기침체에서 벗어나기 위해서는 지금까지처럼 석유경제 전체를 과도하게 통제해서는 안 되며, 오히려 경쟁을 강화시키고 시장의 힘을 높여야 한다는 것이다. 그것은 지역적 차원이든 국가적 차원이든 아니면 점점 더 밀접하게 망사조직으로 연결된 세계의 범세계적 차원이든, 아무런 상관이 없었다.

그러나 이러한 미래의 법률이 성공하려면, 이제 더 이상 순수하게 학문적이고 기술적이며 경제적인 문제들에 안주해서는 안 되며 정치도 함께 고려해야 했다. 특히 환경법, 통화정책, 이자율 규정과 과세를 수단으로 해서 경제 진행 과정에 개입할 수 있는 정치의 가능성 때문에 더욱 그러했다.

조지 부시는 1987년 대통령 취임 이후와 1991년 쿠웨이트 위기 후 '공정하고 새로운 세계법률'을 요구했다. 그러나 이러한 법률은 세계은행과 국제통화기금의 기술적 정치나 1947년 이후 통용되고 있는 관세 및 무역에 관한 일반협정(GATT)을 세계무역협정(WTO)으로 전환하는 것 이상이 되어야 한다는 사실을 깨닫는 것도 중요했다. 그러기 위해서는 또한 전 종교회의 신도인 한스 큉이 절실히 요청했던 '세계윤리'가 필요했다. 이를 위해서는 공정가격과 순수경쟁 그리고 오염되지 않은 환경을 위한 노력이 뒤따라야 했다.

석유경제가 세계시장에서 하나의 세계를 추구해야 할 의무를 지닌다는 해링턴 연설의 영향 아래, 사람들은 또 하나의 사항을 수정하기로 결정했다. 이제 석유관계자들에게 별로 중요하지 않았던 동서 적대주의 대신 남북대화를 새롭게 이용할 것과 1991년의 차기 세계 석유회의를 아르헨티나에서 열기로 결정한 것이다. 그들은 이제 부에노스아이레스에서 다시 만나기로 약속했다.

분배와 균형의 공정성이라는 윤리정신을 바탕으로 한 이러한 결정은 용기 있는 행위였다. 왜냐하면 1982년까지만 해도 독재정권이 지배하던 아르헨티나는 포클랜드 제도와 말비나스 때문에 영국과 전쟁을 수행하고 있었기 때문이다. 이러한 전쟁의 원인 중 하나는 폭풍우가 몰아치는 남대서양 섬들의 해상 영역을 둘러싼 석유이권 때문이었다. 그 밖에도 남극에서 발견된 오존 구멍은 세계 석유회의에게 푸른 지구의 미래에 대한 석유산업의 점증하는 책임을 강력히 상기시키는 현실로 작용했다.

세계적으로 활동하는 석유 형제국가들이 부에노스아이레스에서 열세 번째로 다시 모이게 되었을 때, 이들은 카를로스 메넴의 지휘 아래 있는 이곳에서 대처주의의 영향 아래 있던 영국이나 미국에서와 유사한 급진적인 개혁 프로그램을 경험할 수 있었다. 메넴은 이러한 조처를 통해 파멸한 경제를 다시 활성화시키고 일시적으로 1,000%까지 올라간 인플레이션을 막고자 시도했다. 그가 취한 조처 중 하나로 국영 석유회사인 YPF(Yacimientos Petroliferos Fiscales)에 대한 통제력을 풀어준 것을 들 수 있다. 이 회사는 이미 1922년에 정부에 의해 설립되어 거의 50년간 계속해서 석유 및 가스 획득에 대한 독점권을 가지고 있었으며,

14. 의회의 귀족화

또 다른 국영회사인 GDE(Gas Del Estado)는 여기서 생산된 석유와 가스의 판매를 담당하고 있었다.

리오 드 라 플라타(Rio de la Plata)에서는 라틴아메리카의 국유화 모델로서 첫 번째가 되는 이 회사들의 설립을 통해 이미 일찍부터 첫 번째 석유발굴에 대응했다. 이때 매장된 석유의 발굴작업은 멕시코나 베네수엘라와 비교할 때 꽤 늦은 시점인 1970년에 이루어졌다. 석유는 코모도로 리바다비아 근처의 남부 대서양 해안인, 나무 하나 없는 파타고니아(아르헨티나의 남부지방—옮긴이)의 변방에 매장되어 있었다. 바람이 심하게 부는 이 석유매장지의 초기 발굴지역은 이미 그 자원이 다 바닥났지만, 내륙에 매장되어 있는 천연가스에 의해 현재에도 중요한 지역으로 남아 계속 계발되고 있다.

아르헨티나 정부는 1922년부터 그 정부가 민주주의정부든 독재정부든 상관없이 위에서 언급한 두 국영기업의 활동에 끊임없이 열심히 개입했다. 이들은 가격책정이든 생산비율이든 관계없이 개입하여 정유공장에 규범을 제시했다. 그러나 소유에 대한 오만함에서 비롯된 이러한 열렬한 통제가 있음에도 아르헨티나 정부는 이미 1941년에 오랫동안 제기된 전문화에 대한 요구를 따를 준비가 되어 있었고, 이에 따라 1919년의 미국적인 모범에 따라 아르헨티나 석유연구소의 설립을 허가했다.

1960년대에 이루어진 일련의 부분개혁과 동시에 아르헨티나는 점차 라틴아메리카 석유기구 및 세계 에너지회의(World Energy Council)와 같은 국제적인 석유기구에 편입되었다. 이를 통해 자국 사기업뿐만 아니라 외국 사기업에도 북쪽의 그란차코에서 남쪽의 푸에고 섬(남아메리카 남단에 있는 섬—옮긴 이)에 이르기까지 아르헨티나의 거대한 분지지역에서 집중적으로 석유와 천연가스를 탐사할 수 있는 가

599

능성이 주어졌다.

　이러한 탐사가 성공했는데도 아르헨티나의 석유경제가 실제로 본질적인 구조변경을 수행할 수 있기까지는 1987년의 휴스턴 탐사계획 때까지 기다려야 했다. 아르헨티나 석유경제는 1991년까지 국가통제력을 상당히 완화시켜 아르헨티나에 거의 역사적이라고 할 수 있는 결과에 도달했다. 즉 이전의 전능한 힘을 지녔던 YPF는 이제 단지 채굴된 원유의 40% 이상만을 관리할 수 있었던 반면, 민영 석유회사들은 현존하는 석유의 60%를 사용할 수 있는 권한을 갖게 된 것이다.

　따라서 제13차 세계 석유회의는 구조적으로나 정신적으로 변혁의 과정에 서 있는 한 나라에서 열리게 된 것이다. 물론 어느 정도 파시즘적인 성격을 지닌 페론주의(1946~1955, 1973~1974년의 아르헨티나의 대통령을 지낸 후안 페론의 지지자 또는 페론이 신봉한 인민민족주의 정치노선의 추종자로 민족정의 운동의 당원을 일컫는다—옮긴이) 시대의 문제들은 호르헤 라파엘 비델라(1976~1981년까지 아르헨티나 대통령을 지낸 인물—옮긴이) 독재체제에서 이루어진 대량학살이나 포클랜드전쟁의 피해와 같은 문제들과 마찬가지로 거의 해결되지 않은 상태였다. 대부분의 꽉 막힌 도로와 아베니다에서의 벤존과 납으로 가득 찬 대기는 회의가 열리는 장소의 전도양양한 이름을 드러내놓고 조롱하고 있었다. 왜냐하면 부에노스아이레스는 독일 출신의 여류작가 요비타 에프가 이 수도에 관한 자신의 대서사시에서 언젠가 언급한 것처럼 '깨끗한 공기'를 의미할 뿐만 아니라, 항해하기 좋은 '순풍'을 의미하기도 했기 때문이다.

　환경오염과 오존 구멍으로 인한 위협은 야생동물 및 가축들의 피부암과 실명 비율을 증가시켰다. 이러한 문제점들이 회의 발표문에서 거론되지는 않았지만, 주요 인사들은 휴스턴과 1988년의 토론토회담 이후 몇 가지 것을 더 배웠다는 사실을 분명히 지적해주었다.

14. 의회의 귀족화

　석유회의의 학술보고자인 P. E. M. 자카르는 망사조직처럼 연결되어 있는 세계에서 상호성장의 중요성을 강조했고 토론토와 관련, '북쪽과 남쪽 간의 좀 더 균형 있는 발전'을 지지했다. 그는 지질학에서 차용한 제13차 세계 석유회의의 모토인 "신지평"을 위해 모든 노력을 경주하면서, 다시 한번 석유 형제국가들에게 더 이상 한 산유국의 독립성이나 자급자족이 중요한 문제가 아님을 분명히 보여주었다. 왜냐하면 미래의 경제적·생태학적 비중은 상호의존성을 발전시키는 데 놓여 있었고 자신의 전문성에 대해 더 많은 책임을 요구하고 있었기 때문이다. 그렇게 할 때 "석유와 천연가스는 앞으로도 우리 세계경제의 경제적·사회적 발전 뒤에서 핵심적인 동력으로 남아 있을 것이다."

　세계 석유회의에서 일어난 정신적인 변화는 자카르가 연소된 석유와 가스로 인한 유해물질 오염문제를 다룬 곳에서도 확인할 수 있었다. 그는 환경오염의 주요 원인으로 해상, 육상 그리고 항공의 운수조직을 들었다. 그는 이 때문에 1867년 이후 줄곧 사용되어왔던 '가스 내연기관'인 디젤엔진을 단계적으로 포기하고 전기자동차와 같은 대체교통을 발전시키기 위한 모든 노력을 지지했다. 왜냐하면 궁극적으로 삼원촉매는 모든 유해물질 중 가장 나쁜 것들, 특히 맹독성 일산화탄소를 거의 차단하지 못하기 때문이었다.

　자카르는 전적으로 휴스턴과 토론토의 정신에 입각하여 희망에 찬 용기 있는 보고서를 작성했다. 이 보고서에 담긴 모든 기술주의적 자료와 학문적 증거의 속성에도, 그는 석유관계자들에게 자신이 민주 아르헨티나 헌법의 아버지인 후안 B. 알베르디에게서 발견한 인간상을 이 보고서를 통해 상기시킬 시간과 기회를 가지고 있었다. 이 보고서에는 다음과 같은 내용이 담겨 있었다. "노동은 모든 복지의 시작이다. 그러나 이것은 인간이 자유롭다는 전제조건 아래서만 그러하다. 자유롭다는 것은 성공과 마찬가지로 생계가 보장되어 있고 인권을 침해받지 않으며 존중받는다는 것을 의미한다. 유일하게 자유로운 활동만이 진정한 복지를 만들어낼 수 있다. 왜냐하면 자유로운 활동만이 지적인 것이기 때문이다. 복지는 땅에서 생겨나는 것도, 기후에 의존해 있는 것도 아니다. 복지의 주변환경은 인간 자신에게 있으며, 그렇게 볼 때 인간은 자신의 행복의 광산이자 원천이며 근원인 셈이다."

'노동이 모든 문화의 원천'이라는 1891년 고타 강령에서 유래된 사회민주주의적인 생각은 세계 석유회의의 폐회식 때 화해적이면서 동시에 자극을 주는 것으로 작용했을 수 있다. 그러나 이 말이 풍기는 화려함에도, 부에노스아이레스 회합 이후에도 남극 위의 오존 구멍은 점점 커지고 있고 이러한 현상은 북극으로까지 심화되고 있다. 바로 이 북극 근처에 1994년 세계 석유회의 개최지인 노르웨이의 석유 중심지 스타방거가 위치해 있다.

석유관계자들은 지금까지 지켜온 사계절 리듬에서 전향하여 단축된 중간주기를 가진 나라로 개최지를 결정했다. 이것은 '하나의 세계'가 지닌 절실한 문제들, 특히 석유로 인해 생겨난 문제들에 지금까지보다 더 신속히 대처하고 그 해결책을 찾으려는 신호기도 했다.

이들은 오슬로 국제공항을 거쳐 이전에 '유럽 빈민 구호숙소'로 간주되었던 사회민주주의적 특성을 지닌 스칸디나비아의 한 국가에 도착했다. 1318년에서 1813년까지 덴마크 왕국에 종속되어 있던 노르웨이의 신분제 의회는 1814년 자유서약 헌법을 만들며 스웨덴 왕국과 1군주 2국가 연합을 맺게 된다. 이 연합은 1905년까지 지속되었다. 이 세계사적인 해에 마침내 국가의 독립을 쟁취하게 된 노르웨이는 북해 수역 '에코피스크'에서 시작된 1969년의 석유 붐에 이르기까지 세계에 세 번에 걸쳐 이름을 떨쳤다. 첫 번째로 노르웨이는 바이킹의 유산에 의해 7대양에 걸쳐 인정받는 무역국가로 간주되고 있다. 두 번째로 이 국가는 이에 못지않게 용감한 고래잡이 민족이자 어유(魚油)생산국으로 잘 알려져 있지만, 이로 인해 오늘날에는 그린피스와 다른 환경보호자들에게 일본과 마찬가지로 아주 혹독한 비난을 받기도 한다. 끝으로 노르웨이는 노벨의 유언을 세계를 대표해 위임받은 나라로 간주되고 있다. 이에 따라 노벨 국제평화상은 1901년 이후 오슬로에서 수여되고 있다.

이 마지막 기능을 거행할 때면 전 세계가 매년 노르웨이의 수도에 주목하게 된다. 물론 이와 같이 관심이 집중되는 이유는 누가 지역적·국가적 또는 세계적으로 세계평화를 위해 공헌하여 왕으로부터 모두가 열망하는 상을 수상하게 될 것인지를 알기 위해서다. 1896년 스웨덴의 '다이너마이트 왕'에 의해 만들어진 이 상은 일종의 기사 서임식 같은 성격을 띠고 있는 것이다.

알프레트 노벨은 세계의 '새로운 질서'를 희망했고 그것이 오직 정신적 귀족들에 의해서만 창조되고 획득될 수 있다고 믿었다. 그런데 순수 석유관계자들 중에는 볼로그(녹색혁명, 1970)나 키신저(베트남 갈등, 1974)와 같은 전 에소 일원들을 제외하고는, 아직까지 이러한 노벨상을 수상한 사람이 없었다. 유감스러운 것은 오늘날까지도 석유로 인해 두 번의 세계전쟁이 종식되었고 세계 석유회의가 수십 년 전부터 국가간의 이해에 공헌했다는 명백한 사실이 전혀 주목받지 못하고 있다는 것이다. 심지어 하랄드 5세 국왕마저 석유관계자의 공적을 노벨상으로 기리자는 생각을 하지 못했다.

그 대신 노르웨이의 여자 수상인 브룬트란트가 스타방거에서 세계 석유회의 직전의 석유 상황에 대해 아주 핵심을 찌르는 연설을 했다. 사회민주주의자인 그녀는 자신이 속한 정당만큼이나 아르헨티나의 알베르디가 가진 생각에 정통해 있었다. 그녀가 소속된 정당은 노동의 윤리를 인간 공동생활의 근본가치로 이해하고 있었는데, 이미 이보다 훨씬 이전에 헤시오도스가 "노동은 인간을 귀족으로 만든다."라고 말하며 노동의 윤리를 적극 권장한 바 있었다.

스칸디나비아의 사회민주주의는 이러한 역사적 확신의 영향을 받아 노동자들에 대한 사회적 책임이라는 제3의 길을 선전했는데, 이 길은 정치적으로는 복지국가의 형태로 추구되었다. 따라서 케인스주의를 신봉하는 여성 수상이 레이건주의 및 프리드먼의 '시카고 보이스'(Chicago Boys)의 영향 아래 있는 미국의 '냉정한 자본주의'에 대해 별로 높이 평가하지 않았다는 것은 전혀 놀랄 만한 일이 아니다. 왜냐하면 미국의 자본주의는 경제 과정 전체를 단지 시장의 힘에만 내맡기고 국가에 의한 통제를 완전히 해체하는 것에서 유일한 해결책을 찾고 있었기 때문이다. 그리고 1994년에 이르러 '중국식 노선'이나 북한식 김씨 일가 세습독재의 형태로만 실행되었던 '야만적 공산주의'도 노르웨이 여수상의 마음에는 전혀 들지 않았다. 그들은 그녀가 평생 동안 추구해온 목표인 인간과 자연에 반대되는 야만적인 모습을 보여주었을 뿐이다.

이 참여적인 성향을 띤 여의사는 새로운 석유질서와 세계질서의 토대로서 국제적인 상호의존의 절대적 필요성을 여러 차례 역설했다. 또한 그녀는 새로운 석유질서와 세계질서를 노동과 자본에 대한 사회적 책임을 강조하는 제3의 길 위에 세워놓고자 소망했다. 그녀는 거의 30년이나 된 노르웨이 석유경제에 대한 자신의 경험을 토대로 "석유에 의한 우리의 복지는 미래 세대의 욕구를 고려하는 방식으로만 달성될 수 있다."는 점을 강력히 주장했다.

브룬트란트는 정치적으로는 환경운동가로 활동하면서도, 세계 석

14. 의회의 귀족화

유회의에서는 동력화의 증가로 인한 국내의 환경오염과 노르웨이 북부의 오존 구멍이 초래하는 위험을 전혀 언급하지 않았다. 그러나 다른 한편 그녀는 세계 석유회의가 개최된 시점에 스타트오일, 노르스크 히드로 또는 사가와 같은 국영 및 민영 합작회사로 구성된 자국의 석유 및 가스 산업에 대해 경제적 특징을 부각시킬 것 외에도 '인간의 삶과 건강이 그들의 충실한 손에 내맡겨져 있다'는 사실을 잊지 말도록 환기했다. 세계적으로 활동하는 남북 위원회의 차기 의장이 된 브룬트란트는 현재의 세계질서가 유엔헌장과 기존의 관세 및 무역에 관한 일반협정을 대체한 세계무역기구가 있음에도 여전히 특정한 '자의적 행동들'을 전혀 처벌하지 않고 받아들이고 있다는 점에서, '그것의 약점'을 발견한다. 그녀는 이러한 행동의 목록에 환경범죄를 포함시키기도 한다. 이러한 범죄들은 단순히 '비신사적 행동'으로 치부될 뿐, 그러한 손해를 야기한 사람들은 이에 상응하는 손해배상을 전혀 하지 않고 있다. 그녀의 연설문의 행간을 읽어보면, 그녀가 대륙의 동서남북을 막론하고 거기에 널리 퍼져 있는 일반적인 태도를 비판하고 있음을 알 수 있다. 그녀가 비판의 대상으로 삼는 그러한 태도의 특성은 그것이 석유사업에서 얻은 이윤을 법적인 보장을 바탕으로 자본화한다는 것과, 거기에서 생겨난 부담을 '사회화'시킨다는 사실이다. 그러나 이것은 종종 개별 납세자에게 지나친 부담이 되지 않을 수 없다.

세계 석유회의에 참석한 모든 사람이 이러한 메시지를 즐거운 마음으로 듣지는 않았을 것이다. 왜냐하면 브룬트란트는 시장의 마술에 저항하며 모든 경영의 사회적 통제를 요구했기 때문이다. 그녀의 주장에 따르면 "우리의 세계 공동체를 안정되고 평화로우며 발전된 모습으로 이끌고 가는 보이지 않는 손이란 존재하지 않는다."

이 개방적이고 교양 있으며 의연한 노르웨이 여인은 세계 석유회의에 참석한 다른 엘리트 남성 집단에게 그들 모두 각자의 생존에 대한 관심에서라도 석유산업에 대해 큰 책임을 지고 있다는 사실을 인식시켜주었다. 브룬트란트는 '인간정신의 무한한 잠재력'에 대한 신뢰를 바탕으로 부에노스아이레스에서 표방된 자카르의 기본 사상을 다음과 같이 재치 있게 인용했다. "우리에게 복지를 가져다주는 것은 석유나 천연가스 같은 천연자원 자체가 아니라, 우리가 이 자원을 사용하는 방식이다."

이러한 브룬트란트의 연설과 관련, 1997년 10월 베이징에서 열리게 될 제15차 세계 석유회의의 조직위원회 위원장인 왕타오에게 석유관계자 모두를 중국의 수도에 초청하는 것이 그렇게 마음 편한 일만은 아니었을 것이다. 그러나 그는 주어진 지침들을 준수할 것임을 확언했고 중국을 '긴 역사와 문화를 가진 개방적인 나라'라며 칭찬했다. 그는 또한 1949년 중화인민공화국 건국 이후 중화민국이 소금시추의 전통을 바탕으로 세계의 가장 중요한 석유생산 국가 중 하나로 성장했음을 강조했고, 이로써 '거대한 시장'으로 다른 국가들을 유혹했다.

세계 석유회의 관계자들 중 기술자와 법률가 그리고 경제학자들은 스타방거에서의 중국의 이러한 등장에 귀를 쫑긋 세웠을 것이다. 왜냐하면 석유관계자들은 중국이 단 하나의 석유매장지만 소유하고 있는 것으로 알고 있었기 때문이다. 그 지역은 다름 아닌 다킹('대운'이라는 뜻) 지역이다. 이곳은 중국의 중심지로 그 크기가 약 5천 평방미터에 달한다. 그곳은 1959년에서야 소련의 도움과 함께 왕귀민의 지휘 아래 개발이 시작되었다. 마오쩌둥이 소련 전문가들을 강제로 철수시킨 후 왕귀민은 오늘날까지 가장 어려운 기술적·정치적 그리고 기후적 조건 아래서 한 편의 석유역사를 만들어냈다. 이것은 특별히 연대기적으로 서술될 만한 역사로서, 멀리로는 베이징의 북동쪽에서 가까이는 하얼빈 시에 해당되는 역사다.

홍수가 났던 1964년 이후 2차적인 채굴조치를 통해 생산량이 증가하면서 이 지역에 3만 번 이상의 시추가 있었다. 그러나 이것은 예외적인 현상이었으며, 세계 석유회의 법률가들은 계약에 관한 법률이 존재할 때만 비로소 하나의 판로가 진정한 시장이 될 수 있음을 너무나 잘 알고 있었다. 게다가 왕타오 동지가 매혹적인 유혹의 공세를 날렸음에도 석유관계자들 중 민주주의자들은 아직까지도 1989년 7월 4일 베이징에서 일어났던 일을 잊지 못하고 있는 것처럼 보였다. 그때 천안문 광장에서 대학생들은 인권과 의회민주주의 그리고 사회주의 시장경제를 요구했다. 그러나 스탈린주의 성향을 지닌 리펭에게 이러한 행동은 너무 지나친 것이었다. 그래서 그는 발포명령을 내렸던 것이다.

이러한 중국의 폭력적 방식을 알고 있는 상황에서 누가 그곳에서의 당면문제를 해결하기를 기대할 수 있었겠는가? 물론 10억 이상의 중국인들을 상상하면 자동차산업 대표자들의 마음이 후끈 달아오를 수도 있을 것이다. 그러나 충분한 임금을 받지 못해 구매력이 없는 사람들은 고객이 될 수 없다. 게다가 세계 석유회의의 교통전문가들과 환경전문가들은 중국의 열악한 도로에서 나타나게 될 미래의 무제한적인 동력화에 대한 열기를 아주 회의적인 시선으로 바라보았다. 중국은 이미 개별 교통수단을 마구 사용한 미국이 저지른 바 있는 바로 그 잘못을 다시 반복할 위험에 처해 있기 때문이다.

결국 중국에서도 1990년대 초에 관례적인 동력화가 시작되었을 뿐만 아니라, 더 나아가 중국의 석유수입량은 "1999년 11월에서 2000년 11월 사이에 무려 41% 증가했고"(레게트) 그 이후에도 많은 수요 때문에 계속 늘어나는 추세다. 하루 세계 석유소비량인 7,500만 배럴 중 이미 6%를 중국이 차지하고 있는데, 그로 인한 부작용들은 특히 중국의 대도시들에서 확인할 수 있다. 독일에서 개발된 자기부상열차를 상하이의 환경친화적인 근거리 교통수단으로 사용하려는 2000년 베이징에서의 결정이 세계 석유회의의 영향을 받은 것인지는 정확히 답하기 힘들다. 그러나 베이징의 고집불통들에게조차 중국의 미래가 환경보호와 함께 시작되어야 한다는 인식이 자리 잡기 시작한 것처럼 보인다. 이것은 또한 1987년 이후 개최된 모든 세계 석유회의들의 주요 테마기도 하다.

석유회의가 그 역사적 발전 과정에서 1933년 이후 석유계의 개선과 인류의 기술적 진보를 위해 고무적인 역할을 했을지라도, 다른 한편 그것이 전문가 집단의 토론장으로서 가지는 한계 때문에 한 국가나 석유회사를 법적으로 구속할 수 있는 어떤 결정도 내리지 못하고 아무 것도 관철시킬 수 없었다는 사실을 간과해서는 안 될 것이다.

그러나 이러한 제약성이 있음에도 이 기관은 여전히 기술적인 표준을 계속적으로 규범화하고 세계에 대한 지식을 다듬어나가기 위한 가장 중요한 기반 중 하나로 남아 있다. 여기에서는 석유를 연료로만 보는 것이 아니라 치료수단으로 간주하기도 한다. 즉 '생활과학'에서 석유는 이미 여러 차례 '신경제'의 한 부분으로서 병든 세계를 위해 사용된 바 있다.

스코틀랜드의 애버딘에서 열린 회의에서도 세계 석유회의는 아주 참여적인 성찰의 태도를 보여주었는데, 이것은 새로운 석유질서를 위한 근본적인 조건이라고 할 수 있다. 이러한 새로운 석유질서의 확립은 자연은 위임받은 것이라는 의식 없이는 생각할 수 없다. 이 경우 사람들은 아직 많은 가격 및 생산위기들을 극복하는 것이 필요하다는 것을 분명히 의식하고 있다. 바로 이러한 것이 전제가 되어야만, 우리가 추구해온 공급과 수요, 업스트림과 다운스트림 또는 지구 북쪽과 남쪽 사이의 조화로운 균형은 미래를 보장할 공정한 토대 위에 서 있을 수 있게 된다.

그러나 법률가 카를 슈미트는 언젠가 2차대전 후인 1947년에 학술예능공로 훈장 수상자이자 작가인 윙어에게 자신의 경험을 토대로 위에서 언급한 조화로운 균형이 갖고 있는 문제점을 이렇게 설명한 바 있다. "현대기술이 만들어낸 인위적인 천국은 끊임없이 기능하는 것을 목표로 하고 있다. 만일 이러한 기능이 단전이나 가스공급 차단 또는 송유관 파열 등으로 중단된다면, 그 즉시 이 천국은 생지옥으로 변해버릴 것이다."

15

종말로 향한 지옥행?

미래의 꿈에 대해서는 여전히 불협화음이 악영향을 미치고 있다. 이것은 주로 새로운 조지 W. 부시 미국 정부의 라인에서 생겨나고 있다. 별로 성공을 거두지 못한 전직 석유관계자인 부시는 경기침체에 직면하여 여전히 '구경제'의 정서를 대변하고 있다. 다시 말해, 그는 국가나 세계의 환경이 파괴되는 대가를 치를지라도 굴뚝은 연기를 뿜어야 한다는 입장을 표명하는 것이다. 반면 "유럽에서는 하나의 혁명이 진행 중이다." 세계 최초의 자동차 대량 생산자인 포드가 이미 백 년 전에 소망했던 것이 마침내 자동차 생산자들에 의해 기술적으로 이행되려고 하는 것이다. 그 소망은 다름 아닌 '신이 내려준 자유로운 자연과 깨끗한 공기' 속에서 드라이브를 즐기는 것이다.

모든 에너지의 불변은 전체로서의 우주가 항구적으로 팽창함에도 그 안에서 어떤 것도 사라지지 않도록 해준다. 이것은 우리 지구에서도 마찬가지다. 그러나 이러한 확신도 우리에게 큰 위로가 되지는 못한다. 특히 모든 사용 가능한 광물들, 즉 석유, 천연가스, 석탄, 이탄, 목재 또는 유기물질이 일산화탄소나 그 밖의 다른 유독물질로 변하게 될 때는 더욱 그러하다. 이러한 전이현상은 지구 인구가 머지않아 백억에 도달한다고 할 때 역사적인 시간 내에 가능해질지도 모른다.

지구의 기후 및 환경 상황에 대한 토블라흐(Toblach)의 테제(이탈리아의 남티롤 지방에 위치한 아름다운 마을 이름. 이곳에서 열린 회의에서 환경친화적인 경제운용을 주장하는 열 개의 명제가 채택되었다—옮긴이)는 이미 오래 전부터 유기물질과 금속물질(우라늄)의 무분별한 무제한적 연소로 인해 머지않은 시기에 생태계의 붕괴가 일어날지도 모른다고 경고하고 있다.

이러한 심각하고 염려스런 결과는 '월드 워치'와 같은 다른 기관들에서도 계속 제시되고 있다. 이러한 예측이 꽤 믿을 만한 측정방법과 분석 그리고 모델에 기초해 있을 때, 여기에서는 '석유의 저주'라는 구호 아래 때때로 신랄한 비판이 동반되기도 한다. 학문적인 문화염세주의에서 유래된 이 비판은 이미 허턴이 1795년에 힘들게 밝혀낸 지구의 이중적 지위에서 출발하고 있다. 이에 따르면 '지구는 물리적인 과정에 의해 진행되는 메커니즘이자 동시에 특정한 목적을 위해 형성된 대상'으로 파악될 수 있다는 것이다.

이러한 관찰방식은 여전히 지구와 자연이 인간을 위해 창조되었다는, 즉 최종적 목적에 사용되어야만 한다는 아리스토텔레스적인 견해의 영향을 받고 있다. 종교 역시 이와 유사한 방식으로 세계를 바라보고 있다. 왜냐하면 그것은 신의 창조를 이야기하고 인간이 원죄를 통해 악과 자기파괴적인 힘에 내맡겨지게 되었다며 최초의 인간에게 굴레를 씌우고 있기 때문이다. 특히 목사의 아들인 오스발트 슈펭글러는 유기적인 순환 모델에 의해 세계사적인 관점들을 구상하려고 시도할 때 이러한 사고방식을 사용한다. 이 유기적인 순환 모델은 천 년 주기를 따르는데, 이것은 문화적인 가치들의 붕괴 이후 불가피하게 '서구의 몰락'을 낳을 것이라는 것이다.

슈펭글러가 1918년에서 1922년까지의 자신의 생각을 모아 성공적으로 출판한 이 책은 미국 엘리트들의 관심을 끌기도 했다. 물론 그들이 슈펭글러의 책에 관심을 가진 이유는 슈펭글러와는 전혀 다른 이유에서였다. 왜냐하면 록펠러를 비롯한 여러 사람들에게 그 사이 전략적인 물질로 분류된 석유가 빠른 시기에 고갈될 수 있으며 그것이 제대로 사용되기도 전에 자신들의 문명을 파괴할 수도 있을 것이라는 두려움이 만연해 있었기 때문이다. 미국에서는 석유가 더 이상 흘러나오지 않게 되면, 미국이 조만간 정치적·경제적·기술적·군사적 또는 문화적인 특권을 상당부분 상실하게 될 것이라는 감정이 널리 유포되어 있었다. 그 때문에 미국 자본주의의 소위 유일한 원동력이라고 할 수 있는 베버의 '프로테스탄트 윤리' 이상으로 석유보존 및 채굴의 노력들이 활성화되었다.

1941년 미국 내무부 장관 해럴드 이키스에 의해 극화된 〈파이틴 오일〉이나 1944년 석유의 상실을 경고하는 H. 페이스의 투쟁서 『석유와 미국의 외교정책』에서는 그 밖의 무수히 많은 다른 글들에서와 마찬가지로 석유에 대한 일종의 범국민적 노이로제가 나타나고 있다. 즉 석유와 석유생산품이 없다면, 자동차와 비행기 숭배의 자유도, 세계 최대 함대보유국이자 세계적 강국으로서의 미국의 영향력도 사라질 것이라는 것이다. 다이애나 올리엔과 로저 올리엔은 2000년에 나온 연구서 『석유와 이데올로기』에서 미국 엘리트의 마음속에 있는 이러한 당혹감을 올바르게 지적한 바 있다. 이러한 당혹감은 지금도 여전히 영향을 미치고 있다. 또한 이로부터 왜 미국 정부가 특히 헤이그 정상회담 이후 기후회의의 추천 수용과 1990년의 '깨끗한 공기를 위한 활동' 이후 중요한 후속조치의 계속적 수행을 거부하고 있는지 그 이유를 설명할 수 있을 것이다. 그리하여 사람들은 건강을 해치는 미국적 해악인 담배연기는 엄청난 노력을 들여 반대하면서도, 자동차나 세금이 면제된 비행기에서 나오는 뿌연 연기에는 입을 다무는 것이다.

　미국사람들은 자신들의 소비사회를 '신이 사는 나라'라는 말로 즐겨 부르곤 한다. 이 나라에서는 자유로운 이동을 확고히 보장하려면 석유가 사용되어야 한다는 믿음이 깊숙이 자리 잡고 있다. 이러한 태도는 오랫동안 서유럽이나 북유럽에서처럼 미국이 갔던 길을 진보로 생각하는 곳에서도 뿌리를 내렸다. 이러한 곳에서는 자동차를 타고 다니는 것을 존재의 목적처럼 생각하고 있다. 그런데 이제 이러한 자동차의 범람이 산업국가의 대도시들에서는 "교통마비"(베스터)를 일으킬 지경에 이르게 되었다.

　그럼에도 그룰이 슈펭글러의 문화비평적 의미에서 떠올린 머지않은 '종말로 향한 지옥행'이라는 공포의 시나리오는 단지 제한적으로만 받아들여지고 있다. 1992년에 출간된 『무(無)로의 천상여행』이라는 흥미로운 제목을 단 그의 책 역시 "자연을 파괴하는 경제적 동물"(베버)로서, 거기에서 아무런 교훈도 끌어내지 못하고 있는 게으르고 오만한 인간에 대한 분노를 표시하고 있다. 이 책에는 반어적으로 다음과 같이 쓰여 있다. "누구도 제약을 받아들일 필요가 없다. 아니 그 정반대다. 석유위기 이후 더 큰 자동차들이 팔렸고, 사람들은 더 멀리 떨어진 휴가장소로 날아가고 있으며, 계속해서 우월한 힘에 맞서 용감하게 싸우고 있다."

그러나 이러한 흥분에는 절반의 진실만이 담겨 있다. 왜냐하면 1973년에 석유위기가 없었고 인플레이션을 조정하는 유가상승만이 있었다는 점을 제외하면, 절약에 대한 강박관념 속에서 특히 유럽 산업국가들에서는 몇 가지 점에서 개선이—물론 그것이 낙관주의자들에게조차 충분한 것으로 여겨지지는 않았다고 할지라도—이루어졌기 때문이다.

기술발전의 희망적인 예로 여기에서는 다음과 같은 기술발전 과정이 단 한 세대 내에 이루어졌다는 사실만 생각해보면 될 것이다. 즉 이와 같은 짧은 시기 내에 장작불에서 석탄난로를 거쳐 가스렌지로 넘어간 후, 이제는 지열과 태양전지 및 풍차를 이용한 전류를 사용하는 전기렌지로의 발전이 이루어진 것이다. 따라서 자연적이고 인간다운 방향으로 이루어진 이러한 개별적이고 집단적인 변화가 기술에 대해 어떤 낙관적인 관계도 가지고 있지 않은 실망에 찬 문화비평가들에 의해 시시한 것으로 평가 절하되어서는 안 될 것이다. 왜냐하면 이러한 노력에서 또한 전문지식을 이용해 유해한 상황에서 빠져나오고 거기에서 생겨나는 종속관계를 극복하라는 칸트의 요구가 표현되고 있기 때문이다. 이 경우 그는 인간이 충분히 숙고하되 우월한 태도를 잊어서는 안 된다고 주장한다.

이와 같은 평생 학습의 조건 아래서만 인간은 기술의 노예가 아닌 주인으로 남게 된다. 오직 이러한 준비만이 역사적으로 뒷받침되고 미래지향적인 성과로 나타나게 되는데, 이러한 태도는 계속 권장되어야 할 것이다. 이러한 요구는 특히 독일인들에게 해당된다. 왜냐하면 독일의 엘리트들과 소비자들은 석유와 가스 그리고 원자력의 세계사에서 특별한 역할을 해왔기 때문이다.

1763년부터 작센에 있는 프라이베르크 광산학교에서 아그리콜라의 전통을 계승하여 그의 광산학을 실용적으로 적용할 수 있는 학문인 지질학으로 변화시켰던 사람들은 주로 독일 전문가들이었다. 독일의 선구자들은 1785년 이후 유럽에 있는 석유, 소금, 석탄과 광석에 대한 포인트시추의 방식으로 광업의 새 시대를 열어 나가는 데 성공했다. 이것은 오늘날 의학에서도 사용되는 혁명적인 방법이었다. 의학에서는 외과의사가 더 이상 몸의 절반을 개봉하는 대신, 국부마취 후에 특별한 존데를 사용해 정확한 지점을 골라 수술을 시행하게 된다. 1901년 이후 암반시추에서 회전시추로 시추방식이 역사적으로 변화하게 된 결정적인 계기는 중부유럽에서 생겨났는데, 이것은 이러한 기술적 성과를 최적화하기 위한 것이었다. 이 회전시추 방식은 오늘날까지도 다른 방식으로 대체되지 않고 있으며, 단지 수평시추 방식으로 보완되었을 뿐이다. 레이저를 이용해 돌을 녹이는 최근의 실험들이 강력한 회전시추기술을 실제적으로 완전히 대체하기에는 어려움이 있었다.

석유화학의 탄생은 스웨덴, 영국, 프랑스 그리고 이탈리아 출신의 화학자들에 의한 중요한 예비작업이 있은 후, 1861년 케쿨레가 벤젠 고리를 발견함으로써 비로소 가능해졌다. 처음에는 다른 이름으로 불렸던 석유화학은 1863년 이후 바이어, 회히스트 또는 바스프와 같은 독일 기업의 도움으로 세계적인 거대산업으로 확장될 수 있었다.

석유화학은 처음에는 독일에서 생산된 콜타르에 의해 그 자원이 조달된 후, 석유와 천연가스를 토대로 하이켐으로 발전했다. 이것은 세기 전환기에 근본적인 변화를 겪게 된다. 즉 석유를 연료로 간주하는 것이 아니라 치료제로 사용하는, 근본적인 내부 변화를 경험하게 되는 것이다.

독일 기술자들은 1867년 이후 사용 가능한 가스엔진과 가솔린엔진 그리고 디젤엔진을 고안해냈으며, 1885년에는 첫 번째 자동차를 만드는 데 성공했다. 이러한 기술적 혁신은 그 이후 전 세계적으로 자동차 산업을 발전하게 했으며, 지금은 자동차 연소의 시대에서 지능적이고 환경친화적인 동력장치를 개발하는 새로운 국면으로 접어들고 있다. 이제 염산과 전기모터가 없는 연축전지뿐만 아니라 연료전지도 개발되고 있는데, 이것은 미래에 메르세데스 벤츠와 같은 고급상표의 차를 움직이게 될 것이다―물론 배기가스를 방출하지 않고서.

또한 에너지 사용의 역사에서 에너지 불변의 법칙(1842)과 핵분열의 법칙(1938)을 발견하는 데 독일의 연구 성과들이 많은 기여를 했음을 확인할 수 있다. 에너지 사용의 역사를 살펴보면, 인류에게 유용하기도 하고(예: 전류) 해가 되기도 한(예: 핵폭탄) 현대기술의 양면성이 나타날 뿐만 아니라, 이러한 기술적 성과가 미국 쪽으로 옮겨가고 있음을 알 수 있다. 쉽게 말하자면, 미국은 기술적 성과로부터 세계 안보정책의 도구를 만들어냈던 것이다.

그러나 기술이 궁극적으로 경제적 수단일 뿐만 아니라 정치적 수단이 되기도 한다는 점을 고려할 때, 우리는 기술이 갖는 이러한 정치·경제적 구속성을 무시해서는 안 될 것이다. 특히 기술 분야에서 자주 볼 수 있는 초기 투자의 막대한 자금이 국가의 세금으로 충당될 때는 더욱 그러하다. 19세기 프로이센 국가의 재정지원 및 미국에서의 세금혜택을 바탕으로 이룩된 광업과 시추기술의 발전은 석유역사의 정치적·법적 차원을 충분히 입증해준다. 이러한 점을 고려하여 이 책에서는 석유의 역사를 통합적으로 규명하고 각 분야의 상호의존성을 통해 기술하려고 시도했다.

이러한 상호의존성에 기여하는 것으로는 무엇보다 언론을 들 수 있다. 특히 인쇄술의 성과라고 할 법한 신문이 지식전달과 여론형성을 위해 큰 몫을 하고 있다. 물론 이것은 진지한 것으로 간주되는 신문일 경우에만 그러하다. 특히 이중 몇몇 신문들은 학자들이 분리시켜 놓곤 하는 전문 분야들 간의 상호작용을 지적하는 것을 중요하게 여기고 있다.

그래서 2001년 3월 1일자 프랑스 일간지 『르몽드』의 제1면에서는 "정치와 경제가 삶의 모든 다른 활동과 마찬가지로 서로 연결되어 있다."는 드골 장군의 견해가 소개되면서, 그의 권위가 세워지기도 했다. 경제학자이자 사학자인 니콜라 바브레는 이러한 인용문을 통해 세계경제의 균형붕괴와 관련, 유럽 중앙은행의 역할과 구조를 지적한다. 그는 자신의 분석을 위해 1997년 러시아 위기와 조지 W.부시가 지배하는 미국 새 정부의 현재 조치들을 근거로 들기도 한다. 부시 정부는 지금의 경기침체를 2001년 1월 이후 세금감면과 금리인하 정책으로 대응하려 하고 있다. 그러나 바브레는 주된 초점을 은행에 맞추고 있는 자신의 비판에서 세계경제의 기초라고 할 수 있는 석유의 영향에 대해서는 다루지 않고 있다. 그 대신 이에 대한 언급은 이 좌파 자유신문의 다른 난에서 발견된다.

이 신문은 「2000년도 기업의 역사적 이윤」에 관한 보고에서 특히 세계에서 네 번째로 큰 석유 콘체른인 프랑스와 벨기에 합작회사 토탈 피나엘프의 이윤을 보도하고 있다. 이 회사는 성공적인 합병 이후 거의 5백억 프랑 또는 76억 유로의 이윤을 남기는 자랑스러운 결과를 제시할 수 있었다. 그러나 이러한 결과는 회사 자체의 업적을 통해서보다는 두 개의 본질적인 외부요소들에 의해 달성되었다. 이 외부요소란 다름 아닌 '지난해 배럴당 원유가격의 두 배 가까운 인상과 달러의 상승'이었다.

일상적인 사업과 관련된 이러한 언급만으로도 이미 개별 기업과 범세계적인 구조를 지닌 국가경제와의 효과적인 연결구조가 잘 나타난다. 그리고 여기에 참여하는 모든 기업들은 자신들의 생산기준을 반년마다 세계 석유수출국기구가 빈에서 제시한 석유생산 표준지침에 맞추도록 조정해야 한다. 『르몽드』의 독자는 올해 3월에 북해 산 '브렌트'가 25달러 77센트에 미국산 '라이트 스위트'가 28달러로 거래되고 있으며, 이것은 1월 이후 배럴당 최저 가격이라는 것을 알 수 있을 것이다. 이렇게 된 이유는 석유수출국기구 사무총장 알리 로드리게스가 이미 다음해에 국가 카르텔의 생산 제한을 예고한 바 있고 이로써 다시 가격상승을 예상하게 만들었기 때문이다.

물론 다른 신문들도 관심 있는 독자를 위해 이러한 석유에 관한 정보를 제공하고 있다. 그러나 『르몽드』만의 특별한 점이 있다면, 『르몽드』가 2001년에 94세의 나이로 카라카스에서 죽은 특별한 한 남자의 일대기를 기록하고 있다는 점이다. 그는 문학, 경제, 법학, 정치 그리고 윤리를 결코 대립적인 것으로 내세우지 않았고 이 다섯 분야를 통합했으며, 스스로도 상원의원, 장관, 신문 편집자(『엘 나시오날』[El Nacional] 신문), 기자 그리고 소설가로 활동했다. 이것은 자기 나라의 풍부한 석유자원에서 생긴 수입을 국민의 재산으로 현명하고 공정하게 투자하기 위한 것이었다. 이 사람의 이름은 다름 아닌 피에트리였다.

위의 언급에서 이미 알 수 있었듯이, 피에트리는 긴 생애 동안 정치적으로 종종 실패를 맛보았으며, 1963년의 대통령 선거에서도 고배를 마셨다. 그러나 그가 '베네수엘라의 양심'이라고 불린 것은 전적으로 타당했다. 왜냐하면 그는 경제적 오류와 사회적 궁핍으로 가득 찬 과거의 착취에 맞서 불굴의 위임정치 입장을 취했기 때문이다. 독일과 코르시카 혈통인 피에트리는 검은 돈이 로페즈 드 아귀레와 같은 모험가들의 손에 악용되는 것을 참지 못했다. 그래서 아귀레는 '엘도라도로 가는 길'에 있는, 피에트리의 소설 주인공으로 등장하게 된다. 그런데 이 아

15. 종말로 향한 지옥행?

귀레가 간 길은 다름 아닌 환영을 쫓아 나선 긴 행군이었던 것이다.

세계 석유역사에서 피에트리와 같은 사람들이 더 많이 존재했더라면, 많은 지역적·국가적 그리고 세계적인 폐해들을 막을 수 있었을 것이다. 그러나 이제는 그에 대한 기억만이 그가 지닌 정신 속에서 활동하라는 큰 자극제로 남아 있을 뿐이다. 실제로 몇 년 전부터 일본 자동차 콘체른 도요타가 그러한 것을 계획해오고 있다. 도요타는 혼성자동차와 전기자동차 같은 시스템으로 세계의 가장 큰 자동차 시장에서 모습을 드러내고 있으며, 배기가스를 없애는 프로그램으로 캘리포니아의 엄격한 환경법률도 이행하고 있다. 캘리포니아 주는 시련을 겪은 것 이상으로, 석유우상화와 기계숭배 그리고 진보라는 물신주의로 인해 지은 죄값을 받아야만 했다. 즉 극적인 물부족 현상뿐만 아니라 부차적으로 계획적인 전기공급 차단의 고통까지 겪어야 했던 것이다.

소금기가 많은 물이나 기름투성이가 된 물을 정화하고 그것을 다시 마실 수 있는 물로 만들기 위해 단순하면서도 아주 효과적인 방법을 찾아나가는 과정에서, 초정밀 여과장치가 개발되었다. 이 경우에 특별한 진동판과 공간절약형 배관체계의 도움으로 효과적인 염분제거만이 성공적으로 이루어지게 된 것은 아니다. 더 나아가, 그 사이에 기술이 고도로 발전하여 전 세계적으로 사용되고 있는 정화시설은 '석유로 인한 응고나 석유를 함유한 폐수를 처리하기 위해' 성공적으로 사용되기에 이르렀다. 울리히 폰 뮐리우스도 이 사실을 입증한 바 있다. 그는 이 기술을 선전하기 위해 스위스로부터 전 세계를 끊임없이 돌아다니고 있다.

그룰이나 다른 비평가들은 특히 태양열에너지의 영역에서 이루어진 이러저러한 성과들에 대해서는 거의 언급하지 않고 있다. 왜냐하면 환경파괴자들과 산업체 그리고 심지어 정치체계의 태도에서 이제 나타나고 있는 근본적인 개선점들은 이들이 표방하는 문화염세주의에 맞지 않기 때문이다. 그러나 이러한 문화염세주의의 학문적 대변자들은 자기 스스로를 더 이상 변화시키지 않기 위해 어떤 '몰락에 대한 욕망'을 키워나가고 있다. 이들의 견해에 따르면, 결국 세상의 곤경에 대해서는 항상 다른 사람들의 책임이 있을 뿐이다.

그러나 이러한 문화염세주의의 영향에도 지금까지 이룩한 성과는 '미국의 거대 석유업계'의 반대세력인 '빅 그린' 외에 미국에서 성장하고 있는 공동체주의의 공적으로 돌릴 수 있을 것이다. 수탁적이고 자유주의적인 태도를 지닌 이 단체는 양도할 수 없는 인권의 수호를 위해 개인에게서 모든 생활 영역과 노동 영역에서 일어나는 손해방지를 위한 공동체적이고 초시대적이며 윤리적인 의무를 기대하고 있다. 개인숭배 및 독립성에 대한 숭배로부터 이와 같이 전환하면서, 이제 점점 호전적인 성격을 띠게 된 반 흡연 캠페인도 생겨나게 되었다. 이로 인해 몇몇 법정에서는 손해배상 판결도 내려지게 되었는데, 그 손해배상 금액은 이미 천억 달러를 넘어섰으며 이 경우 원인제공자 책임 원칙을 판결 기준으로 삼고 있다.

이러한 태도가 유럽이나 아시아의 소비자 정서에는 과장된 것처럼 느껴질 수도 있다. 그러나 이러한 태도의 이면에는 개개인들이 스스로나 사회에 대해 지고 있는 책임의 규율이 숨어 있다. 손해를 입게 될 제3자를 고려하며 이러한 상호성의 태도를 개별적인 경우에서 실행하는 것이 얼마나 어려운가 하는 것은, 소비자가 자신의 개인적인 주변 환경에서 환경친화적인 태도로 전환하며 환경오염의 원천인 연소물질들을 포기해야 할 때 잘 나타난다. 이러한 개인주의적인 태도는 라이터나 담배로 시작되어 가스렌지로 계속되며, 석유난방이나 휘발유와 디젤엔진을

15. 종말로 향한 지옥행?

사용한 자동차로 이어진다. 설령 이보다 값싸고 더 나은 대안이 있다 할지라도 이러한 것들이 사용되는 것이다.

이러한 프로메테우스 신드롬에서 해방될 수 있는 사람은 근본적으로 좀 더 의식적으로 사는 사람이라고 할 수 있다. 그렇다고 해서 이러한 사람이 원자력발전에 의해 생산되는 전류와 그로 인한 위험의 막다른 골목에 처해서는 안 될 것이다. 그러한 상황은 1986년 체르노빌의 초대형 방사능 유출사고에 의해 발생한 바 있었다. 이제 이러한 상황이 다시 발생해서는 안 될 이유는 이러한 에너지 생산의 명백한 오류에 맞서 이미 오래 전부터 또 다른 기술들이 생겨나고 있기 때문이다. 구체적으로 살펴보면, 2000년도 올림픽 개최도시인 시드니의 올림픽 선수촌 전체에 전력공급을 해준 태양열에너지의 사용 증가를 제외하면, 기술적이고 생태학적인 관심은 점차적으로 지열에 집중되고 있는 추세다.

지열은 이미 1904년에 이탈리아의 라르다렐로에 있는 지열발전소에서 성공적으로 시험된 바 있고, 지금은 아이슬란드의 포괄적인 국가 에너지 프로그램에서 이 섬나라를 석유와 천연가스에 대한 의존에서 벗어나 에너지 독립을 할 수 있도록 만들어주었다. 그러나 지열은 정치가들 사이에서는 여전히 너무 적은 관심을 받고 있어서 에너지 사용 합의를 위한 대화에서는 단지 부차적으로만 언급될 뿐이다. 에너지 문제에 관심이 있는 정치가들조차도 지열의 기본 조건에 대해 제대로 알고 있지 못한 상황에서 이것은 결코 놀라운 일이 아니다. 그리하여 적극적인 원자력 사용지지자이자 전 바이에른 경제부 차관인 오토 셰들은 1985년에도 여전히 고등학교 수업용 백과사전에서 지열의 경우 "지하 33미터의 깊이에서 평균온도가 섭씨 11도에 달한다."는 주장을 한 것이다.

이러한 조건이라면 3백 미터 수평시추조차 가능하지 않을 것이다. 왜냐하면 만일 그것이 사실이라면, 일반적인 점토-담수 헹굼장치는 그 자리에서 증발해버릴 것이기 때문이다. 여기에 인쇄 오류가 있어 '섭씨 1도' 대신 그것의 열한 배인 섭씨 11도로 기록되었을 수 있다는 가정은 이어지는 셰들의 진술에 의해 반박된다. "지열이 풍부한 곳은 팔츠에 있는 란다우 근교의 아이펠과 우라흐 근교의 슈바벤 지역의 알프 및 헤가우와 베스터발트 지역뿐이다."

셰들은 에너지 소비에 대한 자신의 견해를 표명했을 때 이전의 화산지역만을 고려한 것이 분명하다. 그는 지하 백 미터에서 3도에 달하는 지열의 온도가 저지대인 북부독일과는 조금 차이는 있지만 유럽의 모든 다른 지역에도 해당된다는 것을 알지 못한 것이다. 반면 지열의 온도는 아프리카에서는 절반쯤 더 낮은 것으로 나타나고 있다.

이미 검증된 방법들에 따라 완전히 다 퍼내어 텅 빈 유전을 2천 미터까지 계속 파내려 가면, 물이나 안으로 집어넣은 공기를 이용해 지열을 표면에서 터빈과 발전기로 옮길 수 있게 된다. 만일 지열 프로그램을 실천한다면, 독일에서는 완전히 시설을 새로 갖춘 메켈펠트 남부지역만으로도 한자 도시(한자동맹에 가입한 독일 도시를 지칭. 한자[Hansa]동맹은 중세 중기 북해 발트 해 연안의 독일 여러 도시가 뤼베크를 중심으로 상업상의 목적으로 결성한 동맹이다—옮긴이) 함부르크에 1차에너지 내지 발전기 전류를 공급할 수 있을 것이다. 마찬가지로 플뢴 동부지역 역시 뤼베크에서 킬에 이르는 광활한 지역에 에너지 공급을 할 수 있을 것이다. 또한 이와 유사하게 베르크회펜에서 크네제베크에 이르는 파이네-기프호른 지역에 다른 광물이 다 고갈된 상태에서 석유의 채굴이 완료된 유전인 레르테 지역이 지열을 이용하여 하노버-브라운쉬바이크-잘츠기터-볼프스부르크에 이르는 거대 지역의 에너지 및 연료수요의 상당부분을 공급해줄 수 있을 것이다. 이것만으로도 지열의 네트워크가 발전될 수 있을 것이다. 이 네트워크는 엠스란트의 게오르크스도르프 주변 지역에서부터 루르 지역에까지 이르는데, 이것은 라인 골짜기 하천지역에서는 엘자스에 있는 란다우, 하일브론, 슈토크슈타트 그리고 페헬브론 주변에 있는 이전의 유전들을 다시 활성화시키고 있다. 즉 그것은 인구밀집 지역인 라인-마인 강이나 네카 주변 지역의 주요 에너지 공급원으로 기능하고 있다. 반면 모라세 지역에 있는 수많은 작은 유전 및 가스발생 지역들은 수백만 인구도시인 뮌헨에까지 지열을 공급할 수 있을 것이다.

물론 이것이 환상에 지나지 않을 수도 있다. 그러나 '신경제'가 제시한 그러한 가속적인 발전을 고려해볼 때, 이러한 환상을 실제로 현실화시키는 것은 현실성이 있다. 이를 이해하기 위해서는 고전적인 구경제의 대표적인 세계 양대 콘체른인 브리티시 석유와 로열-더치셸이 10년 사이에 혼합에너지 사용으로 전환했다는 사실만 한번 생각해보면 될 것이다. 왜냐하면 이들은 그 사이에 석유와 가스를 절약하기 위해 그들의 주유소 지붕에 태양전지를 장착해놓고 있기 때문이다.

그러나 이러한 미래지향적인 혁신이 있었음에도 전통적인 석유회사는 여전히 존속해 있다. 물론 이 경우에도 특히 셸에서처럼 변화가 이루어지기는 했다. 이들은 1990년대 중반까지만 해도 스스로를 '비정치적인' 세계 콘체른으로 간주했고, 자신들이 활동하는 영역 주변의 정치적·사회적 영역에는 개입하지 않았다. 그러나 작가 켄 사로 위와의 죽음과 나이지리아 델타 지역의 환경문제와 같은 나이지리아 독재정권에서 일어난 억압적인 사건들은, 미래에는 기술적인 능력 이상의 것을 제시하도록 요구했다. 이제 기업철학은 유럽과 아메리카에 있는 자신들의 고객들로부터 도덕적인 인정을 받는 것을 지향하게 된다. 이에 따라 인권과 사회주의 시장경제 및 석유산업은 더 이상 서로를 배제하거나 서로 맞서 싸워서는 안 되게 되었다.

석유산업의 이러한 새로운 차원들이 얼마나 중요한지는 앙골라가 처한 상황에서 잘 나타난다. 1975년에 독립한 포르투갈의 식민지 앙골라는 1968년의 첫 번째 석유채굴 이후 지구상에서 석유와 광물이 가장 풍부한 지역으로 간주되고 있으나, 연이은 내전을 경험한 까닭에 "지상의 지옥"(J. L. 앤더슨)으로 간주되고 있다.

  앙골라 정부를 조소하는 사람들은 카빈다에 이르는 연해 유전지역을 지닌 해안 영역을 '셰브런 공화국'이라고 부른다. 그곳에서 활동하는 석유회사들은 앙골라 내부의 분쟁에는 관여하고 있지 않지만, 이 파탄에 빠진 나라의 당시 대통령인 호세 에두아르도 도스 산토스는 석유 수입 없이는 국민의 희생을 바탕으로 하는 부족주의적 자립주의 체제를 운영할 수 없었을 것이다. 이러한 체제를 운영하는 그는 마르크스주의에 바탕을 둔 앙골라 인민해방운동 노동당(MPLA)의 지도자이자 이전의 석유기술자로, 바쿠에서 직업교육을 받은 바 있었다. 이 나라는 옛 산유국인 베네수엘라와 유사하게 국민의 80%가 경제적으로 비참한 상태에 살고 있는데, 이 나라의 경제를 완전히 망쳐놓은 '소수의 귀족'을 제외하고는 모두 몇몇 일족들이 행하는 공포정치를 감수해야 했다.

  이곳에서 석유는 곡물이나 석탄과 같은 선적화물일 뿐, 여러 종족으로 이루어진 한 민족의 미래를 보장해줄 수 있는 자원이 아니다. 소수의 엘리트들은 석유수입을 국가의 내적인 발전을 위해 투자하는 대신, 자신의 부를 증대하거나 내전의 수단으로 남용하고 있다. 전 에소 회사의 자회사인 셰브런이 나이지리아의 셸과 마찬가지로 자신의 영향력을 행사해야 한다는 사람들의 충고는 올바른 것이며, 이들은 자신들이 남서부 아프리카의 국가와 국민들의 운명에 무관심하지 않다는 것을 보여줘야 할 것이다. 이것은 그들 자신의 미래를 위해서도 필요하다.

1. 덫에 걸린 석유

자국 내에 어떤 산업구조나 법치국가적 전통 그리고 민주주의 역사도 가지고 있지 못한 천연자원 보유국에는 이러한 부담들이 존재한다. 그럼에도 석유산업에서는 그러한 곳에서조차 사고의 전환이 일어나기 시작했다. 미국과 일본 그리고 10억이 넘는 인도나 중국과 같은 곳에서도 1992년 이후 충분한 이유를 근거로 점차 "유럽의 도전"(메이에스)으로 불리는 현상에 주목하고 있다. 구세계는 과거의 여러 실수들에서 배우고 역사와 현재에 입증된 것을 보존하려고 시도하는 혁신의 능력을 보여주었다. 여기에는 근대지질학의 근본적인 문제인 "선캄브리아 시기"(존 맥피)에 대한 학문적인 토론뿐만 아니라 일본인들이 캘리포니아의 '모홀'(Mo-Hole) 프로젝트의 전통 속에서 다음 수십 년간을 위해 준비한 시추도 기여했다. 이러한 시추는 하이테크 사업으로서 새로운 심해 광산업의 틀 속에서 이루어지고 있다.

그러나 이러한 미래의 꿈에 대해서는 여전히 불협화음이 악영향을 미치고 있다. 이것은 주로 새로운 조지 W. 부시 미국 정부의 라인에서 생겨나고 있다. 별로 성공을 거두지 못한 전직 석유관계자인 부시는 경기침체에 직면하여 여전히 '구경제'의 정서를 대변하고 있다. 다시 말해 그는 국가나 세계의 환경이 파괴되는 대가를 치를지라도 굴뚝은 연기를 뿜어야 한다는 입장을 표명하는 것이다. 반면 "유럽에서는 하나의 혁명이 진행 중이다." 세계 최초의 자동차 대량 생산자인 포드가 이미 백 년 전에 소망했던 것이 마침내 자동차 생산자들에 의해 기술적으로 이행되려고 하는 것이다. 그 소망은 다름 아닌 '신이 내려준 자유로운 자연과 깨끗한 공기' 속에서 드라이브를 즐기는 것이다.

또한 이러한 환상의 실현을 위해서 전직 포드 및 폴크스바겐 경영자인 다니엘 괴드베르도 노력하고 있다. "현실은 꿈과 함께 시작된다."는 표제어 아래 그는 오랜 경험을 바탕으로 효율적이고 미래지향적인 자동차산업을 위해 조직화된 사륜 모델을 개발했다. 그는 미래에 대한 강한 책임감을 바탕으로 노벨 형제가 처음으로 성공적으로 실험한 바 있는 통합 원칙을 석유경영에서 물려받게 된다. 이 경우 그는 연구와 발전(오른쪽 뒷바퀴), 생산과 계획(왼쪽 뒷바퀴), 인력과 재정(오른쪽 앞바퀴) 그리고 영업과 판매(왼쪽 앞바퀴)의 상호작용이 상호의존성의 체계로서 최적화되어 있기를 원한다.

아직도 일련의 미국 석유경영자와 자동차생산자 그리고 정치가들은 이러한 모델의 수익성을 제대로 인식하지 못하고 있지만, 그럼에도 이미 지침이 될 만한 효과들은 인지할 수 있다. 예를 들면 다임러-크라이슬러는 2003년부터 미국 자동차시장에서 유럽에서 성공을 거둔 5.5리터 자동차 '스마트'를 판매하고 있으며, 이와 함께 점점 인기가 높아져가는 25리터 차들에 반대하는 방향을 제시하고 있다. 이 추세가 2012년에 대홍수가 생겨날 것이라는 옛 마야의 예언 시기까지 계속될 것인지는 아직은 답변할 수 없다. 그러나 일본 자동차 콘체른 도요타는 혁신적인 생산품의 고성능 기술을 넘어서 이미 환경에 대한 책임감을 강조하며 회사 이미지를 선전하고 있다. 이 경우 이 콘체른은 자신의 나라가 1960년 '경제기적' 이후 무책임하게 소홀히 해왔던 것을 보여주고 있다. 이제는 양적인 성장 속에서 환경이라는 질을 생각해야 하며, "인간이 최우선이고 기계는 그 다음이다."라는 격언을 강조해야 할 때인 것이다.

후기

책이 이념의 정수요 실천의 표현이라면, 그것은 구상에서부터 마지막 교정에 이르기까지 자기 자신이 한 이야기의 지배를 받을 것이다. 자기 이야기는 책에서 일반적으로 작가가 겪은 삶의 인상 깊은 체험, 직업상의 경험, 그리고 독서체험이 사태의 분석과 기술을 특별히 긴장감 있게 만들 수 있는 곳에서만 나타나게 된다.

『악마의 눈물, 석유의 역사』에 대한 작품구상은 2차대전이 끝난 직후의 시기까지 거슬러 올라간다. 이 시기, 바스가우라는 외딴 곳에 있던 전설적인 에소 주유소는 베네수엘라와 아르헨티나에서의 석유탐사에 대한 기술적 보고만큼이나 중요한 의미를 띠고 있었다. 그 다음으로 내게 중요한 영향을 미친 것은 1959년 지질학자 한스 클루스가 쓴 『지구와의 대화』라는 삶의 보고서였다. 이 책은 내가 1960년 파이네의 베르크회펜에 있는 프로이삭과 하노버 근교의 레르테 유전에서 심부(深部)시추공이라는 직업을 배우는 최종 계기가 되었다. 이를 통해 나는 나중에 지질학자가 된 것이다.

특히 '레르테 26호'와 '회버 27', 그리고 1965~1966년에 6천 미터 이상의 깊이로 유럽에서 가장 깊은 시추로 꼽힌 '슈타펠 호수 1호'에서와 같은 활동들은 시추작업과 석유채굴에 대한 가치 있는 지식을 전달해주었다. 그러나 이로 인해 생긴 장기간의 질병은 내 관심을 석유매장지에서 역사적 사료로 옮길 것을 강요했다. 그럼에도 석유에 대한 생각은 끊임없이 책에 대한 구상으로 떠오르곤 했다. 1967년 이후 여러 차례 석유에 관한 책을 쓰려는 시도가 있었으나 완성하지는 못했다. 이에 대한 근본적인 이유는 아마도 복합적이고 고도로 복잡하게 얽혀 있는 석유라는 주제, 즉 반복될 수 없는 요소들(사람과 사건)과 반복될 수 있는 요소들(구조와 인간의 마음)의 결합을 제대로 다루기도 전에, 우선 통합적인 역사서술의 모델이 개발되고 시험되어야 했다는 데 있을 것이다. 석유산업에 종사하던 중에 희생된 많은 사람들을 기억하며, 나는 석유의 역사에 관한 이 책을 먼저 베른하르트 퀼러 삼촌에게 바치고자 한다. 역청노동자였던 그는 셀 수 없을 만큼 많은 도로들을 아스팔트로 포장했으며, 진보에 대한 믿음 속에서 매일 벤젠의 구름 속에서 일하다가 건강과 생명을 잃고 말았다.

친구 슈테판 헤스에게도 나를 지지해주고 용기를 북돋워준 데 대해 감사를 표한다. 또한 그가 한때 미국적 이상인 '자동차와 시거'를 좋아했던 경험을 바탕으로, 이제 젊은 세대에게 모범적이면서도 계몽적으로 나중 세대에 대한 책임의식을 가지고 무엇을 해야 할지 권고하는 것에 대해서도 고마움을 표한다. 그 때문에 이 책은 또한 대녀인 한나 게르트너(뉴욕)와 대자인 알렉산더 헤스(뉴욕), 그리고 토이코 클레페(스톡홀름)에게 간절한 마음으로 바치고자 한다. 이들 스스로 미래에 대한

후기

책임감을 갖고 행동할 것과 이들 세대가 과거 및 현재의 과도한 연료사용의 광기로 인해 지나치게 고통받지 않기를 희망하면서 말이다.

이 석유의 역사를 해명하는 긴 세월 동안, 네덜란드 헤이그에 있는 셸 도서관의 랄프 포메스 박사는 지칠 줄 모르는 원조자이자 전문지식을 갖춘 나의 대화 파트너가 되어주었다. 이 자리에서 그와 마찬가지로 클레트 코타 출판사의 토마스 베크에게도 감사를 표하고자 한다. 이들은 전문지식 및 전문언어와 관련, 최종 집필 과정에서 말로 표현할 수 있는 것 이상의 도움을 주었다.

또한 도리스 슈미트와 한스-귄터 슈미트, 테오도르 레미, 마리아네 로트, 우테 키르헬레, 리세로테 크뉘크, 리디아 바그너, 비다 바파이차데, 클라우스 고르슬러가 나를 개인적으로나 공적으로나 모두 지원해주었다. 이러한 지원은 집필의 매 단계에서 작업을 수행해 나가는 데 매우 효과적인 도움이 되었다. 이에 못지않게 컴퓨터 작업을 지원해준 호르스트 보덴하이머와 나우만 서점의 후원 역시 소중하고 큰 도움이 되었다. 이 책을 완성하는 순간, 내 머릿속엔 이미 고인이 된 스승 오토 고에데케에 대한 기억이 생생하게 떠오른다. 또한 이미 1969년에 고무적인 대화로 독일적인 관점에서 이 석유의 역사를 쓰도록 충고했던 석유의 선각자 카를 샤이베도 떠오른다. 프로이삭의 심해시추 수련생들에게 전문영어를 가르치려고 시도했던 만프레트 뢰제너도, 그의 언어능력에 대한 경탄과 함께 이러한 추모의 대열에 포함시키고자 한다. 그리고 꽃다운 나이에 사고로 인해 자신의 탁월한 재능을 발전시킬 기회를 빼앗긴 나의 룸메이트 클라우스-페터 크라우에도 추모하고자 한다. 또한 하인리히 루에(파이네)에게 특별한 감사를 표하고 싶다. 그는 베르크회펜의 기숙사 사감으로서 항상 우리에게 많은 것을 요구하고 우리의 발전을 장려했던 친구였다. 그는 내게 『작은 펜실베이니아』에 대한 중요한 읽을 거리를 마련해주기도 했다. 비체에 있는 독일 석유박물관과 엠스란트의 링엔에 있는 프로이삭 에너지박물관, 프랑크푸르트 암 마인 시 문서보관소 및 스톡홀름의 왕립도서관에게도 사진자료를 마련해준 데 대해서 이 자리에서 진심으로 사의를 표한다. 정확히 백 년 전『산업혁명』의 역사에 관한 이야기를 출판했던 나의 정신적 동반자이자 원조자였던 비어드를 비롯한 내가 아는 모든 사람들에게, 갱으로 내려가거나 시추탑에서 작업을 시작하기 전에 독일광산 및 석유노동자들이 나누었던 옛 인사를 전하는 것은 기분 좋은 일이다.

"모두 무사하기를!"

2001년 3월 30일
프랑크푸르트 암 마인에서 귄터 바루디오

옮기고 나서

   이 책은 '석유의 생성사'에 관한 지질학적 탐구서이며 원유채취에 관련된 제반 기술들과 용어들을 상세히 기술하고 있는 기술서적이기도 하다. 또한 석유와 관련된 국제정치적 맥락들과 잘 알려져 있지 않던 석유소송 사건들을 소개하는 정치법률 서적이기도 하고, 석유 강대국인 미국과 유럽의 다국적 석유기업들과 이에 맞서는 아랍권과 중남미권의 갈등과 노력을 별도로 소개해놓은 역사서이기도 하다. 더 나아가 석유를 중심으로 한 권의 세계사를 집필하고자 한 저자의 의도는 다양한 석유사고들과 그로 인한 환경파괴까지 이 책에 싣고 있다.
   이 책은 따라서 처음부터 끝까지 완독해야 하는 부담감이 없다. 각 단락은 그 자체로 완결된 소우주며, 그 안에는 프로다운 철저한 고증과 풍부한 상식을 통해 검증된 자료들이 들어 있다. 예를 들어 석유함유 지형을 탐사하고 시추 구멍을 뚫고 정제되지 않은 석유를 수송, 운반하는 과정을 소개하는 단락은 그야말로 한 권의 기술서적이라고 할 수 있을 정도다. 저자는 이 과정을 유럽의 지형과 역사를 예로 들어가며 설명함으로써 미국 일변도의 석유관련 서적과 확연히 다른 글쓰기 방법을 보여주고 있다.

석유를 지니고 있다는 것은 곧 석유를 생산해낼 수 있다는 것을 의미하지 않는다. 채유와 관련된 제반 기술들은 노련한 경험과 기술이 축적되어야 생산해낼 수 있는 기계들이다. 따라서 석유를 채취해낼 수 있는 미국 및 서유럽국가들은 그들의 기술을 바탕으로 그들에 대한 산유국들의 경제적 종속관계를 더욱 심화시켜왔다. 베네수엘라의 역사는 바로 석유를 둘러싼 기득권층과 서구 기술 강대국들의 소유욕과 부패로 점철된 고통과 수난의 역사이기도 하다.

이 책은 또한 록펠러나 자키 야마니와 같은 인물들이 석유역사에서 담당했던 역할들과 활약상을 상세히 기록함으로써 홍미진진한 한 권의 인물사처럼 읽히기도 한다. 록펠러는 석유의 운송과 판매 분야에서 독보적인 업적을 이룬 사람이었으며, 야마니는 석유가 업스트림과 다운스트림의 상호작용이라는 것을 인식함으로써 무기로서의 석유가 아니라 상품으로서의 석유의 가치를 인식한 사람이었다. 야마니에 관한 여러 서적들 중에는 이미 한국어판으로 번역이 된 것도 보이나, 그의 활약상을 한 개인적 측면에서가 아니라 이러한 전 세계적인 맥락에서 조망한 책은 쉽게 찾아볼 수 없다. 특히 저자가 심혈을 기울인 록펠러에 관한 단락은 '아나콘다'라는 별명으로 불렸던 그를 다운스트림의 영역에서 긍정적으로 재평가를 내리고 있다는 점에서 주목할 만하다.

2001년도에 출간된 이 책은 요즘은 파병을 둘러싼 긴장 정국을 불러일으킨 이라크 사태와도 무관하지 않다. 이라크 전쟁이 일어나기 전, 사담 후세인은 쿠웨이트를 침공하고 쿠웨이트는 다시 미국에 의해 해방되었다. 저자는 중동에서 벌어지고 있는 갈등과 전쟁의 이면에서 석유를 둘러싼 세계 강국들의 첨예한 이해와 명분추구를 주시한다. 저자가 2004년 지금의 시점에서 증보판을 낸다면, 분명 이라크 사태는 석유사의 관점에서 기술될 것이다.

인슐린에서 휘발유까지, 형형색색의 염료에서부터 첨단화학 제품들까지, 석유는 더 이상 연료의 개념으로 포괄할 수 없게 되었다. 연료로서의 석유가 아니라 환경친화적인 대체연료가 필요한 이유는 석유가 저자의 주장대로 생명과학을 위한 재료로 활용되어야 하기 때문이다. 인터넷에서 찾을 수 있는 무수한 정보는 우리에게 단편적 지식을 제공할 수는 있지만 우리를 인식으로 인도하지는 않는다. 왜 생명과학을 위해 석유를 알아야 하는가? 이 책을 통해 정보만이 아니라 인식전환을 위한 계기도 얻게 되기를 바라본다.

이 책의 서문부터 6장, 9장의 '가스 학살'부터 10장까지는 최은아가 번역했고, 7장부터 9장의 '전쟁의 원인이 된 경우'까지는 조우호가, 11장부터 15장은 정항균이 번역을 담당했다. 위의 각 부분들에서 나타날 수 있는 번역상의 오류에 대해서는 각각의 역자가 책임을 질 것이다. 그리고 이 책의 번역에 도움을 주신 이재황 선생님과 김륜옥 선생님 그리고 김진숙 양에게도 이 자리를 빌려 감사의 말씀을 전하고 싶다.

2004년 7월 최은아

주석

이 책을 집필하는 데 필요한 방대한 양의 정보들을 고려해볼 때 완벽한 역사서 집필을 기대한다는 것은 주제넘은 일일 것이다. 만약 이러한 완벽한 책을 쓸 수 있다고 가정한다면 이것은 역사서술가 개개인이 지닌 능력 그 이상을 요구하는 일일 것이다. 게다가 만약 이 역사가가 오직 혼자서 역사를 서술하는 경우에는 더욱 능력에 부칠 것이다. 따라서 이 책의 저자는 자신의 동료들이 이미 수행한 훌륭한 사전작업들을 신뢰하고 인용했을 뿐만 아니라 무수한 전문잡지들이나 신문에 나온 자료들도 참조했다. 여기에 실린 주석들은 항목별로 각 장의 흐름을 따르고 있다. 이와 동시에 상황 변화에 따른 교정을 감수해야 할 위험도 분명히 남아 있다. 만약 이 책에서 사용된 출처가 변하는 경우 (예를 들면 회사 문서실의 개방에 따른) 앞으로 인물들의 시각과 사건의 순서 그리고 사실이나 구조 면에서 변화가 생겨나게 될 것이다.

서문

석유의 초기 역사에 대한 토론에 관해서: die WPC-Akten von 1937 (Paris); Forbes, Bitumen and Petroleum in Antiquity, 1936; 비교: K. Krejci-Graf, Erdöl. Naturgeschichte eines Rohstoffes, 2. umgearb. Auflage, 1955, S. 36ff: 비트멘에 관한 가장 오래된 전설에 관해서: 'Dürschenblut' und 'Ichthyol' -Salbe. 이집트 파라오 집정 때 태양숭배에 관해서: J. Assmann, Ma'at. Gerechtigkeit und Unsterblichkeit im Alten Ägypten, 2001, S. 188ff; 비교: L. H. Lesko, The Ancient Egyptian Book of Two Ways, 1972, S. 102ff. 발광 소재로 사용되는 석유에 관해서: E. Rasche, Die sechste Weltmach. Männer u. Mächte um Erdöl, 1953, S. 16ff; 비교: P. L'Espgnol de la Tramerye, La lutte mondiale pour le pe/trole, 1923; s. a. I. Tarbell, The Oil Age, in: McClure's Magazine, Nov. 1924; 록펠러의 입장에 관해서: Edisons 'Lampe' u. der Erdgas-Leuchten in den 1880er Jahren s. R. Chernow, Titan. The Life of John D.Rockefeller Sr., 1998, S. 260ff; 비교: R. W. Hidy/M. E. Hidy, History of Standard Oil Company (New Jersey): Pioneering in Big Business, 1882-1911, 1955, S. 194ff; s. a. N. Baldwin, Edison: Inventing the century, 1995; 비교: Th. P. Hughes, Die Erfindung Amerikas, dt. 1974 (1972). 생활태도에 관하여: S. E. Ahlstrom, A Religious History of the American People, 1972; 비교: N. W. Aldrich Jr., Old Money: The Mythology of America's Upper Class, 1971; 비교: J. Silber, Ist Amerika zu retten?, dt. 1992 (1989), S. 23ff: Die Götter der uralten Sprüche; 비교: G. Vidal, Das ist nicht Amerika. Essays, dt. 2000 (1971-1998); s. a. B. Lindemann (편), Amerika in uns. Dt.-Am. Erfahrungen u. Visionen, 1995, S. 197ff zum 'Way of Life' (Th. Kielinger); P. Bruckner, Verdammt zum Glück. Der Fluch der Moderne, 2001; Th. W. Adorno/M. Horkheimer, Die Dialektik der Aufklärung, 1947; Ein Bekenntnis zur 'amerikanishcen Erfahrung' seit 1776; s.a. Barudio, Politik als Kulter. Ein Lexikon von Abendland bis Zukunft, 1994: 'Aufklärung'. N. Postman, Die Zweite Aufklärung. Vom 18. ins 21. Jhdt., dt. 1999. Zur Energie-Frage s. H. Hartmann,

주석

Triumph der Idee, 1959; 비교: M. Eliade, Kosmos u. Geschichte. Der Mythos der ewigen Wiederkehr, de. 1984 (1954). P. Lutz, Einstein verstehen lernen. Licht, Masse, Energei, Relativitästehorei, 2000; J. Wolframs/S. Wittig(편), Energien u. Umwelt. Wo liegen optimale Lösungen? (44. Symposion der dt. Akademie der Wissenschafen). R.Grießhammer et al., Ozonloch u. Treibhauseffekt, 1989. Die Grünen im Bundestag (편), Verzicht auf PVC & Chlorchemie, 1989; s. a. W. Kaumaus, Risiko Dioxin, in : Wechselwirkung, Nr.43:11, 1989, S. 10-15; 비교: E. Koch/F. Vahrenholt, Seveso ist überall. Die tödlichen Risiken der Chemie, 1978; G. Keppner, Zündstoff Erdöl u. Uran. Ein Alternativ-Bericht des Öko-Instituts/Freiburg, 1980; s. a. Ch. Handy, Die Fortschrittsfalls. Der Zukunft neuen Sinn geben, 1995; P. Becker et al. (편), Energiewirtschaft im Aufbruch. Analysen. Szenarien. Strategien, 2001. V. (Flusser, Die Gesch. des Teufels, 1996. S. J. Gould, Illusion Fortschritt. Die vielfältigen Wege der Evolution, dt. 1998.

1. 덫에 걸린 석유

석유열풍에 관해: C. C. Rister, Oil! Titan of the Southwest, 1949; J. A. Clark/M.T. Halbouty, Spindletop, 1952; 비교: H.F. Williamson et al., The American Petroleum History, vol II: The Age of Energy, 1899-1959, 1963, passim. Der Wissenschaftsstreit bei A. D. Whte, A History of the Warfare of Science with Theology in Christendom, 2 vols, 1986; 비교: R. K. Merton, Auf den Schultern von Riesen. Ein Leitfaden durch das Labyrinth der Gelehrsamkeit, dt. 1980 (1965); s.a. A. Desmond/J. Moore, Darwin, dt. 1992 (1991), S. 275ff: Geistige Revolte, s.a. S. 406: Entstehung der Kohle (Al diabolo). Die Position von H. Stephens in: Der Spigel, Nr. 51, 1999, S. 195. H. Cloos, Genpräch mit der Erde. Welt-und Lebensfahrt eines Geologen, 1959, S. 103ff: 'Soldat im Ölkrieg' u. im Dienst der American Petroleum Company vor allem auf Java. Zur Problemaik von Geschichte u. Geologie im Hinblick auf die Geltung der Zeit s. S. J. Gould, Die Entdeckung der Tiefenzeit. Zeitpfeil oder Zeitzyklus in der Gesch. unserer Erde, dt. 1990 (1987), S. 120ff; 비교: W. Falk, Vom Strukturalismus zum Potentialismus. Ein Versuch zur Geschichts-u. Literaturhostorie, 1976, S. 14ff: 'Heilung jenseits der Geschichte'; s. a. P. H. Giddens, The beginnings of the Petroleum Industry: Sources and Bibliographie, 1941.

불의 힘인가 물의 힘인가?

A. Geikie, The Founders of Geology, 1905; vol. S. J. Gould, Tiefenzeit, S. 170ff: Lyell's eigene 'höchst erfolgreiche Legendenbildung'. Schon Stensen hatte eine Vorstellung von Konstanz: 'Der Wandel der Naturgegenstände ist in der Tat konstant, nur löst sich in der Natur kein Ding in Nichts auf', s. hierzu Gould, Tiefenzeit, S. 87ff; s. a. N. Steno, De solido intra solidum naturaliter contento dissertationis prodromus, 1669; Übersetzung u. Einleitung zum Werk bei J. G. Winter, The Prodromus of Nicolaus Steno's Dissertation, 1916, S. 175ff. Zu Hutton, der manchmal auch als 'Lehnstuhl-Geologe' (Davis) gescholten wurde neben Gould, Tiefenzeit, S. 110ff auch G. L. Davis, The Earth in Decay: A History of British Geomorphology, 1578-1878, 1969. L. Kuhlenbeck, Giordano Bruno (dt. Ausgabe der phil. Werke), 6Bde, 1904-06; s. a. E. Grassi, Giordano Bruno, 1947. E. v. Samsonow, Giordano Bruno (Auswahlseiner Werke), 1995. G. Busolt, Die Grundzüge der Erkenntnsistheorie u. Metaphysik Spinozas, 1875; 비교: H. Graf Reventlow, Bibelautorität und Geist der Moderne, 1980. A. Koyre/, Von der geschlossenen Welt zum unendlichen Universum, 1969. 화석의 의미에 관해: Gould, Tiefenzeit, S. 130ff; s.a. R. Daber/J. Helms, Das große Fossilienbuch, 1978. 철도건설, 증기선박과 '자연과학의 확충' 과의 관계에 대해: M. Barthel, Johann Christian Mahr (1787 bis 1869), in: H. Prescher (편), Leben u. Wirken deutscher Geologen im 18. u. 19. Jhdt., 1985, S. 162ff; s.a. M. J. S. Ruwick, The Meaning of Fossils, 1972. K. Krejci-Graf, Grundfragen der Ölgeologie, 1930, S. 5ff: 'Nicht das Porenvolumen, sondern die Durchlässogkeit ist masgebend. Man mist sie in Milli-Darcy.'. GEO, Nr.9, 1991, S. 59ff (F. Hapgood). 암석 수성론자와 암석 화성론자 간의 논쟁에 관해: F Wagenbreth; Die Entwicklung des geol. Weltbildes in den letzten 200 Jahren, in: Forschungen u. Fortschritte, 41, 1967, S. 365ff; 비교: A. Watznauer, Die Entwicklung der Naturwissenschaften zwischen 1750 und 1850: Geologie u. Mineralogie, in: Das Jahrhundert Goethes, 1967, S. 11-124. 허튼에 관해: C. L. Fenton/M. A. Fenton, Giants of Geology, 1952. 인간상에 대해서는: Barudio, Politik als Kultur. Ein Lexikon von Abendland bis Zukunft, 1994, S. 215ff. 진보의 문제에 관해: G. Fasching/H. Pietschmann, Fortschritt von Technik u. Naturwissenchaft: Wohltat oder Plage?; 비교: P. Ulrich, Transformation der ökonomischen Vernunft. Fortschrittsperspektiven der mod. Industriegesellschaft, 1993. 여류 석유역사학자인 이다 타벨의 활동도 이 영역에서 남성이 지배적이라는 것을 증명하고 있다. ('Maschuli potestas'); s.a. Ch. McA. Destler, Roger Sherman and the Independent Oil Men, 1967. '남자만의 전유물'로 간주된 자동차에 대해: J. P. Bardou et al., The Automotive Revolution: The Impact of an Industry, 1982.

석유의 근원지를 찾아서

M. Guntau, Zur geolog. Erkenntnis in der Periode der industr. Revolution, 1982; 비교: H. Ley, Aufklärung u. Naturwissenschaft, in: Zeitschr. geol. Wiss., 8, 1980, S. 25ff. H. Gruber, Der Positivismus vom Tod A. Comtes bis auf unsere Tage, 1891; 비교: W. Bröcker, Dialektik, Positivismus, Mythologie, 1958. F. Meinecke, Die Entstehung des Historimus, 3. Aufl. 1960; 비교: E. Reisner, Der begegnungslose Mensch. Kritik an der hist. Vernunft, 1964. R. Porter, Chrales Lyell and the Principles of the History of Geology, in: British Journal for the History of Science, 9, 1976, S. 91-103; 석유파국 이론에 대해: G. Cuvier, Die Umwälzungen der Erdrinde in naturwiss. u. geschichtl. Beziehung, 2 Bdt, dt. 1830; 비교: A. D'Orbigny, Cours élementaire de pale/ontologie et de géologie stratigraphique, 1849-1852; s.a. C. C.

Beringer, Die Gesch. der Geologie u. des geologischen Weltbildes, 1954. W. Fischer, Gesteins-u. Lagerstättenbildung im Wandel der wiss. Anschauung, 1961; s.a. Preuß. Geol. Landesanstalt Berlin: Handbuch der vergleichenden Stratigraphie Deutschland, 1935. J. V. Howell, How Old is Petroleum Geology, in: Bulletin of the American Association of Petroleum Geologists, 4, 1930, S. 607ff: Mit Abstand die beste wiss. Geologie-Zeitschrift, die immer wieder die Nähe zur Öl-Praxis sucht, s. S. K. Clark/J. I. Daniels, Logging Rotary Wells from Drill Cuttings, Bulletin, 12, 1928, S. 59ff. A. Bentz, Geolog. Voraussetzungen für das Auftreten von Erdöllagerstätten in Dtl., in: Zeitschr. dt. geol. Gesell., 84. 1932, S. 369-389. EinÄlteres Standardwerk zu den einzelnen Lagerstätten O. Stutzer, Erdölfelder Europas, 1931. Neueres Standardwerk H. Beckmann (편), Geology of Petroleum, 7 Bde, 1976-84. '이동' 현상들에 관해: Krejci-Graf, Erdöl. Naturagesch. eines Rohstoffes, 2. umgearb. Auflage, 1955, S. 36ff; 비교: St. Zuber, Quelques arguments contre la migration du pétrole, in: Revne ßpétroléfére, 1926; 비교: Stutzer, Erdöl, S. 336ff. Noch Clooschien nur Antiklinalen als Ölfalle zu kennen, die erÄhnlich Stutzer 'Antikline' nennt. Gespräch mit der Erde, S. 110ff: 'Erdöl war in Java bekannt, lange eheder erste Geologe die Insel betrat, Jahrtausende bevor es überhaupt Geologie gab. Man hat es als Schmieröl verwendet, man hatte die brennenden Ölgase heiliggesprochen und an ihren Orten verehrt……' L. D. Stamp, The Oil Fields of Burma, in: Journal Inst. Petr. Tech., vol. 15:74, 1929, S. 300ff; s.a. D. C. Roberts, Long Beach Oil Field, Los Angeles County. Structure od Typical American Oilfields, vol. II, 1929, S. 62ff. Über das Loretto-Abenteuer s. Cloos, Gespräch, S. 258-271. Zu Pechelbroom s. W. Richter, Die geolog. u. produktionstechnische Erschließung u. Entwicklung des Pechelbronner Erdölreviers seit 1920, in: Oel u. Kohle, Nr. 39 (15. Okt.), S. 367ff, mit frz. Literatur: Das Feld förderte 1933 max. 78828 t und 1939 nur noch 69559 t, davon 30187 t im Schachtbetrieb; s.a. die Angaben bei Brantly, History of Oil Well Drilling, 1971, S. 58ff: Nach Auskunft von René Navarre soll es zwischen 1785 und 1849 genau 12

Ölbohrungen in Pechelbronn gegeben haben, von der 'Pluton' 1785 (35m) über die 'Glückauf' von 1838 (40m) zur 'Joshph' von 1849 (57m). W. Bußmann et al. (편), Geothermie. Wärme aus der Erde. Technologie, Konzepte, Projekte, 1998. Zum Faszimosum 'Diskordanz' s. Gould, Tiefenzeit, S. 95: Huttons Feldbeispiel im schottischen Jedburgh. 소금기둥 내지 소금막대에 관해서: API, Die Erdöl- und Erdas-Produktion, o. J., S. 11ff; 각 분야별 예는: F. Breyer, Der Salzstock von Etzel, seine geol. Gesch. u. sein Erdölvorkommen, in: Erdöl u. Kohle, 2, 1949, S. 41ff. Anton Lucas, der Rotary-Pionier, ist wegen seiner Vision, daß Salzstöcke für migrierendes Öl eine Falle bilden könnten, von US-Geologen noch um 1890 verlacht worden, fand aber 1901 beim Spindeltop-Salzstock seine Annahme glänzend bestätigt s. 또한 J. G. McLean/R. Haigh, The Growth of Integrated Oil Companies, 1954, S. 892ff.

지구에 돌이 생겨나기 시작한 때

Cloos, Gespräch, S. 12ff. '전기 석유탐사' (A. Belluigi)에 대해서는 WPC-Akten 1937 (Paris) 기고문을 볼 것. H. Hassmann, Erdöl u. Luftbild, in: Oel u. Kohle, Nr. 46, Dez. 1940, S. 519ff; s. a. W. Schermerhorn, A comparison of the use and value of aerial photographs and aerial surways in various countries of the world, in: Photogrammatical Engineering, 5:4, 1939. C. M. Froidevaux, Radar, an Optimum Remote Sensing Tool for Detailed Plate Tectonic Analysis and its Application to Hydrocarbon Exloration (an Example in Irian Jaya, Indonesia), in: Radar Geology, 1980; s. a. der Seismik-Bericht in: GEO, Nr. 9, 1991, S. 63ff. A. Hammer, Mein Leben, dt. 1992 (1990), S. 346ff. J. McPhee, Basin and Range, 1980. V. S. Cameron (ed.), Exploration and Economics of the Petroleum Industry, 1974, S. 214: Umwelt und Treuhandschaft.

2. 오로지 좀 더 깊게 파기만 해라!

Bacon에 대해: K. K. Hinrichs (편), Der utopische Staat, dt. 1982 (1960); 비교: Barudio, Politik als Kultur, Utopie, S. 368ff. 복합적인 수직갱시추 문제에 대해서: Nieders. Landesamt f. Bodenforschung, Kontinentales Tiefbohrprogramm (KTB) der Bundesrepublik Deutschland - Bohrplatz im Schwarzwald oder Oberpfalz, Deep Sea Drilling Project (DSDP) von 1968 mit der 'Glomar Challenger' sowie als Folge-Unternehmen das 'Ocean Drilling Program' (ODP) seit 1985; s. a. P. F. Burollet/D. Ljubic (eds.), Petroleum prospects in the deep Ocean regions (beyond the Contimental Shelf), in: 9. WPC, 2. 1975, S. 267-353. Windischeschenbach in der Oberpfalz bekam den Zuschlag für diese Aufschlußbohrung, s. a. Verein der Freunde u. Förderer des Bergbau- u. Industriemuseums Ostbayern, Das Kont. Tiefbohrprogramm um den Standort Oberpfalz, 2. Aufl. 1986. G. Agrocola, De re metallica, 5. Aufl. 1987, passim; 비교: J. Wozniakowski, Die Wildnis, dt. 1987. Leonardos 'Bohrturm' in: J. E. Brantly, History of Oil Well Drilling, 1972, S. 52ff: 이 책은 기본서에 해당. 이 책 속에 아그리콜라가 언급되긴 하나 독일 선구자들은 기록되어 있지 않음. Börger, Die Entwicklung der Teifbohrtechnik bis um die mitte des 19. Jhdts, in: Kali, 1939, xxx:11, S. 100ff. 괴테의 축언에 대해: W. Arnold E. Look, Karl Christian Friedrich Glenck Glencj(1779 bis 1845). 튀링엔과 작센에 있는 노천 소금광상 (鑛床)의 탐사와 시추에 미친 글렌크의 영향과 괴테와의 관계에 대해: in: Dt. Geologen, 1985, S. 149; 비교: J. Dürler, Die Bedeutung des Bergbaus bei Goethe u. der dt. Romantik, 1936.

독일의 선구자들

1841년 아르테스 우물시추 특허를 따낸 윌리엄 모리스와 같은 선구자들에 대해: Brantly, passim; 비교: B. de Palissy, Discours admirable sur la nature des eaux et fontaines, 1580; J. Waldauf v. Waldenstein, die neuesten Beobachtungen u. Erfahrungen über

주석

die Anlage der artesischen Brunnen, 1831; s.a. M. J. Degousée, Guide du sondeur, 1847; s.a. D. Hoffmann, Goethe u. das Bohrwesen nach dem Briefwechsel zwischen Carl Ch. F. Glenck u. Goethe, in: Kali 38, 1944, S. 21ff; ders., 150 Jahre Tiefbohrungen in Deutschland, 1959: die weiteren Angaben hier sowie bei Th. Tecklenburg, Handbuch der Tiefbohrkunde, 2. verbess. Aufl. 1900, S. 84ff: Wandel vom Holz- zum Stahl-Turm in Oelheim um 1894. K. G. Kind, Anleitung zum Abteufen der Bohrlöcherm 1842. J. Degoufie, Die Anwendung des Erdbohrers, 1851. A. Liesenhoff, Freiherr Karl v. Oeynhausen, ein Lebensbild, 1895. 수공업에서 증기기관으로의 변천에 대해. 인간과 기계, 자연과 산업을 아우루는 통합적 사고를 옹호한 *Bernhard von Cotta*,의 시대적인 노력에 관해: O. Wagenbreth, Bernhard von Cotta (1808-1879), in: Dt. Geologen, 1985, S. 247-273. 이수(세척용 진흙물)에 대해: Tecklenburg, passim, aber auch später G. R. Gray/H. C. H. Darley, Composition and Properties of Oil Well Drilling Fluids, 4. Aufl. 1980 (1948); s.a. L. L. Payne/R. H. Nolley, Die Versuche mit Düsen, durch die der Spülstrom gepreßt wurde, dann 1947 der Durchbruch; s.a. der frühe Versuch mit Luftspülung im Ölfeld Wietze zwischen 1953 bis 1955, in: DEM-8/2 (Erfahrungsbericht). N. Runeby, Technikerna, verenskapen och kulturen, 1976, passim (Ashford). Aus der zahlr. Lit. zu Wietze, wo 1652 die erste Teerkuhle erwähnt, 1858 die erste Bohrung versucht (Hunnaeus), ab 1872 das erste Öl gefördert und nach den guten Ölschacht-Erfahrungen der DEA in Pechelbronn (1916) ab 1918 auch Öl in der Schachtbauweise abgeschöpft wurde, in: DEM-79/2; s. G. Gürich, Das Erdöl-Museums (DEM) Wietze in Gestalt der hauseigenen 'Ölpost'.

석유시추의 패러다임을 전환하다

1870년경 분위기에 대해: Nietzsche, Werke in zwei Bänden 1967: Jenseits von Gut und Böse, II, S. 132ff. Die 'soziale Frage ist eine Weltfrage' s. K-P. Schulz, Proletarier, Klassenkämpfer, Staatsbürger. 100 Jahre dt. Arbeiterbewegung, 1963, S.

48ff. R. Poidevin/J. Bariéty, Frankreich u. Deutschland. Die Gesch. ihrer Beziehungen 1815-1975, 1982, S. 110ff: die Lage im Kirchenstaat; 비교: L. Gall, Bismarck. Der Weiße Revolutionär, 1980, S. 382ff. (Spanien-Krise) u. 469ff. (Kulturkampf mit Rom). D. Hoffmann, 150 Jahre Tiefbohrungen, passim. Zum Diamant-Bohren s. Brantly, History, S. 909ff: 1870 die erste Leschot-Bohrung in den USA. C. Marx, Raky. Europas bedeutendster Ölpionier starb vor 50 Jahren, in: Erdöl, Erdgas, Kohle, 1993, S. 380ff. Raky war bei seinen Ölleuten ungewöhnl. beliebt. Ein Blick in das Arbeitsausweisbuch seiner Intern. Bohrges. in Erkelenz vom 15 Aug. 1904 dok. seine Disziplin. Es gab Lobnabzüge bei folg. Fehlverhalten: Trunkenheit, Rauchen im Bohrbetrieb, tätliche Übergriffe, Benehmen, Belügen der Vorgesetzten, in: DEM-9/1. Zur Salzgeschichte: E. Fulda, Die geol. Grundlagen der dt. Salinenindustrie, 1938.'

시추전쟁을 불러일으킨 회전시추 방식

Zum Traum und Großereignis '스핀들탑'의 꿈과 대형 사건들에 대해: D. Yergin, The Prize. The Epic Request for Oil, Money & Power, 1991, S. 83ff: Patillo Higgin's Dream; 비교: T.A. Rickard, Anthony F. Lucas and the Beauont Gusher, in: Minning and Scientific Press, 22. Dec. 1917, S. 887ff. L. Steiner, Die Rotary Bohrmaschinen u. ihre Antriebe, 1936; s.a. API, History of Petroleum Engineering, 1961; Brantly, History, passim. W. Müller, Fortschritte auf dem Gebiet der Rotary-Bohrgeräte, in: Erdöl u. Kohle, 2, 1949, S. 8ff. Zur Spülungstechnik s. G. R. Gray/(Umewltaspekte); 비교: W. C. Chin, Borehole Flow Modeling in Horizontal, Deviated, and Vertical Wells, 1992. Zum Bohrklein-Transport s. ders., Exact Cuttings Transport Correlations Developed for High Angel Wells, in: Offshore Magazine, May 1990, S. 67ff; 비교: K. E. Gray, The Cutting Carrying Capacity of Air, in: Petroleum Transactions, AIME, vol. 213, 1958, S. 180ff. Übers Zementieren eines Ringraums s. D. K. Smith, Cementing, 1976; 비교: G. O. Suman, Cementing, in: Drilling Magazine, March-

April 1989, S. 22ff. Zum Gesamtkomplex der Bohrloch-Stabilität s. C. C. Lin, The Theory of Hydrodynamic Stability, 1967.

3. 비등점에서

정치적 쟁점이 된 석유의 수송과 수입에 관해서: N. H. Jacoby, Multinational Oil: A Study in Industrial Synamics, 1974; 비교: R. Engler, The Politics of Oil: Private Power and Democratic Directions, 1967, S. 230ff; Yergin, The Prize, S. 536: Texas-Unternehmer gegen Billig-Importe aus Venezuela u. Saudi-Arbien. Über frühe Bohrlochverfüllungen, ohne ihr Wärme-Potential zu nutzen, z. B. auf dem Ölfeld Wietze s. DEM, 16/2. Zu Einzelheiten. Die intern. Ölpreisbildung s. J. E. Hartshorn, Erdöl zwischen Mächten u. Märkten. Die intern. Ölindustrie, dt. 1962 (1962), S. 51ff; Transport, S. 65ff; Vertrieb, S. 112-128; Preispolitik; 비교: S. A. Schneider, The Oil Price Revolution, 1983; s.a. D. Badger/R. Belgrave, Oil Supply and Price: What Went Right in 1980, 1982. Zur rechtlichen Dimension der Öl-Industrie s. American Bar Association, Section of Mineral Law, Legal History of Conservation of Oil and Gas: A Symposium, 1939; J. L. Weaver, Unitization of Oil and Gas Field in Texas: A Study of Legislative, Adminstrative and Judicial nung seit dem Bergbaugesetz von 1865 bei H. Hassmann, Erdöl in Dtl., 1950, S. 88ff.

존데의 세계

캘리포니아의 석유계(界)에 대해: J. S. Bain, The Economics of the Pacific Coast Petroleum Industry, 3 parts, 1944-47; Nach Voläufern aufgrund von Ausbiß-Öl begann der Ölboom in C. erst ab 1893, s. G. T. White, Scietists in Conflict: The beginning of the Oil Industry in California, 1968; 비교: die beschämende Behandlung des Yale-Professors *Benjamin Silliman Jr.* bei Yergin, The Prize, S. 81ff.

Zur Technik immer noch informativ die auch auf dt. erschienene Fibel des API, Die Erdöl-und Erdgas-Produktion, o.J. (um 1950), S. 17ff: Diese Publ. bemühte sich um eine gewisse Breitenwirkung über das reine Fachwissen hinaus und stand im Dienst auch des Marshall-Planes; s. hierzu M. Hogan, The Marshall-Plan: America, Britain and the reconstruction of Europe, 1987; s.a. Erdöl, S. 72ff zum Stand der westdt. Ölgewinnung am 1. Januar 1950. Zur Gesch. des verdienstvollen API s. L. M. Fanning, The Story of the American Petroleum Institute, 1960 (50-Jahrfeier). 가차없는 경쟁 형태의 변형으로 나타난 '경쟁시추'의 해악상에 관해서:. M. G. Chazeau/A. E. Kahn, Integration and Competition in the Petroleum Industry, 1959; 비교: D. F. Dixon, The Growth of Competition Among the Standard Oil Companies in the United States, 1911-1961, in: Business History, 9(Jan, 1967), S. 1-29; s.a. G. T. White, Formative Years in the far West: A History of Standard Oil Company of California and Predecessors Through 1919, 1961. Zur Eigentumsbindung von Industrie u. Handel s. Beard, Comstitution, passim: 비교: Mc-Pherson, Die pol. Theori des Besitzindividualismus, dt. 1967(1961). E. Lieuwen, Petroleum in Venezuela: A History, 1955. F. Brinkmann et al., Fracbehandlungen in tiefen, gering permeablen Gaslagerstätten-derzeitiger Stand u. weitere Aussichten, in: Erdöl-Erdgas-Zeitschrift, 96, 1980, S. 37ff; s.a. H. Boigk, Erdöl u. Erdgas in der Bundesrepublik Deutschland, 1981. Zu den bes. Fördermaßnahmen s. API, Fibel, S. 33ff. Über das Zukunftsthema 'Bakterien' s. W. Schwartz/A. Müller, Erdöl-Erdgas-Zeitschrift, 96, 1980, S. 37ff; s.a. H. Boigk, Erdöl u. Erdgas in der Bundesrepublik Deutschland, 1981. Zu den bes. Fördermaßnahmen s. API, Fibel, S. 33ff. Über das Zukunftsthema 'Bakterien' s. W. Schwartz/A. Müller, Erölu. Kohle, 1, 1948, S. 232ff.

Zur techn. Situation im 1. Weltkrieg s. I. F. C. Fuller, Tanks in the Great War, 1914-1918, 1920; s.a. W. Chruchill, The World Crisis, II, 1923, S. 71ff; 비교: Yergin, The Prize, S. 167ff: mit ausführl. Hinweisen. Zum Ölpreis während des Kireges s. J. E. Pogue/I. Lubin, Prices of Petroleum and Its Products During the War, 1919.

주석

베네수엘라: 종속과 개혁을 동시에 가져온 악마의 구덩이

'막 참가했을 때'의 주변 환경에 대해: L. Vallenilla, Oil: The Making of a New Economic Order: Venezuela Oil and Opec, 1975, S. 46ff; s.a. E. Lieuwen, The Politics of Energy in Venezuela, in: J. D. Wirth (ed.), Latin American Oil Companies and the Politics of Energy, 1985, S. 199ff. Zum vorindustriellen V. s. P. K. Schäfer (편), Carl Geldner, Reiseaufzeichnungen aus Venezuela 1866-1868, dt. u. span. 1997; s.a. D. Kamen-Kaye, Speaking of Venezuela, 1947, S. 173ff.: zur Stadt u. Ölzentrum Maracaibo, wo 1914 das Mene-Grande-Ölfeld von der Carribean Petroleum Company entdeckt wurde; 비교: R. Arold et al., The first Big Oil Hunt: Venezuela, 1911-1916, 1960; R.M. Baralt et al., Resumen de la Historia de Venezuela, 1939. Zum ersten Öl. s. Kamen-Kaye, Speaking, S. 215ff: Venezuelas Oil. Über den hist. Hintergrund s. Barudio, Der Unabhängigkeit Vs s. M. Figueroa, Datos sobre el Acta de la independencia Venezolana, 1946. Zur Anatomie des Putschimus sowie der 'Demokratur' in Lateinamerika gibt Perón bezeichnende Einblicke s. J. E. Freeland (ed.), Juan Perón, Doctrina Revolucionaria. Filosófica. Politica. Social, 1973: Die Ideologie des 'Justitialismus' als Gerechtigkeitsbewegung; 비교: R. Betancourt, Venezuela: Política y petróleo, 1956. Aus der üppigen Lit. zu Bolívar s. V. Lecuna/E. Barret de Nazaris, Obres completas, 3 tom., 2. Aufl. 1950; G. Kahle, S. B. und die Deutschen, 1980; 비교: J. Ewell, The Indictment of a Dictator: The Extradition and Trial of Marcos Pérez Jiménez, 1981; s.a. Th. Rourke, Gomez: Turant of the McBeth, Juan Vincente Gömez and the Oil Companies in Venezuela, 1908-1935, 1983, S. 15ff; 비교: E. Lieuwen, The Politics of Energy V., S. 192ff: V. produzierte nicht für den eigenen Bedarf, sondern vor allem für den US-Markt und West-Europa; s.a. F. Tugwell, The Politics of Oil in Venezuela, 1975, S. 67ff; 비교: J. Joesten, Öl regiert die Welt. Wer steht dahinter?, 1959, S. 214ff: zum Diktator Jiménez. der von 1948 bis 1958 an der Macht war, sowie zu dessen Konzessionpolitik. Mit steigender Produktion wurde die Abhängigkeit bewußt s.

hierzu Pérez Alfonzo, Hundiéndos en el Excremento del Diablo, 1976; ders., El Pentágono Petrolero, 1967; s. auch seine Einsätze bei der Opec-Gründung (Super-Kartelle). F. Friedensburg, Die Erdölindustrie Venezuelas, in: Oel u. Kohle, 33, Sept. 1940, S. 260ff; 1913 wurden erst 18000 t produziert, aber bereits 1928 mehr als 15 Mill. t, 1936 sogar über 22 Mill. t sowie 1939 genau 30580000 t, 비교: World Oil, Annual Reports, 1934-1941, danach war ein Rückgang bis zu 25% zu verzeichnen. Zur Lage im II. Weltkrieg s. M. Gannon, Operation Paukenschlag. Der dt. U-Bootkrieg gegen die USA, dt. 1992 (1990), S. 3858ff(s.a. 'Öl im Krieg'); 비교: Lieuwne, The Politics of Energy in V., S. 199ff (Wirth); 비교: S. Hope, Tanker Fleet: The Story of Shell Tankers and the Men Who Manned Them, 1948, S. 57ff. Zum Staatsstreich und seinem Öl-Hinter-grund s. R. Betancourt, Pollética y petróleo, S. 142ff. Über P. Alfonzos Reformpolitik ab 1943, die er als Jura-Professor an der Universität Caracas mit- gestaltet hat, s. Lieuwen, The politics, S. 199. Über die Nationalisierungstendenz s. G. Cornonel, The Nationalization of the Venezuelan Oil Industry: From Technocratic Sucess to Political Failure, 1983. D. D. Eisenhower, The White House Years, 2 vols., 1963-65. Zum Umbruch in Persien s. S. Zabih, The Mossadegh Era: Roots of the Iranian Revolution, 1982; 비교: L. P. Elwell-Sutton, Persian Oil: A Study in Power Politics, 1955. Über die Öl-Diskussion in den USA zur gleichen Zeit s. E. V. Rostow, A National Policy for the Oil Industry, 1948. Zum demokr. Wechsel 1958 u. zur Ölpolitik s. Lieuwen, Venezuela: A History, S. 98ff; 비교: Sampson, Sieben Schwestern, S. 174ff u. 188ff; s.a. P. R. Odell, The Oil Industry in Latin America, in: E. T. Penrose (ed.), The Large International Firms in Developing Countries: The International Petroleum Industry, 1968 (Reprint 1976), S. 296ff. Zur Nationalisierung 1976 und über die Zeit danach s. Lieuwen, The Politics, S. 209-213.

재산은 대중의 복지를 위해 사용될 의무가 있다

P. 알폰소의 모델은 개인적 경험에 근거해 만들어졌다. 그는 미국 텍사스 기차 커미션에서 망명생활을 할 당시 그들이 가격조절을 위해 합리화 시스템을 가동시키는 것을 직접 경험한 바 있다. 참조: Lieuwen, The Politics, S. 207ff; P. Alfonzo, Hundiéndos, passim; 비교: Vallenilla, Marking of a New Economic Order, S. 127. F. W. Maitland, The Constitutional History of England, 1908 (Reprint 1931), S. 538; s.a. H. Wellenreuther, Repräsentation und Grundbesitz in England 1730-1770, 1979; s.a. Barudio, Politik als Kultur, 1994: 'Eigentum', S. 72-78. Zum GG-Artikel und der 'Sozialbindung' des Eigentums s. den jur. Kommentar bei Seifert/Hömig (편), Grundgesetz für die Bundesrepublik Deutschland, 1982, S. N. W. Pearson/B. Matthews, The Great Oil Spill: The Inside Report – Gulf Oil's Bibery and Political Chicanery, 1976; zum Ende dieses Konzerns s. R. Chernow, The House of Morgan, 1991, S. 668. Über die Getty-Dynastie s. S. de Chair, Getty on Getty: A Man in a Billion, 1989; 비교: R. Hewins, The Richest American: J. Paul Getty, 1960; 비교: R. Miller, The House of Getty, 1985, S. 331ff. Zur Gesch. der Texaco s. M. James, The Texaco Story: The First Fifty Years, 1902-1952, 1953. Zum Abenteuer u. Alptraum 'Mukluk' s. Vergin, The Prize, S. 733ff; 비교: zur frühen Alaska-Szene Ch. S. Jones, From the Rio Grande to the Arctic: The Story of the Richfield Oil Corporation, 1972; s.a. zum Streitfall Th. Petzinger, Oil & Honer: The Texaco-Pennzoil Wars, 1987; 비교: S. Coll, The Taking of Getty Oil, 1988; s.a. R. Lenzer, Getty: The Richest Man in the World, 1985, S. 331ff. Alle Personen-und Sachangaben zu diesem Fall bei J. Shannon, Texaco and the ß 10 Billion Jury, 1988: mit Dokumenten aus dem Prozeß-Verlauf. J. E. Hartshorn, Erdöl zwichen Mächtne u. Märkten, 1962, passim.

4. 배 안에 퍼진 흑사병

두 유조선 침몰사고에 관한 보고에 대해: in: Le Monde, Dez. 1999. Über die 'Amoco Cadiz', die in Liberia registriert war u. für Shell 234000 t Rohöl aus dem Golf nach Rotterdam schaffen sollte s. G. Konzelmann, Ölpest. Die Supertanker auf den Weltmeeren, 1979, S. 9ff: Vieles journ. verkürzt u. ungenau. H. Razavi/F. Fesharaki, Fundamentals of Petroleum Trading, 1991; s.a. R. O. Anderson, Fundamentals of the Petroleum Industry, 1984. Zur Spannung von Natur u. Technik in den USA s. auch die Reaktionen auf den Öl-Unfall 1989 vor der Küste Alastas: National Response Team, The Exxon Valdez Oil Spill: A Report to the President from Samuel K. Skinner and William K. Reilly, May 1989; 비교: Cambridge Energy Research Associates, Energy and the Environment. The New Landscape of Public Opinion, 1990.

강에 흘러든 석유

'아르바' 와 바쿠에 설치되었던 초기 파이프라인에 대해: der frühen Pipeline-Szene von Baku s. Nobel-Moleinikoff, passim. 파이프라인의 기술사(史) 및 정치사(史)에 관해서: A. M. Johnson, The Development of American Petroleum Pipelines: A Study in Private Enterprise and Public Policy, 1862-1906, 1956; ders., Petroleum Pipelines and Public Policy, 1906-1959, 1967; s.a. J. Vincent-Genod, Funamentals of Pipeline Engineering, 1984; Pipeline Industries Guild, Pipelines: Design, Construction, and Operation, 1984. Zum Pithole-Abenteuer s. H. P. Giddens, The Birth of the Oil Industry, 1938. Rockefellers Haltung bei J. Th. Bentley, The Effects of Standard Oil's Vertical Integration into Transportation on the Structure and Performance of the American Petroleum Industry, 1872-1884, 1976; R. Chernow, Titan, S. 134ff, s.a. unten 'Anaconda'. Über die großen Ölleitungen u. ihrepol. Hintergründe von Arabien bis Alaska s. Yergin, The Prize, S. 426 u. S. 665; 비교: P. Zieber, Die sowjetische Erdölwirtschaft, 1962; 비교: B. Jentleson, Pipeline Politics: The Complex Political Economy of East-West-Energy Trade, 1986. Über das Paraffin as frühes Öl-Problem s. Ch. Marvin, The Moloch of Paraffin, 1886. Zur hist Entwicklung u. Technik s. J. N. H. Tiratsoo (ed.), Pipeline Pigging Technology, 2. Aufl. 1989 (1988), passim; 비교: Singerman, Red Adair, S. 119: Hier wird 'Pig' ins Deutsche als 'Schwein' übersetzt, aber die dt. Fachsprache kennt nur den 'Molch'; s.a. zum hochmodernen 'Inteeligent Pigging' die Analyse bei Tiratsoo, S. 241ff u. die Zukunftsaussichten S. 291ff.

들불처럼 번진 유조선 축조 신드롬

전반적인 유조선의 역사에 대해서: C. R. H. Bonn, The Oil Tanker, 1922; G. Konzelmann, Ölpest, passim. 노벨의 산업활동과 '바쿠 지역에 일어난 불'에 대해서: 여기서는 I. Lagerwall, Ludvig Nobel. En Industriens Storman, in: Ord och Bild, 30:7 (Juli 1911), S. 535-64. Konzelmann, Ölpest, S. 106ff, S. 111: 1888년에 일어난 '안드로메다' 유조선사고에 관해; G. H. Little, Transport, 1907. Nach Angaben in: Oel u. Kohle, Nr. 14, 1940, S. 106ff soll das 'erste Tank-Motorschiff der Welt' erst 1912 gebaut worden sein, und zwar für die Deutsch-Amerik. Petroleum-Gesellschft (DAPG). Das damals größte Tankschiff der Welt, die 'Jupiter', wurde 1914 mit 10073 BRT in Dienst genommen. 2차대전 동안에 나타난 유조선의 문제점에 대해서: S. Hope, tanker Fleet: The War Story of the Shell Tankers and the Men Who Manned Them, 1948; s.a. Standard Oil Company, Ships of the Eso Fleet in World War II, 1946. B.O. Lisle, Tanker Technique 1700-1936, 1936. J. Joesten, Onassis - Herr auf allen Meeren, 1956. 수에즈 운하를 둘러싼 위기에 대해: 1985; 비교. A. Moncrieff (de.), Suez: Ten Years After, 1966. E. Aamot, Oil and gas Transportation: Maritime Industry Cope with After, 1966. E. Aamot, Oil and Gas Transportation: Can Maritime Industry Cope with Future Challenges?, in: A. Poirier/G. Zaccour (eds.), Maritime and Pipeline Transportation of Oil and Gas. Problems and Outlook (Montréal-

Konferenz 1990), 1991, S. 60ff: Immer noch die beste Information auch mit Fallbeispielen aus Westafrika, das trotz Ölreichtum (Nigeria) an Benzinmangel leidet; s.a. Gespräch mit Nigerias Präsident O. Obasanjo, in: Die Zeit, Nr. 22, 23. Mai 2001, S. 11: 'Die Engpässe sind entstanden, weil unsere vier Raffinerien nicht gewartet u. mutwillig heruntergeschlampt wurden'; s. ebd, S. 10: Zur Pipeline-Lage im Kaspischen Öl-Raum.

지옥과 같은 나날들

멕시코 연안에서 일어난 참상에 대해: Silberman, Red Adair, S. 337ff. Die sachl. Angaben zu den Ölunfalltagen in: GEO. Nr. 9, 1991: Öl-Report. Der Fluch des Schwarzen Goldes, S. 74ff. 미래의 비전에 대해: P. Stevens, The economics of hydrocarbure pipelines in the 21st Century, in: Pipes and Pipelines international, Sept.-Oct., 1984; s.a. Ocean Shipping Consultants. Tanker demand to have significant longterm growth over period to 2000, in: Seaports and the Shipping World, May 1988.

5. 고리가 원을 그리고 있다

J. Berzelius, Versuch über die Theorie der chem. Proportionen, 1820; W. A. Lampadius, Grundriss des Systems der Chemie······ vorzüglich nach Lavoisier u. Berzelius, 1822; W. Lewicki (편), Berzelius u. Liebig. Ihre Briefe von 1831-1845, 1991 (1898); S. Lindroth, Les chemins du savoir en Suède, 1988 (Berzelius); J. v. Liebig, Die org. Chemie in ihrer Anwendung auf Agricultur u. Physiologie, 1840; ders., Handwörterbuch der reinen u. angewandten Chemie, 1848; F. Woehler (편), Justus Liebig's Annalen der Chemie und Pharmacie, 1873 ff; H.v. Dechend; Justus v. Liebig in eigenen Zeugnissen u. solchen seiner Zeitgenossen, 2. erg. Auflage

1963; E. Heuser (편), J. v. Liebig u. August Wilhelm Hofmann in ihren Briefen 1845-1869, 1988; s.a. W. Prandtl, Deutsche Chemiker in der ersten Hälfte des 19. Jh., 1956 (Döbereiner, Liebig, Woehler u.a.); E. F. Schwenk, Sternstunden der frühen Chemie. Von Johann Rudolph Glauber bis Justus von Liebig, 1998. R. Wizinger-Aust (편), August Kekulé, dem Bumeister der Cheme zum 150. Geburtstag, 1980. Zur weiteren Entwicklung s. Köhler/Gräfe, Die Cheme u. Technoligie der natürl. und künstl. Asphalte, 2. Aufl. 1913; 비교: Kißling, Chem. Technologie des Erdöls u. der ihm nahestehenden Naturerzeugnisse, 1915; ders., Das Erdöl u. seine Verwandten, 1922.

악마의 색, 인디고의 탄생

다채로운 색에 대해: E. Heller, Wie Farben wirken. Farbpsychologie. Farbsymbolik. Kreative Farbgestaltung, 1989. H. Caro, Über die Entwicklung der Theerfarbenindustrie, in: Berichte der dt. chem. Gesellschaft, 25, S. 955-1105, 1892; s.a. J. Körting, Gesch. der dt. Gasindustrie, 1963; A. Senefelder, Lehrbuch der Steindruckerey, 1818. Aus derÄlteren Literatur: L. Fisher, Oil imperialism, 1926; F. Pachtner, Weltmacht Erdöl, 1929; F.Maurette, Les grands marchés de matières, 1930. '악마의 색'에 관해: s. Heller, Farben, S. 32ff; 비교: H-H. Vogt, Farben u. ihre Geschichte, 1973. K. A. Schenzinger, Anilin, 1937; 비교: A. Anderson/G. Spelsberg (편), Das blaue Wunder - zur Geschichte der synth. Farben, 1990. Zur BASF: K. Holdermann, Aus der Anfangszeit der BASF, 1959; s.a. Im Reich der Chemie. 100 Jahre BASF, 1965. L. Meinzer, 125 Jahre BASF, Stationen ihrer Geschichte, Katalog zur Jubiläumsausstellung, 1990; s.a. J. Bersch, Die Fabrikation der Anilinfarbstoffe, 1878; 비교: E. Bäumler, Ein Jahrhundert Chemie, 1963. Nachweise zu den weiteren Angaben bei H. Schröter, Friedrich Engelhorn. Ein Unternehmer-Porträt des 19. Jahrhunderts, 2. Aufl. 1990; s.a. K. Heinig (편), Biographien bedeutender Chemiker, 1970; 비교: G. Bugge (편), Das große Buch der Chemie, 2 Bde, 1979 (1929); V.

Valentin, Gesch. der Dt. Revolution 1848-1849, 2 Bde. 1970 (1930/31); H. Fenske, Der liberale Südwesten - Freiheitsliebe u. demokratische Traditionen in Baden u. Württemberg, 1981; s.a. L. Gall, Bürgertum in Deutschland, 1989. E. Bäumler, Die Rotfabriker, Familiengesch. e. Weltunternehmens, 1988; s.a. Gesch. der Farwerke Hoechst u. der chem. Industrie in Dtl. Ein Lesebuch aus der Arbeiterbildung, 1984. W. Ludwig, Unterwegs (Erinnerungen), 1998. E. Blumer, Geschichte Erdölkapitalsmus u. Erdölpolitik, o.J. um 1950, zum 'großen Oelkrieg zwischen England und Amerika' im Jahre 1930 merkt er an: 'Wenn der Teufel doch dieses verfluchte Kapital holen wollte!'

핏속의 휘발유: 자동차의 역사

U. Troitzsch/W. Weber, Die Technik, von den Anfängen bis zur Gegenwart, 1987; s.a. W. Treue, Die Entwicklung der chem. Industrie von 1770 bis 1870, in: Chemie-Ing.-Technik 39, 1967, S. 1002-1008. F. Tausz, Das Erdöl, seine Physik, Chemie, Technologie u. sein Wirtschaftsbetrieb, 1930. S. Matschoß, Männer der Technik, 1925. E. Diesel, Diesel. Der Mensch, das Werk, das Schicksal, 2. Aufl. 1949. Zum Verbrennungsmotor: Brockhaus, ABC der Naturwiss. u. der Technik, 1959, S. 587ff; 비교: O. Kraemer, Bau u. Berechnung der Verbrennungskaftmaschinen, 3. Aufl. 1948; s.a. Edler/Roediger, Die dt. Rennfahrzeuge, 1959 (1990), S. 65: Zündkerzen. Zum Siegeszug des Autos: J. J. Flink, America Adopts the Automobile, 1895-1910, 1970; B. A. Brownell, A symbol of modernity: attitudes toward the automobile in southern cities in the 1920s, in: American Quarterly, 1972, S. 24ff. 비교: S. W. Sears, The Automobile in America, 1977; s.a. P. Roberts, Any color so long as it's black: the first fifty years of automobile advertising, 1976. Zu den Anfängen der Rennwagenszene: Edler/Roediger, Rennfahrzeuge, S. 6ff; s.a. G. Rancati, Enzo Ferrari. II Commendatore, dt. 1989.

주석

원료와 돌, 그리고 석유를 넘어서

F. v. Hardenberg, Sämtliche Schriften, 1962. Beyschlag, Die Lagerstätten der nutzbaren Mineralien u. Gesteine, 3 Bde, 1937-40; E. Börnstein, Einführung in die Chemie u. Technologie der Brennstoffe, 1926; s.a. E. Galle, Hydrierung der Kohle, Teere und Mineralöle, 1932. Braudio, Steine und Stoffe. Eine Chronik der Refratechnik, 1987. F. Fischer, Handbuch der chemischen Technoligie, 1893; s.a. F. Fischer, Die Synthese der Treibstoffe u. Schmieröle aus Kohlenoxyd u. Wasserstoff bei gewöhnlichem Druck, in: Brennstoff-Chemie, Bd. 16, 1935; B. Pier, Hydrierbenzine, in: Angewandte Chemie, Bd. 51, 1938. Zu W. Teagel und den IG-Farben s. Sampson, Sieben Schwestern, S. 88ff; 비교: B. H. Wall/G. S. Gibb, Teagle of Jersey Standard, 1974; s.a. W. Greiling, Chemiker kämpfen für Deutschland, 1940; ders. Chemie erobert die Welt, 1941; 비교: M. Held (편), Leitbilder der Chemiepolitik, 1991. Zur Gesamtproblematik s. K. O. Henseling, Ein Planet wird vergiftet. Der Siegeszug der Chemie: Geschichte einer Fehlentwicklung, 1992, S. 191ff: Die Zusammenarbeit zwischen IG-Farben und Esso.

6. 초강력 카르텔

Ch. Baudelaire, Les Fleurs du Mal, 1861 (`L'Alchimie de la douleur`). H. Hurt, Texas Rich: The Hunt Dynasty from the Early Oil Days Through the Silver Crash, 1981; 비교: R. Chernow, The House of Morgen, S. 643: Die Gebrüder Hunt galten als `typische Morgan-Klienten`. D. A. Chandler Jr., Strategy and Structure; Chapters in the History of the Industrial Empire, 1969; 비교: R. T. Ely, Monopolies and Trusts, 1921; 비교: S. P. Hays, The Response to Industrialism: 1885-1914, 1957. A. Sampson, Die Sieben Schwestern, passim; O. v. Brackel/H. Leis, Der Dreißigjährige Petroleumkrieg, 1903.

지치지 않는 불굴의 아나콘다, 록펠러

다양한 문학작품에서: jetzt die umfassende u. aus dem Firmenarchiv gearbeitete Biographie von R. Chernow, Titan. The Life of John D. Rockefeller, Sr., 1998; 비교: a. die kundige biogr. Studie von J. Abels, Die Rockefeller Milliarden, dt. 1966 (1965), passim. Über die chaot. Ölszene seit 1859 s. H. Dolson, The Great Oildorado: The Gaudy and Turbulent Years of the First Oil Rush: Pennsylvania, 1859-1880, 1959; s.a. C. W. Darrah, Pithole: The Vanished City, 1972; 비교: P. H. Giddens, The Beginnings of the Petroleum Industry: Sources and Bibliography, 1941; ders., The Birth of the Oil Industry, 1938; ders., Early Days of Oil: A Pictorial History of the Beginning of the Industry in Pennsylvania, 1948. Abels, Rockefeller, passim; 비교: I. M. Tarbell, John D. Rockefeller: A Character Study, in: Mc-Clure's Magazine, Juli and August 1905; diess., The History of the Standard Oil Company, 2 vols., 1904. Zum Hintergrund der SIC s. Chernow, Titan, S. 134ff: *Tom Scott;* s.a. Abels, Rockefeller, passim. Über das Cleveland-Massaker s. Chernow, Titan, S. 142ff. 타이터스빌의 계약에 관해:. Chernow, Titan, S. 159ff; 비교: Tarbell, Standard Oil, S. 104ff; 비교: a. J. T. Flynn, God's Gold: The Story of Rockefeller and His Times, 1932, S. 174f sowie A. Nevins, Study in Power: John D. Rockefeller, Industrialist and Philanthropist, 2 vols. 1953. 미국 헌법에 들어 있는 세습재산의 이념에 대해: Ch. A. Beard, Eine Ökon. Interpretation der am. Verfassung, dt. 1974 (1913!), passim. Charles Pratt에 대해: Chernow, Titan, 164: 'Astral Oil'. Zu John D. Archbold s. Chernow, Titan, S. 165ff, S. 206ff, S. 287ff, S. 320: Rockefelleers 'Nachfolger'. Henry M. Flagler에 대해: Chernow, Titan, S. 106ff, 209ff, S. 344ff: Flaglers 'Traum' von einem zivilisierten Sonnen-Paradies Florida, s.a. D. L. Chandler, Henry Flagler: The Astonishing Life and Times of the Visionary Robber Baron Who Founded Florida, 1986. 석유등을 대체한 전구의 발명에 대해: Z N. Baldwin, Edison: Inventing the Century, 1995; 비교: Th. P. Hughes, Die Erfindung Amerikas, dt. 1974 (1972), passim; s.a. Chernow, Titan, S. 260ff. Zum Vorwurf and Th. Roosevelt als

주석

'Trustbuster' s. Chernow, Titan, S. 432: 비교: a. N. Miller, Theodore Roosevelt. A Life, 1992 (Reprint); s.a. H. F. Pringle, Theodore Roosevelt: A Biography, 1931. 반 트러스트 운동에 관한 모든 것: B. Bringhurst, Antitrust and the Oil Monopoly: The Standard Oil Cases, 1890-1911, 1979. 미국 최고헌법재판소(Supreme Court)의 선정적인 판결에 대해:. Chernow, Titan, S. 554ff; s.a. G. Kolko, The Triumph of Conservatism: A Reinterpretation of American History, 1900-1916, 1963 (Reprint 1967). '기업해체'의 세부사항에 대해 s. Abels, Rockefeller, passim; s.a. Ch. McA. Destler, Roger Sherman and the Independent Oil Men, 1967.

세계 석유산업을 지배한 일곱 자매들

카르텔을 인식하는 오늘날의 시각에 대해: den 'Wettbewerbshütter' u. EU-Kommissar Mario Monti: 'Gefährlich wird es nur dann, wenn Fusionen und Übernahmen in einer starken oder dominierenden Marktstellung gipfeln', in: WamS, Nr.21, 27. Mai 2001, S. 56 (Interview). Zu 'Cameralismus' u. 'Absolutismus' s. Barudio, FWG, 25, 1981, S. 226, 280ff. Die vorindustr. u. mentalen Bindungen des 'Hauses Rockefeller' bei Chernow, Titan, passim. 일곱 개 대형 콘체른의 생성사와 영향사에 대해: 특히 A. Sampson, Die Sieben Schwestern. Die Ölkonzerne u. die Verwandlung der Welt, dt. 1976 (1975), S. 317: Der Ausdruck '일곱 자매들'이라는 표현은 이미 1913년에 통상적으로 사용되고 있었으나 이탈리아 국가 에너지 콘체른의 보스인 엔리코 마테이에 와서야 비로소 'Le sette sorelle'이라는 명칭으로 유명하게 되었다:. hierzu P. H. Frankel, Mattei: Oil and Power Politics, 1966. Über das Leben u. Werk Marcus Samuels s. R. Henriques, Marus Samuel: First Viscount Bearsted and Founder of the 'Shell' Transport and Tading Company, 1853-1927; zur Firmenpol. dieses Ölpioniers s. Sampson, Sieben Schwestern, S. 56ff; zu Deterdings Werdegang seine Autobiographie, An International Oilman, 1934; 비교: G. Robert, The Most Powerful Man in the World: The Life of Sir Henri Deterding, 1938; s.a. F. C. Gerretson, History of the Royal Dutch, 4 vols., 1953-1957; s.a. R. J. Forbes/D. R. O'Beirne, The

Technical Development of the Royal Dutch/Shell, 1890-1940, 1957. J. O. King, Joseph Stephen Cullinan: A Study of Leadership in the Texas Petroleum Industry, 1897-1937, 1970; 비교: M. James, The Texaco Story: The First Fifty Years, 1902-1952, 1953: 펜조일을 상대로 백 년간에 걸쳐 벌어졌던 소송에 관해서는 '비등점에서'를 참조할 것. Gul Oil의 역사에 관해서: C. Thompson, Since Spindletop: A Human Story of Gulf's First Half-Century, 1951; s.a. zum Banken-Hintergrund D. E. Koskoff, The Mellons: The Chronicle of America's Richest Family, 1978. BP에 관해서: H. Longhurst, Adventure in Oil: The Story of British Petroleum, 1959; 비교: G. Jones, The British Government and the Oil Companies, 1912-1924: The Search For and Oil Policy, in: Historical Journal, 20, 1977, S. 647-72; 비교: R. W. Ferrier, The History of the British Petroleum Company, vol. I, The Developing Years, 1901-1932, 1982. Zur frühen Ölszene in der Golfregion s. S. H. Longrigg, Oil in the Middle East: Its Discovery and Developments, 1968; 비교: a. B. Shwadran, The Middle East, Oil and the Great Powers, 1973. Zum Preiskrieg s. Sampson, Sieben Schwestern, S. 72ff, S. 87ff. Shell in den USA s. K. Beaton, Enterprise in Oil: A Histroy of Shell in the United States, 1957. Zur Ölpolitik nach 1918 s. E. M. Earle, The Turkish Petroleum Company. A Study in Oleaginous Diplomacy, in: Political Science Quarterly, 39, June 1924, S. 265-79; M. Kent (ed.), The Great Powers and the End of the Ottoman Empire, 1984; 비교: Ch. Rand, Making Democracy safe for Oil: Oil Men and the Islamic Middle East, 1975; B. C. Busch, Britain, India, and the Arabs, 1914-1921, 1971; T. A. B. Corley, A History of the Burmah Oil Company, vol. I, 1886-1924, vol. II, 1924-1966, 1983-88; s.a. D. Fromkin, A Peace to End All Peace: Creating the Modern Middle East, 1914-1922, 1989. 붉은 분필 조약과 As-Is-규칙에 관해서:. Sampson, Sieben Schwestern, S. 77f u. S. 82f; vol. Yergin, The Prize, S. 263ff. Zu Gulbenkian s. N. Gulbenkian, Portrait in Oil, 1965. '빈털터리'들이 1938년까지, 그리고 2차대전이 끝난 후 1950년까지 벌인 투쟁의 역사적 배경에 대해서: die ausgezeichnete Studie von H. Mejcher, Die Politik und das Öl im Nahen Osten, 2

Bde, 1990: Mit dem Öl-Ausgleich von 1944 zwischen Großbritannien u. den USA, Bd. II, S. 153ff. 가격정책에 대해서: Hartshorn, Erdöl, 1962, passim.

석유수출국기구의 꿈

Sampson, Sieben Schwestern, S. 158 (Zitat): Darstellung der Opec-Gründung. Zum rechtl. Hintergrund der US-ölpolitik s. D. D. Eisenhower, Mandate for Change, 1963, S. 207ff; s.a. Sh. Erel, Öl. Panik im Schatten der Bohrtürme, dt. 1975 (1975), S. 26ff; Washington Government Printing, Report on the Relationship of Oil Imports to the National Security, 1970, S. 351ff. 베네수엘라의 태도를 미국 정부는 예의주시했다: Ch. T. Landau, The Rise and Fall of Petro-Liberalism: United States Relation with Socialist Venezuela, 1945-1948, 1985; 비교: auch S. G. Rabe, The Road to Opec: United States Relations with Venezuela, 1919-1976, 1982. 특수한 '쿠웨이트' 경우에 대해:. unten 'Kein Blut für Öl'. Rathbone's Problem u. damit der Exxon lag auch im Fifty-Fifty-System mit seinem Festpreis: Es funktioniert nur, solange im Ölgeschäft Profite erwirtschaftet werden, also etwas zu verteilen ist (Justitia distributiva); s. Sampson, Sieben Schwestern, S. 159ff. R. Miller, Die Gettys. dt. 1989 (1985), S. 9 'Der Fluch des Midas', S. 247ff: Öl auf dem Wafra-Feld in 1158 Metern Teufe (Neutrale Zone). Opec, Official Resolutions and Press Releases, 1960-1990, 1990, S. 1ff. Zur emotionalen Aufladung der Ölszene am Golf s. Sh. Erel, Öl, S. 44ff; R. Mabro, Opec, Oil Nationalism, and the U. S. Elephant, in: Petroleum Intelligence Weekly, April 30, 1979; 비교: auch das Einwirken der Sowjets bei J. Pennar, The USSR and the Arabs. The Ideol. Dimension, 1917-1972, 1973. 미국의 '석유고갈에 대한 두려움' 배후에 깔린 생각에 대해: R. M. Olien/D. D. Olien, Oil & Ideology. The Cultural Creation of thr American Petrileum Industry, 2000, S. 240ff. 여러 가지 소동에 대해: F. Rouhani, A History of O.P.E.C., 1971; 비교: D. A. Rustow, Oil and Turmoil: America Faces OPEC and the Middle East, 1982; s.a. Ph. Terzian, OPEC: The Inside Story, 1985. Wie komplex der Ölhandel strukturiert ist, zeigen die 'ölmarkttrends' ebenso wie die Gestaltung (auch Manipulation) der Spot-Märkte bes. in Rotterdam für Westeuropa s. hierzu Razavi/Fesharaki, Fundamentals of Petroleum Trading, 1991, S. 43ff, S. 177ff. G. Soros, The Crisis of Global Capitalism (Open Society endangerd), 1998, S. 108: Es ist eine Desinformation, für das Jahr 1973 zu behaupten, 'the oilproducing countries vanded together in the······ Opec', denn eine Reihe Ölproduzierender Länder war nicht Mitglied in diesem exklusiven Club; 비교: die Gewinnrate der vier wichtigsten Ölkonzerne Exxon (59%), Texaco (49%), Mobil Oil (47%), Shell (28%) während der Preiskrise von 1972/73, Angaben nach Sh. Erel, Öl, S. 75, die wiederum auf US-Senats-Zahlen beruhen. Nasser: Sampson, Sieben Schwestern, S. 161; 비교: Z. Mikdashi, The Community of Oil Exporting Countries, 1971, S. 33. Zum Dauerproblem des 'Gleichgewichts' im Weltmarkt H. Razavi, Optimal Rate of Oil Production for Opec Member Countries, in: Resources and Energy, 1982, S. 291-305; s.a. J. Baesel/D. Grant, Equilibrium in a Future's Market, in: Southern Economic Journal, vol 49 (1982), S. 320-329. G. Chandler, Some Current Thoughts on the Oil Industry, in: Petroleum Review, 27. Jan. 1973: Er glaubte damlas an ein 'Fördermonopol' der Opec, obgleich es in Wirklichkeit nach außen ein Kartell war; s.a. Sh. Erel, Öl, S. 60. 전 세계 시장에서 스포츠시장의 기능에 대해: P. Farnon, The Rotterdam Oil Market, in: Vision, 35, April 1981, S. 12ff; 비교: J. Zimmermann, The Rotterdam Market: Confusion and Crisis in the Petroleum Industry, 1980; s.a. F. Fesharaki/D. D. Isaak, Opec, the Gulf, and the World Petroleum Market, 1983. Obgleich sich Zaki Yamani beim 'Totsagen' der Opec oft geirrt hat, bleibt sein Vermächtnos eine fundamentale Zukunftsaufgabe, Oil Markets: Past, Present, and Future, 1986; 비교: J. E. Treat, Energy Futures, 1984.

주석

7. 아메리칸 드림

Zur hist. Einstimmung mit vielem Fragezeichen A. de Tocqueville, Über die Demokratie in Amerika, dt. 1976 (1838); 비교: K-H. Deschner, Der Koloß, 1992; R. Steel, Pax Americana. Weltreich des Kalten Krieges, dt. 1968 (1967); 비교: P. Kennedy, Aufstieg u. Fall der Großen Mächte. Ökonomischer Wandel u. militärischer Rußland, S. 374ff: Monroe-Doktrin. Ch. A. Beard, Economic Orgins of Jeffersonian Democracy, 1965; H. Adams, History of the United States during the Administration of Thomas Jefferson, 1986. K. Mann, Distinguished Visitors. Der Amerikanische Traum, 1992, s. 90ff. Tocqueville, Amerika, S. 517ff. 정의-원칙의 존재와 영향에 대해: Barudio, Politik als Kultur, 1994, S. 133ff. Zu Öl u. Gesellschaft S. W. Tait Jr., The Wildcatters: An Informal Hostory of Oil-Hunting in America, 1946: Jagdmotiv als Unternehmensgarant; 비교: E. W. Zimmermann, Conservation in the Production of Petroleum. A Study in Industrial Control, 1957; s.a. Ch. A. Beard, Eine Ökonom. Interpretation, passim; 비교: H.v. Broch, Die unfertige Gesellschaft, dt. 1961; s.a. J.-J. Servant-Schreiber, Die Amerikanische Herausforderung, dt. 1967. Zu 'Elite' und 'Größe' s. J. Silber, Ist Amerika zu retten? dt. 1992, S. 76ff. G. Stein nimmt das als gesellschaftl. Prägung auf, was schon James F. Cooper hundert Jahre früher festgestellt hat: 'Ein richtiger am. Gentleman steht höher als ein einfacher Baron. Herzögen u. Prinzen ist er ebenbürtig', zit. n. Th. Steinfeld, Wo der Freund wartet……, in: FAZ, Nr. 102, 2001, S. 62; 비교: D. Wecter, The Saga of American Society: A Record of Social Aspiration, 1607-1937, 1970 (Reprint); s. demn. Barudio, Die Roten Barone. Essays zum Aristokratismus.

석유제국의 황태자를 꿈꾸었던 석유의 왕들

P. Collier/D. Horowitz, The Rockefellers: An American Dynasty, 1976; 비교: J. T. Flynn, God's Gold: The Story of Rockefeller and His Times, 1932; A. F. Schenkel,

The Rich Man and the Kingdom: John D. Rockefeller and the Protestant Establishment, 1995: Das Wesen e. Dynastie oder des Königtums aus vorindustrieller Zeit wird in diesen Arbeiten nur benannt, aber nicht reflektiert, 비교: Barudio, Politik als Kultur, passim; s.a. P. Collier/D. Horowitz, The Fords: An American Epic, 1987; 비교: R. Inglehart, Culture Shift in Advanced Industrial Society, 1990. Alle Inform. bei Sinclair Oil. A Great Name in Oil: Sinclair through 50 Years, 1966; s.a. R. Sh. Knowles, The Greatest Gamblers: The Epic of America's Oil Exploration, 2. Aufl. 1978. B. Noggle, Teapot Dome: Oil and Politics in the 1920, 1962; 비교: J. L. Bates, The Origins of Teapot Dome: Progressives, Parties and Petroleum, 1909-1921, 1963; ders., The Teapot Dome Scandal and the Elections of 1924, in: AHR, 55(Jan. 1955), S. 303ff. Zur links-orientierten u. Sowjetunion-freundl. Literaturszene L. Harris, Upton Sinclair. American Rabel, 1975; s. demnächst Barudio, Die Roten Barone. Zum Hintergrund Phillips Petroleum Company, Phillips: The First 66 Years, 1983; die weiteren Angaben zur Person u. zum Unternehmen selbst bei M. Wallis, Oil Man. The Story of Frank Phillps and the Birth of Phillps Petroleum, 1988 (gediegen aus dem Firmenarchiv gearbeitet, aber ohne Anm. u. Literatur). 경제공황에 대해: J. Moody, The Masters of Capital: A Chronicle of Wall Street, 1919, S. 58ff; s.a. M. Josephson, The Robber Barons: The Great American Capitalists, 1861-1901, 1934; ders., The Money Lords: The Great Finance Capitalists, 1925 bis 1950, 1972; 비교: Chernow, Titan, S. 331ff; 비교: R. Sobel, Panic on Wall Street: A Classic History of America's Financial Disasters - with a New Exploration of the Crash of 1987, 1969 (Reprint) 1988. 철도투자자에서 석유은행으로 전환한 모건 은행의 역사에 대해: R. Chernow, The House of Morgan. An American Banking Dynasty and the Rise of Modern Finance, 1990, S. 222ff(Henry Ford), S. 496ff(Continetal Oil, später umbenannt in Conoco). J. F. Wall, Andrew Carnegie, 1970: 카네기도 록펠러의 모범이 되었다: Chernow, Titan, S. 313ff; 비교: G. Jonas, The Circuit Riders: Rockefeller Money and the Rise of Modern Science, 1989, S. 17ff; s.a. A. Nevins, Study in

주석

Power: John D. Rockefeller, Industrialist and Philanthropist, vol.II., 1953, S. 92ff. Zur Öl-Szene in Oklahoma s. Wallis, Oil Man, passim; 비교: A. Bentz, Geolog. Studienreise in nordam. Ölfeldern, in: Petroleum, 30, 1934, S. 4ff (mit Lit.); 비교: H. H. Charles, The Oklahoma City Oil Field, in: Intern. Geol. Cong. XVI, Sess. United States, 1933, Guidebook 6, S. 26ff. J. Silber, Ist Amerika zu retten?, S. 268ff. Zur Geschichte der berühmten Überland-Straße s. M. Wallis, Route 66. The Mother Road, 1990: Reich bebildert, aber im Geist des Autokultes unkritisch; 비교: B. Polster, Super oder Normal. Tankstellen – Gesch. eines modernen Mythos, 1996, S. 54ff; s.a. J. B. Rae, The Road and Car in American Life, 1971. Zu den Pioniertaten von Phillips s.a. S. S. Kvendseth, Giant Discovery: A History of Ekofisk Through the First 20 Years, 1988. Wallis, Oil Man, S. 462ff: Das durchweg pos. Urteil über 'Onkel Franks' Lebensleistung: 'ölleute kommen und gehen, aber die Industrie wird F. Ph. vermissen – als Ölmann, Bürger und Freund': 비교: dazu auch die 'intellektuelle' Entsprechung bei *Robert O. Anderson*, für den Technik, Humanisierung des Arbeitsplatzes, Umweltschutz u. Diskussionen über die Ethik des Aristoteles zusammengehörten: s. Yergin, The Prize, S. 570ff; 비교: K. Harris, The Wildcatter: A Portrait of Robert O. Anderson, 1987.

"돈은 세계를 지배한다."는 성공 모토가 가져온 악몽

개인 인적 사항에 대해서는: A. Hammer, Mein Leben, dt. 1988, passim; die zahlreichen Ungereimtheiten u. Desinformationen bei S. Weinberg, Armand Hammer: The Untold Story, 1989; nicht weniger kritisch E. J. Epstein, The Secret History of Armand Hammer, 1996. 이전의 세금저축에 대해: Die sog. 'Depletion Tax Allowance' erlaubte jedem Ölunternehmen, über 27,5% vom Bruttoertrag unversteuert zu verfügen; nach Abzug u. Abschreibung aller Betriebsausgaben wurde auf den Rest Einkommenssteuer entrichtet. Zu den Zaren-Eiern s. A. Hammer, The Quest of the Romanoff Treasure, 1932; 비교: A. Duncan, Hammer of

665

the Midas Touch, in: Sunday Telegraph Magazine, 24. Juni 1983; s.a. R. C. Williams, Russian Art and American Money, 1900-1940, 1980. 리비아의 모험에 관해: Epstein, Secret History, S. 215ff: The Geopolitics of Crude; s.a. S. Brown, Hammer in Libya, in: Fortune, Juli 1969; 비교: C. Blumay/H. Edwards, The Dark Side of Power: The real Armand Hammer, 1992. Angaben über das Augila- und Idris-Feld bei Hammer, Mein Leben, S. 347ff; 비교: R. Sherrill, The Oil Follies of 1970-1980: How the Petroleum Industry Stole the Show (and Much More Besides), 1983. 베히텔 콘체른에 대해: L. McCartney, Friends in High Places: The Bechtel Story. The Most Secret Corporation and How It Engineerd the World, 1988. Über die 'Revolution' von 1969 u. ihre Folgen s. Hammer, Mein Leben, S. 354ff; 비교: G. Tremlett, Gaddafi: The Desert Mystic, 1993. Das Verhältnis zur Sowjetunion seit Lenin und auch zu Israel s. Epstein, Secret History, S. 320ff; 비교: B. M. Weissman, Herbert Hoover and Famine Relief to Soviet History, S. 320ff; 비교: B. M. Weissman, Herbert Hoover and Famine Relief to Soviet Russia, 1921-1923, 1974. Hammers fatale Neigung zu 'Meisterwerken' und ihrer 'Selbstprüfung', Mein Leben, S. 446ff; 비교: R. Hewins, The Richest American: J. Paul Getty, 1960; ders., Mr. Five Percent: The Story of Calouste Gulbenkian, 1958; 비교: N. Gulbenkian, Portrait in Oil, 1965. Epstein, Secret History, S. 319: Erstaunlich, wie Marlon Brando die Ölleute George Bush u. Armand Hammer ebenso beeindruckt hat wie angeblich Saddam Hussein mit seiner Darstellung in dem Mafia-Film 'Der Pate'.

에덴의 저편

P. Alexander, James Dean, dt. 1995 (1994), S. 225ff: 'Die Szenen, in denen Jett Rink auf Öl stößt'; 비교: U. Gregor/E. Patalas, Gesch. des Films, 2. 1940-1960, 1984 (1973), S. 444; s.a. zur Lage in Hollywood G. Sadoul, Histoire du Cinéma Mondial. Des orgines à nos jours, 1981, S. 362ff. E. W. Owen, Treck of the Oil Finders: A History of Exploration for Oil, 1975 (Am. Ass. of Petroleum Geologists). Alle pers. u.

주석

sachl. Angaben zit. n. G. Bush, Looking forward, 1988 (Victor Gold). 미국의 고무업계에 대해: F. Howard, Buna Rubber: The Birth of an Industry, 1947; 비교: unten 'öl im Krieg', zum 'Gummi-Hunger' der USA u. die Verbindungen zu den IG-Farben bis 1941 s. Yergin, The Prize, S. 380ff, 820ff. Über Hugh Liedtke s. Th. Petzinger, Oil & Honor: The Texaco-Pennzoil Wars, 1987, passim; 비교: S. Coll, The Taking of Getty Oil, 1988, s. oben 'Am Kochpunkt'. R. B. Considine, The Remarkable Life of Dr. Armand Hammer, 1975. 케네디 대통령에 대해: Th. Sorensen, Kennedy, 1965; 비교: A. M. Schlesinger Jr., A Thousand Days: John F. Kennedy in the White House, 1965; s.a. M. R. Beschloss, The Crisis Years: Kennedy and Krushchev, 1960-1963, 1991; zu Lyndon B. Johnson s. R. Caro, The Years of Lyndon Johnson: The Path to Power, 1982. S. E. Ambrose, Eisenhower, 2 vols., 1983-84. R. Reagan, Erinnerungen. Ein amerik. Leben, dt. 1990 (1990), S. 210ff: George Bush als sein innerparteilicher Gegner (Repiblikaner), S. 3229ff als sein 'Vize'. J. Lowe, Bill Gates – sein Erfolgsgeheimnis, dt. 2001. Der Fall 'Marc Rich', in: Wall Street Journal, Jan. 2001. Der Bezug auf Baku wurde vor allem 1901 mit der Entdeckung des Giga-Feldes von Spindletop gerne hergestellt, s. Yergin, The Prize, S. 84: '……the biggest oil well this side of Baku' (John Galey, ein großer Öl-Pionier zu Anton Lucas); s.a J. A. Clark/M. T. Halbouty, Spindletop, 1952.

8. 바쿠의 불길

D. Landes, Der entfesselte Prometheus. Technologischer Wandel u. industrielle Entwicklung in Westeuropa von 1750 bis zur Gegenwart, dt. 1973 (1969); s.a. ders., Wohlstand u. Armut der Nationen, dt. 1999 (1998), S. 415: Das gute Vergleichsmodell der arab. Opec-Mitglieder mit Spanien im Banne des amerik. 'Gold-Stromes'; L. unterläßt es aber, die innere, patrimoniale Struktur dieser Länder zu analysieren u. sie als *dynastische Diktaturen* zu kennzeichnen. 막심 고리키에서 나타난 차르 통치 당시 도시와 농촌 간의 긴장에 대해: Vom russischen Bauern, in: A. W. Tschajanow, Reise ins Land der bäuerlichen Utopie, 1984. Ein russ. Stimmungsbild über die Baku-Hölle mit ihrer Öl-Wirtschaft, Luftverschmutzung, bäuerl. Proletariat u. Feuer-Anbetern aus Indien bei B. Pilnjak, Die Stadt der Winde. Erzählungen 1926-1935, dt. 1991, S. 96-117. Zu Zoroaster s. W. Hinz, Zarathustra, 19-63. H. u. M. Münkler, Marco Polo. Leben u. Legende, 1992. Über die frühe Ölszene seit der russ. Eroberung von 1806 s. J. P. McKay, Entrepreneurship and the Emergence of the Russian Petroleum Industry, 1813-1883, in: Research in Economic History, 8, 1982, S. 47-91: Ch. Marvin, The Petroleum Industry of Southern Russia, in: Engineering, 1884. 노벨 형제의 가족사와 산업사에 대해: das Standardwerk von M. Nobel-Oleinikoff, Ludvig Nobel och hans verk. En släkts och en storindustrins historia, 1952: Darauf beziehen sich in der Regel alle weiteren Angaben, passim. 자동차 은유에 대해: O. Figes, Die Tragödie eines Volkes. Die Epoche der Russischen Revolution 1891 bis 1924, dt. 1998 (2. Aufl.) (1996), S. 300: 'Du bist der Autokrat' (Zarin). Figes hat des 'Patrimonium' (russ. vot ina) im Zarismus gut herausgearbeitet, Tragödie, S. 26, S. 30: 'Rußland, das waren die Romanows'; s.a. Barudio, Die Macht des Hegemonialismus - das Moskauer Zartum, in: Pipers Handbuch der Politischen Ideen, 3, 1985, S. 189-200. Aus der Überfülle der hist. Literatur s. besonders M. Heller/A. Nekrich, Geschichte der Sowjetunion. Erster Band: 1914-1939 (M. Heller), dt. 1981 (1981), S. 73: Trotzkis Erzwingung des 'blinden Gehorsams' in der Roten Armee war nur eineÄußerliche Verlagerung vom 'Zaren' auf das 'werktätige Volk' und damit auf die bolsch. Machtelite; 비교: L. Trotzki, Mein Leben, dt. 1929. In e. Brief des Nobel-Mitarbeiters Theodor Aberg wird von Stalin berichtet, er sei 'oben in dem 18 Meter hohen Bohrturm Lager-Schmierer gewesen', s. G. Hedin, De Svenska Oljbaronerna. Alfred Nobels okända bröder, 1994, S. 69ff; 비교: R. Tucker, Stalin as Revolutionary 1879-1929, 1973; 비

교: I. Deutscher, Stalin, a Political Biography, 1949; vgl auch S. Graham, Changing Russia, 1915; s.a. J. Henry, Baku, an Eventful History, 1905.

돈 키호테적인 야망을 넘어 노동의 지옥을 일군 노벨 형제

R. W. Tolf, The Russian Rockefellers. The saga of the Nobel Family and the Russian Oil Industry, 1976, passim. Über dieÄltere Familien-Geschichte der Nobels s. H. Schück/R. Sohlman, Nobel, Dynamite and Peace, 1929; s.a. H. Schück et al., Nobel, the Man and His Prizes, 1951; 비교: Barudio, Alfred Nobel, in: Die großen Stifter, 1995 (J. Fest). Zu Spinoza s. K. Fischer, Spinozas Leben, Werk u. Lehre, 1946; 비교: H. Höffding, Spiniozas Ethik, 1924. Tolf, Nobel, S. 46: 'It was all Robert's doing'. Zur Tanker- u. Transportgesch. s. G. H. Little, The Marine Transport of Petroleum, 1891; 비교: B. O. Lisle, Tanker Technique 1700-1936; s.a. J. D. Henry, Thirtyfive Years of Oil Transport, 1907. I. Bäckmann, Karl W. Hagelin. Fran filare till storindustriell i naftabolaget Bröderna Nobels tjänst (Hagelins memoarer), 1935. Zur patriarch. -sozialen Seite der russ. Nobels s. Nobel-Oleinikoff, Släkt, passim. 에소의 러시아 활동에 대해: Z Chernow, Titan, S. 246ff, S. 430ff. Über die Reformarbeit des Grafen Witte s. Th. H. Von Laue, Sergei Witte and the Industrialization of Russia, 1963; 비교: S. I. Witte, The Memoirs of Count Witte, engl. 1921 (Abraham Yarmolinsky). Zur Ochranan, die 1881 gegründet wurde u. einen 'geheimen Krieg' bis in die Ölfelder von Baku führte, s. Figes, Tragödie, S. 140ff; 비교: M. N. Gernet, Istorija zarskoi tjurmy w 5 tomach (Gesch. der zarist. Gefängnisse in 5 Bänden) 1960-63. Zur 'Mineralölfrage' und einem möglichen 'Petroleummonopol' im Zweiten Kaiserreich bezüglich des Heeres u. der Marine 1911 s. V. R. Berghahn/W. Deist, Rüstung im Zeichen der wilhelminischen Weltpolitik. Grundlegende Dokumente 1890-1914, 1988, S. 363ff. Zum aufkommenden Autokult als 'Zerstreuung für Aristokraten' s. die geistreichen Roman-Essays von I. Ehrenburg, Das Leben der Autos, dt. 1930 (1983). K. Hamsun, I Aeventyrlandet, oplevet og drømt i Kaukasien, 1903, passim. Zum Nobelpreis s. E. Bergengren, Alfred Nobel, the Man and His Work, 1962. Über den Histergrund der neuen Ölszene s.a. J. Mavor, An Economic History of Russia, 2 vols, 1914; 비교: Ch. Marvin, Region of Eternal Fire, 1884. E. Herkscher, Emanuel Nobel, in: Kungl. Svenska Vetenskaps akademiens ·rsbok, 1933, S. 295-304; 비교: das Lebensbild seines Vaters bei I. Lagerwall, Ludvig Nobel. En Industriens Storman, in: Ord och Bild, 30:7, Juli 1911, S. 535ff. O. Brakkel/J. Leis, Der Dreißigjährige Petroleumkrieg, 1903. Zur Schreckensgeschichte der 1905-Ereignisse gerade im Ölgebiet von Baku s. S. M. Schwarz, The Russian Revolution of 1905: The Workers Movement and the Formation of Bolshevism and Menshevism, 1967; 비교: L. Beria, On the History of the Bolshevik Organization in Transcaucasia, 1949.

Umbrüche: Zum Familien-Hintergrund Nobel-Oleinikoff, Släkt, passim. D. I. Mendeleev/J. M. Crawford (eds.) The Industries of Russia, 5 vols, 1893 (vom zar. Finanz-Ministerium angeregt). A. Lauterbach, Kapitalismus u. Sozialismus in neuer Sicht, 1963. N. Farson, The Lost World of the Caucasus, 1958; 비교: F. Kazemzadeh, The Struggle for Transcaucasia 1917-1921, 1951. Zur industr.

1921년부터 미국은 소련 연방의 발전에 상당한 공헌을 했다: Th. P. Hughes, Die Erfindung Amerikas, passim; s.a. A. C. Sutton, Western Technology and Soviet Economic Development 1917-1930, 1968. 5. WPC-Akten, 1959. E. Diesel, Diesel, der Mensch, das Werk, das Schicksal, 1937; s.a. E. Diesel/G. Strössner, Kampf um eine Maschine, die ersten Dieselmotoren in Amerika, 1950. J. Mitzakis, The Russian Oil Fields and Petroleum Industry, 1911; 차르 산하 해군의 군사적 발전에 대해: R. Greger, The Russian Fleet 1914-1917, 1972. F. Morton, The Rothschilds, 1962. M. S. Miller, The Decline of Imperial Russia 1855-1914, 1956. A. Blok, Der Sturz des Zarenreiches, 1971; 비교: A. I. Spiridowitsch, Istorija bolschewisma w Rossii it woniknowenija do sachwata vlasti, 1883-1903-1917. Dokumenty bis zur Machtergreifung), 1922. P. Zieber, Die sowjetische Erdölwirtschaft, 1962; s.a. H.

주석

Hassmann, Oil in the Sovjet Union: History, Geography, Problems, 1953; 비교: auch W. Mautner, Der Kampf um und gegen das Russische Erdöl, 1929.

무거운 유산

Gegen die NEP Lenies wollte Stalin 'das Land von fremden Unternehmern befreien', wie A. Hammer, Mein Leben, S. 196ff berichtet: Er mußte 1930 die Sowjetunion velassen u. hinterließ eine Bleistiftfabrik. Zum weiteren Hintergrund der verschärften 'Sozialisierung' s. Heller/Nekrich, Sowjetunion, S. 191: Der Untergang der NEP; 비교: C. B. Hoover, The Economic Life of Soviet Russia, 1931. Einen guten Einblick ins sowj. Alltagsleben gibt H. Smith, Die Russen, dt. 1976 (1976): von der 'privilegierten Klasse' bis zum 'Aufschwung' in Sibirien,, besonders das Tjumen-öl- und Gasfeld S. 419ff; 비교: auch G. Tabatschnik, Stalins Erben. Der Abstieg der Sowjetmacht, dt. 1992 (1991), S. 42: 'Die Leibeigenschaft der Bolschewiki', S. 339: 'Die Wirtschaft in der Sackgasse'; 비교: A. Nove, An Economic History of the USSR, 1972. Zur neuen Ökon. Lage die Angaben nach World Oil 1999. J. Roth, Der Oligarch. Vadim Rabinovich bricht das Schweigen, 2001, S. 102ff: Die patrimoniale Verfügbarkeit über Land u. Leute. Zur Entdeckung der Mächtigkeit von Öl- und Gasträgern s. World Oil, 1998. Aus der Überfülle an Literatur zur Reform-Politik Michail Gorba evs ab 1984 s. Tabatschnik, Stalins Erben, S. 364: 'Die neue Losung ⟩Perestroika⟨; 비교: den Sammelband von W. Biermann/V. Havel, Glasnost. Stimmen zwischen Zweifel u. Hoffnung, 1987. Zum Wandel selbst in Umweltfragen s. G. Gak/P. Girer, Marxist Ethical Theory in the USSR, 1978; 비교: N. Sernow, Russkoje religiosnoje wosroschenije XX weka (Russ. relig. Wiedererwachen im 20. Jh.), 1974.

9. 전쟁과 석유

B. Tuchman, August 1914. Der Ausbruch des Ersten Weltkrieges, dt. 1981 (1964); 비교: F. Fischer, Der Griff nach der Weltmacht, 1916; ders., Krieg der Illusionen. Die dt. Politik von 1911 bis 1914, 1969; zum Wesen des Krieges s. Barudio, Politik als Kultur, 1994; 비교: A. Wernecke, Der Wille zur Weltgeltung. Außenpol. u. Öffentlichkeit im Kaiserreich am Vorabend des Ersten Weltkrieges, 1970; zum Bereich von Industrie, Rüstung u. Politik s. von dt. Seite bes. V. R. Bergahahn/W. Deist, Rüstung im Zeichen der wilhelm. Weltpolitik. Grundlegende Dokumente 1890 bis 1914, 1988; zur engl. Seite s. I. N. Lambi, The Navy and German Power Politics, 1862-1914, 1984; 비교: P. Padfield, The Great Naval Race. Anglo-German Naval Rivalry, 1900-1914, 1974.

석유의 파도를 타고

J. C. G. Röhl, An der Schwelle zum Weltkrieg. Eine Dokumentation über den 'Kriegsrat' vom 8. Dezember 1912, in: MM, 21, 1977, S. 77-134. Tuchman, August 1914, S. 113ff u. S. 148ff. Zu den angebl. Bombenabwürfen s.a. W. Muehlon, Ein Fremder im eigenen Land. Erinnerungen u. Tagebuchaufzeichnungen eines Krupp-Direktors 1908-1914, 1989, S. 115. Über den 'wilhelm. Deutschen' ebd., S. 104ff, passim. Erstaunlich, daß die neueste Publikation den Direktor Muehlon nur in einer Auflistung erwähnt, aber nicht seine Kritik erörtert L. Gall, Krupp. Der Aufstieg eines Industrieimperiums, 2000, S. 376; 비교: J. Kocka, Unternehmer in der dt. Industrialisierung, 1975. Zur Biographie des Admirals s. F. Uhle-Wettler, Alfred von Tirpitz in seiner Zeit, 1998; s. Berghahn/Deist, Rüstung, S. 122ff. R. Mackay, Fisher of Kilverstone, 1973; R. S. Churchill, Winston S. Churchill, 2 Bde, 1969; W. Churchill, Die Weltkrise 1911-1918, 2. Bde., dt 1947 (1923); 비교: B. Liddell Hart, History of the First World War, 1972; s.a. Sampson, Sieben Schwestern, S. 56ff; 비

주석

교: M. Jacks, The Purchase of the British Government's shares in the British Petroleum Company, 1912-1914, in: Past and Present, 39, 1967, S. 141ff; 비교: E. Paproth, Die Vorgänge auf dem internat. Petroleummarkt in ihrer Bedeutung für das Dt. Reich, 1914; s.a. E. H. Davenport/S. R. Cooke, The Oil Trusts and Anglo-American Relations, 1923. Zum russ. Konflikt von 1905 s. A. Fischer, Sozialdemokratie u. bewaffneter Aufstand im Jahre 1905, 1967, passim. D. v. Mikusch, Waßmuß. Der deutsche Lawrence, 1937 (nach Tagebüchern u. Aufzeichnungen von Wilhelm Waßmuß). Sampson, Sieben Schwestern, S. 70ff; s.a. V. R. Berghahn (편), Militarismus, 1975; Z. Indra, Die Rolle des Krupp-Konzerns bei den wirtschaftlichen Vorbereitungen des Ersten Weltkrieges, in: JbfWG, 17, 1976, S. 133-162. R. Biernatzki, Als Pionier in Frankreich (August 1914 bis Februar 1915. Aus Feldpostbriefen), 1915, passim; 비교: Militärgeschtl. Forschungsamt (편), Die Militärluftfahrt bis zum Beginn des Weltkrieges 1914, 3 Bde., 2. Aufl. 1965-66; s.a. H. Morrow, Building Germain Air Power, 1909-1914, 1976; 비교: H. H. Herwig, ⟩Luxury⟨ Fleet. The Imperial German Navy 1888-1918, 1980. Muehlon, Fremder, S. 225ff. Auf die Situation von 1916 nimmt noch das 6. Weißbuch des Auswärtigen Amtes Bezug, s. Dokumentenabdruck, In: Oel u. Kohle, 1940, S. 228ff, darin auch Auszüge zu Norton-Griffiths's Bericht vom 21. Jan. 1917 und frz. Pläne, die Donau für den Transport von 'Erdöl und Getreide' nach Mitteleuropa zu sperren. 1917년 러시아의 국내외적 상황에 대해: N. N. Suchanow, 1917. Tagebuch der Russ. Revolution, dt. 1967: Bakunin kommt vor, aber nicht Baku; s.a. B. Wolfe, Lenin, Trotzki, Stalin. Drei, die eine Revolution machten. Eine biogr. Gesch., 1965; H. Seton-Watson, Der Verfall des Zarenreiches, 1954; M. Hellmann (편), Die russ. Revolution 1917. Von der Abdankung des Zaren bis zum Staatsstreich der Bolschewiki, 1964 (dtv-dokumente 227/28). Curzon: zit. n. Sampson, Sieben Schwestern, S. 70.

전쟁의 원인이 된 경우

A. J. P. Taylor, The Origins of the Second World War, 1961 (mit Rückgriff auf 1914). Zur Gleichschaltung der Dt. Erdölindustrie ab 1934 s. die Bände der Zeitschrift Petroleum, 1934ff: Die Funktionäre gingen auf strammen NS-Kurs; sogat die Bohrmeisterkurse unterlagen ab 1935 einer 'weltanschaulichen Schulung'! Die Zeitschrift 'Petroleum' wurde 1940 mit anderen Fachorganen fusioniert zu *Oel und Kohle:* Darin genaue Angaben zur Ölindustrie der USA wie der Sowjetunion; zu den Reserven s. L. D. Wosk, How many crude reserves has USSR?, in: Oil Weekly, 1938, 21. Feb., S136, 2. Mai, S. 26ff; F. Friedensburg, Die Mineralölwirtschaft der Sowjetunion, in: Oel u. Kohle, 1940, Nr.22, S. 168ff. Zur pol. Lage s. R. Lamb, Der Verfehlte Frieden. Englands Außenpolitik 1935-1945, dt. 1989 (1987). M. Bloch, Die seltsame Niederlage, dt. 1992 (1990), passim; zu seiner Persönlichkeit s. U. Raulff, Ein Historiker im 20. Jahrhundert: Marc Bloch, 1995. Barudio, Der Teutsche Krieg. 1618-1648, 2. Aufl. 1985; E. Klee, 'Gott mit uns'. Der dt. Vernichtungkrieg im Osten 1939-1945, 1989. G. Kahle, Das Kaukasusprojekt der Alliierten vom Jahre 1940, in: Rhein.-Westf. Akademie d. Wissenschaften. Vorträge G 186, 1973, S. 7-23 (mit Diskussion), passim. H.-M. Ottmer, 'Weserübung'. Der dt. Angriff auf Dänemark u. Norwegen im April 1940, 1994. R. Wohlstetter, Pearl Harbor. Warning and Decision, 1962. M. Gannon, Operation Paukenschlag. Der dt. U-Bootkrieg gegen die USA, dt. 1992 (1991), passim; 비교: L-G. Buchheim, U-Boot-Krieg, 1976; s.a. J. Costello/T. Hughes, Atlantikschlacht. Der Krieg zur See 1939-1945, 1983. A. Stahlberg, Die verdammte Pflicht. Erinnerungen 1932 bis 1945, 1987, S. 248ff.

가스 학살

J. Borkin, Die unheilige Allianz der IG-Farben. Eine Interessengemeinschaft im Dritten Reich, 1979; 비교: A. Schneckenburger, Die Gesch. des IG-Farben-Konzerns, 1988. P. Leve, Der Ringschlüssel, dt. 1992 (1978), passim; 비교: zur

주석

gleichen Zeit die Karriere eines anderen ital. Chemikers, 'Farbenmenschen' und Mussolini-Bewunderers in: I. Pohl, Nimm Abschied und beginne, 1999, S. 11 (Erinnerungen). K. Holzmann, Die Höhlen der Hölle, 1961. A. Speer, Der Sklavenstaat, 1984. Zu F. Grobba bei der Verfolgung der NS-Kriegsziele in der Golfregion s. H. Mejcher, Die Pol. und das Öl im Nahen Osten, Bd. II, S. 50ff. B. Schmalhausen, Berthold Beitz im Dritten Reich. Mensch in unmenschlicher Zeit, 1991, passim. Zur pol. Ölszene nach 1918 (Wiederherstellung eines souveränen Staates) s. Petroleum, 30, 1934; s.a. K. Fredl, Das Erdölgebiet von Mraznica in Polen, 1934. ZurÄußeren Kennzeichnung s.a. G. Schoenberner, Der gelbe Stern. Die Judenverfolgung in Europa 1933 bis 1945, 1960. S. Friedländer, Kurt Gerstein - oder die Zwiespältigkeit des Guten, 1968; 비교: Ch. R. Browning, Ganz normale Männer. Das Reserve-Polizeibataillon 101 und die 'Endlösung' in Polen, 1993; 비교: D-J. Goldhagen, Hitlers willige Vollstecker, dt. 1996 (1996); 비교: L. Poliakov/J. Wulf, Das Dritte Reich und seine Diener, 1983. E. Kogon, Der SS-Staat. Das System der dt. Konzentrationslager, 1974 (1945); ders. et al. (편), Nationalsozialistische Massentötungen durch Giftgas, 1983; 비교: I. Kershaw, Hitler, 2 Bde, 1998/2000; J. Fest, Hitler. Eine Karriere, 1974, S. 953ff. Muehlon, Fremder, S. 123.

10. 멕시코—황금 벨트

Einen deutlichen Kontrast zu 'Imágen de Mexico' bietet H. Prignitz, TGP. Ein Grafiker-Kollektiv in Mexico von 1937-1977, 1981, S. 67: Francisco Dosamantes 'Ya van cayendo poquito ⋯⋯ a poco', zw. zwei Bohrtürmen stürzen auswärtige Öl-Kapitalisten; S. 195/196: Bohrtürme mit der Flagge Mexikos, davor die Beiträge des Volkes zur 'Enteignung der Erdölindustrie'. 에히도 농부들과 소유권을 박탈당한 사람들 간의 긴장에 대해: G. Regler, Vulkanisches Land, S. 166ff, 1987 (1947); 비교: a.

die Begegnungen mit diesem vielgestaltigen Land bei A. Artaud, Mexiko. Die Tarahumaras. Revolutionäre Botschaften. Briefe, dt. 1992, (1964). Die Angaben zum Öl in Kultur u. Alltag: WPC-Akten, Mexico City, 1968. A. v. Humboldt, Die Wiederentdeckung der Neuen Welt, 1992, S. 403ff.

멕시코의 피

A. v. Humboldt, Neue Welt, S. 401. 스페인 특색이 강한 미국에서 봉건주의의 독재적인 전통에 대한 예로서: A. R. Bastos, ICH der Allmächtige, dt. 2000 (1974); 비교: M. Vargas Llosa, Das Fest des Ziegenbocks, dt. 2001 (2000). Die hist. u. techn. Angaben zu Mexikos Ölentwicklung bei Esperanza Durán, in: John D. Wirth (ed.), Latin American Oil Companies and the Politics of Energy, 1985, passim. Zu Doheny u. seine Verbindung mit Harry Sinclair s. Yergin, The Prize, S. 213ff. Über die besonderen Leistungen von Weetman Pearson s. J. A. Spender, Weetman Pearson: First Viscount Cowdray, 1856-1927, 1930; 비교: D. Young, Member for Mexico: A Biography of Weetman Pearson, First Viscount Cowdray, 1966. Neben den Angaben von E. Durán zu Mexiko vor und seit der Rev. von 1910. s. a. J. C. Brown, Domestic Politics and Foreign Investment: British Development of Mexican Petroleum, 1889-1911, im: Business History Review, 61, S. 387-416, 1987; A. Brenner, The Wind That Swept Mexico: The History of the Mexican Revolution, 1910-1942, 1943 (Reprint 1971). Zu der prekären Lage der Ölkonzerne und ihre Abwanderung s. ders., Why Foreign Oil Companies Shifted Their Production from Mexico to Venezuela during the 1920s, in: AHR, 90, S. 362-385, 1985; s.a. ders., Jersey Standard and the Politics of Latin American Oil Production, 1911-1930, in: J. D. Wirth, Latin American Oil Companies, 1985. 인디언과 스페인의 과거 전통을 지니고 있는 현대적인 멕시코의 정체성 문제에 대해: O. Paz, Quetzalcoatl und Tonantzin, in: Essays, I. dt. 1979, S. 17-40 (1967).

Die Weiße Rose: H. Herrera, Frida Kahlo. Malerin der Schmerzen, dt. 1984 (1983),

S. 73ff; 비교: R. Tibol, Frida Kahlo: Über ihr Leben und ihr Werk nebst Aufzeichnungen und Briefen, 1980. 디에고 리베라에 대해: B. D. Wolfe, Diego Rivera: His Life and Times, 1939; s.a. D. Rivera, My Art, My life: An Autobiography, 1960 (Gladys March); 비교: R. Pascal, Die Autobiographie. Gehalt u. Gestalt, dt. 1965 (1960); s.a. McK. Helm, Modern Mexican Painters, 1968; 비교: J. Charlot, The Mexican Mural Renaissance: 1920-1925, 1967. K. S. Guthke, 'Das Geheimnis um B. Traven en' - und rätselvoller denn je, 1984; ders., B. Traven. Biographie eines Rätsels, 1987: materialreich u. die bisher beste Annäherung an den Antor mit den vielen Gesichtern, s. S. 259ff die Bewerbung Travens bei der mex. Ölfirma 'Gasolina Auila' (1925) sowie die unbeholfene Art der Berliner Reakteire bei der gewerkschaftseigenen 'Büchergilde' zum Thema 'öl' ; s.a. B. Traven, Ich Kenne das Leben in Mexiko: Briefe an John Schikowski 1925-1932, 1992 (K. S. Guthke). B. Traven, Die Weiße Rose, 1931, passim. Zur 'Grünen Revolution' s. Barudio, Friedens-Nobelpreis, 1993: Norman Borlaug. 햄머 박사의 '첩'에 대해서는: E. J. Epstein, Dossier, S. 19/20, S. 194ff; 비교: A. Hammer, Mein Leben, S. 299: Hier die zweite Heirat mit Frances, während blieb. Zu Trotzkis Exil in Mexiko ab 1936, das D. Rivera vorbereiten half s. J. v. Heijenoort, With Trotsky in Exile: From Prinkipo to Coyoacán, 1978; über F. Kahlos 'Verhältnis' zu Trotzki als 'Rache' an Rivera s. Herrea, F. Kahlo, S. 169ff.

절대적인 독점권을 행사한 공룡 기업, 페멕스

부패라는 전 세계적 현상에 대해: Barudio, Politik als Kultur, 1994, S. 176ff; 비교: H-E. Richter, Die hohe Kunst der Korruption. Erkenntnisse eines Politik-Beraters, 1991, S. 122: 'Korruptionstraining'. 농촌사회의 변혁이 일 당시 공식적인 멕시코의 성향에 대해: L. Medina, Civilismo y modernización del autoritarismo, 1979, S. 82ff. E. Durán, passim; s.a. G. W. Grayson, The Politics of Mexican Oil, 1980; 비교: W. W. Johnson, Heroic Mexico: The Violent Emergence of a Modern Nation, 1968; 비교:

C. R. Koppes, The Good Neighbor Policy and the Nationalization of Mexican Oil: A Reinterpretation, in: Journal of American History, 69, S. 62-81, 1982; s.a. A. W. MacMahon/W. R. Dittman, The Mexican Oil Industry Since Expropriation, in: Political Science Quarterly, 57, S. 28-59, S. 161-188, 1942; s.a. L. Meyer, Mexico and the United States in the Oil Controversy, 1917-1942, engl. 1977; 비교: F. Gordon, Expropriation of Foreign-Owned Property, 1967, S. 89ff. Zum 7. WPC-Kongreß s. u. 'Der Kongreß adelt'. Neben der Innovation von N. Borlaug auf den Versuchsfeldern von Atizapán in der Nähe Mexiko-Citys s.a die Entwicklung der Antibaby-Pille aus der mex. Yamswurzel bei C. Djerassi, Die Mutter der Pille. Eine Autobiographie, dt. 1992 (1992), S. 81ff: Die 'insektizide Wirkung von DDT', das jetzt (2001) unter Einschränkungen (Malaria-Bekämpfung) als hochgiftig global verboten wird; S. 86: Zur Bedeutung des 'aromatischen Benzolrings'. Guatemotzin (1495-1525) war der letzte Azteken-Herrscher, Hernán Cortés ließ ihn nach Folterung hängen, s. A. v. Humboldt, Neue Welt, S. 391.

11. 사우디아라비아―신의 선물

H. Merklin, Der Islam als Weltreligion und als politische Macht im Lichte des Wortes Gottes, 1948; 비교: H. Bobzin, Mohammed, in: Beck'sche Reihe Wissen), 2000. D. Holden/R. Johns, The House of Saud, 1981. 비교: E. Fogelklou, William Penn, dt 1948; FWG 25, 1981, S. 365ff. S. Mackey, Saudis. Inside the desert kingdom, 1987 (1990), beginnt mit dem 'Oil Boom' ab 1974, gute Einblicke, aber unsicher in Schangaben: die Aramco wurde nicht 1948 (Reform) gegründet, S. 9ff. Aramco, Fifteen Years: A Story of Achievement, 1933-1948; zur Sicherheitslage: D. A. David/J. S. Nye, (eds.), Energy and Security, 1981; s. vor allem H. Mejcher, Die Politik und der Nahe Osten, 2 Bde., 1990, die beste dt. Analyse mit Verbindungen zur US-ölpolitik, Bd.2, S. 107ff (Aramco); zum Komplex New Deal: W. E. Leuchtenberger, Franklin D. Roosevelt and the New Deal, 1963; J. M. Keynes, A Tretise on Money, 1930, dt. 1936; F. A. von Hayek, Freedom and the Economic System, 1939, s.a. H. J. Hennecke, Friedrich August von Hayek, 2000 (mit ausführl. Literatur) Zum Petro-Dollar: M. S. E. Falaki, The Bretton Wood's Interantional Finance Program, 1945; J. E. Hartshorn, Erdöl zwischen Mächten und Märkten. Die intern. Ölindustrie, dt. 1962; Ch. Tugendhat/A. Hamilton, Oil: The Biggest Business, 1968.

아라비아의 도약

A. Zischka, Die Auferstehung Arabiens: Ibn Sauds Weg und Ziel, 1942; 비교: G. L. Kirk, Ibn Saud Builds an Empire, in: Current History, 41, Dec. 1943, S. 15ff; 비교: S. M. Iqbal, Emergency of Saudi-Arabia (A Political Study of King Abd al-Aziz Ibn Saud 1901-1953), 1977; s.a. Ch. M. Helms, The Cohesion of Saudi Arabia: Evolution of Political Indentity, 1981; H. St. J. Philby, Arabia of the Wahhabis, 1928; ders., Sa'udi Arabia, 1955; 비교: T. Niblock (ed.), State, Society, and Economy in Saudi Arabia, 1982; s.a. die Islam-Bände 14 u. 15 de FWG; 비교: E. Kellerhals, Der Islam. Geschichte, Lehre, Wesen, 3. Aufl. 1981; H. Halm, Der Islam. Gesch. u. Gegenwart, in: Beck'sche Reihe Wissen, 2000; 비교: dazu F. Wördemann, Die Beute gehört Allah. Die Gesch. der Araber in Spanien, 2. Aufl. 1986. J. Müske. Ein Pilgerfahrt nach Mekka. Von der Weihrauchstraße zur Ölwirtschaft, 1948; 비교: M. Amin, Pilgrimage to Mecca, 1978; s.a. zur Entwicklung der Pilgezahlen seit 1945 D. Moliver, The Economy of Saudi Arabia, 1980, S. 12ff; D. Van der Meulen, The wells of Ibn Saud, 1957; 비교: A. Hottinger, Die Araber vor ihrer Zukunft. Geschichte u. Problematik der Verweslichung, 1989. Zu Frank Holmes s. A. Sampson, Die Sieben Schwestern, passim, s.a. A. Chisholm, The First Kuwait Oil Concession Agreements, 1975, S. 208ff, 비교: S. Mackey, aaO., S. 423f. W. Stegner, Discovery: The Search for Arabian Oil, 1974. F. Friedensburg, Das jüngste Ölland - Arabian, in: Oel u. Kohle,

1940, S. 204ff. M. S. Cheney, Big Oil Man from Arabia, 1958, S. 149: Exxon, Socal und Texaco besaßen je 30ß und Mobil Oil nur 10% s.a. I. H. Anderson, Aramco, the United States and Saudi Arabia. A Study of the Dynamics of Foreign Oil Policy 1933-1950, 1981; 비교: John S. Badeau, The American Approach to the Arab World, 1968; A. Tariqi, 'Saudi Arabia Demands', in: International Oilman, Nov. 1958.

모범적인 아랍인, 자키 야마니

Z. Önder, Saudi-Arabien. Zwischen isl. Ideolotie u. westlicher Ökonomie, 1980, S. 16ff; s.a. H. J. Philipp, Saudi Arabia. Bibl. on Society, Politics, Economics (Lit. seit dem 18. Jhd. in westl. Sprachen), 1984. J. Robinson, Yamani. The Inside Story, 1988 (1989), alle persönlichen Hinweise bei ihm. Moslem-Bruderschaft: R. P. Mitchell, The Society of the Muslim Brothers, 1969. G. A. Nasser, Die Philosophie der Revolution, dt. 1954, s.a. A. El Sadat, Geheimtagebuch derÄgyptischen Revolution, dt. 1957; P. J. Vatikiotis, Nasser and his generation. 1977; M. H. Kerr, The Arab Cold War. Gamal Abd al-Nasser and his rivlas, 1958-1970, 1977. U. Damn, Iraq under Quassem: A Political History, 1958-1963, 1969; 비교: Mackey, Saudis, S. 281; M. R. Pahlevi, Im Dienst meines Landes, dt. 1964; 비교: R. K. Ramazani, Iran's White Revolution: A Study in Political Development, 1974; M. O. Ansell, The Lybian Revolution. A Study in Political Development, 1974; M. O. Ansell, The Lybian Revolution. A Sourcebook of legal and historical documents, 1972; 비교: P. Rossi, La verte Libye de Quadhafi, 1979; W. A. Beling (ed.), King Faisal and the modernization of Saudi Arabia, 1980, s.a. D. Acheson, Present at the Creation, 1969, S. 241. Zu Tariki s. Robinson, Yamani, S. 86ff. K. W. Jones, The Miracle of Aramco, in: NER, Dec. 1951, S. 344ff, s.a. R. Lebkicher, Aramco and World Oil, 1952. Zum Verhältnis Faisal-Yamani, Robinson, aaO., S. 91 ff; zum Ölpreis: H. M. Fleming. Oil prices and competition, 1953; 비교: J. F. Stone, What Price Arab Oil?, in: The Nation, 4. Okt. 1947, S. 358ff. Robinson, Yamani, passim. Zur inneren Lage des

주석

Irak: K. S. Abu Jaber, The Arab Ba'th Socialist Party: History, Ideology and Organization, 1966; s.a. M. Aflaq, Fi Sabil al Ba'th (Auf dem Weg zur Wiedergeburt), 1959; 비교: J. Berque, Arab Rebirth; Pain and Ecstasy, 1983. Sicherheit und Öl im Kalten Krieg s. Mejcher, Politik, Bd. 2, S. 293ff; 비교: Near East Becomes Strategic Oil Center, in: World Petroleum, 7, August 1936, S399f, s.a. M. K. Peck, Saudi Arabia and United Foreign Policy to 1958, 1970; 비교: T. Y. Ismael, Iraq and Iran: Roots of Conflict, 1982. Robinson, Yamani, S. 133f. Zur US-Energiefrage und Nahost: R. M. Nixon, Memoiren, dt 1981, S. 1005ff; 비교: H. Kissinger, Memoiren 1973-1974, dt. 1982, S. 998ff: 'Jahre der tatenlosen Selbstgefälligkeit'; 비교: Sh. Erel, Öl. Panik im Schatten der Bohrtürme, dt. 1975, S. 42ff: eine der besten pol. Analysen, aber im techn. Bereich unsicher, s. S. 125 zur Bohrtechnik u. Teufenlage.

이슬람의 석유지상주의

Kissinger, Memoiren, passim; s.a. E. A. Nakhleh, The United States and Saudi Arabia. A Policy Analysis, 1975; 비교: Sh. Klebanoff, Middle East oil and US foreign policy, with special reference to the US energy crisis, 1974; 비교: J. D. Anthony (ed.), The Middle East: Oil, Politics, and Development, 1975. Zusammenschluß der 'Verbraucherländer' s. Kissinger, Memoiren, S. 1075ff.; s.a. R. P. Stebbins/E. P. Adam(ed.), American Foreign Relations 1974: A Documentary Record, 1977, S. 34ff; W. E. Griffith, The Revival of Islamic Fundamentalism: The Case of Iran, in: IS, 4:1, 1979; 비교: W. Ritter, Der Iran unter der Diktatur des Schah-Regimes, 1979. Zum Attentat s. Robinson, Yamani, S. 213ff; s.a. E. Monroe, Faisal: The End of an Era, in: MEI, 47, May 1975. W. B. Quandt, Saudi Arabia in the 1980s, 1981. Zu den komplizierten Hintergründen des Top-Terroristen 'Carlos' s. D. A. Yallop. Die Verschwörung der Lügner, dt. 1993; im weiteren Robinson, Yamani, S. 240ff. Zur Investitionslage s. a. Moliver, The Economy of Saudi Arabia, 1980: Guter Überblick zu den beiden 5-Jahresplänen von 1970-75 und 1975-80; s.a. Kingdom of Saudi Arabia, Ministery of Planning, Third development Plant, 1980-1985, 1980, dass. Fourth Development Plan 1985-1990, 1985, s.a. R. El Mallakh, Saudi Arabia: Rush to Development, 1982. Zur Aramco-Übernahme: Robinson, Yamani, S. 104ff, S. 324ff.Äußerst kritische Einstellung zur Politik u. Zukunft des Haused Saud bei S. K. Aburisch, Ölscheichs u. Tyrannen. Der märchenhafte Aufstieg u. Verfall des saudiarabischen Königshauses, dt. 1994; 비교: L. Blandford, The Oil Sheikhs, 1976. T. E. Lawrence, Die Sieben Säulen der Weisheit, dt. 1965, S. 78ff.

12. 한 방울의 피도 흘려서는 안 된다

N. A. Centurio, Die großen Weissagungen des Nostradamus, dt. 1977. Aus der zahlr. Literatur J. Miller/L. Mylroie, Saddam Hussein and the Crisis in the Gulf, 1990; zum Hintergrund s.a. U. Haarmann (편), Geschichte der arab. Welt, 1987; A. M. Abu-Hakima, The modern History of Kuwait, 1983; 비교: F. H. Kochwasser, Kuwait, Geschichte, Wesen und Funktion eines mod. arab. Staates, 1969; H. Kroberger, Blut für Öl. Der Kampf um die Ressourcen, 1998 (aus Zeitungsberichten erarbeitet); Clemenceau zit.n. Sampson, aaO., S. 70ff; H. Krech, Vom zweiten Golfkrieg zur Golf-Friedenskonferenz (1990-1994). Handbuch z. Gesch. der militär. Kräftebalance am Pers. Golf, 1996; s.a. R. Schulze, Gesch. der Isl. Welt im 20. Jhd, 1994; L. K. Kimball, The Chanching Pattern of Political Power in Iraq, 1958 to 1971, 1972; 비교: M. Kadduri, The Gulf War: The Origins and Implications of the Iraq-Iran Conflict, 1988.

기괴한 꿈

zum Hintergrund s. Abu-Hakima, Kuwait, S. 184ff; 비교: Ch. J. Stöger, Kuwait. Öl, Macht u. Ohnmacht, 1990, S. 46ff; zur Grenzziehung von 1922 s. U. Gehrke/G.

주석

Kuhn, Die Grenzen des Irak, 1963, S. 92ff; s.a. J. Y. Brinton, The Arabian Peninsula. The Protectorates and Shaikdoms, in: REDI, 3, 1975; s.a. S. H. Longrigg, Oil in the Middle East: Its Discovery and Development, 3. Aufl. 1968; der Traum: H. R. P. Dickson, The Arab of the Desert, 1949 (1970), S. 323ff, s.a. Stöger, Kuwait, S. 78ff; Dickson, Kuwait and Her Neighbours, 1956; V. Dickson, Forty Years in Kuwait, 1963; R. Miller, Die Gettys, dt. 1986, S. 221ff; zur Sicherheitslage s. M. Hameed, Arabia Imperilled: The Security of the Arab Golf States, 1986; 비교: K. McLachlan/G. Joffe, The Gulf War: A Survey of Political Issues and Economic Consequences, in: The Economist, 1984 (Spezial-Bericht); 비교: F. Matar, Saddam Hussein: The Man, the Cause and the Future, 1981. Zu Khashoggi und seinen Saudi-Beziehungen s. Mackey, Saudis, S. 427ff. Der Irangate-Komplex bei R. Reagan, Erinnerungen. Ein am. Leben, dt. 1990, S. 491ff; 비교: die kritische Biographie von E. Morris, Dutch. A memoir of Ronald Reagan, 1999 (2000), S. 603 ff; 비교: R. C. McFarlane, Special Trust, 1994, S. 89ff; s.a. Th. Draper, A Very Thin Line: The Irancontra Affairs, 1991, Kap. 15ff; im Vorlauf des Tankerkrieges die Einschätzung Reagan's hinsichtlich der 'Irrationalität nahöstl. Politik', Erinnerungen, S. 485ff; s.a G. Bush, Looking forward, S. 238ff zur Golfkrise 1986. M. Conant, The Oil Factor in U.S. Foreign Policy, 1982; 비교: Ch. G. MacDonald, Iran, Saudi Arabia, and the Law of the Sea: Political Interaction and Legal Development in the Persian Gulf, 1980.

권력 함수

A. P. Juschkewitsch, Gesch. der Mathematik im Mittelaler, dt. 1964 (1961), S. 175-325; 비교: F. Vera, Historia de la matemática en Espaöl. I. Tiempos primitivos hasta el siglo XIII, 1929; A. Domínguez Ortíz, Crisis y decadencia en la Espaöl de los Austrias, 1969; s.a. P. Dressendörfer, Islam unter der Inquisition, 1971; 비교: W. L. Bernecker/H. Poretschmann, Gesch. Spaniens, 3. Aufl. 2000; M. Steinschneider, Die arab. Literatur der Juden, 1902; s.a. Nahal Tajadod, Die Träger des Lichts. Magier, Ketzer und Christen im alten Persien, dt. 1995. T. E. Lawrence, Weisheit, S. 38ff. Zur US-Politik, veraltete Waffen in die Golfregion zu verkaufen: N. Schwarzkopf, Man muß kein Held sein. Die Autobiographie, dt. 1992, 3. Aufl., S. 381ff; zum 'Tankerkrieg' ibidem, S. 368ff; zur inneren Lage Kuwaits in den 1980er Jahren s. Miller/Mylroie, Saddam Hussein, S. 203ff; zum Verhältnis Saudi-Arabiens und des Irak s. P. Salinger/E. Laurent, Guerre du Golfe. Le Dossier Secret, 1991, S. 80ff; das Problem Bubiyan wurde auch in Washington erörtert s. B. Woodward, The Commanders, 1991, S. 252ff; zum Treffen in Dschidda Salinger/Laurent, aaO., S. 97ff; die Rolle von A. Glaspie, ibidem, S. 90ff; 비교: Schwarzkopf, aaO., S. 45ff: Einsatz seines Vaters in Persien; zur Macht-Algebra aus Kissingers Sicht im Nahen Osten und im Hinblick aufs Öl s. Kissinger, Memoiren, S. 738ff; s. Woodward, The Commanders, S. 201ff, S. 276ff; zur inneren Situation des Irak s. S. al-Khalil, Republic of fear: The Politics of Mordern Iraq, 1989; 비교: T. Niblock (ed.), Iraq: The Contemporary State, 1982; s.a. M. Sader, Le développement industriel de l'Iraq, 1983; s.a. M. Khadduri, Socialist Iraq: A Study in Iraqi Politics Since 1968, 1978; J. Devlin, The Ba'th Party: A History from Its Origins to 1966, 1976.

쿠웨이트의 해방

Zu den 'Fehlkalkulationen' und Eskalationen auf arab. wie am. Seite s. Miller/Mylroie, Saddam Hussein, S. 214ff; s.a. Woodward, The Commanders, S. 211 (Fall Glapie); ibidem, S. 321ff: Die Rolle der Alliierten u. der Sowjetunion; 비교: Schwarzkopf, Held, S. 382ff(bizarre Einsatzpläne). Zur milit. Beschaffung: T. Clancy/Ch. Horner, Every man a tiger, 2001. Die rechtliche Seite spielte außer bei vagen Berufungen auf die 'Gerechte Sache' im Decision-Making Washingtons kaum eine Rolle, statt dessen Emotionen zu den 'Geiseln' in Bagdad und 'Greueltaten' in Kuwait; s.a. Amnesty International: Iraq: Evidence of Torture, 1981. Zur globalen

주석

Gültigkeit des Kriegsrechts s. das IV. Haager Abkommen vom 18. Oktober 1907 zur Führung von Landkriegen, in: Beck-Texte, Völkerrechtliche Verträge, 1973, S. 313ff. Hinsichtlich des Einsatzes von Giftgas s. M. Bothe, Das völkerrechtliche Verbot des Einsatzes chemischer u. bakteriologischer Waffen, in: Beiträge z. ausländischen Öffentl. Recht u. Völkerrecht, 59, 1973, S. 1-19; zur 'Furcht' wegen der irak. Atomwaffen s. Woodward, The Commanders, S. 337ff: Bush betrachtete das Atom-Potential des Irak als 'a real danger', obgleich keine Atomwaffe einsatzfähig war; 비교: S. Weissman/H. Krosney, The Islamic Bomb, 1981; s.a. J. R. MacArthur, Die Schlacht der Lügen. Wie die USA den Golfkrieg verkauften, dt. 1993 (1992), S. 257ff; 비교: S. Hersh, The Samson Option, 1991: Israel u. die 'atomare Bedrohung' durch den Irak; 비교: Dt-Israel. Arbeitskreis f. Frieden im Nahen Osten (편), Israel und Palästina. Der Golfkrieg, Israel und die dt. Friedensbewegung. Dokumentation einer Kontroverse, 1991. Zur Verhinderung eines Debakels in den Medien wie während des Vietnam-Konflikts (1964-74) s. vor allem J. R. MacArthur, Die Schlacht der Lügen, S. 122ff ('Stilisierung Schwarzkopfs' zum 'Helden'); 비교: P. Virilio, Krieg und Fernsehen, dt. 1997: Die Rolle des am. TV-Senders CNN in Bagdad. Zur europ. Sicht 비교: G. Krell/B. W. Kubbig (편), Krieg und Frieden am Golf. Ursachen und Perspektiven, 1991: Beiträge gehen auch die Umweltfolgen der Ölbrände ein: 비교: MacArthur, Lügen, S. 258ff: Ein Teil der Ölpest wurde auch durch Kriegseinwirkungen der Alliierten verursacht. S-H. Günther, Uran-Geschosse. Schwergeschädigte Soldaten, mißgebildete Neugeborene, sterbende Kinder. Eine Dokumentation der Folgen des Golfkrieges 1993-1995, 2000. Kriegserlebnisse: A. McNab, Signal Bravo Two Zero. Als Kommandant e. Stoßtrupps im Golfkrieg, dt. 1995; 비교: dazu Ch. Ryan, The One that got away, 1996; 비교: a. den Tatsachenroman D. Sigaud, Annahmen über die Wüste, dt. 1997 (1996); H. Thiehlen, Der Krieg der Köpfe. Vom Golfkrieg zur Neuen Weltordnung, 1992; 비교: N. Chomsky/J. Beinin/ M. Emery, Die neue Weltordnung und der Golfkrieg, dt

1999; S. Graubard, Mr. Bush's War, 1992; 비교: U.S. News & World Report, Triumph without Victory: The unreported History of the Persian Gulf War, 1992; 비교: J. E. Smith, George Bush's War, 1992; s.a. der Rückblick G. Bush/B. Scowcroft, A. World Transformed, 1998, S. 388ff: Golf-Krise, Desert-Storm u. die Lage danach.

13. 이제 초점은 북해로

G. Quedens, Nordsee, Mordsee, 1992, 환경사정에 대해; B. H. Martens, Land, das dem Meer gehört, 1991, 위트의 문제점에 대해; L. Kaufeld et al. (편), Wetter der Nord- und Ostsee, 1997; K. Buchwald, Nordsee. Ein Lebensraum ohne Zukunft?, 1991; C.v. Bernem, Öl im Meer. Katastrophen und langfristige Belastungen 1997; H. Gebhartd/A. Ness, Fische. Die heim. Süßwasserfische sowie Arten der Nord- und Ostsee, 2000; J. L. Lozan (편), Warnsignale aus der Nordsee (Wiss. Fakten), 1990; LNSH, Rettet die Nordsee. Eine Dokumentation, 1988; J. Wieland (편), Nordsee in Not, 1988.

대양의 자유

Die Einzelpositionen in: Petroleum Economist, June 1988, S. 199ff; zum Wahlkampf s. G. Bush (Victor Gold), Looking Forward, 1987, S. 204ff; Roosevelts Einschätzung zit. n. Sampson, Sieben Schwestern, S. 95. Geologie: A. W. Woodland (ed.), Petroleum and the Continental Shelf of North West Europe, I, Geology (The Institute of Pet., Great Britain), 1975, ebd.: W. D. Byrd, Geology of the Ekofisk Field, Offshore Norway, S. 439ff, ebd.: F. Avedik, The Seismic structure, S. 29ff (Nordsee). 소유문제에 대해: s. F. Friedensburg, Streit um das Eigentum am Erdöl im Meeresboden in den Vereinigten Staaten, in: Oel u. Kohle, Nr. 35, 1940, S. 277ff: US-Staat Louisiana wollte 43, 5 Km-Zone vor der Küste, 1938 an Washington gescheitert. Zum his. Vorlauf: Grotius u. Selden s. Barudio, FWG 25, S. 331ff; s.a. H. Klee, Hugo Grotius u. Johannes Selden. Von den geistigen Ursprüngen des Kampfes um die Meeresfreiheit, 1936; W. Friedmann, Selden Redivious - Towards a Partition of the Seas, in: AJIL 65, 1971, S. 757ff; 비교: H. A. Holdsworth, A History of English Law, V, 1925; J. N. Figgis, The Divien Right of Kings, 1965; s.a J. A. Vargas, The Legal Nature of the Patrimonial Sea: A First Step towards the Definition of the Exclusive Economic Zone, In: JbfIR, 22, 1979, S. 142ff; s.a. zur Freiheit der Meere W. Münch, Die Regime internationaler Meerengen vor dem Hintergrund der Dritten UN-Seerechtskonferenz, 1982 (mit großem Dokumentenanhang), S. 15ff; A. L. Kolodkin/S. V. Molodcov, Seefriedensrecht. Das völkerr. Regime der Territorialgewässer, der Anschußzone u. des Hohen Meeres, dt. 1973; L. Bouchez, The Freedom of the High Seas, 1973; 비교: R. Zacklin (ed.), The Changing Law of the Sea - Western Hemisphere Perspectives, 1974.

나쁜 녀석?

L. Gündling, Ölunfälle bei der Ausbeutung des Festlandsockels. Zur Verschmutzung des Meers und ihre völkerr. Kontrolle, in: ZaöRV, 37, 1977, S. 530ff. Zur Problematik des 'am. Helden' s.a. den Tatsachen-Roman von L. Beinhart, American hero, dt. 1994 (1993) zu G. Bush, dem Freund von Red Adair. Zur Biographie, dt. 1991 (1989), S. 91ff; zur Lage auf der 'Bravo' (Ekofisk) ebd., S. 325ff: alle weiteren Angaben zit. nach Singerman; 비교: A. Hammer, Mein Leben, dt 1988 (1987), S. 398ff: zu den Unfällen auf seinen Plattformen ließ er sich ungern aus, über Red Adair S. 404. Red Adairs Vorliebe für Nobel-Autos u. Rennboote entspricht dem am. Autokult, s. P. Marsh/P. Collett, Der Aut Mensch. Zur Psychologie eines Kulturphänomens, dt. 1991 (1986); 비교: S. Black, Man and Motor Cars, 1966; J. J. Flink, The Car Culture, 1975; 비교: Lord Montagu of Beaulieu, Royalty on the Road, 1980.

생태학의 뜨거운 감자, 브렌트 스파

K. W. Glennie (ed.), Petroleum Geology of the North Sea: Basic Concepts and Recent, aaO., S. 353ff. Zu Greenpeace s. K. Janke/J. Kick, Das Greenpeace-Buch der Nordsee, 1991; Das Greenpeace-Buch. Reflexionen u. Aktionen, 1996, vor allem M. Günther, Greenpeace u. das Recht, S. 64ff, vertritt neorechtsps. u. utilitar. Positionen des gezielten Rechtsbruchs, Gesetzesverstoßes, jagar der Selbstjustiz nach dem Motto 'Der Zweck heiligt die Mittel'; 비교: H. Ballreich, Verträge zugunsten u. zu Treuhandschaft, Widerstandsrecht u. Umweltschutz im Rahmen des vertragl. Naturrechts Barudio, Politik als Kultur, 1994. Zum Brent Spar-Konflikt s. W. Mantow (i. A. der Deutschen Shell AG), Die Ereignisse um BRENT SPAR in Deutschland. Darstellung u. Dokumentaion. Die Hintergründe u. Einflußfaktoren, Kommentare u. Medienresonanzen, 1995. Zur Auto-Lage in Skandinavien s. W. Haddon, The safety of the automobile. An international perspective, in: Nordic Seminar on the Safety of the Automobile (Sweden), 1983; Ch. Berggren, Von Ford zu Volvo. Automobilherstellung in Schweden, 1991; s.a. P. Ostby, Flukten fra Detroit: bilens integrasjon i det norske samfunnet, 1995; O. Mjaatvedt. Trill rundt: transport i hverdagslivet, 1999 (Diss.); 비교: J. M. Hass, Multinationale Unternehmen u. intern. Handel. Das Auslandskapital in Norwegen u. Schweden, 1987.

14. 의회의 귀족화

1993년부터 모든 석유회의에 필요한 인쇄 형태로 나온 WPC의 문서들은 네덜란드의 헤이그에 위치한 셸 도서관에서 누구나 관람할 수 있다. 모든 회의 개최국을 위해서 석유탐사의 역사적인 기록을 담은 편년사(編年史)를 비치하고 있으며, 전 세계의 석유입지 현황에 대한 각 회의보고도 보관하고 있다. 이뿐만 아니라 WPC와 관련 없는 부가적인 정보도 얻을 수 있다: O. Unteberger, World Petroleum Congress, London 19.-25. Juli 1933, in: Petroleu, 1934. Zur Problematik der Angleichung von DIN und API-Standards s. F. Müller, Krit. Betrachtung der in Deutschl. eingeführten Bohrrohre u. deren Einbaumethoden beim Rotary-Bohren, in: Oel u. Kohle, Nr.43, 1940, S. 492ff. 1937년 파리에서 제2차 WPC가 열릴 당시 프랑스에서는 이 석유라는 테마와 관련하여 상당히 왕성한 출판활동이 전개되었다: J. Filhol/Ch. Bihoreau, Le pétrole, 1929; J. Audemar, Les maîtres de la houille et du pétrole, 1930; C. Aymard, La conquêe du pétrole de Mossoul, 1934. E. Faure, La Politique Francaise du Pétrole, 1938. 일본과 관련하여: M. A. Barnhart, Japan Prepares for Total War: The Search for Economic Security, 1919-1941, 1987; 비교: Ch. Johnson, MITI and the Japanese Miracle: The Growth of Industrial Policy, 1925-1975, 1982. M. Pearton, Oil and the Romanian State, 1971. C. E. Solberg, Oil and Nationalism in Argentian: A History, 1979. Hradstveit (편), Menneskerettigheter og norsk oljepolitikk, 1998 (Norsk utenrikspolitisk institutt); A. Johnsen, Gjennombrudd og vekst 1978-1987: Statoilår, 1990; s.a. O. Mestad, Statoil og statleg styring og kontroll, 1985; A. Johnsen, Utfor dringen: Statoilår 1989; E. Selvig, Statoil eller oljestat, 1983 (Diskussionsschrift); B. V. Lerojen; Troll: gas for generations, 1996 (Norske Shell u. Statoil); 비교: P. Elmlund/K. Glans, Den välsignade tillväxten – tankelinjer kring ett århundrade av kapitalism, teknik, kultur och vetenskap, 1998: Eine Art Festschrift für Bo Ax:son Johnson, der von 1952-1977 die Nynäs Petroleum leitete, aber kein Beitrag zur Öl-Problematik, s. S. 249ff die Kritik am 'Wachstumsdenken'. H. Kiesel (편), Ernst Jünger – Carl Schmitt. Briefwechsel 1930-1983, 1999, S. 196.

15. 종말로 향한 지옥행?

W. Frühauf/Th. Giesinger, Europa ohne Grenzen. Alarm für die Umwelt, in: Spiegel Spezial, 1992; s.a. zur fortwährenden Pyromanie C. Amery/H. Scheer, Klimawechsel

- von der fossilen zur solaren Kultur, 2001 (ein Dialog); 비교: C. Wege, Buchstabe und Maschine (Industrie-Kult in Kunst u. Literatur); s.a. verschiedene Publikationen des Toblach-Instituts (Italien). O. Spengler, Untergang des Abendlandes - Umrisse einer Morphologie der Weltgeschichte, dtv 1972; ders., Der Mensch u. die Technik - Beitrag zu einer Philosophie des Lebens, 1931. D. D. Olien/R. M. Olien, Running Out of Oil: Discourse and Public Policy, 1909–1929, in: Business and Economic History, 1993; s.a. H. F. Williamson et al., The American Petroleum Industry: The Age of Energy, 1899–1959, 1963; 비교: R. H. K. Vietor, Energy Policy in America since 1945. A Study of Business-Government Relations, 1984. 연소용 차량 증가로 인해 늘어나는 부담에 대해: F. Vester, Ausfahrt Zukunft. Strategie für den Verkehr von Morgen. Ein Systemuntersuchung, 4. Aufl. 1990: Gut ein Jahrzehnt später soll sich nach offiz. Planungen das Verkehrsaufkommen bis 2010 noch einmal verdoppeln: Bei E-Mobilen war die Bundesrepublik D. 1990 das Schußlicht mit nur 130 Autos, Vester, aaO., S. 415ff. H. Gruhl, Himmelfahrt ins Nichts, 2. Aufl. 1992, S. 295ff. D. Hoffmann, 150 Jahre Tiefbohrungen in Dtl., 1959. Ausgez. Analyse zum Horizontalbohren French Oil and Gas Industry Association. Technical Committee, Directional Drilling and Deviation Control Technology, 1990. J. M. Laux, In First Gear: The French Automobile Industry to 1914, 1976; L. J. White, The Automobile Industry Since 1945, 1971; M. A. Cusumano; The Japanese Automobile Industry, 1985, s.a. Y. Ikari, Toyota tai Nissan. Shinsha Kaihatsu no Saizensen (Toyota gegen Nissan. An vorderster Front der neuen Auto-Entwicklung), 1985; s.a. J. P. Womack et al., Die zweite Rovolution in der Autoindustrie. Konsequenzen aus der weltweiten Studie des MITI, dt. 1990 (1990); K. B. Clark/T. Fujimoto, Automobilentwicklung mit System. Strategie, Organisation und Management in Europa, Japan und USA, 1992 (Die weltweite Studie aus der Harvard Business School); R. Sobel, Car Wars, 1984; 비교: A. Altshuler et al., The Future of the Automobile, 1984. Le Monde (Paris), 1. März 2001: Hinsichtl. A. Uslar Pietri 비교: neben dem 98-jähr.

주석

Rockefeller, dem 92-jähr. A. Hammer auch das hohe Alter des Ölpioniers *Paul G. Benedum* aus West-Virginia, der 195990 Jahre alt wurde, s.a. S. T. Mallison, The Great Wildcatter, 1953. Zum Wandel in der nachindustriellen Gesellschaft s. Barudio, Politik als Kultur; 비교: J. Ph. v. Bethmann, Das Kartenhaus unseres Wohlstandes. Warum der Kapitalismus noch nicht triumphieren kann, 1991. O. Schedl, Energien, alternative, in: Pol.-Pädagogisches Handwörterbuch, 1985, S. 130-136. Als Beispiel zu den zahlr. Fehleinschätzungen der Old Economy s. M. E. Ahrari, Opec. The Falling Giant, 1986; s.a. V. S. Cameron (ed.), Exploration and Gesch. von Blut und Öl, in: Die Zeit, Nr. 11, 2001, S. 17-20; 비교: J. Silliers/C. Dietrich (eds.), Angola's War Economy. The Role of Oil and Diamonds, 2000; F.A. Guimaraes, The Origins of the Angolan Civil War. Foreign Intervention and Domestic Political Conflict, 1998. D. G. Mayes (ed.), The European Challenge: Industry's response to the 1992 programme, 1991; zur European Challenge: Industry's response to the 1992 programme, 1991; zur Frühgeschichte von Toyota, in: K. Rafferty, Inside Japan's Power Houses, 1995, S. 120ff, s.a. E. Toyoda, Toyota: Fifty years in Motion, 1987; 비교: J. V. Mitchell, The new economy of oil: in business, geopolitics and society, 2001. Zum Zukunfts-Optimismus D. Goeudevert, Mit Träumen beginnt die Realität. Aus dem Leben eines Europäers, 2. Aufl. 1999, S. 183ff.

참고문헌

주석에서 인용된 참고문헌들을 여기에서 다시 한번 목록에 넣지는 않았다. 여기 적힌 참고문헌들은 그보다는 이 책의 각 항목에서 다루어진 주제들을 보충해주는 성격을 지니고 있는 좀 더 오래 전에 출판된 출판물들이다.

Abel, Ch., Latin-America, economic imperialism and the state, 1985.

Abir, M., Saudi Arabia in The Oil Era: Regime and Elites, 1988.

Abrahamian, E., Iran Between Two Revolutions, 1982.

Alexanian, C. L., Traité pratique de prospection géophysique, 1933.

Alexjewitsch, S., Tschernobyl. Eine Chronik der Zukunft, 1998.

Almana, M., Arabia Unified: A Portrait of Ibn Saud, 1980.

Anders, G., Die atomare Drohung. Radikale überlegungen zum atomaren Zeitalter, 1993.

Andersen, A. et al., The Future of Oil Prices: The Perils of Prophecy, 1984.

Asahi, I., The secret of Japan's trade expansion, 1934.

Assiri, A-R., Kuweit's Foreign Policy: City-State in World Politics, 1990.

Bakhash, Sh., The Reign of the Ayatollahs: Iran and the Islamic Revolution, 1984.

Bald, D., Hiroshima, 6. August 1945, 1999.

Beaton, K., Dr. Gesner's Kerosene: The Start of American Oil Refining, in: Business History Review, 29, March 1955.

Bhatia, Sh./McGrory, D., Saddams Bombe, 1999.

Bill, J. A./Louis, W. R., Mossadiq, Iranian Nationalism, and Oil, 1988.

Blink, H., De petroleum industrie, 1924.

Boigk, H., Erdöl u. Erdgas in der Bundesrepublik Deutschland, 1981.

Bowie, R. R., Suez 1956, 1974.

Brüggemeier, F-J., Tschernobyl, 26. April 1986, 1998.

Chester, E. W., United States Oil Policy and Diplomacy: A Twentieth-Century Overview, 1983.

Cap. F., Physik u. Technik der Atom-Reaktoren, 1957.

Clark, J. G., Energy and the Federal Government: Fossil Fuel Policies, 1900-1946, 1987.

Dallek, R., Franklin D. Roosevelt and American Foreign Policy, 1932 bis 1945, 1981.

Deiseroth, D. (편), Atomwaffen vor dem Internationalen Gerichtshof, 1997.

DiFabio, U., Der Ausstieg aus der wirtschaftlichen Nutzung der Kernenergie, 1999.

Dixon, D. F., Gasoline marketing in the United States - The First Fifty Years, in: Journal of Industrial Economics, 13, Nov. 1964.

Eckert, M., Die Atomphysiker, 1993.

Erickson, J., The Road to Stalingrad, 1985.

Fisher, L., Oil imperialism, 1926.

Feuerwerker, A., China's Early Industrialization, 1958.

Fogel, R., Railroads and Economic Growth, 1964.

Fritsch, H., Vom Urknall zum Zerfall, 1999.

Fukuyama, F., The End of History and the last Man, 1992.

Fullerton, K., Calvinism and Capitalism, in: Harvard Theological Review, 21, 1928.

Gasiorowski, M. T., The 1953 Coup d'état in Iran, in: International Journal of Middle Eastern Studies, 19, 1987.

Geertz, C., The Interpretation of Cultures, 1973.

Glenewinkel, W./Hennings, W., Anpassung oder Widerstand? Wandel am Beispiel von B. Traven 'Die Weiße Rose', 1982.

Greham-Yooll, A., De Perón a Videle, 1989.

Gustafson, Th., Crisis amid Plenty: The Politics of Soviet Energy Under Brezhnev and Gorbachev, 1989.

Halliday, W. T., John D. Rockefeller, 1839-1937: Industrial Pioneer and Man, 1948.

Harrison, L. E., Who Prospers? How Cultural Values Shape Economic and Polical Sucess, 1992.

Haslip, J., Maximilian. Kaiser von Mexiko, dt. 1983.

Hoffmann, K., J. Robert Oppenheimer. Schöpfer der ersten Atombombe, 1995.

Katz, H., Shifting Gears: Changing Labor Relations in the US Automobile Industry, 1985.

Koopmann, G., Oil and the international economy, 1984.

Lebra, T. S., Adoption Among the Hereditary Elite of Japan: Status Preservation Through Mobility, in: Ethology, 28, 1989.

Lipset, S. M., Pacific Divide: American Exceptionalism—Japanese Uniqueness.

Power Shifts and Value Changes in the Post Cold War World, 1992.

Marten, E. T., Oil-trail, blaser for business, 1934.

Mayer, F., Petro-Atlas Erdöl u. Erdgas, 3. Aufla. 1982.

McCaslin, J. C., Petroleum exploration worldwide, 1983.

Moller, B.(ed.), Oil and Water. Cooperative Security in the Persian Golf, 2001.

Moore, B. Jr., Social Origins of Dictatorship and Democracy, 1966.

Myrdal, G., Asian Drama. An Inquiry into the Poverty of Nations, 1968.

Nauwelaerts, L., Petroleum. Macht der Erde, dt. 1937.

Nespoli, G./Zambon, G., Hiroshima, Nagasaki. Abels Gesichter, 1997.

Novak, M. The Catholic Ethic and the Spirit of Capitalism, 1993.

Odell, P. R., Oil and World Power: Background of the Oil Crisis, 8th ed., 1986.

Ohashi, A. T., Enerugi No Seji Keizai Gaku (Die Pol. Energie-Wirtshaft), 1988.

Okochi, A./Yasuoka, Sh. (red.), Family Business in the Era of Industrial Growth, 1984.

Overy, R. J., Die Wurzeln des Sieges, dt. 2000.

Peary, G./Shatzkin, R., The Modern American Novel and the Movies, 1978.

Petterson, M. D., Thomas Jefferson and the New Nation, 1975 (Reprint).

참고문헌

Putnam, R. D., Bowling Alone: America's Declining Social Capital, in: Journal of Democracy, 6, 1995.

Quandt, W. B., Camp David: Peacemaking and Politics, 1986.

Reindl, S., Erdöl, Chemie und Technologie, 1971.

Riediger, B., Die Verarbeitung des Erdöls, 1971.

Rintoul, W., Drilling Ahead: Tapping California's Richest Oil Fields, 1976.

Riva, C. P., World Petroleum Resources and Reserves, 1983.

Rosenberg, D. A., The U.S Navy and the Problem of Oil in a Future War: The Outline of a Strategic Dilemma, 1945-1950, in: Naval War College Review, 29, 1976.

Schmolz, H./Weckbach, H., Robert Mayer. Dokumente, 1964.

Seymour, I., OPEC: Instrument of Change, 1980.

Smith, G. O (ed.), The Strategy of Minerals: A Study of the Mineral Factor in the World Position of America in War and in Peace, 1919.

Smith, R. F., The United States and Revolutionary Nationalism in Mexico, 1916-1932, 1972.

Stoye, J., Ölmacht - Weltmacht, 1936.

Suhling, L., Erdöl u. Erdölprodukte in der Geschichte, 1975.

Tissot, B. P. D. H. Welte, Petroleum Formation and Occurrence, 2. Aufl. 1984.

Tokayer, O., Shifts in European Oil Supply, 1933.

Tooley, T. H., The German Plan for Synthetic Fuel Self-Sufficiency, 1933-1942, 1978 (Diss.).

Townsend, H. H., New Haven and the First Oil Well, 1934.

Turner, L., Oil Companies in the International System. 1978.

van Creveld, M., Supplying War: Logistics from Wallenstein to Patton, 1977.

Verviers, E., Economisch aspect der vloeibare brandstofen, 1927.

Ward, Th., Negotiations for Oil Concessions in Bahrein, El Hasa (Saudi Arabia), the Neutral Zone, Qatar and Kuwait, 1965.

Weizsäcker, C. F. v., Die Verantwortung der Wissenschaft im Atomzeitalter, 1986.

Williams, L. (ed.), Military Aspects of the Arab-Israeli-Conflict, 1975.

Williamson, J. W., In an Persian Oil Field: A Study in Scientific and Industrial Development, 1927.

Yamamoto, Sh., The Spirit of Japanese Capitalism, and Selected Essays, 1992.

Ziemke, E. F., Stalingrad to Berlin: The German Defeat in the East, 1968.

잡지	신문
American Historical Review (AHR)	Le Monde Diplomatique
American Scientific	Les Echos
The Economist	Manager-Magazin
El País	Nature
Erdöl und Kohle	Newsweek
Dagens Nyheter	Oil and Gas Journal
Das Capital	Petroleum Economist
Der Rheinische Merkur	Petroleum Weekly
Financial Times	Der Spiegel
Financial Times (Dt.)	The Oil Weekly
Focus	Time
Foreign Affairs	Wall Street Journal
Frankfurter Allgemeine Zeitung	World Oil
Frankfurter Rundschau	World Petroleum
GEO	Science
Handelsblatt	Süddeutsche Zeitung
Journal des pétroles	Svenska Dagbladet
La Revue pétrolifère	Die Welt
Le Monde	Die Welt am Sonntag (Wams)
	Die Zeit

연표

1735	리네의 『자연의 체계』 출간
1763	프라이부르크/작센 지역에 최초로 광업아카데미 설립
1775	와트의 증기기계 발명—산업혁명
1780	제임스 허턴, 그리고 『지구에 관한 이론』
1783	몽골피에 형제가 파리 상공 위를 나는 열기구 여행에 착수
1784	**지구 영지학**이 **지구학**이라는 용어로 대체됨
	칸트의 저서 『계몽이란 무엇인가』 출간
	스페인과 라틴아메리카를 위한 『광업지침서』 나옴
1785	페헬브론/엘자스 지방에서 처음으로 석유시추에 착수
1789	프랑스혁명 발발
1798	필립 르봉이 가스-연소-모터를 발명함
1799	지층 순서를 알려주는 지침서라 할 수 있는 표준화석 발견
1806	러프너 형제가 웨스트버지니아에서 소금시추
1809	빔펜에서 글렌크가 **충격식 시추방식**으로 소금시추
1814	빈 회의가 '역동적인 원칙'을 확정
1820	베르셀리우스가 유기화학의 토대를 다짐
1828	패러데이가 벤졸 발견
1834	민덴에서 소금시추: 695미터 시추라는 당대 최고 기록을 달성
1838	베르셀리우스와 리비히가 '벤진'이라는 이름을 찾아냄
1842	R. J. 마이어가 에너지 보존법 제정
1848	유럽에서 일어난 혁명들: 복고주의

	시카고 선물(옵션) 거래소(CBT) 창립
1849	페헬브론에서 '조지프' 석유시추
1856	최초의 인공색소 '티리안 보라' 발견
1857	루마니아에서 석유시추
1859	타이터스빌/펜실베이니아에서 벌어진 야심에 찬 선구자적 행위들
	러시아 바쿠 지역에서 석유산업 시작
1863	바이어와 회히스트가 염료공장 설립
1865	바트라는 지역에 아닐릴과 소다를 생산하는 공장 바스프 창립
	프로이센의 광산법에 석유도 포함
1867	오토-모터나 다이너마이트의 발명
1870	록펠러가 스탠더드 오일(에소) 창립
1871	베를린에서 세계 최대 깊이 시추에 성공(1,271미터)
1872	뉴욕 상품거래소(Nymex)
1873	노벨 형제가 바쿠에서 모험 시작
1879	세계 최초의 석유 유조선이 사용됨
	에디슨이 발명한 최초의 백열등이 석유등을 대체함
1884	에소가 브라노벨과 바쿠에서 협력체제 구축을 시도
	멕시코를 위한 새로운 '광업법' 제정
1885	**벤진-모터**를 장착한 최초의 자동차가 나옴
1890	에소를 상대로 '셔먼 반독점법'(Sherman Antitrust Act)이 제정됨
	로열더치 창립
1893	미국은 달러를 금으로 바꾸다
	디젤모터 발명
	헨리 포드가 첫 모터 제작
	캘리포니아에서 석유열풍이 시작됨
1894	독일 북부에서 '작은 펜실베이니아' 생김
	역사 최초의 자동차 경주 개최

1896	알프레트 노벨 사망
1897	마커스 새뮤얼이 셸과 손잡고 석유산업에 가세
1899	영국이 쿠웨이트를 제외시킴
1900	러시아가 세계 최대 산유국으로 부상
	파리에서 석유관계자들이 모이는 회합이 처음으로 열림
1901	**회전시추 방식** 사용 시작: 스핀들탑/텍사스
	석유 콘체른인 걸프 창립
1902	텍사코가 조직됨
1903	헨리 포드가 자동차공장 설립
	라이트 형제가 모터비행 시작
1904	프랑크 필립스가 은행과 석유계(界)를 결합함
1905	러시아, 페르시아, 터키, 노르웨이에서 혁명 발발
	기존에 유지해왔던 러시아의 석유입지를 미국에게 뺏김
1906	텍사스와 오클라호마에 계속해서 석유열풍이 지속됨
1907	셸과 로열더치의 합병
	인디언들이 살던 영토가 미국 오클라호마 주로 영입됨
1908	페르시아 남부에서 상당량의 석유매장지가 발견
1910	멕시코에서 혁명 발발
1911	석유 다국적기업들이 멕시코에 투자함
	에소 콘체른이 엑손, 모빌 오일, 소셜로 분할
1912	영국 해군 함대가 석탄에서 석유로 동력원을 전환함
	브리티시 석유(BP) 설립
	베를린에서 바그다드까지 연결되는 석탄 기초노선 완성
	발칸전쟁 발발
1913	석탄-휘발유를 위한 베르기우스 방식
1914	1차대전 발발: 석유가 전략적 원료로 부상
1915	전투비행기와 잠수함 축조

1916	루마니아 유정이 파괴됨
	석탄 함대와 석유 함대 간의 유틀란트 전투(스카게라크 전투라고도 함) 발발
1917	멕시코가 석유를 '국가재산'으로 천명
	미국이 1차대전을 결정짓는 석유강대국으로 부상
	'프리벤터'의 발명
	중유최적화 방안인 크랙 방식 도입
	전면적인 잠수함 전쟁에 돌입
1918	갖가지 혁명들이 역동적인 시대를 열다
	유럽과 걸프 지역에서 새로운 정치질서 수립
1919	**미국 석유협회**
	미국에서 석유비축 논쟁이 불붙음
1920	미국과 소련이 빠진 가운데 국제연맹이 창립됨
1921	베네수엘라와 멕시코에서 석유열풍이 붐
1922	라팔로: 독일과 소련의 협업
1923	함부르크에 최초의 공공주유소가 생김
1924	티폿-돔-스캔들: 석유 콘체른들과 미국의 정책
1925	이게-파르벤의 창립
1927	마커스 새뮤얼 사망
1928	일곱 자매들이 카르텔 결성에 동의함
1929	'검은 금요일'과 세계 경제위기 도래
1932	사우디아라비아가 왕조체계를 구축함
1933	나치의 '권력침투' 시작
	1차 **세계석유회의**(WPC)가 영국의 런던에서 개최
	사우디 국영 석유회사 '아람코' 조직
1934	나치 에너지 경제법 제정
1935	사우디아라비아에서 석유 발견
1937	제2차 WPC 파리에서 개최—세계 전시회

1938 쿠웨이트(부르간)에서 발견된 석유는 활용되고 있지 않던 상태
1939 '번개전'으로 2차대전 시작
1940 코카서스-프로젝트와 '팀파니' 작전
1941 나치의 소련 침공 '바바로사 작전'
      일본의 미국 침략—진주만 기습
1942 베네수엘라와 미국 간의 석유협정 체결
1943 카사블랑카와 테헤란의 회담: 유럽의 분할
1944 브레튼 우즈 협정: 국제기준 화폐와 오일 달러
1945 2차대전 종결
      히로시마와 나가사키에 원폭 투하
      미합중국 건립
1946 쿠웨이트에서 석유생산 가동
1947 관세와 무역에 관한 일반협정(GATT) 설립
1948 이스라엘, 파키스탄, 인도 국가 건립됨
1949 북대서양 조약기구(NATO). 본에서 제정한 '기본법' 수용
1950 한국전쟁 발발, 동유럽 공산국가들과의 냉전 시작
1951 네덜란드의 헤이그에서 제4차 WPC 개최
      다국적 석유기업에 반대하는 모사데그 움직임이 페르시아에서 일어남
1952 알래스카에서 석유시추
      이집트에서 나세르 장군 쿠데타: 아랍적인 사회주의
1953 미국의 도움을 받은 샤의 쿠데타
1954 미국 석유수입 통제를 해제함: 수입으로부터 보호
1955 이태리 로마에서 제5차 WPC 개최
      이드리스 I세 왕 통치 아래 리비아에서 안전조치 발동
1956 수에즈 위기: 국유화함
1957 (구소련의 인공위성인) 스푸트니크 발사로 전 세계 충격
1958 이라크와 베네수엘라에서 혁명 발발

	프랑스 드골 장군을 중심으로 제5공화국 체제에 들어감
	북해를 분할하는 런던협정 체결
1959	타이터스빌 백주년을 축하하기 위해 뉴욕에서 제6차 WPC 개최
1960	석유수출국기구 창립
1961	동유럽 국가들의 차단: 베를린 장벽 설치
	쿠웨이트가 자주국가가 되면서 국제연합 회원이 됨
1962	북해 폭발이 강화됨
	자키 야마니가 아랍 석유 장관으로 지명
1963	독일 프랑크푸르트에서 제7차 WPC 개최
1964	쿠웨이트가 이스라엘 때문에 서독을 보이콧
1965	멕시코가 다시 미국에 석유시장을 개방
1966	리비아의 지속적인 석유생산
1967	멕시코시티에서 제8차 WPC 개최
	이스라엘과 아랍인들 간의 6일전쟁 발발
1968	아랍 석유수출국기구(OAPEC) 창립: '무기로서의 석유'
1969	카다피가 리비아에서 쿠데타를 일으킴
	캘리포니아 환경운동 단체 '빅 그린' 창립
	북해에서 최초로 대형 유정 발견: 에코피스코
	최초로 달 여행이 이루어짐
1970	걸프 지역에서 석유가 국유화
1971	소련의 모스크바에서 제9차 WPC 개최
	테헤란에서 석유회담 개최
	해양보호를 위한 '그린피스' 창설
1972	로마클럽:「성장의 한계」보고서 발표
	스톡홀름에서 최초로 환경회담 개최
1973	유가파동: 배럴당 유가폭등
	제4차 중동전쟁 발발: 이집트가 시나이 반도 점령

1974	에너지 분과에서 닉슨의 '독립 프로젝트' 채택
	파리에서 열린 국제에너지기구(IEA)
1975	일본 도쿄에서 제10차 WPC 개최
1976	베네수엘라 석유산업을 국유화함
1978	석유 플랫폼에서 화재 발생—고유가 지속됨
1979	이란혁명 발발: 샤 정권 몰락
	루마니아의 부쿠레슈티에서 제11차 WPC 개최
	미국 TMI(Three Miles Islands) 원전에서 엄청난 원자력사고 발생
	캠프 데이비드 협정의 평화안 수용
1980	석유수출국기구 회원국인 이라크와 이란 사이에 전쟁 발발
1981	런던 국제석유거래소(IPE)
1983	런던에서 제12차 WPC 개최
1985	남극 주변지역 상공에서 '오존 구멍' 발견
1986	유가위기와 미국의 경제침체
	자키 야마니, 석유 장관직에서 무기한 해임
	체르노빌 원자력 공장에서 최악의 방사능 유출사고 발생
1987	텍사스의 허스턴에서 제13차 WPC 개최
	증시폭락과 석유불황
	석유업계에 종사하던 조지 부시가 미국 대통령으로 선출
1988	토론토에서 전 세계적인 환경-회담 개최
	이란-이라크 전쟁 종결
1989	혁명. 유럽에서 공산주의의 몰락
	'엑손 발데츠' 알래스카 앞에서 발생한 심각한 석유유출 사고
1990	쿠웨이트 위기와 이라크에 발동된 국제연합의 제제
	미국에서 '대기 정화법' 제정
1991	아르헨티나의 부에노스아이레스에서 제14차 WPC 개최
1992	리우 데 자네이로에서 제15차 WPC 개최

	빌 클린턴 미국 대통령으로 선출
1994	노르웨이의 스타방거에서 제15차 WPC 개최
1995	FCKW 생산이 전 세계적으로 금지
1996	원자력을 사용하는 에너지 정책에서 탈피하려는 첫 시도가 생김
1997	중국 베이징에서 제16차 WPC 개최
	일본 교토에서 전 세계적인 환경회담 개최
1998	러시아의 시추채굴 위기
	엑손과 모빌 오일 합병
	브리티시 석유가 아모코 인수
1999	회히스트가 룐-플렁과 합작하여 '아벤티스' 결성
	1973이후 최저유가 기록: 석유유출 사고 발생
2000	석유수출국기구 채굴량 늘림: 휘발유 가격 상승
	헤이그에서 국제 환경회담 개최
	석유업계에 종사하던 조지 W. 부시가 미국 대통령으로 선출
2001	스코틀랜드의 애버딘에서 제17차 WPC 개최
	열두 가지 화학가스를 반대하는 스톡홀름 회담 개최
	베를린이 에너지원으로 원자력을 더 이상 사용하지 않기로 결정
	본에서 열린 환경정상회담 성사를 위한 절충안 제시

색인

ㄱ

가마, 바스코 다 Gama, Vasco da 215
가믈랭, 모리스 귀스타브 Gamelin,
　Maurice Gustave 408
게르슈타인, 쿠르트 Gerstein, Kurt 419
게바라, 체 Guevara, Che 582
게브뤼더, 헌트 Gebrüder, Hunt 245,
　246, 325, 339
게이츠, 빌 Gates, Bill 263, 308, 340
게티, 폴 Getty, Paul 168, 280, 283, 299,
　322, 323
겔하우스, 하랄드 Gellhaus, Harald 410
고르바초프, 미하일 Gorbachov, Mikhail
　328, 377, 584
고리키, 막심 Gorki, Maxim 343
고메스, 후안 비센테 Gómez, Juan
　Vicente 137
고어, 앨 Gore, Al 338
골드워터, 배리 Goldwater, Barry 336
괴드베르, 다니엘 Goeudevert, Daniel 628

괴테, 요한 볼프강 폰 Goethe, Johann
　Wolfgang von 79, 80, 209
구스타프 2세, 아돌프 Gustav II, Adolf 394
구트케, 카를 Guthke, Karl 444
굴드, 스티븐 제이 Gould, Stephen Jay 43
굴벤키앙, 칼루스테 Gulbenkian,
　Calouste 276, 323
그로바, 프리츠 Grobba, Fritz 415
그로티우스, 휘고 Grotius, Hugo 384,
　394, 541, 542, 544, 569, 570
그룰, 헤르베르트 Gruhl, Herbert 24,
　615, 622
글래스피, 에이프릴 Glaspie, April 523
글랭크, 카를 Glenck, Karl 79, 80, 81,
　82, 93
기번, 존 Gibbon, John 301
기제, 율리우스 Giese, Julius 221

ㄴ

나바레, 르네 Navarre, René 462
나세르, 자말 압단 Nāṣer, Jamal Ábdan (Abdan-Ner) 9, 198, 287, 475, 476, 481, 482
노발리스 Novalis (본명 프리드리히 폰 하르덴베르크, Friedrich von Hardenberg) 49, 236, 295
노벨, 로베르트 Nobel, Robert 96, 180, 181, 193, 195, 197, 232, 251, 262, 269, 345, 349~356, 432
노벨, 루트비히 Nobel, Ludwig 27, 96, 180, 181, 193, 194, 195, 197, 232, 251, 262, 269, 345, 349~356, 432
노벨, 알프레트 Nobel, Alfred 27, 193, 354, 603
노벨, 에마누엘 Nobel, Emanuel 357, 360, 361, 363, 368, 369
노벨, 이마누엘 Nobel, Immanuel 349, 369
노벨, 카를 Nobel, Carl 363
노스, 올리버 North, Oliver 515
노턴-그리피스, 존 Norton-Griffiths, John 397
뉴턴, 아이작 Newton, Isaac 35
니아르코스, 스타브로스 Niarchos, Stavros 198

니콜라이 2세 Nikolaj II 345, 360, 364, 368, 400
닉슨, 리처드 M. Nixon, Richard M. 590

ㄷ

다를랑, 프랑수아 Darlan, François 408
다 빈치, 레오나르도 Leonardo da Vincis 75, 323
다시, 윌리엄 녹스 D'arcy, William Knox 271
다이아몬드, 제러드 Diamond, Jared 287
다임러, 고트리프 Daimler, Gottlieb 230, 231
던컨, 페터 Duncon, Peter 559
데커, 마틴 Decker, Martin 95
도우니, 에드워드 L. Doheny, Edward L. 433
되니츠, 카를 Dönitz, Karl 410, 411
되베라이너, 요한 볼프강 Döbereiner, Johann Wolfgang 229
두카키스, 마이클 Dukakis, Michael 539
드골, 샤를 de Gaulle, Charles 535, 619
드레이크, 콜로넬 Drake, Colonel 53
디드로, 드니 Diderot, Denis 45
디아스, 포르피리오 Díaz, Porfirio 430,

432, 437, 438
디젤, 루돌프 Diesel, Rudolf 232, 363, 364
디터딩, 헨리 Deterding, Henry 269, 272, 273, 277, 307, 368, 369
딕슨, 해럴드 Dickson, Harold 512, 513

ㄹ

라라비, 브루더 Larrabee, Bruder 302
라이얼, 찰스 Lyell, Charles 24, 48, 50, 53
라이프니츠, 빌헬름 폰 곳프리트 Leibniz, Gottfried Wilhelm von 35
라키, 안톤 Raky, Anton 95, 96, 97, 99, 591
랑가리사, 알베르토 Langarica, Alberto 443
랑겐, 오이겐 Langen, Eugen 230
래트본, 먼로 Rathbone, Monroe 280
랜더스, 대니얼 S. Landes, Daniel S. 286
레닌, 니콜라이 Lenin, Nikolai 152, 317, 319, 346, 361, 369, 370
레비, 프리모 Levi, Primo 413, 414, 415, 421, 448
레쇼트, 루돌프 Leschot, Rudolf 94
레오폴트 2세 Leopold II 133, 136
레이건, 로널드 윌슨 Reagan, Ronald Wilson 167, 323, 325, 515, 596, 597
레저, 빌리 Roeser, Billy 307

로드리게스, 알리 Rodriguez, Ali 620
로리, 말콤 Lowry, Malcolm 453
로모노소프, 미하일 Lomonossov, Michail Vasilyevich 33
로우아익스, 파스토르 Rouaix, Pastor 439
로페스-콘트레라스, 엘리아사르 Lopez-Contreras, Eleazar 137
록펠러, 존 D. Rockefeller, John D. 25, 182, 224, 247, 248, 249, 250~265, 267~268, 270, 288, 291, 292, 301, 307, 340, 352, 354
루비슈, 후고 Lubisch, Hugo 95
루스벨트, 시어도어 Roosevelt, Theodore 263, 297, 339, 360, 389
루스벨트, 프랭클린 D. Roosevelt, Franklin D. 141, 313, 466, 539
루이스, 안토니오 Luiz, Antonio 425
루카스, 안톤 Lukas, Anton 99
루트비히, 베르너 Ludwig, Werner 224
루트비히 1세 Ludwig I 223
루프만 Ruffmann 287
르 투르노, R. G. Le Tourneau, R. G. 334
르누아르, 에티엔 Lenoir, Étinne 230
리펑 Li Peng 607
리데만, 하인리히 Riedemann, Heinrich 195, 196
리베라, 디에고 Rivera, Diego 427, 443

리비히, 유스투스 폰 Liebig, Justus von
209, 210, 216, 217, 220
리치, 마르크 Rich, Marc 338, 339
리트케, 휴 Liedtke, Hugh 164, 165, 167, 168, 330, 332, 335

ㅁ

마데로, 프란시스코 Madero, Francisco 438
마르코 폴로 Marco Polos 344
마르쿠제, 헤르베르트 Marcuse, Herbert 582
마르크스, 카를 Marx, Karl 357, 449
마리네티, 필리포 토마소 Marinetti, Filippo Tommaso 378
마오쩌둥 毛澤東 606
마이어, 로베르트 율리우스 Mayer, Robert Julius 15
마이어, 에밀 Meyer, Emil 99
마클라코프, 바실리 Maklakov, Wassili 345
막시밀리안 1세 Maximilian I 450
만, 클라우스 Mann, Klaus 295
만, 토마스 Mann, Thomas 295
만네스만 형제: 라인하르트 만네스만 (Rheinhard Mannesmann) 막스 만네스만(Max Mannesmann) 98
만슈타인, 에리히 폰 Manstein, Erich von

412
매키, R. Mackey, R. 467, 468
매킨리, 존 McKinley, John 166
맬런, 닐 Mallon, Neil 328, 330
머독, 데이비드 Murdock, David 324
먼로, 제임스 Monroe, James 295
멀랜드, E. W. Marland, E. W. 307
메넴, 카를로스 Menem, Carlos 598
메디나, 이사이아스 Medina, Isaias 129, 146, 147
메이저, 존 Major, John 557, 559
모건, J. P. Morgan, J. P. 301
모사데그, 모하메드 Mossadegh, Mohammed 151, 152, 390
모턴, 찰스 B. Morton, Charles B. 589
몬테수마 Montezuma 442
무솔리니, 베니토 Mussolini, Benito 235, 400
무엘론, 빌헬름 Muehlon, Willhelm 417, 422
뮈스케, 요아힘 Müske, Joachim 470
뮐론, 빌헬름 Muehlon, Willhelm 384, 385, 386, 396, 397, 405
뮐리우스, 울리히 폰 Mylius, Ulrich von 621
미야모리, K. Miyamori, K. 587
미첼 Mitchel 409

색인

미키 Miki 589
미테랑, 프랑수아 Mitterrand, François 529

ㅂ

바브레, 니콜라 Baverez, Nicolas 619
바세르만, 주잔네 Bassermann, Susanne 218
바스무스, 빌헬름 Wasmus, Willhelm 390
바이어, 아돌프 폰 Baeyer, Adolf von 225
바이츠, 베르톨트 Beitz, Berthold 417, 418, 419, 420
발렌베르크, 마르쿠스 Wallenberg, Marcus 363
버넷, 토머스 Burnet, Thomas 36
버크, 에드먼드 Burke, Edumund 246
베네트, 고르돈 Benett, Gordon 234
베르갱, 에마누엘 Verguin, Emanuel 220
베르기우스, 프리드리히 Bergius, Friedrich 240, 391
베르셀리우스, 야콥 Berzelius, Jakob 209, 217, 225, 228, 229
베른, 쥘 Verne, Jules 73
베버, 막스 Weber, Max 267, 614
베이커, 제임스 Baker, James 524
베이커, 지미 Baker, Jimmy 354, 526
베이컨, 프랜시스 Bacon, Francis 73, 345
베탄쿠르, 로물로 Betancourt, Rómulo 146, 147, 148, 155
베토벤, 루트비히 판 Beethoven, Ludwig van 228
베트만-홀베크, 테오발트 Bethmann-Hollweg, Theobalt 384
벤츠, 카를 프리드리히 Benz, Karl Friedrich 231
보방, 세바스티앙 드 Vauban, Sébastien de 406
보켈만, 베르너 Bockelmann, Werner 579
볼로그, 노먼 Borlaug, Norman 460
볼리바, 시몬 Volívar, Simón 134, 161
뵐러, 프리드리히 Wöhler, Freidrich 210
부스만, 베르너 Bussmann, Werner 20
부시, 제브 Bush, Jeb 338
부시, 조지 Bush, George 103, 164, 202, 305, 308, 312, 324, 325, 327, 338, 525, 530, 540, 541, 597
부시, 조지 W. Bush, George W. 312, 338, 340, 540, 619, 627
부시, 프레스콧 Bush, Prescott 327, 336
부흐하임, 로타르 Buchheims, Lothar 411
분젠, 로베르트 Bunsen, Robert (본명 로베르트 빌헬름 분젠, Robert Wilhelm Bunsen) 229

뷔퐁, 조르주 드 Buffon, Jeorges de 41
뷰캐넌-스미스, 앨릭 Buchanan-Smith,
　　Alick 593
브란트, 빌리 Brant, Willy 22, 579
브레주네프, 레오니드 일리치 Brezhnev,
　　Leonid Ilich 319, 377
브루노, 조르다노 Bruno, Giordano 35
브룬트란트, 그로 H. Brundtland, Gro H.
　　537, 603, 604~606
블로크, 마르크 Bloch, Marc 405, 406, 407
블룸, 레옹 Blums, Léon 142
비델라, 호르헤 라파엘 Videla, Jorge
　　Rafael 600
비릴리오, 폴 Virilio, Paul 68
비비아니, 르네 Viviani, René 384
비스마르크, 오토 폰 Bismarck, Otto von
　　224
비야, 판초 Villa, Pancho 438
비어나츠키, 라인하르트 Biernatzki,
　　Reinhart 392~396
비어드, 찰스 오스틴 Beard, Charles
　　Austin 24, 98, 161, 297, 596
비테, 세르게이 그라프 Witte, Sergej Graf
　　353, 356, 360
빈 라덴, 이븐 bin Laden, Ibn 501
빌헬름 2세 Willhelm II 345, 346, 394, 399
B. 트래번 B. Travens: 트래번 토르스반

(Traven Torsvan) 또는 레트 마루트
(Ret Marut) 302, 444

ㅅ

사나타엘랴, 호아킨 Sanataella, Joaquín
　　443
사드-알-사바 Saad-al-Sabah 520, 522, 523
사르트르, 장-폴 Sartre, Jean-Paul 406
사바, 무바라크 빈 셰이크 Sabah,
　　Mubarak bin Shaik 507
사베드라-라마스, 카를로스 Saavedra-
　　Lamas, Carlos 569
사엔스, 마누엘 힐 이 Saenz, Manuel Gil
　　y 427, 430
사우드 Saud 479
사키치, 도요타 Sakichi, Toyoda 586
사파타, 에밀리아노 Zapata, Emiliano
　　325, 438
산체스, 라몬 디아즈 Sánchez, Ramón
　　Díaz 144
산체스, 일릭 라미레스 Sanchez, Ilic
　　Ramirez (가명 카를로스) 494
산토스, 호세 에두아르도 도스 Santos,
　　José Eduardo Dos 626
살라트, 시몬 Salat, Simón 430

살리나스, 카를로스 Salinas, Carlos 426, 460
새뮤얼, 마커스 Samuel, Marcus (마커스 경) 268, 269, 270, 307, 357, 387, 388, 389
샤미소, 아달베르트 폰 Chamisso, Adalbert von 295, 296
샤신, 블라디미르 D. Shashin, Vladimir D. 584, 588, 589
서크스, 그레임 도널드 Sooks, Graeme Donnald 287
세네카 Seneca 541
세케이로스, 다비드 알파로 Sequeiros, David Alfaro 427
셀든, 존 Selden, John 542, 558
셰들, 오토 Schedl, Otto 623, 624
셴칭어, 카를 A. Schenzinger, Karl A. 216, 444
셸리, 오마르 Shelhi, Omar 319, 320
솔로스, 조지 Solos, George 286
쇼드롱 Chaudron 89
슈바르츠코프, 노먼 Schwarzkopf, Norman 524, 529
슈미트, 카를 Schmitt, Carl 609
슈타우펜베르크, 클라우스 그라프 폰 Stauffennberg, Claus Graf von 421
슈탈베르크, 알렉산더 Stahlberg, Alexander 412
슈페어, 알베르트 Speer, Albert 414
슈펭글러, 오스발트 Spengler, Oswald 614, 615
슐레트, 아르놀트 Schlaet, Arnold 270
슐츠, 조지 Shultz, George 354
스마일, 새뮤얼 Smile, Samuel 586
스카크로프트, 브렌트 Scowcroft, Brent 526
스콧, 톰 Scott, Tom 253, 254, 256
스타인, 거트루드 Steins, Gertrude 297
스타인벡, 존 Steinbeck, John 299
스탈린, 요세프 Stalin, Joseph 317, 346, 372, 402
스텐센, 닐스 Steensen, Niels (니콜라우스 스테노, Nicolaus Steno) 34, 35, 36
스티븐스, 헤이시드 Stephens, Hayseed 32
스피노자, 바루흐 Sponiza, Baruch 35
시켈, 샘 판 Syckel, Sam Van 181, 182
싱어맨, 필립 Singerman, Philip 554
싱클레어, 업턴 Sinclair, Upton 299, 358, 444, 451
싱클레어, 해리 Sinclair, Harry 298, 299, 312, 330, 362, 432, 451, 455

ㅇ

아가자데 Agazadeh 516
아귀레, 로페즈 드 Aguirre, Lopez de 620, 621
아그리콜라, 게오르기우스 Agricola, Georgius 68, 74, 75, 87, 88, 104, 132, 617
아데나워, 콘라트 Adenauer, Konrad 579
아리스토텔레스 Aristoteles 44, 285, 296, 395, 589, 613
아말리크, 안드레이 Amalrik, Andrej 583
아모트, 에릭 Aamot, Eric 200
아바드, 압둘라 Abbad, Abdullah 319
아베로에스 Averroës 475
아이젠하워, 드와이트 D. Eisenhower, Dwight D. 151, 154, 155, 156, 279, 337
아지즈, 압둘 Aziz, Abdul 467
아지즈, 타리크 Aziz, Tarik 524
아치홀드, 존 D. Archbold, John D. 262
아타투르크, 케말 Atatürk, Kemal 275
아플락, 미하엘 Aflak, Michael 416
안와르 앗-사다트 Anwar as-Sadat 476
알베르디, 후안 B. Alberdi, Juan B. 601, 603
알폰소, 페레스 Alfonzo, Pérez 148,
149, 151, 152, 153, 154, 156, 158, 159, 279, 287
앨저, 호레이셔 Alger, Horatio 299
야마니, 자키 Yamani, Zaki 290, 473~490, 494~499
어데어, 폴 닐 Adair, Paul Neal: 일명 '레드' (Red) 201, 202, 539, 546~554
어트리, 아돌포 Autrey, Adolfo 430
에디슨, 토머스 A. Edison, Thomas A. 262, 363
에롤레스, 헤수스 레제스 Heroles, Jesús Reyes 427
에르하르트, 루트비히 Erhard, Ludwig 580
에치슨, 딘 Acheson, Dean 479
에프, 요비타 Epp, Jovita 600
엘리어스, 리 Elias, Lee 304, 309
엡스타인, 에드워드 E. Epstein, Edward E. 316
엥겔호른, 프리드리히 Engelhorn, Friedrich 218, 220~225
오나시스, 아리스토텔레스 Onassis, Aristoteles 197, 198, 199
오도넬, 피터 O' Donnel, Peter 337
오버베이, 존 Overbey, John 330, 332
오웰, 조지 Orwell, George 574
오토, 니콜라우스 아우구스트 Otto, Nikolaus August 230

색인

옥센셰르나, 악셀 Oxenstierna, Axel 544
올드 Auld 577
올드엄, 토머스 Oldham, Thomas 53
올리엔, 다이애나 Olien, Diana 614
올리엔, 로저 Olien, Roger 614
올젠, 한스 Olsen, Hans 368
와트, 제임스 Watt, James 87
왕타오 Wang Tao 606
왕귀민 Wang Qimin 606
요제프 2세 Joseph II 133
월리스, 마이클 Wallis, Michael 302
웨이건드, 맥심 Weygand, Maxime 409
위와, 켄 사로 Wiwa, Ken Saro 625
윌슨, 로버트 E. Wilson, Robert E. 574, 575, 576, 577
윙어, 에른스트 Jünger, Ernst 395, 609
이드리스 1세 Idris I. 65, 163, 318, 319, 322
이브라힘, 에츠라트 Ibrahim, Ezrat 523
이븐 사우드 Ibn Saud 467~471, 474, 478~481, 483, 508, 525
이자부로, 코다마 Risaburo, Kodama 586
이키스, 해럴드 Ickes, Harald 614
익스, 해럴드 I. Icks, Harold I. 282
일제만, 빌헬름 폰 Ilsemann, Wilhelm von 592, 593

ㅈ

자카르, P. E. M. Jacquard, P. E. M. 601, 606
잭슨, 제시 Jackson, Jesse 539
제네펠더, 알로이스 Senefelder, Alois 213
제퍼슨, 토머스 Jefferson, Thomas 295, 296
조르게, 리하르트 Sorge, Richard 97
존슨, 린든 B. Johnson, Lyndon B. 336
좀바르트, 베르너 Sombart, Werner 350

ㅊ

차드, 케말 차이날 Zade, Kemal Zeinal 320
차베스, 우고 Chávez, Hugo 160, 288
차우셰스쿠, 니콜라오 Ceausescu, Nikolao 590
찰스 황태자 Prince Charles of Wales 593~594
처칠, 윈스턴 Churchill, Winston 271, 388, 389, 390, 391
체임버스, J. C. Chambers, J. C. 353
초벨, 카를 Zobel, Karl 91, 92
치슈카, 안톤 Zischka, Anton 249, 282, 598

ㅋ

카네기, 앤드루 Carnegie, Andrew 301
카다피, 무아마르 알 Qaddafi, Muammar al 287, 322
카란사, 베누스티아노 Carranza, Venustiano 439, 440, 441
카로, 하인리히 Caro, Heinrich 221
카르데나스, 라사로 Cárdenas, Lázaro 152, 434, 454, 455, 458, 460
카를 남작(오아인하우젠 출신의) Oeynhausen, Karl Frhr. von 81, 82
카를 5세 Karl V. 132
카를로스 3세 Carlos III 133
카릴료, 세라피온 Carillo, Serapion 430
카쇼기, 아드난 Kashoggi, Adnan 515
카스트로, 피델 Castro, Fidel 157, 545, 582
카터, 지미 Carter, Jimmy 339
칸트, 이마누엘 Kant, Immanuel 14, 36, 616
칼로, 프리다 Kahlo, Frida 443, 444
칼전드, 안톤 Carlsund, Anton 363, 364
캉봉, 쥘 Cambon, Jules 381
캠펠, 콜린 Campell, Collin 23
커, 알렉스 Kerr, Alex 589
컬리넌, 조지프 Cullinan, Joseph 270
케네디, 존 F. Kennedy, John F. 279, 323, 327, 336, 579
케네디, 폴 Kennedy, Paul 286
케이지, 빌 Casey, Bill 515
케인스, 존 메이너드 Keynes, John Maynard 313, 466
케쿨레, 아우구스트 Kekulé, August 211, 512, 617
케플러, 요하네스 Kepler, Johannes 35
코르테스, 에르난 Cortés, Hernán 442, 443
코스덴, 조 Cosden, Joe 307
콜, 헬무트 Kohl, Helmut 559
쾨브리히, 카를 Köbrich, Karl 97
쿠베르탱, 바론 드 Coubertin, Baron de 571
쿤츠, 한스 알베르트 Kuntz, Hans-Albert 319
퀴비에, 조르주 Cuvier, Georges 48, 49, 50
큉, 한스 Küng, Hans 597
크노스프, 파르벤에르스텔러 Knospm, Farbenhersteller 213
크롬웰, 올리버 Cromwell, Oliver 542
클라우제비츠, 카를 폰 Clausewitz, Carl von 399
클레망소, 조지 Clemenceau, George 506
클레멘스, 윌리엄 Clemens, William 202
클렘, 카를 Clemm, Carl 221

클루스, 한스 Cloos, Hans 55, 67
클린턴, 빌 Clinton Bill 340, 545
키신저, 헨리 Kissinger, Henry 354, 525
키턴, 리처드 Keeton, Richard 169
킨리, 마이런 Kinley, Myron 552
킨트, 카를 G. Kind, Karl G. 81, 82, 88, 89
킹, 마틴 루터 King, Martin Luther 582

ㅌ

타랄 Talal 482, 483
타리키, 압둘라 Tarikil, Abdullah 480, 482, 483
타벨, 이다 Tarbell, Ida 251, 259, 307
타보르, 실버-바론 호레이스 Tabor, Silber-Baron Horace 300, 301
테르프, 올라프 Terp, Olaf 100
테클렌부르크, 테오도어 Tecklenburg, Theodor 104
텔러, 에드워드 Teller, Edward 572, 573, 577
톨스토이, 알렉시스 Tolstoj, Alexis 370
투만, 하인리히 Thumann, Heinrich 100
트라이치케, 하인리히 폰 Treitschke, Heinrich von 385
트레비틱, 리처드 Trevithik, Richard 234

트로츠키, 레온 Trotsky, Leon 346, 370
티겔, 발터 Tiegel, Walter 240
티글, 월터 Teagle, Walter 272, 277, 400
티르피츠, 알프레트 폰 Tirpitz, Alfred von 364, 386, 391
티에메, 기스 Thieme, Gijs 557

ㅍ

파드 Fahd 18, 494, 499, 515, 522
파비안, 카를 L. Fabian, Karl L. 84, 85, 91, 92
파우크, 알베르트 Fauck, Albert 97
파워, 시드니 Power, Sidney 53
파월, 콜린 Powell, Colin 524
파이살 Faiṣal 476, 478~481, 483, 486, 493, 502
파이살 이븐 무사이드 Faiṣal Ibn Musaid 493
팔라스, 페터 지몬 Pallas, Peter Simon 43
팔라비, 모하마드 레자 샤 Pahlevi, Mohammad Reza Shah 157, 488
팔켄하인, 에리히 폰 Falkenhayn, Erich von 389
패러데이, 마이클 Faraday, Michael 33, 210

퍼슨, 휘트먼 Pearson, Weetman (코드
  레이 경) 434~436, 441
퍼킨, 윌리엄 헨리 Perkin, William Henry
  212, 216
페레스, 네스토르 루이스 Pérez, Néstor
  Luis 142
페레스, 루빈 세이더 Perez, Rubin Sader
  159
페론, 후안 Perón, Juan 600
페리, 매튜 Perry, Matthew 585
페이, 크리스 Fay, Chris 559
페이스, H. Feis, H. 614
펜, 윌리엄 Penn, William 465
포드, 제럴드 Ford, Gerald 589
포드, 헨리 Ford, Henry 235, 298, 303
포르셰, 페르디난트 Porsche, Ferdinand
  235, 401
포슈, 페르디낭 Foch, Ferdinand 392, 398
포스트맨, 닐 Postmann, Neil 19
포인덱스터, 존 Poindexter, John 515
폭스, 빈센테 Fox, Vincente 446, 461
폴헴, 크리스토퍼 Polhem, Christopher 35
푸쿠야마, 프랜시스 Fukuyama, Francis
  286
푸틴, 블라디미르 Putin, Vladimir
  Vladimirovich 373
프랫, 찰스 Pratt, Charles 261

프르치빌랴, 슈타이거 에마누엘 Przibilla,
  Steiger Emanuel 92, 93, 95
프리드먼, 밀턴 Fridman, Milton 595
플래글러, 헨리 M. Flagler, Henry M. 262
피셔, 존 A. Fisher, John A. 387, 388, 391
피어스, 헨리 클레이 Pierce, Henry Clay
  436, 437
피에트리 박사, 아르투로 우슬라 Pietri,
  Dr. Arturo Uslar 135~137, 146,
  155, 620
필립, 웬델 Phillip, Wendell 319
필립스, 프랭크 Phillips, Frank 283, 299,
  300~305, 308~309, 311~315, 330
필비, 존 Philby, John 470, 472, 474

ㅎ

하겔린, 카를 W. Hagelin, Karl W. 193,
  194, 351, 358, 364
하랄드 5세 Harald V. 603
하르데겐, 라인하르트 Hardegen,
  Reinhard 410
하츠혼, J. E. Hartshorn, J. E. 170, 268
할리, 헨리 Harley, Henry 181, 182
할리드 Khaled 494
할리드 이븐 무사이드 Khaled Ibn Musaid

색인

492, 493
함순, 크누트 Hamsun, Knut 242, 358
해링턴, 존 S. Harrington, John S. 595, 596, 598
햄머, 아먼드 Hammer, Armand 65, 66, 75, 283, 312, 315~325, 331, 334, 336, 340, 553
허치슨, 태드 Hutcheson, Thad 337
허턴, 제임스 Hutton, James 36, 43, 57, 613
헤르더, 요한 곳프리트 폰 Herder, Johann Gottfried von 90
헤시오도스 Hesiodos 604
호메이니, 아야톨라 루홀라 Khomeini, Ayatollah Ruhollah 515
호프, 보브 Hope, Bob 298
호프만, 아우구스트 빌헬름 폰 Hoffmann, August Wilhelm von 213, 216
홈스, 프랭크 Holmes, Frank 470
홉스, 토머스 Hobbes, Thomas 254, 509, 513
후노이스(광업교수) Hunnäus 88
후세인, 사담 Hussein, Saddam 285, 287, 416, 505, 514, 520, 525, 529~530
훔볼트, 알렉산더 폰 Humbolt, Alexander von 112, 143, 428, 429, 460
휴스턴, 존 Houston, John 452

흐루시초프, 니키타 Khrushchov, Nikita 572
히메네스, 페레스 Jiménez, Pérez 154
히틀러, 아돌프 Hitler, Adolf 347, 400~408, 411, 412, 421, 422, 461
히포크라테스 Hippocrates 44
힙, 롤란트 Hipp, Roland 557

악마의 눈물, 석유의 역사

2004년 7월 28일 초판 1쇄 펴냄
2004년 11월 12일 초판 2쇄 펴냄

지은이 | 귄터 바루디오
옮긴이 | 최은아, 조우호, 정항균
책임편집 | 이연선

펴낸이 | 정종주
펴낸곳 | 도서출판 뿌리와이파리
등록번호 제10-2201호(2001년 8월 21일)
주소 서울시 종로구 내수동 110-36 2층
Tel 02)3210-2822~3
Fax 02)3210-2821
E-mail: puripari@hanmail.net

디자인 | BOOKDESIGN SM
종이 | 화인페이퍼
인쇄 | 영신사
제본 | 대신문화사
라미네이팅 | 금성산업

값 25,000원
ISBN 89-90024-28-5 03900

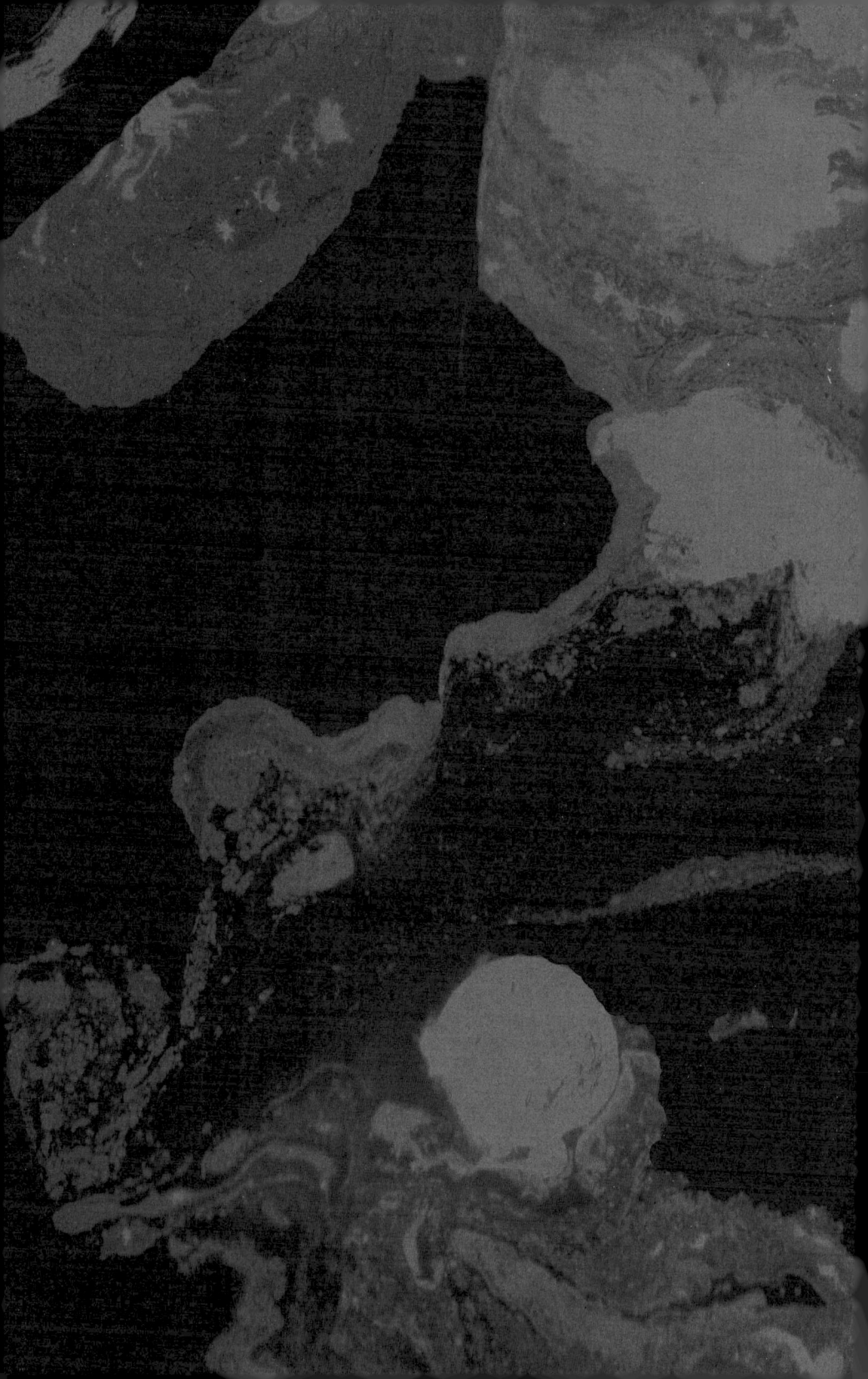